现代西方学术文库

主编 甘阳　副主编　苏国勋 刘小枫

在事实与规范之间
关于法律和民主法治国的商谈理论

[德] 哈贝马斯 著

童世骏 译

生活·讀書·新知 三联书店

Simplified Chinese Copyright © 2014 by SDX Joint Publishing Company.
All Rights Reserved.
本作品简体中文版权由生活·读书·新知三联书店所有。
未经许可，不得翻印。

图书在版编目（CIP）数据

在事实与规范之间：关于法律和民主法治国的商谈理论：修订译本/(德)哈贝马斯著；童世骏译. —北京：生活·读书·新知三联书店，2014.9（2025.3 重印）
(现代西方学术文库)
ISBN 978-7-108-05100-4

Ⅰ. ①在… Ⅱ. ①哈… ②童… Ⅲ. ①法哲学－研究 Ⅳ. ① D90

中国版本图书馆 CIP 数据核字（2014）第 167496 号

Jürgen Habermas
Faktizität und Geltung
Beiträge zur Diskurstheorie des Rechts und des
demokratischen Rechtsstaats
© 1992, Suhrkamp Verlag, Frankfurt am Main, Germany

责任编辑	舒　炜
装帧设计	蔡立国
责任印制	董　欢
出版发行	生活·讀書·新知 三联书店
	（北京市东城区美术馆东街 22 号 100010）
网　址	www.sdxjpc.com
图　字	01-2017-7558
经　销	新华书店
印　刷	河北鹏润印刷有限公司
版　次	2014 年 9 月北京第 1 版
	2025 年 3 月北京第 4 次印刷
开　本	880 毫米 × 1230 毫米　1/32　印张 25.125
字　数	540 千字
印　数	12,001－14,000 册
定　价	70.00 元

（印装查询：01064002715；邮购查询：01084010542）

现代西方学术文库
总　　序

近代中国人之移译西学典籍,如果自1862年京师同文馆设立算起,已逾一百二十余年。其间规模较大者,解放前有商务印书馆、国立编译馆及中华教育文化基金会等的工作,解放后则先有50年代中拟定的编译出版世界名著十二年规划,至"文革"后而有商务印书馆的"汉译世界学术名著丛书"。所有这些,对于造就中国的现代学术人材、促进中国学术文化及至中国社会历史的进步,都起了难以估量的作用。

"文化:中国与世界系列丛书"编委会在生活·读书·新知三联书店的支持下,创办"现代西方学术文库",意在继承前人的工作,扩大文化的积累,使我国学术译著更具规模、更见系统。文库所选,以今已公认的现代名著及影响较广的当世重要著作为主,旨在拓展中国学术思想的资源。

梁启超曾言:"今日之中国欲自强,第一策,当以译书为第一事"。此语今日或仍未过时。但我们深信,随着中国学人对世界学术文化进展的了解日益深入,当代中国学术文化的创造性大发展当不会为期太远了。是所望焉。谨序。

"文化:中国与世界"编委会
1986年6月于北京

目　录

前　言 …………………………………………………………（1）

第一章　作为事实性和有效性之间社会媒介的法律……（1）

1. 意义与真理:内在于语言之中的事实性和有效性之间的张力 …（12）
2. 内在超越:生活世界和古代世界中对异议风险的处理 ………（21）
3. 法律有效性之诸向度 ……………………………………（33）

第二章　社会学的法律概念和哲学的正义概念………（53）

1. 社会科学对于法律的祛魅 ………………………………（54）
2. 理性法的回归和"应当"的软弱 …………………………（70）
3. 帕森斯与韦伯:法律的社会性整合功能 ………………（80）

第三章　法律的重构(1):权利的体系 ………………（103）

1. 私人自主和公共自主,人权和人民主权 ………………（106）
2. 道德规范和法律规范:理性道德法和
   实证法之间的互补关系 ……………………………（128）
3. 对基本权利的商谈论论证:商谈原则、法律
   形式和民主原则 ……………………………………（144）

第四章　法律的重构（2）：法治国诸原则 ……………（164）

1. 法律与政治之间的构成性联系………………………（165）
2. 交往权力与合法的立法过程…………………………（185）
3. 法治国诸原则和权力分立之逻辑……………………（206）

第五章　法律的不确定性和司法的合理性 ……………（240）

1. 诠释学、实在论和实证论……………………………（244）
2. 德沃金的法律理论……………………………………（260）
3. 法律商谈的理论………………………………………（273）

第六章　司法和立法：论宪法判决的作用和合法性 ……（296）

1. 自由主义法律范式的解体……………………………（298）
2. 规范与价值：宪法法院之自我理解中的方法论错误…（313）
3. 宪法判决在自由主义的、共和主义的和程序主义的
   政治观中的作用………………………………………（329）

第七章　商议性政治：一种程序的民主概念……………（357）

1. 规范性民主模式与经验性民主模式…………………（359）
2. 民主程序和它的中立性问题…………………………（375）
3. 对商议性政治概念的社会学转译……………………（389）

第八章　市民社会和政治公共领域的作用 ……………（409）

1. 社会学的民主理论……………………………………（411）
2. 一个政治权力循环模式………………………………（424）
3. 市民社会行动者、公共舆论和交往权力……………（444）

第九章　法律的范式 ·············· (482)

1. 私法的实质化过程 ·················· (486)
2. 法律平等和事实平等的辩证法：以女性主义的平等政治为例 ····· (507)
3. 法治国的危机和程序主义的法律观 ············· (527)

附录一：法律与道德（1986年泰纳演讲） ········· (555)
　　第一讲　基于合法律性的合法性何以可能？ ······· (555)
　　　　1. 马克斯·韦伯的法律合理性概念 ········ (557)
　　　　2. 法律的非形式化：三种诠释 ·········· (567)
　　　　3. 法律建制化程序的合理性：一些初步问题 ····· (577)
　　第二讲　论法治国的观念 ············· (585)
　　　　1. 法律的系统自主性？ ············ (587)
　　　　2. 理性和实证性：论法律、政治和道德的相互渗透 ··· (595)
　　　　3. 用法治国观念代替理性法 ·········· (606)

附录二：作为程序的人民主权（1988） ········· (618)

附录三：公民身份和民族认同（1990） ········· (652)
　　1. 民族国家的过去和未来 ············· (653)
　　2. 统一的欧洲中的民族国家和民主 ·········· (663)
　　3. 移民和富裕沙文主义：一场争论 ·········· (671)

后记 ······························ (681)
中译者后记 ·························· (701)
中译本修订后记 ······················· (709)
中西人名对照表 ······················· (711)
参考文献 ···························· (716)
主题与人名索引 ······················· (734)

前　言

在德国,法哲学早已不仅仅是哲学家们的事情了。如果我对黑格尔的名字几乎只字不提,而更借重于康德的法律理论,那也表明我想回避一种为我们设置了无法实现之标准的模式。为了寻求同社会现实的接触,法哲学进入了各个法学流派,这绝不是偶然的。[1] 但是,我也不想纠缠于一种仍然把重点放在对刑法基础之讨论的法学上专业性很强的法哲学。[2] 曾经可以在黑格尔哲学诸概念中加以综合的那些东西,现在则要求从法律理论、法社会学、法律史、道德理论和社会理论的视角出发,进行方法上多元的处理。

我认为这种情况值得欢迎,因为这样我就有可能来澄清交往行动理论❶的一个经常被人低估的多元主义特质。哲学的基本概念不再构成一种特殊语言,尤其是不再构成一种同化

---

❶ Habermas 的"Der Theorie des kommunikativen Handelns"也有译成"沟通行动理论"或"交往行为理论"的。这里之所以不译为"沟通行动理论",是因为"kommunikativ"一词译成"交往"更符合现代汉语的通常用法。之所以不译为"交往行为理论",是因为 Habermas 用的词是"Handeln"而不是"Verhalten":在 Habermas 那里,交往行动之作为"行动"的根本特点之一,正在于它是不能用"行为"主义方式加以研究的。(请注意:本书作者自己的所有注解均作为尾注放在各章末尾,而每页底下的脚注则均为中译者所加,其中除了中译者自己的一些说明之外,还包括对英译本有关变动的说明和英译本中的译者说明。)

一切的系统,而是提供对科学知识作重构式利用的手段。一种其能力仅限于关注基本概念之清晰性的哲学,由于它的多语性,将在元理论层面上发现一些令人惊讶的相互融贯。因此,交往行动理论的基本设定也分成各种不同论域;在那里,它们必须在自己碰巧进入的论辩情境中证明自己的价值。

第一章对事实性[Faktizität]和有效性[Geltung❷]之间的关系——这种关系涉及交往行动理论的基础——的一些方面作大致浏览。当然,书名所说的这个问题需要进行更深入的哲学阐述,而不仅仅限于本书的讨论。第二章概括说明一种将社会学的法律理论和哲学的正义理论沟通起来的观点。随后两章在法的商谈论[Diskurstheorie des Rechts]❸的框架之中对古典的理性法理论[das klassische Vernunftrecht❹]

---

❷ "Faktizität"和"Geltung"在英译本中分别译为"facticity"和"validity"。本书的原名为 *Faktizität und Geltung*,英译本把它改为 *Between Facts and Norms*。中译本参照英译本和作者本人的意见把中译本书名定为《在事实与规范之间》。关于这样做的理由,请参见"中译者后记"。尽管书名有这个变化,Faktizität 和 Geltung 之间的关系,也就是事实性和有效性之间的关系,仍然是全书最重要的概念,也是在译成中文时难度最大的术语。主要问题在于,Geltung(以及与此接近但规范意义更强的Gültigkeit)和另外两个德文词 Effizienz 和 Effektivität(相当于英文中的 efficiency 和 effectiveness)在汉语中都可以被译成"有效性"(与它们相应的形容词则都可以译成"有效的"),但这两种"有效性"的涵义之间的区别十分重要,而且这种区别恰好就是本书讨论的主题:Effizienz 表示一种事实性的、经验性的东西,而 Geltung、尤其是 Gültigkeit,则表示一种同价值和规范有关的东西。为避免汉语中这两种意义上的"有效性"之间的区别,本书使用的"有效性"一词,都只表示后面一种意思。而前面一种意思,则用其他一些说法(如"实效"、"效率"、"有实效的")来表示。

❸ "Diskurstheorie"中的"Diskurs"这里之所以译为"商谈",而不译为"话语",是因为在作者那里,"Diskurs"常常被理解成专门形式的交往活动,其目的是就某一个议题达成理解或共识。

❹ 英译本中 das klassische Vernunftrecht 这个词为"现代契约论的自然法观"。

的不同部分进行重构。这里我运用的是我在别处阐发的商谈伦理学的基本观点。³ 但我现在对道德和法律之间互补关系的刻画与以前有所不同,甚至与泰纳讲演的也不同。⁴ 在第五章和第六章,商谈论的观点将在法律理论的一些核心问题方面加以检验。我参考了近来在联邦德国和美国进行的一些实际讨论,因为我只在这两个国家的法律传统方面有些自信心。在第七章和第八章,我对商议性政治[deliberative Politik]的一些具有规范内容的概念进行澄清,并从社会学角度考察复杂社会中对权力循环进行立宪调节的种种条件。在这个过程中,我主要从合法化[Legitimation]的角度来讨论民主理论。在最后一章,我把法律理论的思考和社会理论的思考结合起来,形成一个程序主义法律范式的概念。

此外,我还想通过这样的研究以言施为地[performativ❺]反驳这样一种指责:说交往行动理论对建制性现实熟视无睹,⁵ 甚至说它具有一些无政府主义后果。⁶ 当然,不受控制的**交往**自由的潜力,确实具有一个无政府主义的核心,民主法治国的建制如果要卓有成效地捍卫所有人同等的**主观**自由[subjektiv Freiheiten❻],这个核心是它赖以为生的基础。

---

❺ 也可以译成"施为地",重点放在说话者通过说一句话而施行的行为上。本书多处使用这个术语。谈论一句话的"施为意义",就是谈论说话者在说这句话时所施行的那种行为的意义;说一个人犯了"施为性矛盾",是说他所说的话的语义内容本身虽然没有矛盾,但这句话的语义内容与这句话的施为意义之间发生矛盾。

❻ 这个词在英译本中通常译成"individual liberties"[个人自由]或"liberties"[自由]。与本书大量使用的另外一个词——"subjektive Rechte"[主观权利]——一样,"subjektive Freiheit"[主观自由]中的"subjektive"[主观的、主体的]的意思也是表示与"客观"法律秩序或自由保障相对应的意思。

对于法学的专业讨论,我这个非专业人员不得不勉为其难而深入其中。在此过程中,该领域内令人难忘的建设性成就,使我的敬重有增无减。我提出对法律和宪法的范式性背景理解加以澄清,是作为对一场讨论的贡献,它所针对的是法学界日益流行的法律怀疑论,尤其是我所谓的虚假实在论,它低估了现存法律实践的那些规范性预设的经验效用。在我们自17世纪以来不断进行着的关于政治共同体之法律构成[rechtliche Verfassung❼]的讨论中,还表现出了一种对整个现代性的道德—实践自我理解。这种自我理解不仅存在于一种普遍主义道德意识的种种证据之中,而且存在于民主法治国[Rechtsstaat❽]的自由建制之中。商谈论所要做的工作,是对这种自我理解作一种重构,使它能维护自己的规范性硬核,既抵制科学主义的还原,[7]也抵制审美主义的同化。[8]现代性自我理解所分化开来的那三个有效性向度,❾是不应该任其萎缩的。过去一个世纪比任何其他世纪都更使我们领教了存在中的非理性的恐怖;这一百年过后,对理性的本质主义信念的最后痕迹也已经荡然无存。但是,现代性,已经意识到自己有种种不确定性的现代性,更加依赖于

---

❼ "Verfassung"一词又有"宪法"的意思。

❽ 在作者著作的英译本中,这个词经常被译作"rule of law"和"constitutional state"。本书中译者之所以译为"法治国",是想由此体现德国法律传统和法学传统的特点。

❾ 这里所说的"三个有效性向度",最基本的体现是语言交往中说话者为自己所说的话所提出的以下三个"有效性主张":"真"、"正当"和"真切"。Habermas的整个理论都同这三个向度有关,包括这里涉及的科学、规范(道德和法)与艺术之间的关系。

一种程序性理性观念，换句话说，一种将自己也置于审理程序之下的理性观念。对理性的批判是理性自己的工作——这个康德式的双重理解，来源于这样一个激进地反柏拉图主义的洞见：既没有一个更高的东西，也没有一个更深的东西，是我们——发现自己已经处于语言地构成的生活形式之中的我们——所能够诉诸的。

三十年以前，在批判马克思设法把黑格尔法哲学置入唯物主义历史哲学之中时，我说过这样一段话：

> 马克思……对资产阶级法治国的意识形态批判，马克思对自然权利之基础的社会学消解，分别使得法理性观念［die Idee der Rechtlichkeit］本身和自然法意向［die Intention des Naturrechts］本身对于马克思主义来说长时期信誉扫地。其结果是，自然法和革命之间的纽带从此就断裂了。一场国际性内战的交战各方瓜分了这份遗产，这种瓜分泾渭分明但灾难重重：一方占有了革命的遗产，另一方则接过了自然法的意识形态。[9]

在政府社会主义［Staatssozialismus］崩溃以后，在"国际性内战"结束以后，那失败一方的理论失误昭然若揭：它把社会主义事业同一种具体生活方式的设计——以及这种生活方式的暴力实现——混为一谈。然而，如果把"社会主义"理解为种种解放了的生活方式——关于这些生活方式，参与者**自己**先得达成理解——的那组必要条件的话，那么我们就会看到，对法律共同体的民主自我组织，也构成了这种事业的规范性核心。另一方面，那自认为是胜利者的一方，却并不因其巨大胜利而欢欣鼓舞。就在它可以**独占**现代性的道德—实践自我理解的遗产的时刻,面对在全球性社会危机四伏的层面上积极推进对资本主义进行福利国家的、生态主义的驯服这个任务,它却气馁退缩了。对市场导控之经济的系统逻辑它毕恭毕敬;在国家科层之权力媒介的过分负担面前它至少是小心翼翼。但是,对于那种**实际上**已经受到威胁的资源——贮藏在法律结构之中、急需持续更新的社会团结——它却置若罔闻,缺少哪怕只是有些相似的敏感性。

经济增长的生态极限、南北半球生活条件之间的差别日益增长提出了明显挑战;将政府社会主义改造为一种分化开来的经济系统机制提出了独一无二的历史任务;来自南部(现在也包括东部)贫困地区的移民潮形成严重压力;重新抬头的种族战争、民族战争和宗教战争、核讹诈和国际性资源分配之争危机重重——面临这种可怕局面,西方民主法治社会的政治却失去了方向感和自信心。华丽的陈词滥调背后,占上风的却是胆怯懦弱。即使在那些成熟的民主国家,现行的自由建制也并非太平无事,虽然这些国家的民众所争取的是更多而不是更少的民主。但我猜测,这种骚动不安背后还有更深的根据——那就是这样一种直觉:在完全世俗化的政治中,法治国若没有激进民主的话是难以形成、难以维持的。本书的目的,是从这种直觉中提炼出一种洞见。归根结底,作为私人的法权主体,若他们**自己**不通过对其政治自主[Autonomie⑩]的共同运用而澄清正当的利益和标准,并

---

⑩ 这个词可以译成"自治"(在政治学中)、"自律"(在伦理学中),这里统一译为"自主"。

且就在哪些相关方面平等者应该受平等对待、不同者应该受不同对待达成一致,是无法充分享受平等的主观自由的。

对于我们的处境所激发的那些问题和心态[Stimmungslagen],我不抱任何幻想。但是心态(以及落落寡欢的心态哲学)并不是失败主义地放弃民主法治国之激进内容——对这种内容我将提出一种新的、适合于复杂社会之状况的理解方式——的理由。否则的话,我还不如选择另外一种文学样式——比方说一位希腊学者的日记,仅仅是为后代记录下他那日薄西山之文化的未被兑现之诺言。

本书附录中收入了两篇已用德语发表过的论文。一篇把程序性民主概念放在一个更大历史背景之下进行讨论;另一篇从三个不同方面阐明一再被误解的宪法爱国主义概念。六年前在哈佛大学作的"泰纳演讲"[Tanner Lectures]⓫迄今为止还只以英语、荷兰语和意大利语发表过。它们的基础是1985—1986学年的法兰克福法哲学讲座。

同时,德国全国科学基金会[Deutsche Forschungsgemeinschaft]的莱布尼茨项目出乎我意料地给我一项资助,使我得以开始一个为期五年的自选课题研究。这种幸运局面提供了建立一个法律理论研究小组的机会。这个小组形成了一个非同寻常的富有刺激、富有启发的环境,在这个环境中,我能够梳理那时掌握的诸条线索。这个合作——除了许多其他出版物之外,从中还产生了一系列单篇著作——我觉得尤其幸运。[10]如果没有内行合作者的创造性帮助,我是没有勇

⓫ 关于这里所说的"泰纳演讲",见本书附录一"法律与道德",以及本前言中作者自己的介绍。

气来从事一项法哲学课题的,也无法运用本课题之实施所必需的论据和知识的。此外,对该研究小组的正式成员们(英格鲍格·毛斯[Ingeborg Maus],恩斯特·福斯特豪夫[Ernst Forsthoff],贡特尔·弗兰肯贝尔格[Günter Frankenberg],克劳斯·贡特尔[Klaus Günther],伯纳德·彼得斯[Bernard Peters],露兹·文格尔特[Lutz Wingert]),我还要感谢他们对我手稿早先几个版本的有益评论。也感谢托马斯·麦卡锡[Thomas A.McCarthy]提供的建议。克劳斯·贡特尔的法学专业知识使我受益之多,我都几乎不想不让他为我的错误而承担责任了——但是,我在这里还是明确免除他的责任,就像也免除别人的类似责任一样。

J. H.

法兰克福,1992年7月

注 释

1 W.Hassemer:"Rechtphilosophie, Rechtwissenschaft, Rechtpolitik", *Archiv fuer Rechts- u. Sozialphilosophie*, Beiheft 44, 1991, 130 – 143.

2 K.Günther 在"Möglichkeiten einer diskursethischen Begründung des Strafrechts"一文中概括了商谈理论可能对这个问题所作的贡献,该文收入 H.Jung 等人(编):*Recht und Moral*, Baden-Baden 1991, 205 – 217.

3 J.Habermas: *Moralbewusstsein und kommunikatives Handeln*, Frankfurt/Main 1983; Habermas: *Erläuterungen zur Diskursethik*, Frankfurt/Main 1991.

4 K.O.Apel 在"Diskursethik vor der Problematik von Recht und Politik"中也选择了一个在我看来在规范上发挥过度了进路,该文收于 K.O.Apel 和 M.Kettner(编):*Zur Anwendung der Diskursethik in Politik, Recht und Wissenschaft*, Frankfurt/Main 1992, 29 – 61.

5 R.Bubner直到最近仍然再次这样指责,见他的"Das sprachliche Medium der Politik",收于他编的 *Antike Themen und ihre moderne Verwandlung*,Frankfurt/Main 1992, 188 – 202,此处见从196页起。

6 O.Höffe:*Politische Gerechtigkeit*,Frankfurt/Main 1987,193ff.

7 N.Luhmann:*Beobachtungen der Moderne*,Koeln 1992.

8 J.Derrida:*Gesetzeskraft.Der"mystische Grund der Autoritaet"*,Frankfurt/Main 1991.

9 在1962年10月所作的关于"自然法和革命"的讲演发表于 J.Habermas:*Theorie und Praxis*,Frankfurt/Main 1971,89 – 127,此处引文从第117页起。

10 K.Günther:*Der Sinn fuer Angemessenheit*,Frankfurt/Main 1988;B.Peters:*Rationalität, Recht und Gesellschaft*,Frankfurt/Main 1991;I.Maus:*Zur Aufklärung der Demokratietheorie*,Frankfurt/Main 1992;B.Peters:*Die Integration moderner Gesellschaften*,Frankfurt/Main 1993;L.Wingert,Gemeinsinn und Moral,Frankfurt/Main 1993;R.Forst:*Kontexte der Gerechtigkeit*,Frankfurt/Main 1994.

第一章

作为事实性和有效性之间社会媒介的法律

作为一种主体能力的实践理性的概念,是一种现代的特产。[1] 把亚里士多德的概念框架转变为主体哲学的前提,有其不利的方面,那就是使实践理性同它扎根于其中的文化的生活形式和政治的生活秩序脱离了联系。但它也有有利之处,那就是从那时起,同实践理性相联系的是单个人的作个人主义理解的幸福和有强烈道德色彩的自主——是人类作为私的主体的自由,这种私的主体也可以承担市民社会[bürgerliche Gesellschaft❶]成

---

❶ 这个词一直被当作英语中 civil society 的对应词,但它也有"资产阶级社会"的涵义,而这个涵义在"civil society"中、尤其在当代英美学术界关于 civil society 的讨论中,是没有的、至少是不强调的。为此,作者在本书中用另外一个词——"Zivilgesellschaft"——来表达 civil society 的意思。在中文中,可以把"bürgerliche Gesellschaft"译成"市民社会",把"Zivilgesellschaft"译成"公民社会"或"民间社会",但这样一来,西方学术界(尤其是作者在本书中作为主要背景的英美学术界)关于 civil society 的讨论在历史和内容上的连续性就见不到了。所以,除了在有些地方根据上下文需要做一些区别之外,中译者把这两个词都译成"市民社会"。另外,英译本除了偶然把"bürgerliche Gesellschaft"译成"bourgeois society"[资产阶级社会]之外,一般也把"bürgerliche Gesellschaft"和"Zivilgesellschaft"都译成"civil society"[市民社会]。

员的角色,承担国家公民和世界公民的角色。在世界公民的角色中,个体同一般意义上的人融为一体——它是一个既是单一性又是普遍性的"我"。这种18世纪的概念群在19世纪又加上了一个历史向度。单个主体之交织于它的生活历史之中,就如同国家作为国际法主体之交织于各国历史之中。对此黑格尔用客观精神的概念来加以表达。当然,黑格尔仍然和亚里士多德一样相信,社会的整体性在于其政治生活和国家组织。现时代的实践哲学仍然从这样一个前提出发,即个体之属于社会,就如同成员之属于集体,或部分之属于整体——尽管这整体应该只是由于其各部分之结合才得以构成的。

但是,从那以后现代社会变得如此复杂,以至于以上这两种意象——以国家为中心的社会和由个人结合所组成的社会——的使用不再是毫无疑问的了。从这种情况出发,马克思主义的社会理论已经引出了放弃规范性国家理论的结论。当然,在民主地自我管理的社会——科层制国家权力和资本主义经济在其中一起销声匿迹——这个概念中,实践理性仍然留下了它的历史哲学痕迹。系统理论把这种历史哲学痕迹也揩净了,放弃了同实践理性的规范内容的任何联系。国家成了诸多功能分化之社会子系统中的一个。这些子系统之间就如同个人与其社会之间一样处于系统—环境的关系之中。从霍布斯[Thomas Hobbes]的自然主义化的个体的自我确定出发,对实践理性的不断消除过程一直延续到卢曼[Nicolas Luhmann]的自组织系统的自组织活动[Autopoiesis]。看来,无论是实践理性的经验主义萎缩形态,还是为光复这个概念所作的各种努力,都无法恢复这个概念在伦理和政治、理性法和道德理论、历史理论和社会理论方面曾经具有的那种说明力。

历史哲学从历史过程中所能了解的理性，不过是它事先借助于一些目的性概念放到这个过程中去的理性。同样，合理生活方式的规范导向命令，是无法从人类的自然史构造中引申出来的，就像无法从历史中引申出来一样。具有类似遭遇的是舍勒[Max Scheler]和盖伦[Arnold Gehlen]的人类学，对它的批判恰恰来自他们徒劳无益地想使之为其哲学目的服务的那些科学。这两种思路具有相似的弱点。同样不能令人信服的，是从情境主义出发对论证的放弃，这种放弃是对人类学的论证方式和历史哲学的论证方式的破产的回应，但并没有超越对事实之规范力量的顽强诉求。民主法治国的那条受人称誉的"北大西洋"发展道路，无疑给了我们值得保存的成果。然而，那些未能成为美国宪法制定者之幸运后代的人们，在他们自己的传统中，却找不到好的理由来把值得保存的东西与需要批判的东西区别开来。

这样，理性法传统的规范主义痕迹消失在这样一个三难境地之中：以主体哲学形式而发生破裂的实践理性的内容，既不可能在历史目的论中找到，也不可能在人类构造中找到，也无法从那些成功传统之幸运资源中得到论证。由此我们可以理解惟一似乎还可行的那个选择的吸引力：对理性作全盘否定，不管是以"后尼采主义"理性批判的戏剧性形式，还是社会科学的功能主义——从参与者角度来说还具有约束性或一般意义的全部东西，在这种功能主义那里都被中立化了——的冷冰冰形式。人文科学中那些不想完全依赖反直觉的东西的人们，当然对这种解决方案也会觉得不能令人满意。因此我用交往行动理论另辟途径，用交往理性来代替实践理性。这不仅仅是变换标签而已。

在古典欧洲的思想传统中,实践理性和社会实践之间存在着一种过于直接的联系。由于这种联系,社会实践这个领域完全是从规范性问题或通过历史哲学折射的隐规范性问题的角度来看待的。就好像实践理性为行动中的个体提供方向一样,自然法——直到黑格尔为止——也在规范上标出惟一正确的政治秩序和社会秩序。但是,一种转移到语言媒介、减弱了与道德之间独有联系的理性概念,在理论构造中则占据另一种位置;它可以服务于对现存的能力结构和意识结构进行重构这个描述性目的,并且找到同功能性研究方式和经验主义说明之间的关联之处。[1]

交往理性之区别于实践理性,首先是因为它不再被归诸单个主体或国家—社会层次上的宏观主体。相反,使交往理性成为可能的,是把诸多互动连成一体、为生活形式赋予结构的语言媒介。这种合理性 [Rationalität] 是铭刻在达成理解 [Verständigung] 这个语言目的之上的,形成了一组既提供可能又施加约束的条件。任何人,只要用自然语言来同他的对话者就世界中某物达成理解,就必须采取一种施为的态度,就必须承诺某些前提。别的不说,他必须从这样的前提出发:参与者应该无保留地追求他们的语内行动目的 [illokutionäres Ziel❷],他们

---

❷ Illokutionäres Ziel(相当于英语的 illocutionary aim)这个术语是作者从英国哲学家 John Austin 那里得来的。Austin 区别三种言语活动:locutionary(非语内行为的),illocutionary(语内行为的)和 perlocutionary(语后行为的)。哈贝马斯曾做过这样的概括:"…Austin 区别开来的三种活动的特征可以用下面几句话来表示:说某事;在说某事时做某事;通过在说某事时做某事而造成某事。"(Jürgen Habermas: *On the Pragmatics of Communication*, edited by Maeve Cooke, The MIT Press, Cambridge, Mass.1998, 122)。也可以

的同意是同对于可批判的有效性主张[Geltungsansprüche❸]的主体间承认相联系,并表现出准备承担来自共识的那些同以后交往有关的义务。那包含在说话之有效性基础中的东西,也传达给了通过交往行动来再生产的生活形式。交往合理性表现在由诸多先验地提供可能和建造结构的弥漫性条件所构成的一种非中心化背景之中,但它绝不是那种告诉行动者**应该做什么**

更简洁地用中文这样来表示三者的区别:以言说事(比方说"这种药疗效很好"这句话),以言行事(医生在给病人开处方时说"这种药疗效很好"——在说这句话的同时,医生向病人做了一个保证),以言成事(电视广告中医生对病人说:"这种药疗效很好"——通过用这句话所做的保证,达到推销药品的目的)。重要的是"以言行事"与"以言成事"之间的区别;哈贝马斯用这个区别来表示真正的交往行动(也就是以理解为目的的交往行动)和畸变的交往行动(通过言语活动来追求说话者的在理解以外的某个目的或策略,也就是策略性行动)。关于哈贝马斯这里所说的 illokutionäres Ziel 或 illocuitionary aim[语内行动目的或以言行事目的],他根据 Austin 的工作做了这样的刻画:"说话者用所说的话来追求的语内行动目的,来自所说的话本身的意义(这种意义对于言语活动是具有构成性作用的);就此而言,言语活动是自我显示其性质的。借助于语内行动[或以言行事行动],说话者表明他希望他所说的话被理解成一种打招呼、命令、警告、解释等等。他的交往意图仅在于此:他希望他的听者理解该语言活动的明显内容。相反,说话者的语后行动目的[或以言成事目的],就像目标导向型行动之目的的通常情况一样,并不来自该言语活动的明显内容;这个目的只可能通过行动者的意图而推论出来。"(同上书,123 – 124)

❸ Geltungsansprüche(英文译为"validity claims")一词中的 Ansprüch(claim)常用于司法领域,表示法权人对自己权利之得到承认的一种要求、一种主张、或者说一种"权利主张"。作者的商谈论同"论辩理论"(argumentation theory)有密切联系,而论辩理论的一个特点就是把司法过程当作论辩的一个基本模式,"Ansprüch"或"claim"一词因此通过论辩理论而进入不少其他学科领域。在这里,提出一个 Geltungsansprüch,就是要求承认一个语言表达、一个制度或一个规则是具有"有效性"的(而这种"有效性"又可以包括各种类型)。说一个规则是有效的,并不是说发现这个规则本身拥有一个称为"有效性"的本质,而仅仅是商谈过程的特定参与者为这个规则所提出的"有效性主张"得到了商谈过程的交往同伴的承认。

的主观能力。

交往理性不像古典形式的实践理性那样是行动规范的源泉。它只是在如下意义上才具有规范性内容：交往行动者必须承担一些虚拟形式的语用学前提。也就是说，他必须预设某些理想化——比方说，赋予表达式以同一的意义，为所说的话语提出超越情境的有效性主张，承认对话者具有对己对人的责任能力，也就是自主性和真诚性。由此，交往行动者被置于具有一种弱的先验力量的"必须"之下，但他并没有因此而面临一种行动规则的规范性"必须"，不管它是否能够从义务论角度还原为道德命令之应然有效性[Sollgeltung]，或从价值论角度还原为一组优选价值，或从经验角度还原为技术性规则的有效作用。一套不可避免的理想化构成了事实性的理解实践的虚拟基础，这种理解实践能够批判性地针对自己的结果，因而能够**超越**自己。这样，理念和现实之间的张力就闯入了语言地构成的生活方式的事实性本身之中。交往的日常实践由于其理想化的预设而对自己提出了过高要求，但只有根据这种内在超越性[innerweltliche Transzendenz]，学习过程才有可能进行。

因此，交往理性使得一种对有效性主张的取向成为可能，但它本身并没有给实践性任务的完成提供有确定内容的导向——它既不提供具体信息，也不直接具有实践意义。它一方面包罗了全部的有效性主张——对于命题之真实、主观上的真诚和规范上的正当的有效性主张，因此而超越了道德—实践问题领域。另一方面，它涉及的仅仅是洞见——仅仅是论辩性的澄清在原则上可以通达的那些可批判性表达，就此而言,它仍然赶不上那旨在形成动机和指导意志的实践理性。作为行动之义务性导向的规范性,并不与以理解为取向的行动的合理性完全重合。规范性和合理性仅仅在对道德洞见进行论证的领域里才是彼此重合的。这些洞见之获得是通过采取假设性态度,只具有弱的合理推动力量,至少它们本身是无法担保从洞见到落实动机之行动之间的转化的。²

当我在同重构性社会理论的联系中坚持使用交往理性概念时,上述区别是必须放在心上的。在这种新的语境中,传统的实践理性概念也获得了新的、某种程度的启发性价值。它的作用不再是直接引出一个关于法和道德的规范理论。相反,它提供的是一种导向作用,引导人们对形成意见和准备决策的诸多商谈——合法行使之民主统治的基础就在于此——所构成的网络进行重构。从这个角度来看,政治意志形成过程、立法过程和司法判决实践的那种法治国交往形式,表现为处于系统迫令压力之下的现代社会的生活世界的总体合理化过程的一部分。当然,这样一种重构,也会提供一种批判性标准,可以用来对立宪国家的复杂现实作出判断。

尽管与已知的实践理性概念的传统有一段距离,现代有关法律和民主的理论却仍然要寻求与古典的概念形态保持联系。这绝不是可以忽视的小事。这种理论的出发点,是那种提供合理动力、因而非暴力性质的达成理解过程所具有的社会整合力量,这个过程在一个稳定的信念共同体基础之上使保持距离和求同存异成为可能。从这个角度出发今天的道德哲学家和法哲学家们一如既往地、甚至更加热情地进行规范性讨论。因为他们的专业的缘故,他们对规范有效性的问题采取参与者和相关者的施为性态度,这样他们当然就倾向于仍然处于生活世界的有限视域之中,而这种视域对于社会科学的观察者来说,早就失去了吸引力。规范性理论很容易受到怀疑,说它们未能充分注意一些难以否认的事实,这些事实同理性法传统影响下形成的现代立宪国家自我理解相抵触,已经为时不短了。从社会科学的客观化角度来看,那种非此即彼的哲学概念模式,认为不是强制性稳定的秩序,就是理性地合法化的秩序,属于早期现代性的过渡语义学。随着从分层社会向功能分化社会之转化的完成,这种过渡语义学据说已变得一无用处了。那些把作为"实践理性"之后继者的交往理性概念放到理论策略中心地位的人们,似乎也必须标出一种特殊的、其要求尤其苛刻的交往形式,这种交往形式在可观察的各种交往的宽广范围中,仅覆盖很小一部分:"借助于这样狭窄的通道,在这种新的理解范式中,是不可能重新注入一种充分复杂的社会理论的。"[3]

事实性和有效性之间的这种来回折腾,使得政治理论和法律理论目前处于彼此几乎无话可说的境地。规范主义的思路始终有脱离社会现实的危险,而客观主义的思路则淡忘了所有规范的方面。这两个方面之间的紧张关系,可以被理解为对我们的一种提醒:不要固执于一个学科的眼光,而要持开放的态度,不同的方法论立场(参与者和观察者),不同的理论目标(意义诠释、概念分析和描述、经验说明),不同的角色视域(法官、政治家、立法者、当事人和公民),以及不同的语用研究态度(诠释学的,批判的,分析的,等等),对这些都要持开放态度。[4] 以下研究所覆盖的就是这个宽阔领域。

商谈论的思路迄今为止只用于对个人意志形成过程的研究,它在道德哲学领域和伦理学领域证明了自己的价值。但是,我们可以从功能视角出发来论证为什么一种基于原则的道德的后传统形式,要以实证法作为其补充。[5] 因此,法律理论的问题从一开始就突破了纯粹规范性考察方式的框架。法的商谈论(以及关于法治国的商谈论)必须同法哲学和政治哲学的常规途径相分离,尽管它研究的就是这二者的问题。在**前两章**,我追求的是这样的双重目标:既解释为什么法律范畴在交往行动理论中获得中心地位,也解释为什么这个理论又进一步为法的商谈论提供合适语境。这里我要提出的重构性思路包括这样两个视角:社会学的法律理论和哲学的正义理论。在**第三章和第四章**中,我将在商谈论视角下对法律系统的规范内容和法治国观念进行重构。结合理性法的问题我设法指出,自由和平等的公民以法律来进行自我组织这个旧的诺言,在复杂社会的条件下可以如何作新的理解。随后,我将在当代一些讨论的语境中来检验和阐发法的商谈论概念和民主的商谈论概念。**第五章**一般地讨论司法的合理性问题,**第六章**讨论宪法判决的合法性问题。**第七章**阐发商议性民主的模式,同那些基于经验性权力概念的民主理论的论战,是这章讨论的背景。在**第八章**,我探讨复杂社会中对权力运行的法治国调节是如何起作用的。最后,结合这些社会理论的洞见,法的商谈论有助于引入一个程序主义的法律范式,这种范式,如同在**最后一章**将指出的那样,将走向对资产阶级形式法[bürgerliches Formalrecht]和社会福利国家[Sozialstaat]❶这两种社会模式之间对立的超越。

*

8　　在法律理论中,社会学家、法律专家和哲学家就什么是对事实性和有效性之间关系的恰当规定进行争论。取决于他们对这个有争议关系所持的立场,他们接受不同的前提和不同的理论策略。因此我将首先说明社会科学的提问方式,我对法律理论之兴趣的根源就在于此。交往行动理论在其基本概念中就已经承认了事实性和有效性之间的紧张关系。借助于这个有风险的选择,它保存了社会和理性之间存在着内在联系——尽管是经过中介了的内在联系——这个古典观念。这种联系也意味着以下两者之间的联系:一方面是施加在社会生活再生产之上的限制和强制,另一方面是一种自觉的生活过程的观念。[6] 当然,一个问题随之而起:社会再生产怎么居然可能在超越性有效性主张的脆弱基础上进行。法的媒介,尤其在实证法这种现代形式之下,提供了一种可能的解释。也就是说,这样的法律规范使成为可能的,是一种高度人为的共同体,更确切些说,是由平等而自由的法律同伴[Rechtsgenosse]所结成的联合体,他们之结合的基础既是外部制裁的威胁,同时也是一种合理推动的同意的支持。

---

　　❶ 这个词的字面意思是"社会国家",在英文文献中一般译为"welfare state"[福利国家]或"social welfare state"[社会福利国家]。

在交往行动概念那里，一种以理解为取向的语言运用的语内行动约束力[illokutionäre Bindungsenergien]取得了协调行动的重要作用。因此，我首先回顾表现于观念论哲学[idealistische Philosophie❺]之中的对事实性和有效性之间关系的那种古典看法，在语言被理解为理性之具体化的普遍媒介之后，是怎么发生变化的(一)。进入了行动协调模式之中的事实性和有效性之间的张力，对维护社会秩序提出了很高的要求。生活世界、自然长成的建制和法律，都必须经得住那通过对可批判的有效性主张采取"是/否"态度而实现的社会联合的不稳定性(二)。在现代经济社会中，这个普遍问题以特殊方式要求在规范上约束同传统伦理生活[Sittlichkeit]相分离的策略性互动。由此而得到说明的，一方面是主观权利[subjektive Rechte❻]的结构和有效性意义，另一方面是法律共同体——它作为自由和平等之公民的联合体而自己决定其共同生活规则——的理想主义含义(三)。

---

❺ 这个词也可以译为"唯心主义哲学"，但这里的重点不是唯心主义和唯物主义之间的对立，而是对理性和法等等的看法上的唯理论和经验论之间的对立，或者超验主义和情境主义之间的对立。英译本把 idealistischen Philosophie 译为"first developed in the Platonist tradition"[最初形成于柏拉图主义传统]。同本书的讨论有很大关系的德国古典哲学也延续了这个传统。

❻ 这个词在英译本中是"individual rights"[个人权利]。德国法学界把 subjektives Rechte[主观权利]与 objektiv Recht[客观法]作为一个对子：两者都是 Recht(不妨译为"法权")，但一个是主观的、主体所拥有的，另一个是客观的，体现为一种客观秩序。作者在本书中多处提到这个概念对子，中译者统一将它们直译为"主观权利"和"客观法"。

1. 意义与真理：内在于语言之中的事实性和有效性之间的张力

将"实践理性"这个基本概念转换为"交往合理性"，对社会理论的好处在于，不必把形成于自亚里士多德到黑格尔的实践哲学中的问题提法和问题答案简单地撇在一旁。绝没有理由认为，面对那些并没有在生活世界中销声匿迹的问题而无动于衷，必须是我们为后形而上学思维前提付出的代价。只要理论自己不切断同非专业人员日常直觉资源之间的联系，客观地压在参与者身上的这些问题，即使从方法论理由来说，就已经是不能忽视的了。当然，实践哲学的基本问题——"我应当做什么？"或者"从长远看或从总体看什么是对我好的？"——以前是完全直接取自日常生活、并且在不经过社会科学客观化之过滤的情况下得到加工的。放弃实践理性这个基本概念，标志着同这种规范主义一刀两断。但即使在交往理性这个后继概念中，理想主义的遗产成分也仍然保持着。在以提供说明为己任的理论构造这种新的语境当中，这些成分绝不仅仅是一种优势。

不管今天的理性概念同它的柏拉图主义来源有怎样的距离，也不管经过一些范式转换以后它发生了怎样的变化，对它来说具有构成意义的仍然至少是同一些构成极限的、理想化的观念的联系——即使不是同理想内容的联系，更不要说同理念的联系。每一种理想化，都驱使着概念去超越对一种有待说明之既定现实的模仿性适应。现在，如果把对于交往理性概念的这种理想化操作甚至归诸社会现实本身(可以说是植入这个现实),从经验科学角度来说很有理由的那种怀疑——怀疑是不是把理性和现实混淆起来了,就越来越加重了。在何种意义上可以把像交往理性这样的东西具体化为社会事实?我们有什么理由一定要主张这样一个看起来完全违反直觉的假定呢?虽然我不想重新叙述交往行动理论的基本内容,我还是得简单回顾一下,**在语言学转向之后**,首先在概念构造和判断构造的初级层次上出现的事实性和有效性之间的关系,是怎样的情形。

(1)19 世纪后期,康德关于本体界[Intelligible]❼和现象界[Phänomenale]之间抽象对立的形而上学背景假设已不再令人信服,黑格尔对本质和现象这两个辩证运动领域的思辨说明更加失去可信性。在这样的情况下,经验主义观点占据了上风,它对逻辑关系甚至整个概念关系提供了心理主义的说明:有效性关联被同化为意识过程。针对这种心理主义,美国的皮尔斯[Charles Sanders Peirce]、德国的弗莱格[Gottlob Frege]和胡塞尔[Edmund Husserl]、最后是英国的摩尔[G.E.Moore]和罗素[Bertrand Russell],提出了几乎完全相同的、至少是相似的反驳。他们反对把经验心理学当成逻辑学、数学和语法学的基础学科,由此为 20 世纪哲学铺设了发展轨道。

弗莱格用这样一个命题概括上述反驳:"我们与其说是

---

❼ 英译本此处为"the noumenal"。

思想的拥有者,不如说是表象的拥有者。"[7] 表象总是我的或你的表象;它们必须被归诸某个可在空间和时间中确认的表象主体,而思想则是超越个体意识界限的。思想,即使把握它的是不同地点不同时间的各个不同主体,就其内容而言,严格说来它仍然是**相同的**思想。

此外,对简单主谓句子的分析表明,思想[Gedanke]具有的结构,比表象性思维[Denken]具有的结构要复杂得多。借助于名称、记号、指示性表达式,我们指称个体对象,而这些单称词项占据主词位置的句子,则总体上表达一个命题或报告一个事态。如果这种思想是真的,表达这个思想的句子就报告一个事实。对那种认为思想是表象性意识的观点的批评,就是以这个简单的考虑为基础的。在表象中给与的仅仅是对象,而我们在思想中把握的则是事态或事实。通过这种批评,弗莱格向语言学转向走出了第一步。从此以后,思想和事实不再能够被定位于可表象的对象世界之中;它们仅仅作为**被表述的东西**[dargestellt],因而作为在句子中表达的事态才能被把握。

(2)思想是具有命题结构的。这句话的意思,可以通过简单肯定句的语法构造加以清楚说明。这里我不用详细说明这个问题。重要的仅仅是,我们能从中读出思想结构的仅仅是句子的结构。句子是合乎语法之语言的可以有真假的基本部分。因此,如果我们要说明思想之区别于表象的独特地位的话,我们必须诉诸语言的媒介。思想超越个别经验意识,以及思想内容独立于个人经验之流,这两个环节都只能这样来描绘:语言表达式对不同使用者来说具有**同一的意**

义。不管怎样,一个语言共同体的成员在实践中必须从这样一点出发,即说话者和听话者对一个语法表达式是能够以同一方式来理解的。他必须假定,同一个表达在使用它的多样情境和多样言语活动中保持同样的意义。即使在意义的符号基础中,多样的相应符号事件中符号类型也必须是能够作为相同的符号来辨认的。在类型[type]和记号[token]之间这种具体感受到的关系中所反映的,是一般和特殊之间的逻辑关系,这种逻辑关系在哲学观念论那里被理解为本质和现象之间的关系。这同样适用于概念或意义和表达它们的呈现形式之间的关系。把被表达的思想作为一般的东西、自我同一的东西和可公开把握的东西,作为某种超越个体意识的东西,而同内在于意识的表象区别开来的,是根源于语言符号和语法规则的那种理想性。正是这些规则,在语音、句法和语义方面赋予语言事件以其确定的、在各种形态中保持不变的、可重复辨认的形式。

(3)概念和思想的普遍性所具有的理想性,是与完全另外一个种类的理想性交织在一起的。每一个完整思想都以一种事态[Sachverhalt]作为其确定内容,这种事态是可以在一个陈述中加以表达的。但是除了陈述内容之外,每个思想还要求进一步的规定:它要问它是真的还是假的。思想的和说话的主体对每个思想可以采取"是"或"否"的态度;因此,除了对思想的纯粹持有之外,还有一种判断的活动。只有那种被肯定了的思想或真的句子才表达一个事实。对一个思想的肯定判断,或者一个被主张的陈述的肯定意义,使得理想性的一个进一步环节,即判断或句子的有效性,发挥作用。

对表象性思维的语义学批判已经表明,"这个球是红的"这个句子,所表达的并不是对一个红球的个体表象。相反,它是那球是红的这样一个事实的描述。这意味着,一位以肯定模态来表达"p"的说话者,借助于他的肯定判断和"是"的态度,不是涉及一个对象之存在[Existenz],而是涉及一个相应事态之成立[Bestehen]。一旦我们把"p"扩展为这个句子:"**存在着**至少一个对象,这个对象是一个球,并且对于这个球来说,'它是红的'是有效的",我们就可以看到,"p"的真理性和相应事态或状态的实有其事,不应该被理解为是一对象的现存[Vorhandensein]或者存在[Existenz]。实有其事[veritative Sein]不应该同存在[Existenz]混为一谈。⁸否则的话,我们就会像弗莱格、胡塞尔、后来还有波普尔[Karl Popper]那样被误导到意义的柏拉图主义观那里,把思想、命题或事态当作理想性自在之物[ideales Ansichsein]。这些作者认为,有必要用一个无时间的理想形式的第三世界来补充意识哲学的构造,与这个世界相对的是可在时空中定位的种种过程的世界,也就是说一方面是由可感觉或可操纵之对象和事件构成的客观世界,另一方面是由惟有每个个人能进入的经验构成的主观世界。

但是,意义柏拉图主义的这种三世界学说的形而上学性质并不亚于主观观念论的两领域学说。因为,这三个世界之间是如何相互接触的,仍然是一个谜。"哪怕是无时间之物,也必须以某种方式同有时间之物交织在一起",弗莱格说。⁹一旦意义和思想被实体化成为理想地存在的对象,各个世界之间的关系,不仅是描述和事实之间的关系,而且是经验和判断之间的关系,就提出了一些难题,对这些难题形式语义学化了几十年功夫也百思不得其解。

（4）赋予思想以一种穿过经验之流而显露出稳定命题结构的那种理想性，之所以能具有这种作用，是因为它为概念和判断确保了普遍的、主体间可承认的、在此意义上同一的内容。这种理想性内在地指向真[Wahrheit]这个观念。但是，真之有效性[Wahrheitsgeltung]的理想性，并不像意义普遍性[Bedeutungsallgemeinheit]的理想性那样，可以仅仅主要用语法上的不变性、因而用语言的规则结构来加以解释。由于形式语义学根据弗莱格的观点只使用语义学的语言概念，对语言之使用的所有方面都避而不谈、把它们交给经验分析去研究，它就无法在语言交往的视域之内来阐明真的意义。相反，它重提语言与世界之间、句子与事实之间、或思想与思想力（作为领悟思想、做出判断的主体能力）之间的存在论关系。与此相反，皮尔斯则把语言学转向继续往前发展，把语言之使用也包括在形式分析之内。

就像洪堡[Wilhelm Humboldt]把对话看作是语言成就的核心一样，皮尔斯把交往、以及一般意义上的符号诠释看作是语言成就的核心。根据这种达成理解之实践的模式，他不仅对概念形态的那个确立普遍性的环节，而且对真判断之形成的那个超越时间性环节，提供了说明。"用语言来表象的世界"这个两极概念，在皮尔斯那里被代之以"用语言向一个可能诠释者表述的世界"这个三极概念。[10]作为可能事实之总和的世界，仅仅是对于这样一个诠释者共同体才得以构成的，这个共同体的成员在一个主体间共享的生活世界内彼此就世界上的某物达成理解。"实在的"[wirklich]，是在真的陈述中加以描述的东西，而"真的"[wahr]，则要参照一方通过断定该陈述而向另一方提出的主张[Anspruch]而得到说明。说话者通过其陈述的肯定含义而为其所肯定之陈述的有效性[Gültigkeit]提出具有可批判性的主张；而因为无人能直接利用未经诠释的有效性条件[Geltungsbedingungen]，"有效性"[Gültigkeit]就必须在认知方面被理解为"向我们证明了的有效性"[Geltung]。陈述提出者为其陈述之真所提出的主张在得到辩护之后，也要在可能反对者之反对面前根据理由来进行捍卫，最终或许能指望整个诠释共同体的一种受到合理推动的同意。

但是，诉诸介入其特定生活形式的各个**特殊**诠释共同体，还是不够的。即使我们无法突破语言和论辩的领域，即使我们必须把实在理解为我们可以在真陈述中表象的东西的总和，我们也不应该在同实在的联系中遗忘同某种独立于我们的东西（在这个意义上也就是超越的东西[Transzendentes]）的联系。在提出每一个有关陈述之真的主张时，说话者和听话者都超越了每个个别集体的地域性标准，超越了每种特殊的、定位于此时此地的理解实践。因此，借助于"终极意见"[final opinion]这个反直觉概念，一种在理想条件下达到的共识，皮尔斯建构了某种类似于内在超越[Transzendenz von innen]之类的东西："因此，实在的东西就是那信息和推理迟早会导致的东西，因此它是独立于各种各样的我和你的。这样，实在这个观念的起源本身表明这个观念本质上包含了共同体的概念，它没有确定的界限,但能够确定地增长知识。"[11]皮尔斯把"真"解释为合理的可接受性,也就是说解释为对具有可批判性的有效性主张的确认,而这种有效性主张的提出,则需要一种特定的听众群体作为交往条件——在社会空间和历史时间中理想地扩展的有判断能力的听众群体。

(5)借助于对真这个观念的语用学说明,我们涉及了一种对达成理解之实践本身来说具有构成性作用的事实性和有效性之间的关系。就此而言,这种关系也涉及相对于在工具性行动或在科学研究中被客观化了的实在来说层次更高的社会实在,皮尔斯所说的"研究者共同体"也是这种实在的一部分。概念之普遍性所具有的理想性向我们提出了这样的问题,即根据语言的规则结构来说明,同一的意义,是怎么可能在各种语言实现形式的多样性之中保持不变的。真之有效性的理想性向我们还提出了这样一个范围更广的任务:根据论辩实践的交往条件来说明,此时此地提出的旨在主体间承认或接受的对真的主张,是怎么可能超越在各个特定诠释者共同体中起作用的"是"/"否"态度之标准的。正是这个超越性环节,才把取向于对真的主张的辩护实践同别的那些纯粹通过社会惯例来调节的实践区别开来。对皮尔斯来说,诉诸一个无限制交往共同体,有助于那无条件性的永恒环节(或超时间性)被代之以一个开放的但有目标导向的诠释过程的观念,这个诠释过程从内部、从一个世界内有限存在的视角出发去超越社会空间和历史时间的界限。在皮尔斯看来,在时间之中,无限交往共同体的学习过程应该建立起架通所有时空距离的桥梁;在世界之中,应该去实现超情境有效性主张的无条件性必须预设为充分满足了的那些条件。在这里,某种程度的满足之被当作"充分"的,是指我们当下的论辩实践有资格成为一种典型——有资格成为无界限诠释共同体不可避免地作为基础的普遍商谈的一个局限于特定时空的典型。由于这种**投射**[projektion],事实性和有效性之间的张力转移到交往的预设之中,这些预设,即使具有仅能近似地实现的**理想**内容,却是每个参与者**事实**上必须做出的,如果他毕竟要肯定或否定一陈述的真的话,如果他愿意为辩护这个有效性主张而加入一场论辩的话。

皮尔斯起初的目的是对认识论和科学论问题作符号学的转化;当他提出上述模式时,他想到的可能是一个学者共和国的论辩实践。但是,适用于一个学者的交往共同体之内的理解的,经过适当修正以后,也适合于日常的交往。因为,言语活动理论揭示出日常交往实践具有完全类似的结构和预设。在这里,参与者们在为他们的表达式主张有效性的时候,也彼此就世界中的某物达成理解。区别于那种受论辩支配的研究过程的,可能是日常实践中得到主张的不仅仅是或不主要是语言的描述功能;在这里发生作用的是**全部**的语言功能和世界关系,从而有效性主张的范围不止于对真的主张。此外,这些有效性主张,除了肯定性命题的有效性主张[assertorischer Anspruch]之外,还有对主观的真诚[subjektive Wahrhaftigkeit]和规范的正确[normative Richtigkeit]的主张。这些主张起初是朴素地、因而是无意识地提出的,但它们仍然是隐含地依赖于对有效性主张的商谈性确认的可能性的。

把这个扩展了的有效性谱系置于生活世界之中,使得有必要将皮尔斯的无界限交往共同体的概念加以普遍化,超越科学家们对真理的合作寻求。皮尔斯在科学实践的不可回避的[nicht-hintergehbar]论辩预设中所发现的那种事实性和有效性之间的张力,我们可以从各种论辩的交往预设出发,一直追寻到每个言语活动和通过这些活动而连接起来的互动关联之中。[12]

2. 内在超越:生活世界和古代世界中对异议风险的处理

不管我们对这个有争议的、需要进一步澄清的观念的细节持什么态度,我们还是可以坚持说,在阐明语言表达的意义和陈述句子的有效性的时候,我们涉及了同语言媒介相联系的理想化:概念之普遍性和意义之普遍性的理想性,是语言的语义分析能够研究的,而对有效性概念的理想性的研究,则是以理解为取向的语言使用的语用分析的任务。此外,如果语言行动的语内行动约束力[illokutionäre Bindungskräfte]被要求用于对不同行动者的行动计划进行协调,这种内在于语言的理想化就获得了一种**行动理论的**意义。有了把语言理解作为行动协调之机制的交往行动概念,以有效性主张为行动取向的行动者的虚拟假设,也对社会秩序之形成和维持具有了直接相关性。因为,这些秩序之**成立**[bestehen],就在于对规范性的有效性主张的承认。这意味着,内在于语言和语言使用之中的事实性与有效性之间的张力,又重新出现于社会化的、无论如何是通过交往而社会化的个体之间的整合方式之中,并必须由参与者们自己来消除。在通过实证法而实现的社会整合中,这种张力,如我们将要看到的,是以一种特殊方式来加以缓和的。

(1)任何一种不借助赤裸裸社会暴力来完成的社会整合,都可以被看作是对这样一个问题的解决:多个行动者的行动计划,可以作怎样的彼此协调,以使得一方行动是同另一方行动"相衔接"的。一种持续进行的这种衔接,减小了双倍不确定地彼此碰撞的诸可能选择的作用空间,以至于意向和行动的多多少少无冲突的网络因此而成为可能,由此形成一般意义上的行为模式和社会秩序。只要语言仅仅被用作信息和冗余信息的传递媒介,行动协调就是通过行动者们以目的合理的方式彼此影响而实现的。相反,一旦言语行动的语内行动力量承担协调行动的作用,语言本身将表现为是社会整合的首要源泉。只有在这种情况下才能谈论"交往行动"。在这种行动中,行动者以说话者和听话者的角色协商共同的情境诠释,通过达成理解的过程、也就是说通过无条件地追求语内行动目标,而彼此协调他们的计划。语言的约束力如果要为协调行动计划的目的而动员起来,参与者就必须悬置观察者和直接以成功为取向的行动者所持的客观化态度,而采取将与第二个人就世界上某物达成理解的说话者的施为性态度。在这种情况下,言语活动提议可以发挥协调行动的作用,因为从受话者对一个认真的提议的肯定性态度出发,将产生同未来互动有关的义务。

交往行动作为基础的那种以达成理解为取向的语言使

用,是以这样一种方式发挥作用的:参与者对他们言语活动之被主张的有效性,要么表示同意,要么说清楚他们在进一步行动过程中将一起考虑的那些异议。在每一个语言活动中,都提出旨在主体间承认的具有可批判性的有效性主张。言语提议之所以可以具有协调行动的作用,是由于说话者在提出他的有效性主张时,也作出了足够可信的担保,保证必要时将用恰当的理由来兑现所提出的主张。有效性主张是超越所有局域性的、在特定范围接受和承认的标准的;在作了这种无条件的有效性主张之后,皮尔斯以科学陈述的真之有效性为例分析过的那种理想张力,却进入了生活世界的事实性之中。可批判有效性主张的可兑现性的观念需要一些理想化形式,这些理想化是为交往行动者自己所预设的,并因此从先验的[transzendental]天上拉到生活世界的地上。交往行动理论将本体界加以非先验化[detranszendentalisiert],仅仅是为了在言语活动之不可避免的语用前提中,也就是在日常交往实践的核心中,确定皮尔斯在科学论辩实践——这种似乎外在于日常生活的交往形式——中所证明了的那种先验性前概念[Vorgriff]的理想化力量。即使是最稍纵即逝的言语活动提议,或最常规的"是"/"否"态度,也取决于潜在的理由,并因此诉诸无边界诠释共同体的理想地扩展了的受众群体,为了使言语活动成为得到辩护的、因此是合理地可接受的,这种共同体必须对此确信无疑的。

(2)我们刚才把概念之普遍性和意义之普遍性的理想性区别于有效性概念的理想性。对这些理想性的说明,前者可以借助于一般意义上的语言的规则结构,后者可以借助于以理解为取向的语言使用的预设。这两层理想性是内置于语言交往本身之中的,并通过交往行动而在构造社会实在——由在空间和时间中辐射的互动网络而组成的社会实在——中发挥作用。意义之普遍性的理想性之所以影响交往行动的联系,是因为参与者如果不是预设了一个共同的(或可以翻译的)语言、因而赋予所使用之表达式以同一的意义,他们就不可能想要彼此间就世界上某物达成理解。只有当这种条件被满足了,误解才能被证明为误解。语言表达式之运用的同义性这个预设,从观察者角度来看可能常常被证明为不恰当的;尤其是如果在民族方法学家显微镜之下观察的话,大概总是如此的。但即使是作为虚拟的东西[kontrafaktisch],这些预设对于每个取向于理解的语言使用来说,也是必不可少的。

每种意识到只有通过诠释学意义理解才能通向其研究领域的社会学,都必须承认事实性和有效性之间的这种张力。但是这种状况用不着动摇那种把社会学当作常规经验科学的自我理解,因为它可以赋予交往行动的主体**本身**以一种正常能力,一种随语言能力而来的清除产生于纯粹误解的交往干扰的正常能力。误解无伤大雅地否定那些必然预设的理想化。这也适用于一个进一步的、对于交往行动来说不可避免的——仍然是具有理想化的——预设。那就是说,互动的参与者必须彼此承认对方是具有责任能力的,因而预设他们是能够使其行动以有效性主张为取向的。一旦这种合理性期待被证明是错的,参与者(就像作为虚拟参与者[virtueller Teilnehmer]的社会学观察者那样)就放弃他们的施为性态度,而转向客观化的态度。

但是,在交往行动的这个苛刻的、虚拟的前提——它应当确保有效性主张具有无条件性这样一个特征——当中,产生了另一种问题情况。也就是说,这第二层次的理想化以这样一种方式确定了社会实在的构成:每一种理解,每一种使得行动之协调、互动之复杂构造和行动系列之衔接成为可能的交往地实现的理解,都以对可批判之主张的主体间承认作为标准,并因此赋予那种以双重否定为基础的"是"/"否"态度[die auf doppelter Negation beruhenden Ja-/Nei-Stellungnahmen]以日常语言游戏之功能中的决定性作用。这种态度赋予它们所创造的社会事实以一种理想的张力,因为它们是对于有效性主张的反应,而对于有效性主张的辩护,则必须预设一个理想地扩展的受众群体的同意。陈述和规范(以及表达体验的句子)提出了对于超越时空之有效性的主张,而现实的主张在每种情况下都是此时此地在特定语境之内被提出、被承认或被拒绝的(这种承认和拒绝是产生直接行动后果的)。我们的表达式和我们的辩护实践的被主张的**有效性**[Gültigkeit],不同于事实上起作用的标准和纯粹既成的或通过制裁之威胁而确定下来的期待**社会效力**[soziale Geltung]。无条件性的理想环节深深地包含在事实上的理解过程之中,因为有效性主张表现出两副面孔:作为主张,它们突破每一个语境;同时,它们必须在此时此地被提出、正像它们必须在此时此地被接受一样,如果它们应该支持有协调作用的一致意见的话(因为对这种一致意见来说,是不存在任何零语境[Null-Kontext]的)。被主张之合理接受性的普遍性是突破所有语境的,但只有本土的有约束力的接受行动,才使有效性主张成为引导受情境束缚之日常实践的轨道。

诠释性社会学,如果它意识到在它对象域中存在着事实性与有效性之间的这第二种、更加激进的张力,就必须修正那种把自己当作经验科学的常规性自我理解,而把自己理解为一种按重构方式进行工作的社会科学。需要用一种重构性思路来说明,在社会交往过程是带着一些始终受到威胁的虚拟预设而进行的情况下,在这种不稳定的社会交往条件下,社会整合一般来说是如何实现的。

(3)向社会整合之条件的重构迈出的第一步,导致**生活世界**[Lebenswelt]这个概念。关键的是这样一个问题,即社会秩序应该如何形成于受事实性与有效性之间爆炸性张力威胁的达成共识过程之中。每个互动都必须吸纳的那种双重不确定性,在交往行动那里采取一种特别脆弱的形式,即一种内在于理解机制之中的时时出现的异议的风险,在那里,每一种异议从协调行动的角度来说都引起很高的代价。通常情况下可做的选择很少:简单的修复工作;将有争议的主张搁在一边,其结果是共享信念的基础缩小;过渡到代价高昂的商谈,但它的结局是不确定的,还会引起令人不安的种种疑问;打破交往,抽身而出;最后是转向策略性的、追求各自成功的行动。无疑,那种以说"不"的能力为基础的追求同意的合理动力是具有优势的,那就是**无暴力地**稳定行为期待。但是,经验、也就是出乎意料的不确定情况不断提供养料的异议所造成的风险,是相当高的。如果交往行动不根植于提供大规模背景共识之支持的生活世界的语境之中,这样的风险就会使基于交往行动之社会整合变得完全没有可能。明显的理解活动可以说从一开始就是在共同的不成问题之信念的视域中进行的;同样,它们也从这种**早就熟悉了的**资源当中得到营养。经验和矛盾,不确定性和批评所造成的持续不安,在日常实践中撞击着由公认的意义模式、忠诚和技能构成的绵延不断、坚不可破和根深蒂固的岩石。

这里我用不着详细讨论对这种生活世界的形式语用学分析,也用不着讨论交往行动在商谈和生活世界之间占据的理论构造上的地位。生活世界同时构成了言语情境的视域和诠释成就的源泉,而它自己也只有通过交往行动才能再生产。[13]这里,关于生活世界的背景知识我感兴趣的是它的那种前述谓的[vorprädikativ]和前范畴的[Vorkategoriale]的独特性质;在胡塞尔那里,这种性质已经使他注意到日常实践和世界经验的"被遗忘的"意义基础。[14]

在交往行动中,生活世界以一种直接的确定性包围我们,出于这种确定性我们切近无隙地生活和说法。交往行动之背景的这种既渗透一切又隐匿不明的呈现,可以被描述为一种高强度但同时不完善的知识和能力。一方面,我们对这种知识作不由自主的运用,而并未反思地知道我们**确实**是拥有它的。赋予这种背景知识以绝对确定性,甚至从主观角度赋予它以强化性知识性质的,恰恰是从客观的方面来看的这样一种性质:我们运用这种知识,却并没有意识到它有可能是错的。这种性质使它失去了对知识来说具有构成意义的一个特点,因为所有知识都是可错的,并且被意识到是这样的。就此而言,背景知识一般地讲根本不代表任何严格意义上的知识。它所缺少的是同成问题之可能性之间的内在联系,因为它只有在非常特殊的情况下才会涉及可批判的有效性主张,但在这种成为讨论主题的时刻,它就不再作为生活世界的背景而起作用了;就它作为背景知识的模态而言,它在这种时刻**土崩瓦解**了。背景知识作为背景知识是不能被证伪的;它一旦成为讨论的主题,一旦卷入了成问题之可能性的漩涡之中,它就分崩离析了。赋予它以特有的稳定性的,最初使其免于遭受产生不确定性的经验之压力的,是它**对事实性与有效性之间张力的独一无二的拉平**:那个溢出所与之物的理想性的虚拟环节,那个使得同现实的令人吃惊的对抗最初成为可能的虚拟环节,消失在有效性的向度本身之中;而同时,默会知识从中获得其确信力量的那个向度,则依然如故。

(4)一种类似的、同样对行为期待起稳定作用的事实性与有效性的混合,以完全另外一种形式出现于已经通过了交往行动的、因而有可能作为讨论主题的知识的层次上,那就是,那种带着似乎不容争辩的权威主张而出现的古代建制[archaische Institution]。在基于血缘的受禁忌保护的建制之中,彼此混合的认知性期待和规范性期待凝固成为一种与动机和价值取向相联系的信念复合体。威力强大的建制权威在行动者的社会生活世界**之内**与他们相遇。在这里,生活世界不再从形式语用参与者的视角出发被描述为背景知识,而是从社会学观察者的视角出发被客体化。生活世界——建制是它的部分之———是作为一种通过交往行动而再生产的彼此交叉的文化传统、合法秩序和个人认同而出现在人们面前的。

阿诺尔德·盖伦[Arnold Gehlen]的建制人类学理论使我们注意到原始的、具有神灵光环的规范性共识这种现象。

从分析的角度来看,这种共识是可以同生活世界的确定性区分开来的。因为这种共识尤其涉及行为期待,这些行为期待尽管深深地扎根于建制之中,却作为明显的知识被文化传递、被熟练掌握。[15]在神秘叙述和仪式行动之间的相互作用之中可以看到,为什么这种知识只能有保留地被成为讨论主题。通过仪式来巩固的交往限制,保护了描述的、评价的和表达的内容由于相互交叉而形成的综合体的权威有效性,使其免受质问。这种凝聚的信念复合体所宣称的有效性,是用事实的东西装备起来的有效性。这样,**事实性和有效性的混合**之发生的形式,不是对于基本的、我们同时作为生活世界在背后持有的确定性的从来就有的熟悉,而是一种引起复杂感情的、不由分说地与我们**遭遇**的权威。涂尔干[Emile Durkheim]在研究神灵对象时对这种有效性形式的模棱两可性质了分析,这些神灵对象使观察者充满着恐怖加上狂喜的感受,在他们身上同时引发恐怖和战栗。[16]相互冲突之诸感受的共生体,我们今天在审美体验中仍然可以获得;在像巴塔耶[Georges Bataille]和莱利斯[Michel Leiris]这样的作者不仅制造而且描述的超现实主义震撼之中,这种感情既是受驾驭的,又是可再现的。[17]

在威权建制的这种既使人恐怖又使人迷惑的魅力之中,我们现在看来彼此互补协调的两个环节,却令人惊奇地融合在一起了。一种复仇力量的威胁和一些具有约束力的信念的力量,这两者不仅并存着,而且出自同一个神秘来源。由人来执行的制裁是次要的:这些制裁的惩罚对象是对那种内在地既具有**强制性**同时又具有**约束力**的既有权威的违反。社会制裁的那种可以说带有仪式性的意义,就是从这种权威而来的。显然，社会集体的整合之可以通过那种取向于有效性主张的行动而确保，首先是因为这种行动中存在的异议风险，能够**在有效性向度本身之中**加以控制。今天我们对于违反乱伦禁忌的根深蒂固的反应，也使我们想到，血缘社会核心领域中行为期待之稳定的确保，必须借助于一些具有既约束人又威慑人的**魅惑性**权威的信念，必须在一个特定域限之下进行，在这个域限之内，对我们而言的制裁性强制，与令人信服之理由的非强制的强制性，不可逆转地分离开来了。

在这个域值之内，有效性拥有事实性东西的力量，不管其形式是脱离了交往（因为处于背景之中）的生活世界的确定性的形式，还是一种特定的指导行动信念，这种信念是可交往地运用的，但仍处于魅惑性权威的交往限制之内、没有成为疑问的对象。

（5）只有第三个重构步骤才把我们引向法律这个范畴。交往行动置身于生活世界语境之中、行为调节借助于最初的一些建制，这些都说明了在小型的、相对来说尚未分化的团体中，在达成理解过程这种似真性程度不高的[unwahrscheinlich]基础之上的社会整合，一般来说是怎么可能的。当然，针对可批判的有效性主张的"是"/"否"态度的异议风险，在社会进化的过程中的空间是越来越大的。但是，社会的复杂性程度越高，最初限于种族中心的视野越宽，生活形式多样化和生活历程个体化的程度就越强，它使得生活世界的背景信念的重叠或汇聚的区域越来越小。随着其祛巫解魅程度的提高，世俗化的信念复合体逐渐分崩离析，在分化开来的诸有效性方面变成具有交往流动性之传承过程的多多少少可随意提出疑问的内容。但是,**社会分化**的过程首先必然导致功能上分化的各种任务、社会角色和利益立场的多样性。这使得交往行动又可能脱离范围狭小的建制条件而转向范围更宽的选择空间,也在不断增多的范围内不仅释放出、而且同时要求产生出那些受利益导向的、以个人成功为追求目标的行动。

以上简短论述应该足以显示现代社会所出现的那个问题:一旦交往行动具有了自主性,并且从行动者自己眼光出发与策略性互动明确分开,社会秩序的有效性能够怎样加以巩固。当然,利益取向的行动始终是已经在一种规范秩序的框架之内被给定的。在以国家形式组织起来的社会中,成熟的规范秩序之上就已经加上了法律规范。但在这些传统社会中,法律仍然依赖于宗教上升华之神灵物的自我授权力量。比方说,在欧洲法律传统中有一个著名的法律等级秩序,根据这个等级秩序,由君主所制定的法律仍然是**从属于**由教会来执行的基督教自然法的。这个等级秩序的根源,就是事实性和有效性之间的宗教混合。

下面,我的出发点将是一个更加世俗化的社会,在这个社会中,规范秩序必须在没有元社会保障的情况下加以辩护。即使是生活世界的确定性——它不管怎么样是在发生着多元化、在越来越分化——也无法为这种缺失提供足够补偿。所以,社会整合的负担越来越多地推卸给行动者的理解成就,对这些行动者来说,有效性和事实性,也就是具有合理推动力的信念和外部制裁的强制这双重力量,至少在用伦理和习惯来调节的行动领域内,是彼此不相容地并列着的。如果就像我与涂尔干和帕森斯[Talcott Parsons]一样所认为的那样,互动关系是不可能仅仅在以成功为取向的行动者的相互影响基础上得到稳定的,那么,社会就**说到底**将通过交往行动而得到整合。[18]

在这样一种情况下,以下问题必定变得十分尖锐:那些分化了的、自我多元化和解魅化的生活世界,在脱离了神灵权威、摆脱了威严建制的交往行动领域中异议风险同时不断增长的情况下,如何可能进行社会整合。根据这种局面,越来越大的整合需要对可供使用的理解机制的整合力提出了苛刻要求,尤其是因为,就像在现代经济社会中那样,越来越多的从社会结构上来说不可缺少的策略性互动被释放出来了。[19]在发生冲突时,交往行动者面临这样的选择:或者是中断交往,或者是转向策略性行动——尚未解决的冲突要么拖延不决,要么见个分晓。走出这种困境的一条出路是**对策略性互动的规范性调节**,对此行动者们自己要**达成理解**。进行这种调节的规则的悖论性质表现在这样一个前提上:事实性和有效性对行动主体本身来说分解为两个互相排斥的向度。对于取向于成功的行动者来说,情境的所有组成部分都转化为事实,并根据其偏好进行评价,而取向于理解的行动者,则依赖于共同谈妥的情境理解,并仅仅根据主体间承认的有效性主张来诠释有关的事实。但是,如果这种成功取向和理解取向是行动主体仅有的选择,那么规范,那些适合于对策略性互动加以社会整合的限制、因而进行对所有参与者都具有约束力的调节的规范,必须满足两个从行动者眼光来看无法同时满足的互相矛盾的条件。一方面,这些规则要作出一些事实性限制,这些限制会改变有关信息,以至于策略行动者觉得有必要对其行为作一种客观上有利的调整。另一方面,这些规则又必须表现出一种社会整合力来,因为它们对其承受者施加了一些义务——根据我们的前提,这些义务只有在主体间承认的规范性有效性主张的基础上才是可能的。

根据上述分析,所要求的那种规范,必须同时通过事实性的强制和合法的有效性,才能使人愿意遵守。这种规范必须带着这样一种权威而出现,这种权威又一次使得有效性具有事实性之物的力量,不过这一次是在成功取向之行动和理解取向之行动已经两极分化的条件下,即事实性和有效性之间出现了**感知到的**不协调的条件下。如我们所假定的那样,那种神灵之物的元社会担保业已破产,而正是这种担保,使得古老建制的自相矛盾的约束力、也就是有效性和事实性融合于有效性向度自身之中,成为可能。这个谜语的谜底,在于这样一种权利体系之中,它赋予主观行动自由[subjektive Handlungsfreiheit]以客观法强制。因为,从历史的角度来看,也正是主观的私人权利[subjektive Privatrechte]——它们划分出个人行动的合法领域、并因此而适合于对私人利益的策略性追求——构成了现代法的核心。

3. 法律有效性之诸向度

28

自从霍布斯以来,建立在契约自由和财产权利基础之上的资产阶级私法[bürgerliches Privatrecht]的规则,被当作是一般意义上的法律原型。甚至康德在他的法权论[Rechtslehre]中也从这样的自然的主观权利出发,这种权利授权每个人用强制力量来抵抗对他们的由法律确保的主观行动自由的侵犯。在国家垄断了对所有合法强制力的运用之后,强制力不再由拥有权利的个人直接行使;随着从自然法到实证法的过渡,这种对使用强制力的授权变成为对提起诉讼的授权。同时,主观的私人权利又得到了与之同构的抵抗国家暴力本身的权利的补充。这种权利保护拥有权利之私人免受国家机构对其生命、自由和财产的非法干预。在这里我们感兴趣的是**合法律性的概念**[Begriff der Legalität]。借助这个概念康德从主观权利出发解释整个法律的复杂的有效性模态。在法律有效性[Rechtsgeltung]这个向度之中,事实性和有效性再一次彼此交叉在一起,但这次,这两个环节并不像在生活世界的确定性,或排除一切讨论的威严建制的强制性权威中那样,结合为一个不间断的混合体。在法律的有效性模态中,国家对法律之**施行**的事实性,与法的**制定程序**——这种程序被认为是合理的,因为它保障自由——的论证合法性力量,彼此结合起来了。这两个依然不同的环节之间的张力,一方面被强化了,另一方面也具有了对行为产生影响的操作形式。

(1)对康德来说,在法律有效性中得到稳定的事实性和有效性之间的张力,是由法律所造成的强制和自由两者之间的内在联系。法律从一开始就与对实施强制的授权联系在一起;但是,这种强制之得到辩护,仅仅是因为它"阻止对于自由的妨碍",也就是说,仅仅是出于抵制对个人自由之侵犯的目的。"普遍的相互的强制同每个人的自由之间"的这种内在"联系",在法律的有效性主张当中得到了表达。[20]法律规则确定了强制的条件,"根据这些条件,一个人的意志

[Willkür]可以根据一种普遍的自由法则与其他人的意志连接在一起。"[21]一方面,行为的合法性被当作"行动与法规的纯粹符合"而强迫施行;[22]因此必须使主体有可能出于道德以外的理由而遵守法规。"强制的条件"要求于它的承受者[Adressat]的,是把它仅仅当作遵守规则之行为的**机缘**[Veranlassung];因为,出于义务的行动、出于道德动机而履行法律,从分析的理由来说就已经是不借助于强制而实行的了。但另一方面,每个人的意志同所有其他人意志的"统一",也就是说社会整合,只有在具有规范有效性的规则基础之上才是可能的,这些规则从道德的眼光来看——根据"一种普遍的自由法则"——是**值得**其承受者的无强制的、也就是受合理推动的承认的。虽然法律主张是同对实行强制的授权相连的,但它在任何时候也必须能够由于其规范性的有效性主张(也就是出于"对法律的尊重")而被人遵守。[23]行动规则的这个悖论——尽管它在道德上是值得承认的,它却只要求客观上与规范相符合的行为——在康德的"合法律性"的概念中得到了解决:法律规范在不同方面同时既是强制性的法律,又是自由的法律。

我们首先用康德法权论中的概念阐明的法律有效性的这双重方面,也可以从行动理论的角度出发加以澄清。法律有效性的两个成分,即强制和自由,使法的承受者有可能选择其行动视角。从经验的角度来看,实证法的有效性首先是这样同语反复地确定的:凡是根据合法程序而获得法律效力的,就被当作是法律——而且,尽管法律上存在着废止的可能性,它暂时是具有法律效力的。但是,要充分说明这种法律规则的意义,只有同时诉诸这样两个方面:一方面是社会的或事实的有效性[Geltung],即得到接受,另一方面是法律的合法性[Legitimität]或规范有效性[Gültigkeit],即合理的可接受性。[24]法律规范的社会有效性,是根据它们得到施行的程度,也就是事实上可以期待法律同伴的接受的程度。当然,与习俗和伦理的有效性不同,实定法[gesatztes Recht]的基础不在于为人熟悉的、传递下来的生活形式的自然长成的事实性,而在于那种**人为确立的事实性**,即从法的形式方面加以定义的、可以向法院提请强制执行的事实性。相反,规则的合法性的程度取决于对它们的规范有效性主张的商谈的可兑现性,归根结底,取决于它们是否通过一个合理的立法程序而形成——或至少,是否曾经是有可能在实用的、伦理的和道德的角度加以辩护的。一条规则的合法性是独立于它的事实上的施行的。但是相反,社会的有效性和事实上的遵守,是随着法律共同体成员对合法性的信念而发生变化的,而这种信念又是以对合法性、也就是该规范的可辩护性的预设为基础的。一种法律秩序的合法性程度越低,或至少是被认为合法的程度越低,诸如威胁、环境力量、习俗和纯粹的习惯等因素,就必须作为补充因素对这种法律秩序起稳定作用。

一般来说,法律系统作为一个整体所具有的合法性程度高于单个的法律规范的合法性程度。德莱伊尔[Ralf Dreier]在谈到法律系统之法律有效性的必要条件时,列举了这样一些方面:它"首先从总体来说是在社会上有作用的,其次从总体来说是在伦理上得到辩护的,而对于单个规范的法律有效性来说,其条件是它是根据一个满足了上述标准的宪法而制定的,而且,就其自身来说,它首先表现出最低程度的社会作用,或社会作用的可能性,其次表现出最低程度的伦理辩护,或伦理辩护的可能性。"[25]

法律有效性涉及这样两方面:一方面是根据其平均被遵守情况来衡量的社会有效性,另一方面是对于要求它得到规范性接受的那种主张的合法性。这种双重关联使得法律共同体成员面对同一条规范时可以或者选择一种客观化态度,或者选择一种施为性态度,并采纳相应的理解方式。对于那些取向于自己成功的行动者的意志来说,在对法律命令之施行的期待中,规则构成了一种事实性的障碍——它意味着规则被违反时所带来的可计算后果。相反,对于一个希望与其他行动者就各自行动之成功所要求共同满足的条件达成理解的行动者来说,规则,连同其规范性的有效性主张,以及对其进行批判性考察的可能性,则形成了对他的"自由意志"[Willen]的约束。存在着这些选择可能,并不意味着把那些从行动者角度出发**仍然无法统一**的环节混淆起来。因为,取决于所选择的视角,法律规范性呈现为不同的情境部分:对策略性行动者来说,它处于社会事实的层次,从外部限制了他的选择空间;对交往行动者来说,它处于义务性的行为期待的层次,对于这种期待,他假定法律共同体成员之间是有一种合理推动的同意的。因此,行动者对于一种在法律上有效的规定可以采取不同的观点,或者是把它的地位看作是具有可预见之后果的事实,或者是归诸它一种规范性行为期待的义务论上的约束性。这样,规范的法律有效性[Rechtsgültigkeit]——关键就在这里——的意思是,**两个东西在同时得到保障**:一方面是行为的合法律性[Legalität],也就是必要时借助于制裁来强制实施的对规范的平均遵守,另一方面是规则本身的合法性[Legitimität❽],它使任何时候出于对法律的尊重而遵守规范成为可能。

行动者对法律的这两种视角——强制性的法律和自由的法律——可以从主观的私人权利中看出。这些规则是不管遵守规则之行为的动机是什么的,就此而言我们可以说,这些规则是"宽容"行动者对单个规则持策略性态度的。作为总体上合法的法律秩序的一部分,这些规则同时是带着这样的规范性有效性主张而出现的,这种有效性主张指向一种合理地推动的承认,并在任何情况下都**期望**[ansinnen]法律的承受者出于不可强迫的义务感而遵守法律。这种期望意味着,法律秩序必须使得永远**有可能**出于对法律的尊重而服从其规则。因此,对强制性法律的有效性模态的这种分析对立法过程具有这样的涵义:实证法也必须是合法[legitim]的。

法律秩序必须确保每个人的权利得到所有其他人的普遍承认;不仅如此,每个人的权利与所有人的权利的相互承认,还必须建立在这样的法律的基础之上,这些法律只有在这样的情况下才是合法的,即它们提供每个人以同等的自由,从而"某个人的意志的自由是可以与每个人的自由相共存的"。这些条件,道德法则本身是满足的;但是,对于实证法的规则来说,这些条件则必须由政治立法者来满足。因

---

❽ Legitimität 与 Legalität 是本书最重要的一对术语之一,涉及全书讨论的"事实性"和"有效性"之间关系的最重要方面之一。在汉语中都可以译成"合法性",但后者的意思仅限于把现行法律作为标准来衡量一个规定或一个行为,而前者则可以把现行法律本身也作为评价对象(如黄宗羲在《明夷待访录》中批评有些法是"非法之法",现代学者也经常谈论某某社会的"合法性危机")。为避免误解,本书中 Legitimität 都译成"合法性",Legalität 都译成"合法律性"。

此，立法过程在法律系统当中构成了社会整合的首要场所。于是对立法过程的参与者就产生了这样的期望，即要求他们走出私的法权主体的角色，以公民的身份采取一个自由地联合起来的法律共同体成员的视角。在这个法律共同体中，调节共同生活的规范性原则，要么已经由传统来保障同意，要么可以根据规范地接受的规则而形成同意。在那种可采取强制行动予以保障的个人对其各自利益的策略性追求当中，我们已经分析了事实性的强制和合法性的有效性之间的一种特征性结合。公民在参与这种结合所要求的立法过程时，不能仅仅以取向于成功的法律主体的身份。只要政治的参与权和交往权对于合法的立法程序来说是构成性的，这些主观的权利就不应该仅仅是**按照**单个私法主体的**方式**来行使的，而相反必须按照取向于理解的行动主体之间的理解过程的参与者的态度来行使。因此，在现代法——事实性和有效性之间的张力在其中既得到了强化、又被付诸行为操作——这个概念中，就已经有了卢梭和康德所阐发的**民主思想**：一个由主观权利而构成的法律秩序的合法性主张，只有通过自由和平等的"所有人的重合的和联合的意志"的社会整合力量，才能得到兑现。

公民自主的观念我们还将具体地讨论。这里我由这个观念而想到的是以下情况，即强制性法律要证明其为自由的法律的合法性，不仅必须通过立法过程，而且必须通过特定种类的立法过程。在法的这种实证化过程[Positivierung]中，事实性与有效性之间的张力再次出现，不过其方式不同于实定规范。诚然，合乎法律的行动，可以被描述为对不仅以制裁之威胁为后盾、而且通过政治立法者的决定而生效的规范的遵守。

33 但是,立法过程的事实性区别于进行制裁的执法过程的事实性,因为对实行法律强制的允许,必须能够**回溯到**一种同立法者之决定相联系的**合法性期待**[Legitimitätserwartung],而这种决定是具有不确定性和可修改性的。与法律的实证性[Positivität]相联系的是这样一种期待,即民主的立法程序为实定规范具有合理可接受性这样一个假定提供了基础。在法律的实证性中所表现的不是一种随意的、完全不确定的意志的事实性,而是这样一种合法的意志,它来自政治上自主之公民的被认为理性的自我立法过程。在康德那里,民主原则也为一种依靠法律来建立秩序的利己主义制度填补了一个漏洞,这种制度无法在自身基础上维持自身,而必须依赖于公民的一种背景共识。主观权利局限于以成功为取向的行动,这样的权利所提出的纯粹法律性质的要求,留下了一个有关团结的漏洞[Solidaritätslücke],这个漏洞不能反过来由同一些权利来弥补,至少不能仅仅由这些权利来弥补。实定法不能仅仅通过合法律性[Legalität]而取得它的合法性[Legitimität]基础;合法律性是不问法律承受者的态度和动机的。

　　要么是这种情况:法律秩序像等级制社会和近代早期的表现为绝对主义的过渡形式一样,是根植于全社会的伦理状况[Ethos]的情境之中、隶属于超实证的神灵的法律权威的;要么是这种情况:主观的行动自由通过**另外一种类型**的主观权利——公民权利——而得到补充,而作为公民权利之基础的,不再是意志自由[Willkürfreiheit],而是自主性[Autonomie]。因为,在没有了宗教的或形而上学的后盾的情况下,只问行动合乎法律与否的强制性法律要获得社会整合力,法律规范的**承受者**应当同时作为一个整体把自己理解为这些规范的理性**创制者**。就此而言,现代法的基础是一种以公民角色为核心、并最终来自交往行动的团结。如我们将要看到的那样,在有组织的自决实践中,公民的交往自由采取一种以法的建制和程序为多样中介的形式,但无法由强制性的法律完全取代。但是,执法过程的事实性和立法过程的提供有效性基础的合法性之间的这种内在联系,对法律系统——它的任务应该是使交往行动者的不堪重负的达成理解能力在全社会范围内减轻负担——来说,却意味着一种假说。因为,对精明老到的社会学家来说,最不可信的莫过于这样的说法,说现代法的整合能力仅仅是、或首先是由规范性共识——不管是事先存在的共识,还是经过努力而获得的共识——而培育的,也就是说,是来自种种团结之源泉的。

尤其值得指出的是,随着高度复杂社会之功能迫令[funktionale Imperative]而发生作用的是一种特定的社会事实性;与法律之执行这个环节不同,这种事实性并不同法律秩序的被主张的合法性处于内在关系。从外部嵌入法律制度的社会事实性,可能将规范性的自我理解一笔勾销。在这里,事实性和有效性处于一种**外在**关系之中,因为这两个环节——一方面是有效之法的意义蕴含,另一方面是法律决定在事实上所从属的社会限制——是可以作彼此独立的描述的。这个问题我将在下一章讨论,在进行这种讨论以前,我想对事实性和有效性之间**迄今为止所讨论的内在**关系——这种关系对现代社会之法律基础结构来说具有构成性的意义——作一个简要概括。[26]

(2)在弗莱格和皮尔斯造成语言学转向之后,理念

[Idee]和可知觉现实之间的对立被克服了。这个古典的、由柏拉图主义传统而知名的对立,起初是在存在论意义上的,然后则是意识哲学意义上的。现在,理念本身被理解为具有语言形态的,从而,在世界中出现的符号和语言表达的事实性,与意义之普遍性和真之有效性的理想性之间,有了内在的连接。语言意义的语义普遍性之获得其理想的规定性,仅仅是通过记号和表达的中介,这种记号和表达是根据语法规则而从作为可再认之类型的记号事件和言语过程(或书写事件)之流中凸显出来的。进一步说,一个陈述的有效性和它之被认为是真的之间的区别,可以这样来解释,即理想的有效性的概念,应该被理解为在理想性条件下、因而是仅仅参照对有效性主张的商谈式兑现才成立的那种合理可主张性。如果把"有效的"[gültig]理解为一种三元谓词,表达真之有效性的理想性的,仅仅是我们的辩护实践的一些高要求预设,也就是说仅仅表现在语言使用的层面上。这说明了,一方面是陈述的有效性,另一方面是向一个理想地扩展的观众群体证明其有效性,这两者之间存在着内在联系。凡是有效的东西,都必须能够在事实上提出的反驳面前捍卫自己。与意义之普遍性的情况一样,语言本身中的有效性向度只有通过事实性和有效性之间的张力才得以构成:真,对于真之主张的合理可接受性的商谈性条件,这两者是互为解释的。[27]

在交往行动的层面上,伴随着行动者借以协调其行动的以理解为取向的语言使用,上述张力进入了社会事实的世界之中。我们可以把记号事件和言语过程的事实性理解为对意义向度和有效性向度来说必不可少的环节,但是,带着有效性主张而进入交往行动的内在于语言的事实性和有效性之间的张力,则必须被理解为社会事实性的一个环节,也就是生活形式借以再生产自身的那种日常交往实践的一个环节。行动之协调和互动网络之形成是借助于理解过程而进行的,就此而言,主体间共享的信念构成了社会整合的媒介。使行动者确信的,是他们所理解的并且认为有效的东西。因此,成问题的信念只有依靠理由才能得到支持或修改。但是,理由并不可以被自然主义地描绘为种种持有意见之倾向。相反,它们构成了商谈性交换的货币,可批判的有效性主张就是借助于这种货币来兑现的。理由之所以拥有合理推动的力量,是因为语言表达式的意义和它们的有效性向度之间存在着内在关系。这使得理由从根本上说具有双刃性,因为它们既可以巩固信念,也可以动摇信念。与理由一起,那个内在于语言及其运用的事实性和有效性之间的张力,进入了社会之中。社会的整合是靠信念支撑的,就此而言,它是有可能受到那些起否定作用的理由(更不用说对整个某类理由的否定)的动摇的。嵌入社会实在之中的那个理想张力的根源在于,那个产生并巩固社会事实的对有效性主张的接受,取决于对理由的依赖于情境的接受,这种接受时时面临着风险,面临由于更好的理由和改变情境的学习过程而失去效力的风险。

交往行动的这些结构性属性,说明了那个以诠释和信念为中介的、具有先行符号结构的生活世界,以及整个社会组织,为什么会被具有可错性的有效性预设所穿透。通过这些属性我们可以理解,独立于可错的有效性预设的社会行为期待,为什么至多具有一种颇为麻烦的稳定性。这种稳定性的基础是社会整合的成就,这种社会整合挡住了因为基于理由的异议而时时出现的瓦解稳定的危险。当然,理由只有在依赖于情境之合理性标准的背景下才是作数的;[28]但是,赋予改变情境之学习过程结果以有效性的那些理由,也可能动摇既有的合理性标准。

我们已经讨论了应付这种异议风险、连同一般来说内在于交往性社会联系过程中的不稳定性的两个策略:对交往机制的限制,和对这种机制的放开。限制,是说内在于交往之中的风险是通过那种直觉的确定性而加以限制的,这种确定性是被自认为不成问题的,因为它脱离了所有可交往地运用和可自觉地动用的理由。这种对行为起稳定作用的、产生出生活世界之背景的确定性,始终不越过可能的成问题化的门槛;它是同那个只有在交往行动中才开放的向度相分离的,在这个向度中,我们可以对信念和理由的可接受性与单纯的接受作出区别。类似的事实性与有效性的混合,我们可以在这样一种信念中看到,它是对行为起导向作用的,是同宗教世界图景和威严建制的那种具有震慑作用的权威相联系的。作为这种类型权威之基础的,不是规范性信念仍处于背景之中、没有成为问题、没有同理由相联系;相反,它的基础在于那种对问题的规定性选择和对理由的僵硬确定。享有权威地位的规范和价值阻断了对理由的交往性运用和动员,与此同时也终止了批评,由此,它们为交往行动构成了一个仍然免于其理解过程之成问题漩涡的框架。通过价值、规范和理解而实现的社会整合要完全取决于交往行动自身,规范和价值就必须在交往上具有流动性;考虑到可接受性和纯粹的接受之间的范畴区别,这些规范和价值还必须受到具有可动员性的理由的自由作用的影响。

在复杂社会——这种社会在很大范围内需要的是利益导向的、因而是规范上中立化了的行动——这种现代条件之下,出现了一种自相矛盾的局面,即**不受拘束的**交往行动,对于落到自己头上的社会整合负担,既无法一推了之,也不能当真承受。如果仅仅借助其自身资源来驾驭内在于它的那种异议风险,它能采取的方式只能是使风险升级,也就是使商谈持久化。那么,何种机制才可能使一种不受拘束的交往在不自我否定的情况下摆脱社会整合的职能呢?一旦人们思考这样的问题,摆在人们面前的一条可能的出路,是把法律——这之前它一直具有神灵基础、同常规形式的伦理生活[Sittlichkeit]相联系——加以完全的实证化:找到一个这样的规则系统,对于处理内在于交往行动之异议风险的那两种策略——既给它划定界限又消除对它的束缚——这种规则系统既把它们连接起来,又对它们做了职能分工。

一方面,国家对于法律之执行的担保,所起的作用相当于原来由魅惑性权威所起的那种稳定期待的作用。那些由世界观来支持的建制通过种种对交往的限制来固定引导行动的信念,而现代法则用制裁来代替信念,因为它不问遵守规则的动机,而只强迫对规则的遵守。在这两种情况下,基于理由之异议的非稳定作用,都因为以下事实而被避免了:规范承受者是不可能对他们所要遵守的规范的有效性提出疑问的。当然,就现代法而言,这种"不可能"获得了另一种意义,也就是目的合理性的意义,因为它改变了有效性模态本身。那些与权威相联系的信念的有效性意义把事实性和有效性混淆起来,而在法的有效性中,这两个环节则彼此分离开来了——对法律秩序的强制接受,同支持其合理性主张的那些理由,彼此区别开来了。**另一方面**,这种双重的解码指向这样一个情况,即法的实证性和合法性主张也考虑到对交往的这样一种消除束缚,它在原则上将所有规范和价值都置于批判性的检验之下。法律共同体成员们可以假定,在自由的政治性意见形成和意志形成过程 [Meinungs-und Willensbildung] 中,他们作为承受者必须服从的那些规则,恰恰是他们自己赋予权威的。当然,这种合法化过程必须成为法律系统的一个部分,因为,面对形式不定、变动不居的日常交往的种种偶然情况,它本身需要在法律上加以建制化。除了这种对交往的限制之外,持续的矛盾风险被维持在持续的商谈之中,并转变为被认为合乎理性的形成政治性意见和意志的过程之中的创造性力量。

(3)这样,如何在原则上维持交往之不受限制性的同时,使交往行动者已经不堪重负的理解活动摆脱社会整合任务,现代法提供了一种解决问题的机制。如果这样看待现代法的话,法律的实证性和法律的合理可接受性主张这两个环节,就不难理解了。显然,法律的实证性的意思是,伴随着一个有意识地制订的规范结构而来的,是人为的社会实在的一个片断,这一片断仅仅是暂时地存在着,因为它的每个部分都是可以改变和取消的。从这种可改变性的角度来看,实证法的有效性似乎纯粹是这样一种意志的表达,它在时时存在着的废止某规范之效力的可能性面前,赋予这种规范以一个时期的存在。如我们将要看到的,法律实证论的情绪,就是由这种认为法律纯粹出于法律之颁定的意志主义所引发的。另一方面,法律的实证性不可能仅仅以任意决断的不确定性为基础(也就是以抉择为基础)而不损害其社会整合能力。相反,法律的约束力来自法律的实证性与合法性的主张的结合。反映在这种结合中的,是以事实为根据的接受与所主张的有效性主张之可接受性这两者之间的结构性交叉;这种交叉,作为事实性和有效性之间的张力,已经进入了交往行动之中,进入了多多少少是自然长成的社会秩序之中。这种理想性张力以强化形式重新出现在法律层面上,也就是说,出现在法律强制和自我立法的理念之间的关系之中;法律强制确保对规则的平均遵守,而自我立法的理念(或联合起来的公民的政治自主的假设)则第一次确认规则本身的合法性主张,也就是说,使得规则的合法性主张成为可以合理接受的。

维持在法律有效性向度中的这种张力,又要求用来执行法律(以及对法律作有权威的运用)的政治权力——法的实证性就是因此而来的——本身必须是以合法之法的形式加以组织的。对法律本身所预设的权力作合乎法律的改造,这个要求是由法治国的观念所满足的。在法治国中,公民的自我立法实践采取了建制上分化的形式。法治国的观念启动了法律的螺旋式的自我运用过程,这个过程应当使政治自主之内在的不可避免的预设发挥作用,抵抗从**外部**渗入法律的那种未被法律驾驭之力量的事实性。法治国的发展可以被理解为一连串原则上公开的由经验所引导的防护措施,以保护法律系统不被非法力量——与法治国之规范性自我理解相矛盾的种种关系的力量——所压倒。因此,它所涉及的是事实性和有效性之间的一种(从法律系统的角度感受到的)**外在**关系,即规范与现实之间的一种紧张,它本身也要求作出一种规范性的处理。

现代社会不仅通过价值、规范和理解过程进行社会性整合[soziale Integration],而且通过市场和以行政方式运用的力量进行系统性整合[systemische Integration]。货币和行政权力是以建构系统的方式来进行社会整合[Gesellschaftliche Integration⑨]的机制。这些机制对行动的协调,不一定是意向地进行的,因而是通过互动参与者的意识、在付出交往代价的情况下进行的,而是客观地进行的,可以说是在行动者背后进行的。自从亚当·斯密以来,市场的"看不见的手"就一直是用来说明这种调节模式的经典例子。经过法律建制化,这两种媒介都扎根于通过交往行动而得到社会性整合的生活世界秩序之中。以这种方式,现代法律同社会整合的三种资源都有了连接。通过那要求公民共同运用其交往自由的自决实践,法律归根结底从社会团结的源泉中获得其社会整合力量。另一方面,私法和公法的建制使得市场和国家权力组织的建立成为可能,因为,同生活世界中社会这一成分分化开来的经济系统和行政系统,是以法律形式而进行运作的。

这样,法律不但同团结、而且同货币和行政权力紧密联

---

⑨ 作者把一般意义上的社会整合称作"Gesellschaftliche Integration"[英译本译为"societal integration"],其中又包括 soziale Integration[英译本译为"social integration"]和 systemisch Integration 两种类型。中译者把"Gesellschaftliche Integration"译成"社会整合",把"sozial Integration"有时候译成"社会性整合",如果作者强调的是与 systemisch Integration[系统性整合]的区别的话;但因为"社会性整合"一词有些别扭,所以,如果作者仅仅把它当作现代社会中"Gesellschaftliche Integration"的一个重要类型的话,就干脆把它译成"社会整合"。

系,因此,它在它的整合功能中,对不同来源的迫令都进行加工处理。但这并不是说法律规范的额头上写着,这些迫令是如何达成平衡的。当然,在不同法律领域的问题中,可以看出政治和立法所反应的那些调节需要的来源是什么。但是,在国家机器、经济系统和其他社会领域的功能迫令中,那些没有在规范上经过过滤的利益立场之所以常常占上风,仅仅是因为它们更强、它们有法律形式的赋予合法性力量为其服务,以掩盖其纯粹事实性的贯彻能力。因此,作为一种同分化开来的经济社会的功能迫令相联系的政治统治的组织手段,现代法律仍然是一个两重性极强的社会整合媒介。法律赋予非法力量以合法性外表,这种事情发生得再多不过了。初一看,人们看不出法律的整合成就是得到联合起来的公民的同意的,还是产生于国家的自我规划和结构性社会权威、并反过来——就它们建立在这些物质基础上而言——产生出必要的大众忠诚本身的。

但是,法律系统作为一个整体愈不建立在元社会的保障基础上、愈不可能免于批判,法律的这种类似自然导控的自我合法化的范围就愈窄。确实,一种在现代社会中承担社会性整合之主要负担的法律,是处于社会再生产的功能迫令这种**世俗**压力之下的;但同时,它也处于一种可称为**理想主义的**必要性压力之下:必须对这些功能迫令加以合法化。即使是经济系统和国家机器的系统整合功能,虽然是通过货币和行政力量而执行的,但根据法律共同体的宪法自我理解,也**应该**保持同公民自决实践的社会性整合过程的连接。宪法性法律的理想主义和仅仅反映社会力量之不平衡分布的一种法律(尤其是经济法)的物质主义,在考察法律的哲学方

41

式和经验方式之间的分道扬镳这一点上得到了呼应。在我回过头来讨论内在于法律的事实性和有效性之间的张力之前,我想着手考察社会的事实性和现代法律的自我理解之间的外在关系——也就是说,就这种关系在社会学关于法律的讨论和哲学关于正义的讨论之中的反映,来对它进行考察。

注 释

1　J. Habermas:"Rekonstruktive vs. verstehende Sozialwissenschaften",刊于 J. Habermas: *Moralbewusstsein und kommunikatives Handeln*, Frankfurt/Main 1983, 29ff.

2　J. Habermas: *Erläuterungen zur Diskursethik*, Frankfurt/Main 1991(a).

3　N. Luhmann: "Intersubjektivitaet oder Kommunikation", *Archivo di Filosofia*, Vol. LIV, 1986, 51 Fn. 28.

4　B. Peters: *Rationalität, Recht und Geselschaft*, Frankfurt/Main 1991, 33ff.

5　参见本书第三章第 2 节以下。

6　Husserl 以一种类似方式考虑了有效性主张在构成生活世界中的作用。参见 J. Habermas: Vorlesungen zu einer sprachtheoretischen Grudlegung der Soziologie, in Habermas: *Vorstudien und Ergänzungen zur Theorie des kommunikativen Handelns*, Frankfurt/Main 1984, bes. S. 35ff.

7　G. Frege: *Logische Untersuchungen*, Goettingen 1966, 49.

8　参见 E. Tugenhat: *Einführung in die sprachanalytische Philosophie*, Frankfurt/Main 1976, 35ff.

9　Frege(1966), 52.

10　J. Habermas: "Charles S. Peirce über Kommunikation",刊于 J. Habermas: *Texte und Kontexte*, Frankfurt/Main 1991(b), 9 – 33.

11　Ch. S. Peirce: *Collected Papers*, Vol. 5, 311;也请参见 K. -O. Apel: *Der Denkweg von Charles S. Peirce*, Frankfurt/Main 1975; J. E. McCarthy: "Semiotic Idealism", *Transactions of the Ch. S. Peirce Society*, Vol. 20, 1984, 395ff.

12　J.Habermas:"Zur Kritik der Bedeutungstheorie",载于 J.Habermas:*Nachmetaphysisches Denken*,Frankfurt/Main 1988,105ff.;参见 A.Wellmer:"Konsens als Telos sprachlicher Kommunikation",载于 H.J.Giegel(编):*Kommunikation und Konsens in modernen Gesellschaften*,Frankfurt/Main 1992,18-30.

13　J.Habermas(1981),Bd.2,182-232;Habermas:"Handlungen,Sprechakte,sprachlich vermittelte Interaktionen und Lebenswelt",in Habermas(1988),63-104.

14　J.Habermas:"E.Husserl über Lebenswelt, Philosophie und Wissenschaft",刊于:Habermas(1991b),34-43.

15　A.Gehlen:*Der Mensch*,Bonn 1950;Gehlen:*Urmensch und Spaekultur*,Bonn 1956.

16　Habermas(1981),Bd.2,79ff.

17　W.Benjamin:"Der Surrealismus",载于:*Gesammelte Schriften*,II,3,295ff.

18　交往行动的基本概念说明了,社会性整合可以如何通过一种主体间共享的语言的约束力而实现。这种语言向想要运用语言的约束能量的主体施加语用限制,并使得有必要走出他们的成功取向的自我中心,以便使自己面对公共的理解合理性标准。从这个角度来看,社会表现为用符号来构造、通过交往行动来再生产的生活世界。当然,从此不能得出结论说,在生活世界中不出现策略性互动。但这种活动现在具有一种不同于在 Hobbes 那里或在博弈论当中不同的地位:它们不再被理解为一种工具性秩序的产生的机制。相反,策略性互动的位置是在一个可以说是在别处构成的生活世界之中。策略性行动者在行动时很可能也有一个生活世界的背景在背后;但是这种背景就其行动协调力来说是被中立化了的。它不再提供一种预支的共识,因为对策略性行动者来说,建制的既与性,就好像另一个互动参与者一样,仅仅被作为社会事实而与之相遇。在观察者的客观化态度中,他无法与他人就像与第二人称的人一样达成理解。

19　通常对交往行动理论的反驳误解了现代社会中异议时时出现这个前提。参见 H.J.Giegel:*Einleitung zu Giegel*(1992),7-17.

20　I.Kant:*Einleitung in die Rechtslehre*,*Werke*(Weischedel)Bd.IV,338f.

21　同上书,第337页。

22　同上书,第324页。

23　同上书,从第510页开始。

24　R.Dreier:"Recht und Moral",刊于:Dreier:*Recht-Moral-Ideologie*,Frankfurt/Main 1981,180ff.,此处参见194ff.

25　Dreier(1981),198. Dreier 是在"道德的"[moralisch]一词的意义上使用"伦理的"[ethisch]一词的。
26　在接下去的讨论中我得益于 Lutz Wingert 的口头建议。
27　H.Putnam:*Vernunft*,*Wahrheit und Geschichte*,Frankfurt/Main 1982.
28　R.Rorty:*Solidarität oder Objektivität*,Stuttgart 1988;对此 H.Putnam 持批评态度,见"Why Reason can't be naturalized",*Synthese* 52(1982),1-23.

第二章

社会学的法律概念和哲学的正义概念

语言发挥社会整合功能的合理性潜力,通过交往行动而得到开发、动员,并在社会进化过程中得到释放。现代法之出现,是为了填补不堪社会整合之重负的社会秩序的功能缺口。在现代法的有效性向度中,那与交往行动之语言前提的理想内容一起置入非形式化日常实践之中的事实性和有效性的张力,变得更加尖锐了。法律有效性的理想内容,最初是通过理性法传统关于法律共同体的自觉组织和自我组织的观念而被意识到的,并同市场导控的经济和科层化的行政的功能迫令发生冲突。就此而言,这种规范性自我理解激起了一种来自社会科学的批评。一方面,法律必须维护这样一种很强的主张,即甚至由货币和行政权力来导控的系统,也不能完全避免一种社会性整合,一种通过全社会意识之中介的整合。另一方面,恰恰是这种主张,成为法律社会学之祛魅[Entzauberung]的牺牲品。社会如何对付这种矛盾,长期以来一直是进行意识形态批判和权力批判的社会研究所关注的事情。我将追溯把这种主张和这种现实彼此对质的那种法律批判的线索,¹一直追溯到这种批判遭遇一种更为激进的异议:不管怎么样已经边缘了的法律,如果要在日甚一日的社会复杂性面前履行其功能,就必须逐渐把规范性外表也抛弃。这种主张如果对头的话,对于同法律的规范性自我理解密不可分的法的商谈论来说,无异于一种釜底抽薪。这将意味着,这种法律观同变得玩世不恭的现实,已经失去了接触。同这种社会学的法律怀疑论相反,哲学上的几种正义理论则强调要找出现代法律秩序的道德内容。对法律的这些理性重构,有助于对那些秩序良好之社会据以建立的原则进行辩护;但由此它却远离了当代社会的现实,以至于难以对实现这些原则的条件做出具体说明。

我首先将追溯社会科学讨论中的系统论这条线,以便证明对法律进行客观主义解魅的优点和缺点(一)。然后,我将以约翰·罗尔斯[John Rawls]提出的法律概念为例子,来说明一种纯粹规范的哲学正义论所面临的与前一类困难相互补的困难(二)。最后,我将步马克斯·韦伯和塔尔科特·帕森斯后尘,提出一种双重视角,它使我们可以同时从两个角度来看待法:从内在视角出发,郑重其事地重构其规范性内容;从外在视角出发,把它描述为社会实在的组成部分。

1. 社会科学对于法律的祛魅

过去三百年间,法这个范畴在国家和社会之分析中的地位,随学术潮流的变化而时涨时落。从霍布斯到黑格尔,现代自然法理论把这个范畴当作一个关键概念,所有社会关系据说都应该通过这个范畴的中介。要勾勒一个秩序良好社会的合法化模式,考虑法的设想似乎就足够了。好的社会,被认为就是根据理性法的规划而建立起来的社会。但是,苏格兰道德哲学家的自然社会论[Naturgesellschaftslehre]就已经针对理性法概念提出了疑问,认为既成的由惯例、习俗和建制所构成的生活关联,是无法根据形式法的概念来进行重构的。亚当·福格森[Adam Ferguson]和约翰·弥勒[John Millar]还处在介于古代政治学与当时的政治经济学之间的位置上,还刚刚开始从亚里士多德到马克思的过渡。[2] 作为经验论者,他们反对理性法的规范主义,认为它的规范性论证把历史的特殊性和社会文化的实际情况撇在了一旁。作为早期的社会学家和人类学家,他们也反对一种这样的理性主义,在它手下,由习以为常的社会关系、既成的各种建制、具有深厚根基的利益状况和阶级结构所织成的非形式网络,会被化解为一种有意构造的规则系统。

当然,社会契约的模式可以得到以下证据的支持,即现代的交换社会似乎确保私人通过参与经济交往而同等地获得自然的自主和平等。市民社会[bürgerliche Gesellschaft]的这种自发的确保自由的性质,就差没有用形式法来加以确定了。当然,只是在从洛克到康德和托马斯·潘恩[Thomas Paine]那种类型的自由主义者那里,这种直觉才得到了阐述。[3] 但是,用理性法来构造基本社会建制这种意图,在所有主张社会契约论的理论中,都相当于这种观点:整个社会都可以被理解为是由本来就自主和平等的社会成员的自由联合所形成的意向整体。[4] 这种观点令人难以置信;使它有一些可信性的背景,是市民社会起初是作为这样一种自然基础而出现的,在这种基础之上,各方是以本来就自由和平等的人彼此相对的。之所以说本来就自由和平等的人,是因为在保持平衡的小商品经济(如马克思将称呼的那样)的平等的条件下,被想像为男性家长的那些商品所有者,在一切有意形成的政治结合之前,其地位就已经似乎[virtuell]是一个具有私人自主性的法律主体了。但对那些从权力论角度而不是经济学角度来界定自然状态的作者来说,上述背景并不是那么重要的。但是,相对于把市民社会设想为在一切法律调节之前作为政治结合之源泉而起作用的这种观点来说,霍布斯对自然状态的构造至少是一种对等的观点,因为,经济上竞争的社会,已经蕴含着缔结契约、并就此而言制定法律的主体了。

45 上述前提,不管是明确提出的还是暗中采纳的,都说明了源于苏格兰道德哲学家的那种对市民社会的经济学分析,为什么一直对理性法传统起着动摇作用。在亚当·斯密和大卫·李嘉图那里,形成了这样一种政治经济学,它把市民社会理解为一个由匿名的规则性所支配的商品交换和社会劳动的领域。这种政治经济学之后的黑格尔把这个领域命名为"需要的体系",在这个体系中,个体被剥夺了一切实在的自由。最后,作为政治经济学批判家的马克思,在市民社会的解剖中仅仅看到这样的结构,在这个结构中,资本的自我增值过程在自我异化之个体的头上跨越而过,造成形式越来越激烈的社会不平等。这样,市民社会的概念经历了一个重大的变化:起先是一切**授予**自由、使得自由成为可能的条件的总和,在这些条件下众个人有意地结成团体,并将社会过程置于其共同控制之下;后来,它则变成了一个实行**匿名**

统治的系统,这个系统独立于无意识地结成社会的众个人的意向而自成一体,只服从它自己的逻辑,并使整个社会隶属于它那用经济学来解读的自我稳定迫令。

随着政治经济学和政治经济学批判所造成的这种视角转换,法律范畴失去了理论策略方面的关键作用。此时,社会生活的再生产不仅仅是太复杂了,以至于无法用理性法的干巴巴的规范性图式来加以把握,而且社会整合的机制此时看来也完全是另一种类型的,也就是说是非规范类型的。用政治经济学的概念来把握的市民社会的机体解剖有一种去障揭底的效果:构成那个把社会机体结合在一起的骨架的,不是法律,而是生产关系。不久,机体解剖这个医学比喻被代之以房屋建筑的古老比喻:法律属于一个社会的经济基础之上的政治上层建筑,在这个社会中,一个社会阶级对另一个阶级的统治采取的是非政治的形式,即对生产资料的私人占用权力[Verfügungsmacht]的形式。交换价值的生产和再生产的循环,完全渗透了现代法律的社会整合职能,并把它贬为一种附生现象。与此同时,由政治经济学发现和分析的市场机制也在社会理论中起了主要的作用。关于一种非意向的、在行动者背后起作用的、匿名的社会化过程的现实主义模式,取代了关于一种由法律共同体成员有意形成和不断维持的联合体的理想主义模式。

但是,马克思仍然坚持那个从亚里士多德到黑格尔一直很重要的社会概念,即总体性概念[Totalitätsbegriff]。众个人作为部分置于其中的那个社会整体的顶端和中央,仅仅被按照头在上脚在下的顺序而加以置放。用法律来构成的国家秩序的显性统一性,被代之以资本的自我增值的全社会过程这种以系统方式来建立的隐性统一性。尤其是,这种统一性,作为消极的总体性,同它的对立面,即一个自觉建立的总体性这个残留着的这种古典观念,仍然在历史哲学上保持着联系。从维科[Giovanni Vico]到孔多塞[Antoine Condorcet],哲学家们把自然神学朝历史向度转变,[5] 在此之后,历史可以被设想为这样一种自我指涉的总体性,它只有在历史进程之中才能实现其内在本质:一种自觉的联合。或者说,实现历史之本质的,只能是作为那将物质生活过程置于其共同控制之下的、摆脱了资本拜物教的生产者的**未来的**联合。

这种观点颇有争议;除了别的反对意见,它难以招架的既有针对它的目的论背景假设的批评,也有针对其整体主义社会观的批评。但是,马克思所娴熟的那种严格地客观化的视角,那种从外部考察社会联系机制的视角,成功地打进了各种不同的理论传统。从这种视角来看,任何通过价值、规范和理解过程、包括通过法而进行的社会性整合,只不过是一种现象。最后,一旦在马克思主义的功能主义这条线上历史哲学的最后一丝希望也消失殆尽,社会就超越了历史的能动性,在一个自我加速、无所不在的积累过程之专制的重复的强制力量支配之下,变成一个物化的社会关系的世界。[6] 这种类型之系统理论的**忧郁**含义的根源,在于执著地指涉一个总体,这个总体现在被理解为否定的东西,一种强制的复合体。[7] 一旦走到这一步——对社会分化不断加强、社会复杂性不断增长的这种洞见,甚至连这种对于一个工具理性泛滥之抽象整体的逆向指涉也加以禁止——那么,这种系统理论就成为**肯定性理论**,失去其批判性锋芒,并放弃对一个单一的、以等价物交换为中心的社会联系机制的哲学关注。

系统功能主义关于一个非中心化的、许多系统彼此分离、功能上分化的社会的概念,甚至连马克思模式的现实主义也望尘莫及;作为这种社会的一部分,社会学的观察者把他连同他的科学都看作是众多子系统之中的一个。在这种多中心的、分裂的、既没有基础也没有首脑的社会中,许多循环封闭的、维持边界的子系统彼此形成为对方的环境。它们可以说是在水平方向上相遇,彼此间起稳定作用,因为它们相互维持,并且在不可能直接干预的情况下,对相互间关系作自反性调适。胡塞尔的单子化意识主体的先验能力,过渡到了这样的系统,它们虽然剥去了先验意识的外衣,却重新裹上了单子般的皮囊。

　　N.卢曼从系统理论角度来继承先验现象学,并由此把主体性哲学改造为激进的客观主义。从列维－斯特劳斯[Levi-Strauss]到阿尔杜塞[Louis Althusser]和福柯[Michel Foucault],结构主义社会理论用另一种方式采取了同样的步骤。与前者一样,在后者那里,主体,构造自己的世界、或者在高一个层次上主体间地参与共同生活世界的主体,失去了它的位置;与主体一起消失的,还有一切意向性的、通过行动者的意识本身而执行的整合职能。为从行动者之自我理解出发的行动理论指出通向社会之路的意义理解痕迹,全都模糊不清了。对马克思的系统分析进行的这种激进化,使得新形态的客观主义的社会理论得以避免整体主义和历史哲学的基本概念的狭隘性和规范性负担。没有偏见的眼光,放眼看到的是高度复杂社会的范围广泛的可变性、偶然性和多样性。

　　法律社会学研究也得益于这种新的范式。法律系统,或 *48*

者说作为其基础的那些结构,恢复了在所谓意识形态批判中丧失了的部分自主性。法律不再被认为仅仅是一种附生现象,而重新获得了一种内在逻辑。当然,在一种总的来说非中心化的社会中,它仅仅占据一个边缘的地位,构成秩序混杂的多样的诸系统和诸商谈中的一个系统或一种商谈。相关的现象,用法律来形成结构或提供调控的那些交往,是用一种客观主义地撇开行动者的自我理解的语言来表述的;通往参与者直觉知识的通道,它既不去寻找,也没有找到。系统观察者把自己也看作是周围世界中的一个系统;民族学家对本土的惯例和语言游戏也以未入门之陌生人的身份来加以对待。从他们的人为地非熟悉化的眼光来看,每个社会生活关联,都凝结为一种无法以意义理解的方式进入的第二天性,关于这种天性的非直觉知识,是按自然科学经验的方式来积累的。

从18世纪自然社会论和自然法论之间的早期争论,到结构主义和系统理论,这个过程给人的印象是:社会科学的反思不仅一劳永逸地破坏了种种契约主义理论的规范主义和理性主义的社会观,而且也使作为社会理论中心范畴的法律从总体上身价跌落。尼古拉·卢曼的法社会学,目前标志着在这一理论轴向上的发展极点。[8] 这里,我之所以对卢曼的法社会学感到兴趣,仅仅是因为它是这样一种理论的最首尾一贯的变种,与法律在古典社会理论中的地位相比,这种理论指派给法律以一种边缘性的地位,并在客观主义描述中将可从内部把握的法律有效性这种现象加以中立化。

在这种理论中,法仅仅是从稳定行为期待这种功能角度来加以考察的。在功能分化的社会中,法的专门职能是对行为期待在时间的、社会的和实际的向度上以一致的方式加以一般化,从而,经验中出现的冲突场合可以持续地根据合法律/不合法律这样的二元代码来加以判定。整个法律系统包括了以法为导向的一切交往。狭义地说,它包括这样一些法律行动,它们改变了法的情境,并在这方面同建制化的法律程序、法律规范和法理学诠释形成循环回路。当然,要使这种常规性的法律社会学规定具有特殊含义,就必须假定,法的进化性分化可以被理解为一个自主化过程,即实证化的法律最终获得自主性,成为一个自组织系统[autopoietisch System]。这样,法律系统作为一个循环封闭的交往回路同它的环境保持界限,以至于它只能通过系统维持来保持它的外部联系。它又用法的范畴来描述它的各种成分,为了用自身手段来构成和再生产法律行动而运用这种自我主题化[selbstthematisierung]。法律系统的自主性的程度,取决于它的各种成分在多大程度上如此相连,以至于"规范和法律行动互相产生对方,法律程序和法理学诠释则将这些关系本身连成一体"。[9]

对法的这种看法的第一个结果,是一种单子般的、既封闭又开放的法律系统同所有其他行动系统发生分离。自主化的法律系统无法同它的社会内环境保持**直接的**交换关系,也不再能对它们施加调节性影响。在构造自身环境的基础上,通过系统维持而建立起来的同系统边界另一边的事件的联系,对于自控的封闭的法律系统来说,仅仅提供一些对自己发生影响的**导因**[Anlaesse]。对于法律系统来说,全社会范围的导控功能是没有余地的。法至多能在比喻的意义上"调节"社会,也就是说以这样的方式:它改变自己,使自己作为一个改变了的环境出现在其他系统面前,而这些系统也可以用同样间接的方式作出"反应"。这个问题我很快将回过来讨论。

我们最感兴趣的是第二个结果,即古典社会理论中对法律系统的规范性自我理解留下来的痕迹都荡然无存了。用学习理论把规范性行为期待解读为虚拟地保持的认知期待,消除了应然有效性的义务论向度,以及行动规范和行动命令的语内行动意义。卢曼接受了这个观点,用不学习[Nichtlernen]这个策略来解释规范性期待:"这里心理学家们只(考虑)一种自负其责的不愿学习行为——却不考虑那种选择同样策略、却依赖于占统治地位之道德、制度和法的行为。由此可见,只有社会规范才使得不学习失去了病理性质。"[10] 是与应当、真实有效性和应然有效性之间的区别,被归结为两种可能的行为反应——学习和不学习——之间的区别,它们**只有**参照**认知**期待才表现为不同的选择。被说成是"规范性的",是人们在失望时也不准备改变的那些认知期待。经过基本概念上的这种重新置位,法律的复杂的有效性模态的意义成了功能主义的法律社会学的盲点。

只有经过对法律的规范性方面的这种经验主义解读,人们才有可能相信这样的假设,即法律系统同道德和政治之间的所有**内在**联系都消除了。这种观点把法归结到法的运用这种特殊职能,因此误导了对法律的进一步分析。由此,法律与对政治权力之产生、获得和运用的民主法治组织之间的内在关系,消失在人们的视线之外。

归根结底,决定性的步骤是把法律客观化为一个自我导控系统。经过这样的描述,有关法和非法的交往被剥夺了**社**

会性整合的意义。以法律规范和法律行动为一方,以法律共同体之内的合理推动的理解过程这个假设为另一方,这两者之间现在失去了所有联系。随着把法律的控制冲突的整合能力描绘为**系统性**成就,这种整合就被同化到非意向性的社会联系模式上去了。在法律商谈中提出的有效性主张和理由,也随之失去了它们的内在价值。法律论据的意义仅仅在于这样的功能:降低判决(其形成动力在别处)的惊异值,提高人们对判决的事实上的接受度。从社会学观察者的角度来看,参与者看作是论证的东西萎缩成了一些必要的虚构:"因为理由作为复杂的法律判决的担保是难以取代的,所以,对律师来说,**似乎**是理由决定了判决的正当,而不是判决决定了理由的正当。"[11]法律论辩,如我们将要看到的,对于法的商谈论来说具有中心地位;但从系统理论的角度,它们则是一些特定交往,有关法和非法的代码值分配的意见分歧,在这些交往中是通过理由的交换而得到调解的。当然,从功能视角来看,被认为重要的仅仅是可用理由来达到的语后行动效果[die perlokutionären Effekte]:它们是法律系统用来使自己确信自己决定的手段。但是,如果理由不再具有合理推动的内在力量,如果像卢曼所表述的那样,理由是无法进行辩护的,那么在法律系统中用很高代价建立起来的论辩文化,就成了一个谜。人们就得解释,为什么"人们需要那根本不是理由的理由"。[12]

这种漫长的社会科学祛魅过程的结果,是系统理论消除了理性法的规范主义的最后一丝痕迹。被圈进一个自控系统的法律,在旁人化的社会学眼光之下,被剥去了一切规范性的、归根结底涉及法律共同体之自我组织的含义。在自控系统的描述之下,顾影自怜地边缘化了的法律能作出反应的,只是它自己的问题,外部对这些问题至多起一种触发的作用。因此,对于**整个**社会系统所承受的问题,它既感受不到,也处理不了。同时,根据其自控的构成,它必须依靠自生资源来支持所有功能。法律有效性,只能按照实证主义的理解从现行法律中引出来;就像卢曼用法庭程序的例子来说明的,法律放弃了所有宏观范围的合法性主张。既不存在法律系统能够以规定的形式释放出去的输出:法律对环境的干预是被禁止的。也不存在法律以合法化的形式可以获得的输入:连政治过程、公共领域和政治文化,也仅构成法律系统无法理解其语言的一些环境。法律为它的环境所造成的是"噪音",这种噪音至多能在那些系统(对这些系统来说法律本身也构成一个环境)的内在秩序中造成一些变化。

当然,法律和其他社会功能系统之间的相互冷漠,并不符合经验中人们感到的相互依赖情况,即使在执法方面的研究成果的印象之下,人们对法律干预的调控行为效果从总体上表示怀疑,[13]并且,与通常的理解相反,倾向于把立法过程抽象为一个严格地限于法律之内的过程。这里我无法详细进行批评和讨论替代方案,[14]但想提一下 G. 陶伯纳[Gunther Teubner]的一项研究结果。根据陶伯纳的研究,社会分裂为各种自主的子系统,这些子系统必须进行它们各自的商谈,与自己的、相互间不相容的现实构造打交道。法学构造主义在理论和经验两个层次上都面对这样的问题,即对于同其他"认知界"[epistemische Welt]的交往可能性来说,法律系统的自我指涉的封闭性意味着什么:"现代社会中是否存在着最低认知量[ein epistemisches Minimum]之类的东西,它可以在全部自主化的情况下用作各种社会商谈的公分母？在各个自主的社会认知域［soziale Episteme］之间，是否存在共同变化甚至共同进化之类的东西？或者，是否只能用这样的方式来建立联系：一个认知域在另一个认知域的框架之中被进行重构？"[15]陶伯纳从两个方面研究这个问题。一方面，他研究了接收的方面，即对于外来的经济学的、技术的、精神病学的和一般科学的"事实知识"进行加工的方面。这种知识必须翻译成法的语言，并在那里进行重构，但不至于使法律系统本身对由此吸纳的外来知识拥有"充分的认知权威"。另一方面，他研究了调节的方面，即对异己社会领域的（尽管总是间接的）"影响"。对这两个方向的交往，陶伯纳认为有必要设定一种"一般社会交往"的媒介。在对于外部的系统、商谈和认知域的调节性影响方面，他使用法律和社会之间的"干涉"［Interferenz］这个术语（他把它区别于"共同进化"和"相互渗透"），以此他揭示了同经济、政治、教育和家庭等等的实在接触——它们超越单纯的"导因"［Veranlassung］——的自控法律［das autopoietische Recht］。因为这些子系统是在**同样的**交往事件中彼此接触的，所以，具有各自不同的系统参照物的行动，应该是可以在同一个交往活动中"交叉"的。

因此，比方说，在订立一份租约的时候，法律行动同经济交易和参与者的生活世界的种种过程发生了"交叉"："通过法律 - 生活世界 - 经济之间的系统干涉，子系统可以发挥的作用不仅仅是彼此维持或者自我调节。"[16]它们可以彼此交往，因为"每个特殊的交往……同时也是（确确实实是）一般的社会交往"。[17]就如同"生活世界"这个理论上异己的表述所透露的那样,陶伯纳必须为所有社会交往假定共同的交往媒介,子系统的特殊代码仅仅是建立在这种媒介之上的:"社会子系统运用社会交往之流,并从其中抽出特殊的交往,作为新的成分。"[18]再进一步,附着在单个交往活动之上的这种干涉在结构上凝固为多重成员身份的角色干涉。我不相信,这个主张是可以同系统理论顺利接轨的。

一方面,法律商谈似乎应该被囚困于自我生产之中,所构造的外部世界映像仅仅是自己内部的映像。另一方面,它又似乎应当形成和运用"普遍的社会交往",以便能够"影响"一般的社会现实构造,并用这种方式也影响其他商谈领域。这两种说法是难以彼此协调的。如果前一种说法是正确的,同一个交往活动至少属于两种不同商谈;但是,两个陈述的同一性只有从客观的角度、而不是从所参与之商谈中一个的角度才是可以确认的。否则的话,在它们之间必需有可能存在着一种翻译关系,这种关系将突破彼此间不可渗透的种种交往回路的循环封闭性。以下不同寻常的表述对这种诠释是一个证明:"每一种法律活动都同时——实际上——是一个一般的社会交往的事件。**同一个**交往事件与两种不同的社会商谈相连,一个是专业化的和建制化的法律商谈,另一个是松散的一般交往。法律与其他社会商谈之间的干涉并不意味着它们形成为一个多向度的超级商谈,也不意味着信息在它们之间进行着'交换'。毋宁说,每一个商谈中的信息被重新构造,除了两个交往事件的**同时性**之外,干涉并不添加任何东西。"[19]但是,仅仅同时性并不能保证一个陈述的同一性,这个陈述依其参照语言的不同具有不同意义。

符号事件的同一性必须能够在其意义的差异之中重复感知,并且从某个观察者的角度出发加以确定。但是,根据系统理论的前提,一个这样的观察者立场是不存在的,就好像一个全社会的主体是不存在的一样,所以,一个交往事件必须可以从诸商谈中至少一个的角度出发确认为同一个事件。在全社会循环的那种一般交往可以取得的充其量是这种成问题的成就。但这样一来,这种交往的媒介就必须像一种自然语言那么起作用,以便有可能对这些已经凝固为专门代码的"外语"进行翻译,并进行协调,促成无法以直接方式进行的这些代码之间的信息交换。否则的话,这些自我指涉地封闭的商谈如何才能"在社会的持续交往"之中接受"社会融贯的检验"?但是,如果陶伯纳要用这种方式使得他的第二种说法具有说服力,他必须设定一个全社会的交往回路。这种交往回路虽然达不到自控的封闭性的层次,却对这些特殊商谈承担译员的职能,其办法是从这些商谈中取出一些信息内容,传播出去。

经验的证据迫使陶伯纳假定了一些破坏其追求的理论构架的东西。在一个完全非中心化的社会中,全社会范围的交往、整个社会的自我主题化和自我影响,已经没有一席之地,因为它按离心方向彼此分裂为各个子系统,这些子系统只能用其特有的语言同自己交往。陶伯纳现在用"生活世界"来代替失去了的社会中心的地位。生活世界通过一种流行于所有社会领域的语言而构成自己,并表现出一种允许对所有代码进行翻译的自我指涉结构。上面提到的系统干涉,它"不仅使得系统和'生活世界'之间的维持,而且它们之间[55]

的交往性质的接触成为可能"[20],要求在功能专门化的代码的域值之下,存在一种**一般**的交往媒介。这种媒介看起来与口语一模一样。它允许像货币和权力这样的导控媒介分化出去,但本身不能被理解为一种系统机制。但是,这种主张同认为法律是一种自控系统的观点不大适合。毋宁说,它指向一种交往行动的理论,这种理论把一种同日常语言媒介相联系的生活世界与消极地面向环境的、通过专门代码进行导控的系统区别开来。

这种观点错误地认为专门的商谈就解题能力而言**在任何方面都高于没有分化的日常语言**。与另一个人类学上独一无二的东西——手——一样,具有复杂语法和反思结构的日常语言拥有多功能性的优势。由于它的实际上无限制的解释能力和循环范围,它比专门代码优越的地方在于,它为分化开来的子系统的外部代价提供了一块共鸣板,因此仍然对全社会的问题状况保持敏感。日常语言对问题的定义和处理,比起在成本/收益、命令/服从等等专门代码的单向度之下的定义和处理,仍然比较模糊,并且在一个较低分化层次上不那么清晰地操作。但是,日常语言因此也不仅仅固着于一个代码;它本质上是多语性的,不需要付出专门化的代价——亦即,不需要对那些用"外语"来表述的问题的麻木不仁。

简单地说,如果把上述方面考虑在内,那么生活世界的功能专门化就是这样进行的:它的组成部分——文化、社会和人格结构——虽然在一个多功能语言之边界内发生分化,却通过这种媒介而保持彼此**交叉**。与此相区别的,是由于专门代码之引入而发生的那种导致系统形成的分化;通过这种分化,像货币导控的经济和权力导控的行政这样的子系统从生活世界的社会这一成分中、而且仅仅从这一成分中分离出来。[21] 法律在这些前提下保持系统和生活世界之间的纽带的功能,这种功能是不符合那种把法律系统看作是以自控方式把自己包裹起来、封闭起来的观点的。陶伯纳描述为"干涉能力"的东西,产生于法律在以下两方面之间的双重地位和协调功能:一方面是通过交往行动而产生的生活世界,另一方面是彼此形成为对方之环境的社会系统。一旦碰到了日常语言的信息无法听闻的媒介货币和行政权力,生活世界交往的回路就中断了;因为货币和权力这些专门代码同结构丰富的日常语言之间不仅是分化了,而且是分离了。日常语言固然构成了一种普遍的理解视域;它原则上可以进行**对**任何语言进行翻译,但是它无法反过来用影响所有受众之行为的方式把它的信息操作化。就翻译**成**专门代码而言,它仍然取决于同导控媒介货币和行政权力进行交往的法律。法律可以说起一种转换器的作用,只有它才能使进行社会性整合的全社会交往之网络保持不破。具有规范内容的信息只有用法律的语言才能在**全社会范围内**循环;如果不把信息翻译成复杂的、对生活世界和系统同样开放的法律代码[Rechtskode❶],这些信息在由媒介导控的行动领域内将是对牛弹琴。[22]

---

❶ Kode 这个词既可以译成"代码",也可以译成"规则",乃至"法典"。当作者使用 Rechtskode 这个词的时候,这几个意思往往都有。但因为作者在这里——在本书其他地方基本上也一样——强调的是不同系统或领域的"语言"之间的翻译、编码、解读等等,所以统一译为"法律代码"。

2. 理性法的回归和"应当"的软弱

从70年代初期开始,社会科学对理性法传统之规范主义的破坏,引起了出乎意料的反应。也就是说,在实践哲学问题总的来说得到重新重视的过程中,法哲学发生了一个转向,以相当直接的方式使理性法传统恢复了荣誉。至少从约翰·罗尔斯的《正义论》(1971年)开始,钟摆就偏向这另一边了。不仅在哲学家和法学家中间,而且在经济学家中间,人们已经习惯于毫无拘束地采纳那些17、18世纪的理论,似乎人们可以用不着重视社会科学对法的解魅了。由于没有在元批判层次上涉及政治经济学和社会理论所造成的视角变化,在直接恢复理性法论证的同时,把这两个商谈域之间的桥梁给拆除了。但是,在规范性商谈的领域内,关于应当之软弱性[die Ohnmacht des Sollens]的问题同时也紧迫地提了出来。这个问题曾经促使黑格尔去研究亚当·斯密和大卫·李嘉图,以便确切了解作为伦理理念之现实性的环节之一的现代市民社会的结构。[23] 从这个角度来看,约翰·罗尔斯对他那起先在真空中提出的正义论在政治上被接受之条件的兴趣,也显得是一个被压制问题的再度复活。具有关键意义的是这个问题:在对黑格尔和马克思所彻底揭示的理性和革命的辩证法的信任历史性地消耗殆尽之后(而只有那条试错的改良主义道路仍然既有实践上的可行性又有道德上的合理性),与混沌的现实处于抽象对立之中的正义社会的理性方案,还怎么可能实现。[24]

罗尔斯在其《正义论》中提出了有关现代生活条件下"组织良好的"社会的观念。这种社会构成了使自由平等之公民能够进行正义合作的系统。这种社会的基本建制所赖以建立的框架,必须是可以根据作为公平的正义而加以辩护的,因而是**值得**所有公民的合理地推动的同意的。为了论证两条最高的正义原则,罗尔斯按照社会契约论模式提出了一种程序,这种程序可以理解为对用来公平地判断富有道德内容的政治正义问题的那个观点进行的阐述。在"原初状态"中,参与辩护过程的各方所服从的恰恰是这样一些条件(包括平等、独立和对自己在未来社会中地位的无知),它们确保所有以目的合理性考虑来论证的安排都同时有利于所有有关的各方,因而是在规范意义上对的或正义的。[25]

在对他的组织良好的社会——其特征,用美国人的说法是"自由主义的",从欧洲的角度来说则是"社会民主主义的"——的模式进行规范性辩护的这第一阶段上,罗尔斯就已经注意了自我稳定的问题。在《正义论》的第 86 节,他致力于证明"对(the right)和好(the good)之间的重合"。在原初状态中对诸理性原则达成一致的各方,是一些人为的组合或构造;不应该把他们等同于生活在一个根据正义原则建立起来的社会的实在条件下的活生生的公民。也不应该把他们等同于理论上预设的理性公民,按照通常的期待,这些公民是道德地行动的、因而是把个人利益从属于忠诚的公民义务的。正义的意义可以为正义地行动的愿望提供理由;但这种愿望并不是像避免痛苦这样的愿望那样是一种自动起作用的动机。为此,罗尔斯依赖一种"关于好的弱理论"来表明，政治的建制将创造一些这样的关系，在这些关系之下，人们追求自己自由选择的生活计划的条件，也允许其他人追求他们的生活计划，而这种情况是适合每个人的深思熟虑的利益的。在一个组织良好的社会里，满足正义的要求将永远对我是好的。或用黑格尔的话来说，个人道德[Moralität]的伦理[sittlich]情境在于一个正义社会的建制之中。因此，正义社会之稳定化的基础不是法律的强制力量，而是正义建制下的生活的社会化力量。也就是说，一种这样的生活同时既形成又强化公民对于正义的倾向。

当然，这点能够成立的条件是正义建制已经存在了。这些建制在既成的情况下可以如何**确立**，那是另一个问题。对于一种哲学的正义理论来说，这个问题不是从实用的角度提出来的，而首先产生于对价值信念多元主义的政治文化条件的反思，在这种条件下，正义理论将得到当代的公民公众的倾向于赞成的反应。在这**第二个论辩层次**上，所涉及的问题不是对一个已经被假设为有效的理论的运用，而是这种从规范性理论角度提出的组织良好社会概念，将可以怎样放置于一个既成的政治文化和公共领域的情境之中，从而事实上受到有理解之诚意的公民们的同意。这里，"反思平衡"[reflective equilibrium]的概念具有双重意义，对此罗尔斯本人也没有做出充分区分。

"反思平衡"表示的是一种已经在理论建构层次上起重要作用的方法。在这里，它表示一种对重构性理论来说具有一般特征意义的程序：借助于能力健全之主体的典型表达对其直觉知识进行合理阐明。在第二个层次上，理性重构的程序具有另外一个作用；在这个层次上，正义论反思地指向它所根植于其中的那个情境,以便揭示出,这个理论的陈述如何和为何用概念明确表述了我们日常实践中最值得信任的直觉,以及我们的政治文化的最好传统。它证明,那些它令人信服地表述的原则,仅仅反映了民众中潜伏着的基本信念;通过这样的证明,这种理论应当为自己在政治生活中找到一个"位置":"政治哲学的目的是明确表述和揭示被认为已经潜伏在常识之中的共同概念和共同原则;或者,如经常碰到的那样,假如常识还犹豫不决、还没有把握的话,就向它提出某些适合其最本质之信念和历史传统的观念和原则。"[26]在整个70年代,罗尔斯弱化了其正义论的很强的普遍主义的可辩护性主张,因此他就把以下两个语境中诉诸我们最佳规范性直觉的不同意义混淆起来了:一方面是在哲学专家中对理论的**论证**,另一方面是对一个经过论证的理论的诸原则的公共启蒙和政治**追求**。罗尔斯相信,他应当把正义论本身建立在那些受文化影响的、"我们中"任何人都不可能合理地拒绝的直觉基础之上;他愈是这样相信,以下两个方面的界限就愈是不清楚:一方面是对正义原则的哲学辩护,另一方面则是一个特定法律共同体关于其共同生活之规范性基础的政治自我理解。在后面这个过程中,哲学家们提出的阐释建议至多能起一种催化和澄清的功能。

这里有关的第二个概念,即"重叠共识"[overlapping consensus]的概念,起初也有类似的模棱两可毛病。但后来罗尔斯发现,他必须把哲学辩护的第一个层次与关于正义原则之接受的第二个层次明确区别开来:"这里(在第二个阶段上)之所以引入重叠共识观念,是为了解释,既然民主社会中普遍存在着多样的彼此冲突的宗教的、哲学的和道德的全方位学说[comprehensive doctrines],…自由的建制可以怎样获得为保持其经久不衰所必需的效忠。"²⁷当然,这段话也可以作别的理解。人们不是太清楚,罗尔斯仅仅是想要根据世界观的多样性这个事实来更深层地研究正义社会的自我稳定问题,还是想用"重叠共识"的概念来回答以下问题:这个理论在现有情况下如何可能确保对它的经过深思熟虑的接受,而这种接受对于根据此理论来改良主义地改善现有建制是必不可少的。我下面讨论的出发点是后面一种理解。

在一个多元主义社会中,正义理论要指望人们接受,它就必须仅仅局限于一个严格地来说是后形而上学的观念,也就是说,它要避免介入彼此竞争的诸生活方式和世界观之间的冲突。即使对理性的公共运用,在许多理论问题上,尤其是实践问题上,也并不导致所追求的合理共识[Einverständnis]。其原因在于"举证责任"[Bewislast❷],即理想性的理性主张本身施加在有限精神之上的那种负担。这甚至也适用于科学商谈。在实践商谈中,还有这样一个因素:好的生活的问题即使在理想条件下,也只有在一个已经预设为有效的生活计划之中,才能找到一个合理回答。因此,一种同现代生活条件相适应的正义论,必须考虑多种多样同时并存的、同样有资格存在的生活形式和生活计划;从不同传统和生活历史的视角来看,关于这些生活形式和生活计划,合理异议是会持久存在的。²⁸因此,正义论必须局限于范围很窄的政治-道德的原则问题,对这些问题,"重叠共识"是可以合理地期待的,因为这些问题也就是那些涉及在世界观上中立的、被普遍接受的价值的问

---

❷ 英译本此处为"burdens of reason"。

题。人们所要寻求的,是那些体现了可普遍化利益的原则或规范。

根据罗尔斯的设想,后形而上学的正义论,仅仅以一种弱的、也就是说从形式上定义的"好"的概念为基础的正义论,所表述的是诸规范性陈述的交叉点。各种全方位的、但依赖于具体情境的自我理解和世界理解,不管是伦理的,或者甚至是宗教的和形上的,"重叠"在这一点上。当然,我想要补充一句,这些彼此竞争的世界图景必须至少在如下意义上容纳后形而上学思维的条件,即无条件地接受公开的、论辩式的讨论:"我们的希望是,借助于这种我们所谓的回避方法,彼此竞争的政治观点之间的现存分歧即使不完全消除,至少也可以得到缓解,从而使互相尊敬基础上的社会合作得以维持。或者说——假如上述期望还太过分的话——这种方法可以使我们能够设想,只要有愿望去达成自由和非强制的一致,就会出现一种与我们的社会世界的历史条件和约束相一致的公共理解。"29

罗尔斯通过这些反思事实上得到了什么,或没有得到什么,这还不完全清楚。当然他已经表明,像他提出的那样一种正义论,可以找到与它联系的文化,是通过传统和习惯培养已经在日常交往实践和单个公民直觉中扎下了根子的自由主义基本信念。罗尔斯不仅相信具有这种性质的环境可以在美国的多元主义文化中找到,而且认为,如果所假定的正义原则要落实于社会基本建制之中的话,这种多元主义还要发展、甚至强化。但是,在我看来,后形而上学的正义论与它在其中产生的美国情境之间的符合,并不意味着罗尔斯"仅仅设法系统表达对美国自由派来说具有典型意义的原则和直觉观念"。[30]理查德·罗蒂[Richard Rorty]确信,罗尔斯的态度是"一种彻头彻尾的历史主义的和反普遍主义的态度",[31]他提供的绝对不是对道德-政治问题之公平判断的程序合理的说明,而是对当代美国人关于正义之直觉的"一种历史学的和社会学的描述"。

罗蒂的情境主义借题发挥并没有说服力,因为,这种低调目标无法解释罗尔斯为什么要用那么大力气来为其理论进行辩护。罗蒂把在罗尔斯那里区分开来的两个论辩层次扯在一起,把辩护领域中反思平衡的重构性意义误认为是生存论的敞亮[Existenzerhellung❸]和伦理学的自我理解。只有当正义论被证明是适合于澄清自己之产生情境的时候,它才可以承担这种自我理解的任务。如果它**从一开始**就被设定为对一个教化过程[Bildungsprozess]的自我反思,仅仅是对反映了在其中长大的自由主义者的自我形象的某个**特定的政治传统**作概念的思考,那么,第二步,即对可接受性条件加以反思的确认,就失去了意义。如果那样的话,罗尔斯倒是从一开始就避免了规范性理论和改良主义实践之间的理性法裂隙,但付出的代价却是收回普遍主义的有效性主张。罗尔斯于是就得承认,那两条正义原则就比方说不适用于德国,因为在德国的文化和历史中,并不能找到与美国宪法传统具有同等教化效果的东西。[32]但我看不出有迹象表明他作了这样一种承认。缺乏一种适宜的政治文化(这种政治文化联邦德国现在也已经有了),不应该被看作是证伪了根据原

---

❸ 这个词中的 Existenz 和本书经常用的形容词 existentiell 都含有生存论哲学(Existentialphilosophie,亦译为"存在主义哲学")所理解的生存方式选择的涵义。

初状态中各方深思熟虑的判断而被确定为有效的正义原则。这些公平的判断,应该是能被所有人理解的,哪怕他们并非杰佛逊[Thomas Jefferson]的幸运后代。各方得以在这些方面达成一致的交往前提,解释了一种这样的道德视角,它不偏袒任何特定文化,却处于更深层次,归根结底根植于所有交往行动主体之间的相互承认所具有的对称性之中。

使得对实践问题之公平**判断**成为可能的这些抽象条件,并不就是使我们倾向于从道德角度出发**行动**的条件。因此,罗尔斯设法寻找一种适宜的政治文化的动机上的推动力,并且在那个一直延续了两百多年的宪法传统——它固然经常受到阶级冲突、种族冲突的挑战,但通过激进的诠释而得到更新、获得新生——的特佳地点找到了这种力量。但是,如果对这一点作字面理解,就把该理论的**政治**说服力局限于若干呼应性情境了。

这种结果使得罗纳德·德沃金[Ronald Dworkin]去探讨,规范性理论之根植于特殊文化之中,有没有一种偶然性程度较低的方式。他绝不希望自由主义原则的影响力取决于可以在我们碰巧**遇到**的传统中唤醒的那些隐藏的潜力。因此,德沃金近来不仅要求理论承担对抽象的、可以说悬在半空的正义原则进行辩护的负担,而且对它提出了为这些原则提供伦理基础的任务。他反对让后形而上学的正义概念脱离于那种范围更广但结构更具体、因而具有形成动机力量的成功生活筹划。德沃金提出一种**自由主义伦理学**来代替"对"优先于"好"的义务论观点,它是一种形式的伦理学,又是一种实质的伦理学,其"形式"的程度足以容下生活取向偏好方面人们可以合理预料的种种分歧,其"实质"的程度足以为抽象的自由主义原则构造一种动机基础。这种理论作为一个整体据说要把义务论的正义概念根植于一种和谐伦理学[consonant ethic]之中:"那种狭隘地认为自由主义是一种关于'对'的理论但不是关于'好'的理论的⋯自由主义哲学家⋯面临着解释人们有什么理由成为自由主义者的问题⋯;他们设法在人们的自我利益或道德中,寻找是什么动机使人们在政治行动中撇开其关于好的生活的种种信念。我主张,自由主义者应当拒绝这种狭隘观点。相反,他们应当把伦理和政治结合起来,其办法是建构一种关于好的生活之本质或特征的观点,根据这种观点,自由主义的政治道德与种种关于好的生活的有吸引力的哲学观点之间,看上去是相连贯的、而不是不连贯的。"[33]

当然,在德沃金自己的设想中,也可以看到今天在后形而上学思维条件下每种主张普遍有效性的伦理学不得不陷入的两难境地。也就是说,只要它作出实质性的陈述,它的前提就同某种特定的历史的、甚至个人的自我理解和世界理解之产生的情境相联系;一旦它的形式化程度足够高,它的实质性方面就仅仅在于对自我理解的商谈程序作出澄清。这里我不必对此详细讨论。[34]罗尔斯沟通理论之理想性要求和社会事实性之间缺口的努力是有弱点的,但这种弱点并不处在一个可由某种伦理理论来弥补的层次上。规范性理性思考[normative Räsonnement]要与之保持联系的顽强现实,不仅仅是、甚至也不首先是由诸彼此冲突的生活理想和价值取向的多元主义所构成的,而是由制度和行动系统的硬性更强的材料所构成的。

在理论建构的第一层次上,罗尔斯已经涉及了最初抽象论证的正义原则如何在法律上建制化的问题。他也没有忽视国家制裁的方面。强制性的法律与道德不同,道德能诉诸的仅仅是正义感,而法律是通过国家制裁而以外在的方式同其被施者的行为相联系的。但是,实证法和政治正义的关系仍然有待说明。罗尔斯的注意焦点是法律的合法性[Legitimität]问题,而没有对法律的形式本身以及法的**建制向度**作专门讨论。法律有效性所特有的东西,内在于法律的事实性与有效性之间的张力,并没有落入视野之内。这也减弱了我们对法律的合法性主张与社会事实性之间外在张力的感受。在第二步即反思的步骤上,处于规范对面的现实被归结为接受正义论的一些文化条件。罗尔斯考虑的是,在政治传统的背景下,在当代多元主义社会之公共交往的**文化背景**下,正义原则怎样才是可行的。他既不谈到事实上建制化了的决策过程,也不谈到可能同法治国原则背道而驰、并使组织良好社会面对一幅颇有讽刺意味镜像的社会发展趋势和政治发展趋势。

罗尔斯的"政治"自由主义所回应的,是黑格尔在道德和伦理生活[Sittlichkeit]的关系名下所提出的那个问题。对古典的理性法传统来说,规范和现实的关系问题最初是在另一个层面上出现的。理性法传统以道德和法律的区别为出发点,思考在实证法自身之内的事实性与有效性之间的张力。就此而言,它从一开始就比从道德角度提出的正义论更具现实主义态度。可以这么说,它是全幅度地面对政治过程的现实。如果罗尔斯想考虑**这个**问题,他不应该在他的论辩的第二阶段上满足于对适宜的政治**文化**条件的反思,而应该对法治国及其**社会基础**的历史发展进行带有规范性质的重构。

这个任务很复杂,它所要求进行的经验性研究,不仅仅局限于从思想史的角度对合适的政治文化状况的确认。但是,到现在为止我们讨论的社会科学思路是不能胜任这个任务的。这种社会科学思路在从观察者视角出发揭示对象时,对规范性自我理解一晃而过。只有当对法律的社会科学分析把外在把握和内在重构结合起来的时候,规范性理论才不必以**一种没有中介的方式**,也就是通过公民公众集体的政治意识,而寻求同现实挂钩。一个旨在重构具体社会之法治国发展的规范性理论,于是才能在批判地描述实际政治过程方面发挥作用。从涂尔干和韦伯到帕森斯的古典社会理论,为这种同时适合于对法律系统的重构和对法律系统的祛魅的双重分析视角,[35]提供了很有意思的出发点。

3. 帕森斯与韦伯:法律的社会性整合功能

   哲学对正义的讨论缺少一个建制向度,而社会学对法律的讨论从一开始就是对着这个向度的。如果不把法律看作是经验性行动系统,哲学概念就始终是空的。但是,只要法律社会学坚持一种客观化的外在眼光,对那种只有从内部才可能进入的符号向度的意义麻木不仁,社会学观察就会陷入相反的危险:始终是盲的。对这种危险,那些受新康德主义影响的思想家尤其警觉,在他们那里发挥作用的是这样一种观点,即在社会秩序中,理念[Ideen]与利益[Interessen](韦伯)、文化价值和动机(帕森斯)是**相互渗透**的。根据他们的理解,建制化行动是文化价值在种种情境制约下的选择性发展。社会秩序根据具体的运用条件把价值具体化、使它与给定的利益立场合为一体,并用这种方式赋予规范性行为样式以实在性。马克斯·韦伯从一种二元论人类学得到启发,根据这种人类学,行动主体既面对内在需要的问题,也面对外在需要的问题,并且追求理想之物不亚于追求物质之物。帕森斯的出发点也是那必须相互协调的价值取向和需要倾向。也可以在不依赖于这种人格结构理论的情况下、从行动协调的形式问题出发,而形成一种类似的建制观。

对行动者来说,每个情境都提供了多于他可在行动中实现的可能性。当各个互动参与者想根据各自成功期待从可选择范围中作出一个选择时,这些独立选择之间的不确定结合会产生出一种持久的冲突。参与者带着自己对别人的期待的期待来反思地调整各自的行动,以便根据对其他行动者的被期待决策的期待来作出自己的决策;但即使这样,上述冲突也无法平息。从各种不同被期待利益立场和成功计算之间的不确定的冲突中,是产生不出社会秩序来的。因此,为了说明行为模式的形成和稳定,涂尔干假定,存在着一些事先已经起作用的价值共识,以及参与者们对于主体间承认之价值的取向。当然,这就必须说明,自由地作决定的行动者们是怎么居然会受规范**约束**的,也就是说,是如何因规范而**有义务**去实现相应价值的?规范性主张的那种通常是温文尔雅的强制力,行动者若要不感到是一种外在暴力,唯有把它作为道德的强制而变成自己的东西,也就是说,把它变成自己的动机。涂尔干致力于对康德的自主性概念作社会学的翻译,把个人之上的秩序的约束性建立在个人的洞见之上,这样,这种自主性就不同于纯粹的选择自由了。这里所需要的,是现行规范的道德权威与根植于人格结构的自我控制之间的一种对称关系。建制化的价值,如帕森斯所说的,必须对应于内在化的价值。规范的承受者只有在已经把体现为规范的价值内在化的情况下,才会作为一种平均情况有足够动机去遵守规范。

但是,替行动之价值取向创造出动机基础的那个内在化过程,照例不是一个无压制性的过程;但它的**结果**却是一个与自主意识同时引入个体的良心权威。只有在这种自主意识中,"现行"社会秩序那种特有的赋予义务性质,才找得到一个自愿接受约束的承受者。

这与韦伯的观点是一致的,韦伯认为社会秩序只有作为合法秩序才可能持久确立。"一种秩序的有效性,对我们来说不仅仅意味着社会行动过程的一种纯粹由习俗或利益立场决定的规则性[Regelmäβigkeit],"[36]在这里,"习俗"所指的是呆板的、可以说是机械的习惯化,而"服从合法秩序的行动",则要求自觉地取向于一种被预设为有效的共识:"我们将把共识理解为这样一种情况:一种取向于对他人行动之期待的行动,具有一种经验上'生效'的机会看到这种期待会得到实现,因为客观上存在着这样一种或然性:这些他人们在实践中将把那种期待当作对他们行动实际上'有效'的东西来对待。…所有建立在这种对共识可能之取向基础上的社会行动,将被称为'共识行动'。"[37]当然,韦伯在这里主张,出于什么动机对他人行为产生期待,是无关紧要的。但是,对一种"合法秩序"的经过辩护的假定,至少**也**在这些动机之列。体现在这种秩序中的理念或价值必须被主体间地承认,就此而言,这种秩序是建立在一种价值共识之上的:"第一,一种社会关系的意义内容,只有在行动(平均地、大致地)取向于一些可确定的'准则'时,我们才把它叫作一种'秩序'。第二,这种秩序,只有当实际上取向于那些准则**也**(在具有决定性实践意义的程度上)是因为这些准则被认为对行动是有效的——被看作是有约束力的和示范性的,我们才把它叫作是'有效的'[Gelten]⋯⋯一种仅仅出于目的合理性动机才被人遵守的秩序,比起那种仅仅根据习俗、由于行为之习惯而产生的秩序取向(也就是最常见的那种内在态度)来说,要不稳定得多。但后面这种秩序,比起那种带着示范性或约束性——我们所谓'**合法性**'——的声望而出现的秩序来,又要不稳定得多。"38

在合法地调节的行动中,互相预设的共识之建立的基础是这样一个事实:"在别的动机之外,那秩序至少对一部分行动者来说也显得是具有示范性或约束性的,因而是具有**应当有效性**的。"另一方面,合法秩序不仅仅建立在通过对相应价值的内在化而根植于内心之中的规范性共识之上。只要它的有效性不是通过宗教权威,或纯粹从道德上通过价值合理信念来辩护的,也就是说不是通过相应的内在制裁(害怕失去神灵之物、羞耻感和内疚感)和自我约束能力而得到维护的,它就需要外在的保障。在这些情况下,一种社会秩序的合法性期待将通过约定[Konvention]或法律而得到稳定。众所周知,韦伯谈论"约定",是当社会有效性[soziale Geltung]通过"一种普遍的、可实际感受到的对出轨行动的指责"而从外部得到保障的时候;而他谈论法律,是当平均地遵守规范的行为通过来自一根"戒尺"[Erzwingungsstab]的外部制裁的威胁而得到保障的时候。在合法调节之行动中可以预设的那种共识,根据在提供合法性的理由之外起作用的内在制裁和外在制裁的种类的不同而不同。这种共识的基础,**是理由和经验动机的一种混合体**,在这种混合体中,理由有各种各样,取决于它是来源于神秘叙事、宗教世界观或形而上学学说,还是出于世俗来源,产生于对实践理性之实用的-目的合理的运用、伦理的运用或道德的运用。

秩序所具有的社会有效性以及平均可期待的事实性遵守,是由共识来保障的,而共识的上述混合型有效性基础,则反映了一般意义上的建制的两重性质。利益要能够通过普遍化行为期待而得到长期满足,就必须与为规范之有效性主张提供辩护的理念联系起来;而理念要在经验上加以施行,就必须与赋予其推动力的利益联系起来。从方法论上说,由此产生的结果是,合法秩序可以同时"从上面"和"从下面"进行分析;重构性社会学对这两种视角必须一视同仁。这样,社会学对法律的讨论可以得益于同哲学对正义的讨论的接触,同时又超越后者的界限。

从法官或公民的参与者视角进行的重构性分析所指向的,是体现在规范性基础之中的意义内容,是法律系统(或单个规范)的合法性主张或理想有效性赖以得到说明的那些理念和价值。从观察者视角进行的经验分析所指向的,是由合法性信念、利益立场、制裁和具体情形等构成的整体,也就是说是具有法律建制形式之行为期待的经验有效性和事实性执行赖以得到说明的行为情境之逻辑。韦伯在**法律的观点**和**社会学的观点**之间作了一个与此相应的区别。前者涉及的是法律命题的客观内容,而后者涉及的则是由法律来调节的实践,对于这种实践来说,"除了其他因素之外,人们关于特定法律命题之'意义'和'有效性'的想法也起重要作用。"[39]

韦伯的法律社会学就是从这个区别出发的。法律的观点问的是:"什么是作为法律而理想地有效的东西?那就是说:什么意义,或换句话说什么规范性意义应当被合乎逻辑地归诸一个具有法律命题形式的语言构造?(社会学的观点)则相反问道:如果参与一个共同体之行动的人们有可能⋯主观上认为一特定秩序为有效的,并在实践中依照它们而行动,也就是说使他们的行动取向于这些秩序——如果这样的话,这个共同体内事实上发生了什么?"[40] 当然,韦伯把重构性概念分析的工作全部归诸法学[Jurisprudenz];他没有对法理学[Rechtsdogmatik]、法律理论[Rechtstheorie]和法哲学[Rechtsphilosophie]作足够区分。韦伯对法哲学的忽视可能来源于他对道德理论中认知主义思路(如目前由罗尔斯或商谈伦理学所代表的那种)的怀疑态度。把意义条件和有效性条件的重构局限于学科范围很窄的法理学[Rechtsdogmatik],使得那两个方法论视角之间的对立,比起韦伯至少暗中提到的两者之间的关联,显得更为引人注目。也就是说,他必须做的,应该是把他自己的社会学工作理解为包容性很强的工作。在合法性信念中预设着的理想有效性条件,构成了一种法律秩序的社会有效性的必要条件,尽管不是充分条件。因为,法律秩序是"合法秩序",它们虽然没有将理念和利益天衣无缝地结合在一起,但通过用理念来诠释利益,也使理由和有效性主张具有了事实性功效[faktische Wirksamkeit]。

在韦伯对法律的历史和类型的实质性研究中,重构性分析具有突出的地位。根据克劳斯·艾德尔[Klaus Eder]、[41] 雷依纳·多伯特[Rainer Döbert]和我的工作,沃尔福冈·施路希特[Wolfgang Schluchter]设法详细探讨韦伯分析过的法律发展的内在方面。除了法律的实质性领域中的不断分化,韦伯还从两个角度来追溯法律的合理化过程,一方面是对法律纲领和法律程序的旨在普遍化和系统化的改进,另一方面是法律之有效性的认知基础的改变。施路希特根据L.科尔贝克[Lawrence Kohlberg]沿着J.皮亚杰[Jean Piaget]的思路就个体发育而证明的道德意识发展阶段模式,[42] 对法律决定之论证层次的变化进行了重构。施路希特对他从内在于法律的视角出发进行的分析作了如下概括:"我们的出发点是韦伯的两个区分,一方面是启示法、传统法、推定法[erschlossenes Recht]和实定法[gesatztes Recht]之间的区别,另一方面是法律的形式合理化和实质合理化之间的区别。我们的命题是,韦伯区别了法律的形式方面和实质方面,并且从这两个角度出发(当然强调的程度是不平衡的)对法律的合理化进行了讨论。因此,必定不仅有法律之基础的合理化,而且有法律之程序的合理化,这两者虽然从历史的－经验的角度是联系在一起的,从分析的角度却必须区分开来。在法律程序被逻辑化的时候,法律的有效性基础则被抽象化和普遍化。与此同时,法的有效性基础从超越法律的原则变成内在于法律的原则,也就是说,法律的基础被世俗化了。"[43]

这里,我讨论的只是这个方法论观点:法律社会学的基础也是对现代法律系统所预设的"合法性共识"的有效性条件的高要求重构。也就是说,从这个视角出发我们可以看出,法律的实证化和与之相伴随的法律和道德的分化是一个合理化过程的结果,这个过程虽然破坏了法律秩序的元社会保障,却并没有使包含在法律的合法性主张中的不可随意支配性[Unverfügbarkeit]向度销声匿迹。宗教世界观的祛魅所产生的不仅仅是破坏性结果,即瓦解了神灵法和世俗法这"两个王国",以及与之相连的法律等级结构;它也导致对法律有效性的重组,因为它把道德和法律的基本概念同时移放到后俗成的论证层面之上。行动规范和行动原则之间的区别,以原则为指导产生规范的概念,在自由协议基础上产生具有规范约束力的规则的概念,具有私人自主性的法权人[Rechtspersonen]❶的立法力量的概念等等,伴随这些概念而形成的是这样一种规范观:把规范看作虽然是实证地颁定的、因此是可以修改的,但同时也是可批判的、需要作出辩护的。卢曼对法律实证性的如下表述说得不够完整:"法律不仅是通过决定而制定的(亦即选定的),而且是根据决定而**有效的**(因此是不确定的、可改变的)。"44 事实上,后形而上学法律的实证性也意味着,法律秩序只有根据经过合理辩护的、因而是普遍主义的原则,才有可能构成和发展。

韦伯在行动理论层面上考虑**实定原则**[Satzungsprinzip]和**论证原则**[Begründungsprinzip]之间的这种内在联系,为此他按照基于理性协议之颁定的目的性结社[Zweckverein]的模式来分析法律调节的行动——区别于社团行动[Gemein-

---

❶ 这个词也可以译成"法人",但因为汉语中"法人"一词的通用含义是"根据法律参加民事活动的组织",同"自然人"相区分,而作者在这里所说的 Rechtspersonen 则主要是指根据法律享有权利的个人;在第三章,他甚至有"natürliche Rechtspersonen"这样的说法。为避免同前面那种"法人"相混淆,把这个词都统一译为"法权人"。

schaftshandeln]的社会行动[Gesellschaftshandeln]。在这里所预设的是这样一种合法性共识,它以一种理想类型的方式把两个环节结合在一起了:实定法之所以是有效的,一方面是因为它是根据现行的结社法律而**实证地颁定**的,另一方面是因为它已经被**合理地同意**了。一种这样的实定过程的特有的合理性在于,社会成员只有根据一种基于理由的共识才服从那些由国家确认的规则的强制力。当然,根据韦伯的观点,法律秩序之所以被认为是合法的,不仅仅是基于对这样一个合理地达成的共识的设定,而也是"由于施加了一个被当作是合法的人对人统治,也就是说,由于得到了顺从"。[45]当然,这个选择也需要进行解释,因为法律型统治[legale Herrschaft]反过来也只有根据其法律形式而被认为是合法的[legitim]。

"法律型统治"的这种自相矛盾的有效性基础,大概不仅来源于对合理性概念的模糊运用,[46]而且也是因为韦伯在他的统治社会学[Herrschaftssoziologie]界限内对现代法作了一种独特的限制性处理。虽然他对法律的合理化从其内在方面作了解释,并且拥有重构现代法之有效性基础的分析手段,但他的这种态度仍然处于价值怀疑论——强调法律**对于法律型统治的权威性组织和运用所履行的功能**——的阴影之下。法律的类型为韦伯提供了研究合法统治之类型的一般向导,由此,韦伯非常强调现代法同合理的国家行政的科层统治之间的功能性联系,以至于没有对**法的社会性整合方面的独特功能**给与应有重视。根据韦伯,法治国的合法性并不是以政治意志形成过程的民主形式为最终来源,而仅仅以对政治统治的法律运用作为前提——也就是说,仅仅来自法律的抽象的规则结构,来自司法自主、法律约束和对行政的"合理"构造(官务的连续性和文牍性,以能力作为标准的行政组织,行政部门的等级制度,对公务人员的专业训练,职位和人员的区分,行政人员和行政手段的区分,等等)。在韦伯那里,产生了一种为德国所特有的法治国家观念,这种观念同政党的精英统治是并行不悖的。

如果像帕森斯那样从政治权力的法律化的角度出发考察现代宪政国家,就会出现另一种法治国观念。这个法律化过程是在现代法律之合理的有效性基础的结构性限制之下发生的,它促成了民主的、根植于市民社会、政治公共领域和公民身份的合法化模式。帕森斯把各个分化开来的社会系统据说从中发展出来的那个核心领域叫作社群共同体("societal community")。它包括所有专门履行整合功能的行动领域——一方面是一些符号惯例,比如礼俗、宗教文化、民族节庆等等,它们确保社会的团结;另一方面是一些次阶建制,比如道德和法律,它们对典型的行动冲突进行调节,并在危及初阶建制化行为期待之稳定性的混乱情况出现时,插手干预,使之走出困境。因此,道德和法律所代表的,类似于所有其他建制秩序的社会性整合功能的损失担保之类的东西。早在氏族社会中,同调解、神谕、血亲复仇等古老法律惯例相联系,就已经形成了这样的自我指涉的规范结构。[47]法律是一个由于建制化过程而变得具有自我反思性的合法秩序。作为这样一种合法秩序,法律成了社群共同体的核心,而这个共同体又是整个社会的核心结构。

与韦伯不同,帕森斯从法律**自己的**功能即确保社会团结的角度,而不是法律对于形成统治的贡献,来研究法律的社会进化。在氏族社会中,法律仍然是同其他规范性复合体交织在一起的,仍然是弥漫不清的。只有随着氏族社会向高度文明社会的过渡,才产生一种具有部分自主性的法律。这个进化步骤的标志,是一种把法律和政治权力令人注目地结合起来的国家组织形式。一方面,国家使得有可能对凌驾于争端各方之上的法律判决和法律执行的程序加以建制化;另一方面,国家只有以具有法律形式的官职等级的形式才得以构成,并且同时通过行政统治的法律形式才赋予自己合法性。所以,由国家确保的法律和以法律形式运用的政治权力,是互为前提的。只有在这个层面上,法律系统的那些熟悉成分才发展起来:适用于**可能的**未来案件并事先确保法律主张[Rechtansprüche]的法律规范或决策程序;授权制定和修改初阶行为规范的次阶规范;把法律主张转化为诉讼可能的司法组织;为制裁的威胁提供支持的法律执行,等等。

因为只有经由国家确保的法律才具有一种法律系统的具体特征,所以,韦伯把法律作为政治系统的一部分来把握的理论策略,是有些道理的。但卢曼再往前走了一步,却不那么有道理了——他把在现代分化开来的法律从政治中重新分割出来,使它自我独立化为它自己的一个子系统,同行政、经济、家庭等等相并列。帕森斯采取的是另一种视角,他像涂尔干一样,认为法律的发展是与社群共同体联系着的。在现代社会,这种共同体发展成为一个市民社会[Zivilgesellschaft],后者甚至摆脱了(黑格尔用"资产阶级市民社会"[bürgerliche Gesellschaft]的概念所猜想的)资本主义经济交往的包围。从其前身"社群共同体"那里,这种"市民社会"(civil society)继承了整个社会之社会性整合的卫士的角色。

对于从传统法向合理论证和实证性之转换的内在方面，帕森斯在价值普遍化和包容性的名下作了相当随便的处理。与现代法律的有效性基础的道德普遍主义相符合的，是所有社会成员被相继包容在自由和平等之法权人的联合体之中。帕森斯对法律的发展主要是根据其外在方面进行讨论的。早期现代性占主导地位的是这样一个结构形成过程，即一个通过货币媒介导控的经济系统从一种政治统治秩序中分离出来的过程。而这种政治秩序本身，又采取行政力量导控的系统的形式。这两个子系统的形成过程，同时意味着市民社会从经济和国家中剥离出来。传统共同体形式经过现代化而发展成为一个市民社会，后者在宗教多元主义名义下同文化行动系统分离开来。随着这个分化过程，出现了一种新的整合需要，对这种需要实证法作了三重反应。[48]导控媒介货币和行政权力通过对市场和科层组织的法律建制化，而植根于生活世界之中。与此同时，发生冲突的互动情境被法律化，也就是说，被从形式上重组，从而参与者在发生冲突时可以提出法律要求，而在这以前，这些冲突是在习惯、忠诚和信任基础上用伦理方式克服的。在把所有可能的社会关系都法律化的同时，作为它的一个必要补充，用公法来建制化的公民身份被普遍化。这种公民身份的核心是政治参与权利，实现这种权利的，是市民社会的新的联系形式，一个得到基本权利保障的自由结社网络，以及一个通过大众传媒而形成的政治公共领域的种种交往形式。

法律的实证化不容置疑地产生于法律的有效性基础的合理化，现代法律要能够在社会的行为期待方面对具有结构分化之生活世界和功能自主化之子系统的复杂社会起稳定作用,它就必须能够发挥一个本身已经变为市民社会的"社群共同体"的卫士的作用,并以值得相信之合法性主张的抽象形式维持其继承下来的对团结的主张。现代法律系统兑现这个诺言的途径是对公民身份的普遍化和具体化:"宗教、族裔、地区或地域,以及社会分层中的世袭地位是一些较古老的、较特殊主义的赋授性成员身份基础,在破坏这些东西的合法性的长期过程中,一种基本上由平等的人们组成的社群共同体似乎是'线条的终点'。…平等这个基本命题的前身久已有之,但却是在种种'自然权利'观中首先成型的。…美国的贫困问题和种族问题目前十分突出,很大程度上是因为人们对现代社会中据说有一个内在地'低下的'阶级,更不要说有一个低人一等的种族,而感到深深的道德上的厌恶,尽管一些群体中有人对现代平等主义大声反对。"[49]最后,在讨论市民社会——它是公开的、包容性的由自由联合的法律同伴参加的意见形成过程和意志形成过程之基础——的过程中,帕森斯强调教育机会平等化的意义,以及整个文化知识与文化结构相分离的意义:"这个新阶段的核心是教育革命,它在一定意义上综合了工业革命和民主革命的主题:机会平等和公民身份平等。"[50]借助于"教育革命"这个概念,帕森斯也谈及了一种反应敏锐的[resonanzfähig]政治公共领域的政治文化条件。对此罗尔斯理所当然地感到兴趣,因为,现代法律制度的合法性主张愈是事实上用实现了的公民平等来兑现,法治地构成的合法化过程的价值标准就愈是独立于非组织形式的公共交往过程。

帕森斯把现代法理解为这样一条传送带,团结、我们从具体的生活世界关系中得知的相互承认的高要求结构,可以通过这条传送带以抽象的、但有约束力的方式传向复杂社会的匿名的、由系统媒介来连接的各种关系。T.H. 马沙尔 [T.H. Marshall] 以英国为例子所研究的公民权范围扩大的情况,[51] 为帕森斯提供了一个经验参照物。马沙尔提议把权利分为"市民权利" [civil rights]、"政治权利"和"社会权利",这种区分沿袭了一个著名的法学分类。根据这个分类,自由防卫权保护私的法律主体免受国家对生命、自由和财产的非法干预;政治参与权使积极公民有可能参与民主的意见形成和意志形成过程;社会分享权提供福利国家的被庇护人以最低收入和社会保障。马沙尔提出一个命题,说西方社会的公民地位在过去的二三百年间按这个顺序得到不断的扩大和巩固。

这个公民身份概念在新近的讨论中重新引起人们注意。马沙尔首先在同资本主义现代化过程的联系中考察公民的不断包容过程。但是,马沙尔用来把公民权利的扩大看作社会进化之成果的理论框架,显然过于狭窄了。与这种观点相反,A. 吉登斯 [Anthony Giddens] 强调各种斗争和社会运动的作用。[52] 当然,对出于经济动机的阶级斗争的强调是片面的。其他种类的社会运动,尤其是移民和战争,从不同方面推动了公民地位的扩大。[53] 反过来说,促进新的包容关系被法律化的那些因素,也影响了民众的政治动员和对公民已经拥有之权利的积极行使。[54] 最后,马沙尔对法律的分类被扩大到不仅包括文化权利,而且包括今天女性主义和生态主义运动尤其为之而战的那些公民权利 [Bürgerrechte❺]。随之

---

❺ 这个概念也可以译成"市民权利",尤其是考虑到作者在本书中经常把政治性的"staatliche Bürgerrechte"与非政治性的"Bürgerrechte"区别开来。

而更为清楚地出现了一个区别,对于这个区别,内在的法理学观点要比社会学观点更容易看清。

在马沙尔和帕森斯那里与公民身份概念相联系的这种总的来说线性的发展过程,至多适用于社会学家们统称为"包容"的过程。在一个功能上不断分化的社会中,越来越多的人们获得范围越来越宽的权利以进入和参与越来越多的子系统,包括市场、企业和工作场所,办公室、法庭和常备军,学校、医院、剧院和博物馆,政治结社和公共交往手段,政党、自治组织和议会。对于个人来说,组织成员身份随之大大增加,选择空间随之大大扩大。当然,这幅线性进步图景的根据,是一种不过问自主性是增加还是丧失的描述。通过运用积极公民身份,个人可以在以民主方式改变其地位的过程中发生作用;但对于这种公民身份的实际运用情况,这种描述是看不到的。[55]为反思的、自我指涉的公民地位提供根据的,只有政治参与权利。而消极的自由权利和社会分享权利,则相反可以用家长主义的方式来提供。从原则上讲,法治国家和社会福利国家若没有民主也是可能的❻。但即使在这三个范畴的权利都被建制化的地方,那种防卫权和分享权也是具有两面性的。那种从历史上看围绕私有财产拥有者的社会地位而成型的自由权利,可以从**功能的视角**出发看作是一个市场导控的经济系统的建制化,而从**规范的视角**出发,它则担保某些私的主观自由。社会权利在**功能的视角**下意味着福利国家科层制度的建立,而在**规范的视角**下则确保

---

❻ 英译本此句意为:"从原则上讲,法治国家和社会福利国家的实施若没有民主也是可能的。"

公民有权补偿性地要求公平分享社会财富。当然,不论是主观自由还是社会保障,都可以看作是使政治权利之实际行使成为可能的社会自主性的法律基础。但是那些只是经验上的必要联系,而不是概念上的必然联系。因为,自由权和分享权也可以意味着唯私主义地[privatistisch]远离公民身份,从而公民身份被化约为当事人[Klienten⑦]与提供照料和服务的行政部门之间的关系。

经济和国家——它们是通过同样的权利来建制化的——越是形成自主的系统逻辑,公民越是被挤到纯粹组织成员身份的边缘角色,公民唯私主义和从当事人利益立场出发行使公民角色这两者构成的综合症,就越可能出现。经济和行政的系统具有这样的倾向,即同它们的环境相隔离,只服从其自身的货币迫令和行政权力迫令。它们打破了对公民通过共同实践来自我决定这种法律共同体的模式。一方面是私人自主性和公民自主性的扩大,另一方面是对家长主义地提供的权利的消极满足的福柯式的常态化,[56]这两者之间的张力是内在于福利国家形式的大众民主制度之中的。因此,一种社会学若要对这种张力保持敏感,就不能放弃从法律系统的内在视角出发对市民权利的合理重构。就连帕森斯在他的系统理论的基本概念中,也削平了韦伯重构为法律合理化过程的那些东西。也就是说,他把"包容"和"价值普遍化"看作两个规范上中立的系统性整合向度,而体现于

---

⑦ 这个词在法律上表示律师为之提供服务的"当事人",作者把这个词也用来表示福利国家行政部门为之提供服务的公民的角色。在这样情况下使用"Klienten"一词时,有必要注意这个词具有的另外一个含义:"被庇护人"。

现代法治国中的那个法律概念的规范内容和社会性整合作用,却因此而销声匿迹了。[57]

为了防止对规范性内容的这种削平,我在接下去的两章中将从商谈论的角度分析权利体系和法治国原则,以便首先对公民身份概念的规范性内容进行重构。但是在这样做的时候,我设法避免一个流行于对正义的哲学讨论之中的歧义性,一个由于"Recht"(法律)和"Rechte"(权利)这种语言用法而出现的歧义性。在谈论"权利"[Rechte]时,我们的理解既是道德的也是法律的。尽管如此,我想从一开始就把法律和道德区别开来;并且我不像罗尔斯那样满足于政治正义性和道德——两者都处在纯粹规范性有效性主张的同一个层面上——之间的区别。我把"法律"[Recht]理解为现代的实定法,它要求作系统的论证、作有约束力的诠释和执行。法律不像后俗或阶段的道德那样仅仅表达一种形式的文化知识,而同时构成社会之建制系统的一个重要成分。法律同时一身兼二任:既是知识系统,又是行动系统。它既可以理解为一种表达规范的语句和解释规范的文本,也可以理解为一种建制,也就是说理解为诸行动规则的复合体。因为动机和价值取向在作为行动系统的法律当中是相互交叉的,所以,法律语句具有一种为道德判断所缺乏的对于行动的直接影响力。另一方面,法律由于其较高的合理性程度而区别于自然长成的建制秩序;在法律当中体现的知识系统,是形成为学理系统的,也就是说,是在科学层面上加以阐发的、是同原则导向的道德彼此交叉的。

借助于这种法律概念,哲学分析确保了一条通往具有"双重视角"的经验分析的桥梁。另一方面,在抛弃系统理论的思路——不管现在是帕森斯牌号的还是卢曼牌号的——的同时,也要避免回到一种整体主义的社会概念去。"人民"[Staatvolk]或"自由平等的法律同伴的联合体",作为法律系统的构造物是不可少的,但作为整个社会的模式则是要不得的。

交往行动理论的生活世界概念,也抛弃了一个由部分组成的整体的观念。构成生活世界的,是一个在社会空间和历史时间中分叉开来的交往行动网络。生活世界对文化信念和合法秩序之源泉的依赖,不亚于它对社会化了的个体之认同的凭靠。因此,生活世界绝不是一个众成员所从属的大组织,不是一个众个人结成一体的联盟或社团,不是由众隶属分子一起组成的集体。社会化了的个人,若无法在通过文化传统而表达的、通过合法秩序而稳定的相互承认关系中找到支持,就不可能作为主体而维持自己——反之亦然。作为生活世界之中心的日常交往实践,**同源地**[gleichursprünglich]来自文化再生产、社会整合和社会化之间的相互作用。文化、社会和人格互为前提。[58]哲学讨论至今仍然维持的那个法学概念,即作为法律同伴之联合体的法律秩序的概念,对于社会理论来说是太具体主义[konkretistisch]了。

从交往行动理论的角度来看,我们可以说,法律这个行动系统,作为一个已经具有反思性的合法秩序,属于生活世界的"社会"这个成分。这个成分只能与文化和人格一起通过交往行动之流而得到再生产,同样,法律行动也构成一个媒介,法律建制、主体间分享的法律传统、解释和遵守法律规则的能力,同时都是通过这个媒介而得到再生产的。作为社会这个成分的一部分,这些法律规则构成较高层次的合法秩序;但是它们作为法律符号体系、作为通过法律社会化而获得的能力,也体现在另外两个生活世界成分之中。所有这三个成分都同源地参与法律行动的产生。法律包括所有取向于法律的交往,为此法律规则反思地指涉直接在建制化过程中实现的社会性整合功能。但是,法律代码不仅仅同生活世界的旨在社会性整合的理解功能借以实现的日常语言媒介相联系;它还赋予来自生活世界的信息以一种能为权力导控之行政和货币导控之经济的专业代码所理解的形式。就此而言,法律语言,不同于局限于生活世界领域的道德交往,可以起全社会范围内系统和生活世界之间交往循环之转换器的作用。

注 释

1　参见 Peters(1991),136-166.

2　A. Ferguson: *Versuch über Geschichte der bürgerlichen Gesellschaft*, Frankfurt/Main 1986.[*An Essay on the History of Civil Society*(Edinburgh, 1767)];J.Millar: *Vom Ursprung des Unterschieds in den Rangordnungen und Ständen der Gesellschaft*, Frankfurt/Main 1967. [*The Origin of the Distinction of Ranks*, 3d ed.(London, 1779)]

3　C. B. Macpherson: *Die politische Theorie des Besitzindividualismus*, Frankfurt/Main 1973.[*The Political Theory of Possessive Individualism*(Oxford, 1962)];W. Euchner: *Naturrecht und Politik bei John Locke*(Frankfurt am Main, 1979).

4　I. Fetscher, H. Muenkler(编): *Pipers Handbuch Politischer Ideen*, Bd. 3, Muenchen 1985, Kap. VII, 353ff.

5　K. Loewith: *Weltgeschite und Heilsgeschenen*, Stuttgart 1953.

6　S. Benhabib: *Critique, Norm and Utopia*, New York 1986.

7　W. Lepenies: *Melancholie und Gesellschaft*, Frankfurt/Main 1969.

8　N. Luhmann: *Ausdifferenzierung des Rechts*, Frankfurt/Main 1981;Luhmann: *Legitima-*

tion durch Verfahren, Neuwied 1969.

9　G.Teubner: *Recht als autopoietisches System*, Frankfurt/Main 1989, 46.

10　N.Luhmann: "Normen in soziologischer Perspective", *Soziale Welt* 20, 1969, 35.

11　N.Luhmann: *Die Soziologische Beobachtung des Rechts*, Frankfurt/Main 1986.

12　N.Luhmann: *Juristische Argumentation*, Manuskript 199. Luhmann 提供的回答不是很有说服力。这种回答大致如下：如果"信息"使未知东西成为已知东西，"冗余信息"则重复已知的东西，那么，交往可以被笼统地理解为从信息向冗余信息的持续转换过程。论辩在反思层次上达到同样效果。它运用理由，以便借助手头已有的冗余信息来确保足量的冗余信息，并以此抵制由涌入之信息而造成的变化压力。相应地，法律论辩所应付的，是源于由新案件造成的变化压力的辩护需要；它以此来确保各种判决的前后一致。因此，它建立了一座法理学壁垒，以抵御那种权衡利益、以行动结果为取向的判决实践的认知调适倾向。但是，这种建议并不可信，因为通过对论辩的限制，可以风险更小地获得对有效法律的学理性维护。理由不仅仅具有冗余信息的功能，而且从根本上说是一把双刃剑：它们不仅确保一组知识的融贯性，而且具有创新性，因为它们可以对新事物进行新解释，可以给知识背景带来变化。因此，司法上的原则性判决也需要比日常判决付出更高的论辩支出。此外，一种系统理论的观察方式根本无法解释那种内在的辩护功能，即避免或纠正错误的功能，因为它不允许在事实上的法律判决和正确的法律判决之间做出区分。

13　R.Mayntz: *Steuerung, Steuerungsakteure, Steuerungsinstrumente*, H.70, HiMon, Gesamthochschule Siegen, 1986; 参见 Mayntz(编): *Implementation politischer Programme II*, Opladen 1983.

14　R.Münch: "Die sprachlose Systemtheorie", *Zeitschrift für Rechtstheorie*, 6, 1985; N.Luhmann: "Einige Probleme mit 'reflexivem' Recht", *Zeitschrift für Rechtstheorie*, 6, 1985; 并请参见 G.Teubner(编): *Autopoietic Law: A New Approach to Law and Society*, Berlin 1988.

15　G.Teubner: "Die Episteme des Rechts", 载于 D.Grimm(编): *Wachsende Staatsaufgaben-sinkende Steuerungsfähigkeit des Rechts*, Baden-Baden 1990, 126.

16　Teubner(1989), 109.

17　同上书, 第107页。

18　同上书, 第108页。

19　Teubner(1990), 27(着重处是我加的)。

20　Teubner(1989),109.

21　参见 J.Habermas:"Handlungen,Sprechakte,sprachlich vermittelte Interaktionen und Lebenswelt",载于 Habermas(1988),98ff.

22　从系统理论的角度来看,全社会循环是一种被功能系统所超越的道德的过时性质的一个症状。参见 N.Luhman:"Ethik as Reflexionstheorie der Moral",刊于:Luhman:*Gesellschaftsstruktur und Semantik*,Bd.III,Frankfurt/Main 1990,358-448.

23　A.E.Buchnan:*Marx and Justice*,London 1982;P.Koslowski:*Gesellschaft und Staat* (Stuttgart,1982),第6章,第242-292页。

24　关于以下的内容,参见 K.Baynes:*The Normative Grounds of Social Criticism,Kant, Rawls and Habermas*,Albany,New York,1992.

25　J.Rawls:*Theorie der Gerechtigkeit*,Frankfurt/Main 1975.[*The Theory of Justice* (Cambridge,Mass.,1971)]。这里我们不必讨论细节。参见我在下列书中的分析:J.Habermas(1991a),125ff. 以及 203ff.

26　J.Rawls:"Kantian Constructivism in Moral Theory",载于 *Journal of Philosophy*,Vol.77,1980,518.

27　J.Rawls:"The Domain of the Political and Overlapping Consensus",手稿,1989,I. [*New York University Law Review* 64,1989,234.]

28　Rawls 把这些也包括在"理性之负担"(burdens of reason)之中。Rawls 在1978年到1989年之间写的文章最近被结集出版为 *Politischer Liberalismus*(Ffm.1992)一书。关于理性之负担,参见第336-399页。(英译本注:关于 Rawls 对他现在称为"判断的负担"[burdens of judgment]的讨论,见 *Political Liberalism*,New York 1993,231.)

29　J.Rawls:"Justice as Fairness:Political not Metaphysical",*Philosophy and Public Affairs*,Vol.14,1985,231.

30　R.Rorty:"Der Vorrang der Demokratie vor der Philosophie",刊于:Rorty:*Solidarität oder Objektivität*,Stuttgart 1988,101.["The Priority of Democracy to Philosophy",刊于 Rorty:*Objectivity,Relativism and Truth*(Cambridge,1991)]。关于 R.Bernstein 与 R.Rorty 之间的讨论,见 *Political Theory*,Vol.15,Nov.1987,538-580.

31　Rorty(1988),91.

32　参见 K.O.Apel 对 Rorty 的立场的批评:"Zurück zur Normalität?",载于该作者的 *Diskurs und Verantwortung*,Frankfurt/Main 1988,412ff.

33　R.Dworkin:"Foundations of Liberal Equality", *The Tanner Lectures on Human Values*, Vol.VIII,1990,2f. 关于罗尔斯的后形而上学的正义概念,他补充道:"一种构造得独立于、中立于共同体中人们持有的不同伦理立场的政治正义观,与不是这种意义上中立的任何观念相比,可能更可能被这个共同体中的每个人所接受。假如某种政治理论可作为一种真正的、广泛的共识政治的基础,假如我们是那种想为这种政治理论确保范围尽可能广的同意的政治家,我们很可以出于这个理由而拥护一种政治正义观。…但是我们对一种正义论所指望的不仅仅是共识的诺言[consensual promise];我们需要的是无条件力量[categorical force]。自由主义者坚持认为,政治决策现在就应该在自由主义原则基础上作出,哪怕在每个人都拥护自由主义原则之前(如果它们真的能得到每个人的拥护的话)。"同上,第17页。也请参见R.Dworkin:"Liberal Community", Calif.Law Rev.77(1989),479-589,此处561ff.

34　参见 J.Habermas:"Zum pragmatischen, ethischen und moralischen Gebrauch der praktischen Vernunft",载于 Habermas(1991a),100-118.

35　参见 Peters(1991),35ff.

36　M.Weber:*Wirtschaft und Gesellschaft*, Köln 1956,22.

37　M.Weber:"Über einige Kategorien der verstehenden Soziologie",载于 Weber:*Methodologische Schriften*, Frankfurt/Main 1968,196f.

38　Weber(1956),22f.

39　Weber(1968),181.

40　M.Weber:*Rechtssoziologie*(hg.v.Winchelmann), Neuwied 1960,53.

41　K.Eder:*Die Entstehung staatlich orgnisierter Gesellschaften*, Frankfurt/Main 1976; Eder:*Geschichte als Lernprozeß*? Frankfurt/Main 1985.

42　L.Kohlberg:*Essays on Moral Development*, San Francisco 1981.

43　W.Schluchter:*Die Entwicklung des Ökzidentalen Rationalismus*, Tübingen 1979,148;也请参照 Schluchter 的"Beiträge zur Werttheorie",载于他的 *Religion und Lebensfuehrung*, Frankfurt/Main 1988, Bd.I,165 ff. 关于施路希特对商谈伦理学的批评,见我在 J.Habermas:*Die nachholende Revolution*, Frankfurt/Main 1990,131ff 中的评论。

44　N.Luhmann:*Rechtssoziologie*, Opladen 1983,210.

45　Weber(1964),26.

46　J.Habermas(1981), Bd.I,355ff.

47　参见 U.Wesel:*Frühformen des Rechts in vorstaatlichen Gesellschaften*, Frankfurt/Main

1985.

48　T.Parsons:*The System of Modern Societies*, Englewood Cliffs 1971.

49　Parsons(1971),118f.

50　Parsons(1971),97。这种联系对于涂尔干就已经是很重要的了,因为他把民主理解为"反思的统治形式"[Herrschaftsform der Reflexion],并认为这种制度的特点是"在公民和国家之间发生着不断的交往"(E.Durkheim:*Physik der Sitten und des Rechts*,Frankfurt/Main 1991,131)。民主的成熟程度,是用这种公共交往的层次来衡量的:"从这个角度来看,民主在我们看来是这样一种政治制度,在这种制度中社会可能获得最纯粹形式的自我意识。理性的判断[Räsonnement]、反思和批判的精神在调节社会的公共事务中起的作用愈大,一个民族就愈民主。反过来说,无意识、未经考察的习惯,一句话,不受检验的偏见起的作用愈大,这个社会就愈不民主。"(第128页)

51　T.H.Marshall:"Citizenship and Social Class",刊于:Marshall:*Class, Citizenship and Social Development*,Westport,Conn.1973.

52　A.Giddens:*Profiles and Critiques in Social Theory*,London 1982,171.

53　B.S.Turner:*Citizenship and Capitalism*,London 1986.

54　M.Barbalet:*Citizenship*,Stratford,England 1988.

55　D.Held:"Citizenship and Autonomy",载于该作者:*Political and the Modern State*,Oxford 1989,214 - 242.

56　F.Ewald:*L'Etat Providence*,Paris 1986.

57　Richard Münch 根据 Parsons 而提出的理论运用了关于子系统间相互渗透的一种具有规范内容的概念,对这种理论也可以提出同样的批评;参见 R.Münch:*Theorie des Handelns*,Frankfurt/Main 1982;Münch:*Die Kultur der Moderne*,Bd.1,2,Frankfurt/Main 1986.

58　参见 Habermas(1988),95 - 104.

第三章

法律的重构(1)：权利的体系

前面的思考是一种预备性工作，目的是从交往行动理论角度引入法律范畴，尤其是现代法的范畴。一种批判性的社会理论，尤其不能局限于从观察者角度出发对规范和现实之间关系的描述。我在第七章将回过头来讨论民主法治秩序的规范性主张和它们的社会背景的事实性之间的外在张力，在这之前，我将在接下去的几章中作一个理性重构，其对象是对现代法律秩序的**自我理解**。为此我采纳的出发点是权利［Rechte］，即公民们［Bürger］在利用实证法调节他们的共同生活时必须相互承认的那些权利。这个表述已经表明，法律系统从整体上说充满了为法律有效性的两重模式所特有的那种事实性和有效性之间的张力。

对于现代的法律观来说，如我们在第一章已经看到的，主观权利［subjektive Rechte］的概念起着核心的作用。这个概念所对应的是主观的行动自由的概念：主观的权利［subjektive Rechte］（用英语说是"rights"）确定了这样的界限，在这个界限之内，主体对其意志的自由行使是正当的。换句话说,它对于理解为权利之拥有者的一切个人或法权人界定同等的行动自由。人权和公民权宣言的第四条写道:"自由意味着可以作任何不损害他人的事情。所以,运用一个人的自然权利的界限,仅仅是保证社会其他成员享有同等的权利。这个界限只可能用法律来确定。"康德用他对于普遍的法权原则[Rechtsprinzip]的表述对这句话作了补充,根据这个原则,一个行动,如果它和每个人的自由是可以根据一个普遍法则相互共存的,或者,如果它的行动准则允许一个人的意志自由同每个人的自由是可以根据一个普遍法则相互共存的,就是正当的[Rechtens]。罗尔斯在表述其第一条正义原则时遵循的也是这条原则:"每个人都有权利获得一种与其他人类似的自由相协调的最大范围的基本自由。"[1] 法规[Gesetz]❶的概念揭示了已经包含在权利概念当中的平等对待的观念:以普遍而抽象的法规的形式,所有主体获得同样的权利。

这些基本概念说明了,为什么现代法尤其适合于经济社会的社会整合;这种社会所依赖的,是道德上中立之行动领域中那些受利益导向的、取向于各自成功的单个主体的非中心化的决策。但是法律不能仅仅满足复杂社会的功能需求,它也必须满足那种最终通过交往行动主体之理解成就、也就是通过有效性主张的可接受性而实现的社会性整合的脆弱条件。现代法不再把规范性期待放在道德负荷减轻了的个

---

❶ 为了把 Gesetz(英译本经常译为"enacted law"或"legal statue")与 Recht(也就是 law)区别开来,中译者在本书中基本上把 Recht 都译为"法"或"法律",而把 Gesetz 基本上都译为"法规",表示权威机构颁布的法律。

人身上,而把它放在那些确保人们行动自由之间可协调性的法律之上。² 这些法律的合法性[Legitimität]来自一种立法程序,而这种立法程序本身又是以人民主权原则为基础的。合法性来自合法律性[Legalität]这种悖论性现象,必须通过确保公民对其政治自主性之运用的权利而得到说明。

这种现象之所以是悖论性质的,是因为,一方面,公民权利作为主观权利具有与一切权利同样的结构,允许个人以自由选择的范围。尽管这些权利的运用有模态上的区别,但政治权利必须也是可以解释为主观行动自由的,这种自由只使得合乎法律的行为成为义务,也就是说,对合乎规则的行为的动机它是**不予过问**的。另一方面,民主的立法程序使得参与者必须面对以共同福利为取向这样一种规范性期待,因为只有从公民就其共同生活之规则**达成理解**的过程出发,这种程序才能获得自己的赋予合法性的力量。这种法律,只有当它与交往行动的社会性整合力量保持一种内在关系的时候,才能在现代社会也履行稳定期待的功能。

主观的-私人的自由和公民自主之间的这种问题重重的关系,我想借助于商谈论的法律概念来加以澄清。这种关系包括一个棘手的问题,对此我将首先在两个不同语境中加以讨论。迄今为止,人们还未能成功地在基本概念的层次上把私人自主性和公共自主性协调起来,这一点表现为法教义学[Rechtsdogmatik]❷内主观法(权)和公共法之间的关系尚未澄清,也表现为理性法传统中人权和人民主权之间的竞争尚未消停(一)。在这两种情况下,困难的根源不仅仅在于

---

❷ 这个词台湾学者常译为"法律释义学"。

意识哲学的一些前提,而且在于理性法传统的一个形而上学遗产,那就是把实证法置于自然法或道德法之下。实际上,实证法和后俗成道德[postkonventionelle Moral❸]是同源地产生于分崩离析的实质性伦理生活的库存的。康德对法律形式的分析为我们提供一个机会,去讨论法律和道德的关系,以便显示,民主原则不应像在康德法权论中那样隶属于道德原则之下(二)。只有经过这个扫清道路的工作,我才能借助于商谈原则来论证权利体系,以便说明,为什么私人自主性和公共自主性,人权和人民主权,是互为前提的东西(三)。

1. 私人自主和公共自主,人权和人民主权

(1)在我国,德国民法教义学[Zivilrechtsdogmatik]是对整个法律理解具有权威意义的东西;在这种学说中,主观权利理论最初受到的影响来自唯心主义的法哲学。根据萨维尼[Friedrich Carl von Savigny]的观点,法律关系所确保的是"那种为单个人所具有的权能[Macht]:一个这样的领域,其中占支配地位的是他的意志——而这种支配地位是获得我们同意的。"[3]这还是在强调主观行动自由与法律同伴主体间承认这两者之间的关系。但是,随着他的思考的继续,私

---

❸ 这个词是作者从 Lawrence Kohlberg 那里采用来的。Kohlberg 把个体道德意识发展过程分为三个层次(levels):preconventional, conventional, postconventional, 并把通常带有功利主义色彩的社会契约论和以道德原则为取向的义务论对应于第三阶段,也就是这里所说的"后俗成的道德"。

法被赋予越来越大的内在价值;"主观意义上的权利"据说其本身就是合法的[legitim],因为它从人的不可侵犯性出发确保个人意志的自由活动有"一个独立支配的领域"。[4] 对普希塔[Georg Friedrich Puchta]来说,法律[Recht]本质上也就是主观权利[subjektive Rechte]:"法律是对人们作为意志力之主体而平等拥有的自由的承认。"[5] 根据这种看法,主观权利是保护个人之行动空间的消极权利,因为它们为这样一种可采取法律行动的要求提供依据,即未经许可,他人不得干预自由、生命和财产。在这个由于法律保护而确立的领域中,私人自主首先是通过签订契约的权利和继承、出让或遗赠财产的权利来加以确保的。

但是,在19世纪后期,人们越来越强烈地意识到,私法要能够从自身获得合法性,法律主体的私人自主性就得在人的道德自主性中找到根据。整个法律如果失去了它的观念论根据,尤其是康德道德理论所提供的支持,"个人支配权能"的外壳就被剥去了从一开始就值得保护的、合法的选择自由的规范性核心。拥有赋予合法性力量的,只有康德借助于法权原则[Rechtsprinzip]把选择自由同个人自主意志连接起来的那条纽带。这条纽带被切断以后,根据实证主义的理解,法律所能采取的形式只能是为特定的决策和能力提供事实性约束力。在温德沙伊德[Bernhard Windscheid]之后,主观权利被认为是法律秩序的一些反映,它们把客观地体现于法律秩序之中的意志权能转移到个人身上:"权利是一种由法律秩序提供的意志权能或意志支配。"[6]

后来,耶林[Rudolf von Ihering]的功利主义诠释(根据这个诠释,权利的实质是功用而不是意志[7])被包括在如下定义之中:"从概念上讲,主观权利是法律秩序授予个人的一种法律权能,就其目的而言,它是满足人们利益的一种手段。"[8] 提到满足和利益,就为主观的私人权利扩展到整个法律提供了可能。有时候,从一项主观权利产生的,不仅是某甲对第三方所不得干预的某物的权利,而且是分享一种有组织服务的权利,不管这种权利是相对的还是绝对的。最后,汉斯·凯尔森[Hans Kelsen]将整个主观权利确定为受客观法保护的利益和有客观法保障的选择自由(或温德沙伊德所理解的"Wollendürfen")。与此同时,他消除了到那时为止影响很大的汤恩[August Thon]关于法律有效性的命令理论。❹ 根据凯尔森,主观的资格[Berechtigung]不是通过发布命令者的意志而获得的,而是具备应然有效性[Sollgeltung]的。——法律语句赋予具有应然性的行动自由以法律形式。但是,这个"应然"的意思不是义务论上的,而是经验上的,它指的是政治立法者通过把实定的法律同惩罚性规范相联系而赋予的那种有效性。国家的强制制裁力使立法者的意志获得了"国家意志"的地位。

在凯尔森的观点中,作个人主义理解的主观权利的道德内容明显地失去了它的所指对象——哪怕是从道德眼光来看,其私人自主性**值得**保护的一个人的自由意志或支配权能。就此而言,这个观点标志着从萨维尼出发的私法学说的

---

❹ 英译本此句意为:"同时,他从法律秩序中消除了约翰·奥斯丁[John Austin]的命令理论的含义;这种理论到那时为止通过它的德国版本——奥古斯特·汤恩的理论——而很有影响。"

另一尽头。凯尔森使得法学上的人的概念不仅同道德的人而且同自然的人相分离,因为一种完全自主的法律系统必须满足于它自己产生的那些虚构;像卢曼在进一步的自然主义转向之后会说的那样,这种系统把自然人驱逐到它的环境里去了。法律秩序自己用主观权利替作为这些权利享有者的法律主体创造出逻辑空间:"如果法律主体…被允许作为参照点,那么这是为了避免使'一个法律主体或者一个人"拥有"主观权利'这个判断成为纯粹的重言式:'存在着主观权利'…因为授予某人以权利、施加某人以义务,就成了授予权利 [Rechte berechtigen]、施加义务 [Pflichten verpflichten],一句话,成了责以规范 [Normen normieren]。"[9] 把道德人和自然人从法律系统中分离出去,为法理学开辟了通往纯粹功能主义的主观权利观的道路。主观权利学说的接力棒,后来传到一种通过方法论决定将所有规范性考虑消除殆尽的系统功能主义手里。[10]

当然,纳粹统治时期私法秩序的转变,[11]引起了1945年以后基于道德理由的反动,谴责客观法的废黜 [objektiv-rechtliche Entthronung] 和随之而出现的主观权利的道德空心化。但是,用自然法来恢复私人自主性和道德的自主性之间的联系,很快就不再有说服力。奥德派自由主义 [Ordoliberalismus] 所更新的只是那种按个人主义方式简化了的对主观权利的理解,它所要求的其实是对私法秩序作功能主义理解,即把它理解为资本主义经济交往的框架:"主观权利这个观念激活了这样的观点:私法和以私法为基础的法律保护最终服务于维护个人在社会中的自由;个人自由是私法为之而存在的基本观念之一。因为,主观权利的观点表达了这样的事实:私法是彼此独立的、根据自己决策行动的法律同伴的权利。"[12]

这是对主观权利这个观念的明显的功能主义重新理解，与这种理解相反，L. 雷泽[Ludwig Raiser]最终设法用社会法来纠正个人主义的进路，并以此恢复私法的道德内容。雷泽不是回到萨维尼的概念框架去，而是从福利国家对资产阶级私法之核心领域的实质化出发，把一个未经改变的主观权利概念**限制在**一些古典的行动自由之上。同从前一样，这些基本权利被认为应该确保"社会中个人的自我维持和自我责任"。但是它们必须通过社会权利加以补充："从伦理的和道德的角度来说，同承认这种（私的）法律地位同样重要的是，通过法律将个人也置入其周围的、同他人相连接的、作为秩序结构而受到调节的互动关联之中，也就是说，建立和保卫那些个人在其中拥有**成员地位**的法律建制。"[13]"初级的"权利太弱了，无法在个人"被置入更大的、超越个人的秩序"的地方为个人确切地提供法律保护。[14]这种解救努力开始进行的抽象程度当然是不够的。固然，通过从资产阶级形式法向福利国家实质化法律的范式转换，私法经历了一种重新诠释。[15]但是，这种重新诠释不应该混同于对那些基本概念和原则本身的修改；这些概念和原则在不同范式中仅仅是用不同方式作了**诠释**而已。

不管怎么样，雷泽提醒我们注意主观权利经过个人主义解读已经面目全非的主体间意义。这些权利所涉及的是彼此合作的法律主体的相互承认。就其本身而言，主观权利并不一定预设雷泽想要纠正的那种对法律同伴的孤立化。彼此赋予同样权利的法律主体，与那些以策略方式运用权利、彼此当作对手对待的私人，是一身兼二任地连接起来的，但并不是合二而一的:"权利毕竟既不是一支枪,也不是一台独角戏。它是一种关系、一种社会惯例,而在那两者的根本方面,它是关联性[connectedness]的一种表达。权利是一些公共的主张,既包含针对他人的资格要求,也包括对他人所负的种种义务。从表面看,它们至少是一种形式的社会合作——毫无疑问,[不是自发的合作,而是高度组织化的合作,]❺但归根结底,仍然是合作。"16 主观权利并不是**根据其概念**就已经指向以占有者姿态彼此相对的原子主义的、疏远化的个人的。作为法律秩序的成分,主观权利毋宁说预设了这样一些主体之间的协作,这些主体通过互相关涉的权利和义务彼此承认为自由和平等的法律同伴。对于可用法律手段来捍卫的主观权利从中引绎出来的法律秩序来说,这种相互承认是具有构成性意义的东西。从这个意义上说,主观权利和客观法是同源地产生的。当然,对客观法的国家主义理解是令人误解的;因为客观法首先是从主体们相互承认的权利产生的。附加上社会法,还不足以澄清那种作为法律秩序本身之基础的承认关系的主体间结构。德国民法学说的观念论源头和实证论支流都低估了这个结构。

我们已经指出,主观权利学说的发展开始于具有道德内容的主观权利——这些权利面对政治立法过程主张一种更高的合法性——的规范性自主化。主观权利所具有的确保自由的意义,被认为应该为主观权利提供一种道德权威,这种道德权威既是独立于民主的立法过程的,又是无法在法律理论内部加以论证的。作为对这个观点的反动,出现了一个

---

❺ 括号中这句话德文版中原来没有,现根据英译本补足。

最终导致把主观权利抽象地置于客观法之下的发展过程,由于这个过程,客观法的合法性[Legitimität]终于消耗殆尽,消失在一种作了法律实证论理解的政治统治之合法律性[Legalität]中。但是这种讨论过程掩盖了那个同主观私人权利之中心地位相联系的真实问题:它无法解释实证法的合法性是从何而来的。当然,所有合法性的来源都在于民主的立法过程;而后者又要求有人民主权的原则。但是,法规实证论对这个原则的引进方式,并没有能保留主观权利的道德内容,即科英[Helmut Coing]所强调的对个人自由的保护。通过法律确定的主观行动自由的主体间意义,以及私人自主和公民自主之间的关系——在其中那两个环节都得到充分体现——都以某种方式被忽视了。

(2)出于对观念论自由概念的信任,萨维尼仍然能够假定,私法作为一个保障自由的消极的、程序性的权利体系而从理性根据那里、也就是从自身那里,获得它的合法性。但是,对于如何赋予普遍法则———一种组织良好的利己主义就是由此而获得根据的——以合法性的问题,康德并没有提供完全意义的回答。即使在他法权论中,道德原则、法律原则和民主原则(如果我们可以把康德借以规定共和政体的原则叫做民主原则的话)之间的关系,一直到最后也没有说清楚。所有这三种原则都以各自方式表达了同样的**自我立法观念**。康德用这个自主性概念来回应霍布斯的以下未能成功的企图:不借助于道德理由、仅仅从参与者的开明利益出发来辩护一个权利系统。

从康德的角度回过头来看霍布斯,我们很难避免这样的理解,即霍布斯与其说是一位绝对专制主义的辩护士,不如说是一位论证无民主的资产阶级法治国[bürgerlich Rechtsstaat]的理论家。根据霍布斯,君主的命令只能以现代法的语言来颁布。这种法律在国内确保一种秩序,这种秩序保障私人以根据普遍法律的主观自由:"因为最高统治者能够赋予其臣民的幸福,莫过于使他们免于内外战乱,使他们能安静地享受他们辛勤劳动换来的财富。"[17]

霍布斯无疑为市民[Bürger]的臣民地位提供了私人权利;对他来说,合法化问题自然是无法在已经建立的法律秩序**之内**、因而通过公民权利和民主立法程序来加以处理的。它必须随着国家暴力的确立而立即解决或一举解决,更确切地说:使问题归于消亡。霍布斯确实想指出,对专制主义社会作为一个整体可以作这样的辩护:它是一个出于所有参与者之目的合理性考虑而形成的工具性秩序。这样,对政治统治之合法**运用**进行规范性论证的任务就应该是不必要的了。如果可以把通过法律而构成的统治本身看作是对一种同所有参与者有关的组织良好的利己主义的辩护的话,内在于法律的事实性和有效性之间的张力就被消解掉了。道德上看上去必须做的事情,是自发地出自于合理利己主义者——或用康德的话来说,一个"魔鬼种族"——的利益导向行动的。对资产阶级私法秩序的功利主义辩护——"尽可能多、尽可能久的幸福"[18]——为一个顾名思义不可能做不正义事情的统治者的至上权威赋予了实质正义。

但是,为了达到这个证明目的,霍布斯必须不仅仅指出为什么一种这样的秩序从事后看[ex post]、也就是说从已经处于市民社会状态的读者的眼光来看,是平等地满足所有参与者的利益的。在这之外他还必须说明,为什么每个个体化的、以目的合理方式行动的主体当还处在自然状态时就会以同样方式**偏好**这样一个系统。霍布斯认定自然状态中各方所具有的态度,与私法认定其承受者所具有的态度是一样的,那就是以成功为取向的态度。这一点表明,原初的结社行动是借助于契约——尤其是大家彼此同意一个由他们所建立的至上权力的统治契约——这种私法工具而构成的。当然,有一种情况霍布斯在这里没有考虑到。由各自偏好所决定的主体的决策,是从第一人称单数的视角出发做出的;但是,自然状态中各方在考虑用他们自然的、也就是彼此冲突的、但没有限制的行动自由来换取根据普遍法律而互相协调、受到限制的自由、也就是私法的自由的时候,他们所采用的并不是这种视角。对于自然状态中的主体来说,从自然状态之持久冲突,向彼此间部分放弃自由条件下受强制力量保障之合作的出于合理动机的过渡,只有在以下两种条件下才有可能。

首先,他们必须能够懂得,基于相互性[Gegenseitigkeit]原则的社会关系一般来说意味着什么。也就是说,在自然状态中只是拟似[virtuell]地预先存在的私法主体,在一切社会联系以前,还没有学会采取另一个人的视角、从一个对方的角度来看待自己。而只有学会采取那样的视角,他们各自的自由才对他们不显得是一种遇到事实抵抗的天然自由,而是一种通过互相承认而构成的自由。为了运用契约的工具,他们必须已经能够运用对手之间视角交换这一社会认知概念,而这只有在需要用契约论来说明的社会状态中才可能获得。**其次**,缔约各方必须也可能用另一种方式同其天然自由保持距离。他们必须能够采取一种**社会**视角,一种第一人称复数视角,这种视角是作者霍布斯和他的读者们一直已经默默采取了的,而自然状态中的主体却被否认具有这样的视角。根据霍布斯的前提,自然状态中的主体被否认采纳的立场,恰恰是每个人缺了它就无法对以下问题做出判断的:根据普遍法则限制每人选择自由的那种强制的相互性,是否平等地以所有人的利益为基础,并因此是有可能为所有参与者所意欲的。但霍布斯曾经顺便承认过那种因此而发挥作用的道德理由:那就是当他求助于黄金律——欲于人者,施于人也[Quod tibi fieri non vis, alteri ne feceris],把它当作自然法则的时候。[19]但是,以这种方式使自然状态浸透着道德性质,是有悖于霍布斯所确定的那个证明目的的,即纯粹从所有个人的开明私利出发来论证组织良好的利己主义制度的建立。[20]

一个权利体系如何能根据偶然相遇的、合理行动的行动者的利益立场和功利盘算的交错情况来加以说明,这个经验主义问题一再引起目光敏锐的作者们的注意;但是,即使运用博弈论这个现代手段,也没有找到一个满意的回答。仅仅出于这个理由,康德对于这种努力之失败的反应,就依然是值得我们注意的。

康德看到,主观权利就其自身而言是无法用一个从私法引出的模式来加以论证的。他对霍布斯提出这样一个有力的反驳:霍布斯没有看到,在作为合法化之模式的社会契约和私人契约之间,存在着一种结构性差别。自然状态中缔约各方被期待采取的态度,事实上必须不仅仅是一种单纯的自我中心态度:"建立一种市民宪法[Verfassung]的契约(是)一种非常特殊的契约,从而…它原则上同所有其他(契约)

具有本质区别。"²¹一般来说,私人契约各方是"为了一个特定目的"而缔结这份契约的,但"社会契约"则是"目的自身"。也就是说,它奠定了"人们这样的权利,即生活于确定每个人之存在、保护每个人免受其他人侵犯的公共的强制性法律之下的权利。"²²根据康德,签订社会契约的各方所同意的并不是设立一个被赋予立法能力的君主,社会契约毋宁说具有这样的独特性质,即它一般来说是没有内容的,而把自己本身确定为法权原则支配下之建立社会联系过程的模式。它用以言施为的方式确定法律在其之下能够获得合法有效性的条件。因为"法律是把每个人的自由限制在同其他人的自由协调一致的条件之上,只要这种协调一致根据一条普遍法则是可能的。"²³

从这个角度来看,社会契约的作用是把"对于平等的主观行动自由的权利"这个唯一"内在的"的权利**建制化**。这种原始的人权,康德认为其基础在于个人的自主意志,这些个人作为道德的人事先支配一种对法律进行检验的理性的社会视角,从这种视角出发,他们之走出没有得到保障的自由状态,可以是出于道德的理由、而不仅仅是明智的理由。同时,康德认为,这种唯一的人权必须分化为一个**权利体系**,通过这种体系,不仅"作为人类的每个社会成员的自由",而且"作为臣民的每个人同其他人的平等",都具有一种实证的形式。这种实证形式表现为"公共法规"[öffentliche Gesetze],这些法规只有作为自主和联合的公民的公共意志的行动,才可能要求承认其合法性:"达到这一点,唯有通过全体人民的意志(既然所有人对所有人立法,那么每个人也为自己立法）才有可能：因为只有对自己才永远不会有不义。"[24]因为确保自由的法规的合法性问题必须在实证法范围**之内**找到一个回答，社会契约把法权原则置于统治地位，即把立法者的政治意志形成过程同一种**民主程序**的条件结合起来，在这种条件下，以符合程序方式达成的结果本身就表达了所有参与者的共同意志或理性共识。这样，在社会契约中，经过道德论证的对于平等的主观自由的人权，就与人民主权的原则交叉在一起了。

其基础在于个人之道德自主的人权，只有通过公民的政治自主才能获得实证的形式。法权原则看来在道德原则和民主原则之间起着协调作用。但这两条原则之间的关系如何，并不十分清楚。当然，作为整个构造之基础的自主性概念，康德是从进行道德判断的个人的（可以说）私人的眼光出发引出来的；但是，对这个概念他又借助于卢梭的公开、民主地实行的"立法"模式用绝对命令的法则形式加以解释。从概念上讲，道德原则和民主原则是相互阐明的；但这种关系在[康德的]法权论的构造中恰恰是被遮蔽的。如果承认这种解释的话，法权原则并不构成道德原则和民主原则之间的中项，而仅仅是民主原则本身的另一面。这三种原则之间关系的不清晰性我认为根源在于，在康德那里，就如同在卢梭那里，经过道德论证的**人权**和**人民主权原则**之间，存在着一种未被承认的**竞争关系**。

在我对此作进一步讨论之前，我想插入一个补充说明，它应该阐明，这种类型的理论史讨论对于有关一般意义上的私人自主和公共自主的系统考察，可以有什么意义。

(3)补充说明:人权和人民主权这两个观念迄今为止规定了民主法治国的规范性自我理解。这种扎根于宪法结构中的观念论,不能仅仅理解为政治思想史的过去一页。理论史毋宁说是内在于法律的事实性和有效性之间的张力、法律的实证性和法所主张的合法性之间的张力的必要部分,也是对这种张力的反思。这种张力,既不能当作一件琐碎小事,也不能干脆不管,因为,基于政治立法者之有可能改变的决策的实定法的合法化需求,生活世界的合理化使得越来越难以用传统和既定的习俗来满足了。我想简单回顾一下不仅在文化方面而且在社会化方面得到释放的合理化潜力,从18世纪末第一次大规模法典化以来,法律一直处于这种潜力的压力之下。

在古典的、首先是亚里士多德传统的自然法学说中,在经过托马斯·阿奎那[Thomas Aquinas]改造了的基督教自然法学说中,还体现着一种覆盖整个社会、渗透民众各层次、把各种不同社会秩序包裹在一起的精神气质[Ethos]。在生活世界成分的垂直向度上,这种精神气质确保文化价值模式和建制同凝固在人格结构中的动机和行动取向充分地重合。在合法秩序的水平向度上,它允许伦理生活的规范成分、政治和法律之间相互交错。在我称为"生活世界合理化过程"的那个发展过程中,这种包裹物破裂了。先是文化传统和社会化过程受到反思的压力,从而渐渐地被行动者自己当作讨论的主题。在同等程度上,被归结为纯粹约定的伦理生活的习以为常的惯例和理解模式,同那种经过反思和独立判断之过滤的决定分化开来。在这个过程中,实践理性的运用达到了专门化的程度——我们这里的讨论所涉及的就是这种专门化。**自我发展**和**自我决定**这些现代观念所表征的不仅仅是不同的问题,而且是归结为**伦理**问题之逻辑和**道德**问题之逻辑的两种不同形式的商谈。分别为这两种问题所特有的逻辑又进一步反映在开始于 18 世纪后期的哲学发展之中。

从那时起,自亚里士多德以来被称为"伦理学"的东西,具有了一种新的、主观主义的含义。这既适合于个人的生活史,也适合于主体间共享的传统和生活形式。一种自传性的忏悔文学和自省文学渐渐形成,与这种文学相联系,也作为对这种文学的一种反应,从卢梭经过克尔凯郭尔[Søren Aabye Kierkegaard]到萨特[Jean-Paul Satre],形成了一种改变对各自生活之态度的反思形式。简单地说,关于有德生活的示范性说教、对成功生活经历典范的模仿,被代之以这样一种越来越强的抽象的要求,即自觉的和自我批判的探索,有责任地把握各自具有个体性、不可替代性和偶然不定性的生活历史。激进化了的内在性被责以一种自我理解的任务,在这种自我理解中,自我认识和生存状态决定交错在一起。对这些虽然事实上先已存在、但对认同形成产生影响的种种可能性,个体进行探索性的选择,对这种选择的要求,海德格尔用"被抛的筹划"[geworfener Entwurf]这个说法来加以表示。[25] 反思活动闯入生活史过程,造成了偶然性意识和自我反思这一方面和对自己的生存状态所负责任这另一方面之间的新型张力。这种格局通过占主导地位的社会化模式而产生越来越大的影响,**伦理-生存状态商谈**[ethisch-existentielle Diskurse],或者**病理学商谈**[klinische Diskurse],因此而不仅成为可能,而且在一定意义上变得不可避免:也就是说,从这样一种格局中产生出来的冲突,如果无法用自觉方式加以解决，就会表现为难以摆脱的各种症状。

不仅个人的生活经历，而且文化的传递，也越来越受到旨在自我理解的商谈的影响。从施莱尔马哈尔[Friedrich Ernst Daniel Schleiermacher]经过德罗伊森[Johann Droysen]和狄尔泰[William Dilthey]到伽达默尔[Hans-Georg Gadamer]，出现了对我们自己的主体间共享之传统之袭用[Aneignung]的怀疑，这既同历史的精神科学相联系，又是对这种科学的反应。现在，不是宗教的或形上的自我理解，而是历史，成为对文化和民族之自我确信的媒介。哲学诠释学的出发点虽然是历史科学的方法论问题，但也是对一种由历史主义所激发的不安全感的反应，是对表现为以第一人称复数形式公开袭用传统的反思性折射的反应。[26]在19世纪，以历史主义与民族主义的密切联系为标志，出现了后传统认同的最初内容。但是，滋养这种后传统认同的，仍然是一种正处于解体的民族史独断主义。对那些原则上含混不清的传统有各种各样理解方式，这不断触发一些旨在自我理解的讨论，这些讨论表明，争论的各方不得不自觉地选择，他们将从哪些连续性出发进行生活，将中断或延续那些传统。集体认同只能在一种如此非自我中心化的公共意识的脆弱的、动态的和支离破碎的内容中形成，就此而言，深入的**伦理－政治商谈**不仅是可能的，而且是不可避免的。

反思对生活史和文化传统的闯入，培育了个人生活筹划中的个人主义和集体生活形式中的多元主义。同时，共同生活的规范也变得具有反思性；普遍主义的价值取向由此而成为优势。从18世纪末期以来，有关的哲学理论中反映了一种新的规范性意识。行动准则、行动策略和行动规则，为它们提供合法性的办法不再是注意它们传递下来的情境。自主的行动和他律的行动之间的区别,对规范意识可以说起了革命化的作用。同时,出现了越来越大的这样一种对于辩护的需要,这种需要在后形而上学思维条件下只能通过**道德商谈**而加以满足。这种商谈的目标是对行动冲突的公平调节。伦理考虑所取向的是我的或我们的好的生活或不虚度的生活的目的[Telos],相反,道德考虑要求的是一个摆脱每个自我中心的或种族中心的视角。道德的眼光要求平等地尊重每个人,对所有人的利益作平等考虑;在这种道德眼光下,从此以后越来越尖锐的对于合法地调节人际关系的规范性主张,被卷入疑问丛生的漩涡。在后传统论证水平的高度上,个人形成了一种受原则指导的道德意识,并使自己的行动取向于自我决定这个理念。在个人生活领域被称为自我立法或道德自主的东西,意味着对政治自由,也就是为一正义社会之构成进行的民主的自我立法,作理性法的诠释。

 随着文化传递和社会化过程成为反思的过程,内在于旨在达成理解的行动之结构之中的伦理问题和道德问题的逻辑,也越来越被人们意识。实践之取向的确定,如果不以免予批判的宗教或形上的世界观作为后盾,最终必须从论辩、也就是反思形式的交往行动本身中获得。生活世界合理化的程度,取决于内在于交往行动的、以商谈形式释放出来的合理性潜力在多大程度上渗透并熔化生活世界。对这种将生活世界卷入问题漩涡的力量,个体的教育过程和文化的知识系统相对来说是较难招架的。伦理问题和道德问题的自主逻辑一旦表现出来,那些与支配现时代的规范性理念不同的理念就不再能够长期得到辩护。衡量单个人之自觉的生活方式的,是自我实现这个表达论理想[expressivistisches Ideal],是自由这个义务论理念,是个人生活机会之增多这条功利论准则。衡量集体生活形式之伦理性质的,则一方面是自觉地袭取和批判地延续的传统的视域中的一种非异化的、团结的共同生活,另一方面是这样一种正义的社会的模式,作为这种社会所建立的制度的结果,行为期待和冲突是根据对所有行动者同等有利的形式而得到调节的;这种社会模式的一个变种,是对社会财富进行不断增值和公正划分这个福利国家观念。

在我们讨论的问题范围内,上述考虑的一个结果特别有意义:随着"文化"和"人格结构"以这种方式被带上理想主义的成分,一种被剥夺了神灵基础的法律也受到了压力。生活世界的第三个成分,"社会",作为合法秩序的总和,如同我们已经看到的那样,随着法律系统越来越履行全社会之整合的功能,则越来越集中在法律系统上。刚才概述了另外两个成分的变化,这些变化说明了,现代法律秩序的合法性,为什么在越来越大程度上来自这样一些来源:一些与后传统生活理想和正义理念——它们在这以前已经对个人生活和文化产生了决定性影响——不矛盾的来源。法律的合法性根据,如果不想导致认知矛盾,就必须同普遍正义和团结的道德原则和个体和集体层次上自觉筹划的、负责的生活形式的伦理原则协调一致。当然,自我决定和自我实现这两个理念之间,并不是理所当然地相互协调的。因此,理性法传统作为对现代正义理念和生活理想之反应所提出的答案,也是重点不一的。

(4)现代法只有根据由人权和人民主权原则所构成的理念而获得辩护,这不是偶然的。因为,扎根于宗教和形上传统中的规范性内容,在经过后传统论证之过滤之后,就是凝结在这两个理念之中的。随着道德问题和伦理问题的逐渐分化,以商谈形式过滤出来的规范内容也越来越表现为自我决定和自我实现这两个向度。当然,人权和人民主权并不是简单地直接对应于这两个向度的。但是这两对概念之间还是存在着一些亲和关系的,对此有人强调得多些,有人则强调得少些。可以按照目前正在美国进行的讨论,我将把两种政治传统简单地称为"自由主义"和"共和主义",前者把人权理解为道德性自我决定的表达,后者则把人民主权理解为伦理性自我实现的表达。从这两个角度来看,人权和人民主权之间的关系,与其说是一种相互补充的关系,不如说是一种相互竞争的关系。

因此,比方说 F. 米歇尔曼[Frank Michelman]在美国宪法传统中发现了一种张力,一方面是以天赋人权为基础的无人称的法治,另一方面是通过其人民的主权意志而自己立法的共同体的自发的自我组织。[27]但是,这种张力可以从这个或那个角度出发加以消除。自由主义者诉诸"多数人的暴政"的危险,假定人权——确保个人的前政治的自由、为政治立法者的主权意志确定界限的人权——具有优先地位。与此相反,共和主义的人道主义的代表则重视公民的自我组织,强调这种自我组织具有不可加以工具化的内在价值;所以,在他们看来,对于一种根本上是政治性的共同体来说,人权仅仅作为它自己自觉袭取的传统的成分而具有约束力。根据自由主义的观点,人权作为某种既成之物、作为某种扎根于虚构的自然状态中的东西而施加在道德洞见之上;而根据对自我实现之集体的伦理-政治意志的共和主义理解来说,任何不符合自己真切生活筹划的东西,都不能承认。在一方,占优势的是道德-认知环节,在另一方,占优势的是伦理-意志环节。与这些观念相反,卢梭和康德要追求的目标,则是在自主性这个概念中思考实践理性和主权意志之间的统一,并通过这个思考而使人权的观念和人民主权的原则**相互诠释**。但这两位作者也没有能把握这两个概念之间的完全对称的相互交错关系。总的来看,康德更接近自由主义对政治自主的理解,而卢梭更接近共和主义对政治自主的理解。

在康德那里,"普遍法权原则"是通过把道德原则运用于"外在关系"而得到的。作为其法权论之出发点的,是每个人作为"他的人性"而享有的那个权利,也就是以强制力量为后盾的对于平等个人自由的权利。这种原初权利调节"内在的你我";把它运用于"外在的你我"则产生出主观的私人权利(萨维尼和康德之后的德国民法学说就是由此出发的)。这个"不可丢失地"属于每个人、"即使他愿意也无法放弃的"[28]的权利体系,是在分化出公法之前、从道德原则出发就获得合法性的,也就是说是独立于只有随着社会契约才形成的那种公民政治自主而获得合法性的。就此而言私法的原则在自然状态中就已经具有了道德权利的有效性;就此而言那些保护人们的私人自主的"自然权利",也是在主权立法者之前就存在的。在这方面,公民的"共同的、联合起来的意志"受到以道德为基础的人权的限制。当然,康德并没有把人权对于人民主权的约束解释为是对后者的限制,因为他的出发点是：没有人在运用其公民自主时**会**同意那些反对他的由自然权利作担保的私人自主。这样的话，政治自主就必须用人民主权与人权之间的**内在**关系加以解释。社会契约这种构想所起的就是这个作用。但是，由于康德遵循的是从道德**过渡到**法律的论证过程，社会契约在康德法权论的理论构架中就无法那样像在卢梭那里那样实际上占据中心地位。

卢梭的出发点是公民自主的构成，尤其强调人民主权和人权之间的内在关系。因为人民的主权意志只能表达于普遍和抽象之法规的语言之中，这种语言中就直接**铭刻着**每个人对于平等的主观自由的权利，也就是康德作为基于道德之上、置于政治意志形成过程**之先**的人权。因此，在卢梭那里，政治自主的行使不再处于天赋权利的限制之下；人权的规范性内容毋宁说已经进入了人民主权之实施模式之中。公民的联合意志通过普遍和抽象的法规受束于一种民主立法程序，它本身排除任何不能普遍化的利益，而只允许那些确保所有人平等的主观自由的规定。根据这种观点，以符合程序的方式行使人民主权，同时确保康德的原初人权的实质。

但是，卢梭并没有一以贯之地贯彻这个思路，因为他比康德更受共和主义传统的约束。在他对自我立法观念的诠释中，伦理的含义要强于道德的含义；他把自主性理解为一个特定民族的自觉把握的生活形式的实现。众所周知，卢梭把通过社会契约来构成人民主权想像为一种生存方式性质的结社行动，通过这种行动，个体化的、取向于成功而行动的个人**转变为**一个伦理共同体的取向于共同福利的公民。作为一个集合性实体的成员，这些公民融合进一种断绝了与仅仅服从法规的私人的个体利益之间的联系。卢梭对内置于

102

共和主义的共同体概念之中的公民提出了非同寻常的伦理要求,并把这种要求放到最高位置。他寄希望于一些政治德行,其基础是一个小国寡民的共同体,它通过共同的文化传统而整合、多多少少是同质的集体。除此以外的唯一选择或许就是国家强制了:"个体意志与共同意志的联系越少,也就是说习俗同法律的联系越少,运用强制暴力的必要性就越大。因此政府如果要成为良好政府,人民数量越多,它就应该更强。"29

但是,这种自我立法实践赖以为生的如果是一个在价值取向上**已经取得一致**的民族的伦理实体,卢梭就无法解释,他所设定的那种公民对共同福利的取向,怎么能够与社会中不同私人的彼此分化的利益相协调,也就是说规范地构成的共同意志如何在不借助于压制的情况下与个人的自由选择相一致。这种一致所需要的,是一种真正的道德眼光,从这种眼光出发可以检验什么是超越**对我们来说**是好的东西而平等地符合每一个人利益的东西。在伦理版本的人民主权概念中,康德的法权原则的普遍主义意义终于消失在视线之外了。

显然,原初人权的规范内容并不像卢梭设想的那样可以仅仅在普遍而抽象的法规的语法中得到把握。卢梭认为对于现代法律的合法性主张具有核心意义的法律上的实质平等,是无法用普遍法规的**逻辑－语义**特征得到充分解释的。普遍律令的语法形式对它的有效性一无所说。相反,说一个规范是平等地有利于所有人的这种主张,其意义是指合理的可接受性———一切可能的相关者都将能够出于好的理由同意这个规范。但这一点只有在合理商谈的**语用**条件下才能澄清,而在合理商谈中,在有关信息基础上发挥作用的仅仅是更好论据的强制力量。卢梭认为在所意欲的**内容**的逻辑–语义属性中,就已经存在着法权原则的规范性内容,但这种规范内容仅仅从那种规定政治意志该如何形成的**方式**的语用条件出发,才有可能找到。卢梭所要寻找的人民主权和人权之间的内在联系,存在于一种**运用政治自主的方式**之中,而这种方式并不是普遍法规的形式所已经确保了的,而只有通过商谈性意见形成和意志形成过程的交往形式才能得到确保。

这种联系对康德和卢梭来说仍然是隐而不现的。也就是说,虽然在意识哲学的前提下,理性和意志可以在自主性的概念中统一起来,但这种统一只能通过把自我决定的能力归诸一个主体来进行,不管这个主体是《实践理性批判》的本体之我,还是《社会契约论》的人民。如果理性意志只能形成于一个单个主体,那么个人的道德自主就必须贯穿所有人的联合起来的意志的政治自主,以便用自然法来确保每个人的私人自主。如果理性意志只能形成于一个民族的宏观主体,政治自主就必须被理解为一个特定共同体的伦理生活本质的自觉实现;而私人自主则通过法规的一视同仁形式而得到保护,以对付政治自主的压倒性力量。这两种想法都缺少一个商谈性意见形成和意志形成过程的合法化力量,在这个过程中,取向于理解的语言使用活动的语内行动约束力被用来把理性和意志结合在一起——以导致所有个人都可能无强制地同意的信念。

但是,如果商谈(以及,如我们将看到的,其程序以商谈方式加以论证的谈判)成为一个可以形成合理意志的场所的话,那么法律的合法性最终就依赖于一种交往的安排:作为合理商谈的参与者,法律同伴必须有可能考察一有争议规范是否得到、或有无可能得到所有可能相关者的同意。因此,人民主权与人权之间的那种所寻求的内在关系就在于,权利体系所显示的,恰恰是政治自主的立法过程所必需的交往形式本身得以在法律上建制化的条件。权利体系既不能被归结为对于人权的道德诠释,也不能被归结为对于人民主权的伦理理解,因为公民的私人自主既不能置于他们的政治自主之上,也不能置于他们的政治自主之下。我们与人权和人民主权相联系的规范性直觉要充分体现于权利体系之中的话,我们的出发点就必须既不是把对于平等的主观行动自由的权利当作道德权利、把它作为外在限制加在主权立法者之上,也不是把这种权利工具化,作为实现立法者目标的功能性条件。私人自主和公共自主的同源性,只有在用商谈论来澄清自我立法这个意象之含义的时候才得到澄清,根据这个意象,法律的承受者同时也是这些法律的创制者。一方面,人民主权在商谈性意见形成和意志形成过程中获得法律形式;另一方面,人权的实质就在于这种过程得以法律建制化的形式条件之中。

2. 道德规范和法律规范:理性道德法和实证法之间的互补关系

　　(1)我们已经沿着理论史的两条线索——民法学说和理性法理论——分析了那些可以由类似缺陷来解释的困难:主观权利[subjektive Rechte]和客观法[objektives Recht]之

间的内在关系、私人自主和公共自主之间的内在关系,只有当我们重视权利的主体间结构和自我立法的交往结构,并对其作恰当分析的时候,才有可能揭示出来。但是,在从事这种探讨、从商谈论角度引入权利体系之前,必须解释一下法律和道德之间的关系。因为,上面所分析的那些困难,不仅涉及错误的意识哲学路向,而且涉及这样一个事实,即现代理性法学说从维持实证法和自然法之区别的传统自然法学说那里,接过了后者的一个抵押负担。它所坚持的一种双重化的法律概念,从社会学上说是站不住脚的,从规范角度来看是有不幸后果的。而我则从这样一个假设出发:在后形而上学的论证层次上,法律规则和道德规则是**同时**从传统的伦理生活[Sittlichkeit]分化出来的,是作为两个虽然不同但相互补充的类型的行动规范而**并列**地出现的。与此相应,自主性这个概念必须作非常抽象的把握,从而在涉及不同行动规范时可能具有特点各异的内容——也就是说,一方面作为道德原则的内容,另一方面作为民主原则的内容。假如我们这样一来避免了对自主性概念的道德主义狭隘化,康德的法权原则就失去了其媒介的功能;相反,它有助于澄清法律规则是在哪些方面区别于道德规则的。人权,体现于公民的民主自决实践中的人权,因此也必须从一开始就作为法律意义上的权利而加以把握,尽管它是具有道德内容的。

康德在其《道德形而上学基础》中的思路,则与此不同。他从道德律的基本概念出发,从中通过**限定**[Einschränkung]而获得法律规则。道德理论提供一些普遍概念:意志和自由选择,行动和刺激,义务和爱好,法则和立法,这些概念首先被用来确定道德判断和道德行动的特点。在法权论中,这些基本的道德概念经历了三个方向上的限定。根据康德,法律概念所涉及的首先不是自由意志,而是法律的承受者的**自由选择**。它进一步延伸到一个人对于另一个人的**外在关系**。最后,它被赋予一个人在受到干涉时有理由对另一个人实施的那种**强制力量**。法律原则在这三个方面对道德原则加以限定。经过这样的限定,道德立法**反映**在法律的立法之中,道德性**反映**在合法律性之中,善的义务**反映**在法律义务之中,如此等等。

上述设想的基础是这样一种柏拉图主义的直觉,即认为法律秩序是"目的王国"的本体秩序在现象世界的一种模仿,同时也是一种具体化。撇开康德的形而上学背景假设不论,在把法律主要分别为自然法和实证法的观点中,也存留着一种柏拉图主义遗产,也就是这样一种直觉:有道德责任能力的主体的理想共同体——从约西亚·罗伊斯[Josiah Royce]到阿帕尔[Karl-Otto Apel][30]的无限制交往共同体——是通过法律媒介而进入历史时间和社会空间,从而作为法律共同体而具有一种具体的、在空间和时间中有确定位置的形式的。这种直觉绝没有错,因为一种法律秩序只有当不与道德原则相矛盾的时候,才是合法的[legitim]。借助于法律有效性[Rechtsgeltung]当中的合法性成分[Legitimitätskomponente],实证法仍然保留着同道德的关联。但这种同道德的关联不应该误导我们得出这样的结论,即在规范等级的意义上把道德置于法之上。法的等级[Legeshierarchie]的观念,属于前现代法的世界。自主的道德和依赖于论证的实定法,毋宁说处于**一种互补关系**之中。

从社会学角度来看,这二者是同时从那种传统法和具有法规效力的伦理[Gesetzesethik❻]之间仍然交错不分的全社会精神气质[Ethos]当中分化出来的。法律、道德和伦理生活所构成的这种网络的神灵基础一旦动摇,一些分化过程就开始启动。在文化知识的层面上,如同我们已经看到的那样,法的问题同道德问题、伦理问题区分开来。在建制的层面上,实证法同被贬为纯粹惯例的习俗和习惯区分开来。当然,道德问题和法的问题涉及的是同样一些问题:人与人之间的关系如何进行合法的调节,多个行动如何借助于经过辩护的规范而得到彼此协调,行动冲突如何可能在主体间承认的规范性原则和规则的背景下以共识的方式加以解决。但是,它们是以各自不同的方式同这些问题发生关系的。道德和法尽管有共同的参照点,但它们首先由于以下事实而区别开来,即后传统的道德仅仅表达一种文化知识,而法同时在建制层面上获得约束力。法不仅是一种符号系统,它也是一种行动系统。

认为现代法律秩序对自主化了的道德是一种同源的补充这种观点,是有经验依据的,这种观点不再同那种把法和道德的关系看作是模仿关系——因此同一个几何图形似乎仅仅投射到另一个图像层面——的柏拉图主义的观念相适合。因此,我们不能把出现在宪法规范之实证内容当中的基本权利理解为只是道德权利的摹本,不能把政治自主理解为只是道德自主的摹本,相反,一般的行动规范**一分为二**,成为道德规则和法律规则。从规范的视角来看,与此相符合的是这样一种假设:道德自主和公民自主是同源的,是可以借助

---

❻ 英译本这个词译为"conventional ethic"(俗成的伦理)。

于一条简洁的商谈原则加以解释的,这条原则所表达的,仅仅是后俗成[postkonventionell]的论证要求的意义。像后俗成层次的论证本身一样(在这个层次上,实质性的伦理生活被分解为它的各个要素)这个原则当然是有一个规范内容的,因为它阐明了实践判断的不偏不倚性质的意义。但是,尽管有这种规范内容,它所处的抽象层面对于道德和法**仍然是中立的**;也就是说,它涉及的是所有行动规范:

> D:有效[gültig]的只是所有可能的相关者作为合理商谈的参与者有可能同意的那些行动规范。

这个表述包含了一些需要澄清的基本概念。谓词"有效的"[gültig]涉及的是所有行动规范和相应的普遍规范命题;它所表达的是规范有效性的一种尚未具体化的含义,这种含义对于道德性[Moralität]和合法性[Legitimität]之间的区别仍然是不偏不倚的。"行动规范"[Handlungsnormen]我的理解是在时间方面、社会方面和事态方面都普遍化了的行动期待。"相关者"[Betroffen]我指的是其利益将受到该规范所调节的一般实践的可以预见结果影响的每一个人。最后,"合理商谈"[rationaler Diskurs]应该包括所有旨在就成问题的有效性主张达成理解的**任何努力**,只要这种努力是在这样一些交往条件下发生的,这些条件在一个通过语内行动义务[illokutionäre Verpflichtungen]而构成的公共空间里,使得对主题和所发表的意见、信息和理由的自由处理成为可能。这个表述间接地也涉及谈判过程,只要这个谈判是受经过商谈地论证的程序的调节的。

当然,要对"D"作一个足够抽象的理解,很重要的是,对在每种情况下"作数"[zählen]的主题、所发表的意见和理由的种类,不作进一步限制。也就是说,道德原则首先产生于为这样一些行动规范而对普遍的商谈原则加以具体化,这些行动规范**只有**在对不同利益作同等考虑的视角之下,才是有可能进行辩护的。民主的原则产生于对于这样一些行动规范的相应的具体化,这些规范以法律形式出现、并且有可能借助于实用的、伦理-政治的和道德的理由——而不仅仅从道德的理由出发——而进行辩护。这里我想指出一点——随后几章的分析也将表明——即每一种理由都是从各个问题的逻辑中产生出来的。就道德问题而言,人类、或者说所假定的世界公民共和国构成了对那些基于所有人同等的利益的规则进行辩护的参照系。决定性的理由必须是原则上能够为每个人接受的。就伦理-政治问题而言,"我们各自的"[je unseres]政治共同体的生活形式构成了对那些作为自觉的集体性自我理解之表达的规则进行辩护的参照系。决定性的理由必须在原则上能够为所有分享"我们的"传统和强有力价值态度的成员所接受。利益之间的矛盾需要在彼此竞争的价值态度和利益立场之间进行合理平衡。在这过程中,直接牵涉的社会团体或文化团体的总和构成了达成妥协的参照系。这些妥协,只要它们是在公平的谈判条件之下达成的,原则上必须是能够被所有方面——也许出于各自不同理由——而接受的。

我以前出版的论述商谈伦理学的著作中,对商谈原则和道德原则没有作足够区分。商谈原则仅仅说明了这样一种视角,在这种视角之下,一般意义上的行动规范有可能被公平地辩护;由此我假定,这原则本身的基础在于以交往方式构成的生活形式的那些对称的承认关系。引入一个商谈原则,已经预设了实践问题是完全可以作公平的判断和合理的决定的。这个预设不是可有可无的。对这个预设的论证,始终是论辩理论的研究任务,对这种理论我将在下一章姑且作一个概述。根据不同问题的逻辑和相应种类的理由,这种研究使人们对不同类型的商谈(以及受程序调节的谈判)作出区别。确切点说,对每一类问题都必须指出,实用的、伦理的和道德的问题是可以根据哪些规则来回答的。[31]这些论辩规则可以说是商谈原则的操作化。因此,在道德的辩护商谈中,商谈原则采取的是普遍化原则的形式。就此而言,道德原则履行的是论辩规则的作用。这个原则可以用形式语用学的方式从论辩——作为反思形式的交往行动——的普遍预设中得到论证。[32]这我只得暂且不论。在运用性商谈[Anwendungsdiskurse]中,道德原则必须用一条恰当性[Angemessenheit]原则加以补充。我们后面在讨论法的运用性商谈时还会讨论这个问题。[33]但这里,重要的是在哪个方面,可以把民主原则同道德原则区别开来。

这里必须非常小心。因为在这个关节点上,我们不能屈服于一个根深蒂固的偏见,以为道德只涉及个人为之负责的社会关系,而法和政治正义则延伸到以建制为媒介的互动领域。[34]商谈论所理解的道德原则,已经超越了从历史上说是偶然的、随社会结构的变化而变化的公、私生活领域之间的界限;它已经重视道德规则的普遍主义的有效性意义,因为它要求把在康德看来是单个地、私人地从事的理想的角色承当[Rollenübernahme]转变为一种公共的、由所有人共同从事的实践。此外,根据私的行动领域和公的行动领域来对道德和法律进行分而治之,也因为以下原因而违反人们的直觉,即政治立法者的意志形成也延伸到需要调节的那些问题的道德方面。确实,在复杂社会里,道德只有转译为法律代码才能具有超越邻近范围的效果。

为了得到能够明确区分民主原则和道德原则的标准,我从这样一个事实出发,即民主原则应当确定,合法的立法过程的程序是什么。也就是说,这个原则规定,具有合法的[legitim]有效性的只是这样一些法律规则,它们在各自的以法律形式构成的商谈性立法过程中是能够得到所有法律同伴的同意的。换句话说,民主原则说明了,彼此承认为一个自愿加入的共同体的自由和平等成员的法律同伴的自决实践,其施为的意义[performativer Sinn]是什么。因此,民主原则所处的**层面不同于道德原则所处的层面**。

道德原则的作用是充当合理地决定道德问题的论辩规则,而民主原则已经预设了实践问题之合理决定的可能性,确切些说,预设了赋予法律以合法性的**所有东西**在商谈(以及受程序调节的谈判)中进行论证的可能性。因此,民主原则并不回答整个政治事务能否和如何以商谈方式加以处理的问题;这个问题是事先由商谈理论加以澄清的问题。在理性的政治意见形成和政治意志形成过程是可能的这个前提之下,民主原则仅仅告诉我们这些过程可以怎样加以建制化——亦即,通过一个权利体系,这些权利确保所有人平等地参与一个其交往预设业已得到保障的立法过程。道德原则是在一个特定的论辩游戏的**内在**构成的层面上发挥作用的,而民主原则则涉及一个**外在的**层面,在这个层面上,平等地参与一个以商谈形式形成意见和意志的过程,被有效地建制化,而这个过程本身,也是以得到法律担保的交往形式来实现的。

参照点的区别,是可以对民主原则和道德原则作出区分的一个视角。另一个视角是法律规范和其他行动规范之间的区别。道德原则是延伸到全部只有借助于道德理由才能获得辩护的行动规范的,而民主原则只适用于法律规范。产生这些规则的基础,不是比较简单的、多多少少是自然成长的、同时是在我们有意寻找之前就已经存在着的种种互动。这些互动的规则被披上法律规范的外衣,是在社会进化过程中后来才出现的事情。自然长成的互动规则只有根据道德的视角才能加以评判,与此相反,法律规范则具有一种人为的性质——它构成一层有意产生的、反思的、也就是说可以运用于自身的行动规范。因此,民主原则必须不仅确定一个合法的立法程序,而且**对法律媒介本身的产生进行导向**。一般来说,法律为了适合于构成一个法律共同体并成为这种共同体的自我组织的媒介,应当满足哪些条件,这必须从民主原则的角度加以论证。因此,在创造出权利体系的同时,也必须创造出这样一种语言,一个共同体可以用这种语言而被理解为一个由自由而平等的**法律**同伴组成的自愿联合体。

对应于我们用来区别民主原则和道德原则的两种方式,是所要建立的权利体系应当完成的两个任务。它不仅应该把理性的政治意志形成过程建制化,而且也应该确保使这种意志形成过程能表现为自由联合的法律同伴的共同意志的那种媒介。为了具体说明这两个任务,我们必须对法的行动规则的形式特征作确切界定。

(2)下面我想根据法和道德的互补关系来澄清法律的形式特征。这种澄清是对法的**功能说明**的一部分,而不是对法的一种规范性辩护。因为,总的来说,法的形式并不是可以进行"论证"的原则,不管这论证是认知上的还是规范上的。前面提到,康德已经通过三种抽象来确认行动的合法律性 [Legalität] 或合乎法律形式 [Rechtsförmigkeit],这些抽象所涉及的是法的承受者,而不是法的创制者。法所抽象掉的,首先是法的承受者的约束其自由意志的能力,而只考虑他们的**自由选择** [Willkür]。法还抽象掉各种有关行动计划的生活世界的复杂性,而局限于具有确定社会类型的行动者们彼此种种互动影响之间的**外在关系**。最后,如我们已经看到的那样,法还抽象掉服从规则的**那种动机**,而满足于行动对于规则的服从,而不管这种服从是如何发生的。

对行动的这种法律限制,对应于对法律主体之地位的一种特殊限定。道德规范调节自然人之间的人际关系和人际冲突,这些自然人之间彼此同时承认是一个具体的共同体的成员和一个不可替代的个体。[35] 这种规范所诉诸的,是通过其生活历史而个体化的人们。相反,法律规范所调节的则是这样一些行动者之间的关系和冲突,这些行动者被承认是一个抽象的、也就是通过法律规范本身而构成的共同体中的同伴。这种规范也诉诸个体,但这种个体是这样的主体,他的认同的形成,不再是通过他的生活史,而是通过一种采取社会态度——一个法律共同体中具有社会类型之成员的态度——的能力。因此,从法律承受者角度来看,在法的关系中,一个人用规范性洞见对其意志进行约束的能力,被抽象掉了。对于一个人所期待的,首先只是做出目的合理决定的能力,也就是自由选择的能力。[36] 把一个道德上(以及伦理上)有责任能力的人的自由意志归结为一个通过各自偏好来进行决定的法律主体的自由选择,导致了合法律性的另外一些方面。能够在法律上受到调节的,仅仅是那些涉及外在关系的问题。因为,服从规则的行动必要时是必须被强制实行的。这又进一步说明了为什么法律形式具有一种个体化效果,这当然并不否定法的主体间基础。

到现在为止,康德的合法律性[Legalität]概念对我们分析法的形式规定来说是有用的向导,但即使如此,我们也不应该把合法律性的方面理解为对道德的限制;相反,我想从道德和法之间的那种在社会学上得到澄清的互补关系出发,来加以理解:法律形式的构成之所以必要,是为了弥补随着传统的伦理生活的崩溃而出现的缺陷。因为,自主的、仅仅建立在理性根据之上的道德,所涉及的只是正确的判断。随着论证方式向后俗成层面的过渡,道德意识脱离了习俗性的惯例,而全社会的精神气质,则萎缩为纯粹的惯例、习惯和习惯法。

一种理性的道德,原则上是批判性地对待所有自然长成的、本来是不成问题的、长期被建制化的、通过社会模式而获得动机上根基的行动取向的。一种行动选择,连同其规范性背景,一旦落入这种道德的拷问式目光之中,就卷入了疑问的漩涡。理性道德专门涉及的是正义的问题,原则上它把**一切**都放在可普遍化这面虽然锐利但是狭窄的透镜之下。它的目的在于对道德上相关的行动冲突进行公平的判断,因此使得一种知识——这种知识虽然应当服务于行动中的正确取向,但并不因此而**使个人倾向于**正确地行动——成为可能。这种升格为知识的理性道德,就像所有知识一样,是在文化的层面上得到表现的；它首先仅仅以可以进行理解、诠释、传递和批判地发展的文化符号的意义内容的形式而存在。当然，这种文化上自由浮动的道德也涉及**可能的**行动；但是，它本身可以说不再包含同动机（它们为道德判断提供实践动力）和建制（它们将确保经过辩护的道德期待在事实上得到实现）的任何接触。一种像这样被吸纳进文化系统的道德，只要它不通过具有动机的行动者们**自己**而得到实现，它同行动的关系就只是虚拟的关系。这些行动者必须倾向于根据其良心而行动。因此，理性道德的基础是一种与之呼应的社会化过程，这种过程培育相应的良心权威，或与这种良心权威相应的超我形态[Formationen des Über-Ichs]。在这种更好理由的弱的动机力量之外，这种道德要对行动产生影响，只有通过人格系统对道德原则的内在化。

从知识到行动的转化，仍然是没有把握的，因为道德行动主体的风险难测的、高度抽象的自我控制是相当脆弱的，更由于提供这种高要求能力的社会化过程是难以捉摸的。一种仍然建立在与之呼应的合适的人格结构基础之上的道德，如果它无法通过内在化之外的**另一种**途径来探及行动者的动机——干脆地说，就是通过在行动效果方面对理性道德起**补充**作用的法律系统的建制化，那么，它的效果就仍然是有限的。法是一身兼二任的东西：它既是知识系统，又是行动系统；它不仅可以被理解为一个规范语句和规范诠释的文本，也可以被理解为建制，也就是一套行动规则。因为动机和价值取向在作为行动系统的法当中是彼此交错在一起的，所以，法的语句具有道德判断本身所缺少的直接的对于行动的影响。另一方面，法的建制也因为其相对较高的合理性而区别于自然长成的建制秩序；因为在法律建制中，一种经过学理上推敲、同受原则引导的道德密切相联系的知识系统，取得了确定的形式。因为法以这种方式同时在文化和社会的层面上被确定下来，它能够**抵消**一种主要作为知识而出现的理性道德的弱点。

进行道德判断和道德行动的人们，对这种知识必须独立掌握、加工，并把它运用于实践。他处于前所未有的(a)认知的,(b)动机的，以及(c)组织的要求的压力之下，而作为法权人，人们却**卸掉**了这些压力。

(a) 理性道德只提供对有争议问题之公平判断的一个程序。它无法标出一个义务目录，更无法标出一个规范的等级排序，但它期待主体形成自己的判断。不仅如此，他们所享有的那种在道德商谈中释放出来的交往自由，仅仅导致诸诠释之争端中具有可错性的洞见。难以决定的，甚至也并非首先是规范的论证问题。因为，在通常情况下，有争议的并不是使得平等尊重每一个人、分配正义、对于需要帮助者的仁爱、忠诚、真诚等等成为义务的那些原则本身。相反，一旦冲突超越了熟识情境之中的日常互动，这些高度一般化的规范的抽象性就会提出运用的问题。对这样一些具体的、但难以把握的事例作出决定，需要进行复杂的运作。一方面，必须根据彼此竞争、但还没有完全确定的可选择规范来发现和描述情境的有关特征；另一方面，必须根据对该情境的尽可能完整的描述来选择、诠释和运用那合适的规范。在复杂问题上，论证问题和运用问题常常对个人的分析能力提出苛刻要求。这种**认知不确定性**[kognitive Unbestimmtheit]被法律之产生过程的事实性所吞并。政治立法者对哪些规范作为法律是有效的做出决定,法院对关于有效的但有必要做出诠释之规范的运用方面的诠释争端做出决定,这种决定对各方来说既是诠释性的,又是定义性的。法律系统取消了法权人作为法律之承受者角色的确定判断合法和不合法的权能。从法和道德的互补性的角度来看,议会的立法程序,建制化的司法判决实践,以及法理学的精确说明规则和系统梳理判决的专业工作,对个人意味着免除形成其自己的道德判断的认知负担。

(b)但是,理性道德赋予个人的负担不仅是解决行动冲突的问题,而且是对于其意志力量的期待。一方面,在冲突情境中,他应该愿意寻求共识的解答,也就是说,进入商谈,或者以一种咨议的方式[advokatorisch]进行商谈。另一方面,他应该鼓起力量来依据道德洞见——必要时违背其直接利益——而行动,也就是把义务和倾向统一起来。行动者应该在自己身兼的道德律令之提出者和承受者的角色之间形成和谐。因此,除了原则导向之判断的认知不确定性之外,还有关于受已知原则之引导的行动的"**动机不肯定性**"[motivationale Ungewissheit]。这种不肯定性被法的实施过程的事实性所吸纳。理性道德没有充分地扎根于它的承受者的动机和态度当中,就此而言,它必须依赖于在撒开动机和态度情况下对符合规范行动的强制规定。强制性的法律以制裁的威胁来覆盖规范性期待,以至于承受者可以仅仅局限于结果导向的明智考虑。

此外,意志强弱的问题也导致**可期待性**[Zumutbarkeit]这个进一步的问题。根据理性法的标准,每个个体在考察规范的有效性时都是从这个前提出发的:每个人都事实上遵循这种规范。但是,被认为有效的规范如果只能是那些在规则得到**普遍**遵循条件下才值得所有相关者的出于合理动机的赞同的规范,那么就不能**期待**所有人会按照有效的规范行动,因为上述条件并没有得到满足。每个人都必须能够期待所有人会遵守有效的规范。有效的规范要能够代表可期待的东西,它们必须能够在事实上针对违反规范的行为而强制实施。

(c)第三个问题,也就是义务的**可责成性**[Zurechenbarkeit von Verpflichtungen]问题,产生于理性道德的普遍主义性质,尤其是考虑到那些常常——社会越是复杂,就越是这样——要求进行合作或组织的积极义务。比如说,即使是素不相识的邻居,也要使他免于饿死,这毫无疑问是一条义务,但这条义务显然同以下事实相抵触,即第一世界的千百万居民,在听任第三世界贫困地区的成千上万人死于非命。即使慈善性救助,也只有经过有组织的渠道才能传递;食物和药品,衣被和基础设施所经过的辗转之途,远远超出了个人的主动和个人的行动范围。正如许多研究已经指出的,一种结构性的改善,甚至要求建立一个新的世界经济秩序。类似的只有通过建制才能对付的问题,当然也在我们自己地区出现,甚至在我们身边出现。对于普遍主义价值取向的道德意识越是敏锐,无可争议的道德要求这方面和有组织的压力和抵制变革的力量这另一方面之间的矛盾就越大。这样,只有通过匿名的行动网络和有组织的工作才能满足的道德要求,首先在一个可以反思地运用于自己的规则系统之内找到明白无疑的诉诸对象。只有法才是**内在地**反思的;它包含一些次阶规则,用来服务于产生那些导控行动的初阶规则。它可以对能力加以确定、为组织提供基础,一句话,可以建立一个责任系统,这个系统不仅涉及自然的法权人,而且涉及虚构的法律主体,比方说公司和公共机构。

与可期待性问题、意志强弱问题和可决定性问题一样,道德分工的问题[37]也标志着后俗成道德的限度,这种限度对用法律来补充道德提供了功能上的论证。后俗成的论证层次抽走了另一些、迄今为止用传统方式获得可信性的建制的合法性基础,这个事实还导致了另外一个问题。一旦要求更高的道德标准不再能够以质朴的方式确立,就出现了一种提问质疑的冲动,将那些贬值了的建制置于要求提供辩护的压力之下。但是道德——对现存建制所作的导致幻灭结构的评判,其视角就是由道德提供的——本身并不提供对这些建制进行重构的**操作性**手段。为此目的,实证法作为一个能够代替其他建制的行动系统而处于备用状态。

当然,法的作用不仅仅是有助于重构那些由于失去合法性而崩溃的种种自然形成的建制。在社会现代化的过程中,还出现了一种**新的**组织需要,这种需要只有用建设性的方式才能加以应付。像家庭和学校这样的传统的互动领域的建制基础被用法律方式加以**改造**,而像市场、商业和行政这样的具有正式组织形式的行动系统,则通过法的建构而第一次**创造**出来。通过货币而导控的资本主义经济或以能力为标准的而组织起来的国家行政,最初是借助于它们的法律建制化之媒介而出现的。

自然,法律规范的特殊功能——日益复杂化的社会的越来越大的调节需要和组织需要就是由这种功能来满足的——并不像前面所考察问题所表明的那样,是仅仅用补充道德的需要所能解释的。要认识实际的相互关系,只有反过来也从法律系统的角度来考察道德。一种仅仅通过社会化过程和个人良心才获得现实性的理性道德,仍然是局限于一个狭隘的行动范围的。但是,道德可以通过一个与之有内在联系的法律系统,而辐射到所有行动领域、甚至包括那些以系统的方式自主化的、由媒介导控的互动领域,这些领域解除了行动者除普遍服从法律之外的一切道德期待的负担。在复杂性程度较低的社会里,社会整合的力量以如下方式存在于一种生活世界的精神气质之中:在这种整合性的伦理生活中,生活世界的所有成分被结合在一起,具体的义务同建制挂钩,并扎根于动机之中。当然,在复杂性程度较高的条件下,道德内容是如何能够通过法律调节的渠道而扩展到全社会的,我们只有在把整个法律系统都放在眼前的情况下,才能做出判断。

3. 对基本权利的商谈论论证:商谈原则、法律形式和民主原则

现在,我们可以把不同的论辩线索连接起来,以便论证那个赋予公民的私人自主和公共自主以**同等分量**的有效性的权利体系。这个体系应该包含的恰恰是这样一些基本权利,它们是公民们若要借助于实证法来合法地调节他们的共同生活,就必须相互承认对方拥有的。如同在古典的理性法学说当中那样,这些权利首先应当从一个非参与者角度来引入。为此我们已经采取了一系列准备性步骤。我们从关于主观权利的法理学说史着手,以便澄清合法性[Legitimität]

来自合法律性[Legalität]这样一个悖论。接着我们发挥了对自主性这个概念的一种商谈论解释,这种解释使得有可能认识人权和人民主权之间的内在联系。最后,我们探讨了法和道德之间的互补关系,以便澄清把法律规范同一般意义上的行动规范区别开来的那些形式规定。有意思的是,这种法律形式已经导致了主观权利在现代权利秩序中所具有的突出地位。

当我们把法作为稳定期待的东西、作为道德的补充而引入的时候,立法和执法(法的建构性自我运用也如此)的事实性对于某种类型的免除道德负担的互动来说,是具有构成性意义的。法律媒介本身预设了一般地确定法权人的权利承担者地位的那些权利。这些权利仅限于典型的个体化的社会行动者的选择自由,也就是说,仅限于有条件地承认的主观行动自由。这包括两个方面:取向于成功的行动者的利益导向选择与取向于理解之行动的约束性情境分离开来;通过从外部来限定选择空间的强制性法律来协调行动。前者不过是后者的另一面。由此可以说明,法的基本价值就在于同时既确保可归诸单个人的各种主观自由,又使得这些权利彼此协调起来。

这些权利也保障一种私人自主,后者也可以被描述成对交往自由之种种义务的摆脱。与克劳斯·贡特尔[Klaus Günther]一样,我也把"交往自由"[kommunikative Freiheit]理解为在以理解为取向的行动中预设着的一种可能性:对对话者所说的话和在这种话中所提出的旨在主体间承认的有效性主张,表示一个态度的可能性。[38]与此相联系的一些义务,由于受法律保护的主观自由而**不具有约束性**。交往自由仅仅存在于彼此将要以施为的态度就某事达成理解、彼此期待着对相互提出的有效性主张加以表态的行动者之间。交往自由对于一种主体间关系的这种依赖,告诉我们为什么这种自由是同语内行动义务相联系的。对于一方来说,只有当另一方准备在必要时对通过言语活动而提出的有效性主张提出论证的时候,才有可能对一个可批判的有效性主张表示肯定或否定的态度。交往行动的主体愿意使他们的行动计划建立在一种共识的基础之上,而这种共识又建立在对有效性主张的相互表态和主体间承认的基础之上;因此,作数的仅仅是那些有可能被参与各方所**共同接受**的理由。在每一种情况下,都是这**同一些**理由,才对交往行动者具有一种形成合理动机的力量。相反,对于一个仅仅根据其主观自由而做出决定的行动者来说,**对他来说**举足轻重的理由有没有可能被别人接受,是不起任何作用的。因此,一个法律主体的私人自由本质上可以理解为这样一种消极的自由:从彼此间语内行动义务的公共空间中抽身而出,转入相互观察和相互影响的立场。在私人自主的范围内,法律主体**没有**必要向别人做出解释,**没有**必要为自己的行动计划提供能被公共地接受的理由。主观行动自由为退出交往行动、拒绝语内行动义务提供了辩护;它们为一种摆脱相互承认、彼此期待的交往自由之负担的隐私权[Privatheit]提供了论证。

这样,康德的法权原则——它规定一种对于主观行动自由的权利——可以作这样的理解:应当构造一种以主观权利形式出现的法律代码,它可以使法律主体不受交往自由之要求的约束。当然,法权原则要求的不仅是对于一般的主观自由的权利,而是对**平等的**主观自由的权利。**每个人**的自由应当根据一个普遍法则而与**一切人**的同等自由相共存。正是在这点上,实证法的合法性主张才起作用,而这种主张我们在考虑法律形式的特征时还是可以撇开的。在康德对法权原则的表述当中,"普遍法则"[allgemeines Gesetz]带有合法化的分量。这里处于背景的始终是绝对命令:普遍法则的形式对自由的分配起合法化作用,因为这里所表现的,是一特定法律成功地经受了理性——对法律进行审核的理性——的普遍化测试。在康德那里,这导致了法律对于道德的从属,这种观点同关于实现于**法律媒介本身**之中的自主性观念,是不一致的。

也就是说,**公民的**自我立法的观念,要求那些作为法律之承受者而从属于法律的人,同时也能够被理解为法的创制者。把平等自由的权利理解为具有道德理由的、政治立法者只需把它们变成实证法就可以的东西,是无法满足这个要求的。作为进行道德判断的人,我们固然能够确信原初人权的有效性[Gültigkeit],因为我们已经拥有了一个合法律性[Legalität]的概念。但是,**作为**道德立法者,我们并不等同于作为法律承受者而被**赋予**这种权利的法律主体。即使每个法律主体以道德人的身份设想,他本来是可以为自己制定某些法律的,这种事后的、不管怎么样都是私下进行的道德准许,并不能摆脱政治上他治的法律主体一直完全屈居其下的那种"律治"[Herrschaft der Gesetze]家长主义。只有**政治上自主的**立法,才有可能使法的承受者也具有对整个法律秩序的正确理解。因为与合法之法相一致的,只能是一种不毁坏遵守法律之合理动机的法律强制模式。对其承受者来说,强制性的法律应该不是勉强他们、而应该任其自由选择,根据具体情况放弃对其交往自由的运用,和对法律的合法性主张的表态,也就是说,在具体情况下放弃对法律的施为性态度,而倾向于一个根据效用计算而进行自由选择的行动者的那种客观化态度。法律规范必须是**有可能**被人出于明智考虑[Einsicht]而遵守的。

因此,公民自我立法的观念不应该被归结为**单个**个人的**道德**自我立法。对自主性必须作更普遍的和更中立的理解。为此我引入了一条商谈原则,这条原则对于道德和法起初是一视同仁的。商谈原则首先应该借助于法律形式的建制化而获得民主原则的内容,而民主原则则进一步赋予立法过程以形成合法性的力量。关键的想法是:民主原则是商谈原则和法律形式相互交叠的结果。这种相互交叠,我把它理解为**权利的逻辑起源**,对这种起源我们可以作一步步的重构。这种重构的开端是将商谈原则运用于对于一般意义上行动自由的权利——这种权利对于法律形式来说是具有构成性意义的;其末端是对商谈地运用政治自主的条件的法律建制化,借助于这种政治自主,起初被抽象地确定的私人自主反过来可以在法律上得到提升。因此,民主原则只能作为一个权利**体系**的核心而出现。这些权利的逻辑起源形成了一个循环过程,在这个过程中,法律规范和形成合法之法的机制,也就是民主原则,是**同源地**建构起来的。

上面的叙述是一个从抽象到具体的过程,在此过程中具体性是以这样一种方式产生的:起初从外部采取的叙述视角,被所叙述之权利体系加以内在化。现在,这个体系所包含的恰恰是这样一切权利,公民们若要用实证法对其共同生活作合法的调节,就必须彼此承认这些权利。"实证法"和"合法调节"这些说法的含义,至此也得到了说明。法律形式(它以上述方式稳定社会行为期待)和商谈原则(根据这条原则可以对行动规范的合法性加以检验)这两个概念,使我们拥有手段去抽象地引入因为规定了法权人的地位而产生了法律规则本身的几个权利范畴:

(1)产生于以政治自主方式阐明对尽可能多的平等的个人自由的权利的那些基本权利。

这些权利要求如下权利作为必要补充:

(2)产生于以政治自主方式阐明法律同伴的志愿团体的成员身份的那些基本权利;
(3)直接产生于权利的可诉诸法律行动的性质[Einklagbarkeit]和以政治自主方式阐明个人法律保护的那些基本权利。

这三个范畴的权利已经产生于把商谈原则运用于法律媒介,也就是运用于一般意义上的横向联合的法律形式的那些条件。不应该把它们理解成一些自由抗拒权(liberale Abwehrrechten),因为在国家权力的法律组织——公民必须在这种组织的干预面前保护自己——之前,它仅仅调节自由联合的公民之间的那些关系。实际上,这些基本权利在以下意义上仅仅保护法律主体的**私人**自主,即这些主体起初相互承认法律的**承受者**的角色,并同时赋予各自这样一种地位:

他们据此能够提出对于权利的主张,并提出针对对方的兑现权利要求。只有在下一步,法律主体才也获得其法律秩序的创制者的角色,确切些说,是通过

(4) 机会均等地参与意见形成和意志形成过程——在这个过程中公民行使其政治自主、通过这个过程公民制订合法的法律——的那些基本权利。

这个范畴的权利,在对于通过(1)到(4)中确认的基本权利的宪法诠释和进一步的政治阐发当中,得到了反思的运用。也就是说,政治权利为自由和平等的公民地位提供了基础,这种地位在以下意义上是自我指涉的:它使得公民有可能为了对私人自主和公共自主的诠释和阐发而改变其实质性法律立场。最后,考虑到这个目标,到现在为止所确认的权利**蕴含着**:

(5) 获得特定生活条件——现有状况下公民要机会平等地利用从(1)到(4)所提到的公民权利所必需的、在社会上、技术上和生态上得到确保的生活条件——的基本权利。

下面我将仅局限于对那四种得到绝对论证的自由权和参与权的讨论,而最后提到的那些权利,即仅仅得到相对论证的那些参与权利,我将在最后一章回过头来讨论。我所提出的对于基本权利的商谈论理解,应该澄清人权和人民主权之间的内在关系,并解开合法性[Legitimität]出自合法律性

[Legalität]这样一个悖论。

附论(1)以法律形式出现的行动规范授权行动者行使其主观的行动自由。这些法律中哪些是合法的,回答这个问题不能仅仅考虑主观权利的**形式**。只有借助于商谈原则,才能表明**每个人**都拥有对于尽可能多的**平等**的个人自由的权利。具有合法性的仅仅是满足以下条件的规则,即每一个人的权利是与所有人的同等权利协调一致的。康德的法权原则是与这种对于平等自由的一般权利相一致的;当然,它仅仅说法律应该以**合法地分配**的主观权利的形式来确立,这些权利确保法律主体的私的自主得到保护。当然,仅仅靠这些权利,法律代码还没有充分建制化。也就是说,法律代码必须在一特定法律共同体之内得到运用,并且确定彼此间可以提出诉讼来捍卫的权利。

附论(2)法律规则不像道德规则那样对**一般意义上**的说话和行动的主体的可能互动进行规范,而仅仅规范一个具体社会的互动关联。法律的实证性的概念,也就是法律的制订和实施的事实性,已经蕴含了这一点。法律规范起源于一个历史的立法者的决定;它们涉及的是一个有地缘界限的法律区域、一个可以从社会角度加以划界的法律同伴集体,以及随之而来的一个特定的司法效力范围。历史时间和社会空间上的这种限定,来源于以下既成事实,即法律主体将他们对强制力量的使用让渡给一个权威机构,这个机构垄断了合法强制手段,并在必要时代表他们行使强制手段。世上任何暴力垄断,即便是一个世界性政府的暴力垄断,其范围都是有限的——相对于未来和宇宙来说,它都是局部的。因此,法律代码的确立要求这样一些权利,它们调节对于一**特定**法律同伴联合体的成员身份,因此也允许在成员和非成员之间、公民和外国人之间作出区分。在以国家形式组成的共同体中,这些权利采取国籍权利[Staatsangehörigkeitsrechte]的形式。国籍的外部方面,也就是根据对一特定国家的国际法承认而得到保护的那些方面,我们在这里无意加以考虑。就内部的方面而言,成员地位构成了赋予一些实质性法律地位(这些地位加在一起构成了在国家公民身份[Staatsbürgerschaft]意义上的公民[Bürger]地位)的基础。运用商谈原则所导致的结果是:每个人都具有不能被单方面剥夺国籍权的保护,但必须具有能放弃国籍地位的权利。移民出境权利意味着成员身份必须取决于成员方面的一种(至少是假设性的)同意行动。同时,移民入境,也就是向想要获得国籍权的外人扩大法律共同体,也需要有一种对成员和申请者同等有利的规则。

附论(3)最后,对法律代码的法律建制化要求确保每个感到自己权利受损的人能够通过法律诉讼来维护自己所认定的权利。法律的强制性质导致了这样的要求,即生效的法律在发生冲突的情况下按照一特定程序作有约束力的解释和执行。法权人要能够动用以提出诉讼形式出现的同其权利相联系的强制手段,就必须能够自由地诉诸法院——独立而有效地行使职权、在法律框架内公正地权威地判决案件的法院。因此,司法权利——确保所有人都得到同等的法律保护、都具有同等的要求法律听证权利、司法平等、也就是法律面前平等对待等等的司法权利——有可能根据商谈原则而得到论证。

总起来说,我们可以说,对于平等的个人自由的权利,加上成员权利和诉讼保障,构成了法律代码本身。换句话说,没有这些权利,就没有合法的法律。当然,法律媒介的这种法律建制化还不等于著名的自由主义基本权利[liberale Grundrechte]。讨论到现在我们还没有谈到有组织的国家权力——那些抗拒权所针对的必定是这种国家权力;除了这点之外,在法律代码中规定的那些基本权利,仍然可以说是**未填值的**[ungesättigt]。它们必须由一个政治立法者根据具体情况加以**解释**和**安排**。法律代码是不能抽象地制订的,而必须由那些想要借助于实证法对其共同生活作合法调节的公民彼此赋予**特定**的权利。另一方面,这些单个权利,只有当它们可以被理解为对于前面提到的那些范畴的权利的阐发时,才能起制定法律代码的功能。在这种意义上,古典的自由主义基本权利,即对于人格尊严的权利,对于人的自由、生命和身体不受伤害的权利,对于迁徙自由、职业选择自由、财产、住宅不可侵犯的权利,等等,是对于个人自由权利意义上的一般自由权利的诠释和安排。类似地,对于引渡的禁止,避难的权利,任何涉及公民之实质性义务和受益资格的东西,国家公民身份等等,是对法律同伴志愿联合体成员地位的具体化。而对依法进行诉讼的保障的意义,则表现在一些程序性保障和基本法律原则之上,比如:不得溯及既往,不得对同一行为实施多重处罚,不得设立特别法庭,以及确保法官的事实上和人格上的独立性等等。

我们要坚持的是**两件**事情:一方面,前三类权利对于那些单个的基本权利的具体化来说,是未填值的占位符[ungesättigte Platzhalter],因此更像是为宪法制定者提供指导的法律原则。另一方面,这些宪法制定者,只要他们是要借助于法律媒介的话,就必须在不损害其主权的同时取向于上述原则。因为正是在这些原则中,霍布斯和卢梭所强调的那种法律形式本身提供合理性的意义,得到了实现。

附论(4)当然,在权利的起源方面,我们到现在为止仅仅从考察法律形式的理论家的角度(可以说是从外部)来提出商谈原则的。理论家**告诉**公民们,如果他们要用实证法来合法地调节他们的共同生活的话,**必须**相互承认那些权利。这就是上面讨论的法律范畴为什么那么抽象的缘故。现在我们必须作一个视角转换,如果公民要能够**独自地**运用商谈原则的话,就必须进行这样的视角转换。因为**作为**法律主体,他们要能够取得自主性,只有同时把自己理解为自己作为承受者要服从的那些权利的创制者,并按照这种理解而行动。当然,作为**法律**主体,他们不再能自由选择用什么媒介来实现他们的自主。他们不再有选择哪种语言为自己所用的自由。对于法律主体来说,法律代码更像是他可以用来表达其自主性的事先给定的唯一语言。自我立法的观念必须在法律媒介中为自己获得有效性。因此,公民根据商谈原则来判断他们所立之法是不是合法之法的条件,本身也必须得到法律保障。参与立法者的意见形成和意志形成过程的基本政治权利,就是服务于这个目的的。

在这个视角转换之后,我们不再能从**我们的观点**出发来论证平等的交往权利和参与权利了。现在,是公民们自己来思考并且——以宪法制定者的身份——决定,必须如何来获得赋予商谈原则以民主原则之法律形式的那些权利。根据商谈原则,只有那些可能得到一切潜在的相关者——只要他们参加合理商谈——同意的规范,才是可以主张有效性的。因此,所追求的政治权利必须以这样一种方式来确保参与一切同立法有关的协商过程和决策过程,即使得每个人都有平等机会行使对具有可批判性的有效性主张表示态度的交往自由。政治运用交往自由之获得平等的法律保障,要求建立一种使商谈原则得以运用的形成意见和意志的政治过程。处于一切建制化之前的交往自由,是以那些取向于理解的语言使用作为条件的;同样,公共地运用交往自由的资格[Berechtigungen],也依赖于商谈式协商过程和决策过程的那些受法律保障的交往形式和程序。这些形式和程序必须确保所有形式上正当、程序上正当的结果均被假定是具有合法性的。这样,每个人平等的基本政治权利,来源于所有法律同伴的交往自由获得对称的法律保障;而这种交往自由,又进一步要求特定形式的意见形成和意志形成过程——使根据公民权利来行使政治自主成为可能的那些商谈式意见形成和意志形成过程。

用上述方式引入权利系统,人民主权和人权的同类性,也就是政治自主和私人自主的同源性,就可以理解了。既不是用那些正等着生效的自然权利或道德权利来限制公民的政治自主的活动范围,也不是简单地将个人的私人自主工具化,以服务于主权立法过程的目的。先于公民的自决实践之前的,仅仅是商谈原则——它内在于一般的交往社会化条件之中——和法律媒介。商谈原则如果要作为民主原则借助

128

于平等交往权利和参与权利在立法程序中得到实施,就必须发挥法律媒介的作用。当然,法律代码的确立本身已经蕴含了那些产生了法权人地位并确保其完整无损的自由权利。但是,这些权利是使得政治自主之行使最初**成为可能**的必要条件;作为可能性条件[ermöglichende Bedingungen],这些权利并不能**限制**立法者的主权,即使这些权利并不受立法者随意处置。可能性条件对它们所构成的东西并不设置任何限制。

无论是商谈原则,还是主体间关系的法律形式,单就其本身而言还都不足以为任何权利提供基础。商谈原则要能够通过法律媒介而获得民主原则的形式,只有当商谈原则和法律媒介彼此交叠,并**形成为**一个使私人自主和公共自主建立起互为前提关系的权利体系。反过来说,政治自主的每一次行使,都意味着由一个历史的立法者对这些原则上"未填值的"的权利进行诠释和安排。这也适用于在这个过程中需加主张的基本政治权利。国家权力来自人民这条原则,必须根据具体情况被**具体化**为这样一些形式:思想和信息自由,集会和结社自由,信仰、良心和信教自由,参加政治选举和投票的权利,参加政党或公民运动的权利,等等。在一个对权利体系作有法律约束力之安排的制宪行动中,对由此以施为地自我指涉的方式而形成的政治自主作了一种原初的运用。因此,我们可以把历史上种种宪法的基本权利段落理解为对同一个权利体系的依赖于情境的解读。

但是这个权利体系并不是作为一种自然法而事先给与制宪者的。这些权利被人意识到,仅仅是在一个特定的宪法诠释的过程之中。事实上,当公民们在以一种同其情境相一致的方式来诠释那个权利体系的时候,他们仅仅是在阐明,从他们决定用法律来合法地调节其共同生活那一刻起就已经开始了的那个事业,具有什么样的意义。这种事业所预设的,不外乎是对商谈原则的一种直觉的理解,再加上法律形式这个概念。因此,对"唯一"权利体系的谈论,至多意味着此种实践之特定自我理解的各种阐释的汇聚点。从事后看,"我们"对基本权利的抽象的理论介绍,原来也不过是一个窍门。没有人会相信自己能够独立于已经历史地给与他的那些诠释而进入单数的权利体系。"唯一的"权利体系并不是以先验的纯粹性而存在着的。但是,在两百多年欧洲宪法发展之后,已经有足够数量的模式放在我们面前。借助于实证法而进行的自我立法这种主体间实践必然是由一些理解来引导,而那些模式可以启发我们对这些理解作普遍化的重构。常常作为政治革命成果之印戳的那些制宪活动的性质,给人一幅带有迷惑人的图景,似乎宪法是对那些静止的、在时间之外的、不受历史变化影响的规范的"陈述"［Feststellung］。宪法在法律技术上对普通法律的优先地位属于法治国原则的系统结构;但它仅仅表明宪法规范之内容的**相对的**确定。如我们将看到的那样,每一份宪法都是一个这样的谋划,它只有以持续的、在立法的所有层面上不断推进的宪法诠释的形式,才具有持久的存在。

权利体系以平衡的方式确保私人自主和公共自主,因此而将事实性和有效性之间的张力——这种张力我们起初是作为法律的实证性和合法性之间的张力的形式而认识到的——操作化了。这两个环节的连接实现于法律形式和商谈原则的相互渗透之中,也实现于法律一面朝着承受者、一面朝着创制者的两面神头颅上。一方面,借助于那些使各种平等的主观自由相互兼容的强制性法律,这种权利体系放手让以成功为取向的单个行动主体进行利己选择。另一方面,在立法实践中,这个权利体系将那些被假定为取向于共同之善的公民的交往自由动员起来、统一起来。这里又一次暴露出事实性和有效性之间的张力;甚至可以说,这种张力集中在这样一个初看之下显得自相矛盾的状况,即基本政治权利必须把对于交往自由的公开运用建制化成为主观权利**的形式**。法律代码不允许作其他选择;表达交往权利和参与权利的只能是这样一种语言,它让法律主体自己去决定是否运用这些权利,以及,如果要运用的话,如何来运用这些权利。法律的承受者要自由地决定他们是否要作为法律的创制者来运用自由意志,是否要采取一个视角转换,从对各自利益的取向成功的感受,转向对可普遍同意之规范的理解,以及是否要公开地运用他们的交往自由。

这种区别,仅仅局限于对权利的语义学分析是看不到的。如果一个人拥有一个权利,那么他就拥有相应的对 X 的主张,并可以针对另一个人提出兑现这种主张的要求。在这个分析层面上可以区别消极权利和积极权利,但还没有涉及法律形式的细节。[39] 只有在语用学的层面上,我们用康德的"自由选择"、"外部关系"和"强制权威"这些关键词进行过分析的那些合法律性 [Legalität❼] 方面,才落入视线。在这些方面之下,我们可以看出主观权利的承受者同交往自由

---

❼ 英译本把这个词译为"validity"(有效性),而这个词的意思更接近于作者所说的"Legitimität"而不是"Legalität"。

之公开运用之间的模棱两可关系：❽这些应享资格**也**必须作字面上的理解，也就是说，人们也**可以**把它们理解为对于个人自由的授权。与道德不同，法律并不**规定有义务**对主观权利作以理解为取向的运用，即使政治性公民权利**要求**的恰恰是这种公开运用。当然，这种模棱两可性质还是有一种良好的规范意义的。⁴⁰

诚然，合法性产生于合法律性之显得是一种悖论，仅仅是在这样一个前提之下，即把法律系统想像为一种回溯性地返回自身并赋予**自身**以合法性的循环过程。但这种观点是与以下事实相抵触的：一个自由的制度，若没有一个**习惯于自由**的民众的主动性的话，就会分崩离析。民众的自发性是不能简单地通过法律来强制产生的；这种自发性产生于那些热爱自由的传统，并在一个自由的政治文化的种种联合体之中得以维持。当然，法律规则可以采取预防措施以使得所要求的公民道德维持较低代价，确保它只有小幅升高。对权利体系的商谈论理解使我们注意到两个方面。一方面，立法的合法化负担从公民资格转移到了商谈性意见形成和意志形成过程的法律上建制化了的程序。另一方面，交往自由的法律化，也意味着法律必须从不受它随意支配的那些合法化源泉中汲取养料。

---

❽ 英译本在此句前增加了"these entitlements encourage one to make use of them in an otherregarding attitude, but"（"这些应享权利鼓励人们以一种考虑到他人的方式运用它们，但…"）。

注　释

1　J.Rawls(1975),81[*A Theory of Justice*(Cambridge,Mass.,1971),60]。H.L.A.Hart 在发表于 N.Daniels 主编的 *Reading Rawls*(Oxford,1975)一书第 230-252 页的文章 "Rawls on Liberty and Its Priority" 中对 Rawls 提出了批评。在回应这种批评时，Rawls 用另外一种表述来代替这种表述，而这新的表述，至少在我看来，并不比原来的好一些："每个人都拥有平等的权利去获得一套与一切人的类似的自由相协调的足够充分的平等的基本自由。"J.Rawls: "The Basic Liberties and Their Priority"，载于 S.McMurrin(编):*The Tanner Lectures on Human Values*,vol.3(Salt Lake City,1982),5.

2　E.W.Böckenförde: "Das Bild vom Menschen in der Perspektive der heutigen Rechtsordnung"，刊于: Böckenförde:*Recht, Freiheit, Staat*,Frankfurt/Main 1991,58-66.

3　F.C.v.Savigny:*System des heutigen Roemischen Rechts*,Bd.I,Berlin 1840,§4.

4　同上书，§53.

5　G.F.Puchta:*Cursus des Institutionen*,Leipzig 1865,§4.

6　B.Windscheid:*Lehrbuch des Pandektenrechts*,Frankfurt/Main 1906,Bd.2,§37. 这里我们也看到他以赞同的口吻引用 Ferdinand Regelsberger 的定义："一种主观权利存在于这样的情况下，即法律秩序任凭参与者去实现一个被承认的目标、满足一个被承认的利益，并任凭他为了达到这个目的而运用合乎法律的权能。"

7　R.v.Ihering:*Geist des roemische Rechts*,Leipzig 1888,Teil III,338.

8　L.Enneccerus:*Allgemeiner Teil des Bürgerlichen Rechts*,15.Aufl.,Tübingen 1959,§72.

9　H.Kelsen:*Allgemeine Staatslehre*,Bad Homburg 1968,64.

10　J.Schmidt: "Zur Funktion der subjektiven Rechte"，*Archiv für Rechts u.Sozialphilosophie*,Bd.57,1971,383-396.

11　R.Rüthers:*Die unbegrezte Auslegung*,Frankfurt/Main 1973.

12　H.Coing: "Zur Geschichte des Begriffs 'subjektives Recht'"，载于 Coing 等著:*Das Subjektive Recht und der Rechtsschutz der Persönlichkeit*,Frankfurt/Main 1959,39ff.,此处见 22ff.

13　L.Raiser: "Der Stand der Lehre vom subjektiven Recht im Deutschen Zivilrecht" (1961)，刊于 Raiser:*Die Aufgabe des Privatrechts*,Frankfurt/Main 1977,98ff.,此处见

第 115 页。

14 同上书,第 113 页。

15 参见以下第九章。

16 F.Michelman:"Justification and the Justifiability of Law in a Contradictory World", Nomos,Vol.XVIII,1986,71ff.,此处见第 91 页。

17 T.Hobbes:*Lehre vom Bürger*,Kap.6 [*De Cive*, Chap.13, par.6 (trans. Attributed to Hobbes,in *Man and Citizen*,ed.B.Gert[Indianapolis,1991])];参见 J.Habermas:"Die klassische Lehre von der Politik in ihrem Verhältnis zur Sozialphilosophie",刊于 Habermas:*Theorie und Praxis*,Frankfurt/Main 1971,48－88.

18 Hobbes:*Lehre*,Kap.13,3.

19 Hobbes:*Leviathan*,Neuwied 1966,100,131,208[*Leviathan*,ed.R.Tuck(Cambridge, 1991),92;亦请参见第 117、188 页]。

20 O.Höffe 所追求的也是这个略作改动的 Hobbes 式的证明目标。对他来说,正义在于普遍分布的、因而对所有各方都同样有利的自由限制:"因为天然正义是有利于所有人的,所以它的执行不需要道德良心和个人正义。自我利益作为动机原则对它已经足够了…"(Höffe(1987),407)。对这种思路的更为清楚的阐发见 O.Höffe:*Kategorische Rechtsprinzipien* (Frankfurt/Main 1990);Höffe:*Gerechtigkeit als Tausch?* (Baden-Baden 1991).对这种观点的批评,见 K.Günther:"Kann ein Volk von Teufeln Recht und Staat moralisch legitimieren?",载于:*Rechtshistorisches Journal*, Heft 10,Frankfurt/Main 1991,233－267.

21 Kant:*Über den Gemeinspruch*,Bd.VI,143f.

22 Kant,Bd.VI,144.

23 同上。

24 Kant,Bd.VI,150.

25 E.Tugendhat 用语言分析的手段对此进行了重构,见 Tugendhat:*Selbstbewusstsein und Selbstbestimmung*,Frankfurt/Main 1979.

26 J.Habermas:"Geschichtsbewusstsein und posttraditionale Identität",in:Habermas: *Eine Art Schadensabwicklung*,Frankfurt/Main 1987,271ff.

27 F.Michelman:"Law's Republic",*The Yale Law Journal*,Vol.97,1499f.:"在我看来,美国立宪主义——表现于学术界的宪法理论、律师和法官的职业实践、一般美国人的日常的政治自我理解之中的立宪主义,是基于这样两个有关政治自由的前提之上的:第一个前提,美国人民之所以为政治上自由的,是因为他们是集体地自我统治的;第二个前提,美国人民之所以为政治上自由的,是因为他们是受法治的而不是人治的。在我看来,参加美国宪法争论的每一个真诚的、正直的人,没有一个是可以随意拒绝这两条信念之中的任何一条的。在我看来,这两条前提之间的关系是成问题的,因此,它们的意义将处于永无休止的争论之中…"

28　Kant: *Über den Gemeinspruch*, Bd.VI, 161.

29　J.-J. Rousseau: *Contrat Social* III, 1, 德文版: *Staat und Gesellschaft*, München 1959, 53.

30　J. Royce: *The Spirit of Modern Philosophy*, Boston 1892.

31　J. Habermas: "Zum pragmatischen, ethischen und moralischen Gebrauch der praktischen Vernunft", 载于 Habermas(1991a), 100 – 118.

32　参见 W. Rehg: "Discourse and the Moral Point of View: Deriving a Dialogical Principle of Universalization", *Inquiry* 34, 1991, 27 – 48; Rehg: *Insight and Solidarity, The Idea of a Discourse Ethics*, 博士论文, Northwestern University, Evanston 1991.

33　K. Günther: *Der Sinn für Angemessenheit*, Frankfurt/Main 1988; Habermas(1991a), 137 – 142. 见后面第五章。

34　在这个意义上 A. Wellmer 的 *Ethik und Dialog*(Frankfurt/Main 1986)把私下运用的道德原则同一种调节共同的政治意志形成过程的正义原则对立起来。O. Höffe(1987, 41)想以类似的方式把道德的立场同政治正义的立场区别开来。

35　L. Wingert: *Gemeinsinn und Moral*, Frankfurt/Main 1993.

36　这种抽象具有一种确保自由的意义;对于一个想过一种具体的、既是道德上负责的又是合乎其伦理观念的生活的人来说,法权人的地位为其确保了一席自由之地。对主观自由的法律担保,确保了一个自觉的本真的生活方式的领域,就此而言,把法权人地位归结为一个通过选择自由而个体化的主观权利承担者,或许本身也具有一种道德的和伦理的意义。对于通过生活史而个体化的人们来说,对于想凭自己良心过一种本真的生活的人来说,法是罩在脸上的一具"护脸面具"(H. Arendt)。关于这一点,见 R. Forst: *Kontexte der Gerechtigkeit*, Frankfurt/Main 1994.

37　H. Shue: "Mediating Duties", *Ethics* 98, 1988, 687 – 704.

38　K. Günther: "Die Freiheit der Stellungnahmen als politisches Grundrecht", 载于: P. Koller u.a.(编): *Theoretische Grundlagen der Rechtspolitik, Archiv fuer Rechts-und Sozialphilosophie*(ARSP), Beiheft 51, 1991, 58ff.

39 关于法律概念的语义学分析,参见 H.J.Koch: *Die juristische Methode im Staatsrecht*, *Frankfurt/Main* 1977,29ff.

40 这就是 Albrecht Wellmer 的"现代世界的自由模式"(*The Philosophical Forum* XXI,1989/1990,227-252)一文的论证的正确核心,尽管其结论有些问题。

第四章

法律的重构(2)：法治国诸原则

132　　对法律的重构具有阐释意义的价值。借助于权利体系，我们明确了一个现代法律共同体成员作为出发点的那些前提，如果他们希望能够在不依靠宗教或形上基础的同时而认为法律秩序是合法的话。但是，权利的合法性和立法过程的合法化是一回事，一种统治秩序的合法性和政治统治之实施的合法化则是另一回事。那些在思想实验中重构起来的基本权利，对于每个自由和平等之法律同伴的联合体来说，都是具有构成性的；在这些权利中反映的是同时处于原初状态 [in statu nascendi] 的公民的横向社会联系。但是，对公民自主的法律建制化这种自我指涉行为，在一些根本方面仍然是不完整的；它无法达到自我稳定。相互授予权利这个环节仍然是一种比喻性事件；它或许可以被回忆起来、被仪式化，但是，如果不建立一个国家权力机构或不发挥国家权力机构的功能，它是不可能持久确立的。如果在权利体系中实现的私人自主和公共自主的相互交叠要能够持久，法律化过程就不能局限于私人的主观行动自由和公民的交往自由。它必须立刻延伸到那个在法律媒介中**已经预设了的**政治权力[politische Macht],不仅执法而且立法的事实性约束力都是由于这种力量而来的。法律和政治力量的同源构成和概念交叉要求进行一种范围更广的合法化,也就是说,要求国家的制裁权力[Sanktionsgewalt]、组织权力和行政权力本身必须通过法律的渠道。这就是法治国的观念(1)。对这个观念,我想根据这样一些条件来进行澄清,这些条件的满足一方面是交往权力[kommunikative Macht]之产生的要求(2),另一方面是行政权力[administrative Macht]的那种同交往力量相联系的运用的要求(3)。

1. 法律与政治之间的构成性联系

(1)法[Recht]的特有功能是稳定行为期待,只要我们从这个方面来考察法,它就表现为一个权利[Rechte]的体系。这些权利要能够生效和实施,只有通过那些做出对集体有约束力的决定的组织。反过来说,这些决定的集体约束力,又来源于它们所具有的法律形式。法和政治力量之间的这种内在联系,反映在主观权利的客观法蕴含之中,对此我们已经提到过了。

对于平等的主观行动自由的权利,具体体现在一些基本权利中,它们作为实证法是以制裁之威胁为后盾,并且是可以针对规范之违反和相反之利益而加以强制性实施的。就此而言,基本权利预设了一个制裁权威——一种为获得对法律规范之尊重而运用合法暴力手段的组织所具有的制裁权威。这涉及国家的权威担保方面:国家可以说为了"担保"其统治权威而储备了一支常备武装。

一个法律同伴联合体的平等成员身份的权利,预设了一个有时空边界的集体,这个集体是它的成员与之认同、并作为同一个利益群体之部分而贡献其行动的。一个这样的集体要能够构成为一个法律共同体,必须拥有一个被授权代表整体而行动的中央权威。这一点所涉及的是[国家的]自我维持方面:国家确立其组织和自我组织的能力,以便在外和内两方面维持用法律来组织的共同生活的认同。

个人的受法律保护的权利,具体体现为一些基本权利中,它们为要求建立一个进行独立、公正审判的司法机构提供了理由。就此而言,这些权利预设了建立一个由国家来组织的法院系统,这个系统要对法律争端进行权威裁决,要求国家有制裁权威;要保护和发展法律,要求国家有组织能力。

最后,政治上自主的立法权利,也在基本权利中得到具体化,这些基本权利为参与民主立法过程的平等要求提供了理由。后者本身也必须借助于由国家组织起来的权力而建立起来。此外,建立为立法过程的政治意见形成过程,也依赖于实行和贯彻所采纳的纲领的执行权威机构。这涉及把国家的核心方面:作为一个法律统治的科层运作机构而区别于其他机构。国家权力只有在一个公共行政的公务组织那里才取得固定的建制形式。国家机构的规模和分量,取决于社会在多大程度上运用法律媒介来主动地自觉地影响其再生产过程。促进这种自我影响的能动过程的是这样一些参与权利,它们为要求满足私人自由和政治参与权利得到机会均等的利用所依赖的社会条件、文化条件和生态条件,提供了理由。

简言之,国家之所以作为制裁权威、组织权威和执行权威是必要的,是因为法律必须被实施,因为法律共同体不仅需要稳定认同的力量而且需要一个有组织的司法,因为政治的意志形成过程产生出一些必须被执行的纲领。当然,这些不仅仅是对于权利体系的功能性补充,而且是在主观权利之中概括地包含着的客观法**蕴涵**。因为,以国家方式组织起来的权力并不是(如果可以这样说的话)从外部列在法律之下的,而是由法律**预设**着的,并且是以法律形式建立起来的。政治权力只有通过一种以基本权利形式而建制化的法律代码,才能发展起来。由于这个缘故,当初德国立宪主义在提出法治国观念的时候,在自由权利和有组织国家权威之间建立一种过于直接的联系。[1] 法治国被认为应该保护私人自主和公民的法律上的平等。与此相反,对于权利体系的商谈论论证则阐明了私人自主和公共自主之间的内在联系。法律获得充分的规范意义,既不是通过其**形式**本身,也不是通过先天地既与的道德**内容**,而是通过立法的**程序**,正是这种程序产生了合法性。就此而言,从默尔[Robert von Mohl]、罗特克[K.von Rotteck]、威尔克尔[K.Th.Welcker]等人的**早期**自由主义立宪主义理论[Staatsrechtslehre]的实质性法规概念入手,倒可以对民主主义法治国观念有更好认识。根据这些作者的理解,"法规"[Gesetz]是人民代表在一个以讨论和公共性为特征的程序中达到一致意见的普遍和抽象的规则。法治国的观念要求,必须运用法律来实现其自身功能的有组织国家权力[Staatsgewalt]的那些有集体约束力的决定,不仅仅要具有法律的形式,而且其本身要用合法地制定的法律来加以合法化。为政治统治之实施提供合法性的不是法律形式,而仅仅是与**合法地制定的**法律之间的紧密联系。在后传统的辩护层面上,被当作合法的仅仅是这样的法律,它是可以在一个商谈性意见形成和意志形成过程中被所有法律同伴所合理地接受的。

当然,对公民运用政治自主来说,这反过来也造成了这样的结果:这种运用是融合在国家之中的——立法是作为国**家之中**的一种权力而构成的。随着从公民互相承认权利的横向社会联系到进行纵向社会联系的国家组织的过程,公民的自决实践得到了建制化——作为政治公共领域中非正式的意见形成,作为政党内外的政治参与,作为对普选的参加,作为在议会团体中的商讨和决策,等等。一种同主观自由内在地交叉的人民主权再一次同国家权力相交叉,甚至是以这样的方式,即"一切国家权力来自人民"的原则,是通过一种建制分化的意见形成和意志形成过程的交往预设和程序而得到实现的。在商谈论的法治国概念中,人民主权不再体现在一种自主公民的有形聚集之中。它被卷入一种由论坛和议会团体所构成的可以说是无主体的交往循环之中。只有以这种匿名的方式,它的处于交往之流中的权力才能把国家机器的行政权力同公民的意志连接起来。如同我们已经看到的,在民主法治国中,政治权力分化为交往权力和行政权力。因为人民主权不再集中于一个集体之中,不再集中于联合起来的公民的有形的在场,或者他们的聚集起来的代表,而是实现于具有理性结构的协商和决策之中,所以,说法治国中不可能有主权者[Souverän❶]这种说法,具有了一种无

---

❶ 亦可以译为"君主"。

害的意义。² 但对这种诠释必须作确切说明,从而人民主权不至于被剥夺其激进民主的内容。

当我们在下面对法律和政治权力之间的内在关系进行重构的时候,我们必须从一开始就避免一种误解。这种研究所涉及的并不是规范和现实之间的落差,也就是说并不涉及作为那种会愚弄观念的社会事实性的权力。相反,我们的视线和前面一样,也是对着**内在于**法律的事实性和有效性之间的张力。这种张力起初体现于法律有效性之中——作为法律的实证性和合法性之间的张力,并且体现于法律系统之中——作为私人自主和公共自主之间的张力。法治国观念扩展了这种视角。我们从权利引出用法律形式来组织的统治,这种统治的实施是应该同合法之法相联系的。当然,一旦法律被反思地运用于它默默地预设着的政治权力,事实性和有效性之间的张力就转向另一个向度:它又回到了法治地构成的政治权力本身。国家统治的基础是以武力手段作为后盾的制裁威胁;但与此同时,它是有可能受合法之法的授权的。就像在法律有效性那里,强制和规范有效性主张这两个环节也是在政治决策的集体约束力中结合在一起的——不过现在是按相反的方向。法律尽管具有实证性,却内在地主张规范有效性,而权力,尽管它是受到授权的,却被一个政治意志用作达到集体目标的手段。因此,如果我们从经验的角度来考察,法律的作用常常不过是政治权力**所利用**的那种形式。规范地来看,只有**这种**事实性———种外在于法律、将法律工具化、就此而言是非法的权力逆向事实性,暂时不是我们讨论的话题。概念分析揭示的仅仅是政治权力本身所负载的那种事实性和有效性之间的张力,因为政治权力处于同法律的内在关系之中,它必须在同法律的联系中而取得合法性。这种概念关系切勿同规范和现实之间的对立混为一谈。如我们将在第八章看到的那样,规范和现实之间的对立只有通过一种经验分析才能把握。

(2)法律和政治权力的复合体,是从按血缘组织起来的社会向早期按国家组织起来的社会的过渡时期的特征。从后者出发,又发展出带有先进文明[Hochkulturen]的古代帝国。当然,只是在早期近代的那些过渡性社会里,法律和政治权力的交错本身才成为问题。只有在马基雅弗利[Niccolo Machiavelli]那里,我们才开始看到一种用自然主义来理解的国家权力,它处于同宗教传统环境相断裂之过程中,并且被看作是执掌权力者可以从策略眼光出发进行计算、用目的合理性方式加以运用的潜力。这种新的、行政的、集中在垄断暴力之国家中的权力的证据,迫使理性法理论的理论家们形成一些概念,来解释用国家来实施强制的法律同以法律形式出现的有组织权力之间的相互作用。霍布斯一方面考虑契约关系和法律的**规则结构**,另一方面考虑君主——他的意志可以摧毁人间任何别的意志——的事实上的**命令权威**。这样,国家权威就是在一种统治契约的基础上,通过使君主意志具有立法功能、使他的命令表达带上法律形式而形成的。但是,这种通过法规渠道而下达的统治者的意志,仍然在本质上是一种基于纯粹决定的实质性权威。这种意志对于升华为法规形式的理性的服从,目的仅仅是把理性为己所用。在这种构思中,一种自然长成的统治权的事实性与赋予臣民以主观行动自由的法律的规则结构**直接**接触。这种对立的痕迹甚至在康德和卢梭那里也没有完全消失,虽然在他们那里,被提升为自主性的(法律和民主程序的)规则结构的理性,应当引导联合起来的人民的主权决定。康德的改革建议还暴露出对于政治权力的自然事实——把法律与道德分离开来的那个不可捉摸的、抉择主义的核心——的霍布斯式的敬意。[3]

前政治社会的基础是自然形成的,法律和政治权力的复合体事实上能够与这种基础长时期交织在一起。对于这种基础之社会整合力的社会学考察,理性法理论的主体哲学基本概念一直起着妨碍的作用。首先在现代性中凸显出来的那些现象——行政权力的成形、法律的实证化、法律型统治的出现——掩盖了国家权威最初产生于传统统治形式的那些初始条件。在氏族社会里,头人、祭司、特权家族成员等等以声望为基础的**社会权力**[soziale Macht],同那些基于神秘力量、也就是宗教性背景共识而具有义务力量的被承认的行为规范结合在一起。这种结合的结果是这样一种复合体,它使得在组织为国家的权力这个进化门槛还没有跨进之前,就有可能形成仲裁冲突、形成集体意志的种种建制。因此,以国家形式出现的法律和政治的复合体可以产生于一种古老的社会性整合基础之上,对这种基础,理性法理论对自然状态的构造并没有加以考虑。当然,对于法律和政治的起源,我选择的是一个抽象的模式;出于概念重构的需要,这个模式仅仅强调了不计其数的人类学材料中的若干有关方面。

(a)首先,我构造出冲突仲裁和集体意志形成的两个类型,它们既不需要由国家来强制实施的法律,也不需要法律形式的政治权力,但却构成了法律和政治权力有可能相互构成的基础。

与帕森斯一样,我的出发点是:在空间和时间上连接起来的种种社会互动处于双重偶然性的条件之下。[4] 行动者们彼此对对方抱着这样的预期:他们原则上既可以这样决定,也可以那样决定。这样,每个具有比较稳定的行为模式的社会秩序都必须依赖于一些行动协调机制——通常情况下,依赖于影响和理解。假如协调没有成功,就出现了参与者感到是问题的一些失范行动。这种协调问题通常以两种方式出现。在一种情况下,它们涉及的是对于由诸个人行动取向之抵触而引起的冲突的调节。在另一种情况下,它们涉及的是对集体目标的选择和合作地实现(或者是对集体目标或规划的主体间冲突的调节,或者是对这种目标或规划的追求)。[5] 在最简单的情况下,多个行动者为同一个善的价值[Gut]而争执,并希望用协商来解决争执;或者,一个行动者群体面对一个挑战,而他们希望用合作的方式来应付这个挑战。在第一种情况下,参与者面临这样的问题:"我们将依照什么样的规则而共同生活?"在另一种情况下,参与者面临这样的问题:"我们要达到什么样的目标,并且以什么样的方式达到这个目标?"冲突协调涉及的是在发生分歧情况下对行为期待的稳定,集体意志形成涉及的是对共识目标的选择和有成效的实现。用帕森斯的话来说,是"模式维持"[pattern maintenance]和"目标实现"[goal-attainment]。[6]

各种简单互动是沿着一个连续统分布的,这个连续统的两端分别是纯粹类型的价值取向行动和纯粹类型的利益导向行动。人际关系的协调在一种情况下是通过价值共识而达成的,在另一种情况下是通过利益平衡而达成的。在多数情况下,这种种动机形成一个混合体;但是,取决于这些方面中哪一个被当成主题,行动者自己必须采取不同态度:或者是取向于达成理解的行动者的施为性态度,或者是依照各自偏好而取向于行动结果的行动者的客观化态度。

人们对行动协调问题的感受有各种方式,取决于行动者的视角是什么。在价值取向行动的条件下,行动者们追求或依赖的是共识;在利益导向行动的条件下,他们追求的是利益平衡或妥协。理解性实践[Verständigungspraxis]与谈判性实践[Verhandlungspraxis]之间的区别在于它们的目标的不同:所要达到的一致在一种情况下被理解为共识,在另一种情况下被理解为协议。在一种情况下,所诉诸的是对于规范和价值的考虑,在另一种情况下,所诉诸的是对利益状态的考虑。

冲突协调和集体意志形成的基本类型

行动协调模式:	问题:	人际冲突调节	集体目标的追求: 目标设定	目标实施
价值取向		共识	权威决定	具有组织分工的命令权力
利益状态		仲裁	妥协	

"共识"和"仲裁"是两种类型的裁决冲突方式的名称。在规范导向型行动的条件下,存在着这样的前景,即冲突各方有可能通过在现行价值共识基础上确认在发生争议的这件事上应该做什么来达成和解。对应于这种解决办法之结构的,是道德权威(比如祭司)和相应的决策程序(比如神

谕)的作用。在利益导向性行动的条件下,存在着这样的前景,即冲突各方有可能通过在他们实际力量状态和相应威胁潜力的基础上获得一种利益平衡来达成和解——通常情况下采取对不利方进行补偿的方式。对应于这种解决办法之结构的是仲裁者的作用,他要求进行谈判并推动谈判的进行,但他不能做出任何有约束力的决定,因为他并不能凌驾于冲突方之上。[7] 另一方面,"权威"和"妥协"是两种意志形成过程的原则的名称,关于目标设定的分歧可以根据它们而得到解决。或者是个人或家庭具有足够的声望,以做出对共享价值信念的权威诠释;或者是冲突各方——仍然是根据他们的实际力量——而达成一个可以容忍的妥协。"组织命令权力"这个名称应该提醒我们注意这样一个事实,即为了以合作方式实现目标,必须有一个关于命令的组织分工。

前面引出的四种解题策略都可以用氏族社会的裁决冲突和形成集体意志的建制来加以说明,这并不是偶然的。我们在这里无需讨论法律人类学的材料。[8] 对于我们进一步讨论来说有重要意义的仅仅是,"仲裁"和"妥协"的技巧依赖于这样一些权力状态,它们的基础是分成不同等级的家族之间的声望差别,以及(战争或和平时期的)长老、祭司和头领角色。作为这种社会权力分配之依据的身份制度,表达了根植于宗教世界观和巫术实践之中的规范结构。只有另外两种策略——通过共识的裁决解决和受权威指导的集体意志形成过程——才直接地依赖于一种规范复合体——习俗、道德和法律在其中还是彼此共生地交织在一起的规范复合体。

从上述假设出发,国家法律和政治权力的同源构成可以用一个两阶段模式来表述。第一阶段的特征是一个居于王位的裁判者的地位,这个裁判者垄断了裁决冲突的职能。第二阶段的特征是行政机构的法律建制化,这种建制化使有组织政治统治中的集体意志形成成为可能。[9]

(b)一位起初仅仅享有声望和事实上得到承认的社会权力的领袖,如果掌握了神灵之物,并且成为对被视为神灵之物和道德义务的共同体规范的唯一诠释者,就可以把一直分散着的裁决冲突的种种职能集中在自己手上。因为神灵之法代表了一种赋予权力以合法性的正义源泉,这种法官王[Richterkönig]的地位获得了**规范性权威**的地位:前政治的、同习俗和道德交织在一起的神灵法律把权威赋予它的特命诠释者的职位。这样,起初使一个有声望之人能够占据那个位置的那种事实性权力,就转变成为合法性权力。但是,社会权力向政治权力的这种变形要能够发生,就必须同时有一个从神灵之法向有约束之法的转变。也就是说,裁决冲突的实践从掌握在一个由神灵法授权的权力拥有者手上,转变成为一些超越纯粹道德约束性的规范,一些获得事实上执行之法律的那种肯定有效性[affirmative Geltung]的规范。法官王的这种准自然性质的社会权力受到一种现在给与司法以制裁威胁的暴力资源的支持:前政治的权力肯定了传统的、仅仅依赖于神灵权威的法律,由此将它转变为得到统治者制裁支持的、因而是强制性的法律。这两个同时发生的过程是相互反馈的:神灵法律赋予权力以权威,社会权力给与法律以强制性支持。这样,政治权力和国家强制支持的法律是作为共同构成一个具有法律形式的政治秩序的两个成分而出现的。

法律和政治的构成：

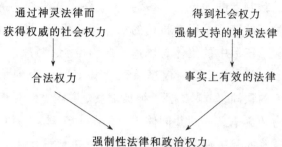

在我们模式的第二阶段中，国家法律和政治权力这两个同源的成分在官职的建制化中连接起来，这种建制化使有组织地行使政治统治——简单地说由国家来组织的统治——成为可能。此时，不仅是法律使政治权力合法化，权力也把法律当作一种组织手段加以利用。借助于法律的这种工具功能，国家权力部门的规范权威获得了制定具有法律约束性的决定的能力。只有在这种阶段上，我们才能谈论严格意义上的由国家来组织的统治。这种统治的特征是通过有约束力的决定来实现集体目标。另一方面，一种由国家来组织的刑罚实施确保了司法活动具有强制的特点。只有借助于权力的这种工具功能，法庭才转变成一种国家机构。因此，正是因为国家，法律才具有稳定那些在时间上、社会上和事实上都普遍化了的行为期待的功能。因此，我们把法律和权力彼此为对方履行的职能，同法律代码和权力代码对于整个社会所履行的内在职能，区别开来。[10]

一旦法律赋予政治权力之实施以法律形式，法律的作用就是帮助形成一种二值权力代码。谁掌握权力，谁就可以对别人发号施令。就此而言，法律的作用是充当国家权力的组织手段。反过来说,就权力造成了对法庭判决的服从而言,权力有助于构成一种二值法律代码。法庭判决何者是对的,何者是错的。就此而言,权力的作用是促进法律的国家建制化。

法律代码和权力规范之间的功能联系

代码 \ 功能	内在的功能	彼此服务的功能
权力	集体目标的实现	法律的国家建制化
法律	行为期待的稳定	政治统治的组织手段

只有在现代中,政治统治才可能以实证法形式发展成法律型统治。政治权力对于法律之内在功能的贡献,也就是对于行为期待之稳定的贡献,就在于确定一种**法律确定性**,它使得法律的承受者有可能对自己和别人的行为结果进行计算。从这个角度来说,法律规范必须采取可理解的、不矛盾的和精确的、通常是书面规定的形式。它们必须让所有承受者都知道,因此是公开的;它们不应要求有追溯既往的效力;它们必须根据普遍的特征来调节给定的那组情境,并且同法律后果相联系,由此使它们有可能以同样方式运用于一切人和一切可比的地方。[11]给予法律规则以高度自洽和概念阐释的法典化,满足了这些要求。承担这一任务的是对大量法律进行精确加工、使之成为学术提炼和系统化之主题的法理学。

另一方面,法律对于由国家来组织的权力的贡献,尤其体现在哈特[H.L.A.Hart]所谓次级规则的形成之上。这些规则不仅包括那些赋予政府建制以其具体权限、甚至从一开始就构成这些建制的授权性规范[power-conferring norms],而且包括那些确立程序——一些法律规划就是由此而产生,并以行政方式或司法方式加以处理的——的组织性规范[organizational rules]。法律绝不仅仅是指导行为的规范,而且也服务于对国家权力的组织和引导。它的作用是构成性规则[konstitutive Regel]的作用。它不仅仅保护公民的私人自主和公共自主,而且产生了各种国家建制、程序和职能。

(3)但是,对法律代码和权力代码之间关系的上述分析,会给人留下这样的错觉,即法律和政治权力之间的关系似乎是一种相互平衡的、自我满足的交换关系。从功能主义分析的狭隘眼光出发,看到的只是法律对于构成权力代码的贡献,以及对自身功能的实现。在实证法和政治权力之间似乎可以发生一种自我稳定的循环过程。但是,早期现代社会的法律世俗化过程事实上已经表明,法律形式本身并不足以为政治权力的实施提供合法性。当然,政治权力的规范性权威仅仅来源于在上述模式中所叙述的那种同法律的融合。但是,这种重构也表明法律只有当它能够起提供正义之来源的作用时,才具有提供合法性的功能。正像政治权力把常备的强制工具作为暴力资源随时备用一样,法律也必须作为正义的来源而始终在场。但是,如果法律被用于任何政治理由的话,这种正义来源就会出现枯竭。

17、18世纪的欧洲,法律系统的实证化正全速进行,那时理性法理论家们发现他们面对的是韦伯所描述的"法律型统治"。在这种情境之下,法治国的理念具有权力批判的意义,因为它揭露了内在于既成法律秩序本身中的矛盾:赋予最强利益以规范上不正当特权的事实,当然是有可能被隐藏在法律型统治的形式之中的。从这种角度出发,理性法谴责这样两个方面之间的矛盾:一方面是作为每一个能事实上维持自身的由国家来组织的统治的组织形式,另一方面是作为诉诸合法之法的那种特定统治秩序的合法性条件。在传统社会里,实际确立的法律和被认为有合法性的法律,是有可能建立一种或多或少可行的联系的,只要下述局面的条件大致上得到满足的话。

在公认的宗教世界观的背景之下,法律起先拥有一种神灵基础;这种通常由神职法官来实现和诠释的法律被广泛地承认为一个神灵天国秩序或一个天然世界秩序的具体部分,这些秩序本身是凡人不可企及的。即使政治统治地位的占据者们,作为最高法官,也是服从于这种自然法的。统治者以科层方式颁布的前现代意义上的实证法,其权威的基础是(以司法职能为中介)统治者的合法性,是他对于一种既成法律秩序的诠释,或者是习俗——在这种情况下,习惯法又是通过传统的权威而得到确保的。但是,随着向现代性的过渡,有约束力的宗教世界观被瓦解成一些主观的诸神诸魔[Glaubensmächte],法律失去其形而上学的尊严和不可违背性,上述格局很快发生根本改变。

俗成化的法律[konventionalisiertes Recht]同后俗成的理性道德[postkonventionelle Vernunftmoral]相区别,并逐渐依赖于一个政治立法者的决定,这个立法者可以同时支配司法和行政,而自己却不受"自然理性"之外的规范的约束。这样,在作工具主义理解的权力与工具化的法律之间的循环中,出现了一个缺口,这个缺口理性法是以其对实践理性的诉诸想要填补、甚至不得不填补的。之所以如此,是因为法律和政治之间的那种标志着一种进化上成功的结合——它使得向组织为国家的社会过渡成为可能——取决于一种构成性条件,而政治权力如果不再能够由一种**内在地**合法的法律来提供合法性的话,这种条件就会受到伤害。理性应该取代这些枯竭了的神灵正义之源。当然,在很大程度上,理性法理论也仍然局限于那种认为统治力量之权威来源于超实证法则的传统构想的独断思路;它没有克服法律和权力之间原初对立的设想。神灵法的拱顶塌陷之后,废墟上留下的是通过政治途径制定的法律和作为工具来运用的权力这两根支柱,世俗的、自我授权的法律只能从理性那里找到一个替代物,它可以把真正的权威送还给一个被设想为政治立法者的权力拥有者。

商谈论的政治自主概念打开的是完全另外一个视角,这个概念告诉我们,要产生合法的法律,为什么就必须动员公民的交往自由。根据这种解释,立法所依赖的是另外一种类型的权力——也就是说**交往权力**——的产生。这种权力,正如阿伦特[Hannah Arendt]所说的,是没有人能够真正"占有"的:"权力[Macht]是随着人们开始一起行动而产生的;一旦他们分散开去,它也就马上消失。"[12]根据这种模式,法律和交往权力同源地产生于那种"众多人们公开地赞同的意见"。[13]商谈论对政治自主的理解,使政治权力这个概念中有必要出现一个分化。法律自身从中获得其合法性的那个正义之源要不枯竭的话,政府的行政权力必须建立在一种具有立法作用的交往权力的基础之上。当然,阿伦特从学理上引入的这个概念,需要作进一步的阐发。

到现在为止,我们考察无障碍交往自由之公开运用的角度,仅仅是它的**认知**方面,即它使得合理的意见形成和意志形成成为可能的那个方面:对有关的主题和建议、信息和理由的自由处理,应该论证这样的假设:符合正当程序而产生的结果就是合理的结果。但是,以商谈方式产生、主体之间共享的信念同时也具有一种**提供动机的**力量。即使这不过是较好理由所具有的微弱动机力量,从这个角度来看对交往自由的公开运用也是作为潜在力量之源而出现的。对一个简单的话语行动提议采取是/否立场这个模式,可以用来说明这一点。说话者和听话者之间的**共享信念**——他们对话语行动中提出的有效性主张的主体间承认所产生、甚至所强化的那种共享信念——蕴含了对涉及行动之若干义务的默认。就此而言,这样一种认可创造了一个新的社会事实。通过为形成政治信念——这种信念又进一步影响合法之法的形成——而动员公民的交往自由,这种类型的语内行动义务浓缩成权力拥有者必须考虑的一种潜力。

韦伯把基本的权力现象看作是社会关系中不顾反抗而贯彻自己意志的可能;与此相反,阿伦特则把权力看作是非强制交往中形成的一种**共同意志**的潜力。她把"权力"[Macht]同"暴力"[Gewalt❷]相对立;也就是说,她把旨在达成理解之交往的形成共识力量,同为了自己利益而对别人意志的工具化的能力对立起来:"权力所对应的人类能力不仅是行动或做某事的能力,而且是与他人协调一致地行动的能力。"[14]这样一种

---

❷ 在阿伦特本人著作的英文版中,与"Macht"和"Gewalt"这个对子对应的是"power"和"violence"。

交往权力,只可能形成于未发生畸变的公共领域[Öffentlichkeiten]之中。它只可能产生于未受扭曲之交往中的那种未遭破坏的主体间性结构。在产生交往权力的地方,意见形成和意志形成过程,由于每个人所拥有的"在每点上公开地运用自己理性"的无障碍交往自由,使"扩展了的心智"发挥出创造力来。这种扩展表现在,"人们把他们的判断同别人的可能的判断而不是实际的判断相比较,并且把自己放在任何别人的立场之上。"[15]

按阿伦特的理解,政治权力既不是贯彻自己利益或实现集体目标的潜力,也不是达成有约束力之集体决定的行政权力,而是一种表现在合法之法的制定、建制的创立之中的**授权**[autorisierend]**力量**。体现这种政治权力的是保护政治自由的种种秩序,是对于在外部或内部威胁政治自由的压制的抵抗,尤其是种种"催生出新建制新法律"的为自由奠基的行动。[16]它以最纯粹的形式表现在这样一些时刻:革命者掌握分布街头的权力;决心消极抵抗的民众赤手空拳抵抗外国坦克;信念坚定的少数派质疑现行法律之合法性并投入公民违抗运动;抗议运动中爆发出纯粹的"行动的快乐"。阿伦特在不同的历史事件中一再捕捉到的都是同一个现象,即**交往行动与合法之法的产生之间的密切联系**。在她看来,美国革命的制宪力量是这种现象的一个典型。

与理性法理论的设想不同,"权力"与"暴力"之间的这种基本概念上的反差把权力引向法律的一面。在理性法传统中,从自然状态向社会状态的过渡的特征是:签订契约的各方放弃各自基于体力的那些自由。他们把无限制的行动自由让渡给一个国家暴力机构,这个机构将分散的处于无政府状态的暴力潜力集中起来,将它们用来以一种有节制方式实施受法律限制的主观自由。在这里,这种由于放弃暴力而产生的法律,发挥的是传输那种等同于权力的暴力的渠道作用。阿伦特对权力和暴力所作的区分,却扬弃了这个矛盾❸。从一开始,法就同产生合法之法的交往权力联系在一起。这就取消了那个经典任务:在自我赋予合法性的自然法这种正义源泉业已枯竭的情况下,寻找一种代替它的东西——从这种替代物中,单纯的事实性的暴力,能够获得一种被赋予了合法权力的统治暴力所具有的权威。而阿伦特必须回答的问题,则是联合起来的公民在形成交往权力的同时是如何制定合法之法的,以及他们是如何以法律形式来确保这种实践,尤其是确保对他们的政治自主性的实施的。回过头来看,立法和权力构成之间的这种概念联系再次表明,为什么权利体系一旦要回答这个问题,就马上以实证法的形式出现,而不应声称自己具有先于公民意志形成过程的道德有效性或自然法有效性。

当然,借助于交往权力的概念,我们能理解的仅仅是政治权力的**产生**,而不是已构成之权力的行政运用,也就是说不是权力运用的过程。这个概念也未能解释那种为取得正当地运用行政权力的职位而进行的斗争。阿伦特强调,权力的运用,就像为取得和保持权力所进行的竞争一样,都取决于这种权力的交往性形成和更新。同那些局限于**权力配置**和**权力竞争**现象的社会学理论相反,她正确地指出,政治权威是不可能随意扩大其权力资源的。交往地产生的权力是

---

❸ 英译本把德语"Gegensatz"[矛盾]译成"connection"[联系]。

一种稀缺物品,各种组织为之你争我夺、各路官员为之精心经营,但它们都无法把它生产出来:"把一个政治体聚拢起来的,是它所特有的权力潜能,导致政治共同体灭亡的,是权力失落,是最终的权力虚亏。这个过程是无法把握的,因为权力潜能不像权力手段那样是可以储存起来以备急用的,而根本上只能在其能被实现的同时才存在的。…权力之被实现,永远是在这样的时刻,即言辞和行动不可分割地联系在一起,因而言辞不是空洞无物的、行动不是残酷无言的…"[17]是的,一种统治的合法性可以按照言辞和行动的一致来加以衡量,但这还没有解释,交往权力在有可能以行政权力的形式而具有那种制裁功能、组织功能和实施功能(这些功能,如我们已经指出的,是权利体系所依赖和预设的)之前,它所必须经历的那种综合状态的变化。

　　随着交往权力概念的提出,有必要在政治权力的概念中引入一个区分。政治作为一个整体并不局限于为了在政治上自主地行动而彼此交谈的实践。政治自主之运用意味着一个共同意志的商谈性形成,尚不包括对从中产生的法律的实施。确切地说,"政治的"这个概念**也**延伸到为进入政治系统而进行的竞争过程中对行政权力的运用。一种权力代码的构成,意味着通过对行政系统的授权来对它进行导控,使之执行对集体具有约束力的那些决策。为此我建议,把法律看作是交往权力借以转化为行政权力的媒介。因为交往权力向行政权力之转化的意义就在于,在法律授权的框架之内**赋予权力**[Ermächtigung]。这样,法治国的理念可以一般地解释为这样的要求:把由权力代码来导控的行政系统同具有立法作用的交往权力相联系,并使之摆脱社会权力的影响、也就是摆脱特权利益的事实性实施能力。行政权力不应该**自我**繁殖;它的再生产,应该仅仅是交往权力之转化的结果。归根结底,法治国应当调节的就是这个转化,但并不扭曲权力代码本身,也就是说并不干预行政系统的自我导控逻辑。从社会学角度来看,法治国的理念仅仅澄清全社会整合的三种力量——货币、行政权力和团结——之间平衡之确立的政治的方面。

在我能够讨论法治国诸原则之前,我必须指出在哪些条件下,交往权力才可能形成。为此,我将从这样一些类型问题的逻辑出发,这些问题决定了民主立法部门之意见形成和意志形成过程的结构。

2. 交往权力与合法的立法过程

(1)政治参与权利所涉及的,是用法律形式对公开的意见形成和意志形成过程——其结果是有关政策和法律的决议——加以建制化。这种过程应该以交往形式而发生,而这种交往形式,如我们现在看到的,从两个角度使商谈原则发挥效力。首先,这个原则具有**认知意义**,即对提议和主题、理由和信息进行筛选,这种筛选使所达成之结果被假定是具有合理的可接受性的;民主程序应该为法律的合法性提供依据。但是,在政治公共领域和议会团体中的意见形成和意志形成过程的商谈性质也具有其**实践意义**,也就是确立一种阿伦特所理解的"无暴力"的、将交往自由的生产能力释放出来的相互理解关系。只有在未受破坏的主体间性结构当中,才会产生出共同信念的交往权力。**商谈的法律制定和交往的权力构成之间的这种相互渗透**,归根结底是因为这样一个事实:在交往行动中,理由也形成动机。这种相互渗透之所以必要,首先是因为想借助于法律来调节其共同生活的那些具体的共同体,无法像对理想性共同体中道德上负责的人们来说可能的那样,把对行为期待之规范化的问题,同集体目标之确定的问题分离开来。政治问题是不同于道德问题的。

与道德不同,法律并不是调节**一般意义上的**互动关系,它起的作用,是法律共同体——这些共同体在特定历史条件下的社会环境中维持自身——的自我组织之媒介的作用。这样,具体内容和目的论视角就进入了法律之中。道德规则的基础在于符合所有人的平等的利益,因而表达纯粹的普遍意志,而法律规则则也表达一特定法律共同体的成员的特殊意志。而且,道德上自由的意志在一定意义上仍然是虚拟的[virtuell],因为它所主张的仅仅是能够被每个人合理接受的东西,而一个法律共同体的政治意志,尽管当然应该符合道德的洞见,则表达一种主体间共享的生活形式,表达既定的利益状况和从实用角度选择的目标。政治问题的特征决定了在法律媒介中,行为方式的规范化同时也为集体性目标设定留下余地。同政治意志形成有关的那些理由的谱系由此得到了扩展,除了道德的理由之外,还有伦理的理由和实用的理由。注意的焦点由此从意见的形成转移到意志的形成。

需要调节的事情越具体,法律的特征越具体,在基于理由的规范的可接受性中,也更多地表达一种历史的生活形式的自我理解,互相竞争的集团利益之间的平衡,以及在不同可选目标之间的受经验影响的选择。一个社会越是把对集体目标之追求集中在国家手中,随着这些意愿性成分而进入法律内容的目的论视角,就具有越强的作用,因为立法过程必须在同样程度上安排国家的扩展了的功能领域和增长了的组织作用。在自由主义模式中,对集体目标的追求从(局限于实施主观权利的)国家暴力转向市场机制和自愿结社,[18]但即使在**这种**模式中,法律也没有摆脱税务立法和军事安全方面的同目的有关的视角。另一方面,集体目标的考虑不应该扭曲法律形式,并因此而扭曲法的内在功能——它不应该把法吸纳到政治当中去。否则的话,以纯粹形式表现在现代法中的事实性和有效性之间的张力,就会消失。当法律像在制度主义模式中那样被迫成为对既成的"具体秩序"的精致表达时,[19]合法性就会被同化为一种仿造的实质性伦理生活的实证性。然而,法与道德规则相比的特殊性既涉及(a)法律规范的内容,也涉及(b)法律规范的有效性意义,以及(c)立法的模式。

(a)道德理论中各种义务论思路从一开始就排除了对道德命令的目的论理解。它们正确地主张,如果我们在道德的"应当"中看到的仅仅是一些特定的善[Güter]的可欲性质的话,我们就误解了它的意义。我们"应当"遵守道德命令,是因为我们承认这些命令是正确的[richtig],而不是因为我们指望由此实现特定的目的,哪怕这目的是最高的个人幸福或者集体福利。正义的问题涉及的是人们之间有争议的种种主张[Ansprüche]。对这些主张我们可以根据有效的规范进行公平的判断。这些规范本身也应该接受一种普遍化检验,以判明什么是对所有人都同等好的。就像"真"[wahr]是表示陈述性句子之有效性的一个谓词一样,"正义"

[gerecht]是表示那表达道德命令的全称规范性句子之有效性的一个谓词。因此,正义[Gerechtigkeit]决不是诸多价值中的一个价值。价值总是与别的价值发生冲突的。价值说的是特定个人或特定集体在特定条件下追求或偏好哪些善。只有从这些个人或集体的角度出发,诸价值才能暂时被依次排列。也就是说,价值要求承认的是相对的有效性,而正义则提出一个绝对的有效性主张:道德命令所主张的,是适用于所有人和每个人的有效性。道德规范当然也体现价值和利益,但这种体现的方式是这样的:它们是可以在考虑到具体有关问题的情况下而加以普遍化的。这种"普遍性主张"排除了对道德命令作目的论的理解,也就是根据特定价值或利益的**相对**优先性来进行的理解。

但是,在论证和运用法律规范时,这种对集体目标和集体之善的诉诸,确实是发挥作用的;法律规范并不是建立在与道德规范同样高的抽象层面之上的。[20] 一般来说,法律规范所说的不是对所有人都同等地好的东西;它们调节的是一个具体的法律共同体的公民们的生活情境。因此,它不仅仅涉及对于从正义角度来看典型地重复出现的行动冲突的调节。调节冲突的必要不仅仅出现在要求对实践理性作道德运用的那些问题情境中。在那些需要用合作的方式来追求集体目标和确保集体之善的问题情境中,也需要运用法律媒介。因此,论证性商谈和运用性商谈也必须向**实践理性的实用性运用**和**伦理-政治性运用**开放。一旦理性的集体意志形成过程把具体的法律纲领当作目标,就必须越过正义商谈的边界,把关于自我理解和利益平衡的问题也包括进来。

当然,如此扩大论证的范围,并不妨碍权利体系在道德和法律之间确定的总体上的结构相似性。即使是简单的立法,也必须被理解为是对于被转化为宪法的那个权利体系的具体化。道德规则和法律规则都至少在两个方面是"普遍的"。首先,因为它们所诉诸的是不确定的众多的人们,因此不允许例外,在其运用中排除特权或歧视。这涉及法律运用方面的平等。道德规范诉诸每个人,而法律规范则仅仅诉诸法律共同体的成员。但这本身还没有给与法律的内容上的"普遍性"以一种别的意义。理想的情况是,法律规则也根据所有相关者的利益对事情进行调节,就此而言也表达能够被普遍化的利益。但是对所有利益的同等考虑在法律中与在道德中具有不同的含义。

法律的实质平等[Rechtsinhaltsgleichheit]❹所涉及的不完全是正义,因为通过法律所调节的材料常常并不允许抽象到只剩下道德上的正义问题的程度。法律的内容涉及集体目标和集体之善;随之而出现的即使不是共同的集体认同的问题,也是具体的生活形式的问题。但在这种情况下人们必须加以澄清的,不仅是"什么是对所有人都同等地好的东西"的问题,而也是"每个参与者是谁","他们想要如何生活"这样的问题。此外,根据慎重评价而选择的那个目标,向人们提出了这样的问题:他们将如何来最好地实现这些目标。这样,正义问题的领域便扩大了,把自我理解的问题,合理手段的问题,当然还有利益平衡的问题——对这种问题普遍化是不可能的,而必须进行妥协——也包括进来了。一种

---

❹ 英文版此处加"——which accords equal treatment to equal cases——"[——它要求同样的案例同样处理——]。

法律,只有当根据所有这些种类的问题而表达了一种共识的时候,它才是在实质地平等对待的意义上具有内容上的普遍性。

法律的实质平等确定了良好法律的标准,因为它不是仅仅从法律确定性的角度来考察法,把它作为"导控社会行动过程的尽可能可靠和精确的工具",而是从对主体间共享之生活形式加以合理组织的角度来考察法,把它当作"实现民主的政治决策"的法律行动形式,以及"通过一开始提到的两个功能来确保个人自由领域和个人支配领域的手段"。[21]但是,如果法律的实质平等是用一套这样的复杂标准来衡量的话,法律规则的应然有效性也是同道德规则的正确性的含义不一样的,这种正确性仅仅是用正义的标准来衡量的。

(b)在法律有效性[Rechtgeltung]的向度中,因为法律规范是要被执行的,规范有效性[Gültigkeit]或合理可接受性的环节不管怎么样是同社会的事实有效性[soziale Geltung]或社会的接受[Akzeptanz]联系在一起的。法律有效性具有一份声明所具有的语内行动意义:国家权威机构宣布,一条被颁布有效的规范是经过充分辩护的,并且是在事实上被接受的。但在目前的语境中,我们所关心的仅仅是法律的有效性[Gültigkeit]或合法性[Legitimität]的意义当中的一种分化。

根据商谈论,道德规范之所以可以具有一种纯粹的认知有效性主张,是因为随着普遍化原则而发生作用的论辩规则,使得有可能对道德实践问题作合理的决定。尽管有效性的范围有限,法律规范也提出了同道德规范**相一致**、也就是不同它相抵触的主张。但是在这里,道德理由并不具有**足够**

的选择性。法律规范之为有效的,还因为它不仅能够用道德的理由来辩护,而且也能够用实用的伦理-政治的理由来辩护,必要的话,它们也必须代表公平的妥协的结果。在辩护法律规范的时候,必须运用全部范围的实践理性。但是,这些**更多的**理由具有一种依赖情境的、甚至相对的有效性。一种集体性自我理解只有内在于一个既定的生活形式才是真切的;一种策略性选择只有根据已经确定的目标才是合理的;一种妥协只有参照既有的利益状况才是公平的。这些相应理由,是相对于法律共同体的在历史上和文化上形成的认同、其成员的价值倾向、其成员的目标和利益状况,才成为有效的。即使人们因此而假定,在理性的集体意志形成过程中态度和动机会依赖于论据而发生变化,现有情境的事实性,也是无法被消除的,否则的话,伦理商谈、实用商谈和妥协就会无的放矢的了。由于同**法律共同体之意志的事实性基础**的联系,一种意愿性环节进入了法律规范之有效性(而不仅仅是社会约束性)的意义之中。用于表达法律有效性中的那个规范有效性成分的"合法性"[Legitimität]一词,表示了出现在应然有效性向度中的那种同"道德"的区别。有效的道德规范之为"正确的"[richtig],是在根据商谈论所阐明的意义上"正义"[gerecht]。有效的法律规范虽然同道德规范相一致,但它是如下意义上"合法的":它除此之外还表达了法律共同体的真切的自我理解,对这个共同体中所分布的价值和利益的公平考虑,以及对策略和手段的具有目的合理性的选择。

(c)目的论的成分不仅出现于法律有效性的内容和意义之中,而且也出现于立法过程的种种偶然性之中。一般地调节理性能力健全之主体间合理的共同生活的那些道德规范,当然不仅仅是"被发现的",而也同时是"被构成的"。[22]但在法律规范——借助于这种规范我们给一种具体生活形式以合理形式——中,这种构成性环节表现得更强。规范越是指向具体的生活形式和生活状况,消极的洞见环节与积极的形成和设计环节相比就越不重要。为道德规范提供正当性的那些理由所引向的,是一种具有合理动机的同意[Einverständnis❺];对法律规范的辩护所促成的,则是一种具有合理动机的协议[Vereinbarung❻]。在一种情况下,我们确信自己**具有**什么样的责任[Pflichten];在另一种情况下,我们确信自己**应当接受**或**承担**什么样的职责[Verbindlichkeiten]。罗尔斯在这方面区分了自然义务和我们自愿承担的职责(natual duties vs.obligations)。职责"之出现,是我们的自愿行为的结果……进一步说,职责的内容永远是由一种制度或惯例所决定的,它们的规则明确规定了人们应该做的什么"。相反,自然义务的特征是"它们存在于人们之间,而不管他们的制度性关系;它们成立于所有作为平等的道德的人们之间"。[23]

自我立法的观念,对于个人意志来说它的意思是道德自主,对于集体意志形成来说,则具有政治自主的意义,这不仅仅是把商谈原则运用于另一种行动规范的结果,也不仅仅是通过权利体系,这个原则自己也具有了法律形式。把政治的自我立法同道德的自我立法区别开来的,不仅仅是法律形

---

❺ 英译本用的词是"consensus"。
❻ 英译本用的词是"agreement"。

式,而是生活形式的不确定性,是事先确定了进行自我决定之意志的认同的那些目标和利益状况。虽然道德的善良意志似乎被充分吸纳进了实践理性,但即使是经过合理论证的政治意志,就其建立在依赖于情境的理由之上而言,也含有不确定成分。出于这个理由,政治立法者们❼以商谈形式所追求的种种信念,其共同点就在于交往权力的形式之中。

(2)立法过程中意愿性环节的相对较重分量,可以从非道德问题的逻辑和进入政治立法者之意见形成和意志形成过程的非道德理由的情境依赖性中得到解释。现在,如果我们想要寻求的仅仅是确保自决实践之商谈特征的那种交往形式,我们就必须把注意力集中在认知方面,并辨认出在立法过程中所处理的是哪些有关问题。

M. 克里勒[Martin Kriele]认为商谈论在以下方面是卓有成效的:"它使我们意识到每个商谈所预设的东西,那就是,依赖于对商谈规则之遵守的理性的可能性。这种提醒也具有一种政治功能:它捍卫国家形式的讨论——也就是民主的立宪国家——而反对那些原则上怀疑其哲学基础的政治理论。"24 克里勒认为,"政治论辩和法律论辩只有在这些思想前提之下才是有意义的",即使这些理想化的论辩前提一般来说"在政治实践中是无法建立的"。25 克里勒用这个限制来提醒我们注意,不能太急于把商谈的逻辑与法治国之建制化的程序等同起来。把商谈伦理学或一个未经澄清的商谈概念不加中介地运用于民主过程,会导致思想混乱;而这些

---

❼ 英译本此处加"indifferent political arenas"[在不同政治论坛]。

混乱又会为怀疑论者提供借口从一开始就使关于法律和政治的商谈理论的设想名誉扫地。[26] 因此有必要引入一些分化。

根据商谈原则,每一种行动规范的有效性一般来说都取决于那些作为相关者而参加"合理商谈"的人们的同意。有些行动规范是调节范围无限大的人们的简单互动的,当商谈原则被运用于这些行动规范的时候,就出现了那些适合于一种特殊类型的商谈——也就是道德论辩——的问题。如果商谈原则被运用于那些可采取法律形式的行动规范,各种类型的政治问题就开始起作用了。与这些问题的逻辑相对应的,是不同类型的商谈和不同形式的谈判或讨价还价。

一个集体,如果其成员遭遇了某些必须通过合作来处理的问题,或者出现了某些必须通过共识来解决的行动冲突,就面临着"我们应当做什么?"的问题。合理地处理这些问题所要求的意见形成和意志形成过程,引向有关集体目标之追寻、共同生活之规范性调节的基于理由的结论。在一种情况下,这个集体把自己理解为一个有追求目标行动之能力的准主体,在另一种情况下,这个集体把自己理解为一个这样的共同体,组成这个共同体的人们就他们能够合法地彼此期待什么达成理解。一旦法律代码和权力代码建立起来,协商和决策就采取**政治**的意见形成和意志形成这种分化出来的形式。一方面,那进行协商和决策的集体,与那些为它而行动的部分或机构,也就是那些能够运用和履行其所决定的纲领的部分或机构,分化开来。另一方面,由社会成员所构成的集体转变成一个由法律共同体成员所组成的集体,这些成员作为国家公民在一个需要诠释和澄清的权利系统之内行使他们的自主性。法律不仅授予调节冲突的规范以确定的形式,它也给集体目标的实现加以一定的限制。转化为法律语言的各种纲领,或者本身具有法律的形式(必要时也采取具体立法、私法法案或各种管理性法令的形式)[Maβname-, Einzelfall-, Steuerungs-oder Lenkungsgesetzen],或者同已经生效的法律相联系。在关于政治和法律进行的协商中,"我们应当做什么"这个问题根据需要调节的问题的种类而发生分化。"应当"一词,在有关的问题和可以用来解决这个问题的角度还不确定的时候,就一直不具有明确的含义。对这些角度,我将根据实用的问题、伦理的问题和道德的问题的线索来进行说明。参与者在合目的性[Zweckmäβig]、好和正义的角度之下对实践理性的运用,都是彼此不同的。与它们相对应的,是不同的商谈类型,对这些商谈类型,我这里只能做大略的勾勒。[27]

实用的问题,是从一个为实现事先已经给与的目标和偏好而寻求合适手段的行动者的角度提出的。这目标本身也会成问题,但在这种情况下,问题的核心不仅是一个具有目的合理性的手段,而是根据被接受之价值偏好对各种目标所作的合理权衡。在这里,行动者的意志仍然是由利益或者价值取向所确定的;仅仅着眼于别的可选择手段和目标,这种意志才有可能有进一步的确定。对于技术或行动策略做基于理由的选择,有必要进行比较和权衡,也就是行动者在观察和预见的支持下、从效率或其他决策规则的角度出发所可能进行的那种比较和权衡。取向于价值的目标权衡和目的合理性的手段选择所导致的假设性建议,根据价值偏好和所选定目的在原因和结果之间建立相互联系。这些行动指令具有的语义形式是有条件命令[bedingte Imperative]。它们的有效性说到底借自它们所采纳的经验知识。对它们的辩护,是在**实用性商谈**[pragmatische Diskursen]中进行的。在这些商谈中,结局取决于这样一些论据,它们把经验知识同既有的偏好和所确定的目的相联系,并根据作为基础的准则[Maximen]对各种可选择之决策(它们通常是不确定的)做出判断。

当然,一旦提供方向的价值本身成为问题,"我们应当做什么?"这个问题就超出了目的合理性的视野。有时候,彼此冲突的偏好表达了不同利益之间的对抗,这种对抗在商谈层面上是无法缓解的。但有时候彼此冲突的利益状况和价值取向与一个共同体的主体间共享的生活形式非常密切地交织在一起,以至于重要的决策触及了一种未经澄清的集体自我理解。**伦理-政治问题**是从这样一些成员的角度提出的,他们在面对一些重要的生活问题时,想要澄清他们所共享的生活形式是什么、他们的共同生活要根据什么样的理想来构划。用单数提出的伦理-生存论的问题——我是谁,我想要成为谁,什么样的生活方式对我是好的——以复数形式得到重复,并因此而改变了意义。[28] 一个群体的认同所指涉的是成员们可以在其中表达一个语气深重的"我们"的那些情境;它不是一个放大的**主体**,而是对个体自我认同[Ich-Identität]的补充。我们与生俱来的传统和生活形式,我们将如何通过有选择地发展它们而使它们成为我们自己的东西,将决定我们在这种文化传统中对自己的重新认识——作为公民我们是谁,我们想要成为谁。严肃的价值决定,是随着一个历史共同体的政治文化自我理解而形成和变化的。对这种自我理解提供启蒙,取决于一种诠释学工作,它批判地袭取传统,并因此有助于对真切的生活取向和价值信念的主体间确认。[29]

回答伦理问题的是一些临床劝告[klinische Ratschlägen],这种劝告的基础是对已被带入意识、同时被批判地、探寻地袭取的生活形式的一种重建。这种建议把描述的成分与规范的成分结合起来,也就是说,它们一方面包括对影响认同之传统的描述,另一方面包括对一种典范性生活方式——它通过对其形成过程的评价而得到了辩护——的筹划。这种建议的命令含义可以被理解为这样一种"应当",它不依赖于主观目的或偏好的"应当",但表述什么样的行动方式从长远来说、从总体来说是"对我们好的"。这种类型的建议是在**伦理商谈**中加以论证的。这些商谈中,决定结果的那些论据的基础,是对我们的历史地传承下来的生活形式的自我理解的诠释学澄清。这些论据在这种语境下权衡价值决定,其目的是一种真切的生活方式,一种**对我们**是绝对的目标。

到现在为止,我们从两个角度考察了合理的政治意志形成过程。一方面,商议过程有助于说明和权衡集体目标,并构造和选择适合于达到这种目标的纲领和策略。另一方面,提出这些目标确定和目标实现之任务的价值取向领域,又进一步可以被包括在合理的意志形成过程之中,只要这个过程包括通过对传统的批判性袭取而达成自我理解。在实用商谈中,我们在已经知道自己需要什么的前提下对诸策略的合目的性[Zweckmäβigkeit]进行检验。在伦理-政治商谈中,在我们还不知道我们**实际**上想要什么的前提下,我们使自己重新确定一个价值组合。在这种商谈中,纲领之得到辩护,是因为纲领是合目的的,并且总体上是对我们好的。但是,对政策和法律做充分辩护,还必须考虑另一个方面,那就是正义的方面。我们是否应当希望和接受一个纲领,还取决于有关的实践是否对**所有人**都是**同等地**好的。这又一次转变了"我们应当做什么"这个问题的意义。

在**道德问题**中,目的论的观点,即我们从中出发通过目标取向的合作而处理问题的那个观点,完全让位于规范性的观点,从这种观点出发,我们考察我们可以如何根据所有人的平等的利益而调节我们共同的生活。一个规范,当且仅当所有人都可以在可比情境中意欲它被每个人所遵守,才是正当的。道德律令具有定言的[kategorisch]或无条件的命令的语义形式。这些律令的命令含义,可以被理解为一种既不取决于主观目的和偏好,也不取决于一种好的或不虚度光阴的生活方式的(对我们来说)绝对目标的"应当"。这里人们"应当"做什么具有的意义是:相应的实践是正义的。这样的责任是在**道德商谈**中进行论证的。在这些商谈中,决定结果的是这样一些论据,它们表明体现在彼此冲突的规范中的那些利益是无条件地可普遍化的。在道德商谈中,一个特定集体的种族中心视角扩展为一个无限交往共同体的无所不包视角,这个共同体的所有成员都设身处地把自己放在每一个成员的处境、世界观和自我理解之中,共同地实践一种理想的角色承当[ideale Rollenübernahme](在米德[George Herbert]的意义上)。

普遍化原则迫使商谈参与者根据**预见中的典型**事例[vorhersehbar typisch],来考察彼此冲突的规范能否获得所有相关者的深思熟虑的同意。道德规则要能够通过这种检验,就必须能够用普遍的、超越情境的形式加以陈述;因此它们只能**直接**运用于已经在其前件中得到考虑的那些标准情形。但是,因为论证性商谈无法在事先考虑到所有可能的未来事件组合,规范的运用本身要求一种论辩性的澄清。在这种**运用性商谈**[Anwendungsdiskursen]中,判断的公平性的获得,不是进一步通过普遍性原则,而是通过一条恰当性原则[ein Prinzip der Angemessenheit]。在分析法律决策方面,我还将回过头来讨论克劳斯·贡特尔所提出的这种建议。

(3)在政治立法者以商谈形式构成的意见形成和意志形成过程中,立法与交往权力的形成是交织在一起的。对这种联系,我们可以根据一种用论辩逻辑来建立的"过程模型"来加以澄清,这个过程从实用问题出发,经过达成妥协和伦理商谈的分支到达对道德问题的澄清,最后结束于对规范的法律审核。在这个序列中,理性和意志的格局发生了改变。从技术的或策略的建议经过临床劝告一直到道德命令,随着"应当"的语内行动意义在这个过程中的变化,影响这每种命令的意志的概念,也发生了变化。

在实用建议中,"应当"是相对于既定的目的和价值的,这种应当所诉诸的是行动者的选择自由[Willkür],这些行动者在假定地预设的利益状况和价值取向的基础上做出机智的决策。这些利益状况和价值取向仍然是外在于实用商谈的——在实用商谈中得到论证的是在若干可选择之行动方案中进行的合理选择。因此,实用建议的有效性不取决于那些行动指令是否被采纳和遵守。这里不存在理性和意志之间、实践商议与结论接受之间的**内在于商谈的**联系。

在临床劝告中,"应当"相对的是我们的良好生活之目的,这种应当所诉诸的是一个要确认一种真切的生活方式的集体所具有的**决断力**[Entschluβkraft]。在这样一种自我理解过程中,商谈参与者的角色和一个历史共同体成员的角色是重叠在一起的。在这里,与从目的合理角度来构划的行动策略不同,起源和有效性不再能够分离开来。在伦理-政治商谈中产生的洞见不仅改变一个群体的从意义方面加以澄清的自我理解,而且改变这个群体的认同;在为严肃的价值决策进行辩护的同时,决断将通过洞见而引入,因为在这里论据与对于一种真切的生活方式的追求相重合。另一方面,隐藏在这种从意义方面澄清的决断当中的,还有根据批判地袭取的传统而对一种生活方式的确认。理性和意志在伦理商谈中相互决定;也就是说,这些商谈仍然根植于作为它们之主题的那个情境之中。在从意义角度达成自我理解的过程中,论辩参与者们不可能置身于他们事实上已经身处其中的生活方式之外。

相反,加入道德商谈要求人们从一切偶然地存在的规范情境中抽身出来。这种商谈所预设的交往前提要求与生活世界的不成问题性相决裂,尤其是要求对有关的行动规范和它们的有效性主张采取一种假设性态度。道德规范的定言性"应当"所诉诸的,是这样一些行动者的**意志**[Willen],这些行动者在洞见的合理影响下愿意接受所有人都能够意欲的东西的约束。与任意[Willkür]和决断不同,这种意志摆脱了偶然的利益和价值取向、尤其是文化生活形式和影响认同之传统的他律性质。用康德哲学的说法,自主的意志**完全**

浸透了实践理性。我们也可以说,自主的意志把理性内化了。当然,自主的意志的这种合理性是有代价的,那就是,在行动所发生的社会世界中,它只有借助于它赖以决定的合理动机的软弱力量而得到执行。但是,在政治立法者的商议中,这种动机缺陷得到了法律建制化的弥补。

因此,理性和意志的格局因为需要调节之问题的方面——实用的方面、伦理的方面和道德的方面——的不同而不同。这些格局告诉我们,以商谈形式出现的共同的政治意志的形成过程是从什么问题开始的。为简单起见,我们假定,政治问题首先以实用的形式开始,即对政治立法者要通过的集体目标的以价值为取向的选择,以及对政治立法者要通过的策略的以目的合理性为依据的权衡。我们的过程模型开始于对有待运用和阐明的一般纲领的实用论证。这种论证首先取决于对情境的正确诠释,对所要解决问题的恰当描述,以及有关的和可靠的信息的畅通,加上对于这种信息的高效的(如果必要的话,也受到理论指导的)处理,等等。在意见形成和意志形成过程的这**第一阶段**,一定的专家知识是必不可少的,当然这种知识是可错的,不大可能是价值中立的、或者说是毫无争议的。在对专家知识和逆向专家知识进行政治评价的过程中,那些依赖于偏好的观点就已经开始发生作用。这些偏好体现了在**第二阶段**常常处于竞争之中的那些利益状况和价值取向;这样,在对描述、预见和可能的行动取得共识的基础上,就有可能在有待解决之问题的不同解决方案之间做出一个选择。在这个阶段上,成问题的价值取向本身有待于讨论,这使得有必要转换商谈的层次。实用商谈的范围仅仅是对可能方案的建构和结果评价,而不是对意志的合理形成,这种意志要采纳一个建议,必须先把在方案中假定地预设的目标和价值当作**自己的**目标和价值。

在理想的情况中——在我们的模式中我们的出发点就是这种情况——选择将在这样的层面上进行:在这个层面上,争议应当是用理由来**继续进行**的。选择争论将如何进行,取决于需要调节的问题本身将在什么方面允许做出进一步澄清。存在着**三种可能的情况**。直接涉及的问题可能是一个同道德有关的问题。想想刑法的问题,堕胎的问题,或者犯罪时效的问题,形式程序法的问题,以及对于特定取证方法的禁用,或者,想想社会政策的问题,税法的问题,学校系统或者保健系统的组织的问题。这些问题一般来说涉及社会财富的分配,生活机会和生存机会的分配。这些问题所要求的是这样一些商谈,它们在经过宪法诠释和澄清的权利体系的框架内,把彼此竞争的利益和价值取向付诸一个普遍化检验。所涉及的也可能是一个同伦理有关的问题。比如生态环境问题,以及动物保护问题,交通计划问题和城市公共汽车问题,或者移民政策问题,文化和种族上少数群体的保护问题,或任何有关政治文化的问题。对这些问题来说,需要的是这样一些商谈,它们超越彼此冲突的利益和价值取向,通过自我理解过程促使人们反思地意识到共同的生活形式之中根深蒂固的共鸣[Übereinstimmungen]。

但是,在复杂社会中,即使在理想条件下,也无法实现这两种可能选择中的任何一个,也就是说经常出现这样的情况:所有被提出来的调节都以各个不同方式涉及多种利益,而不存在一种可以为自己提供论证的可普遍化利益或者某种价值的意义明确的优先性。在这些情况下,仍然存在着进行谈判[Verhandlung]这种选择,当然,这种选择要求以成功为行动取向的各方抱有合作的诚意。³⁰自然发生的或者不受调节的谈判以达成妥协为目的,对于参与者来说这种妥协在三种情况下是可以接受的。这样的妥协提供的安排(a)是对所有人来说都比没有任何安排更有利的,(b)是排除退出合作的搭便车者的,(c)是排除那些在合作中贡献多于回报的受剥削者的。在适合谈判过程的情境中,社会的权力关系并不像在合理商谈中所预设的那样是能够被中立化的。这种谈判所达到的妥协包含了一种平衡彼此冲突之利益的协议[Vereinbarung]。一种具有合理动机的共识[Einverständnis]是建立在**以同样方式**使所有各方确信的理由之上的,一种妥协是可以被不同各方出于各自**不同的**理由所接受的。当然,商谈原则如果无法至少以间接方式影响谈判过程,一种合理意志形成的商谈之链就会在这些妥协环节上发生断裂。

商谈原则直接发生影响,也就是在谈判过程之内发生影响,是不可能的,因为各方诉诸的是威胁和许诺,因而将一种谈判力[Verhandlungsmacht]引入了互动之中,这种力量能够剥夺共同使用之语言的语内约束能量[illokutionäre Bindungsenergien],并把语言的使用局限于以策略方式造成语后行动效果[perlokutionäre Effekte]:"进行谈判是为了**迫使**或**诱使**对手接受自己的主张而参加交往。为实现这个目的,谈判者依赖于那些必须在会议之外实施的威胁和许诺。谈判力并不来自'更好的理由的力量',而来自物质资源、人力等等。在谈判过程中所做出的那些陈述,在提出的时候是带着'它们是可相信的'这样一种主张的,这意味着,谈判者必须设法**使**他们的对手**相信**,那些威胁和许诺是真的会执行的。"[31]因此,商谈原则,它应当确保一种无强制的同意,却只能间接地发生效力,也就是说通过在公平角度下**调节**谈判的程序来发生效力。这样,那种不可中立化的谈判力至少将受到[它们]在各方之间的平等分配的约束。只要关于妥协的谈判是根据确保所有利益相关者以平等的参加谈判的机会的程序进行的,只要这种谈判允许有平等的机会彼此施加影响,并同时为所有有关的利益创造大致平等的实施机会,就有根据作出这样的假定:所达成的协议是公平的。

这种程序把对每个参与者利益的平等考虑,理解为不同实力拥有者之间的程序公正的协议的问题,而不是商谈参与者——他们利用其交往自由对可批判的有效性主张表示态度,以便相互使对方**确信**它们的论据的正确性——之间的相互理解的问题。但是,从规范的角度来说,公平的妥协形成过程并没有独立的地位,因为实际达成的妥协要被假定为公平,是必须满足一些条件的,这些条件必须在道德商谈中加以辩护。此外,谈判要成为可以允许的和必不可少的,只有当起作用的是特殊的——而不是可普遍化的——利益的时候,而这也只有在道德商谈中才可能加以验证。[32]因此,谈判并没有破坏商谈原则,而毋宁说是以它为前提的。

因为形成妥协的过程无法代替道德商谈,所以不能把政治意志形成过程归结为形成妥协的过程。作必要修改的话,这同样适用于伦理-政治商谈。因为这种商谈的结果必须同道德原则至少是相容的。比方说,一种原教旨主义的自我理解常常赋予一种被用来实施非平等主义规定的价值选择以特权。只有在后形而上学思维的条件下,伦理政治的商谈才导致这样一些规定,它们本身就是以所有成员的利益为基础的。所以,只有一切商谈地获得的或商谈地谈成的方案与可在道德上得到辩护的东西之间的一致,才保证商谈原则得到了充分的尊重。在过程模型中合理的政治意志形成过程表现为一个由商谈和谈判构成的网络,这些商谈和谈判在其中可以通过多重路线而彼此相连。但是,转换至少沿着下列路线而发生。

合理的政治意志形成的过程模型

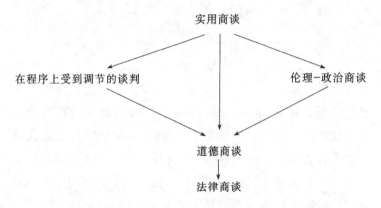

政治意志形成过程的终端是一些有关政策和法律的决定,这些决定必须是用法律的语言来表述的。这归根结底使一种规范审核[Normenkontrolle][8]成为必要,在这种审核中,新的纲领接受审查以判明是否符合既定法律制度。也就是说,政治立法者只可把他们的立法权限用于对这样一些法律方案的论证,它们同权利体系——如果它们并不直接诠释和

---

[8] 英译本把这个词译为"judicial review"[司法审查]。

发挥这个系统的话——是统一的,是同业已生效的法律总体上衔接得上的。从这种**法律角度**[juristischer Aspekt]来说,所有决定都应该接受一种融贯性检验。因为,即使从法律的确定性的理由出发,法律的统一性就已经是必须加以捍卫的了。除此之外,如我们将要看到的,在成熟的法治国中,立法者的规范审核还可能经受法院的再次审核[Revision],用来审核被通过之法律同宪法之间的一致性。[33]

3. 法治国诸原则和权力分立之逻辑

(1) 在上述预备性思考之后,我们现在可以把不同的论证线索聚拢起来,以便从商谈论角度来论证用法治国形式来组织的公共权威[öffentliche Gewalt]。法律和政治权力的相互构成在两个环节之间建立了一种联系,使法律的工具化潜力能为权力之策略性运用服务,并使后者具有恒定的形式。与这种工具化相反,法治国的观念提出这样的要求:一种对具有法律形式的政治统治来说必不可少的公共权威组织,本身必须用合法地制定的法律来赋予合法性。当然,法律的代码和权力的代码要能够履行各自的职能,必须始终为对方服务。但是,这种相互关系依赖于一种(正如我们已经看到的那样)与交往权力之形成难分难解的合法的立法过程。政治权力的概念内部随之而发生分化。在公共行政的系统中,处于中心的是一种必须不断从交往权力那里自我更新的权力。所以,法律不仅对导控行政过程的权力代码有构成性意义的,它同时也形成了从交往权力向行政权力的转化的中介。

法治国的观念,因此也可以根据这样一些原则加以阐述,根据这些原则,合法的法律产生于交往权力,而交往权力则反过来通过合法地制定的法律而转变为行政权力。

我们已经指出,政治立法者的具有商谈结构的意见形成和意志形成过程应当以交往的形式来进行,在其中,"我们应当做什么?"这个问题可以从不同的方面作合理的回答。既然如此,我将从那个我已经简单地用一个过程模型来表述的商谈和谈判的网络的法律建制化的角度,来阐发法治国诸原则。

根据**人民主权的原则**,一切国家权力都来自人民;在这个原则中,既包含机会平等地参与民主的意志形成过程这种主观权利,也包含公民自决的建制化实践这种客观法的创造可能性作用。这个原则形成了权利体系与民主法治国之上层建筑之间的连接枢纽。从商谈论角度来理解人民主权(a)导致了(通过一个独立的司法部门而确保的)对个人权利的全面保护的原则(b),导致了有关行政部门必须服从法规、必须接受司法和议会对行政的监察[Verwaltungskontrolle]的那些原则(c),以及国家和社会的分离的原则(d),这个原则应该阻止社会权力不加过滤地、因而不经过交往权力形成过程的闸门就转变成行政权力。

170

附论(a)根据其商谈论理解,人民主权原则的意义是一切政治权力都来自公民的交往权力。对政治统治的行使,要以法律为取向、并且用法律来获得合法性——这些法律就是公民自己在一个商谈地构成的意见形成和意志形成过程中制定的。如果把这种实践理解为解决问题的过程,那么,这种实践的合法性来自一种应该确保合理地处理政治问题的**民主程序**。在符合程序之条件下获得的结果之所以具有合理的可接受性,是因为形成网络并被建制化的是这样一些交往形式,它们在理想的情况下确保所有有关的问题、主题和贡献都被提出来,并根据尽可能好的信息和理由在商谈和谈判中进行处理。正是各具体程序和交往条件的这种法律建制化,使得对平等的交往自由的有实效利用成为可能,并同时**要求**对实践理性作实用的、伦理的和道德的运用,还有对利益的公平权衡。

人民主权的原则也可以直接从权力的角度来加以考察。在这种情况下,它要求立法权能转移给公民的总体,只有公民的总体才能够从自己当中产生出共同信念的交往权力。这样,一方面,关于政策和法律的有理由的和有约束的决定要求面对面的商议和决策;另一方面,在直接和简单的互动的层面上,并不是所有公民都可能在对这样一种实践的共同参与中"联合起来"。**议会原则**,即建立进行商议和决策的代议团体,提供了一条出路。而这种议会团体的组成和工作方式,则进一步必须在同其任务的逻辑相一致的角度之下受到调节。随之而提出了一些具有原则性意义的问题,比如选举的方式,议员的身份(豁免权,对他们施加或者不施加使命约束,议会党团),这些团体中形成决议的模式(**多数裁定原则**,议案复读),甚至工作活动的组织(小组委员会的建立)。这些程序性问题必须根据商谈原则来进行调节,这种调节必须一方面使实用的、伦理的和道德的商谈的交往预设能得到满足,另一方面使公平谈判的条件得到满足。

商谈的逻辑还进一步产生**政治多元主义**的原则,以及议会的意见形成和意志形成过程在政党合作下得到政治公共领域中对所有公民开放的非政治意见形成过程之补充的必要性。在康德之后，尤其是约翰·斯图亚特·穆勒[John Stuart Mill]和约翰·杜威[John Dewey]分析了公共领域的原则和开明舆论对监督议会应起的作用。[34]只有**自主公共领域之保障的原则**和**党派竞争的原则**，才与议会原则一起构成了人民主权原则的内容。在这个原则要求赋予商谈结构的那些公共领域中，匿名的、彼此密切联系的交往循环同简单的具体的互动层面分离开来。一种为政治意志形成过程做准备并对它发生影响的非正式意见形成过程，摆脱了那种以达成决策为目标的到场者之间商议所具有的种种建制化制约。这些公共领域应该为意见的自由提出、各种有效性主张和各种态度确保活动空间，考虑到这一点，它们必须受到宪法的保护。但总的来说，它们不能像正式团体那样被组织起来。

附论（b）虽然公民的政治交往扩展到具有公共利益的所有事务上面，它们最后还是通向立法机构的决策。政治意志形成过程以立法为目标，有两个原因。一方面，公民相互承认的权利体系只有通过法律才得到诠释和展开。另一方面，必须作为一个部分而对整体做出行动的有组织国家权力，只有通过法律才能获得纲领和得到控制。原则上属于全体公民的立法能力，是由根据民主程序而制定和论证法律的议会团体来行使的。法律构成了个人的权利主张的基础；这些主张的来源是把法律**运用**于个案，不管这种运用是自我执行的，还是沿着行政途径来施行的。随这些主张的可兑现性而来的,是诉诸法律途径的担保,和**确保每个个人的全面的法律保护的原则**。

当然,把制定法律的权能与运用法律的权能分成两个不同的、制度上和人员上都彼此独立的国家权威部门,并不是不言自明的东西。古代雅典人仅仅提供了众多例子中的一个:人民大会或者议会也保持司法功能。当然,一旦法律的学理精致化和法学的科学化引起司法实践的进一步专业化,确实有语用学上的理由认为把司法部门与立法部门分离开来是合理的。但是从规范的和系统的角度来说,决定性的理由在别的地方。一个理由是,规范的论证和规范的运用的论辩逻辑上的区别反映在论证性商谈和运用性商谈的交往形式上,它们必须以不同的方式在法律上建制化。在法律运用的商谈中,必须决定的是,在那些已被预设为有效的规范当中,哪个是适合于一个既定的、在所有相关特征上都被尽可能充分地描述了的情境的。这样一种商谈类型要求一种角色搭配,其中各方(如果有必要的话,包括政府检察官)可以在一个作为法律共同体之不偏不倚代表的法官面前陈述一个案子的全部有争议方面。更进一步,它还要求一种职权分工,根据这种分工,法院必须在原则上无边界的法律公共领域面前为自己的判决辩护。相反,在论证性商谈中,原则上只存在着参与者。另一个理由是,司法部门为了执行其判决——以及执行法律——而要求使用国家机关的压制手段,并因此而自身掌握行政权力。出于这个理由司法部门必须同立法过程分离开来,以防止它的自我编程现象[Selbstprogrammierung]。**司法受现成法律约束的原则**,理由就在这里。

另外,法律保护的原则,连同司法基本权利,还产生了有关独立司法部门——它对法律的运用应该同时确保法律确定性和司法判决合理可接受性[35]——的任务规定、工作方式和地位保障的所有其他原则。

附论(c)只有**行政的合法规性原则**才揭示了权力分立的核心含义。[36]除了可用规范论证和规范运用的论辩逻辑分工来解释的功能分化之外,在彼此分立的国家权力机构的构成中体现出来的制度分化,目的在于使行政权力的运用受民主地制定的法律的约束,从而使行政权力仅仅产生于公民共同地形成的交往权力。从这种权力角度出发我们已经考察了法律是如何约束离不开行政部门之运作的司法部门的。但是,从这同一个角度最值得注意的是立法部门同行政部门——它的活动必须**以法规为前提**[unter dem *Vorbehalt des Gesetzes*]——之间的关系。这种**法规前提**[Gesetzesvorbehalt]原则的结果是,任何违背法律的法令、条例、规定和措施都是无效的。❹ 在民主程序中获得合法性的**法规的优先性**,具有这样

---

❹ Gesetzesvorbehalt 原则也可以译成"法规保留"原则。英文版译者在这里加了一个注:"Vorbehalt des Gesetzes 或者 Gesetzesvorbehalt,就其狭义而言,指的是'具体立法行动的必要条件',也就是指以下宪法条款:在某些条件下,一些基本权利可以加以限制,但只能'利用或根据成文法规[statute]'(《基本法》第8条第2款)。Habermas 在这里是在其广义上使用这个词,指的是行政部门不能在没有法规授权行动之下行动。在这段话中,他还列出了受这个条件制约的不同类型的行政法律和决定,排列顺序是从比较普遍的到比较具体的:Verordnungen 是具有普遍约束力的法律之效力的那些部门规定;Satzungen 指的是在一个有限的地区(比如一个城市)内具有约束力的法律;Vorschriften 指的是部门内部的规定;而 Maβnahmen 则是适用于一个或几个个案的比较特殊的行政决定。"

的认知意义：行政部门自身不拥有作为其决定之基础的规范前提。就其实际意义而言，它意味着行政权力不可干预立法过程（以及司法过程）。

立法部门和司法部门对行政权力的运用，只有当这种权力使得那两种相应的商谈建制化成为可能的时候，才是无害的。行政权力，如果它的使用是为了建立和组织法律的制定和运用，它就是在发挥**可能性条件**[Ermöglichungsbedingungen]的作用。相反，如果行政部门的目标超越行政功能之外，立法过程和司法过程就被置于**限制性**条件之下。这样的干预损害了立法商谈和司法商谈的交往前提，搅乱了受交往引导的理解过程，而唯有这样的理解过程，才能为法律和法庭判决的合理可接受性提供论证。因此，授权行政部门发布法令需要有具体的行政法加以规范。因此，行政法使**禁止内务任意行事原则**[Prinzip des innerstaatlichen Willkürverbots]更加引人注目。[37]

此外，行政性权威的构成也具有这样的结果，即从平等的主观行动自由这种权利中产生出来的自由权利，包含着具有私人自主的法律主体对于国家机器的**自由抗拒权**这样一个**附加**的意义。那些起初只能在公民对公民的互动的横向维度上相互承认对方拥有的权利，一旦行政部门形成，就也延伸到公民同国家关系的纵向维度上。从历史的角度来看，这些（狭义的）"自由的"基本权利甚至构成了人权宣言的核心。正是从这些权利当中，产生了（起初是根据自然法来论证的）权利体系。[38]议会对行政的监察的建立，尤其是**行政法院**系统，指向的是同一个方向；两者都用事后监察[ex-post-Kontrolle]来补充立法部门的事先控制[ex-ante-Kontrolle]。

原则上,行政部门的每一个所为或所不为,都可以成为要求废除或要求强制采取行动的对象。此外,单个的法律主体(必要时还有法律团体)在感到行政部门(或第三方)的干预损害了他们的基本权利的时候,宪法审判权还允许他们提出宪法诉讼。

附论(d)在德国的宪法传统中,**国家与社会相分离的原则**被具体主义地赋予自由主义所理解的法治国的含义。但是,这个原则的一般含义是指对一种社会自主性的法律保障,这种自主性也允许每个人——作为公民——有平等机会来利用其政治参与权利和交往权利。资产阶级法治国决不是符合这个原则的唯一模式。这个模式局限于对外部安全和内部安全的确保,而把所有其他功能放任给一个基本上摆脱政府调节的、自我导控的经济社会,指望正义的生活关系会通过个人——他们的自主性得到私法的保护——的主观的目标确定和偏好选择的自由作用而自发地产生出来。[39]

国家与社会分离的原则,如果抽象地理解的话,要求一种市民社会[Zivilgesellschaft],或者说充分摆脱了阶级结构的自愿联合关系和政治文化。从这个角度看,社会权力和民主的关系是成问题的,对此我后面将加以讨论。对于社会权力地位由此产生的权力潜力的不平等分配,市民社会必须加以缓冲和中立化,从而,社会权力之发生作用,仅仅是因为它对公民自主的发挥起**促进**的作用而不是**限制**的作用。我使用"社会权力"[soziale Macht]这个概念,是作为衡量一个行动者在种种社会关系中维护自己的利益——哪怕是抵抗对他的压制——的可能性的尺度。社会权力既能促进、也能限制交往权力的形成,即使其方式不同于行政权力。在一种情况下,社会权力的运用意味着自主地实现形式上平等的行动自由和交往自由,满足了必要的物质条件。比如说,在政治谈判中,参与的各方要能够通过社会权力而为自己的威胁和保证创造可信性。在另一种情况下,社会权力的运用使某些方面能借影响政治过程而把自身利益置于公民平等权利之上。比方说,实业界、各种组织和团体可能把社会权力转变成政治权力,不管是直接的(通过对于行政部门的影响),还是间接的(通过他们在政治公域中的控制性干预)。[40]

从组织的角度说,应当阻止社会权力对行政权力直接干预这条原则,体现在占据公共职位者对选民和议会所负的民主责任的原则之中。议员必须定期选举,政府及其部长为自己和他们的下属做出的决定承担的责任,对应于议会的监察权利和弹劾权利⑪。

认为国家可以作为中立力量[pouvoir neutre]超越各种社会力量的想法,从来就是意识形态。[41]但是,即使是一个从市民社会中**成长出来**的政治过程,也要在根植于社会文化之中的权力潜能(社团权力,政党筹款模式)面前具有一定程度的自主性,以足以防止行政系统——不管是作为执行机构还是作为制裁力量——沦为众多党派中的一派。比如这样一个危险:国家作为社团主义安排中的一方,会背弃政治正义——通过执行合法地制定的法律来实现政治正义——这个主张。考虑到刑法中的一些新趋势(比如刑事程序中的认

---

⑪ 在英译本中为"the oversight and impeachment powers"[监察权力和弹劾权力]。

罪辩诉协议),[42]国家与社会分离的原则,仍然是很有实际意义的。

在(a)到(d)阐发的那些原则,加起来构成了一个结构体系,其基础是这样一个单一观念:说到底,法治国组织为之服务的目的,是一个自由、平等的公民联合体通过权利体系而构成的共同体的政治上自主的自我组织。法治国的各种建制应当确保具有社会自主性的公民有实效地运用其政治自主,更具体些说是以下面两种方式。一方面,它们必须使一种合理形成的意志所具有的交往权力能够存在,并在法律纲领中获得有约束力的表达。另一方面,它们必须允许这种交往权力通过对法律纲领的合理运用和行政实施而在整个社会流通,从而通过对相互期待之稳定和集体目标之实现而发挥社会整合力量。借助于法治国组织,权利体系被表达为一种宪法秩序,在这种宪法秩序中,法律媒介起的是一种力量转换器的作用,以加强交往地形成结构的生活世界的较弱社会整合力量。我想强调的是这样两个方面:一方面,法治国赋予交往自由之公共运用以建制形式(2),另一方面,法治国给与交往权力向行政权力之转化以规范指导(3)。

(2)根据所涉及的问题,各种类型的商谈和谈判履行合理政治意志形成过程中的不同职能。这些商谈和谈判实现于相应的交往形式中,而这些交往形式又必须在法律上得到建制化——如果公民对其政治参与权的运用要得到保障的话。"建制化"这个概念直接牵涉合乎规范的预期行为,所谓合乎规范的预期行为,是说一个社会集体的成员知道,在什么时候、在什么样的条件下，他们可以彼此提出要求。为实施特定任务而进行的合作需要一定规则，而确定这种规则的程序也是可以内在化的。比方说，程序性规范规定如何签约，如何结盟，如何在自治团体中决策。议会商议和集体工资谈判也需要借助于程序法规范而开始进行。⑪

谈判是一种特殊的交往形式。在这里不存在与外在交往形式相对应的内在交往形式。程序应该确保可能的妥协的公平性，这些程序所调节的东西中包括这样一些方面：参与的权利，代表的选择，因而代表团的组成；必要时，还包括这样一些问题，比如谈判如何进行，谈判周期和时间有多长，谈判主题和发言是什么，进行制裁是否可以考虑，等等。对这些以及类似问题进行调节，目的是要确保所有有关利益得到同等考虑，各方都被赋予同样权力，从而，论据之交换的目标，是以尽可能合理的方式来寻求实现自己的偏好。达成妥协的程序应防止因为不平衡的权力结构和不平等的威胁潜力而使谈判结果偏向一方的危险。另一种危险，是妥协程序被运用于道德问题或伦理问题，从而后者在无人注意或无人作声的情况下被**重新定义**为策略性问题。不管这种谈判系统的建制化有多么困难，妥协程序始终涉及对策略性行动的调节。与此相区别的是像法院程序这样的调节商谈的程序类型。

在这里，法律程序遇到了完全另外一种"程序"，也就是具有自己特有逻辑的论辩过程。对于法院程序的模式，我们

---

⑪ 英译本在此处加："我们应该把各种交往形式——或各种类型的交往过程——同它们可以在其中被建制化的法律程序仔细地区别开来。"

还得具体地说明,那些程序法是如何使得法律的运用性商谈成为可能并使之建制化,而同时则不能对论辩本身加以规范的。这些程序法对论辩应在其中发生的活动空间进行定义、给与保护并赋予结构。由于其相对较高的合理化程度,法律的判决实践为以下两种程序交织在一起的情况提供了经过最充分分析的例子:一方面是赋予建制形式的法律程序,另一方面是其**内在**结构摆脱法律建制化的论辩过程,恰恰是这两者相互交织在一起了。这种程序交织表明,法律的天地可以说在其内部就是有可能向论辩开放的——通过论辩,实用的、伦理的和道德的理由得以进入法律的语言——而不至于要么终止论辩游戏,要么破坏法律规范。但是,**商谈被置入法律程序之中**虽然不影响商谈的内在逻辑,形成程序的建制化却为商谈施加了特定的时间的、社会的和事实的限制。比方说,在以论辩方式进行的意见形成和意志形成过程中,程序规范对这个过程的参与、其中的角色分工、主题范围,以及整个过程进行了调节。这样,法律手段就得到反思的运用,社会由此可以指望法律制定性商谈和法律运用性商谈在特定地点和特定时间进行。

  由于其理想化的内容,论辩所具有的普遍的交往预设只能被近似地实现。而且,因为不存在一种独立于程序的标准,就某一事例而言那些高要求交往预设是否得到了充分实现,只能从参与者自己的角度才能判断。仅仅这一点就表明,暂时得到辩护的观点一定有可能因为新获得的信息和理由而受到修正。法律程序抵消了这种可错主义:它要求必须达成的,是及时的、明确的、有约束力的决定。也就是说,在法律程序中,可以从观察者角度来核查程序规范是否得到了遵守。这样,一种程序上正确的结果从法律规范那里得到了它的社会约束力,而这种社会约束力代替了一种仅仅内在地、也就是说通过论辩形式而得到保障的程序合理性。法律建制化也具有这样的意义:把一种(如罗尔斯所说的)准纯粹的程序正义性嫁接在商谈及其不完备的程序合理性之上。这样,论辩逻辑并没有冻结、而是服务于形成具有法律效力的决定。

在法庭、议会或自治团体中用来决定实质性问题的**多数裁定原则**,用来说明对商议过程进行程序法调节的一个重要方面,是一个很好的例子。多数所达成的决定仅仅构成了一场持续讨论中的一个停顿,也可以说是记录了一场商谈性意见形成过程的暂时结果。就此而言,多数裁定原则保持了同真理寻求过程的一种内在联系。当然,多数的决定必须是建立在这样的前提之上的:对有争议问题的讨论是符合能力要求的,甚至是在一相关商谈的交往预设之下进行的。只有这样,这种决定的内容才被看作是合理地推动的、但是具有可错性的论辩结果——这种论辩是考虑到制度性决策压力才被中断的,而且原则上是可以被恢复的。其结果不可逆转的那些多数决定所遇到的怀疑,是以这样一种理解为基础的,即处于劣势的少数之所以对多数的优势表示同意,是因为他们自己也有机会在将来用更好的论据来赢得多数,从而修改已做出的决定。所以,比方说在最高法院判决之论证上附加持异议少数的意见,其意图就是把那些在类似情况下将有可能说服一个未来法庭的多数法官的论据记录在案。[43]当然,已经用商谈方式处理过的专业性问题(即使不一定包括与人有关的问题)上的多数方决定,本身并不是从多数比例的可变性获得其合法性的;⁴⁴但是,多数裁定原则如果要不取消论辩过程——它要论证的是说一些决定虽然具有可错性但却是正确的这个假设——的赋予合法性的力量,多数比例的可变性就是一个必要条件。此外,在有些问题上对多数进行限制,也是合适的。一般来说,多数派的决定受到保护少数群体基本权利的限制;因为,公民在行使其政治自主的时候,不应该违反一开始构成这种自主的权利体系。⁴⁵多数裁定原则在妥协方面所起的是另外一种作用;在谈判中,表决结果表明的是既定的权力分布状况。⁴⁶

合理的政治意志形成过程以一些交往形式为必要前提,为这些交往形式提供建制化的**民主程序**,必须同时考虑各种不同的交往条件。立法过程是在一个由各种理解过程和谈判实践所构成的复杂网络中实现的。在这里,实用的商谈和法律的商谈——在我们的过程模型中它们构成了起点和终点⁴⁷——最好被理解成一件有关专家的事情。如果我们不考虑对这种信息的输入和加工的组织的话,同议会商议的合理性质有关的,首先是对利益的公平平衡,伦理的自我理解,以及对规则的道德论证。除了面对具体任务我们**能够做**什么这个实用的问题之外,政治的意见形成和意志形成过程首先必须澄清三个问题:彼此竞争的各种偏好如何才**可能协调起来**,这是一个对达成妥协具有根本意义的问题;我们是谁、我们真切地**希望成为**谁,这是一个伦理－政治问题;我们应当如何**正义地行动**,这是一个道德－实践的问题。在利益平衡的谈判中,能够形成的是**聚合的**总体意志[aggregierte Gesamtwille];在有关意义的自我理解商谈中,能够形成的是**本真的**总体意志[authentische Gesamtwille];在道德的论证商谈和运用商谈中,形成的是一个**自主的**总体意志[autonome Gesamtwille]。在这些谈判和商谈中,影响结果的理由是各不相同的。与此相应的是各种不同的交往形式,论辩就是通过这些形式而进行的。初看之下,所有这些交往形式都表现相似的——也就是平等的——表面结构。只有一种分化的观察才能确认出深层的结构,这种结构要求在不同情况下满足不同条件。表现这种结构的,是各种交往形式对于理解**代议制度**、一般地来说对于议会和舆论的关系所具有的种种结果。

议员通常是在自由、平等和秘密的选举中被确定的。对于受命**通过谈判来达成妥协**的议员来说,这种程序具有明显的委派代表的意义。因为,参与公平地调节的谈判实践要求所有相关者都得到平等的代表;它应该确保所有有关的利益和价值取向在谈判过程中都能够得到同等的重视。比方说,集体工资谈判的代表授权是范围很小的,而对于人民代表的授权则是非常不确定的,即使我们仅仅从利益平衡的角度来考察议会谈判。这是因为,产生出人民代表的大选具有在较大范围内把利益聚集起来、使价值普遍化的效果。只要我们听任政治成为对实际的、由被选官员所代表的各种利益所进行的平衡,关于有约束的授权和没有约束的授权——或者说关于议会反映的是假设的民意还是经验的民意——的古典的讨论,就失去了它的参照点。

要看出经验的民意和假设的民意之间的区别,我们必须把进入政治过程的各种偏好不是看作某种仅仅给与的东西,而是看作一些接受论据之交换、可以用商谈方式加以改变的输入。[48]只有随着一种内在于政治意见形成和意志形成过程的逻辑,一种改变代议制度之意义的理性环节才发生作用。

如果议员是作为一种代议性或代理性商议过程的参与者而被选出的话,那选举首先就不具有表决权委托[eine Delegation von Willensmacht]的含义。这样,在以下两方面之间存在着一种特殊的紧张关系,一方面是代议团体的社会限制,另一方面是代议性商谈由于其交往前提而原本就要求具有的自由开放性。

伦理-政治商谈必须满足集体的意义自我理解所需要的交往条件。它们应当使一种本真的自我理解成为可能,并导致对一种认同规划的批判或者确认。在一种成功的自我确认中所达成的共识[Konsens],既不像通过谈判而达成的妥协那样表达一种协议[Vereinbarung],也不像在事实问题或正义问题上通过商谈而达成的同意[Einverständnis]那样是纯粹合理地推动的信念。⑫ 在它当中,两样东西同时得到了表达:对于自我的认识,以及选择一种生活方式的决心。为此必须满足一些不系统地遭受扭曲的交往的条件,这些条件一方面保护参与者不受压制,另一方面又不使他们撕脱其本真的体验语境和利益语境。自我理解性商谈,要求人们同自己的形成其认同的文化传统之间的关系应该是摆脱焦虑

---

⑫ 翻译多部 Habermas 著作的美国哲学家 Thomas McCarthy 对作者这里使用的几个概念作这样的诠释:"…合理地推动的 Einverständnis 要求所有各方出于同样理由接受一个结论;而对 Vereinbarung,各方可以出于不同理由加以接受;至于一个 Konsens,则可以产生于各方的价值取向之间的一种 übereinstimmung(共鸣,或许甚至是相互重叠)。"(Thomas McCarthy:"Legitimacy and Diversity:Dialectical Reflections on Analytical Distinctions,"刊于:Michel Rosenfeld and Andrew Arato(编):*Habermas on Law and Democracy:Critical Exchanges*, University of California Press, Berkeley/Los Angeles/London,1998。)'

的、反思的和乐意学习的。在这里要强调的是,自我确认的过程中是没有非参与者的;原则上,"是"/"否"立场的采纳是无法由他人代替的。**所有**成员都必须能够加入到商谈中来,尽管不一定是以同样的方式。每个人原则上都必须拥有同样的机会对所有有关的意见采取"是"或"否"的立场。因此,这些商谈,虽然由于技术上的理由只能由代表或议员来进行,却不能根据代理人模式[Stellvertretermodell]来理解;这些商谈所形成的,仅仅是一个总体上无法组织起来的公共领域的全社会交往循环的组织化中心或焦点。代议性商谈要能够满足所有成员平等参与的条件,对于来自一个商谈地构成的、因而权力影响微薄的、接近基层的、多元主义的公共领域的提议、问题和贡献,它就必须是虚心听取的、反应敏锐的、从善如流的。

道德商谈——在这种商谈中,每个参与者能够采取所有其他人的视角——的交往预设也产生类似结果。任何参加道德论辩的人,都必须能够假定一种特定的理解实践所需要的语用预设已经得到了充分满足,这种理解实践是自由的、公共的、普遍开放的,是摆脱外在的和内在的暴力的,是只承认更好论据的提供合理动机的力量的。这种交往形式不像是真能实现的,这就使得对道德的论证性商谈通常是以代言的形式进行的[die advokatorische Durchführung]。但是对用来建立代议性论证商谈之团体的组成和性质来说,这并不意味着负担的减轻。在这里,代表的含义只能是:通过对议员的选举,在把边缘群体的自我理解和世界观包括进来的时候,要考虑到范围尽可能宽的各种期待未来、诠释意义的视角。与伦理-政治问题方面的情况不同,在道德讨论中,可能受影响者的范围甚至不局限于人们自己的集体的成员。政策和法律是在道德眼光之下接受敏感的普遍化检验的,而这种角度首先要求建制化协商无条件地接受未经组织的公共舆论的信息之流、问题压力和刺激潜力的影响。同时,道德的眼光超越了每个具体的法律共同体的疆域,并与最近周边世界的种族中心主义保持距离。

对利益的政治平衡要求选出一些其任务是形成妥协的代表;其选举的模式必须注意对既定利益状况和偏好进行公平的代理和综合。与此相反,集体自我理解和道德论证要求选出的是代议性商谈的参与者,其选举模式必须确保所有有关的意义诠释视角通过对人员的选择而被包括进来。此外,自我理解性商谈和正义性商谈的逻辑产生出说服力很强的规范性理由,来要求虽然建制化但在公众监管之下仍具有多孔性的政治意见形成和意志形成过程向非正式的一般政治交往过程开放。在法治国原则之讨论的范围内,这里涉及的是一个**规范性的公共领域概念**的宪法意义。[49]政治意志形成过程——其组织形式为政府立法部门——如果阻隔自主的公共领域的自发源泉,如果切断与自由流动在结构平等的民间领域中的主题、建议、信息和理由的联系,就会破坏使它能合理运作的那个市民社会基础。议会团体应当在一个某种程度上无主体的公共舆论之参数中进行活动,当然这种公共舆论并不是在真空中形成的,而是在一个自由的政治文化背景之下形成的。权利体系阐明人民在什么条件下可以结合为一个自由和平等的公民联合体,而一个人群的政治文化则表现为在其具体的历史的生活情境中,他们是如何直觉地理解这种权利体系的。法治国原则如果要成为自由平等的人们的联合体之实现这个动态地理解的方案背后的推动力量的话,就必须被置入一个公民民族的历史情境之中,从而同这些公民的动机和心态连结起来。[50]

在这种交往模式中,**议会与公共领域的关系**同古典的代议论民主观和平民论民主观那里所看到的具有不同形式。根据 *stat pro ratione voluntas*(the will stands in the place of reason["意志代替理性"])的原则,**平民论**的出发点是这样一个意志主义的假定:存在着一种假设的民意,这种民意表达的是特定时刻的普遍利益,但在民主自决条件下它是同经验的民意大致重合的。与此相反,**代议论**将霍布斯的"制定法律者权威也,非真理也"的格言颠倒过来,从这样一个理性主义假设出发:只有在高于经验民意的代议团体的层次上,假设的共同之善才可能以商议的方式加以确定。这两种观点,卡尔·施米特[Carl Schmitt]用独特方式都结合进他对资产阶级议会主义的理想型重构当中去了。在他看来,一个被认为是同质的、经验的、民意的平民力量,是议会的商谈式意见形成和意志形成过程得以形成的根子:"资产阶级的议会是…政治意见之公开讨论得以发生的地方。多数和少数,执政党和反对党,都设法通过对论据和反论据的讨论来寻求正确的决定。只要议会代表的是全民族文化[Bildung]和理性,只要它把人民的整个智慧集于一身,就可以出现真正的讨论,也就是在公开的发言和对话中,人民的真正的总体意志可以作为一种'*volontè gènèrale*'[公意]而产生出来。人民本身是不能进行讨论的…,他们只能欢呼,选举,以及对放在他们面前的问题回答是或否。"议会主义的主要思想被认为就是由此产生的:"议会代表的是整个民族本身,并且,它以这种身份在公开的讨论和公开的决策中制定法律,也就是制定出决定和规范整个国家生活的理性的、正当的和普遍的规范。"51

奇怪的是,在这里卡尔·施米特依赖于马克思的一段名言,而这段话是同施米特自己的论题相矛盾的。马克思当然意识到早期自由主义是绝不希望公共讨论为议会团体**所独有**的:"议会政府是靠讨论为生的;它怎么会禁止讨论呢?讲坛演说家们的斗争激发了报章写手们的斗争;议会中的辩论俱乐部必定要由沙龙酒店里的辩论俱乐部作为补充。…议会政府把每件事都交给多数的决定;议会以外的绝大多数怎么会不希望做出决定呢?当你在国家的台上拉琴的时候,你怎么能不指望台下的人们跳舞呢?"52 因此,恩斯特·弗兰克尔[Ernst Fraenkel]可以不仅用经验的论据,而且已经在关于具有法治国结构之政治过程的自由主义理论的框架内强调指出:商谈性意见形成和意志形成过程绝不仅仅局限于议会。相反,在各个层面——政治公共领域、政治党团、议会团体和政府——上流动着的交往过程,是相互交织、相互影响的。53

当然,只有在交往模式——它摆脱了关于作为一种实体的人民之代表这样的具体主义理解——那里,上述思想才得以展开。一方面是建制化的意见形成和意志形成过程,另一方面是通过文化而动员起来的公共领域中非正式意见形成过程,这两方面之间的联系,交往模式是**从结构的角度**加以理解的。这种联系之成为可能,既不是因为人民的同质性和人民意志的同一性,也不是因为理性——被认为有能力去**现成地找到潜藏着的同质的普遍利益的理性**——的同一性。54 商谈论的观点同种种古典观点是针锋相对的。公民主权因为交往而具有流动性,如果这种公民主权是通过公共商谈的权力而发生作用的,而这种商谈又是起源于自主的公共领域、形成于**程序上民主的、政治上负责的**立法团体之中的,那么,信念和利益的多元主义就没有被压抑,相反是不仅在妥协当中、而且在有修改可能的多数决定之中得到了释放和承认。也就是说,一种完全程序化的理性的统一性这样就退回到公共交往的商谈结构中去了。一种共识,如果不是在可错论的保留条件之下、在无政府的、无束缚的交往自由的基础之上形成的,这种理性就不承认它是具有无强制性的、因而是具有赋予合法性的力量的。在这种交往自由的漩涡之中,除了民主程序本身之外就再无其他支点,而这种程序的意义,在权利体系中就已经得到了确定。

(3)古典的权力分立是用政府职能的分化来加以解释的:立法部门论证和通过普遍方案,司法部门依照这种法律根据来解决行动冲突,行政部门则负责实施那些不自动生效而需要加以执行的法律。司法部门在具体案例中对什么是合法律的、什么是不合法律的做出权威判决,由此把现有的法律当作法律来对待,也就是说,在稳定行为期待的规范性视角之下来考察法律。现行法律赋予政策以实定法的形式,并对用行政手段实现集体目标提供导控,而行政执行部门则处理现行法律的目的论内容。从论辩逻辑的分工角度来看,司法商谈服务于对规范的运用,而行政行为的合理性则[13]通过实用性商谈来确保。

---

[13] 英译本此处加"mainly"[主要地]。

实用性商谈的目的是为实现立法部门给定的价值和目标而选择既定条件下（比如有限资源、时间限制、对接受的抵制以及其他限制）合适的技术和策略："行政是在一个由偶然事实构成的世界上实现公布的价值的过程。赋予行政以合法性的理想是精确和效率。行政官员要做的事情是发现和实施那些将有助于实现一些业已确定的目的的行动，当然，在此同时也不忘记这一点：任何特定的目标或目的都不等于对一种良好生活的全部要求。行政官员们要做的工作是以成本－效率方式来布置的。因为价值已经确定，行政就是以事实为取向的——有些事实是具体的或历史的，比如这世界是怎样的？有些事实是可能的，比如这个世界上什么样的行动将造成同公布之目标的符合？回答这些问题，意味着心智转向一种调研的态度。高效率地完成这个任务，通常要求进行分工和等级性控制——简言之，要求科层制。…对官员的裁量能力用公布的和一般的政策进行约束、由等级权威将其纳入一定结构，按照符合程序的方式加以实施，并且就它是否符合某种工具合理性范式进行审查——这一切，对于维持自由自主的可能性，对于民主参与，都不是可有可无的。"[55]以论辩逻辑为依据的功能性权力分立对行政产生一种任务规定，这种任务规定的典型既不是草拟法律的政府各部官员，也不是德国市政法的自治团体，而是那种"仅仅关心事实和手段"的中层行政部门。以专业方式来履行这种功能，是民主法治国中行政之合法性的重要成分。但是这种合法性不仅仅局限于此。

因为，只有从权力理论的角度来看，权力分立的逻辑才表明，权力的功能性分立同时也确保民主的立法过程的优先性,以及行政权力对于交往权力的依赖性。政治上自主的公民要能够把自己理解为他们作为私的国民[private Subject]所服从的法律的创制者的话,那合法地制定的法律就必须规定政治权力运行的**方向**。在政府的层面上,比方说,有助于做到这一点的是选民对于通过大选而产生的领导人物的授权。但是,有助于这一点的首先是行政的合法律性原则,它构成了对行政的议会监控和司法审查的基础。这些监控涉及行政活动的两个方面:第一是法律之实施的专业性质;第二是对一些规范责任的遵守,这些责任确保执法行为是合乎法律的,同时也确保行政干预是具有法律依据的。由专家凭借其专业能力来完成任务,并不能成为行政部门的**家长主义式的**自我授权和自我计划的挡箭牌。[56]相反,权力分立的逻辑要求,行政之所以被授权尽可能专业化地完成任务,仅仅是因为它被置于这样一个它无法随意处置的前提之下:行政的范围仅限于根据法律来**使用**行政权力。

对行政的这种法律约束不能同另外一种限制权力的机制相混淆。在一个联邦结构的行政部门之内对行政权力的地区性或功能性划分,或者将行政部门分成专门的行政机构或者总管的行政机构,所遵循的是"制约和平衡"的模式——在一个已经实现了功能性权力分立[Gewaltenteilung]的部门内部进行权力分配[Machtverteilung]。这种行政权力的分配同权力分立的逻辑仅仅是间接地联系在一起,也就是说,说它们之间有联系是因为行政机构内部的非集中化具有延迟、阻止、缓和的效果,从而使得整个行政部门有可能受到外部的监控。

如果从规范上说法律应该是合法性的来源、而不仅仅是组织统治的手段的话,那么,行政权力就必须始终同交往地产生的权力保持原有联系。实现目标的行政权力与产生法律的交往权力之间的这种反馈关系可以通过一种功能性权力分立而建立起来,因为民主法治国的任务在于不仅仅平均地分配政治权力,而且通过对它的合理化而剥去其暴力性。用法律来驯服自发状态的政治暴力,不应该被理解成对这种暴力之实体中一种不可控制的偶然意志力的规训。相反,它消解这种实体,将其转化为一种"法治"[Herrschaft der Gesetz],其中表现的仅仅是法律共同体的政治上自主的自我组织。运用卢梭和康德的自决概念的理性法理论的关键就在于,通过把政治统治的行使归结为公民对政治自主的行使,把实践理性同主权意志统一起来,而使政治统治脱去其全部单纯的自发性。

出于这个理由,在对资产阶级法治国的理性法重构中,**法规的概念**[Gesetzesbegriff]是一个关键的成分。如果法规被理解为一种其有效性产生于人民代表在一个以讨论和公开性为特征的程序中的同意的普遍规范的话,那么,它就把两个环节结合起来了:主体间形成的意志所具有的权力,以及赋予合法性的程序所包含的理性。这样,民主的法规的特征就是"法律决定之内容上的随机性[Biliebigkeit]和它的程序条件的非随机性[Nicht-Beliebigkeit]之间的结合"。[57]为法规提供正义性的是它的民主的起源,而不是法律所符合的先天的法权原则:"法规的正义性是通过它的产生的特殊程序而得到确保的。"[58]宪法相对于立法过程的优先性与这一点完全协调,因为,诠释和发挥权利体系的宪法所包含的"不外乎是那不可扬弃之立法过程的原则和条件"。[59]

但是,⑭自由主义的分权学说依赖的是对这个法规概念的一个狭隘解释。它从语义学角度把法规理解为抽象的普遍的规范语句,然后把对行政的合法律性原则的符合理解为把行政措施严格局限于根据情形对普遍规范之内容的具体化。根据这种理解,法规的合法性的来源不是民主程序,而是其语法形式。这种语义学简化的含义是对权力分立作根据逻辑上包摄关系的理解。根据这种理解,用宪法来约束立法部门,用法规来约束行政部门,其依据是把种隶属于类、把特殊规范隶属于普遍规范的外延逻辑:措施、条例、法令必须像单个法规隶属于宪法规范那样隶属于法规之下。分权的逻辑这样就好像是按照一些蕴含关系进行运演的。这种解释既简便又雅致,至今仍然有一些说服力;但是,对它所提出的异议与其说是针对分权逻辑的,不如说是针对有关这种逻辑的自由主义理解的。

因为,随着法规越来越失去条件性纲领[Konditionalprogrammen]的形式而具有目的性纲领[Zweckprogrammen]的形式,权力分立的古典格局越来越难以维持了。这些实质化的法规照例也是作为普遍规范而出现的,其表述中不带有专有名词,并且指向数目不定的复数承受者[Adressaten]。但是,它们包含一些一般条款和含义不定的法律概念,或者是具体的、类似于特殊措施的政策目标,从而为行政部门留下很大的自由裁量余地。由于向国家干预主义方向的发展,越来越多的法律领域被实质化,结果是,取向于计划、事功和设

---

⑭ 英译本此处加"at least in Germany"[至少在德国]。

计的行政部门越来越无法局限于用技术的方式、在摆脱规范性问题负担的情况下来实施普遍的和足够确定的规范。这个在联邦德国有丰富记载、大量讨论的趋势,[60]同样也适用于美国和其他可比较的国家:"依据诸如水质法、空气质量法、消费品安全法、职业安全和卫生法、汽车安全法,或者毒品法等法律,国会要求建立新的行政机构以实现公共安全或卫生的需要与就业、产品品种和经济活力之间的平衡,在这种情况下,行政部门显然必须做出一些超过任何意义上的技术能力或专业能力的价值选择。这样,行政部门在彼此冲突的社会价值之间进行选择的自由裁量权就破坏了…行政的合法性模式…的传送带。"[61]

当然,这种反对意见仅仅表明,在普遍性法规之实施的"传送带模式"中,行政的合法规性原则没有得到足够抽象的理解。这表现在两个方面。一方面,法治国诸原则之引入,必须独立于任何历史的法律秩序和任何**具体的建制化形式**。在这个分析层面上——我到现在为止一直是在这个层面上进行讨论的——所涉及的仅仅是**一般意义上的**建制化的必要形式,而不是这些原则在特定政治建制中的实现。不同的国家权威机构的构成,它们之功能的抽象分离,还不意味着同样多的组织的❺分化。因此,对于福利国家科层机构之自由裁量空间日益扩展的一个反应,是在行政部门的决策过程本身之中建立新的参与形式和商议论坛,以避免出现不恰当的自我编程现象。有关的当事人获得面对官员的新的程序性权利:"法庭不是把新的决策标准和优先考虑强加给

---

❺ 英译本此处加"sociological"[社会学的]。

行政部门之上，而是要求只有在听取了历来并不出现在行政过程之中的利益方面提出的观点和证据之后，才能做出决定。所有这些技术措施，目的都是为了扩大、强化或重新定义所有方面对于行政过程的参与。"[62] 当然，在行政过程中引入类似法庭听证的程序和其他参与形式，会召来新的危险，马肖[Jerry L.Mashaw]在讨论这些危险的时候称之为"干预过度"[overintrusion]和"保护不足"[underprotection]。但即使是这种批评，也是依赖于从分权逻辑中借用来的规范标准的。

但那些原则必须作足够抽象的表述，甚至也不仅仅独立于它们的变化着的建制形式。语义学的普遍规范概念——分权逻辑与它有紧密联系——带来的先入之见还是太多。法规在分权的法治国的结构中所起的枢纽作用，仅仅从语义学视角出发还得不到足够解释。相反，注意力必须转向立法者的意志在其中形成的商谈和谈判，转向用来为法规提供合法性的理由和论据的潜力。从商谈论角度来看，立法、司法和行政的功能是可以根据交往形式和相应的理由潜力而分化的。法律可以调节交往权力向行政权力的转化，因为它们是根据一个民主的程序而产生的，它们为公平判决之法庭所担保的法律保护提供了依据，它们将执行法律的行政部门同那些支持立法决议和法庭判决的规范性理由**隔离开来**[entziehen]。这些规范性理由属于一个立法部门和司法部门在其中共同进行论证规范和运用规范工作的领域。一个仅仅限于实用性商谈的行政部门，不应该用它自己的贡献改变**这个领域中的**任何东西。与此同时，它从这个领域中取得一些规范前提，它自己的那些受经验影响的、目的合理的决策必须以这些规范前提作为基础。

从论辩逻辑的角度来看,在制定、运用和实施法律的部门之间的职能分化,根源于**各种不同理由**——以及与此相应的确定该如何对待这些理由的交往形式——**的诉诸可能性的分配**。只有政治立法者才可以无限制地诉诸规范的、实用的和经验的理由,包括那些通过公平谈判结果而形成的理由,尽管在诉诸这些理由时,他们只能在一个旨在论证规范的民主程序的框架之内。司法部门不能随意运用法律规范包含着的那些理由,但是,当法庭着眼于整个法律系统的融贯性,在一个旨在做出前后一致判决的司法运用性商谈中运用这些理由的时候,这些理由起另外一种作用。最后,与立法部门和司法部门不同,行政部门无论是以建构的方式还是以重构的方式来运用规范性理由都是不允许的。馈入行政部门的规范将集体目标之追求约束在既定前提之上,将行政活动局限于目的合理性领域。这些规范仅仅在如下条件下才授权官员们去选择技术和策略:与私法的主体不同,他们追求的不是他们自己的利益或偏好。

谈论"立法部门"、"司法部门"和"行政部门",显露出一种因为特定的建制化形式而先入为主的过于具体的理解。这样一种观点缺乏我们所勾勒的对于法律的制定、运用和执行这些**功能**的商谈论的说明。只有从对于不同理由的使用和相应的交往形式的指派的抽象角度出发,才有可能对分权逻辑中产生的那些原则的具体的建制化形式做出评判。比方说,一旦纲领性目标的实施要求行政部门执行一些至少隐含地具有发展法律和运用法律的性质的组织任务,传统的行政结构的合法性基础就不再够用了。

在这种情况下,分权的逻辑必须在新的结构中加以实现,比方说,建立相应的参与形式或交往形式,或者引进一些类似司法的或议会的程序,形成妥协的程序,等等。[63] 对此我将在最后一章加以讨论。

注 释

1　E. W. Böckenförde: " Entstehung und Wandel des Rechtsstaatsbegriff ", 载于 Böckenförde: *Recht, Staat, Freitheit*, Frankfurt/Main 1991, 143 – 169; I. Maus: "Entwicklung und Funktionswandel der Theorie des bürgerlichen Rechtsstaats", 载于 Böckenförde: *Rechtstheorie und Politische Theorie im Industriekapitalismus*, München 1986, 11 – 82.

2　M. Kriele: *Einfuehrung in die Staatslehre*, Opladen 1981, 224ff.

3　C. Langer: *Reform nach Prinzipien. Zur politischen Theorie Immanuel Kants*, Stuttgart 1986.

4　T. Parsons, R. F. Bales, E. Shils: *Working Papers in the Theory of Action*, New York 1953, 63ff.

5　Th. Raiser: *Rechtssoziologie*, Frankfurt/Main 1987, 275ff.; 亦见 H. Popitz: *Die normative Konstruktion von Gesellschaft*, Tübingen 1980.

6　T. Parsons, E. Shils: *Towards a General Theory of Action*, New York 1951.

7　Raiser(1987), 301ff.

8　Wesel(1985); L. Posposil: *Anthropologie des Rechts*, München 1982.

9　关于下面的内容,参见 K. Eder: *Die Entstehung staatlich organisierter Gesellschaften*, Frankfurt/Main 1976; J. Habermas: *Zur Rekonstruktion des Historischen Materialismus*, Frankfurt/Main 1976, 173ff.

10　关于 Parsons 的交往媒介理论,参见 J. Habermas(1981), Bd.2, 384ff.

11　Lon Fuller 认为这是包含在实证法之中的道德的基础: L. Fuller: *The Morality of Law*, Chicago 1969; 亦见 R. G. Summers, Lon Fuller, Stanford 1984.

12　H. Arendt: *The Human Condtion*, Chicago, 1958, p.200; 关于下面的内容,参见 J. Habermas: "Arendts Begriff der Macht", 刊于 Habermas: *Philosophisch-politische Profile*, 1981, 228 – 248.

13 H.Arendt: *Über die Revolution*, München 1965, 96.

14 H.Arendt: *Macht und Gewalt*, München 1970, 45.

15 在 *Das Urteilen*, *Texte zu Kant's Politischer Philosophie*（München 1982, 17 – 103）中，在提到康德的 *Kritik der Urteilskraft* 时，阿伦特解释了权力、交往自由、商谈和公平性[Unparteilichkeit]之间的内在关系。

16 Arendt(1970), 42.

17 Arendt(1960), 193f.

18 F.A.von Hayek: *Die Verfassung der Freiheit*, Tübingen 1971.

19 关于法律社会学中的人类学痕迹，参见 H.Schelsky: *Die Soziologen und das Recht*, Opladen 1980；关于法学中的具体秩序的思想，参见 C.Schmitt: *Über drei Arten des rechtswissenschaftlichen Denkens*, Hamburg 1934. 关于 Schmitt 参见 I.Maus: *Bürgerliche Rechtstheorie und Faschismus*, München 1980.

20 R.Dworkin: "Principle, Policy, Procedure", in Dworkin: *A Matter of Principle*, Cambridge, Mass., 1985, 72 – 103.

21 E.Denninger: "Verfassung und Gesetz", in *Kritische Vierteljahresschrift für Gesetzgebung und Rechtswissenschaft*, 1986, 300f.

22 J.Rawls: "Kantian Constructivism in Moral Theory", in *Journal Philosophy*, 1980, 515 – 572；也请参见: J.Habermas(1991a), 127ff.

23 J.Rawls(1975), 136.

24 M.Kieler: *Recht und praktische Vernunft*, Göttingen 1979, 31.

25 Kriele(1979), 30.

26 H.Scheit: *Wahrheit-Demokratie-Diskurs*, Freiburg 1987, 370ff.

27 下面的内容参见: Habermas: "Vom pragmatischen, ethischen und moralischen Gebrauch der praktischen Vernunft", 刊于 Habermas(1991a), 100 – 118.

28 R.Beiner: *Political Judgement*, London 1983；E.Vollrath: *Die Rekonstruktion der politischen Urteilskraft*, Stuttgart 1977.

29 Gadamer 的哲学诠释学解释了这种自我理解过程的逻辑: 见 Gadamer: *Wahrheit und Methode*, Tübingen 1960；更多地讨论伦理 – 政治问题的分析是 A.MacIntyre: *Whose Justice? Which Rationality?* Notre Dame, Ind. 1988.

30 J.Elster(*The Cement of Society*, Cambridge, 1989, 50)对谈判的时机作了如下定义: "讨价还价[bargaining]之发生是在这样的时候，即存在着若干合作的方式，并且各方对这些方式的偏好是彼此冲突的。"

31 J.Elster: *Arguing and Bargaining*, 手稿, 1991, 3.

32 J. Habermas: *Legtimationsprobleme im Spätkapitalismus*, Frankfurt/Main 1973, 153ff; Habermas: "Die Utopie des guten Herrschers", in Habermas: *Kleine politische Schriften*I-IV, Frankfurt/Main 1981, 44ff.

33 这种情况提醒我们注意这个事实，即作为政治意志形成过程之部分的道德商谈和伦理商谈与非正式的、日常的道德商谈和伦理商谈之间的区别不仅仅是因为它们是被法律上被建制化的。通过立法过程而进入对法律规范之辩护的道德考虑和伦理考虑，对于法律的合法性主张来说是重要的因素，但是它们并没有突破法律的形式。与道德和伦理的日常商谈相比，立法者的通过法律传输的道德和伦理商议结果的意义是不同的、是具有具体限制的。在伦理商谈中这点很明显。伦理商谈如果是从第一人称单数的角度来进行的，就是针对我的真切的生活方式这样的生存论问题的。这种临床劝告的对象是自然人，而不是法律主体 [Rechtssubjekte] 的。即使是从"我们"角度进行的日常商谈，不管这"我们"是一个特殊的历史的"我们"，还是一个无限的交往共同体，它们所导致的建议和命令都是针对在各自生活情境中被个体化的那些自然人的。与此相反，规范行动的法律所指向的是具有社会类型的法权人 [Rechtspersonen]，这些法权人仅仅因其选择自由 [Willkürfreiheit] 而被个体化。如我们在分析法律形式的时候已经看到的那样，法律关系所覆盖的是需调节问题的"外在的方面"。举个例子来说，[摩西十戒中的] 第五戒律同刑法中杀人罪方面有关规定之间的区别就是由此造成的，虽然两种规定在其道德内容方面可以是大致重合的。

34 关于 J.St.Mill, 参见 J.Hellesnes: "Toleranz und Dissens", *Zeitschrift für Philosophie* 40(1992), 245-255; 关于 J.Dewey, 参见 R.B.Westbrook: *J.Dewey and American Democracy*, Ithaca 1991.

35 E.Denninger: *Staatsrecht*, Hamburg 1973, Bd.I, 101ff; K.Hesse: *Grundzüge des Verfassungsrechts der Bundesrepublik Deutschland*, Heidelberg 1990, 76ff. Und 213 ff.; Kriele (1975), 104ff.

36 E.Schmidt-Assman: "Der Rechtsstaat", in *Handbuch des Staatsrechts*, v.J.Isensee 和 P.Kirchhoff 编, Bd.I, Heidelberg 1987, §24, 987-1043.

37 Ph.Kunig: *Das Rechtsstaatsprinzip*, Tübingen 1986, 312ff.

38 参见 R.Schnur 主编的 *Zur Geschichte der Erklärung der Menschenrechte*(Darmstadt

1964)中的一些经典性的论文。

39 D.Grimm:*Recht und Staat der bürgerlichen Gesellschaft*,Frankfurt/Main 1987;E. W. Böckenförde(Hg.):*Staat und Gesellschaft*,Darmstadt 1976;D.Suhr:"Staat-Gesellschaft-Verfassung",*Der Staat* 17 (1978), 369ff.; E. W. Böckenförde:*Recht, Staat, Freiheit*, Frankfurt/Main 1991.

40 参见 J.Habermas:*Strukturwandel der Öffentlichkeit* (Frankfurt/Main 1990,11 - 50) 一书中的前言。

41 这种意识形态在 Carl Schmitt 的门徒中流传得尤其广泛,作为例子,参见:W. Weber:*Spannungen und Kräfte im westdeutschen Verfassungssystem*, Stuttgart 1915; E. Forsthoff:*Der Staat der Industriegesellschaft*,München 1971.

42 关于用私下调解来代替国家的刑事诉讼,参见 W.Naucke:"Versuch über den aktuellen Stil des Rechts",Schriftean der H.Ehlers-Akademie 19,1986.

43 B. Guggenberger, C. Offe (编):*An den Grenzen der Mehrheitsdemokratie*, Opladen 1984.

44 Ch.Glusy:"Das Mehrheitsprinzip im demokratischen Staat",刊于:Guggenberger, Offe(1984),61 - 82.

45 G.Frankenberg, U.Rödel:*Von der Volkssouveränität zum Minderheitenschutz*, Frankfurt/Main 1981.

46 H.J. Varain: "Die Bedeutung des Mehrheitsprinzips",刊于 Guggenberger, Offe (1984),56:"许多这样的多数仅仅是一时的结盟…但是对所有这些多数来说,都存在着解体和结合成为新的多数的可能性。所以,在多数决定当中人们发现的是一种柔顺形式的意志表达。"

47 见上文第 207 页。

48 E. Fraenkel:"Die repräsentative und plebisyitäre Komponente im demokratischen Verfassungsstaat",刊于 Fraenkel:*Deutschland und die westlichen Demokratien*,Frankfurt-Main 1991,153 - 203.

49 J.Habermas:"Volkssouveränität als Verfahren.Ein normativer Begriff der Öffentlichkeit", 参见本书后面第 600 - 631 页。

50 Ch.Taylor:"The Liberal-Communitarain Debate",刊于 N.Rosenblum(编):*Liberalism and the Moral Life*,Cambridge,Mass.1989,176ff. 关于"Nation von Staatsbürgern"参见 J.Habermas:"Staatsbürgerschaft und nationale Identität",见本书附录三。

51　C.Schmitt: *Verfassungslehre*, Berlin 1928, 315f.

52　K.Marx: *Der 18 Brumaire des Louis Napoleon*, Berlin 1953, 61.

53　E.Fraenkel: "Parlament und öffentliche Meinung", 刊于: Fraenkel(1991), 209: "议会和公共舆论作为两个虽然彼此独立、但不可分割地连结在一起的成分而相互依赖, 有关'虚拟代表'的种种理论, 'volontè gènèrale' [公意] 的乌托邦, 在同等程度上远离了这个现代的观念…"

54　关于我对 C.Schmitt 的 *Die geistesgeschichtliche Lage des heutigen Parlamentarismus* (Berlin 1926) 的批评, 参见 J.Habermas: "Die Schrecken der Autonomie", 刊于 Habermas: *Eine Art Schadensabwicklung*, Frankfurt/Main 1987, 101 - 114.

55　J.L.Mashaw: *Due Process in the Administrative State*, New Haven 1985, 230.

56　关于这种专家治国的行政模式, 参见: Mashaw(1985), 19: "由于不断地面对单一类型的问题, 以及选择具有专业训练的人员, 行政部门可以运用的专业知识是通才型的法庭和通才型的立法部门难以企及的。虽然在其运用之初, 行政部门不一定具有最后解决问题所必需的科学知识或技术专长, 但行政的专家模式设想, 到一定时候, 经验和研究终将导致越来越健全的行政判断。"

57　I.Maus: "Zur Theorie der Institutionalisierung bei Kant", 刊于: G.Göhler 等 (编): *Politische Institutionen im gesellschaftlichen Umbruch*, Oplanden 1990, 358ff., 此段引文见第 372 页。

58　Maus(1978), 15.

59　Maus(1990), 374f. 关于康德那里从实质的自然法到程序的自然法的过渡, 也可参见: I.Maus: *Zur Aufklärung der Demokratietheorie*, Frankfurt/Main 1992, 148ff.

60　I. Maus: "Verrechtlichung, Entrechtlichung und der Funktionswandel von Institutionen", 刊于: Maus(1986), 277 - 331.

61　Mashaw(1985), 22.

62　Mashaw(1985), 26f.

63　只要看一下地方自治 [kommunale Selbstverwaltung] 的结构, 就可以看出把法治国诸原则与在组织上实现这些原则的相应形式线性地对应起来是不妥当的。众所周知, 地方自治结构是无法强行纳入古典的分权格局之中的。地方自治之所以被包括在整个国家行政之中, 仅仅是因为从法律的角度来看, "地方法说到底是组织法, 从而同州组织法处于紧密的相互作用之中。" (D.Czybulka: *Die Legitimation der öffentlichen Verwaltung*, Heidelberg 1989, 195) 但是, 从功能的角度来看, 在这个基层的决策层次上的全方位权力的非集中化,有助于一种仍然符合分权逻辑的各政府职能的组织上的交叉。尽管市镇并不具有立法权,但它们拥有颁布条列的自主权[Satzungsautonomie]。通过普遍的、比较人称化的选举而确定合法性,议会般的意志形成过程,非专业人员的自愿性参与,等等,使市镇公民们对于一种总体行政的纲领和过程有可能施加相对较强的影响,这种总体行政超越了其他的参与制行政模式(或"有关人员的有组织参与")。国家和社会分离的原则实行起来更为困难。这种类型的组织仍然会受到社会力量较强的个人或团体的非正式地施加的压力。我用地方自治这个例子只是想提醒注意,法治国诸原则并不直接映射在政治建制的组织层面上,甚至也不映射在政治过程的层面上。因此,并不是有悖于古典的分权格局的所有现象,都是支持反对分权逻辑本身的观点的。

第五章

法律的不确定性和
司法的合理性

194　　我们已经在同理性法理论提出的问题的联系中引入了权利体系和法治国原则。我们所采纳的视角从契约论向商谈论转换,并不蕴含着任何抽象层次上的变化。当然,为了说清楚问题我们偶尔提到联邦德国或美国的法律制度,那是要提醒我们这样一个事实:法治国原则和基本权利虽然是抽象地确定的,却只能存在于历史的宪法和政治制度之中。它们在具体的法律秩序中得到诠释和落实——在文化符号的层次上诠释和落实于宪法性法律之中,在行动系统的层次上诠释和落实于相应的建制和过程之中。这些问题是比较法学和政治科学的对象,不是我们的讨论话题,尽管与它有间接联系。这种具体的法律秩序不仅代表了实现同样权利和原则的不同方式;它也可能反映了不同的法律范式。所谓法律范式,我指的是一个法律共同体关于如下问题的代表性观点:权利体系和法治国原则可以怎样实现于一特定社会的**直观**语境之中。

　　借助于一个当代社会模式,**法律范式**告诉我们,法治国原则和基本权利如果要在给定情境下履行其规范地赋予的功能的话，必须怎样对它们加以理解和实施。"法的社会模式"[Sozialmodell des Rechts]（借用弗兰茨·维亚克[Franz Wieacker]的术语）表示的东西类似于法律体系中隐含的社会理论，也就是表示这个体系所理解的那个社会环境。因此，法律范式决定了基本权利和法治国原则该怎么理解，它们可以如何实现于当代社会的情境之中。现代法历史中两个最成功的法律范式，两个今天仍然相互竞争的范式，是资产阶级形式法[bürgerliches Formalrecht]范式和福利国家实质法[das sozialstaatlich materialisierte Recht]范式。我之所以采取商谈论的视角，目的是由此来明确勾勒扬弃了另外两种范式的第三种法律范式的轮廓。我的出发点是这样一个观点：20世纪末出现于福利国家型大众民主制社会的那些法律制度，适合于从程序主义的角度来加以理解。但是，在进行对法律范式的讨论之前，在本章和下一章，我将对我到现在为止所采取的思路作进一步的阐述。我在前面从哲学立场考察了法律，从商谈论角度引入权利体系和法治国原则体系。现在我想从法律理论的角度，也就是说从**狭义的**法律体系的角度，来为这种思路进行辩护。

对现代法律系统来说，有必要作一种双重划界。作为一个行动系统，法律包括用法律规范来调节的互动的总和。卢曼，比方说，把这种**广义的**法律定义为专事稳定行为期待的社会子系统。它包括所有在表述时要提到法律的社会交往。[1] 我们可以把这种意义上的法律区别于**狭义的**法律系统。它不仅包括所有取向于法律的互动，而且也包括所有被用于产生新的法律并把它作为法律而加以再生产的互动。在这种意义上把法律制度建制化，要求对法律进行自我运用,其形式是制定、运用和实施法律的权能得以构成、得以授予的那些次级规则。立法、司法和行政这些国家"权威机构"[Gewalten],就是根据这些功能而彼此分化开来的。

当然,从经验角度来看,我们可以看到,在我们这种类型的社会里,同时履行多种功能的不同建制参与了法律的这种产生和复制。在民主法治国中,政治立法被当作核心功能。今天,参与法律之制定功能的不仅仅有政党、选民、议会团体和政府,而且——就法院诠释和发挥法律、行政部门行使相当广泛的自由裁量权而言——也包括法院和行政的立法性决策实践。至于法律之运用的功能,不仅仅法院在法律学说和法律公共领域的范围内行使这种功能,行政部门也在含蓄地行使这种功能。最后,法律之实施的功能,行使这种功能的也不仅仅是行政部门,法院也间接地行使这种功能。在某种程度上,这些法律功能甚至由政府部门委托给半官方的或非官方的团体。

广义的法律制度,我理解为包括所有用法律来调节的行动系统。这个系统包括彼此对立的两个领域,一个是通过反思性法律而构成的核心领域,也就是以私人自主的方式形成法律行动的领域,另一个是通过实质性法律规范来导控行动的领域。而且,在这样两个领域之间存在着一种分层,一个是具有正式组织形式的、以法律方式构成的互动领域,另一个是初具法律外表、主要通过法律外建制来调节的互动领域。在具有正式组织形式的领域,比如经济或国家机构,所有互动❶是由法律指导的,并且,即使从行动者的视角来说,

---

❶ 英译本改为"most interactions"[多数互动]。

是以法律为参照的,而在像家庭❷或学校这样的领域,法律仅仅在发生冲突时才从背景中走出来,被行动者意识到。[2]

上述说明应该足以对狭义的法律系统作大致的定位了。法的商谈论首先必须在这个分析层面上证明自身的价值。与哲学的正义论不同,**法律理论**[Rechttheorie]的讨论范围是具体的法律秩序。它的原始材料取自实际生效的法律、法律条文、案例、法律学说、政治的立法情境、历史的法律来源,等等。与哲学不同,对源自法律和政治权力之间内在联系的那些方面——首先是对国家政权运用合法暴力的法律允准的问题,法律理论是一点忽视不得的。[3] 像法理学[Rechtsdogmatik]一样,法律理论也赋予法官的视角以特别地位。这是由司法部门在狭义的法律系统之中的功能地位引起的。因为所有的法律交往都指向可诉诸法律行动的主张,所以法庭程序为分析法律系统提供了视角。对这个视角的选择仅仅是**一种方法论的**决定,并不是要把分析限制在司法过程上。法律理论在内容上也延伸到立法和行政,因而延伸到反思地涉及法律之产生和再生产的所有子系统,以及广义的法律系统。法律理论区别于法理学的地方在于它要形成一个关于整个法律秩序的理论。除了司法专家的角色之外,它也把政治立法者、行政者和法律共同体成员(不仅作为公民而且作为当事人)的角色包括进来,因此将其他参与者的视角考虑在内。[4] 就如我们在罗纳尔德·德沃金的法律概念(把法律看作是确保整个社会之整合的媒介)中将看到的那样,甚至法律共同体的集体性自我理解也以这种方式进入了视

---

❷ 英译本加"neighborhood"[邻里]。

野。尽管如此,法律理论首先仍然是**关于司法的理论**和关于法律商谈的理论。

在这个司法领域中,法律中的事实性和有效性之间的内在张力表现为法的确定性原则和对法的合法运用(也就是作出正确的或正当的判决)之主张这两者之间的张力。我将先讨论对司法中合理性这个问题提出不同答案的四种具有代表性的法律观(一)。特别有意思的是德沃金的建议,即把司法决策实践的合理性要求投射到对实际生效的法律的合理重构层面之上。对于他假定的这种理论,他提出了一些理想性要求,这些要求引起了热烈的讨论(二)。弗兰克·米歇尔曼对德沃金的唯我论理路所提出的反对意见,为一种关于法律商谈的主体间理论铺平了道路。但是,罗伯特·阿勒克西[Robert Alexy]在这方面所提出的命题,即法律商谈应该被理解为道德(运用性)商谈的一个特例,同司法和立法之间的复杂关系并不那么符合(三)。

1. 诠释学、实在论和实证论

(1)当一种正义论采取一种直接的规范性思路,并设法通过超越现存建制和传统来论证一个秩序良好社会的种种原则时,它面对这样一个问题:它的抽象的正义观念怎样才同现实取得一致。对这样一种成熟的理论来说,这个问题是研究的结果,而对一种法律理论来说,对在现行法律范围内思考问题的法律理论来说,这个问题则是一个研究的起点。我们已经看到,事实性和有效性之间的张力是如何内在于法这个范畴本身之中的,是如何表现于法律有效性的两个向度之中的。一方面,现行法律确保以国家制裁为后盾的行为期待的落实,同时也确保法律的确定性。另一方面,制定和运用法律的合理程序担保对用这种方式加以稳定的期待的合法性——规范**值得**法律上的服从,并且任何时候都可能出于对法律的尊重而得到遵循。这两种保证必须在司法决策层面上同时加以兑现。当出现不同主张之间冲突的时候,把它们转换成法律主张,并且在法庭听证之后以一种具有实际约束力的方式加以裁决,这是不够的。为了实现法律秩序的社会整合功能和法律的合法性主张,法庭判决必须同时满足**判决的自洽性**和**合理的可接受性**这两个条件。因为两者不容易调和,两套标准必须在司法实践中达成妥协。

一方面,法的确定性原则要求判决是在现行法律秩序之内自洽地作出的。但是,现行法律是一张由过去的立法决定和司法决定或者习惯法的种种传统所构成的不透明网络的产物。法的种种建制史构成了每个当代的判决实践的背景。这种最初的法律产生情境的偶然性,也反映在法律的实证性当中。另一方面,合法性的主张要求判决不仅与过去类似案例的处理相一致、与现行法律制度相符合,而且也应该在有关问题上得到合理论证,从而所有参与者都能够把它作为合理的东西而加以接受。在一种当下的未来[gegenwärtige Zukunft]的视域中判决实际案例的法官,是以合法的规则和原则而主张其判决的有效性。就此而言,对判决的论证必须摆脱法律之形成情境的种种偶然性。从历史向系统的这种视角转换,在对判决作基于既成前提的内部论证转向对前提本身的外部论证的过程中,得到了明确的实现。[5] 就像法律一样,法庭判决也是"历史和道德的双重产物:一个个人在市民社会中有资格拥有什么,既取决于这种社会的政治建制的惯例[practice],也取决于这些建制的正义"。[6]

因此,司法的合理性问题就在于:一种偶然地产生的法律的运用,如何才能既具有内部自洽性又具有合理的外在论证,从而同时保证**法律的确定性**[Rechtssicherheit]和**法律的正确性**[Richtigkeit]呢?自然法理论干脆把实证法置于超实证标准之下,如果假定选择这种理论的可能性不再存在的话,那么,处理法律理论中这个核心问题的首先就是这样三种著名的可能方案:(a)法律诠释学,(b)法律实在论,(c)法律实证论。

(a)关于法律判决的常规模式认为法律判决就是把案例置于有关规则之下;与这种模式相反,法律诠释学的优点是复活了这样一个亚里士多德主义的洞见:任何规则都不能规定它自己的运用。[7] 一个适合某个规则的事态的构成,取决于根据运用于它的那个规范的概念对它进行的描述,而这个规范的意义,恰恰只有当它被运用于一个被变成规则之一例的事态时,才得以具体化。一个规范永远只是根据由这规范自身所规定的相关性标准而有选择地"吸纳"复杂的生活世界情境,而由规范所构成的那个事态也绝没有穷尽一个普遍规范的模糊的意义内容,而是也非常有选择性地体现这个规范。这种循环性的描述提出了一个方法论问题,每个法律理论都必须澄清这个问题。

诠释学对此问题提出的答案是一个关于诠释的"过程模

型"。诠释活动开始于一个受评价影响的前理解［Vorverständnis］,这种前理解在规范和事态之间确立一种在先的联系,并开启建立进一步关联的视域。这种起初弥漫不清的前理解,随着在它引导下规范和事态互相使对方具体化或者说互相使对方得以构成,而变得更加确切。[8] 诠释学之所以在法律理论中有一个独特地位,是因为它通过以情境主义方式把理性置入历史的传统关联之中来解决司法的合理性问题。根据这种解决方案,法官的前理解受到一种伦理传统情境之传统主题［Topoi］的影响。这种前理解根据得到历史确证的种种原则来协调规范和事态之间的相互关联。一个判决的合理性最终应该根据"那些尚未拼合成规范的习俗所提供的标准"来衡量,也就是说,根据"先于法律的法理睿智"来衡量。[9] 展开为法律理论的诠释学坚持在司法判决中提出的那种合法性主张。循环的诠释过程的不确定性,可以通过诉诸种种原则而得到降低。但是这些原则只有从法官碰巧身处其中的法和生活的既有形式的效果历史［Wirkungsgeschichte］中,才能加以合法化。

（b）当然,在各种不同信念系统和利益状况彼此竞争的多元主义社会中,求助于通过诠释而形成的主流精神气质［Ethos］,并不能为法律判决之规范有效性［Gültigkeit］提供一个令人信服的基础。对一个人来说是作为一种被历史所确证的传统主题［Topos］而有效的东西,对另一个来说却是一种意识形态,或一种纯粹的偏见。实在论的法律理论学派对这种情况做出了反应。他们并不否定诠释学方法论的表述价值,但对引导诠释过程的前理解做出了不同的评价。在司法判决的选择性结果中,法律之外的背景发生了作用,对这种作用,只有用经验分析才可能加以澄清。这些外在因素解释了法官是如何填补他们在判决中所享受的自由裁量余地的;这些因素使人能够确定司法判决的历史的、心理的或社会学的**预设**。这种观点所导致的法律怀疑论后果是显而易见的。一个法庭程序的结果如果可以根据法官的利益状况、社会化过程、阶级隶属关系、政治态度和人格结构来说明的话,或者通过意识形态传统、权力格局以及法律体系内外的经济因素和其他因素来说明的话,判决的实践就不再是由内部因素决定的,也就是说由对程序、案例和法律根据的选择决定的。法的内在逻辑在法律诠释学那里已经弱化了,也就是说已经因为将法律置于传统之中而相对化了,现在,这种内在逻辑已经完全消失在对法律运用的"实在论"表述之中了。

从法律实在论,自由法学派[Freirechtsschule]和利益法理学[Interessenjurisprudenz][10]的角度来看,法律和政治之间是不再能够根据结构特征来作出明确区分的。但是,法律判决如果可以被同化为赤裸裸的权力过程,那么坚持认为基于足够确定的规范系统的自洽判决有可能确保法律确定性,就不再有任何意义。过去产生的法律对现行判决失去了支配意义,因为这些判决完全属于法官自由裁量的范围。法律的合法性主张至多在以下意义上保持其意义,即法官像政治家那样,以一种取向于未来的方式、根据他们认为合理的价值取向而做出自己的判决。这样,法律就被认为是用来进行行为控制的一种工具,这种工具可以运用于合理的政治目标,也就是根据功利主义的理由或者福利经济学的理由来辩护的目标。[11]那个过程参与者的理想主义观念,即所有(或多数)案例可以根据现有法律既自洽又正当地判决的观念,被实在论理论家从观察者角度出发置于冷静的批判之下。从参与者的角度来说,司法判决实践如果没有理想化的预设,是不可能进行的。直截了当地撤回对法律确定性的任何保证,意味着法律体系最终必须根本放弃法律的稳定行动预期的功能。实在论者无法解释,法律体系的履行功能的能力,怎么可能同法律专家方面的激进的法律怀疑论意识彼此相容。

(c)与此相反,法律实证论者想要说明法律的稳定行为期待的功能,但又用不着根据有异议可能的习俗性伦理传统的权威来支持法律判决的合法性。与实在论学派相反,汉斯·凯尔森、H.L.A.哈特这样一些理论家阐明了法律规则的内在的规范性质和规则体系的系统结构。使受规则约束的判决的自洽性成为可能,并且使得法律基本上独立于政治的,应该就是这个规则体系。同诠释学家相反,实证论者们强调一个不受法律之外原则影响的法律体系的封闭性质和自主性质。他们就这样解决了合理性的问题,但在这种解决合理性问题的方式中,作狭隘理解的、清除了任何超实证规范有效性基础的建制史,占据了优先的地位。一种"基本规则"或者"承认的规则"使人们能够毫不含糊地确定哪些规则在一个特定时期属于有效的法律。

一种这样的**自主的**法律体系分成调节行为的初级规则和用于自我指涉地产生规范的次级规则。如果我们假定法律是在这种意义上自主的,那么法律规则的规范有效性[Gültigkeit]就仅仅是根据是否遵守法律所规定的立法程序来衡量的。这种基于立法程序之合法律性[Legalität]来进行的合法性化[Legitimation],过分重视规范的发生谱系——也就是法律制定的正确程序,而贬低了规范之内容的合理论证的重要性:规则之所以有效,被认为是因为它们是由有关机构恰当地制定的。对整个法律秩序的合法化,转移到了这个秩序的起源,也就是说转移到了一条基本规则或者承认规则,这条规则赋予任何东西以合法性,而本身却无法作合理论证;它必须作为一种历史的生活形式的一部分而事实上确定下来,也就是作为习俗而接受下来。哈特借助于维特根斯坦的语言游戏的概念对此进行论证。就像一种语言游戏的语法一样,承认的规则根植于一种虽然从外部被描述为事实,却被参与者们自己当作自明地有效的东西的实践方式[Praxis]。[12]

把法律的有效性同它的起源绑在一起,合理性问题就只能做一种不对称的解决。理性或道德❸在某种程度上被置于历史之下了。因此,对司法判决的实证主义理解过分重视了确定性保证而忽视了正确性保证。法律确定性的优先性,在实证主义对于"疑难案件"(hard cases)的处理中,可以看得很清楚。在这些案子中,诠释学问题尤其明显:怎样来论证不可避免地具有选择性的判决的恰当性?实证论降低这个问题的重要性,把它的结果分析为是日常语言表述中不可避免的含糊性的症状。哈特把诠释法律规范的必要性归结为是由自然语言的根本上开放的结构所引起的,并且得出了抉择主义的[dezionistisch]结论。只要现行规范不足以对案子作出精确说明,法官就必须根据他们自己的自由裁量来进行判决。法官用法律外的偏好来填补他们的自由裁量空间,并且,在必要时,运用不再由法律权威来覆盖的道德标准

---

❸ 英译本为"justice"[正义]。

来确定其判决的方向。

（2）罗纳尔德·德沃金的法律理论可以看作是一种避免实在论、实证论和诠释学解决方案之缺陷的努力。具体来说,德沃金转向一种义务论的权利概念,来解释司法判决是如何可能同时满足法律确定性要求和合理可接受性要求的。同实在论相反,对于受规则约束的、自洽的判决——足够程度之法律确定性就是由这样的判决所保证的——德沃金既坚持它的必要性,也坚持它的可能性。同实证论相反,他主张在内容上根据业已承认的原则(而不仅仅是在形式上根据程序)而确定其合法性的"唯一正确"判决的必要性和可能性。但是,在以诠释学方式诉诸由原则所决定的前理解时,法官被认为不应该被置于具规范内容之传统的效果史的支配之下。相反,法官对一种前理解的诉诸,使他有义务对一种始终显出实践理性痕迹的法律建制史做一种批判的袭取[Aneignung]。法庭判决谁应当享有哪些"政治"权利;在这些权利中德沃金包括那些既满足实证的有效性,同时又从正义的角度值得承认的权利。

说这样一些权利"存在着",这个命题的依据是一种体现于历史、同时又可以说穿透历史的实践理性。这种实践理性通过道德的视角而发挥作用,并具体表述为平等地关怀和尊重每个人这条基本规范。德沃金的基本规范符合康德的权利原则和罗尔斯的第一正义原则,根据这条原则,每个人都有权利享有平等的自由。当然,德沃金对罗尔斯提出异议说,原始状态中的各方之所以都能够同意这条原则,是因为平等关怀和平等尊重的基本权利已经调节了各方对这个原始状态的加入,因而属于一般意义上的合理同意的条件之列。对于德沃金来说,这种基本权利不能在别的原则基础上加以论证,因此它享有"所有男人和女人…仅仅作为有能力制定计划和运用正义的人类…而拥有的自然权利"的地位。[13] 为避免自然法理论的涵义,人们也可以把这理解为是对一般意义上的基本权利的义务论意义的说明。这种有效性意义在具有建制约束力的权利、或者说"政治"权利那里也具有,个人的法律主张因而被赋予一个无条件性环节。德沃金把权利理解为一个牌戏中的"王牌",在这个牌戏中个人在来自集体政策的不利对待面前捍卫自己的正当主张:"权利的定义就意味着,它是不能被所有社会目标所压倒的。为简单起见,我们作这样的规定,任何政治目的,除非它拥有某种超越所有集体目标的域限份量[Schwellengewichte],我们都不能称之为一个权利。"[14] 当然,并不是说所有主观权利都具有绝对有效性,但每个权利都给集体目标之实现中的成本-收益分析施加了限度。为这种限度提供论证的,说到底是平等尊重每个人这条原则。

德沃金的权利理论依赖于这样一个前提:道德视角在司法中是起作用的,因为实证法不可避免地吸纳了道德的内容。这个前提对法的商谈论来说是理所当然的,因为商谈论的出发点就是假设道德理由通过民主的立法程序(以及妥协之形成的公平性条件)而进入法律之中。[15] 但是,这个观点需要做某种解释,因为道德内容一旦**翻译**成法律规则,就经历了一种为法律形式所特有的意义变化。

附记:**关于法律的道德内容**

道德内容的法律意义和它们的具体分量的变化范围,在调节行为的初级规则的领域表现得尤其明显。如果我们按照伯纳德·彼得[Bernhard Peter]的分类,把这些非程序规则分成两类,一类是压制性的、补偿性的命令和禁令,另一方面是"奖赏"[Preis]和转让[Transfer],[16]那么,道德内容显然覆盖一个很宽的范围。它们可以缩减到最低限度,即期待对于法律规范本身的遵守,而同它们的规范内容无关。各种规范的道德内容的相对分量的一个迹象,是公民对于相应的违规现象的反应的强度。这些反应包括公民方面的非正式的非议或谴责和法庭所施加的制裁。对惩罚进行分类的方式(从犯法到仅仅违规),与刑事案件和民事案件之间区分(不同赔偿主张就是以此为依据的)一样,可以被理解为对道德内容的法理学权衡。刑法上的基本违法现象,比如谋杀和杀人,肉体伤害,非法拘禁,偷窃,等等,被认为是道德上应谴责的,而判处一个人为他所造成的破坏进行赔偿,则仅仅意味着对行为的非议,而不是对行为者的蔑视。

但是,如果涉及的是根据行为所指派的奖赏或花费,比如补贴、收费、各种赋税等等的时候,或者是根据与行为无关的福利标准来实施的收入转让和支付的时候,人们就是另外一种反应了。同再分配性质的赋税和资源指派的政策有关的法律,以及同集体物品之再分配和提供的政策有关的法律,是以一种道德上中立的方式指向那些被认为主要取向于成本-收益计算或干脆是"需要"的人们的。未能做到立法者意图中的行为控制并不是"可谴责的"。这意味着,含有"奖赏"或转让在内的法律规范的有效性含义,在一定程度上被非道德化了。但是,这些法律规范不一定缺少、通常也确实不缺少道德内容,因为它们是道德上得到论证的法律纲领的组成部分。贯彻这些政策的形式是法律提供的,而法律的内容是在立法者用来论证这些政策的道德标准的影响下形成的。因此,德沃金区别于原则性论据[principle arguments]的那些政策性论据[policy arguments],也完全可以是同道德有关的。

那些赋予像社团、大学、专业协会等等准公共性团体以具体权能的中间性程序规范,是介于充满道德内容的规则和很大程度上非道德化的规则之间的。行使这些权能(比如领导劳工斗争,达成妥协,制定组织规则等等)要遵守的程序和形式要求,有时候也扩展到同道德有关的行为,比如提供信息和关怀的责任,排除不恰当斗争手段的责任,等等。即使在私法中,"忠诚和信念",或者对意料之外结果负责,也是起作用的。有意思的是,这些程序要求或形式要求,并不能详细说明涂尔干所谓契约之非契约基础的道德内容,并不能包括在法律形式之中。这涉及的首先是道德判断能力,对于制定和运用法律规范的权威来说,这种能力即使不起一种引导作用,也应该是与此相伴随的。对于在私法的核心领域授予法律权能的那些规范来说,这种诠释可能是有争议的。但是,在有些领域,一些公共的立法权能和组织权能被委托给那些仅仅在名义上是"私人的"权能拥有者(比如工资协议所牵涉的各方,或者根据劳资关系法而选择的委员会成员)——考虑到这些领域,上述诠释确实是有一些道理的。

当然,作为**正确法律的标准**,道德的作用首先在于立法者的政治意志形成过程,在于公共领域的政治交往。即使上述**法律中的**道德的例子,也仅仅说明道德内容被转译成法律规则,并且被提供另外一种有效性模式。内容上的重叠,并不取消在后俗成论证层次上、在现代世界观多元主义条件下不可逆转地分化开来的法律和道德之间的界限。只要道德和法律的**语言的区分**仍然成立,道德内容移入法律之中就并不意味着任何对法律的**直接的**道德化。德沃金在谈论为司法判决作外在论证的原则性论据的时候,在多数情况下他想到的仅仅是法律原则,也就是把商谈原则运用于法律规则所形成的那些标准。权利体系和法治国原则当然是多亏了实践理性,但它们首先归功于这个理性在民主原则中所采取的那种特殊形式。基本权利和法治国原则的道德内容也可以通过以下事实而得到说明:以同一条商谈原则作为基础的法律基本规范和道德基本规范,在**内容**上是相互交叉的。

(3)不管德沃金本人会怎么具体理解法律和道德的关系,他的权利理论至少要求对法律的有效性主张做一种义务论的理解。他用这个理论来打破法律诠释学的循环,即那个因为返身求助于一种既成精神气质之历史地确证的主题而陷入其中的循环。德沃金给诠释学思路以一种建构主义转向。他先是批判法律实证论,尤其是(a)它的中立性命题,以及(b)它的关于法律体系是自主地封闭的假设。从此出发,他提出(c)他自己关于建构性诠释的义务论观念。

(a)德沃金首先反对那种认为法律通过立法程序的纯粹合法律性[Legalität]而认定合法性[Legitimation]的假定。法律商谈之独立于道德和政治,仅仅是在这样的意义上:道德原则和政治政策必须也被转译成法律的中性语言,并且同法律代码相联系。但在这种规则的统一性之下,却隐藏着合法之法的复杂的有效性意义。这解释了为什么在原则性判决[Grundsatzentscheidungen]❹中,法律之外的理由,也就是实用的、伦理的和道德的考虑也可以进入法律论辩之中。

借助于盎格鲁-萨克逊法律、尤其是美国法律中的一些著名先例,德沃金分析了法官是怎么设法通过系统地诉诸政治政策和道德原则的背景而处理不确定的法律情境的。法官通过对政策和原则的法理加工而做出一些经过充分论证的判决。这样的外在论证之所以可能,是因为现行法律本身已经并入了目的论内容和道德原则,尤其是已经吸纳了政治立法者的决策理由。当较高等级的法院进行原则性判决时,这些理由可以说马上又会重新冒现出来。当然,在法院判决实践中,原则性论据享有高于政策性论据的优先性地位:政策性论据的真正地位在立法过程之中,它们是通过这个过程而进入法律商谈的。司法的任务是运用稳定行为期待的那些法律规范;在对立法的政策和目标进行考虑时它所根据的是原则,因为"原则性论据通过显示一政治决策尊重或确保某个个人权利或团体权利而对这个决策提供论证"。[17]当然,政治政策通常也已经根据选择和权利而得到过论证,但是,只有诉诸权利体系的原则性论据,才可能维持个案判决与整个法律秩序的规范性内容之间的内在联系。

(b)德沃金然后借助于"规则"和"原则"之间的区别来说明哈特作为其自主性命题之基础的那种法律观的缺陷。规则是具体的规范,其内容之明确足以使它运用到典型的案例(比方说订立遗嘱的规定),而原则则代表有待诠释的普

---

❹ 英译本为"landmark decisions and important precedents"[里程碑式的判决和重要的先例]。

遍的法律标准(比方说人权和平等对待)。规则和原则都是律令[Gebote](命令和允许),它的规范有效性表达一种义务的性质。这两种规则类型的区别切不能同规范和政策之间的区别混淆起来。规则和原则都没有一个目的论结构。与通常的方法论学说在诉诸"价值权衡"[Güterabwägung]时往往暗示的相反,原则决不能被理解为最大化律令[Optimierungsgebote],因为这样会取消它们的义务论性质。[18]规则和原则在判决的论证中都作为论据而起作用,但各自具有不同的论辩逻辑价值。规则总是带着一个"如果"从句,明确说明构成其运用条件的那些典型的情境特征,而原则,要么其出现时带着未加明确说明的有效性主张,要么其运用仅仅受一些有待诠释的一般条件的限制。由此可以解释德沃金所强调的那种典型区别,即发生冲突时规则和原则出现不同情形。在规则之间发生冲突时,这冲突只能以两种方式之一来解决:或者引进一条例外条款,或者宣布发生冲突的规则之一为无效。这种全或无的决定,在原则之间发生冲突的时候并不是必要的。虽然碰巧适合一给定问题的那条特定原则当然享受优先性,但**退居其次的**原则并不因此而失去其有效性,而仅仅失去其情境相关性。根据所要决定的情况,若干个看起来都相关的原则当中的一个占据优先于其他原则的地位。因为恰当性原则可能随不同情况而变化,在不同情况下可以为同一些原则确定不同的传递关系序列,而它们的有效性并不因此而受到影响。

而实证主义得到的则是一个错误的自主性命题,因为它把法律理解为一个由取决于运用过程的规则所构成的封闭体系,这些规则在发生冲突时要求法官运用其自由裁量来作出一些全或无的决定。从德沃金的角度来看,实证主义者之所以被迫导致抉择主义的结论,仅仅因为他们的出发点是一种把法律看作没有原则的规则体系的**单向度的**法律观。因为缺少一个原则概念,他们把所有冲突都看成是规则之间的冲突。这些冲突然后导致法律情境的不确定性,这种不确定性只可能以抉择主义的方式加以消除。一旦出现原则和根据原则而进行的对规则之运用的高层次论证,一旦它们被承认为法律商谈的**常规**成分,以下两个方面就都消失了:规则体系的封闭性质,和规则之间冲突的不可解决性。

(c)通过分析原则性论据和政策性论据在法律商谈中所起的作用,通过揭示法律体系本身之内的高层规范这一层次,德沃金把握了实证法所要求的后俗成的论证层次。同法律实证论所假定的相反,现代法在挣脱了神灵基础、从宗教-形上语境中解脱出来之后,并没有变成仅仅偶然的东西。法律的义务论含义蕴含着一个不可随意支配性[Unverfügbarkeit]环节,这个环节诉诸一个理性的向度,并鼓励人们追求基于原则的"唯一正确"答案。与法律诠释学所假定的相反,这些原则并非仅仅是一个可以从某个伦理共同体之传统中引出来的历史地确证的传统主题。既然这样,诠释的实践就要求一个超越既定法律传统的参照点。为说明这个实践理性的参照点,德沃金**在方法上**借助于建构性诠释的程序,**在内容上**借助于设定一个可以对现存规范体系进行重构和系统化的法律理论。

就像在科学史中那样,在法律体系的制度史中,我们也可以把那些可以从内部角度进入的方面同外部的方面区分开来。从内部角度来看,在系统回顾一个争论问题的时候,人们可以对历史地存在着的论辩作批判的审视；根据当代的证据，可以把无效的努力同创造性的努力区分开来，把僵局、错误同学习过程和暂时的解决方案区分开来。当然，取决于以什么范式作为基础，在反思的时候会出现不同的重构思路。但范式的选择并不是任意的，而取决于一些我们不能任意支配的诠释起点。范式性的前理解并不是不可修正的；在诠释过程中，它也会受到检验和修改。但是，即使在结束的时候，作为重构——不管是科学的重构还是法律的重构——之基础的那些观念，也仍然包含着某种预先判断力量[präjudizierende Kraft]；它并不是中立的。因此，范式必须作为最好地把握科学或法律主题的模式而进行理论辩护。

德沃金的法律模式的意义就在于此。根据他的模式，实证法是由规则和原则所组成的，它通过商谈性司法而保证相互承认关系的完整性[Integrität]，每个公民都得到平等的关怀和尊重就是基于这种相互承认关系而得到担保的。德沃金引述我对伽达默尔的批评[19]，把他的批判诠释学程序称作是一种"建构性诠释"，它通过诉诸一个范式或者一个"目的"而阐明意义理解过程的合理性："建构性诠释的任务是把目的加于一个对象或者一个实践之上，以便使之成为它据说从属的那种形式或者类型的最佳例证。… 这样，我们可以说，所有诠释都努力使一个对象尽可能成为某个被假定的事业的最佳例证，而诠释之所以在不同语境中采取不同形式，只是因为不同的事业运用不同的价值标准或成功标准。"[20]借助于这样一种建构性诠释程序，[21]每位法官在每个案例中应该都能够通过用一个"理论"来支持其论证、从而弥补所谓"法的不确定性"，而得出一个理想地有效的判决。

这个理论应该以这样一种方式来合理地重构既定的法律秩序:通过这种重构,现存的法律可以根据一套经过排序的原则而得到论证,从而证明它是整个法律之或多或少具有例证意义的体现。

2. 德沃金的法律理论

(1) 为解决司法判决实践如何能够同时既符合法律确定性原则又满足法律合法性要求这个问题,德沃金寄希望于一个抱负很高的理论,这个理论尤其在疑难案件中能够使人们从经过合理重构的现行法律的融贯关系出发,对具体的判决进行论证。作为一个陈述之有效性的标准,融贯性比由逻辑演绎确保的分析真理性要弱,但比无矛盾性标准要强。陈述之间的融贯是由(图尔明[Stephen Toulmin]的意义上的)实质性论据所确立的,因而是由具有如下语用性质的理由所确立的:这些理由能产生出论辩参与者之间的一种基于合理动机的同意。[22]

在法律商谈中,规范性论据的作用,通常是在发生规则冲突时根据原则来为给定案子中合适规范之选择进行辩护。德沃金之所以对这些原则感兴趣,也是因为它们拥有明显的义务论内容,从而摆脱了任意订立和废止的偶然性。比方说,当基本权利和宪法原则被诠释和发挥,或者当其他道德内容进入实证法之中,从而"从法律建制的官方行为中得到支持"的时候,这些法律规定中的变化决不能影响它们的规范性内容。"说这样一些原则被'否决'或'驳回',是没有什么意义的。"[23]虽然原则是不能被本体化、变成道德事实之类东西的,但它们的义务论力量却赋予它们这样一种论辩逻辑价值:它可以说明法律商谈中可运用的论证资源为什么允许人们超越内在的辩护而对前提本身进行论证。[24]

在德沃金看来,法律原则和立法者与之相容的政治政策为人们提供了论辩手段,去对现行法律的复合体进行重构,直到它被认为是规范地正当的为止。德沃金要求建构的是一个法律理论,而不是一个正义理论。任务不在于对以诸正义原则为根据的社会秩序进行哲学建构,而在于**发现**这样一些有效的原则和政策:从这些原则和政策出发,可以在本质要素方面对一个**具体的**法律秩序进行辩护,从而使它的全部个案判决都作为一个融贯整体的组成部分而契入其中。这种理想性任务,正如德沃金所意识到的,只有一位具有其智力可同赫拉克勒斯[Hercules]的体力相媲美的法官才能担当。这位"赫拉克勒斯法官"拥有两方面的理想性知识:所有为论证所必需的原则和政策他都知道,整个把现行法律各分散要素连成一体的复杂的论据网络他都一目了然。这两个成分对理论建构都设置了界限。赫拉克勒斯以其超人的论辩能力所覆盖的活动领域,通过这样两个方面来加以界定:一方面,原则和政策的等级排序可能有各种变化;另一方面,整个实证法的内容有必要进行筛选、其中的"错误"有必要加以纠正。实际上,赫拉克勒斯要发现的是一整套"按照公平的要求"[25]来论证一特定法律体系之制度史的融贯的原则。

但是,能够用这种方式进行充分论证的,仅仅是一个来自正在进行中的学习过程的正义的法律体系:"不管怎么样,赫拉克勒斯必须扩展他的理论,使它包括这样一个观念:对制度史的论证可能揭示出该历史的某个部分是错误的。"[26] 同时，赫拉克勒斯决不能把**重构**一个现行法律规范体系的理论家角色同进行**建构**的立法者角色混淆起来。但是，并不是法律秩序的所有成分都具有同等程度的约束性的；它们以不同的程度允许进行探索性的、矫正性的评价。从宪法框架出发，经过单个的宪法性规范、普通的法规和习惯法，一直到先例、评论和其他法律来源，初始情境的偶然性、因而可回溯地更改的评价的余地，是逐步增大的。德沃金雄辩地讨论了从哪些角度来看（比方说）先例对于当前的判决具有不同的分量，从而赫拉克勒斯"可以把制度史的某些部分作为错误而撇在一边。"[27] 这样的一种重构性法律理论应该具有充分的选择性，从而每次只允许做出一个正确判决，宣布现行法律秩序框架中哪些主张一方是可以坚持的，也就是说，哪些权利他是客观地拥有的。赫拉克勒斯法官的理论把经过合理重构的过去的判决同当前的合理可接受性的主张协调起来了，把历史同正义协调起来了。它消解了"司法原创性同制度历史之间的紧张…法官必须对向他诉讼的各方的权利做出新的判断，但这些政治权利是过去政治决定的反映，而不是它的对立面。"[28]

（2）上述理论要把法律秩序的实证性与可诉诸法律行动的主张协调起来，并因此而处理出现在法律有效性本身之中的事实性和有效性之间的张力。在这样一种理论的设定上面，笼罩着高强度理想化的长长阴影。这种理论要求赫拉克勒斯作为它的作者；而这种具有讽刺意义的作者身份认定，恰好显露了这个理论所要满足的理想性要求。德沃金的建议因此引起了广泛争论。争论的核心问题是：这些理想要求是表达了一种范导性理想，法官如果要公正地对待内在于所有现代司法之中的目的的话就一定要接受其引导的那种范导性理想，还是相反，这些要求坚持了一种虚假的理想，把这样一种虚假的理想当作司法判决的标准？

(a) 所谓批判法学运动[Critical Legal Studies Movement] (CLS)采纳了法律实在论的问题提法，但并不是把批判的法律研究交给社会科学的观察者去做，而是像德沃金那样从法官自己的参与者角度从事这种研究。[29]实在论者动摇了法律理论的三个教条：认为存在着权利的假定；认为实际案例可根据现行法律体系而自洽地判决的假定；再加上这个核心假定：认为法庭判决总是合理的，也就是说是由法律规定、先例、主流学说等等充分地确定了的。德沃金的法律理论对这三个假设作了不那么容易攻击的建构性解读。那些不可当作工具来运用的权利所具有的义务论意义，表现在它们构成了针对政治政策和集体目标的"域限分量"。这些权利只能在受法律理论指导的论辩中加以澄清。在这个过程中，现行法律的有些成分，包括最高法院过去的判决，从回溯的角度看可能证明是错误的。只有一种在原则基础上加以论证的实证法，才可能做出"唯一正确的"判决。当然，从批判法学运动的角度来看，这种更新了的理性主义之所以在目前尤其受到实在论反对，就是因为它求助于一个理论的背景。

因为法官是一个血肉之身，远远达不到赫拉克勒斯的理想，所以，要人们在日常工作中受这个理想形象引导的建议，实际上不过要人们受这样一种愿望支配：去接受那些事实上由利益状况、政治态度和意识形态偏见或其他外在因素所决定的法律判决。法官对原则和政策进行选择,并从中建构他们自己的法律理论,目的是对他们判决加以"合理化",也就是说,掩盖他们那些用来补偿法律之客观不确定性的偏见。30

对此,德沃金可以通过澄清一个多多少少仍处于背景之中的前提来加以回应。如果批评者事实上能够从令人信服的个案研究出发,证明对法庭的判决从法律以外的因素要比从法律情境出发做的说明更好,那么,事实就是对现行实践方式的反驳。但是,法律的内在不确定性并不像批评者所认为的那样产生于法律结构本身,而是一方面产生于法官未能提出尽可能好的理论,另一方面产生于一个或多或少难以进行合理重构的法律秩序的制度史。建构性诠释要能够成功,"现存理性"的一个片断,不管它是如何的不完整,必须是已经沉淀在那具体的法律秩序从中产生出来的历史之中了。作为美国人,德沃金有持续两百多年的宪政发展过程作为背景;作为自由主义者,他倾向于一种相当乐观的评价,认为美国的法律发展过程主要是一个学习过程。对于那些并不持有同样信心、或者站在其他政治语境和法律史语境的人来说,只要现行法律为合理重构至少提供某些历史基础,也不必放弃体现在赫拉克勒斯中的范导性理想。

借助于"完整性"[Integrität❺]的概念,德沃金设法表

---

❺ 这个词或英语的 integrity,同时兼有"完整性"(或"整体性")和"正直"(或"诚实")的涵义。德沃金所用的 integrity,尤其在谈论法律秩序的 integrity 及其与法官的 intigrity 之间的关系时,这两种意思都包含。在本书谈论个人的 integrity 时,中译者用"人格完整性"来翻译,以尽量保持 integrity 的多重涵义。

明,所有现代法律秩序都诉诸法治的观念,并且,即使实践理性在制度史中痕迹稀疏,这些秩序也为批判诠释学提供了一个可靠支点。德沃金用"完整性"原则来表达这样一个共同体的政治理想,在这个共同体中,联合起来的公民们相互承认为平等的和自由的人。正是由于这个原则,公民们——就像立法部门、司法部门和行政部门一样——有义务去实现在社会的实践方式和组织方式中平等地关怀和尊重每一个人这个基本规范:"它坚持主张,人们要成为一个真正的政治共同体的成员,就必须承认他们是在下述很强的意义上命运与共的:他们承认,支配他们的是同样的原则,而不仅仅是那些在政治妥协中推敲而成的规则。"31 当一个政治共同体这样构成的时候,立宪的奠基行为意味着公民们授予自己一个确保其私人自主和公共自主的权利体系。与此同时,他们彼此期待将加入政治过程,德沃金把这个过程称作"关于共同体作为一个体系应当接受哪些原则的争论舞台。"受理论影响的司法这个理想要求,法官是在国家的宪法(或类似宪法的东西)中找到的:"一种原则的联合体并不自动地就是一个正义的共同体;它对于平等关怀的看法可能是有缺陷的,它也可能违反其自己公民的权利或者其他国家公民的权利。…但是,与任何其他共同体模式相比,原则的模式更好地满足了一个在正义和公平方面彼此意见不一的人们可能采纳的真正的共同体的条件。"32

在对第一轮批评所作的这个回应中,德沃金将内在于赫拉克勒斯理论中的理想化从一个范导性观念引出来,这个观念并不直接用来解决司法过程所面临的合理性问题,而产生于对立宪秩序的一个内在于宪法现实的规范性自我理解。

法官有义务根据一个对整个法律作基于原则的论证的理论来判决具体案例,这种义务反映了一种**在先的**、产生于立宪行为的公民义务:遵循正义的原则,作为自由、平等的人的联合体之成员相互尊重,以此来维持一种共同生活的完整性。尽管如此,这种政治理想本身仍然可能表达一种虚假的理想化。宪法实践这样就可能自我欺骗而后果重重,强加给各种建制以完全无法完成的任务。

(b)在第二轮批评中,批评者设法证明,德沃金希望他的赫拉克勒斯实行的是一种**不可实现的**纲领。例如,在一个著名的个案研究中,敦坎·肯尼迪[Duncan Kennedy]设法表明,美国私法以及与此相关的司法实践的发展围绕着两个不协调的原则。一方面是契约自由原则,也就是把社会看作是按目的合理方式行动的私人之间一种有调节竞争。这是一种自由主义观点。另一方面是诚信原则,即保护彼此承担义务的契约关系,因而也就是一种相反的、把社会看作是基于相互关怀和团结的联合体的观点。[33]批判法学的倡导者们把这种和类似的研究结果概括成如下命题:整个现行法律充满着**矛盾的**原则和政策;因此,任何合理重构的努力都注定失败:"说到底,激进的不确定命题断言,法律并不是一个规则体系,而是一团混乱。各种矛盾相混合所形成的结构,不可能导致任何会保障平等对待和正义的判决实践——不管它是如何的理想化。"[34]

对这个指责,德沃金只是匆匆地回答说批评者忽视了在特定案例中发生冲突之原则和相互矛盾之原则这两者之间的决定性区别;否则他们就必定会注意到,赫拉克勒斯的理论努力开始之处,恰恰是批评者以其怀疑论的规则观结束其轻率地推而广之的历史研究的地方。[35]克劳斯·贡特尔通过求助于论证性商谈和运用性商谈之间的论辩逻辑上的区别,而使德沃金的这个观点更加明确了。

如果我们假定,对于今日的司法来说具有典型意义的那些案例不仅包含专门适用于运用性过程的规则,而且也包含原则,那么我们就可以轻而易举地表明,为什么冲突发生的几率是很大的——但这并不显示法律体系本身的深层的不融贯。有些规范所带有的"如果"从句对运用的条件作了详细规定,以至于它们只能运用于一些非常典型的、非常明确的标准情形(一旦运用于别处就会造成诠释学上的困难)。除了这样的规范之外,**所有规范都是内在地**不确定的。但德沃金称作"规则"的那些规范——它们要求在发生冲突时做出全或无的决定——恰恰是例外。事实上,如果**这种类型的**彼此冲突的规则对同一类案例提供的规定是相互矛盾的、但都声称有同等有效性的话,一个法律体系的融贯性就受到了危害。所有其他规范——不只是对整个法律体系提供辩护的基本权利和法治国原则——在它们对情境的指涉方面仍然是不确定的,是需要在单个案例中作**附加**说明的。这些规范仅仅是显见地可运用的[prima facie anwendbar],所以,只有在一个运用性商谈中才能证明,它们是不是适用于一个在论证过程中还无法预见的具体情境,或者说,它们尽管是具有有效性的,却是不是必须让位于另外一个规范,也就是"恰当的"[angemessen]规范。只有当一个有效的规范被证明是对有待判决的案例来说唯一恰当的规范,这规范才为一个唯一可以主张是正确的判决提供论证。说一个规范是显见地有效的,仅仅意味着它已经被公平地**论证**过了;只有这个规范的公平的**运用**,才导致关于一个案例的有效判决。普遍规范的有效性还不能保证单个案例中的正义。

规范的公平运用弥合了在规范的公平论证中由于未来情形的不可预见性通常必定会留下来的那个缺口。36 运用性商谈所涉及的不是规范的有效性,而是它的**恰当的情境相关性**。每一个规范仅仅抓住置身于生活世界之中的单个案例的某些方面,所以,必须证明哪个事态描述对于有争议案例的情境性理解来说是重要的,哪些显见地有效的规范对于尽可能在所有重要事态特征方面得到把握的情境来说是恰当的:"在这里提出下述问题是没有意义的,即商谈参与者是先获得对事态的充分描述、然后才拥有所有显见地可运用的规范,还是倒过来,他们只有根据对于那些或许可运用之规范的前理解,才能获得对情境的描述。⋯ 参与者们只有在他们已经把该事态之描绘的所有相关特征同可运用之规范联系起来之后,才知道在一个情境中,一个显见地可运用的规范将同哪些规范发生冲突。"37 规范之运用的诠释学过程可以理解为事态之描述与普遍规范之具体化两者交叉的过程。最后具有决定意义的是以下两个方面的意义等值关系:一方面是作为情境之理解的组成部分的事态描绘,另一方面是确定规范之描述性成分、也就是确定规范之运用条件的事态描绘。K.贡特尔清晰地揭示了这种复杂关系:单个判决之论证的基础,必须是根据对情境的完备诠释而具有相关性的全部恰当的规范性理由。38

所以,从诠释过程中所权衡的诸规范间冲突出发而得出规范系统本身之内存在着矛盾的结论,是把规范在论证方面得到辩护的"有效性"同它在运用方面得到检验的"恰当性"

混淆起来了。相反,如果根据论辩理论来解释有效规范的不确定性,那么,在各个显见地可能运用于一给定案例的规范之间发生的竞争,就具有方法论上的重要意义:"规范的冲突不能被重构为有效性主张的冲突,因为发生冲突的规范或发生竞争的语义变体只是在一个具体情境中才进入特定的相互关系之中。论证的商谈恰恰是要从冲突问题的这种情境依赖性中抽象出来。…其他的规范或语义变体中哪些或许是可运用的,只有在这个特定的情境本身之中才可能知道。"39

(c)但是,随着贡特尔的出色建议的提出,法律体系的理想地论证的融贯性的意义发生了变化。所设定的法律理论的任务仍然是对现行法律作合理重构,从而每个新的案例只可能有一个正确判决。但现在理论的作用仅仅是为一套灵活的原则和政策提供方针,这套原则和政策仅仅在每个有关一特定案例的运用性商谈之中才按传递关系排序定位。取决于有待判决之案例各自的有关特征组合,有效规范之间的关系是**各不相同的**。这样,有效的但仅仅是显见地可运用的法律规范的不确定性——一种起源于论证和运用之间分工的不确定性——反映在一套灵活的原则所享有的自由度之上。这些原则只有在那目前恰当的规范同情境的关系显得清晰之时,才进入彼此间一种特定的关系之中:"如果每个有效的规范同可运用于一情境的所有其他规范之间都必须处于一种融贯的互补关系的话,那么,它的意义在每个情境都会发生变化。这样我们就依赖于**历史**,因为只有历史才为我们产生出无法预见的情境,这些情境迫使我们对所有有效

的规范每次都采取**不同的**诠释。"⁴⁰

显然,为避免据说由法律体系的矛盾结构所导致的这种不确定性,这种法的融贯理论只能付出这样的代价:这理论本身变得不那么确定了。但这样一种理论怎样才能影响一种旨在保证法律确定性的判决实践呢?在批评德沃金版本的融贯论时,有人就已经提出,对过去判决的合理重构要求在每一个案例都修改这些判决,这相当于对现行法律作回溯的诠释。这种"涟漪效应论据"[ripple effect argument]⁴¹首先适用于贡特尔对德沃金的融贯论的诠释,也就是说,当一个接着一个案例引起进一步融贯诠释时,所产生的会把法律规范体系淹没掉的那种涟漪效应。这时候,在每个新案例中出现的出乎意料的成分,好像把理论本身也拖曳进历史的漩涡之中了。问题很明显,政治立法者必须以一种善于适应的方式应付历史过程,即使法律之所以存在就是为了在历史变动面前竖起一堵稳定期待之墙。

对这种反对意见的第一个回应,可以是对法律确定性的概念提出疑问。假如,同实证主义所认为的相反,法律体系不仅仅包括"规则",也就是具有内在运用程序的规范,那么它就不能保证法庭判决将具备有条件纲领使之成为可能的那种程度的可预见性。古典的法律确定性概念——其合理涵义曾有人(比如隆·福勒[Lon Fuller])作过分析⁴²——所要求的规则结构,是一个由规则、原则和政策所构成的复杂的、自我指涉的法律体系再也无法容纳的。因此,基于对意义明确之有条件行为期待的知识的法律确定性原则,本身是一条必须同有关的其他原则进行权衡比较的原则。作为一种补偿,所设定的法律理论在**另一个层面上**使得保证确定性的"唯一正确"判决成为可能。程序权利保证每个法权人对于公平程序的主张,而这种公平程序进一步保证的不是结果的确定性,而是对有关事实问题和法律问题的商谈式澄清。因此,有关各方可以确信,在产生司法判决的程序中,举足轻重的不是任意的理由,而只是相关的理由。如果我们把现行法律看作一个理想地融贯的规范体系的话,那么这种**依赖于程序的法律确定性**可以满足一个着意于自己的完整性、以原则作为取向的法律共同体的期待,从而确保每个人都拥有他理应拥有的那些权利。

对后溯性问题的进一步回答包括以下建议。[43]如果根据一个优选规范来判决一个案例,意味着在考虑所有有关情况时要毫无遗漏地复审整个有效规范体系,如果这个体系处于不停的运动之中——因为优先性关系随着每个新的情境而不断变动——那么,追求这样一个要求苛刻的理想即使是专业的司法活动通常也是不堪重负的。因此,这个任务的复杂性事实上是通过当时占主导地位的**范式性法律理解**来加以降低的。取代这种理想的是这样一些范式,"在其中,我们此时此地认为有效的规范已被排列成一个具有传递关系的序列。因为这样一种排序必须诉诸可能的运用情境,这些范式包含着特定类型之情境的概括性描述。我们在解决典型的可以预见的冲突情形时,通常会依靠这样一些多多少少被系统化了的排序。它们形成了一种背景情境,我们目前对情境的评价和相应的显见的道德判断,就是嵌置于其中的。这些范式,连同其他在文化上给我们以导向的知识,属于我们恰好所处的生活形式。"[44]这种法律意识形态的历史例子是资产阶级形式法的社会模式和福利国家实质法的社会模式。

在前者,法律的核心是私人市场参与的主观权利;在后者,法律的核心是福利国家机构的当事人的社会受益资格。这样一些范式使赫拉克勒斯免除了这样一个超级复杂的任务:凭借肉眼直接地把大量未经排序的显见地可运用的原则同一个尽可能充分地把握的情境的种种相关特征联系起来。这样,因为有关的范式确定了一个法律专家与所有公民**共享**一个背景理解,一个程序的结果对于各方也都是可以预见的。

当然,有些具有讽刺意味的是,提高法律确定性的,恰恰是这样一个成分,它一方面缓和了对于法律理论的理想性要求,另一方面又是最容易受意识形态影响的东西。范式如果系统地排斥新的情境理解、排斥由于历史经验应运而生的对权利和原则的其他理解,它们就相应地僵化为意识形态。我们在后面会讨论这方面的一些例子。从方法论角度对"封闭的"范式提出的异议还不止这条。这种范式达到自我稳定的途径是在专业上、制度上垄断诠释,并且只允许根据其自己的标准来进行内在的修正。这给了实在论的法律怀疑论一个新的出场机会:同现行法律所要求的理想的融贯相反,在一个**固定的**法律范式之中的融贯的案例诠释,仍然是根本上悬而未决的,因为它们与各种另类范式中对同一案例的同样融贯的诠释是相互竞争的。仅仅从这个理由出发,一种**程序主义的法律观**就必须标出这样一个平面,在这个平面上,反思的法律范式能够**相互**开放,并且在为具体的案例而调动起来的各种不同情境理解面前为自己**作出辩护**。对此我将在最后一章回过头来讨论。

3. 法律商谈的理论

(1) 上面我们讨论了那种旨在促成对一个法律共同体的权利和责任、制度史和政治结果作尽可能好的司法诠释的理想的法律理论，并且对这种理论意义和可行性提出了异议。这些异议的前提，是这个理论的作者是单数的，亦即把赫拉克勒斯当作典范的那个现任法官。德沃金对他的批评者的回应，或者他可能作出的回应，就已经引起了对这种**独白式思路**之可行性的最初怀疑。因为，支配法官对现行法律之合理重构的那个"完整性"角度所表达的法治国观念，是司法部门和政治立法者一起**仅仅借自于**宪法的创制行为和参与立宪过程的公民实践的。一方面是公民的视角——法官的责任就是由此而获得合法性的。另一方面是法官的视角——他因为其专业知识而主张一种特殊地位，而且，即使他自己的诠释都要来自所有别的诠释，他最后还是得依靠他自己。在这两个视角之间，德沃金是左右摇摆的："我们希望我们的官员把我们当作是在一个基于原则的联合体中命运与共的，我们之所以这样希望的理由并不取决于这些官员之间的信念的一致性。…在法官们意见相左的时候、至少是细节上意见相左的时候，我们的理由之所以仍然有效，是因为每位法官都仍然在通过致力于——尽管有这种意见分歧——**得出他自己的**意见而确认和强化我们的联合体的这种基于原则的特性。"[45]这些话的前提是，法官既由于其专业知识技能也因为其个人德性而极为够格作为公民的**代表**来确保法律共同体的完整性。而且,由于每个法官主观上确信将根据其理论而得出"唯一正确"判决,司法实践应该确保取向于原则的公民的自主联合:"法官是面对共同体而体现完整性和自治性,而并不是代表共同体所拥有的完整性和自治性。"[46]

但是,恰恰是完整性这个角度应该使赫拉克勒斯摆脱独白式进行的理论构造的孤独性质。那是因为,像帕森斯一样,德沃金也把法律看作是社会整合的手段,甚至是维持一个团结共同体的自我理解的媒介,尽管是以一种高度抽象的形式。通过交往行动在具体生活形式中所确立的那种相互承认关系,在复杂社会中只能通过法律而具有抽象的普遍的形式:"我曾论证说,一个基于原则的共同体,一个视完整性为政治之核心的共同体,把政治义务归入社团义务这个普遍的类之中。⋯⋯一种对于完整性的普遍承诺所表达的是每个人对所有人的关怀。"[47]但是,将自然人之间的相互承认关系扩展为法权人之间的相互承认的抽象的法律关系,是由一种反思的交往形式提供机制的。这种反思的交往形式,就是要求每个参与者采纳每个其他人之视角的论辩实践。德沃金看到享有平等的自由权利的基础在于享有平等的交往自由的权利,这说明他自己是承认由法律保障的完整性这条原则的程序性核心的。[48]这意味着,我们要把对法律理论的理想要求扎根于一个"宪法诠释者所组成的开放社会"[49]的政治理想之中,而不是扎根在一个因为其德性和专业知识而与众不同的法官的理想人格之中。

如果我们像贡特尔一样认为必须依赖于降低复杂性的法律范式的话,这种独白式思路就更站不住脚了。总的来说,法的范式性前理解要能够消除受理论影响的判决的不确定性,并确保足够程度的法律确定性,它就必须是被**所有**公民所主体间共享的,必须表达构成法律共同体之认同的那种自我理解。这一点经过适当调整后也适合于对法律的程序主义理解,这种理解从一开始就考虑到不同范式之间进行的在商谈方面受到调节的竞争。就是因为这,为消除笼罩在这种背景理解之上的意识形态疑虑,有必要进行一种集体的努力。单个的法官原则上必须把他的建构性诠释看作是一项以公民间公共交往为支撑的共同事业。在这个意义上弗兰克·米歇尔曼这样批评德沃金对司法判决实践的独白式理解:"缺了对话,赫拉克勒斯…是一个孤独者。他的英雄气太盛,他的叙述性建构是独白式的。他同谁也不交谈,除了通过书本。他没有照面者。他遇不上任何别人。没有任何东西能把他摇醒。没有任何对话者可以妨碍他的经验和看法的不可避免的偏狭性。毕竟,赫拉克勒斯只是一个人。没有一个男人或女人能那样。德沃金创造了一个听诉判决活动的完美典型,却没有注意到受理上诉的法官席的那个可能是最普遍最引人注目的制度特征:它的多数性。"[50]

上述评论已经暗示了走出这样一个悖论的出路:一方面必须考虑要求苛刻的理论建构的可错性,另一方面又不能不顾司法判决过程的专业性质。赫拉克勒斯可以把自己设想成法律专家的诠释共同体的成员;他的诠释因而必须遵守这个专业中所承认的标准:"他受到一套规则的约束,这套规则具体说明分配给材料(比如话语、历史、意向、结果)的相关性和重要性,定义基本概念,并确立那些必须进行诠释的程序性场合。"[51]在提出这个建议的时候,欧文·菲斯[Owen Fiss]所考虑的主要是这样一些程序原则和诠释准则,这些原则和准则对于公平的司法职责和司法实践具有构成性意义,并被认为应该确保司法的独立性,对个人自由裁量的约束,对争议各方尊严的尊重,对判决的书面论证和正式签署,判决的中立性,等等。**经过专业证明的标准**要确保的是判决的客观性和对它进行主体间审查的可能性。

当然,这些规则的地位并不是不成问题的。一方面,它们被运用于对司法判决的程序性辩护,并且就此而言对法律判决的有效性给予论证。另一方面,程序原则和诠释准则的有效性本身的确立,也要诉诸一种当然也受合理性和宪法原则约束的专家文化中已经证明的惯例和传统:"对法律诠释加以约束的那些规则的权威,是从一种本身也由于对法治的服膺而结合起来的诠释共同体那里得来的。"[52]但是,从观察者角度来看,这些标准不过是一种自我合法化的职业伦理规范。即使在同一个法律文化中,各个亚文化也为选择正确的标准而发生争执。不管怎么样,从内部眼光来看,一个绝非同质的职业阶层的自我合法化这个事实并不足以证明那些提供有效性基础的程序原则本身是有效的。确保一个程序公平的判决实践之结果的有效性的那些程序原则,需要作一种内部的辩护。求助于实证化的程序法规定也是不够的,因为,程序法规定无疑拥有的那种合理性,是有待诠释的现行法律的一个成分,而这种法律的客观诠释恰恰是问题之所在。要摆脱这个循环,必须对诠释实践作一种根据法律理论、而不是根据狭隘的法理学进行的重构。对德沃金的唯我论法律理论的批判必须在**同一个层次上**开始,并且按照一种

法律论辩理论的形式为那些程序原则、那些现在承担着先前由赫拉克勒斯承担的那种理想要求负担的程序原则提供论证。

（2）一种承担这种任务的论辩理论不能够局限于从逻辑-语义学的角度来探讨法律商谈。[53] 按这种思路，当然可以解释逻辑推理规则，语义学规则和论辩规则。但是，这些规则中的最后一种已经指向了一种语用学的观念，因为它们包含着图尔明所研究的那些规则，亦即对于论辩具有重要意义的传递规则。[54] 论据就是理由，那些在商谈条件下与断言性言语活动或调节性言语活动一起提出的有效性主张，就是由这些理由加以确认的；与此同时，它们还合理地推动那些论辩参与者去接受相应的描述性或规范性陈述为有效的。一种阐明论据之作用和构成的论辩理论，仅仅是从论辩之结果的角度来考察论辩游戏的；对于那些超越对法律判决之内在辩护的论辩步骤来说，这种理论充其量提供了论证的出发点。德沃金为了对判决的前提进行外在辩护而要求一种完备的理论，这种理论，正如我们已经看到的那样，是单个法官的唯我论努力所不堪重负的。于是就提出了这样一个问题：对于所设定之理论提出的那个理想要求，是不是可以转变为对一种**合作的理论形成程序**的理想要求，也就是对这样一种法律商谈的要求，它既考虑到唯一正确判决这个范导性理想，也考虑到实际判决活动的可错性。这个问题，商谈的法律理论——它把司法判决的合理可接受性不仅同论据的质量相连接，而且同论辩过程的结构相连接——可能还解决不了，但至少是加以认真对待的。作为这种理论之基础的是一个强意义的程序合理性概念;对于判决之有效性具有构成性意义的那些属性,这个概念不仅仅在论证之构成和陈述之连接的逻辑-语义向度中寻找,而且在论证过程本身的语用向度中寻找。

不管怎么样,规范性判断的正确性是无法在真理的符合论的意义上来解释的,因为权利是一种社会构造,不能把它们实体化为事实。"正确性"意味着合理的、由好的理由所支持的可接受性。确定一个判断之有效性[Gültigkeit]的,当然是它的有效性条件[Geltungsbedingungen]被满足这个事实。但是,要澄清这些条件是不是被满足,不可能通过直接诉诸经验证据和理想直觉中提供的事实,而只能以商谈的方式,确切地说通过以论辩的方式而**实施**的论证过程。实质性的理由绝不可能在逻辑推理关系或判决性证据的意义上具有"强制性"——逻辑推理关系仅仅阐明前提的内容,而经验证据不过是单称的直觉判断,即使在经验领域它的作用也不是没有争议的。因此对于可能的实质性理由的链条来说,是不存在"自然的"终端的;我们无法断然否定有可能会提出新的信息和更好的理由。我们在有利的条件下要在事实上结束一场论辩,只有当先前一直不成问题之背景假设的视域中的那些理由凝聚成一个融贯整体,从而导致对那个有争议之有效性主张出现一种无强制同意。"合理地推动的"同意["rational motiviertes" Einverständnis]这个说法考虑到了这种事实性残余:我们归诸理由的,是那种在非心理学意义上"推动"[bewegen]论辩参与者采取肯定性立场的力量。事实性的这个最后残余环节如果也要消除的话,理性之链可能不得不结束于一个不仅仅具有事实性的环节。但是,一个内在的结束只有通过理想化才能达到,不管这种理想化是如何实现的。在一种情况下,论据之网通过一种其中包括系统地交织在一起并相互给与支持的种种理由的理论而形成一个封闭的循环——人们曾经认为形而上学体系要完成的就是这个工作;在另一种情况下,论据之网像一根直线那样逼近一个理想极限,也就是皮尔斯定义为"终结观点"[final opinion]⁵⁵的那个没影点。

那种封闭理论的绝对主义理想在后形而上学思维的条件下已不再可能有说服力了,所以,"唯一正确"判决这个范导性理念是无法借助于如此强的理论来加以阐明的。即使是归诸赫拉克勒斯的那种法律理论,也不得不只能是**目前有效的**融贯理由的**暂时地**建构起来的秩序,时时都会受到批判。另一方面,一种趋向于某个极限的无尽的论辩实践的观念,也要求我们具体说明在什么样的条件下这个过程至少从长远来说是有方向地展开的,并使一个学习过程的积累性进步成为可能。这些语用性的程序条件以理想方式确保同特定时刻一给定问题有关的理由和信息有充分机会发挥作用,也就是说,确保内在于这些理由和信息的合理推动的力量能够得到充分展开。论据的概念从根本上说是一个语用学概念:被当作"好的理由"的东西必须显现于它在一个论辩游戏中的作用之中,也就是说,显现于它根据游戏规则对解决如下问题所作的贡献之中:一个有争议的有效性主张是否可以接受。这样,程序合理性的概念一旦延伸到诸论据之有序竞赛的语用方面,就允许我们在理由的语义属性之外**补充**以间接地构成有效性的那些属性,也就是一种这样的安排所具有的属性,只有在这种安排中,内在于好的理由之中的合理推动潜力才能够得到实现。一方面是那些至多有一些说服力的单个的实质性理由和原则上始终未完成的论据系列,另一方面是对于"唯一正确"判决之主张的无条件性,这两方面之间的合理性缺口,是通过合作地寻求真理的**论辩过程**而理想地闭合的。[56]

当我们就某事相互说服对方时,我们始终已经直觉地依赖于一种实践,在这种实践中我们假定足够地逼近一种理想条件,那就是一种以特殊方式免除了压制和不平等的言语情境[Sprechsituation]。在这种言语情境之中,一个成问题的有效性主张的提出者和反对者把这种有效性主张作为问题来进行讨论,并且,在放开行动和经验之压力的情况下,采取一种假设性态度,凭借理由、而且仅仅凭借理由来检验所提出的那个有效性主张是不是站得住脚。那个根本的直觉,我们把它同这种论辩实践相联系的那个直觉,其特征就在于这样一种意向:在一个非强制但有秩序的比赛哪个论据更好的竞赛中,在最好信息最好理由的基础上,为一个有争议的意见赢得一种普世观众群体[ein universal Auditorium]的同意。不难看出,为什么商谈原则要求用这种实践来论证有关规范和价值的决定。规范和价值能否得到所有相关者的合理地推动的共识,只有从第一人称复数这个主体间扩大了的视角出发,才能加以判断。这个视角将每个参与者的世界观和自我理解的种种视角以一种既不强制也不扭曲的方式整合起来。论辩实践的作用,就在于这样一种共同实践的普遍化的理想的角色承当。作为交往行动的反思形式,论辩实践在所谓社会本体论上的特征就在于参与者视角的完全的可逆转性,它使商谈性集体的高层次主体间性**成为可能**。这样,黑格尔的具体共相就升华为一种剔除了所有实质性成分的交往**结构**。

规范运用的问题也涉及参与者对自己和对世界的理解，不过涉及的方式同论证性商谈中的不同。在运用性商谈中，被默认为有效的那些规范的参照物，仍然是全部可能有关的人们的利益；但是当问题在于对一给定情况来说哪个规范是恰当的规范的时候，那些一般的参照关系就让位于直接有关的各方的具体利益。随之而走到前台的是各种依赖于行动者和相关者的自我理解和世界观的情境诠释。从这各种各样情境诠释中，必须产生出一种已经具有丰富规范性涵义、但不简单地抽象掉既有经验差异的情境描述。这涉及的仍然是对于不同诠释视角的协调问题。当然，在运用性商谈中，具体的参与者视角必须同时保持与那些在论证商谈中被认为有效的规范背后的普遍视角结构的联系。因此，根据一个融贯的规范体系而形成的个案诠释，依赖于这样一个商谈的交往形式，由于这个商谈的社会本体构成，参与者的视角和由不偏不倚的法官所代表的共同体中那些非参与者的视角，有可能发生相互转换。这种情况也说明，为什么运用于建构性诠释中的那个融贯性概念的特征，不能仅仅从语义学的角度来加以理解，而指向论辩过程的一些语用预设。

（3）在关于法律论辩的有关文献中，显然有两种互补的思路。一种思路从论证法律判决的具体问题攀升到一个法律商谈的理论；对这个思路我这里无法作详细讨论。[57]另外一个思路是自上而下的思路。罗伯特·阿勒克西的出发点是分析合理商谈本身的预设和程序。"理性规则"充分显示了在时间向度、社会向度和实质性向度中必须采取的那些理想化：无尽的时间，无限制的参与，充分的无强制性。在合理的商谈中，我们假定具备这样一些交往条件：第一，它们阻止对论辩的不受合理推动的中断；第二，它们通过人们对论辩过程的普遍、平等的了解和平等、对称的参与而确保在议题之选择和最好信息最好理由之接纳这两方面的自由；第三，它们排除理解过程内外所产生的任何强制，而只承认更好的论据的强制力量，所以，除合作地寻求真理之外的所有其他动机都被中立化。[58]阿勒克西引入康德的普遍化原则的一个版本作为道德实践商谈的论证规则。从这条普遍化原则可以看出，它的基础是整个论辩过程的理想化预设。[59]任何人，只要认真地参与一个论辩实践，都无法避免那些语用预设，那些要求理想性角色承担、并且从每个其他可能参与者的视角出发来诠释和评价全部所提出观点的语用预设。商谈伦理学就是这样来把握德沃金的平等关怀和平等尊重的基本规范的。

如果我们像德沃金一样对于法律作义务论理解，并且接受像阿尔纽[Aulis Aarnio]、阿勒克西、贡特尔这样一些作者提出的论辩理论的考虑，我们就会同意以下两个命题。首先，法律商谈不能在一个现行规范的密封领域中自足地进行，而必须始终有可能吸纳来自其他来源的论据，尤其是在立法过程中所使用的、在法律规范之合法性主张中捆绑在一起的那些实用的、伦理的和道德的理由。其次，法律判决的正确性的衡量标准，说到底是判决过程对那些使公平判断成为可能的交往性论辩条件的满足程度。由此可以理解，商谈的法律理论会把理解得更好的商谈伦理学当作模式。但是，道德实践商谈所具有的启迪学价值,甚至法律规则不得与道德规范相矛盾的要求,并不直接意味着法律商谈应该被理解成道德论辩的一个子类。对最先由阿勒克西在论证性商谈和运用性商谈的更广语境中提出的这种"特例命题",[60]人们已经提出了不少反对意见。

(a)支配各方的法庭诉讼行动的那些具体约束,似乎根本不允许人们用合理商谈的标准来评价法庭程序。各方并不受合作寻求真理的义务约束,他们可以通过"提出可能赢取共识的那些论据的聪明策略"[61]来满足其取得有利结果的关切。作为对这个说法的一种可能回答,我们可以这样说,所有诉讼过程的参与者,不管其动机是什么,都对一个**从法官的视角来看**有助于得到公平判断的商谈过程作出了贡献。而只有这种视角才是对论证判决来说具有构成性意义的。[62]

(b)更成问题的是商谈程序的不确定性;为论辩所需的程序条件总的来说还不具有足够的选择性让人们必定作出唯一正确的判决。[63]这个反对意见针对整个商谈理论,就此而言它超出了这里讨论的范围。[64]我将仅限于讨论针对法律商谈之不确定性的批判。阿勒克西将法律商谈刻画为道德实践商谈的一个同现行法律相连接的子类。因此他用本质上包含着既定法律诠释标准的那些特殊规则和特殊论据形式来补充普遍的商谈规则。为了拒绝那个不确定性命题,阿勒克西不得不表明,从实际实践中搜集而来、在方法学中加以系统化的这些程序原则和诠释准则,仅仅是根据与现行法律的联系而对道德实践商谈的普遍条件的具体说明。简短地提及两种商谈中分别运用的规则和论据形式之间的结构相似性,当然是不足以满足这个要求的。[65]

(c)阿勒克西心里明白,商谈地论证的法律判决的"正确",不可能与有效的道德判断的"正确"具有同样意义:"这样,法律商谈的合理性,就它取决于法规而言,是相对于立法的合理性。法律判决的绝对合理性,将预设立法的合理性。"[66]只要这个前提没有实现,阿勒克西所假定的法律和道德之间的和谐就具有这样的不愉快结果:不仅把法律判决的正确性相对化,而且对它本身提出疑问。有效性主张是二值编码的,是不允许说有效性多一些或者少一些的:"因为,与一个根据合理的实践商谈规则而做出的判决的实质合理性相比,一个相对于不合理法律规章的论辩过程的合理性并不是差一些的东西,而是在质上不同的东西。"[67]要避免这个批评,就必须像德沃金一样提出合理重构现行法律的任务。单个的法律判决只有在契合进一个融贯的法律体系的情况下才是正确的。

(d)K.贡特尔采纳了这个规范性的融贯概念。如上所述;他在道德实践商谈中区别了论证性商谈和运用性商谈,把法律论辩过程理解为道德的运用性商谈的一个特例。这使得法律商谈卸掉了论证的问题。"唯一恰当"判决的正确性,是从政治立法者所通过的规范**被预设的**有效性那里借来的。但是,法官们无法避免对作为有效规范而事先给定的这些规范进行重构性评价,因为他们要能够解决规范之间的冲突,必须根据这样的假定:"全部有效规范最终构成一个理想的融贯体系,这个体系对每一个运用情境只给出一个正确回答。"[68]这个虚拟的假定要具有其启迪学价值,现行法律的领域中就必须有一个"现存理性"片断与之呼应。这样,根据这个预设,理性必须是已经在民主法治国的政治立法过程中发挥作用的——不管是以怎样不完整的形式。但是假如这个理性与康德的**道德**立法理性相同一,那么我们对于合理重构这个充满偶然性的现行法律秩序就很难有什么把握。但是,政治立法过程所依赖的不仅仅是、甚至不主要是**道德的**理由,而也依赖于其他种类的理由。

如果我们依据的是一种程序理论,法律规范的合法性就是用政治立法的民主程序的合理性来衡量的。前面讲过,这个程序比道德论辩的程序更为复杂,因为决定法规之合法性的不仅仅是道德判断的正确性,而且还有其他因素,包括是否具备信息,信息是否有说服力和相关性,如何选择信息,信息加工是否有成效,情境诠释和问题提法是否恰当,选举决定是否合理,态度强烈的评价是否真诚,尤其是所达成的妥协是否公平等等。人们无疑可以用道德的运用性商谈作为模式来考察法律商谈,因为两种情况都涉及运用规范的逻辑。但是,法律规范的更为复杂的有效性向度不允许人们把法律判决的合法性等同于道德判断的有效性,就此而言也不允许人们把法律商谈设想成道德的(运用性)商谈的一个特例。要在商谈理论中令人满意地把握经过在实践中检验和确认的程序原则和在方法学中标准化了的诠释准则,就必须彻底分析立法过程中发生的论辩、谈判和政治交往的网络,而迄今为止这种分析还仍然是不够的。[69]

(4)虽然以这种或那种版本出现的特例命题从启迪学的角度来说是有说服力的,它所暗示的把法律隶属于道德的观点,却是令人误解的,因为它还没有摆脱自然法理论的蕴意。一旦我们重视在后俗成论证层面上出现的法律和道德之间的类似分化，这个命题就不攻自破了。我们已经看到，商谈原则这样就要求作一种足够抽象的表达，而道德和民主之类的原则，则产生于在不同种类的行动规范方面对商谈原则的具体说明。道德原则调节的是面对面的个人之间非正式的和简单的互动，而民主原则则调节把自己理解为权利承担者的法权人之间的互动关系。商谈原则所预设的合理商谈因此而分叉开来，一方面形成道德论辩，另一方面形成政治法律商谈，这些商谈以法律形式而建制化，并且仅仅从法律规范的角度出发才把道德问题包括在内。对公民的私人自主和公共自主同时予以确保的权利体系，在民主的立法程序和公平的法律运用过程中得到诠释和阐发。与这个概念策略选择相联系的是以下两个结果。

首先，专门用于法规之论证和运用的商谈，用不着后来一定要仅仅作为道德的论证性商谈和运用性商谈的特例而引进来。不再需要外延逻辑的帮助，我们就可以把法律商谈同道德内容划分开来。法律商谈并不因为同现行法律相联系、从而局限于道德律令或许可的一个子类而成为道德论辩的特例。相反，它们在**一开始**就指向民主地制定的法律，并且，因为这法律并不是法理学的反思，它们从一开始就具有法律建制形式。这意味着，第二，法律商谈不仅仅指向法律规范，而且，连同其建制化的交往形式，本身就是**嵌置**于法律体系之中的。就像立法领域的民主过程一样，法律运用领域的法庭程序规则的目的也是补偿由以下事实所导致的可错性和判决上的不确定性：合理商谈之高要求交往预设，是只可能被近似地实现的。

在司法领域,法律的合法性和实证性的张力**在内容的层面上**被作为这样一个问题来处理:要做出的判决应该既是正确的,同时又是自洽的。但是,同一种张力以新的形式出现在法庭判决实践本身的语用层面上,因为对论辩程序的理想性要求与由于事实上的调节需要而出现的种种限制,必须协调起来。法律必须再一次以组织性规范的形式而运用于自身,不仅仅是为了创造一般的司法权能,而且是为了建立作为法庭程序之组成部分的法律商谈。法庭程序的规则将司法判决实践建制化,其结果是,判决及其论证都可以被认为是一种由特殊程序支配的论辩游戏的结果。法律程序与论辩过程再一次交织起来,在这种交织中,设置法律商谈的法庭程序不得干预内在于这些商谈的论辩逻辑。程序法并不对规范性法律商谈进行调节,而只是在时间向度、社会向度和实质向度上确保受运用性商谈之逻辑支配的**自由的**交往过程所需要的制度框架。我将用德国民法程序和刑法程序的例子来说明这一点。[70]

首先让我们考虑审理程序的时间限制和社会限制。尽管没有法律明文规定的审理时间长短限度,有些期限时间(尤其是上诉法院和复审法院[Berufungs-und Revisionsgerichte]的庭审过程中的期限)则保证争议问题得到及时处理,并得到具有法律效力的判决。此外,审理程序中社会角色的分配也建立了检察机关和辩护律师之间(在刑事审理中)或者原告和被告之间(在民事审理中)的对称性。这使得法庭能够在审理过程中以不同方式扮演不偏不倚的第三方角色:或者是主动地发问,或者是中立地观察。在取证过程中,审理过程各方的举证责任也多多少少是有明确规定的。审理程序本身（民事诉讼程序尤甚于刑事诉讼程序）也按竞争的精神设置成追求各自利益的各方的竞赛。虽然在刑事审理中，"为查明真相，法庭采取主动行动将取证过程延伸到对判决有重要意义的所有事实和所有证明手段"（刑事诉讼法第244条第2款），但对审理过程参与者的角色定义却仍然使取证过程并不具有合作地探寻真理所特有的那种充分的商谈性结构。但是，同英美陪审团审理制度相类似，策略性行动的机会也是以特定方式加以组织的，以使得人们尽可能说出同明确案情有关的所有事实。法庭以这些事实为基础来评价证据，并做出法律判决。

整个程序的目的，从审理过程所受到的实质性限制方面来看很明显。具体些说，这些限制的作用在于从制度上划分出一个内部空间，用以在运用性商谈中对理由的自由交换。在主要程序开始之前必须遵守的那些程序对争议对象加以确定，这样审理过程本身就可以集中于界限明确的问题上了。面对面互动中的取证是在事实问题和法律问题这个方法学分离的假定之下进行，其目的是要得到确定的事实和可靠的证据。尽管在法律规范和实际事实之间、在各种可能诠释和各种事实关联之间存在着的循环关系，到此为止法律评价却仍然基本上是处于背景之中、没有成为议题的。非常有意思的是，在刑事审理和民事审理中，法庭随后的证据评价和案子判决都是"内在地"进行的，也就是说并不是在另外一个程序中进行的。程序法在实质方面触及对"被证明的"或"被认为是真实的"事实作规范性判断的法律商谈，仅仅是因为法庭必须在审理之参与者和公众面前"说明"和"论证"它的判决。法庭的这种正式论证包括案件的事实和判决的理由:"在实际的判决理由中,法庭概述那些在事实和法律方面同判决有关的考虑。(民事诉讼法第 313 条,第 3 款)这里除了法律说明之外还包括证据评价。"[71]因此程序规则既没有把可接受的论据也没有把论辩的过程加以标准化,但它们确实为仅在结果中才成为程序之对象的法律商谈确保了一块活动空间。这结果可以通过上诉渠道提交复审。

法律的制度化自我反思从两个角度服务于对个人的法律保护,一个是单个案例的正义性,一个是法律运用和法律发展的统一性:"**法律手段**[Rechtsmittel]**的目的**首先在于为了各方的利益而**通过对已公布之判决的审核而得到正确的、因而是正义的判决**。此外,仅仅是有可能进行审核这一点,就迫使法庭提供**仔细的论证**。但法律手段的目的不仅仅在此。这目的还包括'要有一个高效率法律制度'这样一种**普遍关切**[Allgemeininteresse]。禁止自力救助的禁令要能得到切实有效的执行,各方就必须得到某种保障是能够获得正确判决的。此外,上诉过程由于**司法集中**于高等法院、最后一直到最高法院而导致十分必要的**法律融贯化**和**法律发展**。这种公共关切在不同的法律手段那里有不同作用。在复审[Revision❻]中比在复核[Berufung❼]中表现出更大的作用。"[72]公众对于法律统一化的关切强调了司法逻辑中一个简洁的环节:法庭对每个案例的判决,都必须保持整个法律秩序的融贯性。

总起来说,我们可以说程序规则比较严格地调节了有关

---

❻ 英译本中为"appeals on points of law"。

❼ 英译本中为"appeals de novo"。

发生了什么事实的取证过程。这样,案件各方可以在一个限定的范围内对法律采取策略性的态度,而法庭的法律商谈则结束于一个程序法的真空,因而判决的做出就仅仅取决于法官的职业能力:"关于取证的结果,法庭根据其得自整个审理过程的自由信念而做出决定。"(刑事诉讼法第261条)。法律商谈之所以被转移到实际程序之外,是因为这样可以使它免受来自外部的影响。

注 释

1 Luhmann:*Ausdifferenzierung*(1981),35ff.

2 在冲突发生之前,行动者并没有一种明确地旨在保护自己利益的"法律意识"。

3 正是从这个视角出发,R.Dworkin 在"法"和"正义"之间做出区别:正义涉及的是关于道德权利和政治权利的正确理论或最佳理论的问题。…而法律涉及的则是这样一个问题:在所假定的权利当中,哪些权利提供了使用或拒绝使用国家集体力量的论证,因为它们被包括或蕴含在过去的实际的政治决定之中。(R.Dworkin:*Law's Empire*,Cambridge,Mass.1986,97)

4 参见:R.Dreier:*Was ist und wozu Allgemeine Rechtstheorie?*,Tübingen 1975;N. MacCormick:*Legal Reasoning and Legal Theory*,Oxford 1978.

5 J.Wroblewski:"Legal Syllogism and Rationality of Judicial Decision",*Rechtstheorie* 5,1974.

6 R.Dworkin:*Bürgerrechte ernstgenommen*,Frankfurt/Main 1984,153 [*Taking Rights Seriously*,Cambridge,Mass. ,1978,p.87].

7 H.G.Gadamer:*Wahrheit und Methode*,Tübingen 1960.

8 W.Hassemer:*Juristische Hermeneutik*,ARSP 72,1986,195ff.;亦参见 U.Neumann:*Juristische Argumentationslehre*,Darmstadt 1986,54ff.

9 J.Esser:*Grundsatz und Norm in der richterlichen Fortbildung des Privatrechts*,Tübingen 1964,182;Esser:*Vorverständnis und Methodenwahl in der Rechtsfindung*,Kronberg 1972.

10 G.Ellscheid,W.Hassemer(编):*Interessenjurisprudenz*,Darmstadt 1974.

11 关于美国的法律实在论,参见 R.S.Sumners: *Instrumentalism and American Legal Theory*, Ithaca 1982.

12 H.L.A.Hart: *Der Begriff des Rechts*, Frankfurt/Main 1973,155 [*The Concept of Law* (Oxford,1961),107]:"承认的规则仅仅作为法庭、官员和私人在诉诸特定标准而辨认法律时的一种复杂的、但通常是协调的实践方式而存在。它的存在是一种事实。"

13 Dworkin(1984),300 [*Taking Rights Seriously*,182.]

14 Dworking(1984),162 [*Taking Rights Seriously*,92.]

15 R.Alexy,"Zur Kritik des Rechtspositivismus",载于:R.Dreier(编):*Rechtspositivismus und Wertbezug des Rechts*,Stuttgart 1990,9 – 26;相反的观点见:N.Hoester: *Verteidigung des Rechtspositivismus*,Frankfurt/Main 1989.

16 Peters(1991),278f.

17 Dworkin(1984),146 [*Taking Rights Seriously*,146.]

18 参见 R.Alexy: *Theories der Grundrechte*, Baden-Baden 1985,以及 Frankfurt/Main 1986,75ff.关于对这个观点的批评,参见 K.Günther: *Der Sinn für Angemessenheit*, Frankfurt/Main 1988,268ff.

19 Habermas(1981),Bd.I,188 – 196;亦参见:J.Habermas: *Zur Logik der Sozialwissenschaften*, Frankfurt/Main 1982,271ff.

20 R.Dworkin: *Law's Empire* (1986),52f;419n2.

21 把 Dworkin 的诠释概念同欧洲的讨论、尤其是 Gadamer、Derrida 和我的观点联系起来的少数著作之一,是 David C.Hoy 的 "Interpreting the Law: Hermeneutical and Poststructuralist Perspectives", *Southern California Law Review* 58(1985):135 – 176;亦参见该作者的 "Dworkin's Constructive Optimism vs.Deconstructive Legal Nihilism", *Law and Philosophy* 6(1987):321 – 356.

22 St.Toulmin: *Der Gebrauch von Argumenten*, Kronberg 1975 [*The Uses of Argument*, Cambridge,1964];St.Toulmin, R.Rieke and A.Janik: *An Introduction to Reasoning*, New York,1979.

23 Dworkin(1984),82 [*Taking Rights Seriously*,82.]

24 "我的意思仅仅是认为,像奴隶制这样的特定的社会制度之所以可能是不正义的,并不是因为人们可能认为它不正义,或根据人们的习俗它是不正义的,⋯ 而仅仅是因为奴隶制是不正义的。如果存在着这样的道德事实,那么,一个法律命题,即使律师们在所有可靠事实都已经知道或加以规定之后仍然对它意见不一,也可以合理地被假定为是真的。"(R.Dworkin(1985),138.)

25　Dworkin(1984),206[*Taking Rights Seriously*,120.]

26　Dworkin(1984),206[*Taking Rights Seriously*,121.]

27　Dworkin(1984),203[*Taking Rights Seriously*,119.]

28　Dworkin(1984),153[*Taking Rights Seriously*,p.87.]

29　R.M.Unger:*The Critical Legal Studies Movement*,Cambridge,Mass.1986;D.M.Trubek,J.P.Esser:*Critical Empiricism and American Critical Legal Studies*,in:Chr.Joerges,D.M.Trubek(编):*Critical Legal Thought:An American-German Debate*,Baden-Baden,1989;G.Minda:*The Jurisprudential Movements of the 1980s*,Ohio State Law Journal 50,1989,599-662;J.Boyle:*The Politics of Reason:Critical Legal Theory and Local Social Thought*,Pennsylvania Law Review 133,1985,685-780.

30　A.Altman:"Legal Realism, Critical Legal Studies, and Dworkin",*Philosophy and Public Affairs*15,1986,202-235.

31　Dworkin:*Law's Empire*,211.

32　Dworkin:*Law's Empire*,213f.

33　D.Kennedy:"Form and Substance in Private Law Adjucation",*Harvard Law Review* 89,1976,168ff.

34　G.Frankenberg:"Down by Law:Irony, Seriousness, and Reason",*Northwestern University Law Review* 83(1988):360-397;此处引文见第392-393页。

35　Dworkin:*Law's Empire*,p.271-275.

36　K.Günther:"Ein normativer Begriff der Kohärenz.Für eine Theorie der juristischen Argumentation",*Rechtstheorie* 20,1989,168:"当我们承认一个规范为有效时,我们并不把每一个具体的运用情境考虑在内,这一点在我们对这个谓词的日常使用中就可以看出。即使对那些我们知道在有些情形下有可能同其他一些可普遍化利益发生冲突的规范,我们也使用这个词。比方说,我们都知道(而且在对于有关规范的有效性的商谈中也可以轻易地预见到)'不得破坏诺言'这个规范至少在有些情况下会同'帮助处于紧急之中的邻居'这条规范发生冲突。…尽管这两条律令之间的可以预见的冲突,我们并不会认为它们是无效的。假如一个有关这两个规范之一的有效性的商谈因为这种冲突的可能性而得出相反的结论,我们会感到不可思议。"亦请参见 J.Habermas(1991a),137ff.

37 Günther(1989),175.

38 K.Günther:"Universalitische Normbegründung und Normanwendung", in: M.Herberger 等(编):*Generalisierung und Individualisierung im Rechtsdenken*, ARSP, Beiheft 45,1991.

39 K.Günther:*Der Sinn für Angemessenheit*,Frankfurt/Main 1988,300.

40 Günther(1989),182.

41 K.J.Kress:"Legal Reasoning and Coherence Theories: Dworkin's Rights Thesis, Retroactivity, and the Linear Order of Decisions",*University of California Law Review* 72, 1984,369-402.

42 R.S.Summers:*Lon Fuller*,Standford 1984,27ff,36ff.

43 在这里我不考虑那些制度性建议,根据这些建议,比方说,刑法中对溯及既往的禁止将延伸到对司法中对歧视性变化的禁止。参见 U.Neumann:"Rückwirkungsverbot bei belastenden Rechtsprechungsänderungen der Strafgerichte?",in *Zeitschrift für die gesamte Staatswissenschaft* 103(1991),331-356.

44 Günther(1989),182,亦见 J.Habermas:"Der Philosoph als wahrer Rechtslehrer: Rudolf Wiethölter",*Kritische Justiz* 22,1989,138-156.

45 Dworkin:*Law's Empire*,264.(着重是我加的)

46 E.Michelman:"The Supreme Court 1985 Term, Foreword: Traces of Self-Government",*Havard Law Review* 100,1986,72f.

47 Dworkin:*Law's Empire*,216.

48 Dworkin(1984), 440 [*Taking Rights Seriously*, 273f.];亦见 Günther(1988), 351ff.

49 见 P.Häberle:*Die Verfassung des Pluralismus*(Frankfurt am Main,1980)一书中以此为题目的那一章,79-105。

50 Michelman:"The Supreme Court 1985 Term",76;参见 Günther:"Hero-Politics in Modern Legal Times",Institute for Legal Studies,series 4(Madison,Wisc.,1990).

51 O.Fiss:"Objectivity and Interpretation",*Stanford Law Review* 34,1982,739-763.

52 O.Fiss:"Objectivity and Interpretation",762.

53 A.J.Arnaud,R.Hilpinen,J.Wróblewski(编):*Juristische Logik und Irrationalität im Recht*,Beiheft 8,*Rechttheorie*,1985.

54 Toulmin:*Uses of Argument*;Toulmin, Rieke, A.Janik:*An Introduction to Reasoning*,

New York 1976.

55　K.O.Apel：*Der Denkweg von Ch.S.Peirce*, Frankfurt/Main 1975, 118ff.；K. O. Apel：
"Sprach und Bedeutung, Wahrheit und normative Gültigkeit", *Archivo di Filosophia* 55
(1987)：51 – 88.

56　参见我在 Habermas(1981)第 1 卷第 44 – 71 页上对论辩理论的附加讨论。

57　Aulis Aarnio 的出发点是把合法性（法律有效性的两个向度之一）设想成合理的可接受性（*The Rational as Reasonable：A Treatise on Legal Justification*，Boston,1987, 43ff）。然后他讨论各个种类的法律规范,把这种种范畴的有效法律排出高低顺序（从第 61 页起和从 78 页起）：这些是"信息来源"。Aarnio 然后讨论支配诠释过程的商谈规则,这些构成了"合理性的来源"。像 Dworkin 一样,它主要强调对判决前提的外在辩护,这种辩护要求的是实质性的理由,也就是原则和政策（正确性理由一方对目标性理由一方）。但是,与 Dworkin 不同,Aarnio 并不要求为了论证这些原则而建构一个无所不包的理论,而仅仅要求在合理商谈条件之下的融贯性："论证程序本质上是一种对话。这是一连串的提问和回答,在这些问答的基础上将提出支持性的和驳斥性的论据。…对话者只有当这论证导致一串融贯的陈述、并且这串陈述满足[某些]标准[首先是同有效法律相联系的标准——引者]的时候,才能合理地接受这个诠释。…之所以如此,是因为仅仅法律推理的标准并不保证论证材料的融贯性。全部理由还必须以一种合理的方式加以运用。"(Aarnio,p. 187) 好的理由只有在一个全部有关的声音都有可能被人倾听的论坛上才展示出它们的合理地推动的力量。Aarnio 用 Chaim Perelman 的"理想观众"的概念来描绘这种论坛。当然,对于法律商谈来说,一个仅限于法律共同体之边界的特定的理想观众就足够了。构成这些观众的是这样一些合理的人们,他们允许由更好的论据的无强制的力量来决定他们是采取"是"的立场还是"否"的立场——虽然仅仅是在一种他们已经共享的具体的生活形式的情境之内。

58　R.Alexy：*Theorie der juristischen Argumentation*, Frankfurt/Main 1978, 3.Aufl.1990. 此书提及 J. Habermas："Wahrheitstheorie"（1972）, in Habermas：*Vorstudien und Ergänzung zur Theorie des kommunikativen Handelns*, Frankfurt/Main 1984,127 – 183.

59　J.Habermas："Diskursethik：Notizen zu einem Begründungsprogramm", in Habermas(1983),53 – 126.

60　在他的后记中,Alexy 实际上把现行法律的合理性方面同假定为得到论证的规范的正确运用区分开来。但他接着说："这两个方面都包含在司法判决中提出的正确性主张之中。"Alexy(1990),433.

61　Neumann(1986),85.

62　Alexy:"Antwort auf einige Kritiker",刊于:Alexy(1990).

63　A.Kaufmann:*Theorie der Gerechtigkeit*,Frankfurt/Main 1984,35ff;Kaufmann:"Recht und Rationalität", in *Festschrift W.Maihofer*, Frankfurt/Main 1986; Kaufmann: *Rechtsphilosophie in der Nach-Neuzeit*, Heidelberg 1990, 28ff. , 35ff. ;亦参见 R. Alexy:"Eine diskurstheoretische Konzeption der praktischen Vernunft",以及 O.Weinberger:"Die Streit um die praktische Vernunft",两者都刊于 R.Alexy 和 R.Dreier(编):*Legal System and Practical Reason*,*Archiv für Rechtsβund Sozialphilosophie* Beiheft 51(1993),分别为第 11-29 页 和 第 30-46 页。

64　参见 Alexy:"Problem und Diskurstheorie",*Zeitschrift für philosophische Forschung* 43,1989,81-93;Habermas(1991a),159-166.

65　Alexy(1990),352f.

66　Alexy(1990),351.

67　Neumann(1986),90.

68　Günther(1989),182.

69　就此而言人们必须同意 Alexy 的看法(Alexy[1990],352):"为了获得一个也把握(立法的合理性的)这些条件的法律商谈理论,一般的、合理的实践商谈的理论可能有必要加以扩展,扩展为一个立法的理论,并进而扩展为一个规范的社会理论。"

70　以下几点我要感谢 Klaus Günther 的帮助。

71　P.Arens:*Zivilprozeβrecht*,第 4 版,München 1988,219 Randnr.338.

72　Arens(1988),346f.Randnr.381.

第六章

司法和立法:论宪法判决的作用和合法性

我们前面首先沿着德沃金的法律理论的线索考察了一个既要满足法律确定性标准、又要满足合理可接受性标准的司法所提出的合理性问题。德沃金建议对现行法律进行受理论指导的、重构性的诠释,对这个建议可以根据一个程序主义的理解来进行辩护,这种理解把对于理论形成的理想化要求转移到法律商谈之必要的语用预设的理想化内容上去。我们仍然必须回答以下问题:这样一种建构性诠释实践,如何才能在不同法治国权力部门的界限之内进行,而司法部门又不至于侵犯立法的权力(因而也不至于破坏法律对行政的严格约束)。

因为司法的判决是同法律和法规连接在一起的,所以司法的合理性基础是现行法律的合法性。这种合法性又进一步取决于一个立法过程的合理性,这个过程在宪法的权力分立条件下是司法机构所不能支配的。政治和立法实践的宪法方面在法理学中是重要话题,但对于一个侧重于法律商谈的法律理论来说,这两个方面首先是从司法角度才着手探讨的。如果要研究司法和立法之间的成问题关系,而同时又不放弃法律理论的视角,宪法法院的权限提供了一个可以在制度上把握的方法论参照点。应该有宪法法院这样的机构,这并不是不言自明的事情。这样的机构在许多法治国体制的国家中是没有的。而在有宪法法院的国家(比如联邦德国和美国,我的讨论将局限于这两个国家)中,它们在宪法权力体系中的地位,以及它们的判决的合法性,都是有争议的问题。这些激烈的争论本身就表明,有必要作一个澄清工作。宪法理论上截然不同的功能却结合在同一个机构之中,仅仅这一点就有必要做出澄清。

这个讨论所包括的几个方面,我尤其想强调三点。对宪法判决的批评一直是从民主立法和司法的权力分立角度来进行的,就此而言,这种批评始终是一场关于分权原则的争论。但是,这个问题是从不同角度以不同方式提出的。我所关注的三种讨论。第一种讨论是在法律范式的竞争之中进行的,对此我在最后一章将再次讨论。第二种讨论继续了前一章的方法论讨论。第三种讨论导致关于我们应如何理解政治过程的讨论,这将是下一章的主题,在那里我将从民主理论角度来讨论关于政治过程的商谈论理解。

在第一个方面,对宪法法院判决的批评(尤其在联邦德国)的依据是对于经典的分权框架的一种独特的、也就是自由主义的理解。这个观点用自由主义法治国向干预主义的福利国家的发展,来解释法院的不可避免的、但在规范上令人疑惑的功能扩大,这种扩大使宪法法院承担了与其他部门发生竞争的立法任务(一)。在第二个方面,关于法律不确定性的争论在德国联邦宪法法院的价值判决[Wertejudikatur]的方面得到继续。批评意见针对的是法院所形成的那种方法论自我理解,根据这种自我理解,以原则为导向就等于是对诸善的权衡(二)。在第三个方面,宪法法院——尤其在美国❶——的作用被看作是保护民主立法程序;这样,所涉及的就是复兴一种对整个政治过程的共和主义的、也就是非工具性的理解(三)。

1. 自由主义法律范式的解体

(1)宪法法院通常同时履行多种职能。尽管不同权能会聚其中的是权威地解决宪法诠释问题、从而保证法律秩序的融贯性这样一个任务,但把这些权能集中在同一个机构框架之中,从宪法理论的视角来看,其说服力却并不是一目了然的。以德国联邦宪法法院为例,我们可以区分出三种任务:解决政府内的争端[Organstreitigkeiten](包括联邦政府和各个州之间的争端);审核法律规范[Rechtsnormen](下面我们将主要讨论法规[Gesetz])的合宪性);宪法申诉。从分权角度来看最不成问题的是宪法申诉和具体的规范审核(也就是对这样一些案件的审核,下级法庭中止对这些案件的审理,而请求根据具体理由对一条与该案有关的规范的合宪性做出判决)。❷ 这里宪法法院的作

---

❶ 美国的最高法院相当于德国的联邦宪法法院。

❷ 英译者在此处加了这样一个说明:"在德国法律体系中,对规范的合宪性既可以作抽象的审核,也就是仅仅根据某些其他政府权力部门的要求进行审理,也可以作具体的审核,也就是在出现一个实际争端时,如果它的诉讼首要求联邦宪法法院来判决有关的那条规范的合宪性的话。在后面这种情况下,这问题由碰巧处理最初的诉讼的下级法院提交宪法法院处理。"

用是维持宪法的自洽性。尽管即使在这些程序方面它也具有宣布法规为重要❸的权威,宪法法院——连同联邦最高法院——至少在司法等级体系中构成了反思性顶端之类的东西,承担着自我审核的任务。政府作为执行部门的顶端同样也承担行政的自我审核的任务。宪法法院对广义的政府内争端的裁决可能更有争议一些。这种权力涉及政府职能的分工,但可以从解决以合作为基础的各政府机构间冲突这样一种技术性要求出发进行辩护。这里,一个缺少把自己的判决强加给拒不服从之议会和行政部门的强制手段的法庭,归根结底是不可能违反分权的逻辑的。

宪法法院同民主地合法化的立法部门之间的竞争,到了抽象的规范审核领域,才变得尖锐起来的。在这里,被提交司法审查的是议会通过的某条法规是否合宪,或至少同权利体系的自洽阐发是否矛盾。在法规通过以前,这是议会必须解决的问题。对议会决定的审查是不是也要以立法者类似法庭组织的自我审核来进行,比方说以一个(也)包括法律专家的议会委员会的制度化形式来进行,这至少是一个值得考虑的想法。以这种方式将对自己决定的自我反思加以制度化,有一个好处,那就是促使立法者从其商议的一开始就时时记住宪法原则的规范内容。比方说,当道德问题和伦理问题在议会业务挤压之下被**重新定义**为可讨价还价的、有可能妥协的问题时,这种规范内容就丢失了。从这个角度来看,一个仍然由议会掌握的自我指涉性审核规范程序在制度上分化出来,或许有助于一个立法过程之合理性程度的提高。人们即使

---

❸ 英译本为"invalid"[无效]。

(根据我们的分析)假定,分权的目的主要在于防止行政部门独立于交往地产生的权力,也会想到这一点。

从商谈论的角度来看,分权的逻辑要求在政府各部门的交错关系当中有一个不对称:行政部门——它不应该支配立法和司法的规范性根据——的行动既要受到议会监督,又要受到司法审查,而相反的关系,即行政部门对另外两个部门的监督,则是被排除掉的。谁要像卡尔·施米特当时对德国总统那样希望用作为"宪法监护人"的行政部门首脑来代替宪法法院,就扭曲了民主法治国中分权的意义,导致了它的反面。[1] 用论辩理论来诠释分权逻辑,表明立法可以像司法一样用**自我反思的方式**来组织,可以提供同样的对自己行动的自我审核权力。不管怎么样,立法者并没有权力来审查,法庭在运用法律时所使用的理由,是否就是那些出现在法规制定时所进行的据说是合理的论证当中的理由。另一方面,所谓抽象的司法审查,无疑属于立法的功能之一。因此,把这个功能(甚至在二审层次上)留给立法部门行使,留给立法部门的一种可以发展成类似司法程序的自我审核,这种想法并不完全是奇谈怪论。把这种权力转移给一个宪法法院,至少需要一个复杂的论证:因为"基本权利的商谈并不受立法程序中所作决定的约束,而是优先于这些决定的。这意味着对于通常的立法论辩来说最重要的约束因素,也就是通常是比较具体的普通法规,是这种商谈中所缺少的。取而代之的是非常抽象的、没有定论的、充满意识形态内容的宪法原则[Grundrechtsbestimmungen]"。[2] 在阿勒克西看来,"基本权利商谈"涉及宪法判决的所有领域。明确地、尽管是有选择地取消有法律约束力之法规的有效性的情况,最明显地出现在抽象的司法审查之中。

凯尔森在他与施米特之间的争论中,坚决主张把宪法法院建制化。为支持这种观点,他不仅引用在当时形势下很有说服力的政治性考虑,而且引用法律理论上的理由。施米特不相信抽象的规范审核是一个规范运用的问题、因而是真正的司法判决实践,因为只可能有"一般规范之间的相互比较,而不可能有这些规范之间的相互从属或者相互运用"。这里缺少了规范和事态[Tatbestand]之间的联系。[3] 对此凯尔森只能回答说,审核的对象不是成问题的法律的内容,而是采纳此法律之行动的合宪性:"在关于一法规之合宪性的判决当中,被归在宪法规范之下的事态并不是规范…而是此规范之产生。"[4] 当然,这个论据只有当我们能够对整个规范审核做一种程序主义解读——就像我们将要看到的那样——的时候,才会有杀伤力。因为,凯尔森的决定性论据除此之外还处于法律政策的层面上:"因为恰恰在最重要的违宪案例中,议会和行政部门是争执的方面,要解决争执,有必要邀请一个第三方,它处于这对立之外,本身绝对不牵涉对宪法在议会和行政间做出根本划分的那种权力的运用。这种机构由此而获得自己的某种权力,是不可避免的。但是,是仅仅授予这种机构以宪法审核职能之所在的权威,还是通过转移这种宪法审核而进一步加强两个主要权力拥有者之一的权力,这两者之间有重大的差别。"[5]

对这种同立法行动直接有关的宪法诠释,人们总是提出**恰当的制度化**的问题,尽管如此,有可能通过上诉终审性的宪法法院来对宪法权利加以具体化,毕竟还是有助于提高法律的清晰性和保护法律秩序的融贯性的。

宪法法院和其他法院即使不是对一个获得通过的议会法规进行事后审核,而是处理现行法律的运用问题,也介入了关于基本权利的商谈过程。不管是在一个个案中若干基本权利相互冲突,还是符合一条基本权利的一些普通法规同其他的基本权利相冲突,在许多情况下,在所有司法层次上,那些要求在德沃金的意义上对个案作建构性诠释的原则,都会发生作用。当然,宪法法院所关心的仅仅是冲突案子;它的判决几乎始终具有原则性判决的性质❹。因此,我们已经讨论过的那个"法律不确定性"的问题,在宪法判决中——从趋势来看其他高级法院也这样——越来越多、越来越尖锐。联邦宪法法院(在1973年2月14日的决议中)通过引用基本法第20条第3款而对这个问题作了相当干脆的回答:"法律并不等于全部成文法的总和。在有些情况下,在国家权力机关颁布的法律之外,还可能存在着一种附加的法律成分,它来源于立宪的法律秩序的意义总体[das Sinnganze],并可以作为成文法的纠正物起作用,司法的任务是发现这种成分并将其实现于它的判决之中。"⁶ 不管怎么样,正确的诠释应该是被"发现的",亦即(按它接下去的说法)通过"合理的论辩"而获得的。但是,其他一些表述——这些表述赋予宪法法院以通过"创造性的法律发现"来进一步制定法律[Rechtsfortbildung]的功能——则表明对宪法法院有一种很成问题的自我理解。K.黑塞[K.Hesse]对此作了冷静的、根据前一章的考虑很有根据的评论:"宪法法院的判决无疑包括创造性阐发的环解。但**一切**诠释均具有创造性的特

---

❹ 此句英译本意为"它的判决几乎始终涉及困难案子,后来成为重要的先例"。

点。但它仍然是**诠释**,即使它的作用是回答宪法的问题,即使它的对象是具有那些为宪法所特有之广度和开放性的规范。对这些规范的具体化所遇到的困难要大于那些注重细节的判决,但这并不改变以下事实:这两种情况所要求的是具有相似结构的过程。"[7]从这个角度来看,联邦宪法法院的广泛权能不一定要危害权力分立的逻辑。

(2)批评者们所依据的首先也并不是方法论的考虑,而是采用历史的视角,以便从整个法律体系的发展的角度出发来确定在议会和宪法法院之间的一个从法治国角度来看意味深长的重点转移。像 E.W. 伯肯弗德[E.W.Böcken-förde]、E. 丹宁格[E.Denninger]、D. 格林[D.Grimm][8]这样一些作者把这样两种宪法状况进行比较,一种是不再仅仅确保全面的个人法律保护,而是关心公民的社会福利和保障,从而为依社会状况而定的地位降低、不测风险提供损失补偿的作用的政治性总体法律秩序,另一种是从理想类型角度所描绘的国家与社会相分离的最初状况。根据后面这种自由主义的社会模式,宪法曾经把摆脱国家的社会经济领域与国家领域分离开来,社会经济领域是个人以私的自主的方式追求幸福、服从他们各自利益的领域,而国家领域则是追求共同善的领域:"至少,在一个无所不包的实质性观念之下来安排个人福利领域和共同福利领域,这并不是宪法的职能。"[9]国家的任务和目标仍然是政策的事情;根据自由主义的理解,它们决不应该是宪法性规范的对象。与此相应的,是把基本权利理解为对于国家的防御权利。因为这些权利所论证的仅仅是公民的要求国家不干预的主张,所以它们的有效性是"直接的"。这意味着对司法的相对明确的限定。立法者所创造的法律状况也是很明确的。也就是说，它们可以仅仅局限于确保公共秩序，防止对经济自由的滥用，并通过一般的抽象的法律来精确地限定国家行政的干预可能和活动范围。

在自由主义的模式中，对司法与行政的严格的法律限制导致了经典的分权格局，其目的是从法治国角度来规训绝对主义国家权力的任性意志。政治各权力部门的分立可以沿着集体决策的时间轴心来加以说明：法官判决实践可以理解为一种取向于过去的行动，它把注意集中于已经固定为现行法律的政治立法者的过去的决定；而立法者做出取向于未来的对未来行动有约束力的决定，行政部门处理现在出现的现实问题。这个模式的前提是，民主的法治国的宪法首先应该抵御有可能出现于国家－公民向度中的种种危险，也就是在垄断合法暴力手段的行政机构与手无寸铁的私的人们之间的关系方面的种种危险。相反，私的人们之间的横向关系，尤其是构成公民之共同实践的主体间关系，对于自由主义的分权格局来说没有形成结构的力量。顺便说一下，把法律看作是一个循环的封闭系统的实证主义观点，非常切合于这种模式。

如果把这种模式当作基础，那么福利国家的实质化的法律秩序就可能显得是一种剧变，甚至是宪法架构的破产。福利国家法律不仅仅是、从来也不主要是由一些界定明确的有条件纲领所构成的，而包括一些政治性的政策，并且在法律运用中依赖于出于原则的论证。用实证主义的分权命题来衡量，法律的实质化导致了一种"重新道德化"，它通过将道德原则的论据和政治性政策的论据接纳进法律论辩之中，而松动了政治立法者对司法的直接约束。此时渗透进法律秩序的基本规范和原则要求对单个案子作一种保持对语境之敏感的、同整个法律体系相联系的建构性诠释。取向于宪法之整体的规范运用的"语境性"可以强化交往行动之主体在非正式化行动领域中的自由和责任;但是在法律体系之内,它意味着司法权力的增强,司法判决范围的扩大,以至于有牺牲公民自主性、颠覆古典法治国规范框架的危险。[10]也就是说,司法取向于基本规范和原则,意味着它要把以前集中于法律秩序之制度史的眼光,主要转向现在和未来的问题。一方面(如英格鲍格·毛斯也担心的),司法攫取了立法的权能,但是它并不能赋予这种权能以民主的合法性。另一方面,它推进并确认了一种灵活的、可以容纳行政机构之自主性的法律结构——从而,法律的民主合法化在这一方面也遭到了侵蚀。

目光敏锐的批评者们,如 E.W. 伯肯弗德、E. 丹宁格、英格鲍格·毛斯等人,从联邦宪法法院的一些❺判决中解读出一个隐含的基本权利学说,它承认这样一个事实,即权利体系已经不再能够在一个不受拘束的、通过自主个人之决定而自发地再生自己的经济社会的合适基础上得到保障了。相反,基本权利要得到实现,必须通过一个反思地导控的、提供基础设施的、抵御风险的、同时进行调节、推动和补偿的国家的服务性成就。最重要的是,在诸子系统横向分化并且网络化的复杂社会中,基本权利所提供的保护必须不仅涉及国家的行政权力,而且也要涉及所有大型组织的社会权力。而

---

❺ 英译本此处加:"关键性的"[pivotal]。

且,这种保护不能再是仅仅消极地理解为对于干预的抵御,而也成为要求积极地授予利益的根据。这样,联邦宪法法院的判决认定基本权利具有这样的地位:**一个总体法律秩序的原则**,其规范内容将结构赋予整个规则体系。与此相联系,这个德国基本权利学说主要包括以下观念:仅仅在其"本质内容"[Wesensgehalt]方面才不可违反的基本权利与普通法规之间的"相互效应"[Wechselwirkung];"内在的基本权利限制",这种限制甚至适用于被认为具有绝对有效性的主观公共权利❻;基本权利对于所有法律领域的"辐射性"[Ausstrahlung]和对于私的人们之间的横向的责任和权利的"第三方效应"[Drittwirkung];国家的行动使命、提供保护和关心的责任,这些是可以从基本权利的客观法性质中作为基本的秩序原则引出来的;最后,"基本权利的动态保护"和基本权利的主观法内容与客观法内容的程序性联系。❼

这个讨论涉及许多方面,对它的细节我这里无法详细讨论。[11]但是,宪法法院的判决反映了对基本权利之理解的转变,这是不容置疑的。基本权利原先被理解为保障自由、确

---

❻ 英译本此句意为"这种限制甚至适用于像保障人类尊严这样的给国家施加积极责任的个人权利"。

❼ 英译者在这里加了这样一个说明:"Wechselwirkung 的观念反映了德国宪法中的这样一个观念,即像言论自由这样的基本权利有可能受到某些法规的限制,而这些限制又进一步以基本权利中所体现的价值(而不仅仅是该权利的'本质内容')为限度。Drittwirkung 和 Ausstrahlung 指的是宪法价值和宪法权利对于一切法律领域所具有的弥散性影响。更具体些说,Drittwirkung 涉及的是这样一个问题:保护个人免遭国家侵犯的基本权利是否也适用于一些私法领域,也就是说个人之间的关系。最后,注意这个上下文中'客观的'一词体现的是德国民法传统中通行的那个由来已久的区别,即'主观权利'和'客观法'之间的区别。"

保干预性行政恪守法律的抗拒权利[Abwehrrechten],现在则转向一种法律秩序的基础性原则,以一种尚未在基本概念上澄清的方式把主观自由权利内容转变成建构性的、穿透性的基本规范的客观法内容。这种转变从方法论的角度来看反映在一些"关键的宪法概念"(丹宁格的话)之中,比如,比例性原则[das Prinzip der Verhältnismäβigkeit],可能性附文[der Vorbehalt des Möglichen],第三方基本权利对直接有效之基本权利的限制,通过组织和程序来保护基本权利,等等。❽ 在发生法律冲突的情况下,这些概念的作用是在着眼于"宪法的统一性"的情况下对各种不同规范进行诠释:"随着根据案件和问题而进行的对关键性的关系性概念的阐发,联邦宪法法院已经承认和强调了基本法的——在有待明确说明的界限内的——'开放的'结构。"[12]在某种程度上,我们可以把这种从判决实践本身当中生长起来的关键概念理解为这样一些程序原则,其中反映的就是德沃金所要求的建构性诠释的运作,也就是根据一个经过合理重构的法律秩序的总体来对单个案件进行诠释。这样,尽管细节上提出尖锐批评,丹宁格总的来说作了一个相当积极的评价:"在形成'关键概念'的过程中,联邦宪法法院得以在成文宪法的'经典性'法律主题之外提供了一个高度敏感的工具,它的概念结构和复杂性程度看来是适合于所提出的问题的结构的,尤其是那些要求进行微观层次(个别行动层次)和宏观层次(系

---

❽ 英译者在这里加了这样一个说明:"根据比例性原则,得到授权的基于基本权利的立法限制必须是合理的,也就是说是适合于立法的目的的,是必要的,是不过分的;可能性附文规定,在政府有可能做到的条件下,权利将得到保障。"

统层次)之间调解的问题。……恰恰是这些关键概念的关系性结构,使它们适合于在一个可以避免或者固执于反对国家的消极权利、或者固执于福利国家计划这两种片面倾向的层次上,来表述宪法的问题。在这个层次上,人们可以在一些贯通性的宪法范畴之下把依赖行政法来提供'服务'和'再分配'的福利国家与保障财产权的法治国连接起来。"13

(3)伯肯弗德对联邦宪法法院的判决实践做了类似的描述和诊断,却做出了完全不同的判决。丹宁格在考察法院具体判决时察觉出一个**趋势**,它显示出一个从自由主义风格的法律权威向"根据法院认定的合法性进行的统治"的可疑转变。在这里伯肯弗德发现了一个不可避免的**悖论**。在他看来,从议会立法的国家向宪法法院的司法性国家[Jurisktionstaat]的过渡,是不可避免的,假如还无法恢复自由主义的法律观的话。这里,"Jurisdictio"[司法性]的概念的意义是前现代的,指的是政治统治者兼以最高审判者身份有权行使的一种由超实证法律支持的权力,因而是一种**先于法律**之制定和法律之运用之间的法治国分立的权力:"以赋予基本权利背后之原则以法律之效力的名义,发展到了一个——从分类学角度来说——议会和宪法法院在发展法律方面相互并列、相互靠拢的阶段。前者从原创性立法降格为提供具体规定,后者则从诠释性地运用法律升格为进行具有创造法律之含义的具体化。…就此而言,早先的立法和司法之间的质的区分被取消了。两者…都通过使法律更具体化而对法进行发展,并且在这方面相互竞争。目前在这个竞争关系中立法者处于领先地位,但宪法法院拥有优势。…由此提出的,是宪法法院的民主合法化的问题。"[14]伯肯弗德相信,与法治国诸原则相一致的只可能是自由主义对基本权利的理解,即理解为直接有效的私人面对国家之主观行动自由,因为不然的话,司法和立法之间的功能分立、连同法治国的民主实质,就无法得到维护:"谁如果想维护民选议会对于法律之发展所具有的决定性作用,并且想避免朝着'司法性国家'方向对宪法结构的进一步改造,就必须也坚持这一点:可以诉诸司法行动的基本权利'只是'针对国家暴力的主观自由权利,并不同时是对于所有法律领域的(有约束力的)客观的原则规范。"[15]

当然,只有当人们把关于国家和社会之间相分离的自由主义模式当作规范性东西的时候,上述不同选择才会提出一种不可避免的悖论。但这样就误解了这个模式在宪法讨论中的地位和价值。自由主义的法律范式当然不是我们可以从字面上相信的对历史出发点的**描述**;相反它告诉我们,法治国的原则如何可以在自由经济社会的**假设**条件下得到实现。这个模式是同古典政治经济学的社会假定命运与共的,而这些假定已经被马克思的批判所动摇,并且不再适合于西方发达后工业社会。换句话说,法治国原则决不能同对它的种种受语境约束的历史性诠释模式**之一**混为一谈。伯肯弗德自己在比较把基本权利诠释为针对国家的抵御权利的观点和康德的法律概念时,是注意到这种区别的。在康德看来应该确保每个人的自由与所有人的平等的主观自由相协调的东西,在自由主义的法律范式中却被**削弱**成针对国家的私人自主的保障:"根据这些(被诠释为抵御权利的基本权利),被认为可以统一于一个普遍的自由法律之中的,并不是一个人的自由同一般意义上的他人的自由,而是单个公民的自由同国家的自由。"[16] 用康德法权原则来衡量,只有转向福利国家范式,才真正实现了那些**一直已经**隐含在权利体系中的主观自由权利的客观法内容。也就是说,随着这种转向,"法院所提供的基本权利保护"越来越转变成"对那些彼此冲突的私人自由领域和私人自由主张进行相互限制和相互协调的任务"。[17]

从商谈论对法律的理解出发,人们可以看到针对国家的抵御权利的派生性质:只有构成了国家权威之后,对于平等的主观自由的权利,才会**转变成**起初横向地结成社会的公民们同国家行政之间的关系。从自愿结社的公民的政治上自主的共同决定中产生出来的权利,起初只具有建立相互承认之对称关系的主体间意义。通过相互承认这些权利,个人们获得了既自由又平等的法律主体的地位。这种原初的主体间意义,仅仅考虑到对政治权力的法律化(而对于法律代码的构成来说这从一开始就是隐默地预设着的),才分成主观权利内容和客观法内容两方面。但造成客观法律内容似乎从一些基本权利中**渐渐消失**的,仅仅是一种特定的对法律的范式性理解。而这种理解又来自对一特定历史情境的经过社会理论中介的感受,在这个历史情境中,自由主义的市民阶级必须从他们的利益状况出发来理解法治国原则可以怎样来实现。对这个问题,自由主义的法律范式那时是一个在效果历史上极有成效的答案。今天,在伯肯弗德也注意到的新的历史条件之下,这同一个问题则要求做一种**另外的**回答。

当然,已经确立了一定时间的福利国家法律范式也不再是很有说服力的了。但伯肯弗德敏锐地分析过的这个新范式中的困难,并不是恢复旧法律范式的充足理由。[18]在美国,来自罗斯福新政时期的社会福利规划的那些问题,以及来自60年代和70年代"伟大社会"设想所激发的福利要求突然扩展的那些问题,是众所周知的。这种"权利革命"可以理解为一种挑战,要人们根据新的历史经验来对法治国原则提供新的诠释。比方说,福利规划的不完全令人满意的效果,使 C.R. 森斯泰因[C.R.Sunstein]得出的结论只是必须对以下问题形成新的共识:在"调节主义的"[regulatorisch]国家条件下,美国宪法原则怎样才能加以实现?

通过对最高法院判决的研究,森斯泰因提出一系列"背景规范",目的在于改变对于法治国原则的范式性理解:"在出现意义含糊的情况下,法院应该解释调节性的法规,从而(1)不允许由政治上不负责任的行动者决定重要问题;(2)不让集体行动问题破坏法规性纲领;(3)尽可能协调不同的调节性法规,以构成一个融贯整体;(4)使过时的法规同法律、政策和事实的不断变化保持一致;(5)把实质性权利的程序性限制保持在狭小范围内;(6)要考虑复杂系统的调节效果;最一般的;(7)要避免用法规本身之目的来衡量出来的不合理和不公正……"[19]我在这里对森斯泰因的建议——它同丹宁格对关键性宪法概念的阐发有类似之处——感兴趣,是出于两个理由。首先,它对范式讨论做出了一个典范性的贡献,而没有忽视权利体系的原初的、甚至是激进民主的意义:"原则的数量和种类尽管很多,但它们是由某些一般目标统一起来的。这些目标首先包括提高政府工作的商议程度,当商议不存在时提供替代的东西,限制党派之争和出于私利的代表,并且促成政治平等。"[20] 其次,这建议表明他意识到了法治国原则与对这些原则的范式性诠释之间的区别。人们之所以会禁不住要回到对基本权利的自由主义理解,[21] 忽视这个区别也是一个原因。

一直到 20 世纪前三十来年,自由主义的法律范式表达了一种法律专家们广泛分享的背景共识,从而为法律运用提供了一个由**未受质疑**之诠释准则所构成的语境。这种情况可以解释这样一种印象,即那时候法律似乎可以在不诉诸那些需要进行诠释的原则和有争议的"关键概念"的情况下加以运用。事实上,每一种用原则来论证的法律秩序都依赖于一个建构性诠释,也就是依赖于森斯泰因所说的"背景规范"。任何原则性判决都超越对法律文本的诠释,从而要求做一种外部辩护:"法规文本是出发点,但它只是因为赋予其以内容的语境和背景规范才变得可以理解。通常,语境是不成问题的,规范之被人认同、没有争议的程度,足以使那文本本身就显得是诠释的充分基础。但是在许多情况下,文本,连同那些规范,将产生模棱两可、意义太宽或者意义太窄;在这些情况下,法院必须向别处求助。各种各样语境性考虑——包括立法史,法规目的,以及这种或那种观点的实践上合情合理的程度——在这些情境下可以提供相当大的帮助。但是历史本身也可能是含义模糊的——或者是一个不具代表性的、自私自利的团体的作品,而对一个多成员团体的目的进行刻画这个问题,在许多情况下将导致意义模糊、缺口、意义太宽、意义太窄这些熟悉的问题。在这些情况下,法院常常必须求助于明显的或有争议的背景规范。"[22]

当然,上述考虑并没有回答这个问题:不可避免地求助于这些背景规范,是不是为宪法法院介入因政治而引起的"法律创制"打开了大门,而根据分权的逻辑,这种法律创制是应该留给民主立法部门来进行的。

2. 规范与价值:宪法法院之自我理解中的方法论错误

(1)关于联邦宪法法院的司法合法性的疑虑,不仅仅以一种对范式转换的考虑为基础,而且同一些方法论假设相联系。与美国情况不同的是,在联邦德国,人们的批评可以针对一种由法院自己提出的"价值学说"[Wertordungslehre],也就是针对法官的方法论自我理解,这种自我理解对于重要先例的判决产生了很成问题的影响。那些对于"价值司法"[Wertjudikatur]的批评固然是正当的,但这种批评常常**未经中介地**针对那些从法治国角度来看值得疑虑的结果,而没有说清楚它们首先仅仅是由一些错误的自我诠释所造成的。因此,这些批评者错过了对建构性诠释进行正确理解——根据这种理解,权利不可同化于价值——的其他机会。

根据联邦宪法法院的理解,联邦德国的基本法主要不是一个由原则提供结构的规则体系,而更多地是一种"具体的价值秩序",同实质性的价值伦理学(如舍勒[Max Scheler]和尼古拉·哈特曼[Nicolai Hartmann]的学说)有关。与联邦宪法法院一些重要判决论证的措辞和精神相一致,伯肯弗德也把原则理解为价值:"客观的原则性规范"应该是以"价

254

值决定"为基础的。像 I. 毛斯²³一样,他也接受阿勒克西的建议,主张把以这种方式转化成价值的那些规范或原则当作其强度尚待确定的最大化律令。这种理解迎合了在法律专家当中相当普遍的、但不那么严格的"诸善权衡"［Güterabwägung］❾的说法。如果原则显示的是一种应最大限度地实现的价值,如果这些规范本身并没有指出在多大程度上必须履行这条最大化律令,那么在事实上可能的范围之内运用这样的原则,做一种目的取向的权衡就是必不可少的。因为没有任何可以主张一种相对于其他价值的内在的无条件的优先性,所以,随着这种权衡过程,对现行法律的诠释就转变成一种在同案件的关联中进行具体化的**价值实现**［Werteverwirklichung］:"具体化是对某种仅仅作为导向或原则而规定的东西的创造性的填值,这种东西在其他方面都是开放的,从一开始就要求一个具体化成为可执行规范的过程。汉斯·胡伯［Hans Huber］早就指出,对理解为原则性规范的基本权利加以具体化——其出发点是它们的包罗万象的有效性、范围和不确定性——的必要性,不能同进行诠释的必要性混为一谈。…为明确起见还可以补充说,这种针对个案的立法,因为是作为对宪法的诠释而出现的,所以处于与宪法同样的层次上,从而代表了宪法性的立法。"²⁴这样,伯肯弗德对宪法法院的方法论自我理解作了字面理解,用卡尔·施米特的"价值的暴政"的命题来对它加以批评,而没有看到真正的问题在于那个把法律原则与价值相提并论的

---

❾ 这里的 Güter 兼有"利益"和"价值"的含义。

前提。⑩

其他规范据以进行辩护的基础是原则或高层次规范,这种原则或高层次规范具有一种义务论意义,而价值则具有一种目的论意义。有效的行动规范使它的承受者有义务平等地、无例外地满足一般化了的行为期待,而价值则被理解主体间共享的偏好。共享价值所表达的是在特定集体中对于被认为值得追求的、有可能通过目的导向型行动而获得或实现的那些诸善的可偏好性[Vorzugswürdigkeit von Gütern]。规范是带着二元的有效性主张而出现的,或者是有效的,或者是无效的;我们对规范性语句的反应,就像对陈述性语句的反应一样,只能采取一个"是"或者"否"的立场,或者是停止判断。相反,价值则确定一个偏好关系,告诉我们某些善比其他善更有吸引力;因此我们可以在不同程度上同意评价性语句。规范的"应当性"[Sollgeltung]具有一种无条件的、普遍的义务的绝对意义;"应做之事"[das Gesollte]所要求的,是对所有人都同等地好或善的。主体间共享之价值的吸引力具有那种在文化或生活形式中确立或采纳的诸善评估的相对意义:严肃的价值选择或高层次的偏好告诉我们,总的来说什么是对我们(或对我)好的或善的。不同的规范,如果它们主张的有效性覆盖相同范围的承受者,就不可以是相互矛盾的;它们必须处于一个融贯的整体之中,也就是形成一个体系。而不同的价值则在优先性方面彼此竞争,只要它们在一个文化或生活形式当中得到主体间承认,它们就形

---

⑩ 英译本在此处加:"The problem is a conceptual one."[这问题是一个概念性问题。]

成有伸缩的、充满紧张的复合体。

因此,规范和价值的区别首先在于它们所指向的行动一个是义务性的,一个是目的性的;其次在于它们的有效性主张的编码一个是二元的,一个是逐级的;第三在于它们的约束力一个是绝对的,一个是相对的;第四在于它们各自内部的连贯性所必须满足的标准是各不相同的。规范和价值这些逻辑属性上的区别,导致了它们在运用中的重要区别。

在具体场合我的行动是受规范支配还是受价值支配,造成我的不同行动取向。在这两种情况下,在一既定情境中我应当做什么这个问题,是以不同方式提出和回答的。根据规范,我可以决定的是我被命令做什么;在价值领域,我可以决定的则是我被建议做什么。当然,在两种情况下,运用的问题都要求对正确的行动进行选择。但是,如果我们从有效的规范出发,"正确的"是那些同等地**对所有人**好的或善的行动;相反,如果所参照的是对我们的文化或生活形式来说具有典型意义的价值组合,"正确的"就是那些从总体上、从长远来说**对我们**好的或善的行动。在法律原则或"法律价值"[Rechtsgüter❶]那里,这种区别经常被人忽视,因为实证法所适用的总是特定法律区域和相应范围的承受者。尽管法律的有效性范围有这种事实性限定,基本权利却在不同情况下有不同的意义:或者像德沃金那样,把它们理解成义务论性质的法律原则;或者像阿勒克西那样,把它们理解为可最大化的法律价值。作为规范,它们是根据所有人同等的利益来调节一个问题;作为价值,它们与其他价值一起形成一个组

---

❶ 英译本在此处做了一个解释意为:"即受法律保护的利益"。

合并构成表达一特定法律共同体之认同和生活方式的符号秩序。目的论内容固然也进入了法律之中,但经过权利体系界定的法律通过规范性视角的严格**优先性**而在某种意义上驯化了立法者的政策和价值取向。谁把宪法等同于具体的价值秩序,谁就误解了它的特殊的法律性质;也就是说,作为法律规范,基本权利像道德规则一样是以义务性的行动规范——而不是有吸引力的诸善——作为其模式的。

从概念分析的角度来看,规范和价值的术语差别**只有**在那些主张最高价值或最高的善具有普遍有效性的理论——就像古典的善的伦理[Güterethik]那样——中才是多余的。这些本体论的理路把善或价值对象化成为一些自在地存在的实体;在后形而上学思维的条件下,已经很难为这种观点⑫进行辩护了。在当代这类理论中,那些据称是普遍的价值或者普遍的善具有非常抽象的形式,以至于在那里不难发现像人的尊严、团结、自我实现和自主性这样的义务论原则。25 从概念上把基本权利转化成基本价值,意味着给权利戴上目的论面罩,从而掩盖了这样一个情况:在论证性语境中,规范和价值起着**不同的论辩逻辑**作用。后形而上学的种种价值理论因此考虑到价值的特殊性、价值序列的可伸缩性和价值组合的纯粹局部有效性。它们或者是把价值追溯到传统和习惯的文化价值取向,或者是——当它们要强调价值选择的主观性和自觉性的时候——把价值归结为关于元偏好和"高层次意志"的生存论决定上。26

把基本权利理解为法律原则和把它们理解为价值或善

---

⑫ 英译本此处为"this moral realism"[这种道德实在论]。

这两种理路,在美国的宪法学者的讨论中,要比在德国的相应讨论中,区别得更明确一些。比如,保罗·布雷斯特[Paul Brest]的概况文章中就明确区别"权利理论"和其他理路,或者是道德实在论,或者是"道德约定论"[moral conventionalism]²⁷。同样,J.H.埃利[John Hart Ely]在同那些企图把法律同道德混合起来的宪法判决理论进行讨论时,也把这样两个方面区别开来:一方面是诉诸超实证权利、理性和中立程序原则的义务论的基本权利观,另一方面是那种求助于传统和既定共识的价值取向的法律观。²⁸

客观价值学说的一个新亚里士多德派的变种在美国的代表之一是米歇尔·佩里[Michael J. Perry]。他把宪法文本理解为一份开国文献和一个历史共同体的伦理自我理解的表达,由此而否定了道德约定论——它把宪法的基本价值看作是根植于目前人口多数的主流价值共识之中的——的经验主义特征。宪法像一份神圣文献那样创造出新的观念,根据这些观念共同体得以意识到它的深层追求和真实关切[Interessen]:"根据这种观点,我们的政治生活包括了彼此之间持续进行的道德商谈,以努力求得对如下问题的越来越富有洞见的回答:什么是我们的**真实**关切[*real* interests](而不是我们的**实际**偏好[*actual* preferences]),我们应当成为什么样的人——具有什么样的规划、目标和理想…商议性政治是自我认识的必要工具。"²⁹公民的伦理政治的自我理解商谈突出地体现于价值取向的宪法判决中,它着眼于变化着的历史挑战而创造性地实现宪法的原初意义,由此而对这种意义作解释学的袭取。佩里比伽达默尔之后的德国法律诠释学更直截了当地认为宪法法院的法官具有先知般导师的角色,这种导师以其对制宪元勋[Founding Fathers]之圣言的诠释而确保对共同体生活具有构成性意义的那个传统的连续性。为此,这位法官必须既不是拘泥于严格的字面解读,也不是依赖于多数人的信念:"要'诠释'宪法的有些条款,主要是确认这些条款的心愿意义[aspirational meaning],然后对这种意义加以运用——也就是说回答这样一个问题:这种心愿对眼下的冲突意味着什么,这种心愿如果认可的话,要求法院做什么。"[30]

实际上,这种**价值司法**提出了毛斯和伯肯弗德着眼于联邦宪法法院的判决实践时所分析的那种合法性问题。也就是说,这种观点使这样一种规范具体化工作成为必不可少的,它隐含地具有立法的意义,从而赋予宪法判决以并列的立法机构的地位。这个结论是佩里断然地从他对于基本权利的[13]诠释中引出来的,根据这个诠释,基本权利从义务论的法律原则变成了目的论的法律诸善,后者构成一个客观的价值秩序,并使法官和立法者都受到一个特定的生活形式的实质性伦理生活[Sittlichkeit]的约束:"司法审查是一种有深思熟虑基础的逆反多数的建制。"[31]

由于假定宪法法院应该实现预先给定在宪法中的实质性价值,宪法法院就被转变成一个权威主义的机构。因为,如果冲突案子中**所有**理由均可具有政策性论据性质的话,那么,法律商谈中那堵由义务论的法律规范观和法律原则观所建立起来的防火墙,就崩溃了。

一旦个人权利转变成善和价值,它们在单个案子中就必须

---

[13] 英译本此处加"moral realist"[道德实在论的]。

在同一平面上为谁具有优先性而发生竞争。因为,每个价值从根本上说都和别的价值一样地特殊,而规范则由于一种普遍化检验而取得合法性。用丹宁格的话来说:"价值只能被其他价值而相对化;但这种偏好价值或追求价值的过程,是无法作逻辑上的概念把握的。"[32]正是出于这个理由,德沃金把权利理解为法律商谈中可以针对政策性论据而打出的"王牌"。当然,并不是说任何权利都可以在单个判决的论证情境中胜过每一种集体之善,但集体之善胜过权利这种情况只有当一个集体目的的优先性本身是根据原则来辩护的时候才会发生。规范和原则由于其义务论性质可以主张一种普遍的约束性,而不仅仅是具体的值得优选性[spezielle Vorzugswürdigkeit],所以,它们比价值具有更大的辩护力量。价值必须与其他价值一起在每个案例中排出一个传递性序列。因为这种排序缺少合理标准,所以,权衡的工作或者是任意地进行的,或者是根据熟悉的标准和序列而非反思地进行的。[33]

宪法法院如果采纳价值秩序的学说、并且把自己的判决建立在它的基础上,非理性判决的危险就会相应增加,因为这样一来,功能主义的论据就会居于规范性论据的上风。当然,有一些"原则",比方说,联邦国防军和司法部门的"功能能力",特定领域内❶的"和平","国家作为明文规定的维护和平和秩序之力量的安全保障",以及对联邦友善的行动或"联邦忠诚性"[Bundestreue❺],这些以及类似的"原则",构成了一些可用来在规范冲突的案子中将论据引入法律商谈

---

❶ 英译本此处加"(e.g.in labor relations)"[(比如劳资关系)]。

❺ 英译本对这个术语的解释:"或各政府机构的'联邦和睦关系'。"

的视角。但是,这些论据之"算数"的程度,取决于可用来对那些目标和诸善本身进行辩护的法律原则。**归根结蒂**,只有权利才是这种论辩游戏中的王牌。如果违反直觉地把规范和原则与诸善、目标和价值等同起来,这道门槛就被削平了:"在这种情况下,宪法上的自由保障不知不觉地同那些不仅根据其内容、而且根据其形式都是与之矛盾的'原则'处于竞争之中,比如刑法系统的功能效率,联邦国防军的功能效率,或者工商企业和整个经济的功能效率。…联邦宪法法院把这些(以及其他的)集体诸善转变成立法者被迫执行的宪法指令,在这种执行中,立法者根据每个具体情境来确定对于自由权利所造成的代价。"[34]

相反,一旦基本权利的义务论性质受到重视,这些权利就退出了这种收益-成本分析的范围。这也适用于那些"开放的"规范,与条件性纲领不同,这些规范并不指向那些可以轻易辨认的标准情形,相反,它们的表述是不明确的,是需要以一种在方法论上无可非议的方式加以"具体化"的。这些规范恰恰是在运用性商谈中获得它们的意义明确的具体化的。在与其他法律规定发生冲突时,人们不必决定在多大程度上彼此竞争的价值要被分别加以实现。前面已经指出,要做的事情毋宁是从显见地可运用的规范出发,来找出哪条规范最适合于那从尽可能多的相关视角出发进行详尽描述的运用情境。在这个过程中,必须在相关的规范和那些——在并不损害其更广范围的有效性的前提下——退隐的规范之间建立一种重要联系,从而不妨碍整个法律体系的融贯性。相关的规范和退隐的规范之间的关系,不像那些彼此竞争的价值那样是作为最大化指令在各个场合得到不同程度的"满足"的,相反,它们之间的关系是"恰当的"规范和"不恰当的"规范之间的关系。在这里,恰当性的含义类似于从一个有效规范中引出之单称判断的有效性,作为其基础的那个规范只有通过这种有效性才得到"填值"[gesättigt]的。

取向于原则的司法必须决定的,是在一给定的冲突中,哪个主张、哪个诉讼是正确的——而不是如何去权衡诸善、如何去排列各种价值之间的关系。当然,有效规范构成一个有伸缩性的关系结构,在这个结构中,关系是会根据具体的案子而发生变化的;但是**这种**转变是受融贯性条件制约的,这个条件确保所有规范在一个统一的系统彼此契合,而这个系统的宗旨允许每一个案子恰恰有一个正确的解决方案。这个判决的法律有效性具有一个命令所具有的义务论性质,而不是在给定情形下、在我们愿望范围内的可实现之物[Erreichbares]的目的论性质。在特定情境中对我们最好的,并不一定就是对所有人同等地好的。

(2)在宪法判决的合法性问题方面,上述方法论考虑导致了对一种虚假的自我理解及其实践效果的批判性结论,但它并不否定总体上对宪法问题进行合理判决的可能性。对法律原则的诠释与对简单规范的诠释之间并没有根本差别(只要这些简单规范并没有根据明确规定的情境而加以预先限定)。在运用过程中,这两种情况都没有必要导致很大的合理性缺口。当然,建构性诠释的复杂步骤不可能用程序法加以规范化;但它们受到一个具有法律建制形式的运用性商谈的程序合理性审核。不管怎么样,从单个案子出发的宪法判决仅**限于**对预设为有效的(宪法)规范的**运用**;因此,规范运用性商谈和规范论证性商谈之间的区别至少为司法部门和立法部门可以合法地履行的职能提供了论辩逻辑上的划界标准。

在判决实践中存在着一个等级性结构,其目的是确保**任何层次上的判决所具有的理由都由较高一级的权威的判决事先提供**;一种由原则指导的司法判决,不一定非要违反这样一种等级性判决结构不可。英格鲍格·毛斯认为权力分立之逻辑的作用在于预防性地打破一个否则便具有自我指涉之封闭性的合法化循环:"在判决过程的任何层次上,政治权力都不能仅仅根据它自己制定的法律而确定自己的合法性。立法者对自己合法性的确定,既要通过遵守宪法中既与的程序方针,也通过先于立法行动的现实的人民意志,但不是根据它自己已经制定的普通法规。用普通法律来确定合法性的仅仅是运用❿法律的部门,它们自己因而是不能制定这种法律的。这种结构同时也保证了对司法判决之具体承受者的无知是沿着法治国权威的各个层次而逐级分布的……"35宪法法院像政治立法者一样受"宪法中既与的程序方针"的约束这种情况并不意味着司法部门在同一层次上与立法部门进行竞争。可以从宪法中获取的那些确定合法性的理由,是从法律之运用的角度,而不是从政治立法者——他在寻求实现其政策的过程中阐发和**发展**权利体系——的角度而事先给予宪法法院的。原来赋予立法决定以合法性的那捆理由,法院把它重新打开,以便把这些理由用于对具体案子做出融贯的、同现行法律原则一致的判决;但是它不可以把这些理由用来对权利体系做直接的诠释和

---

❿ 英译本在此处加"[and implement]""[以及实施]。

阐发,从而用来进行隐含的立法活动。

但是,一旦一条规范不允许作这样一种融贯的、因而符合宪法的运用,就出现了抽象的司法审查的问题,这种审核必须从立法者的角度来进行。只要这种规范审核是在一个法院核查法[richterliches Prüfungsrecht]框架之内进行的,❿并且仅仅导致对规范的否决而不是对立法者的指令,那么,实用的和法律-政治的考虑似乎支持像目前存在于联邦德国和美国的那种制度性权能分布。接下来进一步的问题则是:议会对宪法法官的任命和确认是否足以满足对法院履行其职能进行民主合法化的要求——根据宪法的构架和分权的逻辑,这种职能必须被理解为立法者委托给宪法法院进行的自我审核。

对有关权力分立之**正确的制度化**的问题不管如何回答,回到自由主义的政府观都是既无必要也不可能的了。根据这种政府观,"基本权利仅仅是针对国家暴力的主观自由权利,而不同时是对于所有法律领域有约束力的客观的原则规范。"36 对美国的宪法讨论来说,主观权利[subjektive Rechte]和客观法[objektives Recht]之间的对立是完全陌生的东西。假如在已具规模的福利国家妥协的条件下想要不仅坚持法治国的观念,而且要坚持民主法治国的观念,也就是法律共同体之自我组织的观念,就不能继续把宪法理解为一个主要调节国家与公民关系的"秩序框架"。经济权力和社会权力之需要法治国之规训的程度,不亚于行政权力。另一方面,

---

❿ 英译本此句为:"as long as this review is exercised by an independent judiciary"[只要这种规范审核是由一个独立的司法进行的]。

在文化多元主义和社会多元主义的条件下,宪法也不能继续被理解为一个把先验的具体生活形式强加在全社会之上的具体法律秩序。相反,宪法所制定的是这样一些政治程序,根据这些程序公民们在行使其自我决定权利的过程中可以成功地追求实现其建立正义的(也就是相对来说比较正义的)生活条件这个集体事业。只有**民主地产生法规的程序性条件**,才确保实定法的合法性。从这个民主的背景理解出发,就能按一种同权利分立之法治国意图相一致的方式来理解宪法法院的权力:宪法法院应当督察的恰恰是使公民的私人自主和公共自主成为可能的那个权利体系。关于政府权力部门之相互分立和相互依赖的经典模式,已不再符合这种意图,因为基本权利的功能已经不能仅仅依赖于内在于自由主义法律范式之内的那些社会理论预设,因而不仅仅局限于保护根本上具有私人自主性的公民免遭国家机构的过分干预。私人自主今天同样也受经济权力和社会权力状况的危害,它本身也依赖于民主社会的公民能以何种方式、在多大程度上卓有成效地行使其交往权利和参与权利。因此,宪法法院在考察有争议规范的内容时,必须首先考虑民主的立法过程的交往预设和程序条件。这样一种**程序主义宪法观**把宪法审核的合法性问题放在了民主理论的语境之中。在这方面,美国的讨论要比德国的讨论更富有启发。

J.H. 埃利所提出的那个有关观点,当然是要以一种司法怀疑论⓲的方式来避免司法过程依赖于具有道德起源或伦

⓲ 英译本此处为"a skeptical attitude toward judicial activism"[对司法激进主义的怀疑态度]。

理起源的法律原则。他的出发点是这样一个假定,即美国宪法所调节的首先是组织性问题或程序性问题,而并不是要挑选和实施基本价值。根据他的观点,构成宪法之实质的并不是实质性规定,而是形式规定(比如平等保护和合法诉讼程序):"我们的宪法的实质性关切始终是维护自由。…问题是这个关切是怎样实现的。对这个关切的主要回答是范围广泛的程序性保护,以及范围更广的这样一种安排,其宗旨是确保在做出实质性选择的时候,决策过程将是在一个接近于平等的基础上向所有人开放的,而决策者则有责任考虑所有将受到这种决策影响的人们的利益。"[37] 如果最高法院应该对是否遵守宪法加以监视,那么它必须**首先**关注民主过程之确定合法性效果所依赖的那些程序和组织规范。法院必须确保民主的法律共同体用来进行自我组织的包容性的意见形成和意志形成"渠道"完好无损:"司法审查的首要任务,应该是拆除民主过程中的障碍。"[38]

从这个角度来看,对于民主的意见形成和意志形成过程来说具有构成意义的交往权利和参与权利,具有一种特殊的地位。一些有歧视性之嫌的法律(比如歧视少数种族和少数宗教团体,残疾人,同性恋,老年人,年轻人等等),不仅仅在**内容**上违反了平等对待的原则。埃利还从程序角度出发,把那些对应该被平等对待之群体的隐含的不平等分类,理解为一个违反了**民主程序条件**的政治过程的结果。因此,抽象的规范审核应当首先指向民主地产生法律的条件,从一个受大众传媒扭曲的公共领域的交往结构,到非主流声音得到表达和倾听、形式上平等的参与权利得到实际有效实施的现实条件,再到所有目前有关的群体、利益立场和价值取向在议会中的平等代表,以及,那些在议会商议中被提出来、在论证所讨论之规范的过程中被考虑的议题、理由和问题、价值和利益的范围。在埃利那里,自由主义对多数人暴政之不信任的重点出人意料地转向了程序方面。他担心形式上承认的多元主义受到事实上的限制,并运用古典的虚拟代议[virtuelle Repräsentation]的概念来捍卫那些虽然技术上被代表但实际上被排除或被边缘化的少数群体的平等参与机会。对规范之产生的审查还应该延伸到行政部门和立法部门之间的权力分工,甚至不仅仅涉及对立法纲领的行政贯彻方面,而且也涉及立法部门的作用过分消极问题(假如它不充分行使其权力,而将其委托给行政部门的话):"这样,法院应该确保的不仅仅是行政部门遵循那些实际存在的立法部门政策指导,…而且也确保这样的政策指导确实被制定出来。"39

埃利用这种程序主义的宪法观来论证"司法的自我克制"。在他看来,宪法法院要维护其公平性,就必须抵制那种用道德价值判断来塞满其诠释空间的诱惑。埃利的怀疑主义所针对的不仅仅是价值司法,而且也包括那种取向于原则的诠释,也就是德沃金所说的建构性诠释。这种观点在如下意义上是不自洽的:埃利必须为自己的理论也预设一些原则的有效性,必须建议法院受一些完全也具有规范性内容的宪法原则的指导。民主程序的概念本身也依赖于一个正义原则,它意味着对所有人的平等的尊重:"关键的论据在于,决策机构的基本正义必须用所有有关的人们是否根据哲学家们所说的可普遍性或相互性而对待来加以评价。"40但并不能从中得出结论说,为民主的意志形成过程之组织和程序的合法化力量提供论证的那些原则,由于它们的仅仅形式的性质,就需要用一种实质性的权利理论来加以补充。[41]这也并不意味着,司法怀疑论态度的**其他**理由也失去了说服力。

埃利对那种用**家长主义态度**来看待宪法判决的观点采取怀疑态度,这是有道理的。这种家长主义观点的滋生基础,是一种在法律学者中相当普遍的不信任感,那种针对依赖于权力斗争和情绪化多数人意见的立法部门之非理性的不信任感。根据这种观点,宪法法院的具有创造法律性质的司法活动的正当性,不仅表现在它同政治之间的距离上,而且表现在它的职业性商谈的高度合理性上:"政府其他部门的辩论推理方法,既不是由基本原则之阐明过程中明确的自治性要求赋予结构的,也不是由这些原则之公平实施中的制度独立性来提供保障的。"[42]实际上,法律商谈之所以能够声称具有较高程度的合理性,是因为运用性商谈专事于规范运用的问题,因而可以在一个明晰的框架——也就是有关各方和一个公平第三方之间的经典性角色分布——中加以制度化。但是,正是出于同样的理由,它们不可能**代替**政治性商谈,后者的宗旨是对规范和政策进行论证,并要求把一切有关的人们包容进来。内在于政治过程的合理性是更需澄清的东西。政治性意见形成和意志形成过程的程序正义这个基本概念要求一个民主理论;在埃利那里,这个理论仍然处于背景之中,而且,即使在那里可以发现它的踪迹,它也具有相当常规的特征。

3. 宪法判决在自由主义的、共和主义的和程序主义的政治观中的作用

(1)在美国,宪法学者们在宪法判决之合法性问题上的争论,更多地是从政治科学的角度、而不是从法律方法论的角度进行的。在关于最高法院和民主立法部门之间分工的讨论中,争论的焦点在于对立法过程的评价,以及宪法要求这个过程之为合理的程度,或者更确切些说,到底这种合理性可能是什么或者应该是什么。法律理论在处理这个问题时虽然也以经验假设为背景,但主要是从规范的角度出发来考察,在美国宪政传统中,这两个政府部门之间的有争议关系是如何被理解的。

在讨论抽象的规范审核的问题时,弗兰克·米歇尔曼像埃利一样是从这样一个前提出发的:最高法院在干预政治立法过程、废除国会通过的规范时,只能诉诸一种来自人民的自决权利的派生性权威。这里法院可以求助的只能是这样一些理由,它们在程序性宪法观框架中为诉诸人民主权——作为所有立法权威的来源——提供辩护:"如果共和的立宪可能性依赖于法律产生于人民的持续进行的规范性争论这个事实,那么其结论就是:宪法裁决者通过协同维持产生法律之民众介入,而有助于实现这种可能性。就此而言,共和的宪法学将是劳伦斯·特莱伯[Lawrence Tribe]所说的(以及所批评的)那种'以过程为基础的'学说,令人想起埃利…对司法审查的辩护,说它是'对代议性的加强'[representation reinforcing]。"⁴³但是,着重强调"共和的"[republican]这个形容词,透露出米歇尔曼的观点与埃利对民主的理解之间有一个反差。米歇尔曼所根据的是亚里士多德主义的"政治"观传统,这个传统以罗马哲学和意大利文艺复兴时期的政治思想为中介,⁴⁴不仅在卢梭那里获得了现代自然法理论的形式,而且也通过霍布斯的对手詹姆斯·哈林顿[James Harrington],作为洛克的自由主义之外的一个选择进入了美国的宪法讨论,并且启发了立宪元勋们对民主的理解。⁴⁵J.G.A.波考克[J.G.A.Pocock]用程式化语言称这条线索的共和主义思想为一种公民人文主义,它不像现代自然法理论那样利用法学词汇,而利用古典伦理学和政治学的语言。⁴⁶

在现代,罗马法的概念被用来定义**消极自由**,以便确保私人财产和私人经济交换免受这些私人无法参与其运作的那个行政性政治权威的干预,而伦理学和修辞学的语言,则保留了具有平等资格的、参与性的公民的**积极自由**在其中得以实现的那种政治实践的形象。⁴⁷共和主义的"政治"[Politik]概念不仅仅涉及作为私人的公民们对生命、自由和财产的受国家保护的权利,而突出地涉及取向于共同善的、把自己理解为一个合作的、自治的共同体之平等成员的公民的自决实践。polis[公共生活场所或城邦]是可以形成和巩固积极参与公共事务之德性的地方;与 polis 中的**伦理**的共同生活情境相比,法和法规是第二位的。只有在这种公民实践中,人类才能实现其类的目的。⁴⁸米歇尔曼考察了美国宪法作者们的争论、宪法本身的文本⁴⁹、目前的宪法判决,⁵⁰设法从中破译这种共和主义痕迹,以便从中形成一个有关政治过程及其**程序条件**的规范性概念。他不仅用"共和主义"和

"自由主义"之间的程式化对立来刻画这两种宪法诠释的传统,而且用这种对立来刻画立宪现实中的两种对立趋势。

决定性区别在于对民主过程之作用的理解。根据"自由主义"的观点——这里我沿用这种简化的、但在美国的讨论中很热门的术语——民主过程所执行的任务是根据社会利益为政府制定规划,在此过程中政府被看作是公共行政的机构,而社会则是一个按市场经济方式形成结构的私人间交往以及他们的社会劳动的体系。这里,政治(在公民政治性意志形成过程的意义上)的功能是在一个专事于为集体目标而运用政治权力的国家组织面前集中和贯彻私人利益。但是,根据共和主义观点,政治的内容不仅仅是这种中介性功能;它应当是对整个社会过程来说具有构成性意义的。"政治"被理解为实质性伦理生活的反思形式——理解为这样一种媒介,借助于它,那些多多少少自然地形成的团结共同体的成员们意识到他们的相互依赖,并且,以他们的意志和意识把既与的相互承认关系塑造和发展成自由平等的公民联合体。由于这种理解,自由主义的国家/社会架构经历了重要变化:在国家机构的等级性控制权威和市场的非中心化控制权威之外,也就是说,在行政权力和个人的私人利益之外,还出现了**团结**和共同福祉取向,作为社会整合的**第三个源泉**。事实上,这种旨在相互理解或交往地达成的共识的横向政治性意志形成过程,甚至还应当享有优先地位,不论是发生学意义上的还是规范性意义上的。公民的自决实践,由此而获得了一种自主的、独立于公共行政和以市场为媒介之私人交换关系的**市民社会基础**[zivilgesellschaftliche Basis],它保护政治交往免受国家机构的吞并和市场结构的同化。在共和主义政治观中,政治性公共领域和作为其基础的市民社会获得了一种全局性意义;它们应该确保公民之达成理解的实践具有整合力和自主性。[51]政治交往与经济社会脱钩,是符合——根据我们的术语——行政权力与那种产生于政治性意见形成和意志形成过程的交往权力之间的反馈关系的。上述彼此竞争的理路对评价政治过程产生了如下一些结果。

(a)**公民身份概念**[Konzept des Staatsbürgers⓮]各不相同。根据自由主义观点,公民[Bürger]的地位主要是由针对国家和其他公民的消极权利而定义的。作为这些权利的拥有者,公民们只要在法律规章所确定的范围内追求其私人利益,就享有政府的保护,包括使其免受超越法规律规定限度的政府干预的那种保护。无论在结构上还是在意义上,政治权利都无异于为法权人提供使其免于外部强制的选择空间的那些主观的私人权利。它们给与公民以机会去维护其私人利益,从而,通过投票,通过议会团体的组成和政府的构成,这些利益最终聚合成一个影响行政部门的政治意志。用这种方式公民们[Bürger]可以以选民[Staatsbürger, voters]的身份来监督政府权力是不是按照作为私人的公民的利益来行使的。[52]根据共和主义观点,公民的地位并不是按照这

⓮ Bürger与Staatsbürger都可以译成"公民",但前者也可以作非政治性的理解,接近于汉语的"市民",而后者则强调政治性的含义,接近于汉语的"公民"。但这两个词在英语中都对应于"citizen",而这里所讨论的自由主义则不强调对这个概念作政治性的和非政治性的区别。从此考虑出发,中译者在本书中通常将Bürger与Staatsbürger都译成"公民"。

些公民**作为私人**可以要求的消极自由的模式来设想的。相反,公民权利,首先是政治参与权利和政治交往权利,是一些积极自由。他们保护的不是免于外部强制的自由,而是参与公民的共同实践的可能性,公民们只有通过参加这种共同实践才成为他们意欲成为的人们:一个自由和平等的人们所组成的共同体的政治上自主的发起者。就此而言,政治过程的作用不是把政治活动置于公民们——他们已经通过行使其私人权利和前政治自由而具有一种既与的社会自主性——的监督之下。它的作用也不是国家和社会之间的结合部的作用,因为行政权力绝不是一种自发产生的权力;它不是一种既与之物。相反,行政权力来源于那种通过公民自决实践而交往地产生的权力,它的合法性基础在于它通过对公共自由的制度化而保护这种公民实践。⁵³ 国家的存在理由首先并不在于它对主观权利的平等保护,而在于对一种包容性的意见形成和意志形成过程所提供的保障,在这个过程中,自由和平等的公民们就哪些目标和规范是以所有人的利益为基础的这个问题达成理解。这样,对于共和主义的公民所期望的不仅仅是取向于各自的个人利益。

(b)在反对把法权人理解为主观私人权利之持有者的古典概念的论战中,还显示出一种有关**法律概念**本身的争论。根据自由主义的观点,法律秩序的意义在于它允许在具体情况下确定哪些个人拥有哪些权利,而根据共和主义的观点,这些主观权利起源于一种客观的法律秩序;对于一种平等的、自主的、基于相互尊重的共同生活来说,这种法律秩序既提供了可能,也提供了保障。根据一种观点,法律秩序是从主观权利出发而构成的;根据另一种观点,这种秩序的客观法内容具有优先地位。这些概念上的两分法,是无法把握商谈论所理解的公民们相互承认之权利体系的主体间意义的。在商谈论那里,对权利和义务的相互尊重的基础在于对称的承认关系。当然,共和主义至少是接近这种法律概念的,它赋予个人及其主观自由的完整性[Integrität]的份量不亚于共同体——个人只有在共同体中才能够相互同时承认为个人和团体成员——的完整性。共和主义把法律的合法性同支配法律之产生的民主程序相联系,从而维持了人民的自决实践与非人称的法治之间的内在联系:"对共和主义者来说,权利说到底不过是占主导地位的政治意志的规定,而对于自由主义者来说,有些权利永远是以超政治的理性或启示的'高层法'作为基础的。…在共和主义看来,共同体的目标、共同善,从实质上说就在于它成功地从政治上界定、确立、实现和维持一系列最适合于该共同体之条件和风俗的权利(偶尔还包括法律),而在与此对立的自由主义观点看来,高层法权利提供了必要的先验结构和权力约束,从而,对彼此冲突的多种利益的多元主义追求可以尽可能满意地进行。"[54]

被诠释为积极自由的投票权利之所以成为一般意义上的权利的范式,不仅仅因为它对于政治自决具有构成性意义,而且也因为它的结构使人们能看到,一个平等成员之共同体的包容性,是如何同做出自主贡献和采取自己立场的个人权利联系在一起的:"要求是:我们大家都互相关心对方的公民权保障[enfranchisement],因为(i)我们的选择是在要结合在一起[hanging together]还是要分别被吊死[hanging seperately]之间的选择;(ii)结合在一起取决于所有人都相互保证关注彼此的重大利益;以及(iii)在当代美国社会的深刻的多元化条件下,这样的保证要能够获得的话⋯只有靠维持一种至少在外表上承认人人有言可发的政治。"[55]通过由政治权利所构成的那个立法过程,这种结构影响了**所有**权利。即使当私法授权人们追求自由选择的私人目标的时候,它同时也使人们有义务守住按照对所有人都有利的标准而同意的那些策略性行动界限。

(c)对公民角色和权利的各种不同的概念把握,显示了关于**政治过程之本质**的更深分歧。根据自由主义观点,政治本质上是一场争夺人们可借以控制行政权力的职位的斗争。决定公共领域和议会中政治性意见形成和意志形成过程的,是为保住或获得权力职位而进行策略性行动的集体行动者之间的竞争。衡量成功的标准,是根据选票数量来确定的公民对人选和纲领的赞同程度。公民们通过选票来表达他们的偏好。他们的投票决定活动的结构与市场参与者所做的选择行为的结构并无二致。各政党用取向于个人成功的相同态度来争夺权力职位,而公民则核准谁可以占据这些职位。选票投入和权力产出正对应于同一个策略行动模式:"同商议[deliberation]形成对照的是,策略性互动的目的是协调[coordination]而不是合作[cooperation]。归根结蒂,它要求人们考虑的仅仅是他们自己的利益。它的媒介是交易[bargain],而不是论据[argument]。它的说服工具不是权利主张[claims]和理由,而是提供好处和延长借期。一个策略性结果不管是正式体现于选票或契约之中,还是非正式地实现于社会行为之中,它所代表的都不是对理由的集体判断,而只是一个力场中的矢量和。"[56]

根据共和主义的观点,公共领域和议会中政治性意见形成和意志形成过程并不服从市场过程的结果,而服从取向于理解的公共交往的独特结构。对于公民自决实践意义上的政治来说,具有范式意义的不是市场,而是对话:"一种对话的观点把政治设想成为——或许应该说理想化成为——一种规范性活动。它把政治想像成关于价值问题而不仅仅关于偏好问题的争论。它把政治设想成一个理性的过程而不是意志的过程,一个说服的过程而不是一个权力的过程,其目标是用一种好的、正义的、不管怎么样是可以接受的方式来管理生活中那些包含着人们的社会关系和社会本性的方面。"[57] 从这种观点来看,在以商谈地形成的多数意见的形式产生于政治交往的交往权力与国家机构所行使的行政权力之间,存在着结构性差异。那些争夺行政权力位置的党派,也必须介入政治商谈的商议性风格和内部逻辑:"商议…指的是一种对社会合作的态度,也就是说,愿意被有关自己和别人的主张的那些理由所说服的态度。商议的媒介是观点——包括参与者对他们各自重大利益的理解的报告——之间的真诚交流… 在其中,投票表决——如果确实要进行投票表决的话——象征着对判断的集中。"[58] 因此,政治舞台上进行的意见斗争不仅仅具有授权获得权力位置意义上的合法化力量。持续进行的政治商谈毋宁还对于政治统治之行使的方式具有约束力量。只有在产生于民主过程的政策的基础上,在产生于这个过程的法律的界限内,行政权力才能得到合法的行使。

(d)最后,在共和主义的政治观那里,赋予制度化意见形成和意志形成过程以合法化力量的那些**程序条件**,具有了更明确的含义。它们就是这样一些条件,在这些条件下政治过程可以被假定为是能够产生合理结果的。在市场竞争模式所设想的那种权力角逐中,最优策略之合理选择是决定因素。在前政治的价值和利益——它们充其量在政治过程中被等量汇总——的不可调和的多元论的情况下,政治失去了同理性之伦理运用和道德运用的规范核心的任何联系。同这种自由主义对理性之怀疑的态度相比,共和主义对政治商谈之力量的信任形成了鲜明对照。这些商谈将能够使对需要的诠释、价值的取向,还有前政治的自我理解和对世界的理解,都成为讨论的主题,并**有真知灼见地**改变它们。商谈的条件鼓励每个人采纳其他成员的视角,甚至采纳所有其他人的视角;在这样的条件下,以理性为动力而改变人们最初的立场,是可能的。作为这样一种商谈性意见形成和意志形成过程的参与者,公民们实施他们的政治自我立法权利:"在多元性条件下,一个政治过程只有在以下条件下才能确定一条社会规范作为自我制定的法律的有效性:i)对该过程的参与会导致有些(或所有)参与者的相关理解上的有些改变或调整;ii)存在着一套规范性社会条件和程序条件,使人们在这种条件下所经历的对自己种种理解的这种对话性调整,并不被认为或被感受为是强制性的、侵犯性的、或者是违反人们的认同或自由的;iii)在被认为具有产生法律之功能的过程中,这些条件实际上成为主流。"[59]

(2)经过从"共和主义"角度而更敏锐地理解立法过程的商议性成分之后,再回到宪法判决之合法性问题,我们可以对埃利的程序主义建议作更具体的说明了。共和主义的政治观提醒我们,权利体系与公民政治自主有着内在联系。

从这个角度来看，宪法法院必须在其权限之内确保立法过程在**商议性政治**的确立合法性的条件下进行。而这种商议性政治又同政治舞台——它不仅仅包括议会团体中制度化意志形成过程，也还包括政治性公共领域及其文化背景和社会基础——的高要求交往预设紧密联系。一种商议性自决实践只能在这样两方面之间的相互作用中才能进行：一方面是在议会中进行的、制度化成为法律程序、以达成决策作为其预定目标的意志形成过程，另一方面是沿着非正式政治交往渠道而进行的政治性意见形成过程。相关的倡议、议题和贡献、问题和建议更多地来自意见光谱的**边缘**而不是它的已成为主流的中央。"所以，这表明，通过法律而追求政治自由，取决于'我们'（最高法院）不断地寻求将他者、以前被排斥的人们包括进来——这实际上意味着把那些新兴的自觉的社会团体的以前缺席的声音带入法理讨论领域，使之成为这个领域的在场者。"[60]

商议性立法模式和法规指导对行政活动的严格约束，既受到倾向于自成一体的科层机构的威胁，也在同样程度上受到那些私人性社会权力之特权影响的威胁。但在美国，真正的问题被认为是从联邦主义者和反联邦主义者之间的著名讨论以来就存在着的**利益团体**的影响，这些利益团体通过政府机构、以普遍利益为代价而追求其私人目标。在同那些违反国家和社会相分离原则的种种社会权力之专权的经典性对立之中，更新了的共和主义也把宪法法院之角色理解为商议性民主之监护人的角色："美国宪政体制的基础是敌视仅仅因为私人团体之政治力量而施加负担、授予利益的那些措施的；政府行动还需要一些公共价值。这个规范…表明，比方说，那些其内容仅仅是利益团体之交易的法规,应当作范围很窄的解释。这个规范也表明,法院应当形成一些诠释策略去推进政府中的商议——其办法是(比方说)在发现好像还没有经过商议的时候,将那些涉及宪法上具有敏感意义的利益或团体的议题退回,交由立法部门或管理机构进行复议。"[61]

C.R.森斯泰因讨论了这种监护人角色对于商议性政治所具有的意义。他先考察这样一些规范审核程序,在这些程序中最高法院因为一些法规的"歧视性分类"而将其否决,理由是立法部门忽视了对需调节问题作"合理的分析"。森斯泰因从这样的案例出发概括出一个符合商谈性立法模式的"合理分析要求":"所出现的是一种这样的法律活动[jurisprudence],它对立法活动进行审查,以确定议员们是不是尽力以慎重商议方式行动的。"[62]判断的标准是意见形成和意志形成的商谈性质,尤其是这样一个问题:立法决定所依赖的是可以被公开主张的理由,还是无法在议会谈判框架中宣布的私人利益:"这种理路的一个显著特征,使立法过程的结果变成次要的东西。重要的是导致这种结果的是不是商议过程——不受私人权力扭曲的商议过程。"[63]这种理路的优点是,法院——它并不支配那些提供正当性的政治理由——用不着非提到那些被假想地赋予的理由不可,而可以依赖于那些实际上提出的理由。有人提出异议说,当立法者之决定实际上是在不合法之社会压力下做出时,客观的理由⑳也是足以用来为一个法规进行辩护的。对这种异议森

---

⑳ 英译本为"retrospectively attributed or conjectured reasons"[回溯地认定的理由或根据猜测的理由]。

斯泰因令人信服地回答道：对公民自己来说，必要时他们必须为之而承担不利后果的那个合法目标，是仅仅作为一些出于其他动机之纲领的副产品而出现的，还是作为一个对合法性进行论证的商议性立法过程的**结果**而产生的，这是具有规范性差别的。

宪法法院在干预立法权力时可以有多大程度的进攻性姿态，对此问题共和主义政治观的回答更加模糊不清。根据森斯泰因的观察，在面对有争议行政措施而不是立法决定时，最高法院对"合理分析要求"的执行更严一些。当合理性审核所指向的不是论证过程的模式，而是被揭露为修辞上托词的实质性理由的时候，这种克制是有道理的。法院不应该在政治立法部门面前承担意识形态批评家的角色；它同样会被人怀疑受到意识形态的影响，因而不可能要求人们承认任何外在于政治过程的中立地位。非常有意思的是，共和主义并不像人们根据其激进的民主追求而想像的那样使自己成为司法的自我约束的提倡者。相反，它倡导一种宪法法院能动主义，而宪法判决的职能应该是弥补共和主义理想与宪法现实之间的缺口。只要商议性政治是按照亚里士多德政治学的精神加以更新的，这个观念的基础就是取向于共同之善的公民德性。这种对于德性的期望，把福利国家大众民主社会中实际上运作的那种民主过程推进了一种受工具主义扭曲的政治———一种"堕落的"政治———的阴影之中。

在一个另外的、但具有与之类似的语境当中，布鲁斯·埃克曼[Bruce Ackerman]把最高法院当作理想和现实之间的中介者，以此作为对事实性和有效性之间这种外部张力的反应。他提出这样一个有意思的建议，即我们根据库恩

[Thomas Kuhn]科学发展的过程模式来设想政治革新的跌宕起伏。正像"常规"科学的工作只有在造成新范式之突现的极少"革命"时刻才被中断一样,被自我理解为科层活动的政治的常规过程,也符合自由主义所做的那种描述:是一种以策略方式进行的、由个人利益所推动的权力斗争。只有当历史的发展超乎寻常,处于"宪法兴奋[constitutional excitement]的时刻","人民"才从他们的常规的公民唯私主义[civil privatism]中走出来,让那异化的科层政治为自己服务,并且——就像在罗斯福新政时期那样——为指向未来的革新提供意外的合法性基础。[64]对民主自决的这种活力论理解把漫长潜伏时期中休眠着的人民意志同他们的民选代表的制度化立法对立起来。在这个漫长的间隔时期,联邦宪法法院的法官应该以眼下冻结着的、被凝固成议会活动之日常事务的自决实践的监护人的身份,**以代理的方式**来捍卫人民的自决权利:"法院最后不是作为人民的公开意志的代表,而是作为人民的缺席的自治的象征和迹象而出现的。"[65]这样,宪法法院所承担的角色,就是公民们自己作为其**名义**拥有者所无法行使的那些积极自由的共和主义监护人。但这样就回到了埃利用他的程序主义宪法观所努力抵制的那种家长主义角色。但即使米歇尔曼——他是要避免宪法法院家长主义的——也以类似方式来弥合理想与现实之间的缺口:"法院帮助保护共和制国家——也就是政治上介入之公民——免于堕落为自我否定的政治。它向'人民'的自我封闭倾向挑战,也就是向追求自己目前状态下的道德完整、否认其改头换面的自我更新能力之所系的多元性的倾向

挑战。"⁶⁶

在我看来,告诉我们必须有一个诲人不倦的监护人的,正是对政治实践的这种**例外论描述**[exzeptionalistische Beschreibung],关于政治实践本来应该如何的描述。这位监护人之行使其摄政权,仅仅是因为主权者[der Souverän]宁可逗留在私人领域之中,而不是占据他所继承下来的那个地方,那个政治公共领域,并且恰当地履行其职责。这种例外论是由共和主义传统推荐的,因为后者把公民的政治实践同一个本来就整合为一体的共同体的精神气质[Ethos]密切相连。正确的政治只能是由有德的公民从事的。在卢梭那里,这种德性期望已经使他把取向于共同福祉的公民同伦理上不堪重负的私人区别开来;政治立法者的全体一致应该事先由善良情感的伦理共识所保证:"对卢梭来说,合法性的基础并不在于有能力通过权衡理由而做出决定的个人,而在于其意志已经完全被决定了的个人、已经做出了选择的个人。"⁶⁷

与此相反,商谈论的诠释则坚持认为,民主的意志形成过程的确定合法性力量并不是事先从各熟悉的伦理信念间的重合中获得的,而是从那些允许在协商过程中更好论据发挥作用的交往预设和程序㉑中得来的。商谈论不再主张伦理的公民自主观,因而它不必把商议政治的模式保留给例外情况。此外,受程序主义宪法观指导的宪法法院,用不着透支它的合法化信用,而能够在由论辩逻辑清楚界定的司法权能内进行运作——只要它所要护卫的民主过程不被描述为

㉑ 英译本此处加"procedure that secure fair bargaining conditions"[保障公平谈判条件的程序]。

一种例外状态。

具有突出规范地位的民主过程之所以会有那些例外性质,是因为米歇尔曼和其他"共同体主义者"[communitarians㉒]一样,对公民身份主要不是从**法律**上理解,而是从**伦理**上理解的。根据这种经典性观点,[68]公民们在政治公共领域中联合起来,追求在特定时刻对他们作为一个集体来说是最好的东西。米歇尔曼沿着一种浪漫主义的转向而把这种对集体之善的追求转译成对"具有构成性意义的诸传统"的诠释学袭取。根据这种观点,只有对一个主体间共享之生活形式的授予性归属地位和一个现存传统情境的自觉构成,才能解释公民们是怎么居然会对有待解决的问题——以及对什么才算是对各个问题的最好解答——达成共识的:"有关的人们如果不自觉地诉诸他们所共同地、相互地具有的以下意识的话,有说服力的论据和讨论是不可设想的:他们不仅仅是这一场论辩的共同参与者,而且是一个范围更广的共同生活的共同参与者,身上带着一个共同的过去的印记,正是在这种共同生活之内、从这种共同生活出发,论据和主张才被提出,才获得它们的意义。"[69]当然,不成问题的背景共识的实质性伦理生活㉓,与现代社会所特有的文化多元主义和社会多元主义,并不是彼此协调的。

(3)对宪法法院的能动主义或自我约束,我们不能抽象

㉒ 这个词在汉语学术界经常被译作"社群主义者"。考虑到有必要保持这个词与"community"[共同体]之间的联系,本书译为"共同体主义者"。

㉓ 英译本为"the ethical particularism"[伦理特殊主义]。

地进行讨论。如果把宪法理解为对一个权利体系的诠释或阐发,而在这个权利体系中私人自主和公共自主是内在地联系着㉔,那么,在涉及民主程序之实施和政治性意见形成和意志形成过程之商议形式的案子中,一种大胆的宪法判决不仅是无害的,甚至还是规范上必要的。当然,我们必须使商议性政治的概念摆脱那些一直使宪法法院处于不得不采取行动的压力之下的过分紧张涵义。法院不能充当代替不成熟之王位继承人的摄政者的角色。在一个精力充沛的法律公共领域——已经成长为"宪法诠释者共同体"[70]的公民集体——的批判性审视眼光面前,宪法法院充其量能够充当导师[Tutor]的角色。没有必要像那些自许过高的宪法学者们那样对这种角色加以理想化,除非人们想为一个被理想化地拔高了的政治过程寻找托管人。这种理想化倾向的来源还是一种**对政治商谈的伦理性压缩**,这种压缩决不是非同商议性政治联系在一起不可的。它既不是从论辩逻辑的眼光来看是健全的观点,也不是对于捍卫主体间理路来说是必要的观点。

根据共同体主义的观点,在商议性民主概念和作为参照系的具体的、实质性整合的伦理共同体之间,有一种必然的联系。因为不然的话,似乎就无法解释公民对于共同之善的取向是怎么可能的。[71]根据这个论证,个人只有在一个与其他人共同地进行的实践当中,才能意识到他对于一种集体的生活形式、也就是一种已经给定的他无法随意支配的社会纽

㉔ 英译本此处加"(and must be simultaneously enhanced)"[(并且必须是同时实现的)]。

带的归属地位:"实际地参与政治行动、政治商议和政治冲突,可以使我们意识到我们更远的、更间接的同他人联系,意识到我们希望做的和正在做的事情的远距离、大范围的意义。"[72]根据这种观点,个人只有在与其他人——他们的认同也是来自同样的传统和类似的社会化过程——的公共交流当中,才能清楚地意识到共同性和差异性,才能意识到他是谁和他想要成为谁。在这种集体性自我理解中,也有一种克服利己主义和自私自利的动机在发生作用,那就是对少数人的排斥和压抑会导致所有人的异化这样一种经验,或者是这样一种"命运因果性"[Kausalität des Schicksals]的经验:与一种不可避免地共享的交往情境相隔离,会使每个人都身受其害。因此,在共同体主义者看来,唯一名副其实的政治商谈是那些以集体理解为目标的商谈。

  这些以及类似的论据在对政治商谈的宪法伦理理解中集中起来了。像佩里一样,米歇尔曼也把真正的政治理解成对于宪法创立这种例外活动的沉思——并且作为这种立宪活动的肯定性恢复。这种拯救性记忆要求必须把人们各自的历史地形成的共同体的伦理基础作为参照系:"美国宪政实践起源于公共的商议性创造活动;首要的要求是⋯要搞清楚对这种起源的回忆在美国宪政实践中的核心意义和持久意义。因为,这种回忆既深刻地反映了、也深刻影响了美国人对这个问题的理解:一个民族既是自我治理的、又是服从法律的,这意味着什么。"[73]这样,米歇尔曼把《独立宣言》二百年庆典之类活动中所表达的那种象征性政治,拔高为整个政治的模式,从而安然接受了对一个公民民族的政治整合来说至关重要的这些仪式性活动与日常政治生活事务之间的落差。事实性与有效性之间的张力,一种应该在法律媒介本身之内加以缓和的张力,在伦理政治的理想和可悲的宪政现实之间重新出现了。只有伦理政治论辩的形式还仍然是原初的政治和"堕落的"政治之间的狭窄桥梁。在政治性意志形成过程呈现为伦理商谈的地方,政治商谈就必须**始终**带着这样的目的来进行:发现什么是对作为一个具体共同体之成员的公民们在特定时间、在他们的生活形式和传统情境的视域中最好的东西。对这种把政治判断同化为获得伦理性自我理解的观点,R. 拜纳尔[Robert Beiner]做了简明扼要的概括:"所有政治判断都是——至少是隐含地——值得我们在一给定的可能性情境中追求的那种集体生活形式的判断。判断主体的共同性是内在于这种判断的,或者说是对于这种判断来说具有构成意义的,而不仅仅是偶然的或外在的。…这是商议之对象的结果,因为这种对象就是我们彼此相连的形式本身。…对这点我能做的最好表达是:这里关键的问题不是'我应当做什么?'或者'我该有怎样的举止?'而是'我们该如何彼此共**在**[to be together],那种共在的制度背景将是什么?'"74

但是,将政治性意见形成和意志形成过程这样同化于伦理政治的自我理解,与这种过程所导致的立法过程的功能并不符合。法律中确实包含着目的论内容,但法律的内容不仅仅是集体的目标㉕。根据法律的结构,对于法律来说具有决定意义的是这样一个问题:公民们想要根据什么样的规范来

㉕ 英译本此处为"these involve more than just the hermeneutic explication of shared value orientations"[不仅仅是对共享的价值取向的诠释学澄清]。

调节他们的共同生活。当然,旨在自我理解的商谈,**也是政治**的一个重要成分。在这样的商谈中,参与者们想要搞清楚,他们作为一个特定民族的成员,作为一个社区或者城市的成员,作为一个地区的居民等等,该如何理解自己;他们要延续那些传统,他们要怎样相互对待、怎样对待少数群体、边缘团体。一句话,㉖他们要搞清楚他们想要生活在什么样的社会之中。但是正如我们已经看到的那样,这样的问题是重要性低于道德问题的,是同实用问题联系在一起的。㉗ 具有**优先地位**的是这样一个问题:如何按照对所有人同等有利的方式来调节一件事情。规范的制定所处的视角首先是正义,并且是根据那些陈述对所有人同等地好的东西的原则来进行衡量的。与伦理问题不同,正义问题与一种特定的集体和它的生活形式并没有内在联系。一个具体的法律共同体的用政治方式制订的法律,如果要具有合法性的话,它与那些提出超越该法律共同体的普遍的有效性主张的原则,至少是彼此相容的。

不管怎么样,政治决策的最大空间是由妥协占据的。在文化多元性和社会多元性的条件下,处于同政治相关之目标背后的那些利益和价值取向,常常绝不是对整个共同体的认同、因而对于整个共享的生活形式来说具有构成性意义的东西。那些彼此冲突而没有取得共识之希望的利益和价值,必须加以平衡,而这种平衡是伦理商谈无法达到的,尽管谈判的结果要服从这样一个条件:它们不得违反一个文化在基本

㉖ 英译本此处加"(in identity politics)"[(在认同政治中)]。

㉗ 英译本此处加"in legislative politics"[在立法政治中]。

价值上的共识。前面讲过,这种利益平衡,是各方之间——依赖于运用权力和进行制裁之可能的各方之间达成的妥协——而实现的。合法的谈判当然依赖于对于公平条件的事先规定,而这预设着愿意进行合作的诚意,也就是说愿意遵守游戏规则、从而达成一些各方虽然出于不同理由但都能接受的结果。但这样一种妥协的达成,恰恰不是以一种将权力中立化的、排除掉策略性行动的合理商谈的形式而进行的。

而且,商议性的立法实践模式,目的并不仅仅是要获得法规的伦理有效性[ethische Validität]。相反,法律规范的复杂的有效性主张[Geltungsanspruch]可以理解成这样一种主张,一方面是在符合共同福祉条件下考虑参与者以策略方式所坚持的利益,另一方面是把普遍主义正义原则带入一个特定视域之中,一个受特殊价值格局影响的生活形式的视域之中。那种一定程度上没有地域的、超越所有具体生活形式的道德的这些原则,就其具有对于特定法律共同体的约束力而言,也成为那种抽象的行动系统的一部分,这个系统是再也无法仅仅通过非正式交往情境而加以充分整合的。与那种把政治商谈压缩为伦理商谈的观点相反,商议性政治的概念只有在我们考虑到交往形式、论据和制度化法律程序的**多样性**的时候,才具有一种经验相关性。

我们已经看到,司法活动是如何在法律运用的角度之下再次打开了各类论据(它们已经进入立法过程之中,并且为现行法律的合法性主张创造合理基础)的包裹的。在这些法律商谈中发生作用的,除了内在于法律的法理学理由之外,还有道德的和伦理的理由、经验的和实用的理由。如果我们从司法的另外一头来考察对法律的民主产生过程的话，就可以看到，可以将商议性政治之综合体加以分解、澄清和区分的各种方面，又重新出现了。在立法政治中，信息的提供、对手段的目的合理性选择，是同利益权衡和妥协达成、伦理理解和偏好形成、道德论证和法律融贯性检验交织在一起的。这样，米歇尔曼当作两极而对立起来的那两种政治，以合理的方式而**交错**在一起了。因此，与米歇尔曼不同，森斯泰因不是从美国宪法传统的起源中重构出表现为共和主义政治观和自由主义政治观之间对立的两条线索，而是从中重构出一个统一的概念，他称之为"麦迪逊共和主义"［Madisonian Republicanism］。

这个概念之强的程度，足以为商议性的立法模式——作为合法的立法过程的必要条件——提供论证；但这个概念之弱的程度，也足以避免同经验理论失去联系："关于立法决策存在着许多理论。一种理论建议说，大量立法行为可以用国会议员一心想的是怎样再选连任这样的假定来解释。另一种思路则指出，三种主要的考虑——在立法部门内部赢得影响、推行公共政策和赢得再选连任——比单因素思路更具有说明力。在经济学文献中，有些观点仅仅用选民的压力来解释立法行为。这些诠释都受到了批评，说它们的还原论倾向太强了。——显露出来的是一个连续统。处在一极的是这样一些情况，即利益群体的压力基本上是起决定作用的，法规的制定则可以被看作是彼此对立之利益间的'交易'。处在另一极的是这样一些情况，即立法者们忙于进行商议，通常理解的利益群体的压力在其中作用很小甚至没有。大量立法决策处于连续统的这样一些不同点上，在那里，立法结果依赖于一个包括压力、商议和其他因素在内的混合物。没有什么简单的检验办法可以把落于这个连续统的不同点上的不同情况区别开来。"[75]森斯泰因对立法政治的描绘是符合实际的,但过于平泛了些。虽然不存在"简单的检验方法",但是从商谈论角度出发,我们总有可能把这个经验的连续统铺展开来,从而能够根据不同的问题来分析、根据相应的交往形式来重构那些可观察的交往流程。在表面层次上,要澄清理性的实用性运用、伦理性运用和道德性运用之间的深层语法区别是不容易的。但这并不意味着米歇尔曼作为理想类型而对立起来的那些政治形式是事实上**不可区分地**渗透在一起的。此外,用商谈论手段对一给定交往片断所进行的重构,使人们有可能确定那些偏离常规的情况——那些因社会权力和行政权力的一些无法公开主张的影响而产生的偏离常规情况。

  政治与伦理之间的那种必要分化——对此共和主义未能足够澄清——并不危及对法和政治的主体间理解。当然,立法政治只有在作为一种放大的伦理商谈而进行的时候,才保持同一特定历史共同体的既与的传统情境之间的内在联系。只有作为一个伦理自我理解过程,政治才使人们自觉意识到一种实质性伦理生活的纽带,这种纽带把正在进行商谈性争执的公民们不容置疑地连成一体。但是,因为政治商谈一方面扩展到谈判过程,另一方面扩展到对不同利益的道德普遍化,所以民主程序的确定合法性力量不再能够得自一个预先假定的伦理共同体的**先定**的共识,而只能来自它自身。这使共同体主义对共和主义传统的理解受到质疑,但它的主体间主义核心并不因此而受到损害。米歇尔曼担心,立法政治一旦失去同一个特定共同体的联系、并因此而失去诉诸共同传统的可能性,就只能通过诉诸一个先验的理性传统才能拯救其规范意义。[76]但实际上,一种连贯的程序主义宪法观依赖于程序性条件的一种内在合理性质,整个民主过程之所以能被假定为有可能产生合理结果,就是以这种合理性质作为基础的。这样,理性仅仅体现于一种商议性政治的形式语用学上的可能性条件,因而理性用不着作为一种外在的、坐落于政治交往之彼岸的权威而与我们面面相对。

这种商谈模式虽然抽象,但在它当中,个人仍然是嵌置于主体间性——可能的相互理解之既与**结构**的主体间性——之中的。与此同时,诉诸超越每个特定共同体之传统形式的那种虚拟的、具有理想包容性的交往共同体,把参与者对是/否立场的采纳,同他们纯粹以俗成的方式被社会化进入的那种语言游戏和生活形式的偏见力量,分离开来了。但是,商议性政治的商谈论理解引入了一个**超越性**环节,它再次引起了经验上疑虑:"第一个批评",森斯泰因自己反驳自己说,"是说相信有可能把议员们强行放进麦迪逊模式是乌托邦的想法。"[77]从法律理论的专门关注规范性问题的眼光出发,他是能够对付这种异议。但是,这种基于经验考虑的对商谈论的商议政治观的反驳,只是从另外一种视角、一种由民主理论提供的视角出发,才展开其全部力量。

注 释

1 C.Schmitt:*Der Hütter der Verfassung*,Tübingen 1931.H.Helsen 在对 Schmitt 的尖锐批评中指出,这个建议完全是 Schmitt 的"转向全权主义国家"的结果:H.Kelsen:

"Wer soll der Hüter der Verfassung", *Die Justiz* 6 (1931):575 - 628.

2 R.Alexy: *Theorie der Grundrechte*, Baden-Baden 1985, 501.

3 Schmitt(1931), 42.

4 Kelsen(1931), 590.

5 Kelsen(1931), 609.

6 *Entscheidungen des Bundesverfassungsgericht*, 34, 269 (1973), 304.

7 Hesse(1990), 219.

8 E. W. Böckenförde (1991); E. Denninger: *Der gebändigte Leviathan*, Baden-Baden 1990; D.Grimm: *Die Zukunft der Verfassung*, Frankfurt/Main 1991.

9 E.Denninger: "Verfassungsrechtliche Schlüsselbegriffe", in: Denninger(1990), 159.

10 I.Maus: "Die Trennung von Recht und Moral als Begrenzung des Rechts", *Rechtstheorie* 20, 1989, 191 - 210.

11 Hans Huber: "Die Bedeutung der Grundrechte für die sozialen Beziehungen unter den Rechtsgenossen" (1955), in: *Rechtstheorie, Verfassungsrecht, Völkerrecht*, Bern 1971, 157ff.; P.Häberle: "Grundrechte im Leistungsstaat", in: *Veröffentlichungen der Vereinigung der Deutschen Staatsrechtslehrer* (VVDStRL) 30, 1972, 43 - 131; Häberle (编): *Verfassungsgerichtsbarkeit*, Darmstadt 1976; E. W. Böckenförde: "Grundrechtstheorie und Grundrechtsinterpretation", in: *Neue Juristische Wochenschrift* 1974, 1529ff.; H.Ridder: *Die Soziale Ordnung des Grundgesetzes*, Opladen 1975; U.K.Preuss: *Die Internalisierung des Subjekts*, Frankfurt/Main 1979.

12 Denninger(1990), 176.

13 Denninger(1990), 174f.

14 E.W.Böckenförde: "Grundrechte als Grundsatznormen", in: Böckenförde(1991), 189ff.

15 Böckenförde(1991), 194. 对宪法法院的"左翼"批评得出一个类似的新形式主义结论;关于这方面观点参见 D.Grimm: "Reformalisierung des Rechtsstaates?" *Juristische Schulung* 10, 1980, 704 - 709.

16 Böckenförde(1991), 189.

17 Denninger(1990), 148.

18 E. W. Böckenförde: "Die sozialen Grundrecht im Verfassungsgefüge", im: Böckenförde (1991), 146 - 158.

19 C.R.Sunstein: *After the Rights Revolution*, Cambridge, Mass.1990, 170ff.

20　Sunstein(1990),171.

21　参见 D. Grimm:"Rückkehr zum liberlen Grundrechtsverständnis", in: Grimm (1991),221-240.

22　Sunstein(1990),157.

23　Maus(1989),199.

24　Böckenförde(1991),186f.

25　Ch.Taylor: *Sources of the Self*, Cambridge, Mass.1989;参见本人的批评:Habermas (1991a),176-185.

26　H.Frankfurt:"Freedom of the Will the Concept of the Person", in: Frankfurt: *The Importance of What We Know about*, Cambridge, Mass.1988,11-25.

27　P.Brest:"The Fundamental Rights Controversy", *Yale Law Journal* 90,1981,1063-1109.

28　J.H.Ely: *Democracy and Distrust.A Theory of Judicial Review*, Cambridge, Mass.1980.

29　M.J.Perry: *Morality, Politics and Law*, Oxford 1988,152ff.

30　Perry(1988),135f.

31　Perry(1988),149.

32　Denninger(1990),147.

33　因为对所谓法律诸善不存在意义明确的度量单位,所以 Alexy(1985,143-153)提出的经济学论证模式也帮不了多少忙。参见 Günther(1988),268ff.

34　Maus(1989),197f.

35　Maus(1989),208.

36　Böckenförde(1991),194.

37　Ely(1980),100.

38　Ely(1980),117.

39　Ely(1980),133.

40　D.A.J.Richards:"Moral Philosophy and the Search for Fundamental Values in Constitutional Law", *Ohio State Law Journal* 42,1981,336;亦参见:P.Brest(1981),1092ff.

41　L.H.Tribe:"The Puzzling Persistence of Process-Based Constitutional Theories", *Yale Law Journal* 89,1980,1063-1080.

42　Richards(1981),336;亦参见 Brest(1981),1105ff.

43　Michelman:"Law's Republic"(1988),1525.

44　J.G.A.Pocock: *The Machiavellian Moment: Florentine Political Thought and the At-*

lantic Republican Tradition,Princeton 1975.

45 R.W.Kahn:"Reason and Will in the Origins of American Constitutionalism",*Yale Law Journal* 98,1989,449 – 517.

46 J.G.A.Pocock:"Virtues,Rights,and Manners",*Political Theory* 9,1981,353 – 368.

47 关于"积极的"自由和"消极的"自由的概念,参见 Ch.Taylor:"What is Human Agency?",in Taylor:*Human Agency and Language*(Cambridge,1985),pp.15 – 44。

48 J.Ritter:*Metaphysik und Politik*,Frankfurt/Main 1969.

49 F.I.Michelman:"The Supreme Court 1985 Term, Foreword",*Harvard Law Review* 100,1986,4 – 77.

50 F.I.Michelman:"Conceptions of Democracy in American Constitutional Argument: Voting Rights",*Florida Law Review* 41,1989,443 – 490.

51 参见:H. Arendt:*On Revolution*, New York, 1963; Arendt:*On Violence*, New York 1970.

52 F.I.Michelman:"Political Truth and the Rule of Law",*Tel Aviv University Studies in Law*8,1988,283:"标语口号式的共和主义者所设想的政治社会是拥有权利的私人们所组成的社会,是一个以保护其个体成员之生命、自由和财产为首要原则的联合体。在这个社会中,国家的正当性在于它为那些前政治利益所提供的保护;宪法的目的是确保国家机构,政府为整个人民提供这种保护,而不是为执政者或他们的支持者的特殊利益服务;公民身份的功能是对宪法进行运作,从而促使执政者根据那个保护性目的来行动;你的政治选举权——你的投票和发言的权利、你的观点得到倾听和注意的权利——对于你的价值就在于它为你提供了一个抓手去影响这个系统,使这个系统充分地关注和保护你的特殊的、前政治的权利和别的权利。"

53 Michelman,"Political Truth,"284:"在公民共和主义的设想中,政治社会首先并不是权利持有者的社会,而是公民的社会,是以创造和维持这样一种公共领域作为首要原则的联合体,在这种公共领域中一个民族的人民在一起就社会共存的正当条件——这种条件将是他们共同制定的、并被他们理解为构成了他们共同的善——进行争论和讲理。…因此,国家的正当性在于它的目的是这样一种公共领域的建立和维持秩序,在这个领域之中,人们通过公共对话中的运用理性而进行自我统治,并在此意义上取得自由。"

54 Michelman:*Conceptions of Democracy*(1989),446f.

55　Michelman: *Conceptions of Democracy* (1989), 484.

56　F.I.Michelman: "Conceptions of Democracy in American Constitutional Argument: The Case of Pornography Regulation", *Tennessee Law Review* 56, 1989, 293.

57　F.I.Miichelman: "Bringing the Law to Life", *Cornell Law Review* 74, 1989, 257.

58　Michelman: "Pornography" (1989), 293.

59　Michelman: "Law's Republic" (1988), 1526f.

60　Michelman: "Law's Republic" (1988), 1529；他接着说："谁如果过于集中地注意这个国家的最明显的、正式的立法团体——国会、州议会、大城市的市议会——把它们当作产生法律的政治活动和政治自由的主要舞台，谁就无法领受民权运动的全部教训。我的意思并不是说这些舞台可有可无或者说无足轻重。相反，我要表达的是这样一些事实，即这个国家的许多有规范性效果的对话是在选举性政治活动和立法性政治活动的主要的正式的渠道之外发生的，在现代社会中，那些正式的渠道不可能为多数公民提供多少以自我校正的、对话的方式介入政治的直接经验。许多这样的经验，甚至多数这样的经验，必须发生在我们所谓广义公共生活的各种舞台之中，其中有些是有政治名义的，有的则没有政治名义，也就是发生在以下场所的碰撞和冲突、互动和争论：市镇会议，地方政府机构；公民社团和志愿者社团；社交俱乐部和休闲俱乐部；公立学校和私立学校；各种组织的管理层、董事会和领导团体，工作场所和商店店铺；公众活动和街头生活；等等。…整个市民社会的日常碰撞和日常事务中进行争议和得以形成的那些对社会世界的理解，当然是被传达到我们的代议舞台上来的。…然后，(它们)将被传入共和主义自我管理和立法性政治活动的种种来源和渠道之中。"

61　Sunstein (1990), 164.

62　C.R.Sunstein: "Interest Groups in American Public Law", *Stanford Law Review* 38, 1985, 59.

63　Sunstein (1985), 58.

64　B.Ackerman: "The Storrs Lectures: Discovering the Constitution", *Yale Law Review* 93, 1984, 1013 - 1072。亦参见 Ackerman: *We the People*, Cambridge, Mass.1991.

65　Michelman: Foreword (1986), 65.

66　Michelman: "Law's Republic" (1988), 1532.

67　B.Manin: "On Legitimacy and Political Deliberation", *Political Theory* 15, 1987, 347；参见我在 J.Habermas: *Strukturwandel der Öffentlichkeit* [(1962), 1990, Abschnitt 2] 中

对卢梭的批评;亦参见前言第38页。

68　J.Habermas:"Staatsbürgerschaft und nationale Identität",书末第632页。

69　Michelman:"Law's Republic"(1988),1513.

70　在联邦德国,P.Häberle对宪法法律的诠释有点类似于共同体主义者的法律思想;见他的 *Verfassung als öffentlicher Prozeß*,Frankfurt/Main 1978;亦参见 A.Blankenagel:*Tradition und Verfassung*,Baden-Baden 1987.

71　共同体主义者还把这种与共同体的联系看作是对于解释政治责任[Pflichten]来说必不可少的东西。因为信守超越当前利益的义务[Verpflichtung]无法用一种等价物品交换——用天然自由来交换保护和安全——的模式来论证,他们就用一种相互许诺的原初活动的观念来代替契约模式。因此,民主选举被理解成立宪元勋们的立宪性许诺的当前对应物。在选举中,后代们更新和确认立宪者们所做的对于该政治共同体具有构成性意义的自我理解:"公民们必须通过民主共同体中的参与性投票行为而集体地创造出他们的政治义务和政治权威。"当然,因为一个许诺建立的是特定的个人之间的人际关系,这个解释必须延伸到由这样一些人际关系所构成的一个网络,就像一个具体的共同体中所建立的那种网络那样。(C.Pateman:*The Problem of Political Obligation*,Oxford 1979,174)但是,撇开对于**其他**政治共同体的责任无法用这种方式加以辩护这一点不论,这个模式隐含地预设了它声称要解释的东西——恰恰是被认为有效的规范的那种赋予责任的意义[verpflichtender Sinn]。看一下"许诺"这种言语活动就可以明白这一点。许诺所具有的语内行动意义[illokutionärer Sinn]的决定性规范内容,是从这样一个说话者的自主性那里得来的:他必须已经知道,约束自己的意志意味着什么。因此,这种自主性预设了主体能够在一般意义上用规范性期望来引导他的行动,从而能够出于责任而行动。不管许诺是单方面的还是相互性的,这样一种语内行动产生的是具有一种**特定**内容的责任[Pflichten],而不是义务[Verpflichtungen]**本身**的有效性意义。

72　H.Pitkin:"Justice.On Relating Private and Public",*Political Theory* 9,1981,344.

73　Michelman:"Law's Republic"(1988),1508.

74　R.Beiner:*Political Judgment*,Chicago 1983,138.

75　Sunstein(1985),48f.

76　Michelman:"Pornography"(1989),291f.

77　Sunstein(1985),76.

第七章

商议性政治:一种程序的民主概念

关于在何种条件下法律的产生具有合法化效果这个问题,把立法政治这个波段从政治过程的宽广光谱中挑选出来成为关注的对象。我已经从法律理论的角度出发把立法政治表述为一个根据论辩形式而分化开来、并且把谈判也包括在内的过程。在合法的立法过程所依赖的高要求程序条件和交往预设中,那些设定规范和验证规范的理由采取了程序的形式。目前尚不清楚这个具有那么多理想化成分的程序性概念,同那种把政治主要理解为权力过程之场所的经验性研究,怎样才能相互衔接起来。这样的研究,是根据利益所支配的策略性互动或系统的功能活动而对政治领域进行分析的。如我所理解的,这个问题并不蕴含着把理想的东西与现实的东西**并排对立**,因为我最初为重构目的而确立的理想内容,是部分地铭刻在可观察之政治过程的社会事实性之中的。因此,一种重构性的民主社会学对其基本概念的选择,必须能够使它有可能确认一种已经包容于政治实践之中——不管这些实践是多么扭曲——的"现存的理性"。这种理路用不着一种历史哲学作为支持。它仅仅取决于这样一个观念:要恰当地描绘一种立宪政治体系,即使是在经验的层次上,如果不把法的有效性向度和法律的民主产生过程的合法化力量作为参照,也是不可能的。

到现在为止我们采取的是法律理论的视角,从这个视角出发追寻了内在于法律本身之内的那种事实性与有效性之间的张力。下面,我们的主题将是事实性和有效性之间的**外在**关系,也就是这样两方面之间的张力:一方面是用商谈论所解释的对法治国的规范性自我理解,另一方面是或多或少按法治国方式进行的政治过程的社会事实性。这把我们带回了本书开头两章所讨论那种社会理论的考察方式。从法律理论的内部视角出发已经可以清楚地看到,权利体系必须既是在历史性的宪法之中得到诠释和阐发的,也是在各种各样建制当中得到实现的。我的研究将不在比较宪法研究和政治科学的制度研究这两个层次上进行,而设法直接从规范性民主模式过渡到社会科学的民主理论。到现在为止我们所做的工作是从法治国组织形式的实质性规范的考虑角度出发考察政治权力的产生、分配和运用。在那个范围之内,所涉及的问题是对交往权力同行政权力和社会权力之间的关系作规范的调节。政治社会学从一个不同视角出发考察这同一个现象。

下章我们将考察那些"现实主义的"民主理论;在此之前,我想对视角转变作一个逐步准备。首先我反对那种把民主合法性成分从权力和法律中清除出去的经验主义还原论的民主概念(一)。在比较了不同的实质性规范的民主模式之后,我提出一个程序性的民主过程概念。这个概念突破了把国家当作中心的整体论社会模式,声称对彼此竞争的世界观和生活形式是保持中立的(二)。最后,我考察罗伯特·达尔[Robert Dahl]的工作,他设法对程序性民主观进行社会学转译和经验性检验。这部分我的目的是要澄清,让自由地联合起来之公民的自我组织的观念接受高度复杂社会的现实的"对质"[konfrontieren],意味着什么(三)。

1. 规范性民主模式与经验性民主模式

我的出发点是这样一个假设,即合法的立法过程的那些概念上不可避免的实用预设,加上相应的公民自治实践的建制化,使政治权力和法律之间的构成性关系具有了经验的意义。这个假设可能是有倾向性的,因为它从一开始就排除了一种经验主义的概念策略。这种经验主义概念策略从权力概念中清除出去的,正是这个概念通过其同合法之法的内在联系而获得的规范性权威。经验主义的权力理论,不管是在行动层次提出的还是在系统层次提出的,并不忽视渗透以法律形成所构成的那种政治权力的规范性质,但它们确实把这种规范性质化约为社会权力。根据一种理解,"社会权力"表现为那些多多少少可以按合理方式来追求的优先利益能够占主导地位;然后"政治权力"可以被理解为一个社会权力的一种更抽象的、具有持久性的形式,它核准对"行政权力"的掌握,也就是对各种不同政府职位的掌握。在描绘政治权力之法律形式所表达的合法性主张、描绘诉诸特定有效性标准的合法化必要性时,如果采取经验主义的观察者视角的话,所使用的术语是**不同于**采取参与者视角的:法律和政治权威之可接受性的条件,被转换为对法律和政治权威的事实上接受的条件,而合法性的条件,则变成了对政府合法性之平均信念的稳定性条件。我们将看到,用这些(以及类似的)概念工具所进行的分析,使人们有可能对民主法治国的规范性自我理解作一种相当发人深思的批判。[1]

但是,具有规范性意向的民主理论如果仅仅从社会科学中**借用**客观化观点和经验主义策略的话,那就是完全另外一回事了。也就是说,这种理论的目的是证明,民主实践是可以从参与者自己的视角出发根据经验主义的描述来确定合法性的。这样一种理论将说明,为什么精英和公民即使从个人利益出发,根据政治和法律的规范有效性主张是缺少认知意义的这种假设,也是能够为他们提供恰当理由来为自由主义大众民主的合法化游戏做出其具有高度规范要求的贡献的。如果有可能对这样一种民主模式加以辩护,我们关于事实性和有效性之间外在联系的问题,就干净利落地取消了意义。我们就不再有必要从字面上理解法治国的规范性内容了。

我下面将先考察维尔纳·贝克尔[Werner Becker]提出的对民主的游戏规则所建议的经验主义论证的自洽性(1)。这种考察得到的结论是不令人满意的,由此我们不得不回到我们已经碰到的那三个规范性民主模式(2)。

(1)贝克尔利用经验主义材料来建构一个规范性的、也就是用于论证目的的民主理论。就像一般意义上的权力表现于较强利益或意志的经验优先性一样,政治权力也表现在一种由这种权力所维持的秩序的稳定性之上。合法性被认为是一种稳定性的标准。因为,国家之合法性的客观标准是被统治者方面的事实上承认。这样一种合法性的幅度可以从单纯的宽容开始,一直到自由的赞同[Zustimmung]为止。在这里,这种具有合法化效果的赞同行为的主观理由,是在当前被接受之"世界观框架"之内才具有其有效性的;它们是无法作客观评价的。一种合法化与另一种合法化同样地好,只要它充分地有助于稳定统治。根据这种观点,即使是一种独裁,只要一种社会上承认的合法化框架使政府有可能保持稳定,也必须被认为是合法的。从权力理论的这种视角出发,理由的质量是没有经验意义的:"以为独裁只可能存在于'刺刀的保护'之下,是自由派和民主派的一种幻觉。"[2]

然后,贝克尔通过支配普遍和平等的选举、党派竞争和多数裁定原则等游戏规则而引入民主这个概念。当然,在一种经验主义的社会规范观——根据这种观点,规范的"有效性"[Geltung]仅仅意味着它们与有助于稳定的那些制裁的联系——背景之下,这种理论无法把它的任务看作是对这个安排作**规范的**论证。相反,这种理论的目的仅仅是证明,参与者们即使是根据一种经验主义的自我描绘,也具有恰当理由来坚持大众民主的既定的游戏规则。这首先解释了为什么掌握权力的各方要遵守这些规范:"执政的那方决不会限制公民或政党的政治活动,只要他们不企图用暴力推翻政权。"相应地,在选举中败北的那一方也保持他们的平静:"输掉选举的各方决不会诉诸暴力或其他不合法手段来阻止得胜方接管政权。"[3] 在这些条件下,和平的权力转移得到了保障。

贝克尔的论证可以重构为一个由三个步骤所组成的系列,每个步骤都包括两个方面。在每步上,前半步都是一种客观的解释,而后半步则设法把这种解释从观察者的视角转译成从**参加者本身出发**的合理选择解释。这个论证的目的是要达到这样一个"无关紧要点"[Indifferenzpunkt],在这个点上,客观的解释也可能从参与者的视角出发而被接受为一种充分的解释。

(a)竞争性民主制的合法性产生于自由、平等和无记名选举中的多数人选票;这种制度的规则之所以显得有理,其来源是一种现代人特有的世界观和自我理解。这种世界观和自我理解的基础是贝克尔所谓的"伦理主观主义"。一方面,伦理主观主义把上帝面前人人平等的这个犹太—基督教理解加以世俗化,假定所有个人为原则上彼此平等的。另一方面,它用一种内在的有效性来取代义务性律令的超越性来源;也就是说,它认为规范的有效性根基仅仅在于主体自己的意志之中。在经验主义的解读中,现代自由观的意思之一,就是"个体人类所接受的规范…的有效性产生于个人的自由同意"。[4] 个人本身就是这样一些人们,他们通过自己的自由的同意行动而有意地产生规范的有效性。这种意志主义的有效性观对应于实证主义的法律观:法律包括的是一个恰当地选择的政治立法者所设定为法律的任何东西,而且仅仅包括这些东西。在批判理性主义的意义上,这种现代信念决不是经过合理辩护的,而只表达一个抉择,或者是一种事实上已生效的文化力量。[5]

如果相关者要从参与者的视角出发把这种说明作为他们自己的解释,他们首先会想方设法为伦理主观主义作论证,或者是从超实证的人权当中寻找这种论证,或者也会求助于义务论对道德眼光的阐发,根据这个观点,只有那些被**所有人**所意欲的规范才是有效的规范。但是,经验主义教导他们的则是,这样的唯理论逃避会使他们失去这样一个特定洞见:他们认为具有规范有效性的东西,是具有不可扬弃之偶然性的东西。但是,恰恰是这种对于偶然性的意识,使民主过程的参与者感到提供给他们的这种客观说明不令人满意。他们至少需要一种目的合理性说明来解释,多数人通过的规范,为什么应该被投票反对的少数人也接受为有效的东西。

(b)在意志主义的规范有效性概念的前提之下,多数人的决定所提出的有效性主张是无法通过诉诸共同之善、对集体功利的预见或实践理性而加以论证的,因为这每一个都会要求有客观的标准。相反,贝克尔则把多数人统治之接受解释为一场经过驯服的权力斗争。如果——由于主张伦理主观主义——假定每个个人都具有平等的权力,那么,选票的多数就是具有优势力量这个事实的令人印象深刻的数量表达:"如果这样来看问题,那么对民主程序的这种辩护的基础就是…多数人的这样一种威胁:在不按照其意志而行事的情况下,将取消对放弃暴力的同意。…根据这种观点,民主的意思不过是人民当中的一方在规定时间内统治另一方。"[6]如果人们考虑数量上的、至少是象征性地较强的那一方的威胁,在内战之潜在危险的背景下,是如何具有一种威胁性效果的话,那么时间上有限的多数人统治就显得当仁不让地是一种对少数人也"可接受的权力问题解决方案"。

对多数裁决原则的这种霍布斯式诠释,从参与者视角出发也可以有一定道理,如果驯服暴力争执这个目标具有高于一切的优先性的话。但是,只要这个诠释没有说清楚少数人是怎么可能受到保护、免受多数人的暴虐——哪怕是一种和平的暴虐——的,这种说明就仍然是参与者所无法满意的。此外,还必须保证有争执各方将在事实上服从多数人的统治。

(c)为了保护少数人,贝克尔求助于古典的基本自由。多数人之所以赞同对少数人利益的保障,被解释为是此刻的多数派恐怕自己将成为少数派。这本身就应该排除暴虐的多数成为持久现象的危险,因为害怕失去权力的多数派和寄希望于权力转移的少数派,都应该有动机去遵守既定的游戏规则。在位者和反对派之间权力转移的条件,现在可以用这样的方式来满足:相互竞争的精英根据意识形态立场把选民分裂成若干阵营,以便用纲领的手段——通常是加上用特定方式诠释的社会酬劳的许诺——来赢得多数。这样,获得合法化的过程被归结为"意识形态政治"手段和"社会政治"手段之间的一种共同作用。这种共同作用的部分解释是这样一个事实:用分配上的措施来满足社会利益,归根到底不是什么客观的东西,而相反要求一种具有意识形态说服力的诠释。

但是,对少数派之保护和权力之转移的这种诠释,完全只考虑那些关心获取权力和维持权力的精英们的利益状态。但这些精英们认为有道理的,不一定会使公民们感到令人信服。公民公众只要仅仅被看作是竞争各方的战利品,他们就很难被推动去参加民主过程,或至少去仁慈地容忍它。这个公众想要**信服**的,是有望提出比另一方面更好政策的那一方来接管政府；倾向于一方而不是另一方，必须是有好的理由的。这里我们最终达到了这样一点，那就是，从观察者视角看起来有道理的，不再能够被转译成参与者看起来同样有道理的东西了。在残余的经验主义前提下努力进行这样一种转译，导致了自相矛盾。

（d）无疑，从经验主义模式的客观化角度出发，各方为政治权力所进行的争夺缺少一个有效性向度。贝克尔不遗余力地强调，政治论据的功能仅限于它们的具有公共影响的**修辞**功能，而不依赖于合理的可接受性。政治论据不是要被人合理地接受的，而是要具有语后行动效果的："在民主中，问题不是要确认政治政策的'客观真理性'，而毋宁是建立各方追求之目标的民主地接受的条件。就此而言，政治论据的功能…更多地是广告的功能，或避免使用体力的'武器'的功能，而不是可以诠释成为'真'理论提供支持的论断的功能"。[7] 政治辩论的有规范内容但含糊其辞的术语所具有的意义毋宁是情绪性的：它们的目的是造成大众的承诺。与此相应，政治言语所具有的"是社会心理学的功能，而不是认知性的功能"。[8]

贝克尔必须解释，为什么公民们，而不仅仅是精英们，在看透了伪论辩性广告的情绪性意义之后，却仍然对它加以接受。据说，这种经验主义自我描绘对它们推动人们参与政治的力量来说并没有有害后果，因为开明的公民已经具有了把政治过程看作一个妥协形成过程这样一种清醒观点。但是，即使是妥协，也必须是经过论证的，但妥协之接受的根据是什么呢？一方面，并不存在着可以用来衡量妥协之正当性的规范性标准。社会正义，比方说，被归入了广告宣传修辞学的领域:"在自由民主制的政治现实中,这[亦即社会正义]是一个完全多余的观念。"另一方面,参与者们仍然应该有好的理由来达成妥协:"在竞争的政治多元性和社会多元性的条件下,'社会正义'的意思仅仅是各社会团体之利益之间的一种公平的(!)平衡。"这个矛盾的出现决不是偶然的。到头来,贝克尔必须偷运进像"公平"这样的东西,作为评价妥协的标准,虽然他不能公开宣布这样做:"权衡利益的游戏规则必须包括'武器的对等性'。但是,同'社会正义'这个概念给人的印象相反,并不需要一个对利益权衡进行评价的统一标准。"[9] 诚然,谈判伙伴们不必出于**同样的**理由而接受成功的谈判结果。但从谈判开始起各方所进行的那些深思熟虑隐含地预设了对规范性理由的共同承认。这些理由解释了根据程序所达成的结果为什么会被当作是公平的,并因此而对这程序本身作为公平的程序而加以辩护。

因此,从观察者角度可以确认的东西与从参与者角度可以接受的东西之间的裂口,说到底是无法仅仅靠目的合理性考虑来加以弥合的。这反映了具有规范意向之经验主义民主理论所陷入的那种施为性自相矛盾[performative Selbstwiderspruch]——实际上,贝克尔那本书的副标题已经显示了这种自相矛盾:按照该书自己的前提,该书所建议的"选择民主的决定"[Entscheidung für die Demokratie]是不可以理解为一种"**有合理根据的**决定"的。但是,假如这里涉及的是一种纯粹的抉择[Dezision],作为读者人们就会疑惑,自己在读这本书时是在同什么样的文本打交道。初看之下,它好像是提出一种对自由民主制度进行说明和辩护的哲学理论。但在熟悉了这种理论之后,人们意识到作者——假如他是前后一致的话——至多能把他的理论理解成一种"推销自由立宪主义的世界观**广告**"。

（2）归纳一下我们分析的结果，我们可以说，合理的公民如果对其实践作经验主义的自我描述，他们就不会有充分的理由来遵守民主的游戏规则。显然，一种具有辩护性意向的理论，是切不可压抑对民主的直觉性理解的那种真正的规范性意义的。但是，假如经验主义的重新定义并没有为我们提供一条道路去回避规范和现实如何联系起来这个问题，我们就必须回到已经引入的那些规范性民主模式，以便证明，它们的隐含的社会观是不是提供了同社会科学考察方式相接触的环节。

我们从法律理论角度所作的反思已经表明，商议性政治的程序构成了民主过程的核心。对民主的这种理解所蕴含的一些内容，是同历来的那些民主模式所预设的那个社会概念——亦即把国家看作社会之中心的观点——有关的。这里提出的理解既不同于把国家看作是经济社会之监护人的自由主义观点，也不同于关于一个在国家中得到建制化的伦理共同体的共和主义概念。[10]

根据自由主义的观点，民主过程仅仅是以利益妥协的形式而实现的。形成妥协的规则被认为应该确保由普遍平等的选举、议会团体的代议性集会、决策模式、议事规则等等所形成的结果的公平性。这些规则说到底是用自由主义的基本权利来加以辩护的。相反，根据共和主义的观点，民主的意志形成过程采取的是伦理政治的自我理解的形式；在这里，商议可以依赖于公民总体所共享的那种文化上既定的背景性共识的支持。这种起社会整合作用的前理解可以在对共和主义立宪行为的仪式化回忆中得到更新。商谈论从这两种观点都采纳一些成分,并把这些成分整合进理想性协商程序和决策程序的概念之中。民主程序建立起实用性考虑、妥协、自我理解性商谈和正义性商谈之间的内在关联,并为这样一个假定提供了基础:只要相关信息的流动和对这种信息的恰当处理没有受到阻塞,就可以得到合理或公平的结果。根据这种观点,实践理性不再居于普遍人权之中,或居于一特定共同体之伦理实质之中,而居于那些商谈规则和论辩形式之中,这些规则和形式的规范性内容是从取向于达成理解之行动的有效性基础那里得来的,归根结底是从语言交往的结构和交往社会化的不可代替模式得来的。

  这里有必要指出,对民主过程的这些描述,也为对国家和社会进行规范性思考设置了方向。我们需要预设的,仅仅是一种这样的"合理的国家机构",它在近代初期与欧洲民族国家一起出现、与资本主义经济系统具有发达的功能性联系。

  根据共和主义观点,公民的意见形成和意志形成过程构成了社会借以将自己构成为一个政治性整体的一种媒介。社会从一开始就是一个政治社会——societas civilis,因为共同体在公民的政治自决实践中可以说达到自觉状态,并通过公民的集体意志而自主地行事。因此,民主就等同于社会作为一个整体的政治性自我组织。这导致了一种论战性的**矛头指向国家机构的政治观**。在阿伦特的政治著作中,可以看到共和主义论证火力所指的方向:与非政治化的人民的公民唯私主义相对立、与国家化的各党派对合法化的生产相对立,政治性公共领域应该被复兴到这样的程度,即重新焕发活力的公民能够以分散自治的形式(再次)掌握科层主义的异化的国家权力。通过这样的途径,社会才会发展成为一个政治总体。

国家机构同社会的分离引起了共和主义方面的异议,但根据自由主义的观点,这两者之间的缺口却是不能被消除,而只能用民主过程加以沟通的。当然,权力和利益之间经过调节的平衡是需要以法治作为渠道的。追求自利之公民的民主的意志形成过程只具有相对较弱的规范性涵义,只是宪法当中的一个成分,这种宪法被认为应该通过一些规范性规定(比如基本权利、权力分立和法律责任等等)来约束国家行政;此外,宪法的目的也是要推动国家去通过政党之间、执政者和反对派之间的竞争而充分考虑社会利益和价值取向。这种**以国家为中心的政治观**可以超越有能力进行集体行动的全体公民这样一种不合实际的假定。它所取向的不是一种合理的政治意志形成过程这种输入,而是总体上成功的政府行动这种输出。自由主义的矛头指向是妨碍私人间自发社会往来的国家权力所造成的分裂可能。自由主义模式所依赖的关键不是进行商议的公民的民主自决,而是对经济社会的法治国管理,这种管理应该满足那些忙于生产的私人们的幸福期望,并以此来确保一种本质上非政治性的共同福祉。

商谈论赋予民主过程的规范性涵义,比自由主义模式中看到的要强,比共和主义模式中看到的要弱。在这方面它也是从两边各采纳一些成分,并以新的方式把它们结合起来。与共和主义相一致,它把政治性意见形成和意志形成过程放在核心地位,但并不把法治国宪法理解成某种次要的东西;

相反,如我们已经看到的那样,它把法治国诸原则理解成对这样一个问题的前后一致的回答:民主的意见形成和意志形成过程的高要求交往形式怎样才能加以建制化。根据商谈论,商议性政治的成功并不取决于一个有集体行动能力的全体公民,而取决于相应的交往程序和交往预设的建制化,以及建制化商议过程与非正式地形成的公共舆论之间的共同作用。人民主权的程序化、政治系统对政治公共领域之边缘网络的依靠,这两者是同一种非中心化的社会图景联系在一起的。不管怎么样,这个民主概念不一定要利用以国家为中心、想像成一个目的取向之宏观主体的社会整体这样一个观念。它也并不把这个整体设想为一个根据市场模式无意识地调节权力平衡和利益平衡的宪法规范体系。商谈论一般来说放弃了由**意识哲学**所运用的所有这些主题;这种意识哲学所导致的结果,或者是把公民的自决实践赋予一个全社会范围的主体,或者是把匿名的法治加于彼此竞争的众多单个主体之上。前一种理路把全体公民看作是一个反映全体并为了全体而行动的集体行动者。后一种理路把权力过程看作是盲目发生的,因为个人选择之外存在着的充其量是聚合起来的、但并不是自觉形成和执行的集体决定,而单个行动者们的作用则相当于这个权力过程中的应变量。

通过民主程序或政治公共领域之交往网络而发生的那种理解过程,体现了一种**高层次主体间性**,它在商谈论中受到了高度重视。这些无主体的交往过程,无论是在议会的复杂结构和旨在做出决议的商议团体之内,还是在它们之外,形成了可以讨论同全社会有关并有必要调节的问题的论坛,以及就这些问题进行或多或少合理的意见形成和意志形成过程的场所。公共的意见形成过程、建制化的选举过程、立法的决定之间形成了交往之流,这种交往之流的目的是确保能够通过立法过程而把舆论影响和交往权力转译为行政权力。像自由主义模式一样,商谈论尊重"国家"和"社会"之间的边界,但是把市民社会[Zivilgesellschaft]——作为自主公共领域的社会基础——同经济行动系统和公共行政两者都区分开来。从规范的角度来看,这种民主观要求对现代社会用来满足其整合和导向需要的三种资源——货币、行政和团结——的相对重要性进行重新排列。其规范性涵义是显而易见的:团结所具有的社会整合力,[11]已经不再可能仅仅来自交往行动的来源,而必须一方面通过极为多样的、多多少少是自主的公共领域,另一方面通过宪法框架中建制化的民主的意见形成和意志形成过程而形成起来,并能够通过法律媒介而顶住另外两种社会整合机制——货币和行政权力——的压力而保持独立。

这种观点对我们如何理解合法化和人民主权的问题是有影响的。根据自由主义的观点,民主的意志形成过程的功能仅仅是对政治权力之行使加以**合法化**。选举结果是对获得执政权力的核准,而政府则必须在公众和议会面前为这种权力进行辩护。根据共和主义的观点,民主的意志形成过程具有本质上更强的功能,那就是把社会**构成**为一个政治共同体,并通过每次选举而使这种立宪性行动的记忆经久不衰。政府不仅仅通过对彼此竞争的领导人员的选举而获得授权去执行一些基本上未作明确规定的使命,它也要执行选民们所要求的某些特定政策。它与其说是一个国家机关,不如说是一个委员会,是一个自我管理的政治共同体的组成部分,而不是一个单独的国家权力机构的顶端。商谈论还引入了另外一个观念:民主的意见形成和意志形成过程的程序和交往预设的作用,是为一个受法律和法规约束的行政部门的决策提供商谈合理化的最重要渠道。**合理化**的涵义要多于单纯的合法化,但要少于权力之构成。行政部门应该始终同一种民主的意见形成和意志形成过程保持联系,而这种过程不仅仅要对政治权力之行使进行事后监督,而且也要为它提供纲领。只要这样,行政权力的总体状况就得到了改变。尽管如此,能够"行动"的只有政治系统。这是一个专门用来做出有集体约束力之决策的子系统,而公共领域的交往结构则构成一个分布广泛的传感器网络,这些传感器对全社会范围的问题状况做出反应,并激发出有影响的舆论。通过民主程序而形成为交往权力的公共舆论,是无法亲自"统治"的,而只可能对行政权力之运用指出特定方向。

人民主权的概念来自共和主义对近代早期的主权概念的袭取和评价,在那时,这个概念起初是与绝对统治者联系在一起的。垄断合法运用暴力之手段的国家,被设想为一个能够克服这个世界上所有其他暴力[Gewalten]的权力中心[Machtkonzentrat]。这个观念可追溯到让·博丹[Jean Bodin];让-雅克·卢梭接过这个主题,用它来表示联合起来的人民的意志,并同自由平等的人们的自我管理这个古典观念融合起来,纳入现代的自主性概念。尽管有这个规范性升华过程,主权的概念仍然同以人民(起初甚至是亲自到场的人民)为具体体现这样一个观念相联系。根据共和主义的观点,人民——他们至少是潜在地在场的——是那种原则上无法委托的主权的承担者:因为其主权者的特性,人民是无法让别人来代表他们的。宪法之权威的基础在于公民的自决实践,而不在于公民的代表。自由主义用比较现实主义的观点来反对这个观点,认为在民主法治国中,来自人民的政治权威的行使"仅仅是通过选举和投票,以及专门的立法机构、行政机构和司法机构"(就像德意志联邦共和国基本法第20条第2款中所说的那样)。

  如果我们从整体和部分的角度来考察问题,并认为整体或者由拥有主权的全体公民所构成、或者由宪法所构成,就会认为除了上述两个观点之外就不可能还有别的观点。但这个角度是成问题的。相反,与商谈的民主理论相对应的社会观是一种非中心化的社会观,尽管在这个社会中,政治公共领域已经作为一个感受、辨认和处理影响全社会的那些问题的论坛而分化开来。一旦放弃了主体性哲学的概念架构,就既没有必要把主权集中于具体的人民当中,也没有必要把主权放弃给无人称的宪法结构和宪法权力部门。自我组织的法律共同体的"自我"消失在一些无主体的交往形式之中,这些交往形式用特定方式来调节商谈性意见形成和意志形成过程,以至于这些过程的具有可错性的结果享有被假定为合理结果的地位。这并不是放弃同人民主权的观念相联系的那种直觉,而是对它作主体间性的诠释。[12] 人民主权——即使它变成了无人称的东西——之所以退却为民主的程序和对这些程序之高要求交往预设的法律执行,仅仅是为了使它自己被感受为交往地产生的权力。严格地说来,这种权力产生于具有法治国建制形式的意志形成过程和文化上动员起来的公共领域之间的相互作用。而文化上动员起来的公共领域,则以既区别于国家也区别于经济的市民社会中各种联合体作为其基础。

从程序角度来理解,人民主权的观念指向这样一些社会边界条件,它们虽然赋予法律共同体的自我组织以活动能力,但并不是公民可随意支配的。商议性政治的规范性自我理解**对于法律共同体**所要求的当然是一个商谈的社会化模式,但这种模式并不扩展到法治国政治系统所**根植**其中的那个社会的全体身上。即使根据它自己的自我理解,商议性政治也仍然是一个复杂社会的一部分,这个社会作为一个整体是无法用法律理论中所采取的规范性理路来考察的。在这方面,对民主的商谈论理解同社会科学的超然旁观方式有一个接触点;对于这种考察方式来说,政治系统既不是社会的顶点、也不是社会的中心、甚至也不是社会的结构性核心,而仅仅是诸系统中的**一个**系统。另一方面,因为它为解决威胁社会整合问题提供了安全机制,政治系统必须是能够通过法律媒介而同所有其他具有合法秩序的行动领域进行交往的,不管这些领域碰巧具有怎样的结构、受到怎样的导控。政治系统对其他系统的运作情况——比方说经济系统的财政运作情况——的依赖,是不可忽视的。而且,商议性政治与一个呼应这种政治的合理化生活世界情境之间存在着内在联系。这既适合于建制化意见形成和意志形成过程的形式程序所支配的政治,也适合于仅仅非正式地发生于公共领域网络之中的政治。依赖于生活世界资源的——依赖于自由的政治文化和开明的政治社会化、尤其是依赖于形成舆论的各种联合体的——恰恰是用商议形式加以过滤的种种政治交往。很大程度上,这些资源是自发形成和更新的,不管怎么样它们是不容易直接受到政治机构的直接干预的。

2. 民主程序和它的中立性问题

商谈论的民主概念在放弃了传统的政治社会概念之后，并不是明显地不适合于功能上分化之社会的形式和运作方式的。尽管如此，人们还是可以提这样的问题：被假定为自由平等的公民的联合体、也就是法律共同体的自我组织所具有的商谈性社会关系，在复杂社会的再生产条件下到底是不是可能，如果是，又是如何可能的。对这个问题如果要做一个受社会学影响的回答，就必须在恰当层次上思考民主的程序核心。在民主程序中，实践理性的理想内容采取了语用形式；权利体系之实现程度，是用这种内容之建制化的形式加以衡量的。在民主法治国的这种规范内容方面，程序的民主观的**社会学转译**开始进行的层次必须既不是太高，也不是太低。

在介绍其民主理论的时候，诺伯托·鲍比欧[Norberto Bobbio]采取的是一种低调策略。[13]他先指出同经典民主观念相矛盾的一些全球性社会变化。第一个、也是最重要的变化，是出现了一个由大型组织所构成的多中心社会，在这个社会中，影响力和政治权力转移到了一些集体行动者手里，而越来越无法由联合起来的个人掌握和行使。此外，彼此竞争的利益群体越来越多，使得公平的意志形成过程具有更大的难度。而且国家科层组织及其功能的增长也助长了专家的统治。最后，冷淡的大众逐步与精英相异化，而这些精英们则成为对默默无声的公民们进行家长主义式照管的独立的寡头集团。这些疑心重重的诊断使鲍比欧对民主的游戏规则做出了一种小心翼翼的表述:"我的前提是:对民主作为一种同所有专制政府形式相区别的政府形式的有意义讨论要成为可能,唯一途径是把一套规则看作是它的特征之所在,…这套规则规定**谁**将被授权去做出集体决策,哪些**程序**将要被运用。"[14]民主在以下程度上满足"程序上的最低条件",即民主制度确保:(a)尽可能多有兴趣公民的政治参与;(b)政治决策方面的多数人统治;(c)通常的交往权利,以及与之相连的对不同纲领和领导集团的选择;以及(d)对私人领域的保护。[15]这种最低限度定义的优点在于它所具有的描述性质之上。它把握住了组织为民族国家的西方式社会的政治系统的规范内容。因此鲍比欧能够得出这样的结论:"民主国家的最低量内容还没有受到损害:对基本自由的保护,各竞争性党派的存在,具有普选权的周期性选举,决策是集体的或作为妥协结果而做出的…或在多数统治原则基础上做出的,不管怎么样是作为不同派别之间或一执政联盟的各个同盟之间公开争论之结果而做出的。"[16]

但与此同时,这种思考绝没有囊括从法律理论的重构性视角出发可以看到的民主程序中的全部规范内容。虽然他提到了不同党派之间的公共争论——作为民主的决策模式的必要条件,但他所建议的那个定义并没有触及真正的程序主义民主观的核心。这样一种民主观的关键在于:民主程序通过运用各种交往形式而在商谈和谈判过程中被建制化,而那些交往形式则许诺所有按照该程序而得到的结果是合理的。阐述这个观点最力者莫过于约翰·杜威:"多数人统治,仅仅作为多数人统治,就像那些为此而指责它的批评者是一样地愚蠢的。但它从来就不**仅仅**是多数人统治。…多数用来成为多数的那种方式才是更重要的事情:先行的争论,为适应少数人意见而进行的观点修正。…换句话说,关键的需要在于改善进行争论、讨论和说服的方法和条件。"[17]商议性政治的确定合法性力量,是从意见形成和意志形成过程——它之所以能够履行其社会整合功能仅仅是因为公民们期望它的结果具有一种合理的**质量**——的商谈结构中来的。因此公共争论的**商谈层次**构成了最重要变量。这个变量切不可隐没在一种满足于原始指标的操作黑箱之中。已经有一个建议考虑到了这个方面,在讨论这个建议之前,我想首先提出一个双轨的商议性政治的概念(1),然后针对共同体主义和自由主义的反对意见而捍卫这个概念(2)。

(1)约斯华·科恩[Joshua Cohen]在阐明商谈性政治概念时,借助于那种应该尽可能"反映"在社会建制中的协商和决策的"理想程序"。科恩似乎还没有完全摆脱一个**整体**上以商议方式加以导控、就此而言以政治方式加以构成的社会的观念:"商议性民主的概念的根基在于这样一个民主联合体的直觉理想,在这个民主联合体中,对联合之条件和前提的论证,是通过平等的公民之间的公共论辩和讲理而进行的。在这种秩序中,公民共同地承诺通过公开讲理来解决集体选择的问题,并且认为,他们的基本建制只要建立了自由的公共商议的框架,就是具有合法性的。"[18]与科恩相反,我则把程序上正确的决定从中取得其合法性的那个程序——我在下面将作更仔细的具体说明——理解为一个分化开来的法治国政治体系的核心结构,而不把它当作**所有**社会建制

(甚至也不是所有国家建制)的模式。商议性政治如果要放大成一个形成社会整体的结构，**法律体系**中所期待的那种商谈的社会化模式就必须扩展成对于**社会**的自我组织，并渗透到社会作为一个整体的复杂组织中去。但仅仅这一条就是不可能的，因为民主程序必须根植于一些它本身无法调节的情境之中。

但是，科恩用下列**公设**[Postulate]来刻画程序本身，则是有道理的：

(a)协商过程之发生的形式是论辩，也就是说，是提出建议的一方和批判地检验建议的一方之间对信息和理由的有序交换。[19] (b)协商是包容的、公共的。原则上没有任何人可以排除在外；有可能被决策所影响的任何人都具有同等的机会进入和参加讨论。(c)协商是排除外在强制的。对参与者的约束仅仅是交往的预设和论辩的规则，就此而言他们是拥有主权的。[20] (d)商议是排除任何可能有损于参与者之平等的内在强制的。每个人都有平等的机会去被人倾听、去引入议题、做出贡献、提出建议和批评建议。"是"/"否"立场之采取的唯一动力，是更好的论据的无强制的强制[der zwanglose Zwang]。[21]

另外一些条件则着眼于协商过程的**政治性质**而对程序作具体说明：(e)商议的目的一般来说是合理地推动的一致意见，并且是原则上能够无限地进行或在任何时候恢复的。但是，考虑到做出决定的压力，政治商议必须以多数人决定而告终。多数人统治因为同商议性实践具有内在联系而为这样的假设提供了论证：在出现新的警告之前，在少数派使多数派信服他们(少数派)是正确的之前，具有可错性的多数人意见就可以被认为是公共实践的合理基础。[22]（f）政治协商扩展到任何可以用对所有人同等有利的方式来调节的问题。但是，这并不意味着历来被认为是"私人的"题目和主题就不容置疑地撤出了讨论的范围。同公众特别有关的，是交往权利和参与权利之实际行使所依赖的那些资源的不平等分配的问题。[23]（g）政治协商还包括对需要的诠释，以及对前政治态度和偏好的改变。这里，论据所具有的产生共识力量的基础，决不仅仅是先前在共享的传统和生活形式中形成的价值共识。[24]

这样一种用来民主地调节人们共同生活条件的程序，一个联合体如果把它加以建制化，这个联合体就因此而把自己构成为一个公民团体。它形成为一个特定的法律共同体，它具有特定的空间界限和时间界限，具有特定的生活形式和传统。但是这种与众不同的文化认同并没有标明它**作为**一个公民的政治共同体的特征。因为，支配民主过程的是对于每个公民团体都同等地具有构成性意义的**普遍的**正义原则。简言之，协商和决策的理想程序预设了作为其承担者的这样一个联合体，它同意**公平地**调节其共同生活的条件。把法律同伴们集合在一起的，**说到底**是把每一个交往共同体结合起来的那种语言纽带。[25]

商议性政治的这幅图景不仅仅省略了一些重要的内部分化（我在第四章中所做出的那些分化），也对这样两方面之间的关系表示沉默，一方面是用**民主程序**来调节的取向于决策的协商，另一方面是公共领域中非正式的意见形成过程。这些程序不局限于像在大选中那样组织非正式意见形成过程**之后**的投票，而至少调节那些"召集""开会"以"谈判"一个议程、并在必要时通过一些决议的委员会的构成和运作。通过确定议会程序,决策部门(及其所承担的政治责任)为具有社会边界和时间界限的公共领域的构成提供了参照点,也为商议过程以论辩形式进行并根据所讨论问题而形成分化提供了参照点。这种"预先安排的"公共领域之中的民主程序在为意见形成和意志形成过程提供结构的时候,也考虑到对实践问题的合作解决——包括对公平妥协的协商谈判。这些规定的操作意义更多地在于解决问题而不是发现和辨认问题,在于为问题之选择和彼此竞争的解决方案之确定进行辩护,而不是对新问题提法的敏锐感受。议会团体的公共领域主要是作为**辩护性情境**而构成的。这些团体不仅依赖于行政部门的前期工作和事后加工,而且依赖于一个**发现性情境**——由一般的公民公众集体所承担的不受程序调节的公共领域中的发现性情境。

这种"弱的"公众集体是"公共意见"[öffentliche Meinung❶]的载体。[26]这些公众集体的时间边界、社会边界和内容边界都是流动的;与决策相分离的意见形成过程就是在一个由诸多重叠的亚文化公众集体所构成的开放的、包容的网络中进行的。一种这样的多元公众集体,是在一个由基本权利所保障的框架之内多多少少地自发地形成其结构的。在各社群中形成的公众集体是普通公共领域[allgemeine Öffentlichkeit]的不具正式形式的组成部分;原则上无限制的交往之流,就是通过这样的公众集体而发生流动的。这些公

---

❶ 这个词也可以译为"公共舆论"或"舆论",但为突出其中的"意见"的涵义,大部分地方译成"公共意见"。

众集体加起来构成了一个"未受驯服的"复合体,它们总的来说是无法加以赋予组织形式的。由于这种无政府结构,普通公共领域在以下两方面区别于议会复合体的有组织公共领域。一方面,它比后者更容易受到不平等分布的社会权力、结构性的暴力和受系统扭曲之交往的压抑性影响和排外性影响。另一方面,它具有一种**无限制**交往之媒介的优点;与受程序调节的公共领域相比,在这里新的问题情境可以得到更敏锐地感受,自我理解性商谈可以更广泛、更明确地进行,集体认同和对需要之诠释可以得到强制性更少的阐述。民主地构成的意见形成和意志形成过程依赖于不具有正式形式的公共意见的供给,这种公共意见在理想情况下是发生在一个未受颠覆的政治性公共领域的结构之中的。而这种公共领域本身,则必须以一种能够使平等的公民权利具有社会效力的社会作为它的基础。只有在一种从阶级限制的躯壳中生长出来、摆脱了千百年社会分层和剥削之桎梏的社会的基础上,才能充分发挥一个没有拘束的文化多元性的潜力——当然,这种潜力不仅在产生意义的生活形式中,而且在各种冲突中,都大量地存在着。但是,在已经学会如何自觉地处理其复杂性的世俗化社会中,用交往方式来处理**这些**冲突,构成了陌生人之间——那些放弃暴力、并通过合作地调节其共同生活而承认对方**仍然做**陌生人的权利的陌生人之间——的团结的唯一来源。

(2)附论:关于程序的中立性。商议性政治因此是离不开民主地构成的意志形成过程与不具有正式形式的意见形成过程之间的相互作用的。它并不是自我满足地运行在受宪法调节的协商和决策的轨道之上的。民主程序需要由别的东西加以补充,这一点,在考虑人们对这样一种游戏规则❷据说具有的中立性原则上提出的反对意见时,[27]我们要放在心上。这些反对意见所针对的主要是埃克曼[Bruce Ackerman]所提出的阐释。在解释民主程序时,他依赖于这样一种合法化商谈的形式,在这种商谈中,执政者必须在反对者面前为他的原则性政治决策进行辩护。这种商谈服从一些被认为应该使得对实践问题的公平的、自洽的判断成为可能的规则。[28]尤其是——争论的实质就在这里——权力拥有者的行动必须是中立于彼此冲突的、互不相容的关于好生活的各种观点的:"任何理由,如果它要求权力拥有者作如下主张的话就不是一个好的理由:(a)说他关于善的观念要好于其他公民所主张的善的观念,或者(b)说不管他的善的观念如何,他都内在地优于一个或一个以上其他公民。"[29]中立性的含义首先在于论辩逻辑所论证的正义对于善的**优先性**,也就是关于良好生活的问题退居于关于正义的问题之后。

但是,中立性如果除此之外还要求把伦理问题整个地从政治商谈中**加上括号排除出去**,政治商谈就会失去其对前政治态度、对有关需要的诠释、对价值取向作合理改变的力量。根据对于"谈话制约"的这种理解,那些显见地具有争议的实践问题,干脆就不应该作进一步讨论。[30]这相当于把有关善的问题当作"私"事来对待。但是,在这样的前提下,程序的中立性只能通过回避性规则或"言论钳制规则"[gag

---

❷ 英译本此处为"of such an 'ideal procedure'"[这样一种"理想程序"]。

rules]来确保,[31]并继续依赖于私人领域和公共领域之间的传统区分,而这种区分本身是处于讨论之外的。但是,把伦理问题断然排除在外这样一种严格限制,至少是隐含地使讨论议程偏向于一种传统背景。我们如果从一开始就不把我们的观点分歧提交讨论,我们就无法**试探**以商谈方式达成的共识的可能性。这使得查尔斯·拉尔默尔[Charles Larmore]对中立性提出另外一种理解:"尤其是,政治中立性的理想并不否定以下观点,即这种讨论应当不仅仅确定各可能决定会有什么结果、某些决定是否可能得到中立的辩护,它也应该澄清人们关于良好生活的概念,并使别人信服自己的人类繁荣兴盛观的各个方面的优越性。这个理想所要求的只是这么一点,即只要关于良好生活的某个观点仍然是有争议的,国家的任何决定就不能根据它的所谓内在优势或内在劣势而得到辩护。"[32] 在这个关节点上,这场讨论出现了分叉,因为即使是这样一种宽容的中立性命题也受到了非议,而且是从相互对立的方向提出的非议。

来自**共和主义方面**的是这样一种激进的反对意见:衡量对实践问题之公平判断的标准,一般来说是不可能与特定的世界诠释和生活规划分离开来的;没有一种据说是中立的原则可能是真正中立的。每一种表面上中立的程序都反映了一种特定的有关好的生活的观念——在埃克曼那里是自由主义的观念。而且,中立的程序也不应该隐含地服务于实现那些从(比方说)自由主义的国家观和政治观的角度来说具有优先性的偏好价值;不然的话,具有其他观念和价值取向的公民就会受到歧视。这种反对意见,如果能表明中立性原则是一种别无选择或**不可替代的**实践方式的必要成分,并以此加以辩护的话,就站不住脚了。说一种实践方式是"不可替代的",是指它所履行的对生活具有至关重要意义的功能,并且没有任何其他实践方式可以取而代之。埃克曼在提出下述问题的时候就是运用了这种不可避免性:"如果我们诋毁这种有约束谈话,我们怎样才能彼此相处？除了逐出共同体和残酷镇压之外,还有没有(别的)方式？"[33]在面临调节冲突的问题或追求集体目标的问题时,如果要避免暴力冲突这种选择,我们就必须参加到达成理解的实践中去,而这种实践的程序和交往前提是我们不可随意处置的。

这使得拉尔默尔把中立性原则追溯到一条普遍的论辩规则:"对政治中立性作中立辩护的基础,我相信是一条普遍的合理对话规范。当两个人就某一个具体问题发生分歧、但希望就他们想要解决的更具体问题继续交谈下去的话,每个人都应该把对方所拒绝的那些信念放在一边,以便(1)在他的其他信念基础上建构一个将使对方信服有争议信念之为真的论据,或者(2)转移到该问题的另一个方面,在那方面,达成同意的可能性似乎大一些。在分歧面前,那些希望继续谈话的人们应该后退到中立地带,希望由此而或者是解决争端,或者是避开争端。"[34]一旦出现伦理分歧,"中立对话"要求过渡到较高抽象层次的正义商谈,在这种商谈中将考察:在承认这些分歧的同时,什么是平等地有利于所有参与者的。这种过程看来就是普遍论辩规则的一个特例。[35]

针对这个建议,共同体主义的反对意见可以变得更为激进一些。即使可以把中立原则追溯到一条普遍的论辩规则,对这些规则的重构,可能也必须依赖于单个的论辩参与者——通常情况下也就是我们自己——的直觉性知识。因为,在以商谈方式来辩护有效性主张时,这种辩护的已经隐含地意识到了的条件只能从参与者视角出发才能被反思地把握。但这种先行理解是具有如下后果的:"当各个个人的良好生活的观念发生冲突的时候,他们常常也会对什么是论辩的理想条件、也就是他们以为自己可以向别人论证其想法的理想条件,有不同概念。"[36] 拉尔默尔怀疑,即使是普遍的语法知识,也可能在一定程度上与特定语言世界观或个人的自我观和世界观交织在一起。但是,即使我们承认这一点,在最坏情况下我们必须考虑的也只是对我们先前已经获得的实践知识的**阐述**,是会受到特定视角的扭曲的。这种始终已经被直觉地运用的知识**本身**,并不是有多少视角就有多少种类的。这种始终具有可错性、甚至还可能确实错误的**重构**,并不触及始终已经在**发挥功能**的知识。[37] 因此,我们可以假定,论辩实践构成了一个焦点,论辩参与者——不管他们的背景有多么不同——的理解努力至少可以直觉地在这个点上彼此交汇。因为像真理、合理性、论证或共识这样的概念,在所有语言之中、在每一个语言共同体中,尽管具有各种不同诠释、根据各种不同标准来运用,都具有**同样的语法作用**。[38] 这至少适用于现代社会;具有实证法、世俗化政治和理性道德的现代社会,已经过渡到了后俗成的论证层次,并期望它们的成员们对各自文化传统采取反思态度。[39] 当然,一旦实践知识被转化为有关合理商谈之规则和预设的明确知识,一旦这种明确知识又进一步转化为对于协商程序和决策程序的建制化,诠释上的差异就可能在这种阐释过程中发挥作用。这些差异也出现在以不同方式来诠释和发挥权利体系的各种历史性宪法之间的区别之中。

312

对中立性命题的这种非限制性理解,也受到了来自**自由主义方面**的反对。自由主义的反对意见的矛头所指,是那种让政治商谈向任何人想要提出的任何问题和任何论据敞开大门的观点。他们所反对的是这样一个主要由女性主义者提出的命题,即认为**所有**至少有一名参与者认为是同公众有关的议题,就必须是也能够公开谈论的议题。这些女性主义作者担心的是,被中立性原则的僵硬版本可能排除在讨论议程之外的,恰恰是那些根据传统观点被当作"私"事的那些问题。这样的例子是现成的:"女性主义者认为,针对妇女的家庭暴力是具有共同关切的问题、因而是公共商谈的合法议题,直到不久以前,这还是少数的看法。多数人那时还认为这个问题只是据说为数很少的异性伙伴之间的私事……这时候,女性主义者形成了一个次级的反面公共领域[a subaltern counterpublic],从中传播这样一个观点:家庭暴力是男性统治的社会的一个广泛而系统的特征。最后,经过持久的商谈性争论,我们成功地**使它成了**一种共同关切。"这类例子使南希·弗雷泽[Nancy Fraser]得出这样的结论:"只有参与者才能决定,什么是、什么不是对他们具有共同关切的问题。"[40]这个命题引起人们担心,**取消对政治商谈的议题限制**,是否必然会破坏对私人领域的法律保护,危及个人的人格完整。J.D.默恩[J.Donald Moon],比方说,就提到有一种"反对私密性[privacy]的偏见"。主观私人权利保护这样一个领域,在这个领域之内具有私人身份的人们没有义务就他们之所做和所允许的事情进行公开谈论和回答问题。假如这个领域不再是**事先**就划定的,似乎就会出现这样的悖论:"我们好像是要求进行无限制的商谈以便确定什么是私事的边界,但这样一种商谈本身就违反了这些边界,因为它所依赖的正是对无限制自我揭露的要求。"[41] 但是,一旦我们澄清了纠缠着"私事与公事"、"有限制的商谈和无限制的商谈"这两对概念的那些混淆,这种悖论马上就消失了。

我们必须把对于公共商谈的**程序**限制,同公共商谈的**议题范围**的限制区分开来。中立性原则的那个宽容版本的意思是,不仅非正式的、而且受程序调节的意见形成和意志形成过程,也应该是能够把关于良好生活、集体认同和对需要之诠释的伦理问题包括在内的。比方说,就"配偶暴力"案情制定规则的政治立法者们,将能够把相应的议题和建议包括在他们的争论之中,而并不因此损害立法程序的公平性。对这样一种案情的公开讨论和公开处理,并不意味着对主观权利的任何**侵入**。也就是说,公事和私事之间的区别,要进一步从两个角度加以区分,一方面是**可涉及性**[Zugänglichkeit]和**议题化**[Thematisierung],另一方面是对**责任**[Verantwortlichkeiten]和**权能的调节**[Regelung von Kompetenzen]。就某事进行谈论,不等于干预他人的私事。当然,私密领域必须受到保护,使其免受外人的强行干预和指手画脚;但是,并不是所有以前只归私人决定的事务现在都不能成为公共议题、免于批评。毋宁说,每件需受政治调节的事务都应该进行公共讨论;但并不是公共讨论的每个正当对象也都要受到政治调节。(而且并不是每个政治调节都触及私人责任。)借助于这些区分可以清楚地表明,自由主义关于取消公共讨论议题的限制的疑虑是站不住脚的——如果个人的人格完整得到了维护的话。

权利体系要求同时地、互补地实现私人自主和公民自主——从规范的角度来看,这两种自主是同源的、互为前提的,因为任何一个缺了另一个就仍然是不完整的。但是,为恰当实现公民权利在具体情况下应该对私人的和公共的权能、责任作怎样的划分,当然是依赖于历史状况,并且,如我们将要看到的那样,是依赖于"被感受到的"社会情境的。在私人追求各自利益的领域与"共同善之实现"的公共领域之间划出界限,就像在这种私法上确定的领域之内划出私密领域的边界一样,都不是**一劳永逸**的事情。这样的划界工作——就像关于色情物的争论所表明的那样,这常常是一件困难的事情——应该成为政治争论的对象。但是,这些边界问题[Grenzfragen]的议题化,并不意味着已经是对现有的**权能和责任**的一种侵入。商议性政治是在意见形成和意志形成过程的不同层次上沿着两个轨道进行的——一个是具有宪法建制形式的,一个是不具有正式形式的;如果记住这一点的话,上述区别就更加清楚了。

普通公共领域的交往之流是不受程序调节的,就此而言它是"无限制的"。因此,它特别适合于"有关需要之诠释的斗争"[Kampf um die Interpretation von Bedürfnissen]。[42]不管是有关"配偶暴力",还是有关福利国家中有职业的母亲提出的为学龄前儿童设立日托所的要求,这样一些起初被当作"私事"来处理的事情,通常要经过漫长过程,要付出顽强的具有公众影响的努力,才能赢得公认的政治议题的地位,才能充分实现相关人们的需要——实现于对这些议题的种种有争议贡献之中,实现于彼此竞争的世界观和自我观、各种不同的"良好生活的设想"的框架之内。只有经过一个公共的"为了承认的斗争",彼此争执的利益立场才能受到有关政治机构重视,才能被列入议会议程并加以讨论,必要时被加工成议案和有约束力的决定。只有对一种新的刑事罪案的**管制**和对有关提供全日制托儿所——不管是私立的还是公立的——的政治决议的**实施**,才是对私人生活领域的干预,并改变有正式规定的责任和现存的惯例。

3. 对商议性政治概念的社会学转译

在上述有关民主程序之意义、作用和价值的讨论之后,我们现在可以有更好条件来回答以下问题了:这些程序在一个复杂社会中的位置可以到哪里去寻找、该如何去寻找。对于程序主义的民主程序观,罗伯特·达尔选择了一些比 N. 鲍比欧的操作化建议更能发掘民主程序的规范内容的指标。我将先叙述达尔的观点(1),以便获得一个视角,我可以随后用来阐述一种关于民主的重构性社会学所具有的批判意义(2)。

(1)达尔一开始就把关于民主自决的直觉理解从亚里士多德传统的实质主义观念中解放出来:"我们的共同善——我们与别人共享的善和利益——很少是由具体的对象、活动和关系所构成的;通常它所包括的是一些——还是用传统主义的术语来说——推进我们自己和他人的福利的惯例、安排、建制和过程。当然,它们所推进的并不是'每个人'福利,而是足够多的人的福利,从而使这些惯例、安排等等成为可以接受的东西……在这些东西中,也会包括民主过程的一般特征。"⁴³然后达尔从五个方面出发来刻画做出平等地有利于所有人的有约束力约定的民主程序的运作过程：(a)把所有相关者都包括进来；(b)平等的有实效的参与政治过程的机会；(c)在做出决定时平等的投票权利；(d)选择议题并在更广意义上审核议程的平等权利；最后，(e)一种这样的状况，即所有参与者都能够根据充分信息和好的理由来对有必要调节的问题和有争议的利益形成明确理解。⁴⁴这最后一条要求针对的是意志形成过程的信息层次和商谈性质："每个公民都应当具有充分的、平等的机会来发现和论证对有待决定之问题的可能最好地服务于公民利益的选择。……因为公民的诸善或利益要求关注公共的诸善或普遍的利益，所以公民应该有机会去获得对于这些问题的理解。"⁴⁵为做到这些，公共讨论和启蒙过程是尤其重要的。杜威曾经当作"公众事务之唯一问题"⁴⁶的政治意志形成过程的这些"方法和条件"，也受到了达尔的重视。

上述五个标准迄今为止的任何政治秩序都没有**充分**实现过。当然，不可避免的社会复杂性使得有必要以一种分化的方式来运用这些标准（其中包括决策权能的代表，决策程序的调整修改，以及，在一般意义上，用法律形式和组织形式来降低复杂性）。但是，这并非在原则上妨碍对这些程序的"近似的"实施。⁴⁷这样，现行的竞争性民主制可以被理解为这样一些行动系统，在这些系统当中，民主程序不仅仅具有参与权利和交往权利的**名义**形式，而且**事实上**实现于——哪怕仅仅是有选择地——各种实践形式之中。在达尔看来，这种"多头政治"的特征是美国革命和法国革命以来在越来越多现代国家中逐步实行的一系列有实效的权利和建制。按照达尔的分类,在1930年有十五个欧洲国家、六个非欧洲国家符合这种描述;根据他的计算,到了70年代末,实行这种政治制度的国家的数量增加了大约一倍。

达尔还进一步利用各学科的现代化研究的结果、根据纵向取样来确认有利于民主化的所谓"现代的、动态的和多元的"[modern, dynamic and pluralist,简称MDP]社会条件。这些MDP社会表现出这样一些著名特征:相对较高的人均收入,长期增长的社会产品,第一产业和第二产业部门日益缩小的市场经济的生产方式,相对较高的城市化程度,高水平的教育,日益降低的儿童死亡率,日益提高的人均期望寿命,等等。这些指标之间的统计学对应关系,达尔解释为是用法治国手段来驯服社会权力和国家垄断的暴力的**有利社会条件**:"MDP社会把权力、影响、权威和控制从任何单个中心分散开去,转移到各种个人、集团、联合体和组织。它培育对民主观念有利的态度和信念。这两个特征虽然是独立地产生的,但却是彼此加强的。"[48]因此,促进民主化的不仅仅是功能分化之社会中出现的多中心权力分配;权力的非集中化还必须同一种通过相应社会化模式而得到保障的自由主义政治文化相联系。也就是说,只有在一种这样的政治文化框架之中,彼此竞争的生活形式、认同和世界观之间充满冲突的亚文化紧张关系,才有可能被容忍,并用非暴力手段来解决。

在达尔看来,民主化进步要超越目前已有水平的话,最重要的**瓶颈**问题是政治控制知识的专门化,它妨碍了公民利用政治上必要的专业知识来形成自己的意见。主要的危险在于技治论版本的以知识之垄断为基础的家长主义。一部分人拥有掌握相关控制知识的特权,使得对公民——作为一种受媒介导控、同信息来源相分离、被象征性政治所迷惑的公众——的暗中统治成为可能。因此达尔寄希望于远程通讯的技术可能性上面。他使用"小型民众"[minipopulus]这个术语来提议建立一个这样的意志形成过程：它是功能分化的、同时也是非集中化的，并且是通过掌握专门信息的代表集会来运作的。[49]这个建议的主旨之抽象的、有点乌托邦的色彩，同该研究的意图和结构形成了独特的反差。

达尔本来是想要表明，商议性政治的理念和程序不必从外部强加在发达国家社会现实之上，因为这种政治在这些社会的建制中已经立足了很长时期了。但是这个目的他并没有达到，因为他没有用一种有说服力的方法把这样两者结合起来：一方面是为民主程序作辩护的规范性论据，另一方面是对这些论据之具体实现——不管这种实现是多么不完整——的经验分析。造成这种局面的一个原因，我认为是他的那种社会学分析。也就是说，只要社会结构仅仅是借助于像收入分布、入学率和冰箱数量这样的分类指标来把握的话，这种社会学就缺少一种**语言**来进行这样一种描述，在这种描述中，已经在社会本身当中起作用、政治系统可以加以吸收和发挥的那些有利于民主的格局和与之相呼应的趋势，可以作为合理化潜力的迹象来把握。说复杂社会中对于知识的家长主义垄断妨碍了进一步民主化，这个诊断甚至也适合于作为一座桥梁，把具有法治国结构的政治系统的商议性核心结构同作为社会再生产的那些深层过程连接起来。

前面已经指出，通过商议性政治而产生合法的法律，体现了这样一种解决问题的程序，它需要知识、加工知识，以便为调节冲突、追求集体目标而制定规划。社会整合的其他机制不堪重负时出现的功能缺口,是由政治来填补的。在这样做的时候,它使用的是法律这种语言。因为法律是一种媒介,在简单的互动和自然的团结关系中所熟悉的那种相互承认的结构,可以通过这种媒介,以抽象的但有约束力的形式,传达到功能分化之社会的复杂的、越来越匿名的行动领域。但是,根据法律的内部结构,法治的政治系统只能**在反思的层面上继续**那种在形式法的阈值之下实现的自然的整合作用。以政治方式实现的社会整合,必须经过一个商谈性过滤器而进行。在其他调节器——比方说根据既定价值、规范和达成理解之惯例而进行的协调模式——失效的地方,政治和法律就把这种自然的解决问题过程可以说提升到意识的阈值之上。政治过程所要解决的,也就是它所代替的那些社会过程——它们的解决问题能力已经不堪重负——所要解决的**同一种**问题。这一点,如果我们采纳伯纳德·彼得斯的建议——在对评价社会整合之一般问题的标准进行分类的时候,把真实性[Wahrheit]、规范正确性[normative Richtigkeit]和真切性[Authentizität]这些有效性方面作为根据;也就是说,把取向于理解之行动的各种语内行动约束力借以彼此分化开来的那些角度作为根据[50]——就更清楚了。

就社会的整合而言,集体行动者或个体行动者之间必须进行的协调,必须使他们对一个得到正面评价的结果所作的不同成就和贡献是彼此融洽的。这些**功能协调**问题要求的是一种对客观世界中的结果和状态的认知性取向。所取得的结果是根据技术合理性和经济合理性的标准来衡量的。因此,成功条件可以从以下两个角度之一出发加以表述,或者是从参与的行动者的角度出发描绘成集体目标的实现,或者是从观察者的角度出发描绘成一给定系统之维持或不同系统之间的彼此协调。功能协调的概念是对直观的分工合作模式的一种普遍化。它是中立于社会性整合和系统整合之间的区别的。相反,另外两种整合形式则仅仅属于社会性整合。

这两种整合形式中,一种是**对冲突的道德调节**,一种是**对认同和生活形式的伦理确定**。平衡相互冲突之主张的问题,要求一种对于社会世界之秩序的规范性取向。用情感表达方式形成共同体的问题(就像彼得斯提到帕森斯时所说的),要求一种对良好生活之筹划和需要之诠释的取向。解决问题的结果,分别是根据道德合理性和伦理合理性来判断的。这些标准,加上效率的标准和决策合理性的标准,构成了一套用来判断一般意义上的社会整合的标准。彼得斯从中引出一个复合概念"社会合理性"[soziale Rationalität],它使得人们可以把一个社会(或其中一个子系统)的理解为解决问题过程的再生产成就被评价为比较成功的或者比较不成功的。[51]因此,对一个解答的合理性来说,一种秩序的可观察稳定性决**不**是充分的指标。

根据这个建议,社会总的来说可以被看作是一些解决问题的系统,其中,成功和失败是根据合理性标准来衡量的。如果我们采用这个观点(它来源于卡尔·道伊奇[Karl Deutsch]和其他一些作者),我们在法律共同体的商谈性社会化模式和民主程序中所看到的,仅仅是社会系统之**一般**运作方式的反思的精致化和专门化。民主程序使合法之法的产生依赖于用被认为是合理的方式来处理问题,而这些问题就其问题种类而言正对应于那些❸已经可以说被无意识地处理过的问题。也就是说,构成商议性政治的核心部分是一个商谈和谈判的网络,它使得有可能对实用问题、道德问题和伦理问题——也就是功能的、道德的和伦理的社会整合在别处失败时积累起来的那些问题——作合理的解决。

当然,对今天出现于复杂社会的功能协调需要来说,个人和集体之间的一目了然的分工合作模式❹已经不再够用了,而需要行政系统的间接的导控功效。达尔看出了这样一种危险,即这些狭义的"认知性"行政系统导控问题,会把其他问题——也就是道德问题和伦理问题——挤到边缘去,使民主程序的解决问题能力不堪重负。这样一种使商议性政治"认知上超负荷"的各种各样症状,给与此同时形成的这样一个假设提供了支持,即一种根据民主程序进行的商谈性意见形成和意志形成过程的复杂性程度太低,无法获取和加工**操作上必要**的知识。所需要的导控知识似乎不再可能渗透一个主要是横向结构的、具有多孔开放性的、平等的交往循环的毛细管。但是,这样的证据不应该使我们忘记另一个事实,那就是,政治导控与议会团体的脱钩、有关议题从公共论坛中撤离,并不是**在没有抵制的情况下**发生的。在不断变化的格局之中,"民主问题"总是以这种或那种形式被提上日程。达尔甚至本来也可以把他自己的研究看作这种使民

---

❸ 英译本此处加"in less-specialized areas of society"[在专门化程度较低的社会领域中]。

❹ 英译本此处为"the simple model of a division of labor between experts and laypersons"[专家和非专业人员之间的简单分工模式]。

主成为议题之努力的一个表现。如果我们假定,与政治权力有内在联系的法律媒介的自主逻辑要求假设法律是具有民主的起源的,而这种假设也是具有经验效果的,那么,出现上述逆向趋势就绝不是偶然的。在这个前提之下,政治权力的运用,即使是对于认知上如此高要求的导控过程,也仍然受到一些制约,一些本身来自有集体约束力之决定的法律形式的制约。在一个处于社会复杂性压力之下的政治系统中,这些制约表现在民主法治国的有效性假设和政治过程的实际进程之间的日益增长的认知错位之上。

(2)在谈到达尔时我们进行的对现代社会中民主过程的初步分析,导致了一个复杂的结果。一方面,商议性民主如果被视作反思地组织起来的学习过程——它对隐含的社会整合过程意味着**减轻负担**,同时又在一个专门从事这种减负工作的行动系统中**继续**这种整合过程——它就失去了它的不少令人反感的、不合实际的外观。另一方面,复杂社会中对协调的需要和整合的成效之间的缺口,政治和法律所要弥合的这个缺口,随着行政系统必须承担越来越多的导控任务——代价高昂的商议性决策模式对此已不堪重负——却好像越来越大。在这种不堪重负局面中,可以明显看出复杂社会的现实对法治国建制被赋予的种种规范性主张之间的抵制。民主过程"在内部"消耗于功能上必要之资源的匮乏,如决策理论所指出的;"在外部"遭遇到那些不透明的、难以影响的功能系统的复杂性,如系统理论所断言的。在这两个方向上,社会的那些惰性力——萨特曾经称为"inerte"[惰性]的东西——似乎相对于自觉地、自主地进行的社会化的商议性模式来说都变得"自成一体"[verselbständigen]了。但是,假如在复杂社会中这样的自成一体是**不可避免的**内在特征的话,达尔对于现行政治体系的**广泛民主化**之条件的追求,就变得毫无意义了。在这样的自相矛盾趋势中,把"民主政治"与仅仅"多头政治"相区别,或许已经是一种一厢情愿的事情[tendenziös]。

首先我们必须搞清楚,在什么意义上我们可以谈论"自成一体"或者"物化"。这种诊断显然并不涉及日常问题情境和匮乏的平凡阻力——政治体系毕竟就是专门用于处理这些问题的。从参与者视角出发,平常的惰性被看作是规范和现实之间的区别,正是这种区别要求我们去进行发现和解决实践问题的工作。我们也不能把一种**自成一体的**、变成第二自然的社会,与联合起来的公民在行使其自决实践时必须采纳商谈的高要求交往预设这样一个事实进行对照。如果相信,合理商谈之一般预设的规范性内容可以被实体化成为纯粹的交往性社会关系的理想模式,我们就误解了公共的意见形成和意志形成过程的商谈性质。[52]

在日常生活中,交往行动主体之间的理解已经是根据那些——在一个主体间共享之生活世界的大规模背景之下——要求采取是/否立场的有效性主张来加以衡量的。这些有效性主张是有待批评的,并且,在具有发生异议风险的同时,也具有获得商谈性辩护的**可能性**。在这个意义上,交往行动**指向**一个这样的论辩过程,在其中,参与者在一群理想地扩展的听众面前为自己的有效性主张辩护。论辩之参与者的出发点是一个在社会空间和历史时间上都没有边界的交往共同体这样一个理想化假设;他们必须——根据 K.

O.阿帕尔的说法——在他们实际的社会情境"之内"预设一种理想共同体的可能性:"也就是说,谁进行论辩,谁就已经同时预设了两件事情:第一,一个实际的交往共同体,他自己就是通过其社会化过程而成为其中一员的;第二,一个理想的交往共同体,它原则上能够充分地理解他的论据的意义,并确定地判断这种论据的真实性。"[53]当然,这种说法会导致这样的误解,即认为这种"理想交往共同体"的地位相当于一个根植于普遍交往预设之中的理想,而这个理想是可以近似地实现的。即使是与此近似的"理想言语情境"的概念,虽然引起的误解小一些,也会误导人们把说话的有效性基础中承认的有效性主张系统作不恰当的实体化。确实,论辩参与者们作为出发点所作的那些虚拟假设为他们开启了一个视角,由此出发他们可以超越自己行动和经历的不可避免的时空局域性,超越他们在特定范围所进行的辩护实践,因而公正地对待**超越性**有效性主张的意义。但是,这些参与者并不因为这些超越性有效性主张而本身就移居到本体之在的理想王国这样一个超越彼岸。与对于理想——根据这种理想我们可以辨认出**偏离情况**——的设想不同,"我们只要想彼此理解就必定已经采纳了一些理想化预设,但在这些预设中,绝不存在理念与现实之间的对应关系或者比较关系。"[54]

但是,把这样一种设想作为一个思想实验来使用,则是合法的。[55]本质主义的误解可以用一种方法论虚构来消除,这种虚构的目的是要获得一个背景,用来反衬出**不可避免的**社会复杂性的基础。在这种无伤大雅的意义上,理想的交往共同体提供了"纯粹"交往性社会联系的模型。这种共同体应该仅仅把商谈性理解的手段用作自我组织的机制。通过这样的途径,所有冲突应该都能够无暴力地解决。为解决社会整合的"棘手"问题,这种共同体也借助于公开的达成理解的过程,最后是用商谈的方式——但还不借助于政治和法律。[56]当然,对这个通过思想实验而引入的模式也不能误解。它涉及的是具体的、处于空间和时间的具体区域之中的、已经出现分化的社会。因此它并不把商谈性理解过程同交往行动的基础相分离,而承认它们是内在于生活世界情境之中的。简言之,它并不把交往性社会联系的"有限性"抽象掉。因此,使交往性社会联系**成为可能**的那些条件,是不可以同偶然地施加的那些**限制**混为一谈的。这样就可以避免那种个人主义谬误,即一个人把另外一个人所具有的影响仅仅感受为对他的主观自由的限制。相反,影响他人的可能性,如果加以合法的调节,并且以一种假定的同意作为基础,恰恰是对实施一种社会地构成的自由的**接受**。既定的、但主体间承认的规范,只要它们哪怕只是**有可能**提出疑问的,给人们的感觉就不同于外部的强制。这同样也适用于语言和文化的符号系统,或者说也适用于社会地联系起来的个人已经身处其中的那种生活形式的语法。它们都是作为提供可能性的条件而发挥作用的。生活世界情境当然是对行动者的行动空间和诠释空间有所限制的,但这种限制仅仅是以这样的方式做出的,即它们为**可能**的互动和诠释开启了一个视角。

一旦我们按上述方式把有意识的社会联系理解成以交往为中介的联系,我们所面对的就不再是一种没有肉身的、超感觉的、全知全能的、可以说是超越情境而行动的本质,而是有限的、有血有肉的、在具体生活形式中社会化的、在历史时间和社会空间中占据特定位置的、交织进交往行动网络之中的行动者。这种行动者在各自情境中进行具有可错性的诠释,因此必须汲取其生活世界中那些他们不能随意处置的资源。这样一来,既与的传统和生活形式的偶然性,就和现存的亚文化、世界观和利益立场的多元性一样,都没有被否定掉。但另一方面,行动者在他们的生活世界面前并不仅仅是**无能为力的**。因为这种生活世界本身是只有通过交往行动、也就是通过达成理解过程——它的基础是对具有可批判性之有效性主张的是/否立场的采纳——才能再生产的。对于在赤裸裸暴力不应该介入的时候必须**用理由来说服的**人们来说,这种"**能够说不**"的规范性断层线,是他们的有限自由的标志。但是,即使在这样的理想条件下,商谈和谈判也只能在这样的条件下形成其解决问题的力量:根据一种反思的、后俗成的传统而对手头的问题做出敏感的感受、恰当的描绘、富有成效的回答。一种商谈性理解过程虽然将确保对议题、理由和信息作合理的处理,但这样一种理解仍然取决于有学习能力的文化和有学习能力的个人所构成的具体情境。从这个角度来看,独断论的世界观和僵化的社会化模式是商谈的社会联系模式的障碍。

在一种这样的**纯粹交往社会联系模式**的背景之下,B.彼得斯感兴趣的是内在于意见形成和意志形成过程的复杂性本身之中——这些过程被认为应该满足论辩的交往预设时尤其如此——的那些惰性力。对这个问题,纯粹交往社会联系的理想化构成了一个恰当的背景,用来突出显示一般意义上的达成理解过程的**功能上必要的**资源。因为,这个模式并没有考虑到交往过程本身的信息成本和决策成本。它没有考虑简单的、横向的交往网络的有限的认知加工能力;尤其是,它抽象掉了一个公众集体之内在知名度、能力和知识方面的不平衡分布。它也忽视了那些有悖于对理解之取向的那些态度和动机,因而无视各个参与者方面的自我中心、意志薄弱、不近情理和自我欺骗。从这种强理想化来看,系统理论和决策理论的洞见尤其不难将那个具有**另外**设置的世界的事实性揭示出来。

在这个世界中,在这个我们所了解的世界中,交往和决策不用说是占据了它们特有的空间段落和时间段落的,是消耗特有的能量的,是要求它们特有的那一份组织功效支出的。在时间压力下对议题和建议的选择,由于决策的错过或延迟而造成了附加的成本。而且,知识的产生和传播方面的分工组织造成了能力和专业知识的不平等分布。此外,传播媒介也以它们自己的选择性而插足知识的这种社会分配。公共领域的结构不可避免地反映了信息支配方面的不对称关系,也就是获得对信息之产生、确认、控制和陈述之机会的不平等。在这些系统性限制之外,还有个人能力的不确定的不平等分布。参与政治交往的资源通常是相当有限的,这包括个人可支配的时间、对那些具有其独自历史的问题的一时一地的关注,包括对这些问题做出自己贡献的条件和能力,也包括妨碍合理的意志形成过程的机会主义态度、激情和偏见,等等。

这些简要的说明可以用大量文献来补充。问题仅仅是在我们的上下文中它们**意味着**什么。首先,它们显示了对于纯粹交往性社会联系模式的偏离。这些偏离在不同情况下当然有不同的种类、不同的范围,但它们的共同特征揭示了一些**不可避免**的惰性力——也就是商议性意见形成和意志形成过程尤其高度依赖的那些功能上必要的资源的匮乏。

即使在有利的条件下,也没有哪一个复杂社会是能够符合纯粹交往社会联系的模式的。但我们也不应忘记,这个模式的意义仅仅是一种方法论虚构,其作用是揭示社会复杂性的那些不可避免的惰性力,也就是交往社会联系的反面——即使对于参与者们自己,这个反面也是大部分隐没在交往行动之理想化预设的影子之中的。这个模式的虚构性质仅仅是由于这个情况,即它考虑的是一个没有法律和政治的社会,并且把自我组织的观念投射到整个社会。但是,由于程序的民主概念,这个观念采取了一个自我组织的**法律**共同体的形式。根据法律共同体的观念,商谈的社会联系模式仅仅是通过法律而实施的。而法律本身,已经把"纯粹"社会联系模式中抽象掉的那些环节包括在内了。

从根本上说,实证法的作用是降低社会的复杂性。这一点我们在上面的讨论中已经看清楚了;我们上面的工作是进行"非理想化",通过这种工作,法律规则可以补偿道德规则、一般意义上非形式行动规范的认知上的不确定性、动机上的无保障性,以及协调力量上的局限性。对法律和道德的互补关系,我们曾经从弥补一个仅仅以实践理性为基础的行动协调的弱点的角度加以解释。[57]但是从这个角度来看,基本权利和法治国原则也可以被理解为为降低不可避免的复杂性而采取的许多步骤。这些步骤我们可以对照着这纯粹交往性社会联系模式而辨认出来。这尤其适用于这些原则在宪法中的具体化,以及商谈性政治之程序的建制化(如多数裁定原则,代议性团体,决策权能的委托❺、审核权力的交叉,等等)。当然,

---

❺ 英译本此处为"checks and balances"[权力的制衡]。

所有建制上的复合体或组织上的复合体也是为降低复杂性而建立起来的。但是,以宪法性建制的形式,这些机制❻同时也具有这样一种**反思性质**,即作为**逆导控预防性措施**,抵制一种**分化瓦解**法治国实践之规范内容的社会复杂性。这种维持复杂性的逆导控措施[komplexitäterhaltende Gegensteuerung],[58]在非正式的公共意见同建制化的、通过程序来调节的意见形成和意志形成过程的反差中,就已经发挥作用了。政治公共领域的交往循环在社会惰性选择压力面前尤其脆弱;但由此产生的影响只有通过民主程序的闸门、只有渗透进整个具有法治国结构的政治系统,才能转化为政治权力。

政治系统的受法治国调节的权力循环本身也是受到社会复杂性的压力的,忽视这一点可能也是幼稚的。但是,一旦人们考虑到,从社会学角度来看,法治国诸建制的意义在于**逆导控**的复杂性维持(gegesteuernde Komplexitätserhaltung),系统理论和决策理论对**法律**共同体的商谈的社会联系模式的预设所提出的那个反对意见,就不再具有原来的意义了。也就是说,人们必须提出这样的问题,法治国建制的规范性逆导控在多大程度上能够补偿商议性政治和交往权力向行政权力的转化过程所受到的那些限制:交往上的限制、认知上的限制和动机上的限制。人们会问,这种不可避免的惰性力的社会事实性——即使在法治国宪法的正式组织结构中**已经得到了考虑**——在多大程度上构成了那些**不合法的**、独立于民主过程而自成一体的权力复合体的核心。人们会问,尤其是集中在社会功能系统、大型组织和政治行政部门之中的那些权

---

❻ 英译本加:"(such as immunities and privileges)"[(比方说豁免权和特权)]。

力，在多大程度上悄悄地潜伏进规范地调节的权力循环过程的系统基础——并且，这种不合法权力的**非官方**循环，在干预受法治国调节的权力循环过程方面造成了怎样的效果。

注　释

1　参见本书第八章第1节以下。
2　W.Becker: *Die Freiheit, die wir meinen: Entscheidung für die liberale Demokratie*, Munich, 1982, 61.
3　Becker: *Freiheit*, p.68.
4　Becker: *Freiheit*, p.38.
5　Becker: *Freiheit*, p.58.
6　Becker: *Freiheit*, p.77.
7　Becker: *Freiheit*, p.101.
8　Becker: *Freiheit*, p.104；参见 pp.155ff.："一种意识形态的多元论是可取的，因为民主的立法化过程并不是指向对这个或那个哲学观点或宗教观点的'真理性'的确认的理论讨论。相反，合法化涉及的仅仅是这样一个问题：这样一些观点，因为是散布各处的，是如何作为意识形态政治之手段的功能而使得多数人同意国家对于个人自由的保障。为找出哪个观点是'对的'、哪个观点是'错的'而进行这些不同世界观、甚至彼此对立之世界观之间的公共讨论，并不是可取的事情。"
9　Becker: *Freiheit*, p.186f.
10　D.Held: *Models of Democracy* (Oxford, 1987). 就像在前一章中一样，我提到"自由主义的"国家观的时候，我是在洛克以来的那个传统的狭义上使用这个术语的。像Dworkin和Rawls这样的"自由主义者"是无法限制在这个传统之中的。
11　就像在开头两章中一样，我这里所用的"团结"一词不是作为一个规范的概念而是作为一个社会科学的概念。
12　关于人民主权的概念，见 I.Maus: *Zur Aufklärung der Demokratietheorie*, Frankfurt/M, 1992, pp.176ff.
13　N.Bobbio: *The Future of Democracy*, trans. R Griffin, Cambridge, 1987.
14　N.Bobbio: *The Future of Democracy*, p.24.

15　N.Bobbio: *The Future of Democracy*, p.56:"与自治相平行,还存在着根本不被治理、不受骚扰的愿望。"

16　N.Bobbio: *The Future of Democracy*, p.40.

17　J.Dewey: *The Public and Its Problems*, Chicago, 1954, pp.207f. (Dewey 的引语引自 Samuel J.Tilden 的译文。)

18　J.Cohen: "Deliberation and Democratic Legitimacy", 刊于 A.Hamlin 和 B.Pettit 主编的 *The Good Policy* (Oxford, 1989), pp.17-34;此处所引出自 p.21。

19　"商议之所以是一个讲理的过程,是因为商议的各方必须为提出建议、支持建议或批评建议而陈述其理由。……理由之提出的目的,是促使别人——假定他们有不同的目的,并且承诺要通过平等者之间的自由商议而确定他们的结成联合体的条件。"见 Cohen: "Deliberation", p.22。

20　"他们对建议的考虑并不受先前的规范或要求的权威的限制。" Cohen, "Deliberation", p.22。

21　"参与者们在实质上是平等的,参与者都有机会对商谈做出贡献,当前对权力与资源的分配不能对这一机会有所束缚,而且这种分配也不会在商谈中发挥某种权威作用。"(同上, p.23)

22　"即使在理想的条件下,也不能保证会出现各方都同意的理由。如果不出现这样的理由,那么商议过程就结束于投票表决,服从某种形式的多数裁定原则。但是,商议过程可能以这种方式而结束,这个事实并没有消除集体选择的商议形式和那些汇聚非商议性偏好的形式之间的区别。" Cohen: "Deliberation", p.23。

23　"财富的不平等,或缺少建制性手段来矫正这些不平等的后果,对商议论坛本身中所需要的那种平等会起一种破坏作用。" Cohen: "Deliberation", p.27;亦参见 J.Cohen 和 J.Rogers: *On Democracy* (New York, 1983), chap.6, pp.146ff; W.E.Connolly: *The Terms of Political Discourse* (Lexington, Mass., 1974)。

24　"有关的共同善的观念并不仅仅是由先于商议的利益和偏好所构成的。相反,构成共同善的利益、目的和理想是那些经受了商谈的东西,是那些经过公共反思之后我们认为在提出公共资源要求的时候合法地诉诸的那些利益。" Cohen: "Deliberation," p.23。

25　参见 Mechael Walzer 对现代社会中由于婚姻伙伴、居住地域、社会地位和政治效忠关系的流动性越来越大而造成的整合问题的处理。这"四个流动性"松懈了同家庭、地域、社会背景和政治传统的授予性连接。对有关的个人来说,这意味着从传统生活条件中涵义多样地释放出来,这种生活条件虽然具有社会整合的力量,并提供导向和保护,但也是由依附性、偏见和压抑所形成的。这种释放之所以涵义多样的,是因为它为个人提供了范围越来越大的选择余地,因而还能以自由。一方面,这是一种消极自由,将个人孤立起来、迫使她以一种或多或少是目的合理的方式来追求自己的利益。另一方面,作为积极自由,它也使她有能力去做出她自己自由意志的新的社会承诺,去批判地袭取传统,并且以一种商议的方式来建构她自己的认同。根据 Walzer,防止社会解体的,归根结底只有社会关系的语言结构:"不管四个流动性的范围多大,它们好像都没有把我们相互推开到我们再也无法相互**交**谈的地步。……自由社会中,即使是政治冲突,也很少采取那么极端的形式,以至于它的各个主张者不再有可能进行谈判和妥协,不再受程序正义的约束、甚至连**说**话的可能性也没有。" *Political Theory* 18(1990):13f.

26　参见 N.Fraser:"Rethinking the Public Sphere",刊于 C.Calhoun:*Habermas and the Public Sphere*,Cambridge Mass.1992,134:"在一种公众集体中,商议性实践仅仅是形成意见而不同时也包括决策,这样一种公众集体我称作**弱**的公众集体。"

27　参见"Symposium on Justice"(*Ethics* 93 [1983])中的文章;亦参见 S.Benhabib:"Liberal Dialogues vs.a Critical Theory of Discursive Legitimation",刊于:N.Rosenblum(编):*Liberalism and the Moral Life*,Cambridge,Mass.1989,145ff.;J.D.Moon:"Constrained Discourse and Public Life",*Political Theory* 19,1991,202-229.

28　B.Ackerman:*Social Justice in the Liberal State*,New Haven 1980,第4页:"无论在什么时候,任何人如果对任何人的权力提出疑问,拥有权力的人必须对此做出反应,不是去压制提问者,而是提供一个理由来解释为什么他比提问者对于权力资源更有资格。"第7页:"掌握权力者所提出的理由不能同他提出来的有关权力的其他主张进行辩护的理由相矛盾。"

29　Ackerman(1980),11.

30　B.Ackerman:"Why Dialogue?" *Journal of Philosophy* 86,1989,16:"对任何分歧我们干脆就应该什么也不说,把那些造成我们分裂的道德理想从谈话议程中取消掉。"

31　见 S.Holmes,"Gag Rules or the Politics of Omission",in J.Elster and R.Slagstad,eds.,*Constitutionalism and Democracy*(Cambridge,1988),pp.19-58.

32　Ch.Larmore:*Patterns of Moral Complexity*,Cambridge 1987,47.

33　Ackerman:"What is Neutral about Neutrality?" *Ethics* 93,1983,390.

34　Larmore(1987),53;对这条"合理商谈规范"的一个稍有不同的表述,见 Ch. Larmore:"Political Liberalism", *Political Theory* 18,1990,347.

35　这里我略过了关于 John Rawls 的"重叠共识"概念的相关讨论:John Rawls:*Political Liberalism*,133 - 172;亦参见 J.Habermas(1991a),204ff.

36　Larmore(1987),58.

37　关于对前理论的可错论重构[Nachkonstruktion]的程序,参见 J.Habermas:"Was heiβt Universalpragmatik?"刊于 Habermas:*Vorstudien und Ergänzungen zur Theorie des kommunikativen Handelns*,Frankfurt/Main 1984,363ff.

38　J.Habermas(1988),177ff.

39　在这些条件下,连宗教和形而上学的世界观也失去了其原教旨主义特征。它们必须考虑这样的状况,即它们与其他世界观是在同一个论域中提出各自的有效性主张的,因而是在同一个有效性主张领域中同其他世界观发生竞争的。就此而言,它们也必须在不放弃其真理性主张的同时承认世俗化思想的可错论前提。在这方面 J.Rawls 谈论"合理的全方位学说"[reasonable comprehensive doctrines]。关于传统和现代性的区分的认知方面,参见我同 A.MacIntyre 的讨论:J.Habermas (1991a),209 - 218.

40　Fraser(1992),129;同样的观点参见 S.Benhabib:"Models of Public Space",刊于 Benhabib:*Situating the Self*,Cambridge 1992,89 - 120.

41　Moon(1991),221.

42　N.Fraser:"Struggle over Needs",刊于 Fraser:*Unruly Practice*,Oxford 1991,161 - 190.

43　R.A.Dahl:*Democracy and Its Critics*,New Haven 1989,307.

44　R.A.Dahl:*A Preface to Economic Democracy*,Oxford 1985,59f.

45　R.A.Dahl:*Democracy and Its Critics*,New Haven 1989,112.

46　Dewey(1954),208.

47　Dahl(1989),115ff.

48　Dahl(1989),252;亦参见第 314 页上的概括。

49　Dahl(1989),339f.

50　B.Peters:*Die Integration moderner Gesellschaften*,Frankfurt/Main 1993,第 2 章。

51　B.Peters(1991),204ff.

52　关于以下的内容,参见 L.Wingert:*Gemeinsinn und Moral*,Frankfurt/Main 1993,第二、三部分。

53 K.-O.Apel:"Das Apriori der Kommunikationsgemeinschaft",刊于 Apel:*Transformation*,Frankfurt/Main 1973,Bd.II,428。

54 H.Brunkhorst:"Zur Dialektik von realer und idealer Kommunikationsgemeinschaft",刊于 A.Dorschel 等人编:*Transzendentalpragmatk* Frankfurt/Main,1993,345.

55 关于下面的内容,我依赖于 Peters:*Die Integration moderner Gessellschaften*,Frankfurt/Main 1993,第5章、第6章。

56 这意味着一种可用来代替关于纯粹社会联系的"支配模型"的一种模式。众所周知,马克思在《资本论》中在解释有意图的、因而带着意志和意识而进行的社会联系的时候,运用这样一个模式,它把市民联合这个私法概念——"自由人的联合体"——同分工合作共同体的生产性社会类型结合起来。显然,他把自我组织的社会的自主性设想为行使对物质生产过程的自觉支配或有计划管理:与对于自然的统治相类似,社会主体"支配"他们自己的、被对象化的生活过程。但是,由于这个把自主性理解为支配性的概念,社会自我组织问题的核心,也就是一个自由平等的人们的共同体的自我稳定的构成,销声匿迹了。构成有意识社会联系之核心的,并不是对于社会合作的共同支配,而是对共同生活的规范性调节,这种调节以所有人的同意为基础,并确保包容的、平等的相互承认(以及每个个人的人格完整)。在马克思那里,提供理解社会自我组织之主线的并不是一种交往实践,而是对理论上对象化了的社会过程的控制或计划。参见我对这个模式的批评:J.Habermas:"Dogmatismus,Vernunft und Entscheidung",刊于 Habermas(1971),307–335.

57 参见前面第三章。

58 这个逆导控概念是 K.Lüderssen 在讨论刑法时提出来的:"Die Steuerungsfunktion des Gesetzes-Überformung oder Gegensteuerung zur Entwicklungstendenz einer Gesellschaft",刊于:K.Lüderssen:*Genesis und Geltung im Recht*,Frankfurt/Main 1992.

第八章

市民社会和政治公共领域的作用

战后初期对于民主的社会学研究导致了一种多元论理论,这种理论还能把规范的民主模式同各种所谓现实主义的观点——一方面是经济学理论,另一方面是系统理论——连接起来。如果先不考虑最近几年来制度主义观点复兴,[1]我们不能不得出这样的印象:在民主理论的发展过程中,规范性理论的理想主义内容融化在社会科学知识的日晒之下了。不管怎么样,为社会学提供同这种内容的接触点的,仅仅是自由主义的模式,也就是那个规范上要求最低的模式。社会学启蒙看来是在向我们建议以一种令人头脑清醒的、甚至完全玩世不恭的观点来考察政治过程。它主要引起我们注意的,是一些规范上"不合法的"权力闯进法治国之权力循环的那些环节。如果选择行政行动系统或"国家机构"作为参照点,政治公共领域和议会组织就构成了输入方面,有组织利益的社会权力就是从这里进入立法过程的。在其输出方面,行政部门又遭遇了社会功能系统和大型组织的抵制,它们把自己的权力带入执行过程之中。社会权力的这种相对于民主过程的自成一体过程,本身也助长了行政权力中心自身内部越来越自成一体的倾向。这样,一种倾向于自成一体的行政权力,一种不仅在输入方面而且在输出方面发生影响的社会权力,这两者结合起来形成一个逆循环,对那个由交往权力所导控的民主决策过程的循环起扰乱作用。当然,对这些逆向运动的多数描述所使用的是经验主义的权力概念,它们把我们从重构角度引入的各种规范性区别取消掉了。尤其是"交往权力"的概念必定显得是一个倾向性概念,如果"权力"既不是从行动理论的角度出发,理解为行动者针对其他行动者的对抗意志的行事能力,也不是从系统理论的角度出发,分解成这样两方面:一方面是一个特定系统、也就是政治行动系统的权力代码[Machtkode],另一方面是系统的一般组织权力或者——更确切些说——系统的自组织能力。我想要指出的是,政治社会学的两条线索殊途同归的这种规范性失败主义,其根源不仅仅是那些令人头脑清醒的证据,而且也是一种错误的概念策略的误导。也就是说,在这些概念策略中,政治权力的法律构成形式对政治权力的具体贡献视而不见了。

在先对理论发展作一个鸟瞰之后,我先考察埃尔斯特[Jon Elster]对经济学的民主理论的修正。这要求我们承认程序性的商议民主概念的经验相关性(一)。然后我讨论 H. 韦尔克[Helmut Willke]的观点,他设法从控制论角度来对一个据说已解体为一些自成一体的自组织功能系统的社会的整合做出说明。从对于这种解决方案的批评出发,还是在B. 彼得斯的启发之下,我提出一个社会学模式,它把注意力集中在受法治国规范的、因而是官方的权力循环的经验意义上(二)。这种意义首先取决于市民社会[Zivilgessellschaft]能不能通过共鸣的、自主的公共领域而形成一种活力,足以把种种冲突从边缘带入政治系统中心(三)。

1. 社会学的民主理论

(1)在❶**多元主义理论**中,一个经验的权力概念已经起基础作用。也就是说,对这种理论来说,一种工具主义政治观——根据这种观点,政治权力和行政权力仅仅体现了社会权力的另一种表现形式——构成了上面介绍的自由主义模式和经验科学之间的一道桥梁。社会权力被看作是衡量有组织利益之实现能力的标准。❷ 在自下而上的方向上,社会权力经过政党竞争和大选而成为政治权力,尽管这种权力是由政府和反对党分享的。而这种政治权力,又在根据宪法而划分的权力框架中加以运用,以便那些产生于这些社会力量较量的政策,能通过立法过程和行政机构而变成有约束力的决定、并加以实施。在自上而下的方向上,行政权力被用来影响议会的意志形成过程和有组织利益的力量较量。这些利益本身,也有机会对形成政策和运用行政权力发挥直接影响。根据这个模式,存在着这样一个循环过程,它把当事人的社会权力同政党的掌握政治权力连接起来,把合法化过程

---

❶ 英译本此处加"early"[早先]。
❷ 根据英译本,此句可译为"社会权力是根据有组织利益实现其目标的能力来衡量的"。

同国家的组织功效和运作连接起来,并且再把这个实施过程同当事人的要求连接起来。对于上述过程的规范性评价来说,具有决定意义的是这样一个假定,即社会权力在有关的社会利益之间或多或少是平等分配的。只有这样,社会的力量平衡才能使得政治权力的循环造成这样的效果:政治系统尽可能有实效地处理所提出的要求,社会利益尽可能平等地得到满足。

社会科学的有关多元主义的理论通过一个简单的代换而得以同自由主义的规范模式建立起联系:它用团体和有组织的利益来代替单个公民和他们的个人利益。[2] 它假定,所有集体行动者都有可能拥有对与他们有关的决策过程的大致平等的影响机会;决定团体和政党的政策的是组织的成员,而这些团体和政党又通过多重成员身份而被迫愿意达成妥协、揉和利益。这样,竞争性民主制度在政治权力分配层面上构成了一种社会权力平衡,使国家政策平等地考虑范围广泛的各种利益。[3]

在这些假设被证伪以后,多元论观点在熊彼特[Joseph Schumpeter]的意义上作了修正。既然利益团体的成员实际上是相当有选择地组成的、是相当消极的、对于团体政策是影响甚微的,那么就假定,权力斗争本质上是在精英之间进行的。另一个假设——政治权力位置的拥有者是依赖于众多的集体行动者的,而这些集体行动者在为政治影响而进行的竞争中是拥有相似的重要性的——也被证明是无法维持的。未受影响的是以前从多元主义的附加假设中清除出去的**精英理论**,它实质上把民主过程的作用归结为对相互竞争的领导群体的国民选举,[4]也就是归结为选择领袖。当然,从规范性期待来看,这个理论总还应该解释,"一个原则上由精英所提出的政策也满足非精英的利益"是如何可能的。[5]这样一来,规范性期待的一个残余成分就从行政系统的输入方面转移到行政系统的输出方面。既然相互竞争的领导群体从消极的选民那里得到的是笼统的、高度集中的信任,而这种信任不再为他们确定政策提供具体规定,那么,只有这些有决策能力并愿意创新的精英们自己的**合理性**,才能确保为了共同福利而履行政府功能。由此产生的是一种这样的行政系统形象,它相对独立于社会,为自己**赢得**必要的大众效忠,并多多少少是自行决定政治目标功能。从规范的角度来看,于是就出现了这样的问题:国家机构——即使已经不受社会利益导控——在什么样的条件下它至少形成**对于**这些利益的**足够的**敏感性。政治系统必须自己承担这样的任务:明确表达同公众有关的需要、潜在的冲突、被压下来的问题、不具有组织能力的人们的利益,等等。

当然,从60年代后期以来,出现了不少证据要求做更谨慎的评价。行政系统似乎只能在一个很狭窄的行动领域之内运作;它似乎更多地是根据一种应对性模式来行动的,决定其政策的与其说是计划,还不如说是避免危机。在输出端,"主动型国家"很快就撞上了它的导控能力限度,因为功能系统和大型组织的自主地位使得无法对它们进行直接干预。在输入端,政府和政党的主动活动余地还受到了选民的不可预测性的限制。这些选民或者是受到启蒙的,或者是受到了平民主义运动的动员,与政党的联系越来越松懈。在政治越来越乏味的情况下,主流政党不得不担心表现为抗议性选票和不参加投票的公众对合法化的取消。合法化匮乏和导控匮乏两者都导致了一种渐进主义[Inkrementalismus],而这同虚静主义[Quietismus]没有什么区别。

这样就到达了理论发展的一个十字路口。**系统理论**切断了同作为出发点的规范性模式的最后联系,根本上局限于一个自组织政治体系的导控问题,重新提起古典国家理论的那些问题,而**经济学的民主理论**则在方法论个人主义的前提之下主要关注合法化过程。从系统理论的角度来看,政治系统的运作方式是根据一个自我反思的导控过程的合理性来衡量的,这个过程已经失去了民主的所有规范内容,除了政府和反对派之间不断变动的权力分配之外。从决策论❸的角度来看,这种规范性内容相当于民主过程参与者们的选择合理性行为。当然,这两种观点以各自方式都过分地实行了规范性"减肥",这一点也表现在理论内部产生的那些问题上面,这些问题导致了一些富有启发、即使并不总是前后一致的修正。

经济学的民主理论设法用选择行为和政治行为的合理性的证据来对自由主义的一些规范性直觉作经验的把握。6 根据这种模式,选民在他们投票时把一种或多或少开明的自我利益转译成对于政治体系所提出的要求,而政治家——他们想要获得或维护其职位——则用特定政策的许诺来**换取**这些选票。合理决策的选民和政治精英之间的这种交易所导致的决策,是根据汇总起来的、具有同等分量的个人利益

---

❸ 英译本此处为"from the viewpoint of economic theory"[从经济学理论的角度来看]。

被如何考虑而得到衡量的。后来关于所谓"合理选民悖论"所进行的讨论引起了某种转向。在完全利己行为的前提下一个选民居然会参加一个选举,只有用一个很快被证明为错误的假设来说明:选民投票率并不因选民关于关键时刻自己一票能决定一场势均力敌选举持什么期望而发生变化。人们于是借助于元偏好的概念来扩展这种自我中心的决策模式,把它延伸到自我指涉的、但具有伦理性质的一些考虑。[7]但是,到头来经验证据驳斥了以自我中心的决策基础——不管怎么加以扩展——为出发点、不顾利益和价值取向之变化的社会情境的所有模式。[8]最近的一些修正,比方说,考虑到那些把规范性理由放在优先位置的建制安排的过滤作用。以这样的方式,建制化的程序可以培育"负责的"政治行动:"负责地行动,意味着行动者对自己的行动系统地采取一些检验性视角——专家的视角、普遍化他人的视角,以及以将来完成时[futurum exactum❹]出现的他自己的视角——来审视,并以这种方式对行动标准进行实质上的、社会上的和时间上的论证。"[9]借助于 G.H. 米德的"普遍化他人"的视角,C. 奥菲[Claus Offe]接近了关于意见形成和意志形成过程的这样一个概念——这个概念,我将表明,突破了一种经验主义行动理论的概念框架。

系统理论抛弃了个人行动主体和集体行动主体的平面,从种种组织之复合体的密集交织中断然得出这样的结论:把社会看作一个由诸自主子系统——它们各自封闭在自己的

---

❹ 相当于这样一种思考:"到将来的某个时刻为止,将已经达到什么样的局面"。

语义边界之内、把所有其他系统当作自己的环境——构成的网络。对这些系统间互动来说具有决定意义的,只有各自内部的运作方式,而不再是作为参与者之行动者的意向或利益。[10]这种概念策略选择的结果之一是拒绝一个以国家为中心的分层的社会概念。即使是政治系统——它专门从事产生具有集体约束力的决定——也必须在没有任何特殊门径的情况下以一种机会主义方式在同所有其他功能系统(甚至包括法律系统)的互动中显示自己的作用。但是,已经出现于自由主义模式之中的那个以国家为中心的政治观,则一下子极为突出起来。也就是说,系统理论把政党竞争所支配的意见形成和意志形成过程归结为一个由公民和当事人所构成的公众体,把这个切断了同它在市民社会、政治文化和社会化过程之中的生活世界之根的公众集体,纳入政治体系之中。在这里,政府和行政不仅仅构成具有最高组织密集性的复合体;它们也启动了官方权力循环之外的逆循环:行政部门进行广泛的自我规划,其办法是通过政府提案而导控立法过程,通过与国家连成一体的政党而获取大众效忠,并且同它们的当事人建立直接的谅解。[11]随着社会复杂性程度的提高,重心越来越向这种非正式循环过程倾斜,从而"在这些条件下政治责任怎么还有可能"[12]这个问题,就失去了意义。一种把所有规范内容从其基本概念中清除出去的系统理论,对于法治国权力循环的规范性禁忌线,始终是麻木不仁的。这种理论敏锐地观察到民主过程在功能迫令压力之下是如何空心化的,并由此而对民主理论做出了贡献。但是系统理论并没有为它**自己的**民主理论提供任何框架,因为它把政治和法律划分成不同的循环封闭的功能系统,对政治过程根本上是从自我导控的行政权力的角度加以分析的。

系统理论的这种选择性考察方式所得到的"现实主义"收获,是以一个令人不安的问题作为代价的。根据系统理论的表述,所有功能系统之获得自主性,是因为它们形成了自己特有的代码和彼此间无法转译的语义内容。由此它们不得不丧失彼此直接交往的能力,从而只能相互"观察"。这种孤独症尤其影响政治系统——根据假定,政治系统本身也是自我指涉的、与其环境隔绝的。在这种自组织封闭面前,很难解释政治系统怎么可能对整个社会起整合作用,即使它的特有功能据说是发挥导控作用、以"对环境友好的"方式对彼此偏离的诸功能系统进行相互调整,并消除这些系统的内部扰动。人们无法看到,各种功能系统的自主性,与政治系统之确保它们之间联系的任务之间,怎么才能相互协调起来:"问题的核心在于,在各个自主的、自我指涉地运作的单元之间的成功交往,是可能性很小的。"[13]

"现实主义"理路的理论史一方面导致了经济学的民主理论,它告诉我们民主的意志形成过程的工具性特点,另一方面导致了系统理论,它告诉我们这种过程的无能为力。这两种理路所运用的权力概念,都对权力的法治国构成的经验相关性麻木不仁,因为它们都过滤掉了法律和政治权力之间的构成性联系。埃尔斯特和海尔穆特·韦尔克令人启发地研究的那个问题背后的,说到底就是这种缺陷。埃尔斯特的修正导致了对商议性政治概念的一种出乎意料的恢复。

(2)合理选择理论——它声称能提供社会科学说

明——的核心某种意义上说始终是那个霍布斯问题。它无法说明,进行策略行动的行动者如何仅仅根据其合理决策就能够建立他们的社会联系。那些深刻的自我批评我们这里用不着详细讨论。[14] 我感兴趣的,是埃尔斯特是如何处理这个理论在运用于政治过程时所产生的那些困难的。那种把机会和偏好当作某种既定东西来处理的模式,在这里如果作为出发点的话是不符合实际的,因为机会和偏好都会在政治过程本身当中发生变化。此外,根据对个人的调查而得到的偏好绝没有忠实地反映被调查者实际上拥有的偏好,如果我们把偏好理解为人们在经过对有关信息和理由进行权衡之后**将会**表达的东西的话。也就是说,政治价值和政治态度的转变并不是一个盲目适应过程,而毋宁是建构性的意见形成和意志形成过程的结果。埃尔斯特把这称作偏好形成的"自主"过程:"自主性之对于欲望的关系,相当于判断之对于信念的关系。"[15]

但是尤其不合实际的是这样一个假定,它把所有社会行为都理解为策略行动,并且认为这些行动因此都可以解释成自我中心的效用计算的结果。这种模式的社会学说明力显然是有限的:"尽管利己行为的可能性总是存在的,但它在多大程度上真的出现,是有很大出入的。以普遍的机会主义行为作为假设的那些讨论社会选择和公共选择的文献,似乎大多都把现实世界撇开不管了;在现实世界中,有着许许多多诚实和责任感。如果人们始终都是一有机会就埋头于机会主义行为,我们所知道的这个文明就不会存在。"[16]

这个考虑,以及类似的考虑,在若干年以前就已经促使埃尔斯特扩大社会行动之决策基础的范围,把社会伦理条件和道德理由也包括进来,并且把民主过程描述为一个通过公共讨论来改变偏好的机制。[17]他最重视的是这样一种合理的意志形成过程的程序方面。[18]为了使这个观点产生丰富的结果,他不得不对合理选择模式做出了两个决定性的修正。

首先,他扩展这个理论,把另外一种行动类型也包括进来。除了**策略性**行动或者目的合理行动——受各自偏好导控、并且(在信息不充分条件下)以成功作为取向的行动之外,还有**规范调节型**行动。这种行动构成了一个基本行动类型,因为它是不能被还原为策略性行动的。[19]有人认为规范仅仅是用来对机会主义行动作事后辩护的。埃尔斯特反对这个观点,指出没有人能够在具体场合对规范采取策略性态度,如果他不能一般地假定对规范的主体间承认的话。就此而言,规范的社会有效性是在逻辑上优先于由于假装以这种规范为取向而获得的好处的。另外一个反对意见,即认为从避免内在化的制裁(如羞耻感和内疚感)的角度来看,遵循规范的行为也是目的合理行动,同样是不能使人信服的。因为合理地对待一个根据前提就不合理的行为,并不能说明这个行为(作为先行的行为规范内在化的结果)一开始是怎么出现的:人们是不可能合理地决定去不合理地行动的。

但这些考虑也表明,埃尔斯特仍然是在经验主义前提下来引进这个新的行动类型的。根据他的建议,规范调节型行动之区别于策略性行动之处,仅仅在于缺少对于所期待之行动结果的取向。经济学人[homo oeconomicus]之高于社会学人[homo sociologicus]之处,正是由于目的合理性。[20]规范和价值取向因此是无法进行合理评价的;它们仅仅对虚拟地维持的、不受学习过程影响的行为期待作出论证。由此引出的结果是,埃尔斯特或者是在功利主义的意义上剥去**道德**规范的赋予义务的性质,把它归入目的合理性行动的决策规则之列,或者是在义务论的信念伦理学的意义上,把它们归入赋予义务的行为规范之列,剥去它们的理性性质。

只要规范性和合理性这样处于相互排斥的关系之中,合理地推动的行动协调当然就只能采取策略性行动的主体之间的协议[Vereinbarung]的形式。合理的一致[Einigung]就成了"bargaining"[讨价还价]——达成妥协——的同义语。确实,这样的谈判——它要求成功取向之行动者的合作诚意——是同以经验限制或非理性自我约束形式出现的规范相联系的。为此,埃尔斯特提出了一个力的平行四边形,把规范地调节的谈判过程解释为合理的成功期待和在背后起导控作用的社会规范的一种共同作用。[21]

但是,用这种方式来引入规范的行动动机,假如它要对政治意志形成过程中参与者的偏好是怎么以合理方式改变的、新的选择是怎么合理地❺开启的做出说明的话,就显得不够了。既然政治过程不仅仅限于以可靠的威胁为基础的受调节的妥协形成过程,埃尔斯特在"谈判"之外还引入"论辩",作为解决集体行动问题的又一个机制:"一方面是合理论辩,另一方面是威胁和许诺,两者是各方设法达成一致的主要手段。前者服从的是有效性标准[criteria of validity],

---

❺ 英译本为"in a 'convincing' manner"[以"令人信服的"的方式]。

后者服从的是可靠性标准[criteria of credibility]。"²² 由于引入"有效性标准",一种新的交往和行动协调开始发挥作用。各方能够出于各自不同的理由而同意一个谈判而成的妥协,而通过论辩而引入的同意则必须得到能够**以同样方式**使各方信服的同样理由的支持。这样的理论之产生共识的力量反映在支配实践商谈的公平性概念之中。²³

这个步骤使得有必要对前一个修正也作一个修正。因为,对利益立场和行动冲突进行公平判断这个观念,把那些先前被认为是非理性的一部分规范拽进了论辩的漩涡。埃尔斯特要能够引进另一种行动协调机制——不仅是以成功为取向的行动主体之间的相互影响,而且是以理解为取向而行动的交往参与者之间的交往作为,他就必须承认规范和价值取向也具有合理内核,并相应地扩展合理性的概念。为此,他借助于有可能用来论证合法权利的那个义务论的正义概念(它的合理性主张现在被认真对待了)。²⁴ 政治的任务不仅仅是消除无效率的、不经济的规定,而也是建立和保障平等地有利于所有公民的生活条件。²⁵

借助于这些经过修正的基本概念,埃尔斯特对费城(1776)和巴黎(1789-1791)的制宪会议上进行的讨论进行了经验分析。在这种分析中,他的出发点是对"bargaining"[讨价还价或谈判]和"arguing"[论辩]之间所作的理论性区分。在这里,根据我们的术语,"论辩"不仅包括正义性论据,而且也包括同民族的"普遍福祉"相关的伦理-政治性论据。然后,通过对这两个最早的现代立宪过程的比较研究,埃尔斯特检验这样一个假设:这种类型的在议会中进行的意见形成和意志形成过程,是不可能根据一个经验主义前提——把它看作是纯粹由实力来导控的利益平衡——而得到充分说明的。相反,商谈和谈判在其中交织在一起,尽管妥协形成过程常常是自发地进行的,因而是不满足受调节之谈判的公平性条件的。[26]对埃尔斯特的斯托瓦演讲[Storr Lecture],人们可以作两种诠释,取决于所参照的是所分析的那些辩论发言段落的字面内容,还是它们的论辩逻辑作用。在内容方面,埃尔斯特的演讲对法律史的一个片断进行了重构,得出的结论是"立宪者的意志"在于颁布一个权利体系,这个体系应该通过对一个**公平的**意见形成和意志形成过程的建制化而在所观察到的格局中确保公民政治自主的条件。从这个角度来看,对于从宪法史角度来检验商谈论对法治国的理解,埃尔斯特(至少隐含地)做出了一个贡献。

但是,他的公开目的则是对论辩模式作一种合理重构,其目的是指出,政治立法者的决定在一定范围内是合理地推动的——也就是说是通过以有效性为基础的理解过程和以成功为取向的影响过程的共同作用的。[27]埃尔斯特主要考察的是这两种机制之间的相互作用。这个考察表明,实际的争论过程——如人们所预料的那样——是偏离商议政治的理想程序的,但同时这些预设也是具有导控效果的。商议性意见论证模式的交往前提在议会团体中建制化,至少具有这样的作用:民主的程序对论据进行过滤,并使产生合法性的那些理由能优先发挥作用。

比方说,并不是所有利益都可以被公开地提出的。因此政治交往的(康德所强调的)公共性——连同要求提出观点者在表达上的自洽性和在对其建议的解释上的融贯性这样一种期望——已经实施了一种有益的程序性强制力量。在这样的条件下,通过伪托的道德理由或伦理理由而在公众面前掩盖无法辩护的利益之类的事情,会迫使主张这个利益的人们进行自我约束,或者是在下一个场合暴露出他的前后矛盾,或者是为了维护其可信性而把他人利益也考虑在包括在相应考虑之中。[28]

此外,这些考虑以及类似考虑还表明,一个理性的政治意志形成过程的条件,不仅要在单个行动者之动机和决策的个人层面上寻找,而要在建制化的协商和决策过程的社会层面上寻找。可以把这些过程看作是影响参与者之偏好的社会安排;它们对议题和建议,信息和理由进行筛选,从而在理想情况下只有"有效的"[gültigen]输入才能通过公平谈判和合理商谈的过滤器,对做出决定起重要作用。这样就发生了一个从合理选择理论向商谈理论的视角转换:"设计这些建制(也就是美国宪法的那些建制——引者),是为了让它们起'隐蔽的'或'沉淀的'德性的作用,这样就使得统治者和被统治者两方面的这些德性——比如真诚、智慧、理性、正义以及各种各样非同寻常的道德品质——的**事实上的实践**,在某种程度上变得可有可无了。"[29]实践理性在多大程度上被植入交往形式和建制化程序本身之中,它就在多大程度上不需要仅仅体现在、甚至不主要体现在集体行动者或个人行动者头脑之中。埃尔斯特的研究支持了这样一种假设,即可观察的政治交往过程的这种商谈层面,是衡量这种程序化理性的功效性的标准。商议性政治的结果可以被理解为交往地产生的权力,一方面同拥有可靠威胁的行动者的社会权力相竞争,另一方面同官员的行政权力相竞争。

2. 一个政治权力循环模式

一种在议会组织中产生的交往权力,一种在政治公共领域中获得的影响,对这些现象,系统理论都用不着否认,但它对它们的描述,却断然揭露了交往权力的无能为力。从这个角度出发,一旦法律被充分实证化,政治系统就应该能够不再依赖合法之法的自主源泉了。像其他功能系统一样,政治也借助于自己的代码而自成一体、成为一个自我封闭的交往循环。与承担确保合法律性[Legalität]之功能的法律系统一起,这样一个偶然的、从外指性变成自指性的政治系统完全从自身获得其合法化的资源。合法化的需要可以按家长主义的方式、从大型组织的复杂网络出发、经过一连串联系——从政府和反对派的对抗性博弈、各党派之间的竞争、一直到选民公众的松懈组织——而得到满足。但是,卢曼所描绘的这幅根植于国家机构之中的政治系统的自我合法化图景,一旦向系统理论理路提出"从一个伦理上负责、并且有能力负责的社会的角度思考国家理论"的任务,[30]就支离破碎了。

我将对韦尔克为形成这样一种国家理论所作的创造性努力作一个内在批评(1),以便从此出发提出一个适合于对商议性政治概念作受社会学影响的运用的模式(2)。

(1)黑格尔在其《法哲学》(第250－256节)中赋予法团

[Korporationen]这样一个重要任务:在市民社会[bürgerliche Gesellschaft❻]和国家机构之间起中介作用。H. 韦尔克根据❼新法团主义之争而对黑格尔的等级国家[Ständestaat]作了一种系统理论的诠释,尽管没有保留君主制的顶端。协商一致的行动、圆桌会议和国家与社会之间色调不同的灰色区域中的所有协调会议,他都描述为各具特征的谈判系统。这些系统被认为应该在一个非中心化社会里允许政治——以具有病理学专长的监护人的角色——来维护国家本身不再有能力代表的全社会统一。韦尔克一方面像卢曼一样,认为政治系统——它已经成为众多子系统中的一个,并且不再能够要求在社会中占据首要位置——摆脱了整合全社会的功能;另一方面,他又从后门把国家作为一种等级制社会整合的担保者而重新引入。

尽管答案是出乎意料的,问题却是系统理论的"自组织转向"[autopoietische Wende]的必然结果。确实,社会的功能分化的逻辑意味着,分化开来的子系统在全社会更高层面上再次得到整合。如果非中心化社会不再能够在某处维持其统一性,它就无法得益于其各部分复杂性的增长,并且作为一个整体成为这些分化收益的牺牲品。已变成自组织系统的这个社会,事实上好像就是在走向这个死胡同,因为功能系统通过其自身的专门语义内容——它们尽管有种种有利之处,却导致了同环境之直接信息交换的终止——而向自主性迈出了最后一步。从此之后,所有功

---

❻ 也可以译为"资产阶级社会"。

❼ 英译本此处加"current"[近来的]。

能系统都形成它们自己的社会图景。它们不再拥有一种共同的语言,可以让他们用**同样**方式向所有系统表征社会的统一性。不用专用代码的理解已经过时。每个系统对于自己给其他系统所造成的代价都麻木不仁。不再有一个地方是能够感受和处理那些对**整个**社会的再生产有关的问题的。特殊语言侵蚀普遍语言——就好像功能系统侵蚀生活世界一样——到了这样的程度,以至于两者都无法提供一块复杂得足以提出并处理全社会问题的共振板。在这样的前提下,政治公共领域已经无法构成一块这样的共振板,因为它和公民公众集体一起都是与权力代码相耦合的、都是用象征性政治来敷衍的。

另一方面,整合能力受到危害的趋势尤其对政治和法律意味着一种挑战。这种趋势在某种意义上令人回想起❽宗教合法性之丧失时这两者曾经经历过的震动。当然,不再可能由国家来代表的社会统一性可以如何来组织,这个问题现在不再是**直接**作为一个合法化问题提出来的。也就是说,合法性的标准只适用于可在政治上解决的问题❾;对于**全社会范围**的问题,它是无法用上去的。但是,获取合法化这种日常事务受到了全社会范围之非理性问题的连累,因为法律和政治已经为全社会的整合承担了一种意外担保。不管怎么样,韦尔克诊断出了一种合法化问题的重现,这种问题至少是由全社会的整合不充分所**诱发**的,尽管它是用一种"总体

---

❽ 英译本此处加" in the rise of religious pluralism and the loss of an overarching religious legitimacy"〔在宗教多元论兴起、总体性宗教合法性丧失的时候〕。

❾ 英译本此处为" legal and political questions"〔法律问题和政治问题〕。

系统的合理性"⑩来量度的。而这种社会合理性现在恰恰应该是通过以政治为媒介的不同功能系统之间的调适过程来处理的。韦尔克的新法团主义目光"所指向的,是在自主的、能动的、相互依赖的子系统之间建立一些这样的系统间联系,它们不再屈从于一个子系统的优先性,因此不是从共相的有效性中、而是从诸多殊相的反思性调适中得到总体系统的合理性。"[31]根据他的诊断,西方社会中政治系统已经处于成为监督性国家[Supervisionsstaat]⑪的过程之中了。对社会的这种描述——它认为一种系统间平衡将既对社会进行整合也对它进行监管——我想用以下三点加以概括:

(a)监督性国家寄希望于非等级的谈判系统来对社会子系统进行调适,这些子系统或者是各自的运作和功效受到扰动,因而需要一种"发展援助",或者是以外化的成本给环境增加负担,因而必须敦促其"多加考虑"。但是,自指性系统可以如何进行结构变化,已经由其本身的结构所决定。因此,监督性国家必须推行一种得名于经济计划的"选项政策"[Optionenpolitik],它超越禁令性规范[Verbotnormen]和鼓励性刺激[Anreize]。这种政策先考虑所要导控的系统的运作模式和自由程度,然后通过对情境的适当改变来对这些系统的自我导控发挥影响。在卫生保健、技术和科学这些政策领域实施计划所遇到的困难,人们有很多研究,这些研究

---

⑩ 英译本此处加"not in the specific systemic terms of 'legitimacy'"[而不是特定系统的"合法性"]。

⑪ 英译者在此处加注:"在这里,'监督'[supervision]概念有这样的意思,即它所指的指示形式更接近于治疗师对间接暗示的谨慎运用,而不是直接形式的控制。"

有力地证明了国家直接干预的限度。要代替国家直接干预,那种在各封闭运作系统之间形成一种"多产的自我约束的联系"[32]的策略,可以把业务咨询[Unternehmensberatung]作为一个示范。

(b)即使是对系统进行导控的政治,也必须利用法律的语言,但这种法律语言的形式不再是有条件纲领或者目标性纲领,而是"反思性"法律。[33]政策为这些被导控系统提供确定其自己优先性顺序时所需要的"形式",从而使那些内在于系统的既定偏好获得不同的分量。这些系统应该继续演奏其各自的旋律,但要按照加上了不同符点的新节奏。为了这个目的,以个人主义为基础而起草的民法,要转移到集体行动者的层面,并从与个人相关转变成与系统相关。例子可以在对风险社会的新的集体诸善的法律保护中找到,这些法律保护所针对的是环境破坏、核污染或对遗传物质的致命改变,以及所有大规模技术操作、医药产品和科学实验的无法控制的副作用。法律的实施不能以发布权威性导控目标的方式来进行;相反,它应该用"相关性纲领"[Relationsprogrammen]的形式,安排和促使造成危害的系统自己调整导控方向。这样,法律起的是促使各系统自我改变的催化剂的作用。

(c)虽然整合作用会从民主的意见形成和意志形成过程的层面转移到系统间关系的层面,民主制度——它现在从个人移位到了系统——的"本质内容"被认为是应该不受损害的。韦尔克谈到了"建立社会商谈",甚至"通过合理商谈而对各个自主行动者进行调适。"[34]因为调适过程是根据那些调节非中心化的各单元之间的交往关系的(民主的?)程序的预先规定而进行的:"共识作为有关分歧之基础和界限的框架性共识——由于这种共识,分歧再怎么发展也不会导致系统的解体——是必不可少的。"[35]韦尔克在这里补充说:"共识只是作为不断重新构成的想像之线而需要的,这条线还来不及固定,分歧和异议就缠住了它,使它解体。"当他这么说时,共识有效性中的理想化环节本身也在系统论的描述中得到体现。当然,韦尔克的模拟性表述从另一个理论传统之主体间主义术语中借用来的这种说法,在这种改变了的前提下,只可能具有一种比喻的意义。

一方面,功能系统的"谈话"不再像公民的交往实践那样同规范、价值和利益打交道;它毋宁是仅限于促进系统自我反思这个认知目标。彼此间就各自功能领域之运作方式而教育启发的专家之间的交流,目的是要克服自我指涉的行动系统在特定方面的盲目性。这种交流,如管理学文献提供的例子所表明的,更接近于一种继续教育课程,在那里,教员启发来自各部门的经理们,要他们作为其他部门之业务问题的顾问来行事。另一方面,这种谈话赖以进行的"会谈规则"并不具有民主程序规则的普遍主义内容;在特定时候"需要治疗的"那些功能系统的循环,是并不能声称具有代表性的。

为解决全社会整合这个理论内部的尖锐问题而提出的上述建议很有意思。这个建议所遇到的困难我想作一些评论,因为它们揭示了被系统理论所压制了的合法化问题的真实情况。

附论(a)根据其经典形式,"霍布斯问题"提出的是这样一个问题:自私行动的个人的自我中心视角的聚合,是怎么可能产生出促使人们考虑别人利益的秩序的。理性选择理论还在苦苦对付的这个问题，以另一种形式重新出现在系统理论之中。一种自我稳定的秩序，现在必须从各系统视角的认知性调适出发加以说明。行动协调的实践向度从系统理论的理路中消失了，因而功能系统交往[Verkehr]中合理"利他主义"，也就失去了意义。但是，霍布斯问题的这种纯粹认知类型使这问题具有了更尖锐形式，因为决定彼此遭遇的不同视角的自我中心主义的，不再仅仅是每个人各自的偏好和价值取向，而是各自的**解释世界的语法**。与自然状态中的个人不一样，各个自组织封闭系统不再共享任何共同的世界。就此而言，自主的、自我指涉地运行的、具有各自世界视角的各个单元之间的成功交往的问题，在很大程度上恰好对应于现象学中人们所熟悉的那个问题，即如何从超越性主体的单子论成就中构造出一个主体间共享的世界出来。胡塞尔(或后来的萨特)没有解决这个主体间性问题，[36] 系统理论同样也没有解释清楚：自组织封闭系统在自我指涉的导控圈子之内，是怎么可能完成对自我指涉和自组织性的超越的。[37]

彼此之间对他人之自我观察的观察这样一种反思性螺旋，也没有摆脱由各自的他人观察和自我观察所构成的循环；它并没有渗透相互不透明的黑暗。[38] 要"理解"一个别的系统的运作方式和自我指涉性，而不仅仅是对它进行"观察"以便能根据自己的代码来形成一幅"图景"，所牵涉的系统就得拥有一种至少是局部地共同的语言；但是根据所作的假设这是不可能的："成功的交往预设了各部分相互之间以这样的方式来呈现有关的信息，使得它能够'被读懂'，也就是说在其他的、陌生的基本标准的语境中被改变。成为挑战的是,要在不同'语言游戏'之间建立起兼容性,通过这种兼容性把'语言'本身[der'Sprache']与不同的实在和世界筹划连接起来。**因此,即使是对复杂社会来说,它的秩序的深层结构也是同可理解之信息的语法相连的。**"[39]但是,构成这样一种语法的"转换规则",并不是已经由在全社会循环的日常语言的语法规则给定了的。相反,它们只有按照国际私法的模式作为碰撞规范[Kollisionsnormen]——它们从一个系统的视角出发形成同其他系统的相互理解——才能建立起来。但是,既然所牵涉的系统是为自己而形成这样的规则的,它们就还没有克服它们的语义学视角主义,而是充其量为新的发展创造基础。所要求的**视角交错**,因而必须**等待**一个新的规则体系的出现。

韦尔克到头来只能从社会进化的帽子中变出可能的相互理解的主体间性条件来:"这里发挥作用的是一种新型规则。这些规则破天荒地不再根植于子系统之中,而出现在各部分——它们想要(!)构成一个突生的整体系统——的能动的有意的相互作用所形成的系统的层面上。这种类型的规则是可构成作为政治监督之程序的非中心化情境导控的材料。"[40]因此,从语义上相互封闭之系统的相互观察和相互摸索出发,应该会**突生出**一种这样的语言,它所模仿的恰恰是日常语言——那些特殊的语义学最初就是从中分化出来的——始终已经成就的东西。考虑到以下方面,韦尔克的这种辅助性构造就更没有说服力了:法律,由于其"相关性纲领",必须是同全社会范围的"可理解信息的传递"这样一种日常语言成就相联系的。如果对分析的语言哲学的讨论密切关注的话,对日常语言作为"终极元语言"而发挥作用这一点,就决不会感到惊讶。日常语言构成了一种在全社会循环的语言的开放媒介,它可以被译成所有特殊商谈,所有特殊商谈也可以被译成它。

附论(b)监督性国家应该防止"以牺牲整体的合理性为代价而把子系统的合理性绝对化的危险"。[41]这个目标超越了政治系统能力范围;由于这个目标,内在循环的合法化过程就依赖于一种这样的情境导控活动,它不再受到政治的控制,而是通过法团的谈判系统,也就是通过系统间调适和协调的各种建制而进行。即使政治得以在不造成认知紊乱的情况下成功地**扩展**它自己的合法性标准,以便把这种系统合理性标准———一种对系统进行导控的立法过程就是以此加以衡量的——也包括进来,这也将会改变决策基础,以至于政治系统不再能够把所有需要确定合法性的决策都**只归于自己之下**。这意味着内部进行的**自我**合法化过程的中断。当然,系统导控仍然是以法律的形式来进行的。但是,随着立法权能被委托给受其他自我指涉地运作的单元的**特定机制**影响的各谈判系统,法律和政治的再生产就落到了由国家行政和社会功能系统之间分享的"双重权力"的阴影之下。公共行政越是卷入这种新的"社会商谈"〔sozietale Diskurse〕,它就越不能符合官方权力循环的民主法治国形式。被认为应该处理全社会范围的解体、遏制新出现的合法化问题的这同一种新法团主义,却扰乱了在自己政府之内进行的自我合法化过程。要避免这个反对意见,前面所建议的那种法律类型转变,就必须是能够以符合民主的方式进行的。

集体行动者、社会功能系统和大型组织越是代替个人而行动,确定行动后果之责任的基础就越是明显地移动——而通过主观权利来确保风险社会中那些值得保护的集体诸善,就越是显得不可能。因此韦尔克认为,按个人主义理解而把法律根植于权利体系之中,是过时的想法。他所提出的"相关性纲领"是建立在系统的自我导控基础之上的;它不再涉及社会化的个人的私人自主和公共自主。但是,对法律的这种重新构造被认为绝不应该放弃立宪国家[Verfassungsstaat]的观念,而只是对它作另一种诠释。在这样的前提下,对谈判系统的法律化就足以也确保它们的合法性了:"高度复杂的社会要能够维持其为民主社会,(立宪国家)这个观念必须普到整个社会,社会的具体构成必须允许并且要求不仅确保社会的功能系统的自主和差异,而且确保公民的自主和差异。前者**不仅仅**是对于维持已达到之功能分化程度而言的目的本身,而也**在此之外**服务于对公民基本权利之保护的普遍化。"[42]

实际上,这种说法所表明的,可能只是告别了对民主法治国的仅仅一种理解。也就是说,借助于"一个全社会范围的、基于共识地建制化的有约束力的宪法"——"它从作为自然人的公民出发延伸到他们的组织、法团行动者和功能系统"[43]——这个观念,黑格尔的 Ständestaat[等级国家]的系统论翻版取代了民主法治国的地位,挖空了它的⑫合法化基础。这在一些简单例子上就可以看得很清楚。新法团主义的谈判系统如果要彼此协调功能系统的复杂性增长的话,只有通过同时刺激这种增长的途径才能做到。但是,在这种"理应要求参加安排"的法团的复杂性增长与公民的基本权

---

⑫ 英译本此处加"individualistic"[个人主义的]。

利实现之间,并不存在前定的和谐。当然,较高程度的系统分化常常即使从规范的角度来看也是可以加以辩护的。只要国家行政和资本主义市场的复杂性增长与对于公民和市民的越来越包容是同时并进的,人们就可以认为,从功能角度当作分化之收益的过程,与从规范的角度当作实现平等权利之进步的过程,总的来说是彼此一致的。但是在这两个平行过程之间的对应关系是偶然的,而且从来不是线性的。此外,有许多证据表明存在着一些**反向的**发展。比方说,今天在 OECD[经济合作与发展组织]世界的分裂社会中,多数人口的富裕和社会保障,越来越伴随着分裂出一个被忽视的、无能为力的、几乎在所有方面都受到歧视的下层阶级的趋势。这只是上述反向发展的许多例子中的一个。以新法团主义方式而谈判达成的政策,与保护人口中处于社会边缘、组织程度很弱的群体的基本权利之间,是存在着冲突的,这种冲突不仅仅是个人补偿的不平等分配的结果,而也是因为集体诸善的剥夺对于不同的社会阶级的影响是各不相同的。

因此,如果社会功能系统在宪法上解除其工具作用而提升为"自在目的",法治国的观念就会受到损害。公民的"自主和差异"就会同系统的"自主和差异"甚至在法治国"官方"权力循环中也发生冲突。政治系统的法治国结构如果要得到维护的话,政府官员就要顶住法团谈判对手的压力,而坚持来源于他们这样一种义务的不对称立场,这种义务要求他们代表那些不实际在场的公民们的沉淀于法律使命之中的意志。即使在调适过程中,同决策过程的这种委托代理纽带也不能撕裂。只有这样,才能维护同公民公众——他们不仅有理由、而且**有条件**去觉察、辨认和公开讨论那些功能系统的社会失调——之间的联系。当然,这种系统应该先在法团主义的安排中了解如何克服它们的特定方面的盲目性,并把自己当作一个系统之中的子系统来观察。因此它们依赖于有关当事人以公民身份来告知它们的外部成本、它们的内部失灵的后果。专家的商谈如果不同民主的意见形成和意志形成过程相联系,专家对问题的理解就会淹没公民的声音。但每一种这样的诠释分歧,从公民公众的角度来看,都可以当作一种危害合法性的系统家长主义的又一个证据。

附论(c)对新法团主义导控商谈仅仅作这种认知主义的、从管理角度出发的狭隘理解,是因为功能系统之间的调适所产生的,仅仅是功能协调的问题。在这里各种不同专家的与导控有关的知识被认为应该被加工成政策,并且受到系统理论启蒙的法律学者们转译成相应的法律纲领。这个看法的基础是这样一个不合实际的假定,即专家们的专业知识是可以与价值和道德眼光分离开来的。一旦专业知识被用于同政治有关的导控问题,这种知识的不可避免的规范内涵就明白可见,在专业人员本身之间引发针锋相对的争论。因此,经过政治处理的功能协调问题已经同社会整合的道德向度和伦理向度**交织在一起**,因为,有缺陷的系统整合只有在受伤害的利益和遭威胁的认同的生活史背景之下才被感受为有待解决的问题。因此,政府行动者和社会行动者之间的调适过程如果独立于政治公共领域和议会意志形成过程而自成一体,不仅从合法性的角度,而且从认知的角度,都是产生相反效果的。从这两个角度出发,进行导控的行政的扩大了的知识基础,都有必要受商议性政治的塑造和监督,也就是说受专家和反专家[Gegenexperten]之间的公开的意见争论的影响,受公共舆论的监督。

(2)那种把社会看作是由自主子系统构成的等级社会的概念,是在同一个方向上遭遇从附论(a)到(c)所分析的三个反对意见的:一种高度复杂的社会的整合,是无法以系统家长主义的方式、也就是绕开公民公众的交往权力而实现的。语义上封闭的系统,是无法被促使依赖其自己的力量来找到一种为觉察和表述同全社会有关的问题和评价标准所必需的共同语言的。适用于这种任务的,是那种处于特殊代码的分化阈值之下、循环于全社会范围之中的日常语言,它在政治公共领域的边缘网络中、在议会组织中,本来就是被要求用来处理全社会问题的。仅仅从这个理由出发,政治和法律就是不能被理解为自组织封闭系统的。按法治国方式构成的政治系统在内部分化为行政权力的领域和交往权力的领域,并且保持对于生活世界的开放性。因为,建制化的意见形成和意志形成过程,是依赖于来自公共领域、联合团体和私人领域这样一些非正式交往情境的输入的。换句话说,政治行动领域是根植于生活世界情境之中的。那些同议会组织和公共领域不具有实效联系的准政府性行动系统[parastaatliche Verhandlungssysteme],提出了合法化问题,并且,由于它们是专门用来解决功能协调问题的,所以它们并不具有同所受到的问题压力相对应的认知能力。而且,集中于系统导控问题,也扭曲了传统的政府任务和新的政府任务的轻重比例。(特殊意义上的)社会性整合任务[sozialintegrative Aufgaben](维持秩序、收入再分配、社会福利、保护集体认同和共同的文化传统），仍然在政治议程上具有不亚于其他任何任务的位置。把注意力集中在高度组织化的社会复合体,导致了一幅片面的图景。功能分化的社会决不仅限于多种多样的自我指涉的封闭系统。与系统范式最符合的是资本主义经济和——在较低程度上——专事于计划和福利的公共行政。许多高度组织化的领域,比方说教育系统和科学系统,它们的那种抵制直接国家干预的内在逻辑[Eigensinn],却决不是来自它们各自的代码,或者类似于货币的导控媒介,而是来自于它们各自的具体问题的逻辑的。此外,国家的"情境导控"所追求的行动领域的"法律建构化"[Konstitutionalisierung],在那些交往性整合的领域（比方说家庭或者学校）的作用,与在那些系统性整合的大型组织或网络（如市场）的作用,是有些不同的。在前一种情况下,法律的建构是**施加于**现行建制的受规范调节的关系**之上**；在后一种情况下,它的作用是服务于对通过法律而**产生的**社会关系的功能性调节。最后,使实施法律的行政部门与其当事人（他们被作为公民而受到重视）进行商谈的那种参与性介入形式,与新法团主义谈判系统具有不同的意义。这些区别切不可消失在系统理论的灰上加灰的描绘之中。

　　如果我们要对上一章末尾提出的问题做出回答,我们必须寻找一条不同于系统理论和决策理论的道路。埃尔斯特对于立宪过程的重构性分析,把注意力引导到受程序调节的意见形成和意志形成过程的程序合理性；但是这种眼光并没有使我们看到交往权力之产生以外的东西。从一种经过系统理论扩展的视角出发,韦尔克把注意力集中在国家对导控问题的不堪重负之上；根据他的分析,这些问题只有通过回避交往权力才能得到解决。但是这种诊断低估了多功能的日常语言恰恰因为其专业化程度不足而能够取得的成就。这种语言是以理解为取向之行动的媒介,生活世界就是通过这种行动而再生产的。生活世界的各种成分,也是通过日常语言这种媒介而彼此交错在一起的。那些在很高的专门化程度上专事于文化再生产的行动系统(学校)、或专事于社会化(家庭)或(像法律那样)专事于社会性整合的行动系统,并不是在相互隔绝中进行运作的。通过共同的日常语言代码,这些系统中的每一个都同时并举地满足其他两个系统的功能,因此而同生活世界整体保持联系。生活世界的私人核心领域,也就是以亲密性(免受公众窥视)为特征的那个领域,形成了亲属、熟人、朋友等等之间的面对面接触,并在这种简单互动的层面上交织成具有共同归属的人们的生活史。公共领域的作用与这种私人领域相互补,作为公共领域之承担者的公众,就是从私人领域中吸收而来的。

生活世界作为整体构成了交往行动网络。在行动协调的方面,它的**社会**成分包括合法有序的人际关系的总和。它也包括专门履行特定功能的集体、联合体和组织。这种功能性专门化行动系统中的**有些**,渐渐自成一体而独立于社会性整合的行动领域、也就是通过价值、规范和理解而整合的行动领域,并形成自己的代码,如经济系统中的货币,行政系统中的权力。但是,通过导控媒介的法律建制化,这些系统仍然根植于生活世界的社会成分之中。法律的语言把生活世界交往从公共领域和私人领域中带出,并赋予这样的形式,通过这种形式这种信息也可以从自我导控的行动系统的角度加以接收——反之亦然。没有这种转换器,日常语言是无法在全社会范围循环的。

在下面的讨论中我想利用 B. 彼得斯所提出的一个模式,来赋予受法治国调节的权力循环的可实现性这个问题以确切的形式,并给出暂时的回答。[44]根据彼得斯的建议,具有法治国结构的政治体系的交往过程和决策过程是沿着一根中-边缘轴线排列、由一个"闸门"系统赋予结构、以两种解决问题模式作为特征的。政治系统的核心领域包括人们熟悉的建制复合体:行政(包括政府),法院和民主的意见形成和意志形成过程(连同议会团体、政治选举和党派竞争,等等)。这个中心——它由于正式的决策权能和事实上的特权而同分叉的外围区别开来——因而在内部具有"多头政治"的组织。当然,在这个核心之内,"行动能力"是随组织复杂性的"密度"而不同的。议会组织是对于社会问题的觉察和议题化最具有开放性的,但它为这种敏感性所付出的代价,是与行政组织相比解决问题的能力较小。在行政部门的外圈,形成了一种**内部**边缘,它包括拥有自治权利或国家委托的监督功能和立法功能的各种建制(大学、公共保障系统、行业代理机构、同业协会、福利组织、基金会,等等)。整个核心领域具有一个**外部**边缘,它大致分为"接受者"和"供给者"两部分。

在实施方面,不同政策领域出现了包括以下部分的复杂网络结构:公共行政和私人组织,主管协会[Spitzenverbänden]❸、利益组织等等;这些网络在一些需要调节、但不那么透明的社会

---

❸ 英译本为"business associations,labor unions"[商会和工会]。

领域履行协调功能。区别于这些谈判系统的,是那些供给性的团体、协会和组织,它们在议会和行政部门面前,但也通过法院而谈论社会问题、提出政治要求,表达利益或需要,并对立案和政策的制定施加影响,根据其特点这些组织可以作这样的排列:从代表明确团体利益的那些协会,经过具有明显党派政治目标的那些社团、像专业学会、作家协会、激进专业人员团体这样的文化组织,一直到具有一些公共关切(比如环境保护、产品检测和动物保护)的"政治利益团体",以及教会或慈善组织。[45]这些是形成意见的团体,专事于提出议题、做出建议、笼统地讲发挥公共影响;它们属于由大众传媒所支配的公共领域的市民社会基础。由于其非正式的、多重分化和错综交织的交往之流,这种公共领域构成了真正的边缘背景。当然,正如关于谈判系统的新法团主义之争所表明的,输出取向的"接受者"和输入取向的"供给者"之间的区别并不是截然分明的。但是,事实上可观察到的这两方面的融合——一方面是对于已经决定的政策的实施的影响,另一方面是对于政策之提出和采用的影响——是不可能在法律上加以"常态化"而不损害法治国原则的。[46]

在一个描述性概览之后,彼得斯引入了两个说明性成分:"闸门模式"和两种决定交往之流的方向的解决问题方式。有约束力的决定如果要有权威地实施的话,就必须通过合理领域的狭小通道:"但是,决策的合法性取决于边缘区域的意见形成和意志形成过程。中心是一个闸门系统,政治法律系统领域的许多过程必须通过这个闸门,但是中心只能在很有限的程度上控制这些过程的方向和机制。变化可以开始于中心,也完全可以开始于边缘。…民主的观念说到底基于这样一个事实:政治意志形成过程——在上面勾勒的框架中它居于边缘位置或不远不近的位置——应该是对于政治发展具有决定意义的东西。这并不是由上述框架所预先确定的。"[47]对于商谈的民主论的这种社会学转译,意味着有约束力的决策——如果它要具有合法性的话——必须受到交往之流的导控,这种交往之流出发于边缘领域,穿过位于议会组织或法院入口处(必要时还有实施决策的行政部门的入口处)的民主的、法治国的闸门。只有这样才能排除这样的情况:行政组织的权力和在核心领域发展起来的中间性结构的社会权力两者都独立于在议会组织中形成的交往权力而自成一体。

但是,常规的、至少是西方民主社会所实行的政治活动,是无法满足这样强的条件的。在那些与"官方的"权力循环相抵触的逆循环中表现出来的,绝不**仅仅**是对于一种可怜的社会事实性的否认。因为,许多这种循环的或者逆向流动的交往所起的作用,是通过把问题化整为零而消除官方循环之不可避免的复杂性负担。彼得斯借助于第二个说明成分而承认这种状况。政治系统之核心领域中的多数运作是一种例行公事。法院做出判决,科层机构起草法案、处理请求,议会通过法律和预算,政党总部进行竞选,当事人对"他们的"行政部门施加影响——所有这一切都是按照既定模式而进行的。从规范视角来看,具有决定意义的仅仅是,这些模式反映了什么权力格局,以及用什么方式能够对它们进行**改变**。而这又取决于这些既定的常规程序是否还有可能受到来自边缘的创新刺激的影响。这样,在冲突性事件[Konfliktfällen]中,普通常规的办事过程会因为另一种运作模式而黯然失色。

这种模式的特征是危机意识、公众高度关注、对答案的急切寻求———一句话,**一件事情成了问题**[Problematisierung]。在这种有各种各样相互冲突的问题感受和问题情境的事件中,公众的注意范围扩大了,从而在更广的公共领域中首先围绕着处于焦点的那个问题的规范方面而形成激烈争论。然后,公众舆论之压力要求提出一种非同寻常的解决问题方式,这种方式偏向于对权力循环作法治国的调节,因而激发出对于受法治国调节的**政治责任**的敏感。当然,即使在"常规的"办事过程中,议会和法院也会从规范上限制一种主要按目的取向而行动的行政部门的决策空间。但是,在冲突事件中,对诉诸规范理由的可能性进行调节的法治国配置,尤其受人注目。只有在这种情况下,议会和法院——它们是**被正式授权**以建构方式或重构方式同规范性理由打交道的——才能**在事实上决定**交往循环的方向。在冲突达到如此尖锐程度的时候,政治立法者是一锤定音者。当然,许多证据表明,议会组织多数情况下是缺少力量靠自己来"把事件变成冲突事件"的。无论是对潜在问题——既定惯例对此是无法感受或无法充分感受的——的敏感性,还是对新出现问题作卓有成效的、大幅度的重新处理的倡议,在那些在时间压力下进行决策的建制中,都是无力形成和提出的。

但是,常规的和非同寻常的处理问题模式,如果要有助于对商谈的民主理论进行社会学转译和现实主义诠释的话,还必须引入另外两个假设。行政权力和社会权力相对于民主地产生的交往权力的不合法的独立性,只有在以下情况下才能避免,即边缘领域,第一是有一套能力的,第二是有足够机会来行使这些能力的。第一个假设所说的能力包括:将潜在的(并且只能用政治方式来解决的)社会整合问题加以觉察、辨认和有实效地作为问题来讨论,并且经过议会组织(或法院)的闸门而引入政治体系,从而**打乱**后者的常规方式。第二个假设不怎么成问题。如我们已经看到的,越来越自主的、非中心化亚领域之间的联系在持续不断的功能分化过程中变得越来越松;因此,有越来越大的需要去进行整合,它使危机成为常态、使加速学习成为必要。比较有争议的是第一个假设。因为,同商议性民主相联系的规范性期望的很大部分,现在落到了意见形成的边缘结构上了。期待的对象现在是察觉和诠释全社会问题,并且以一种既吸引注意力又富有新意的方式把这些问题提出来的能力。边缘领域要能够满足这种期望,非建制化公共交往网络必须使多多少少**自发的**意见形成过程成为可能。而这种能形成共鸣的、自主的公共领域,又取决于它根植于市民社会的社团之中、身处于自由主义的政治文化类型和社会化类型之中———一句话,取决于一种合理化的生活世界与其呼应。这样的生活世界结构的形成,当然是可以施加刺激的,但它们在很大程度上是无法进行法律调节、行政干预或政治导控的。意义是一种无法随意再生或增殖的稀缺资源;这里我把"意义"理解为社会自发性的极值[die Limesgröβe gesellschaftlicher Spontaneität]。像所有经验性变量一样,这个极值也是有条件的。但这种条件处在生活世界情境之中,它**从内部**限制了联合起来的公民自己组织其共同生活的能力。最终使一个法律共同体的商谈性社会联系模式成为可能的那种东西,并不是这个共同体的成员可以随意支配的。

359

3. 市民社会行动者、公共舆论和交往权力

到现在为止，我笼统地把政治公共领域作为一种交往结构来谈论，它通过其市民社会基础[zivilgesellschaftliche Basis]而根植于生活世界之中。我把政治公共领域描绘为那些必须由政治系统来解决——因为在别处得不到解决——的问题的共振板。就此而言公共领域是一个预警系统，带有一些非专用的、但具有全社会敏感性的传感器。从民主理论角度来看，公共领域还必须把问题压力放大，也就是说不仅仅察觉和辨认出问题，而且令人信服地、富有影响地使问题成为讨论议题，提供解决问题的建议，并且造成一定声势，使得议会组织接过这些问题并加以处理。这种信号功能，还必须用有实效的问题化过程[Problematisierung]作为补充。公共领域靠自己来解决问题的能力是有限的，但这种能力必须用来监督政治系统之内对问题的进一步处理。做到这一点的可能性有多大，我只能作一个大概估计。首先我将澄清有争议的概念"公共领域"(1)和"市民社会"(2)，以便随后对公共领域之内的一些障碍和权力结构作一个勾画(3)，这些障碍和权力结构当然只能在日益高涨的运动的关键形势下才能得到克服(4)。最后，我对法律系统在它对于复杂社会之理解中必须考虑的那些因素，作一个概括(5)。

(1)公共领域当然像行动、行动者、团体或集体一样是

一种基本的社会现象,但它是无法用表示社会秩序的那些常用概念来把握的。公共领域不能被理解为建制,当然也不能理解为组织;它甚至也不是具有权能分化、角色分化、成员身份规则等等的规范结构。它同样也不表现为一个系统;虽然它是可以划出内部边界的,对外它却是以开放的、可渗透的、移动着的视域为特征的。公共领域最好被描述为一个关于内容、观点、也就是**意见**的交往网络;在那里,交往之流被以一种特定方式加以过滤和综合,从而成为根据特定议题集束而成的**公共**意见或舆论。像整个生活世界一样,公共领域也是通过交往行动——对于这种行动来说,掌握自然语言就足够了——而得到再生产的;它是适合于日常交往语言所具有的**普遍可理解性**的。我们对生活世界的熟悉,起的作用是简单互动的贮水池;生活世界之内分化开来的专门的行动系统和知识系统,也仍然同这些简单互动保持联系。这些系统或者(如宗教、学校、家庭)同生活世界的一般的再生产功能❹相联系,或者(如科学、道德、艺术)同以日常语言交往的知识的各种有效性方面❺相联系。但公共领域在这两个方面都没有专门化;就其涉及同政治有关的问题而言,它把这种专门化的处理留给政治系统去进行。公共领域的特征毋宁是在于一种交往结构,它同取向于理解的行动的第三个方面有关:既不是日常交往的**功能**,也不是日常交往的**内容**,而是在交往行动中产生的**社会空间**。

---

❹ 英译本在这里加了一个说明:"(也就是说,同文化再生产、社会整合或社会化)"。

❺ 英译本在这里加一个说明:"(真实、正当、诚实)"。

与那些以成功为取向的行动者——他们彼此间像观察客观世界中的对象那样观察对方——不同,交往行动者彼此相遇的情境,是用他们的理解来构成,而这种理解又同时是通过他们的合作而达成的。这种主体间共享的言语情境空间,表现在参与者对对方的言语活动表达[Sprechaktange-bote]相互表态、并承担语内行动责任[illokutionäre Verpflich-tungen]的时候所进入的那种人际关系。在人与人相遇过程中,行动者如果不局限于相互观察的接触、而是⑯依赖于各自对对方的交往自由的承认,他们就是在一个由语言构成的公共空间中相遇的。这个空间原则上是一直向在场的谈话伙伴或有可能加入的谈话伙伴开放的。也就是说,要阻止第三者加入这种用语言构成的空间的话,是需要采取特别预防措施的。简单、随便的相遇的这种以交往行动为基础的空间结构,可以用抽象形式扩展到更大的在场者公众,并使之更加持久。这种**集会**、活动、展示等等的公共性基础结构,可以用"围墙内空间"[umbaute Raume]这个建筑学比喻来表示:我们常说"论坛"、"舞台"、"竞技场"等等。这些公共领域还是同公众实际在场的具体的展示场所联系在一起的。公共领域与这种亲身到场的联系越松,公共领域越是扩展到散布各处的读者、听众或观众的通过传媒中介的虚拟性在场,把简单互动的空间结构扩展为公共领域的过程所包含的那种抽象化,就越是明显。

这种交往结构在普遍化之后,就缩减为这样一些内容和观点,它们与简单互动的密集情境、特定人物、决定责任都不

---

⑯ 英译本加:"take a second-person attitude,"[采取第二人称态度,]。

再相连。与此同时,情境普遍化、包容性、更高的匿名性,都要求更高程度的明确性,而同时又放弃使用专业语言和特殊代码。以**非专业人员为取向**,意味着分化程度的某些降低,而所交往的意见与具体的行动责任相分离,则倾向于一种理智化[Intellecktualisierung]作用。当然,意见形成过程,尤其是当它涉及实践问题的时候,是与参与者的偏好改变和观点改变不可分离的,但它是可以与把这些倾向付诸行动分离开来的。就此而言公共领域的交往结构使公众**卸掉了决策的负担**;推迟了的决策活动,被留给决策性建制去进行。在公共领域中,所表达的意见被按照议题和肯定/否定观点而进行分拣;信息和理由被加工为成为焦点的观点。使这种"成束的"意见成为**公共意见**或舆论的,是它的形成方式,以及它所"携带"的广泛的赞同。公共意见并不是某种在统计学意义上具有代表性的东西。它并不是单个地被问、单个地回答的个人意见的总和;就此而言,切不可把它与民意调查研究的结果混为一谈。政治民意调查如果要提供"公共意见"的某种反映的话,在调查之前就必须先有一个在动员起来的公共领域中就特定议题进行的意见形成过程。

在公共交往过程中,通过富有实效的传播媒介来扩散内容和观点并不是唯一重要的事情,也不是第一重要的事情。当然,只有对可理解的、引人注目的信息的广泛流传,才能确保对参与者的充分包容。但是对于一种公共意见的形成来说,一种**共同**进行的交往实践的规则具有更重要意义。对于议题和提议的同意,只能作为一种或多或少穷尽的[erschöpfend]争论——在这种争论中,建议、信息和理论是或多或少被合理地处理的——的结果才能**形成**。一般来说,意见形成过程的**商谈水平**和结果的"质量",是依据对"穷尽的"建议、信息和理论所作的"合理"处理的这种"或多或少"而定的。因此,公共交往之成功本身的衡量标准,也不是"普遍公众之建立"[Herstellung von Allgemeinheit],[48]而是合格的公共意见之形成的形式标准。一种受权力压制的公共领域的结构是排斥富有成效的、澄清问题的讨论的。公共意见的"质量",是由它的产生过程的程序属性来衡量的,就此而言它是一种经验变量。从规范角度来看,它提供了衡量公共意见对政治系统所施加之影响的合法性的标准。当然,实际影响与合法影响的重合,就像合法性信念与合法性的重合一样,是难得的事情。但这种思考方式至少开启了一个视角,由此出发可以对公共意见的实际影响和公共意见的有程序根据之质量之间的关系,进行经验的研究。

帕森斯把"影响"作为交往过程的一种普遍符号形式而引入,其作用是用信念或说服来促进互动。[49]比方说,一些个人或一些组织可以享有这样的声望,使他们所说的话能够在不具体证明权威或提供说明的情况下对他人信念产生影响。"影响"赖以为生的是相互理解的资源,但它的基础是预支的对未经检验之信服可能性的信赖。在这种意义上,公共意见代表的是这样的政治影响潜力,它可以被用来影响公民的选举行为或者议会团体、政府或法院的意志形成过程。当然,舆论界的由公众信念所支持的政治**影响**要变成政治**权力**——变成做出有约束力之决定的潜力——,它就必须能影响政治系统中获得**授权**之成员的信念,并影响选民、议员、官员的行为。舆论界的政治影响——就像社会权力一样——只有通过建制化程序才能转变成政治权力。

影响是在公共领域形成、并成为较量对象的。这种斗争不仅包括已经获得的政治影响(比如久经考验的官员、根基牢固的政党或者像绿色和平组织、国际大赦组织这样的著名组织),而且也包括那些在特定公共领域获得影响的人士和专家的声望(比方说教会人士的权威、文学家和艺术家的名声、科学家的威望、体育界和演艺界的明星的公众人缘,等等)。也就是说,一旦公共空间扩展到超越简单互动之外,一种分化就出现在组织者、演讲者和听讲者中间;出现在论坛和看台中间;出现在舞台和表演场所中间。随着组织复杂性提高和媒体覆盖面扩大而越来越专业化、多重化的**活动者角色**[Akteur],所具有的发挥影响机会是不同的。但是,活动者通过公共交往所获得的政治影响,**归根结底**必须建立在一个结构平等的非专业人员公众集体的共鸣、甚至同意基础之上。必须使公民公众**信服**才行,而使他们信服的,必须是那些有关他们觉得与己有关之议题的可理解的、具有普遍兴趣的提议。公众之所以拥有这种权威,是因为它对于活动者能够在其中出场的公共领域的内部结构来说,是具有构成性意义的。⓯

当然,我们必须把那种可以说是从公众中间脱颖而出、参加公共领域本身之再生产的活动者,同那种占据着已经构成了的公共领域、以便对它加以利用的活动者区别开来。这(比方说)适用于那些大型的、组织良好的、在社会功能系统中根基很深的利益团体,它们**通过**公共领域对政治系统发生

⓯ 英译本此处加:"There can be no public sphere without a public."[没有公众就不可能有公共领域。]

影响。但是,它们在受公开调节的谈判中、或者在非公开的施加压力过程中所依赖的那种进行制裁⓭的潜力,他们是不能在公共领域公开使用的。它们要能够利用其社会权力、把它变成政治权力,它们在推广它们的利益的时候就必须使用一种能动员起**信念**的语言——就像(比方说)集体工资谈判各方面要向公众告知其要求、策略和谈判结果一样。不管怎么样,利益团体的提议是容易受到那种其他来源的提议所没有面对的批评的。那种仅仅由于暗中注入金钱或组织权力才能造成的公共意见,一旦这种社会权力来源昭示于众,其可信性立刻就化为乌有。公共意见可以操纵,但不可以公开收买,也不可以公开勒索。这是因为,公共领域是不能随意"制造"的。在被策略性行动的主体掌握以前,公共领域——连同它的公众集体——就已经作为独立的结构而形成了,并且**依靠自己**而再生产了。功能健全的公共领域得以形成的这种规律性,对于所构成的公共领域来说始终是潜在的——直到在公共领域被动员起来的那一刻才重新发挥作用。

当然,政治公共领域要能够履行其察觉全社会问题并把它作为议题提出来的功能,它就必须是在**潜在的相关者**[potentiell Betroffenen]的交往情境之中形成的。它的承担者是一个从全体公民中吸收新成员的公众集体。在这种公众的多重声音中,可以听到种种生活史经历所造成的回声,这种经历是全社会范围内由那些特殊功能系统的外在化成本(以及内部扰动)所造成的,也是由这些复杂的、缺少协调的行动

⓭ 英译本此处加:"and rewards"[以及奖励]。

系统赖以进行导控的国家机构本身所造成的。这样的负担在生活世界中积累起来。这种生活世界的触角很灵敏,因为在它的视域中,交织着那些功能系统——它们有时候会拒绝提供服务——的"当事人"的私人生活历史。只有对这些相关者来说,这些服务才是用"使用价值"的通货来付出的。在宗教、艺术和文学之外,只有"私人的"生活领域才拥有一种生存论语言[exitentielle Sprache],用这种语言,那些社会问题可以**根据一个人自己的生活史来进行评估**。公共领域中所表达的问题,只是在个人生活体验的镜子之中,才可以被看出是一种社会性痛苦压力的反映。就这些体验在宗教、艺术和文学的语言中得到确切表达而言,专门用于表达价值、敞开世界的这种广义的"文学"公共领域,是同政治公共领域交织在一起的。[50]

一方面作为政治公共领域的承担者,一方面作为社会的成员,公民同时具有两个身份(*Staatsbürger* 和 *Gesellschaftsbürger*)。作为社会的成员,他们承担这样一些互补的角色:工作者和消费者、投保人和病人、纳税人和国家科层机构的当事人、学生、游客、乘客,等等;这使他们以一种特别的方式面对着相应的功能系统的要求和失误。这样的体验起初是"私人地"处理的,也就是说,是在一种生活史的视域中得到诠释的,而这种生活史又是在共同生活世界情境同其他生活史交织在一起的。公共领域的交往渠道同私人生活领域相连,也就是说不仅与家庭和朋友圈子、而且是与邻居、同事、熟人等等的密集的互动网络相连。甚至可以说,公共领域是简单互动的空间结构的扩大、抽象化,但不是对它们的扭曲。这样,在日常实践中占主导地位的对于相互理解的取向,在一种在复杂交错的公共领域中远距离进行的**陌生人之间的交往**中也仍然保留着。划定私人领域和公共领域之间界限的,并不是一套固定的议题或关系,而是**不同的交往条件**。这些条件当然造成了两者之进入可能性的不同——确保私人领域的亲密性,确保公共领域的公共性,但它们并没有将私人领域与公共领域分裂开来,而是将议题之流从一个领域传输到另一个领域。因为,人们在生活史中感受其共鸣的那些社会问题,经过私人方式的处理以后,成为公共领域的新鲜而有活力的成分。顺便说一下,对于这种密切关系来说具有症候意义的是,在17、18世纪的欧洲社会中,一个现代资产阶级公共领域[bürgerliche Öffentlichkeit]是作为"在公众面前聚集起来的私人的领域"而发展起来的。从历史的角度来看,公共领域和私人领域之间的联系,表现为各种社团,以及各种由资产阶级私人们所组成的、围绕报纸和杂志而形成的读者公众的组织形式。⁵¹

(2)今天,在完全不同的历史格局中,这种市民的社会[Bürgergesellschaft]的领域又重新被发现了。但是"市民社会"[Zivilgesellschaft]这个词同时拥有了一个与自由主义传统中的那个"资产阶级社会"[bürgerlische Gesellschaft⑲]不同的含义——黑格尔说到底把后者从概念上理解为"需要的体系",也就是说社会劳动和商品交换的市场经济体系。今天称为"市民社会"[Zivilgesellschaft]的,不再像在马克思和马克思主义那里包括根据私法构成的、通过劳动市场、资本

---

⑲ 也可以译为"市民社会"。

市场和商品市场之导控的经济。相反,构成其建制核心的,是一些非政府的、非经济的联系和自愿联合,它们使公共领域的交往结构扎根于生活世界的社会成分之中。组成市民社会的是那些或多或少自发地出现的社团、组织和运动,它们对私人生活领域中形成共鸣的那些问题加以感受、选择、浓缩,并经过放大以后引入公共领域。旨在讨论并解决公众普遍关切之问题的那些商谈,需要在有组织公共领域的框架中加以建制化,而实现这种建制化的那些联合体,就构成了市民社会的核心。52这些"商谈性配置"[discursive designs]具有平等的、开放的组织形式,在这种组织形式中反映了作为它们的核心、并从它们那里取得连续性和持久性的那种交往活动的本质特点。53

当然,这样的社团并不是公共领域——由大众传媒和大通讯社所支配、被市场研究机构和舆论研究机构所观察、淹没于公共关系、宣传和政治党派竞争之中的公共领域——中最显眼的成分。尽管这样,对那些为自己的社会利益和体验寻求公共诠释、并对建制化的意见形成和意志形成过程发挥影响的公众来说,它们还是构成了一种普遍的、可以说从私人领域中凸现出来的公民公众集体的组织基础。

当然,人们要在文献中寻找对市民社会的明确定义而又不满足于描述性刻画,是徒劳无益的。54 S.N. 爱森斯塔特[S.N.Eisenstadt]在对市民社会作如下描述的时候,从他的用语中可以看出同较早的多元主义理论之间有一定的连续性:"市民社会包括了多种多样表面上'私人的'、但潜在地自主的、区别于国家的公共活动领域[public arenas]。这些行动者的活动是由各种存在于其中的社团所调节的,使得社会免于蜕变为一团没有形状的物质。在市民社会中,这些部分并不是嵌置在封闭的、授予性的或法团性[corporate]的背景之中的;而是开放的和重叠的。每个部分都能自主地进入政治中心区域,都对于该背景承担某种程度的义务。"[55] J. 科恩[Jean Cohen]和 A. 阿拉托[Andrew Arato]——他们对这个问题作了范围最广的研究——列出了市民社会的一系列特征,这些特征把市民社会同国家、经济和其他功能系统划分开来,但同生活世界的私人核心领域联系起来:"**多样性**:家庭、非正式团体和自愿性社团,它们的多样性和自主性允许各种各样的生活形式;**公共性**:各种文化建制和交往建制;**私人性**:一个个人自我发展和道德选择的领域;**合法律性**:为了把多样性、私人性和公共性至少同国家、也越来越同经济划分开来所必需的一般法律和基本权利。这些结构加起来确保一个现代的、分化的市民社会的建制性存在。"[56]

这个领域是通过基本权利而构成的,这个事实提供了有关这个领域之社会结构的最初信息。集会自由和结社权利,同言论自由一起确定了自愿性社团的活动空间;这些自愿性社团介入公共意见形成过程,处理具有普遍关切的议题,为那些没有得到充分代表的、弱小的团体代为发言、追求文化的、宗教的或人道主义的目标,形成教派团体,等等。出版、广播和电视的自由,以及参加这些方面活动的自由,确保了公共交往的传媒基础,它们应该使相互竞争的意见和有代表性的多种意见能够公开表达。必须始终能受到舆论影响的政治系统,通过政党活动和公民选举而同公共领域和市民社会交织在一起。这种密切联系是通过各方在人民的政治意志形成过程中进行合作的权利、通过公民的积极的和消极的选举权利(以及其他参与权利)而得到保障的。最后,各种社团的网络要能够坚持其自主性、保持其自发性的话,就必须以生活方式、亚文化和世界观上的成熟的多元主义作为基础。对于"私密性"[Privatheit]的宪法保护有助于维护私人生活领域的完整性;人身自由,思想和信仰自由,迁徙自由,通信、通邮和远程通讯自由,个人住宅的不可侵犯,以及对家庭的保护,这些都划出了一个维护个人的人格完整和独立判断的不可侵犯领域。

　　自主的市民社会[Bürgergesellschaft]与不可侵犯的私人领域之间的紧密联系,在同全权主义的政府社会主义社会的对照中可以看得更加清楚。在这里,无所不管的国家不仅直接控制了因科层主义而枯燥单调的公共领域,而且直接控制了这种公共领域的私人基础。行政干预和持续监管瓦解了家庭、学校、社区和邻里中日常接触的交往结构。那些既过分管制、又缺乏法律确定性的领域中的社会团结生活条件的毁坏,以及首创性、独立性的麻痹,是同社会团体、社团和网络的破碎同时并存的,也是同思想的灌输和社会认同的解体、自发公共交往的窒息同时并存的。这样,交往合理性同时在公共的理解关系和私人的理解关系中遭到了破坏。[57]交往行动的社会化力量在私人生活领域中越是萎缩,交往自由的火花越是暗淡,公共领域的垄断者就越是能够轻而易举地把那些彼此孤立的、形同路人的行动者们集结起来,把他们置于监督之下、用国民投票的形式加以动员。[58]

　　当然,仅仅宪法保护还无法使公共领域和市民社会[Zivilgesellschaft]免于扭曲。公共领域的交往结构还需要得到一个充满活力的市民社会[Bürgergesellschaft]的维护。公共领域从一定意义上说必须是自我稳定的,这一点表现在**市民社会的交往实践的自我指涉性**[Selbstbezüglichkeit]这个奇怪特点之上。那些通过在公共领域中的发言而同时再生产出这种公共领域之结构的人们,他们提供的文本[Texte]也总是显示了那涉及整个公共领域之批判性功能的同一个亚文本[Subtext]。公共商谈的施为性意义,不管其显层的内容是什么,都把一种未受扭曲的政治公共领域本身的功能保持为当前的东西。行动者在利用政治交往的同时,也对其中的规范内容进行诠释、捍卫和激进化;自由的意见形成过程的建制和法律维护,依赖于这样的行动者的政治交往的动摇不定的基础。有的行动者,他们知道当他们在进行意见争论、争取更大影响时,是在参加重构和维持公共领域的结构的**共同事业**;而有的行动者,则仅仅是运用现存的论坛。前者之区别于后者之处,在于前者的政治介入的一种特征性的**双重取向**:他们一方面以自己的纲领直接影响政治系统,同时也反思地关切市民社会和公共领域的稳定和扩大,以及自己的认同和行动能力的确定。

　　科恩和阿拉托尤其在同时追求进攻性目标和防守性目标的"新"社会运动那里看到这种"双重政治"。这些运动的"进攻性"方面表现在,它们设法提出同全社会有关的议题、定义各种对于问题的态度、提出解决问题的建议、提供新的信息、重新诠释价值、调动好的理由、驳斥坏的理由,以便造成广泛的舆论转向、改变有组织的公共意志形成过程的参数,对议会、法院和政府施加影响以有利于特定政策。这些社会运动的"防守性"方面表现在,它们维持现行的社团结构和公共影响结构,形成亚文化的逆向公众和逆向建制,巩固新的集体认同,并且以更广的权利、经过改革的建制的形式而赢得新的地盘:"根据这种解释,这些运动的'防守的'方面包括对生活世界的交往基础的维护和**发展**。这种说法既体现了哈贝马斯关于社会运动可以是文化现代性之载体的洞见,也体现了托兰纳[Alain Touraine]所讨论的社会运动的双重方面。这是成功地重新定义认同、重新诠释规范和形成平等的、民主的社团形式的必要条件。集体行动的几种形式——情感的、规范的和交往的——…也包括保护市民社会中那些与所创造的新机制、新认同和新规范相对应的建制性变化的努力。"[59]在公共领域之再生产的自我指涉的方式中,在既取向于政治系统也取向于公共领域和市民社会的自我稳定的政治的两面性中,存在着一块对现存权利加以扩大和深化的活动空间:"如果在一种政治文化中,独立的主动行动和运动维持一种不断更新的合法的政治选择,如果社团、公众和权利的结合得到这样的政治文化的支持,那么,在我们看来,这种结合就代表了市民社会周围的一组有力屏障,在它的界限之内可以重新提出激进民主纲领的许多内容。"[60]

实际上,在对商议性政治的概念作社会学转译时,以市民社会为基础的公共领域同议会组织的意见形成和意志形成过程(以及法院的判决实践)之间的相互作用,提供了一个很好的出发点。但是,我们不能把市民社会看作是整个社会自我组织的各条线索的汇聚焦点。科恩和阿拉托正确地强调,市民社会和公共领域为各种非建制化政治运动形式和政治表达形式所提供的是**有限的行动空间**。他们谈到激进民主实践方式的具有结构必然性的"自我限制":

——首先,一种有活力的市民社会[Bürgergesellschaft]

只能形成于一种自由的政治文化和相应的社会化模式的背景之下,只能建立在一种未受破坏的私人领域的基础之上——它只能在一种已经合理化了的生活世界之中才能展开。不然的话,就会出现一些盲目捍卫受资本主义现代化危害之生活世界的僵化传统的民众运动。这些运动的动员形式之为现代的程度,不亚于其目标之为反民主的程度。[61]

——其次,在公共领域中,至少在自由的公共领域中,行动者能获得的只能是影响,而不能是政治权力。一种或多或少以商谈的形式、在公开争论中产生的公共意见所具有的影响,当然是一种可以起举足轻重作用的经验变量。但只有当这种舆论政治影响通过民主的意见形成和意志形成过程的建制化**程序**的过滤、转化成交往权力、并进入合法的立法过程之后,才会从事实上普遍化的公共意见中产生出一种从利益普遍化的角度出发**得到了检验**、赋予政治决策以合法性的信念。交往地流动的人民主权并**不仅仅体现**为非正式的公共商谈的影响力,即使这种商谈产生于自主的公共领域。这些商谈要产生出政治权力,它们的影响必须作用于那些履行意见形成和意志形成过程的民主建制的协商活动,并在正式决策中采取权威形式。

——最后,政治所拥有的工具(法律和行政权力)在一个功能分化的社会中所具有的作用能力是有限的。所有尚未解决的整合问题最后都归结到政治这里,但政治系统常常只能间接地发挥作用,而且必须(如我们已经看到的那样)不去损害各功能系统和其他高度组织的行动领域的自主的运作方式。因此,从市民社会中产生的民主运动必须放弃对一个总体上自我组织之社会的向往;这种向往也是马克思主义社会革命观的基础。市民社会能够直接转变的只有它自己,对于法治国结构的政治系统的自我转变来说,它只能起一种间接作用。而且,它只能对政治系统的纲领制定过程发生。但它决不处于宏观主体——被认为应该对整个社会进行控制、并同时代表它进行合法的行动这样一种具有历史哲学印记的宏观主体——的地位。此外,为社会计划之目的而设置的行政权力,并不适合于培育不受压制的生活形式。这些生活形式只能在民主化过程之后**形成**[herausbilden],而不能通过干预而**造成**[herbeiführen]。

市民社会的自我限制,不等于市民社会的**取消能力**。政治导控所需要的知识在复杂社会中既是非常需要的,也是非常紧缺的;这种知识当然也成为一种新的系统家长主义的来源。但是,因为这种相关知识在多数情况下并不是由国家行政部门本身产生的,而是从知识系统或其他中介机构得来的,所以行政部门并不享有对这种知识的天然垄断权。尽管对于专业知识的接触可能性是不对称的、处理问题的能力是有限的,市民社会还是有机会来调动起逆向知识[Gegenwissen]、对有关专业知识进行它**自己的**转译。公众是由非专业人员组成的、公共交往是用日常语言进行的,这个事实并不必然意味着无法对本质问题进行区分、无法对用于决策的理由进行区分。只有当市民社会的倡议没有对公共商谈之问题的导控方面提供充分的专业知识的时候、只有当没有在这些方面提供恰当的、必要时具有多个层次的转译的时候,这种情况才能成为从技术论角度取消公共领域能力的借口。

(3)上面引进的政治公共领域概念和市民社会概念,不仅仅是一些规范性公设,而也具有经验的相关性。但是,要借助于这些概念把商谈论对激进民主的理解转译成社会学的术语、以一种可证伪的方式来重新表述,必须引入一些进一步的假设。我想为这样的观点进行辩护:**一定条件下**市民社会可以在公共领域中赢得影响,可以通过它自己的公共意见而对议会组织(以及法院)造成一定效应,并且迫使政治系统转到正式的权力循环。当然,对西方民主社会中由权力化的大众传媒所支配的公共领域,大众传播的社会学研究所提供的图景是充满疑虑的。社会运动、公民倡议和公民论坛、政治联盟和其他社团———一句话,市民社会的各种组合———虽然具有对于问题的敏感性,但它们所发出的信号、它们所提供的推动,总的来说过于微弱,不足以马上在政治系统中启动学习过程或改变决策过程。

在复杂社会中,公共领域形成了政治系统这一方面和生活世界的私人部分和功能分化的行动系统这另一方面之间的中介结构。它所代表的是一个高度复杂的网络。从空间上说,这个网络区分为这样一些多样的、相互重叠的领域:国际的、全国的、地区的、社区的、亚文化的。在内容上,它根据不同的功能视角、议题重点、政治领域等等而分成一些或多或少专业化的、但一般公众仍然可以进入的公共领域(比方说这样一些方面的公共领域:通俗科学的、文学的、教会的、艺术的、女性主义的、"另类"的、健康的、社会的或科学政策的)。根据交往密度、组织复杂性和所涉及范围,它又分成不同层次——从啤酒屋、咖啡馆和街头**插曲性**[episodisch]公共领域,经过剧场演出、家长晚会、摇滚音乐会、政党大会或宗教集会之类**有部署的**[veranstaltet]呈示性公共领域,一直到由分散的、散布全球的读者、听众和观众所构成的、由大众传媒建立起来的**抽象的公共领域**。但是,尽管有那么多分化,所有这些由日常语言构成的子类公共领域,都是相互开放和渗透的。"此"公共领域的向各处辐射、不停外推的文本[Text],被社会的种种内部界线分割成一个个小文本,对其中每一个来说,其余的都构成它的上下文[Kontext];但是总有可能建造出从一个文本通往另一个文本的诠释学桥梁。子类公共领域是借助于排他性机制而构成的;但既然公共领域是不可能固化为组织或系统的,所以没有一条排他性规则是不附加有关这种排他性之取消条件的补充条款的。

换句话说,一般的、其特征在于同政治系统之联系的公共领域之内的那些界限,原则上始终是有渗透性的。内在于自由的公共领域之中的对于无限制包容和平等的权利,排除了福柯[Michel Foucault]式的排他性机制,并为**自我转变的潜力**提供了基础。从19世纪开始,一直到20世纪,资产阶级公共领域的普遍主义商谈就已经无法避免一种来自其内部的批判了。比方说,劳工运动和女性主义运动能够加入这些商谈,以便打碎那些起初把这两种运动当作一种资产阶级公共领域之"他者"而构成的结构。[62]

这样,通过大众传媒而连接起来的公众越是把一个全国范围的社会甚至所有同时代人包括进来、采取一种相应的抽象的形式,在戏台出场的**行动者角色**[20]就越是区别于坐在看台上的观众角色。尽管"戏台行动者的成功最终是在看台决

---

[20] 亦可译为"演员角色"。

定的",[63] 问题仍然是,公众的肯定/否定态度是不是自主的——它是一种信念,还是仅仅反映了一种或多或少经过掩饰的权力过程。尽管有大量经验研究,我们还是无法对这个关键问题得出确定回答。但是,我们至少可以把问题提得更精确一些,如果我们从这样一个假定出发的话:公共交往过程越是服从一个来自生活世界的市民社会的内在机制,它的进行就越是不受扭曲。

我们可以——至少是暂时地——把这样两种行动者区别开来:一种是从公众中间涌现**出来**的组织松散的行动者,一种是站在公众**面前**的、**从一开始**就拥有组织权力、资源和威胁潜力的行动者。当然,那些在市民社会中根深蒂固的行动者也依赖于那些提供必要的资源——货币、组织、知识和社会资本——的"资助者"的支持。但是赞助人或"志趣相投的"资助者并不一定会损害他们所支持的公共行动者的中立性。相反,那些仅仅从一种具有特定功能之行动系统出发对公共领域产生影响的集体行动者,具有他们**自己的**支持基础。这些不必从其他领域获得其资源的政治行动者和社会行动者,在我看来首先包括那些根基深厚的、很大程度上国家化的政党,以及大型的、具有社会权力的利益集团;它们利用进行市场研究和舆论研究的"观察机构",从事自己的职业性公关活动。

当然,组织复杂性、资源和职业化等等,就其本身而言,都并不是把"本土的"行动者与受益的行动者区别开来的充分指标。从被代表的利益出发,同样也不是必然能引出行动者的家谱的。更加可靠的是另外一些指标。行动者之间的区别也表现在他们可以如何来辨认上面。一种行动者,人们对他们的辨认可以根据他们的特定功能领域的背景——政治党派或者经济集团,行业团体代表,租赁者权益保护组织,等等;另一种行动者,则必须先将辨认特征**产生出来**。这尤其表现在社会运动上(尽管也适用于整个市民社会行动者),它们通常先经过一个自我辨认和自我合法化的过程;即使在此之后,它们也仍然一方面从事以目标为取向的政治,一方面从事一种自我指涉的"认同政治"[identity-politics]——它们必须始终对其认同加以自我确认。行动者是仅仅利用一个已经构成了的公共领域,还是参与对公共领域结构的再生产,这也表现在已经提到过的那种对于交往权利之危害的敏感性之上,也表现为行动者是不是有这样的准备:超越一种自卫的利益而㉑抵抗对少数群体或边缘群体的公开的或隐蔽的排斥或压制。此外,对社会运动来说,一个事关其生存的问题是:它们能不能找到一些组织形式来产生出团结和公共领域,并允许它们在追求其特殊目标的同时充分利用现行的交往权利和交往结构,并使它们更加彻底。[64]

376

第三组行动者是由"新闻工作者"[Publizisten]㉒构成的,他们搜集信息、决定"节目"之选择和公布、在一定程度上控制着哪些议题、建议和作者能进入由大众传媒支配的公共领域。随着大众传媒的复杂性程度和运作成本越来越高,有实效之交往渠道也越来越集中化。在同样程度上,大众传媒在供给方面和需求方面都受到一种越来越大的选择压力。这种选择过程变成一种新型权力的来源。对这种**传媒权力**,

---

㉑ 英译本此处加:"take a universalist stand"[以普遍主义的姿态]。

㉒ 英译本加说明:记者、广告商、出版界的成员。

职业标准的制约还是不够的;但是,这种"第四权力部门"已经逐步受到一种宪法上的调节。在联邦德国,比方说,对电视网络的更大影响是来自政党和社团,还是来自花费巨额广告费用的私人企业,是由法律形式和建制结构来决定的。一般地说人们可以认为政治在电视上所出现的形象主要是由议题和建议所构成的,这些议题和建议是专门为传媒公共领域而制作出来、并通过记者招待会、新闻发布会和公关活动等等在电视上播出的。这些信息制作者的公共劳作越是以人员队伍、技术设施和专业水平而著称,他们就越是成功。在政治体系或大型组织之外运作的集体行动者,通常没有很多机会来影响大型传媒的内容和态度。这尤其适用于那些不属于"四平八稳的"意见——也就是大型电子传媒所传播的、局限于中间派立场的、变动余地很小的意见——的信息。[65]

以这种方式选择出来的信息在广播出去以前,受到一些**信息加工策略**的支配。这些策略所取向的,是新闻工作者所感受到的那些信息接受条件。因为公众的能接受程度、认知能力和注意力是一种众多"信息发送者"的节目所争夺的非常稀缺的资源,所以,新闻和评论的发布在很大程度上是按照广告专业人员的建议和策略进行的。把事实问题当作个人性质的问题,集信息和娱乐于一体,把材料处理成一个个段落,把复杂的关系分解成一个个片断,这些加起来形成一种造成公共交往非政治化的综合症。[66]文化工业理论的真理核心就在这里。关于传媒的建制框架和结构,以及传媒的工作方式、节目制作和对传媒的利用,科研文献提供了可靠的信息;但是,关于**传媒影响**[Medieneffekte]的种种命题,在拉扎尔茨菲尔德[Paul Lazarsfeld]之后过了一代还是没有定论。不管怎么样,消极的、受所提供之节目控制的消费者的形象,已经被关于效果和接受的研究消除了。相反,这种研究引起我们对观众——他们有时候是相互交往的——所运用的**诠释策略**的注意。观众甚至也可能被激发出反对意见,或者把节目所提供的东西同他们自己的理解模式综合起来。[67]

即使我们对大众传媒的重要性和运作方式、对公众和各种行动者之间的角色分配有所了解,即使我们可以对哪些人拥有传媒权力提出一些合理假设,我们对大众传媒是如何干预政治公共领域中漫无头绪的交往循环的,也还是一点也不清楚。比较清楚一些的,是对于大众传媒在政治舆论影响竞争中占据强有力位置这个相对较新现象的**规范性反应**。米歇尔·古雷维奇[Michael Gurevitch]和杰伊·G·布鲁穆勒[Jay G.Blumler]对传媒应该在民主政治体系中履行的任务作了如下概括:

1. 社会环境的监督,报道那些会对公民福利产生冲击——不管是积极的还是消极的——的情况;

2. 有意义的议程设置,确认当天的主要问题,包括那些形成这些问题的因素和可能解决这些问题的因素;

3. 发言的论坛,在这个论坛上政治家和其他事业和利益团体的发言人以明白易懂、富有启发的方式讲述他们的观点;

4. 各种不同观点之间、掌握权力者(现在的掌权者和将来可能的掌权者)与广大公众之间的对话;

5. 责成官员为他们行使权力的方式承担责任的机制;

6. 激励公民去学习、选择和参与,而不是仅仅追随他人和对政治过程胡乱表态;

7. 当传媒以外的力量设法破坏它们的独立、品格完整和为受众服务的时候,进行一种基于原则的抵抗;

8. 对于受众成员的尊重感,视他们为可能关心其政治环境、能够理解其政治环境的人们。[68]

取向于这样一些原则的,一方面是新闻界的职业规范和这个职业的伦理自我理解,另一方面是根据传媒法对一个自由的新闻出版界的组织。[69]这些原则——与商议性政治的概念相一致地——表达了一个简单的范导性观念:大众传媒应该把自己理解为一个开明公众集体所委托的代理人;这个公众集体的学习愿望和批评能力,是大众传媒同时既当作预设、也提出要求、并予以强化的东西;像司法部门一样,它们也应该保持对于政治行动者和社会行动者的独立;它们应该公平地接受公众的关切和提议,并根据这些议题和建议把政治过程置于合法化强制和被强化了的批判之下。这样,传媒权力就被中立化了——行政权力或社会权力向政治舆论权力[politisch-publizistischer Einfluβ]的转换就被阻止了。根据这个观念,政治行动者和社会行动者如果要被允许"利用"公共领域的话,他们就必须为解决公众所察觉的问题或者在公众同意下已经被提上公共议程的问题,做出令人信服的贡献。同样,政治党派也必须从公众自己的视角出发参与公众的意见形成和意志形成过程,而不是从维护其政治权力的视角出发、为了从公共领域中提取大众效忠而对公众施加影响。[70]

大众传播社会学所描绘的公共领域是渗透了权力的、受大众传媒支配的。如果我们把这幅图景——尽管它仍然很不清楚——放在上述规范性期待的背景下来考察的话,我们就会想到,在评估市民社会之影响政治体系的机会时,需要谨慎一些。当然,这种评估所涉及的仅仅是**处于静止状态的公共领域**。在处于动员状态的时刻,实际上支撑着明确表态的公众的权威性的那些结构,就开始震荡起来。市民社会和政治系统之间的力量对比是就发生变化。

(4)这样我就回到那个核心问题:哪些人是能够把议题放入议事日程,并决定交往之流的方向的。考伯[Roger Cobb]、劳斯[Jennie-Keith Ross]和劳斯[Marc Howard Ross]提出了一些模型来刻画新的、具有重要政治意义的议题是怎么从最初提出,一直到在决策机构的会议中得到正式处理的。[71]如果我们对他们所建议的模型——内部进入模型,动员模型、外部动议模型——作恰当的修改,也就是说从一个同民主理论有关的角度进行修改,它们就简单扼要地呈现了公共领域和政治系统之间相互影响的各种可能方式。在第一种情况下,动议是由拥有官职者或政治领袖所提出的,而议题继续循环一直到在政治系统之内得到正式处理,不管是在排除政治公共领域的情况下,还是在看不出有政治公共领域之影响的情况下。在第二种情况下,动议也是从政治系统中提出的,但这个系统的行动者们必须对公共领域进行动员,因为需要公众的有关部分的支持,不管是为了达成对问题的正式解决,还是为了实施所决定的纲领。只有在第三种情况下,动议是由政治系统之外的力量提出的;这些力量借助于动员起来的公共领域、也就是说借助于一种公共舆论的压力,迫使对议题作正式处理:"外部动议模型式用于这样一种情形,也就是政府结构之外的一个群体1)表达一种不满,2)设法使人群当中足够数量的其他群体的人们对该问题发生兴趣,从而使它能在公共议程上取得一席之地,以便3)造成对决策者的足够压力,迫使他们把此问题放入正式议程以供他们认真考虑。这个议程形成之模型在比较平等的社会中有可能成为主流。…但是,取得正式议程的地位…并不必然意味着权威机构的最后决定或实际的政策实施也就是那个表示不满的群体起初所追求的东西。"[72]

在通常情况下,议题和建议所经过的过程更符合的是第一种或第二种模型,而不是第三种模型。只要政治系统的非正式权力循环占主导地位,动议和把问题放入议程、使它们有待解决的权力,就更多地是在政府和行政部门,而不是在议会组织。只要公共领域中的大众传媒宁可——与它们的规范性自我理解相反——从组织良好的、拥有权力的信息制造者那里取得其材料,只要它们偏向于采取那些降低而不是提高公共交往循环之商谈层次的舆论策略,议题就仍将按照惯例是从中心提出、在中心加以处理的,而不是经历一个起源于社会边缘的自发过程。至少,关于公共活动领域中问题表述的带有怀疑色彩的那些发现,是符合这种看法的。[73]当然,在这里还谈不上对政治和公众之间的相互影响作一个恰当的经验评估。对于我们的目的来说,只要表明这样一点就足够了:在一个感觉到的危机情形中,目前为止在我们的构想中被忽视了的**市民社会行动者**,是**有可能**充当一个令人惊讶地主动的、重要的角色的。[74]也就是说,尽管这些行动者组织复杂性程度较低、行动能力较弱,并且有一些结构上的不利条件,在一个加速发展的历史过程中的那些关键时刻,他们还是有机会来**扭转**公共领域和政治系统中的常规交往循环的方向,并由此而改变整个系统的解决问题方式的。

公共领域的交往结构以特定方式同私人生活领域相联,从而使得市民社会边缘与政治中心相比具有能更敏锐地感受和辨认新问题情境的优势。过去几十年的那些重大议题提供了证据。比方说,日益加剧的核军备竞赛;和平利用核能或其他大规模技术项目和像基因研究这样的科学实验所包含的风险;负担过重的自然环境中的生态危险(森林毁灭、水质污染、物种灭绝等等);第三世界的急剧贫困化和世界经济秩序的种种问题;以及女性主义的问题,日益加剧的移民现象,连同人口种族构成和文化构成的变化的问题,等等。这些问题几乎没有一个**首先**是由国家机构、大型组织或社会功能系统的代表者所提出来的。相反,把这些问题挑出来讨论的是知识分子、关心这些问题的人们、激进的教授、自称的"代言人"等等。从这个最外层边缘出发,这些问题冲破阻力进入报纸和感兴趣的社团、俱乐部、职业组织、学术团体、大学,在找到论坛、公民倡议活动和其他阵地之后,终于以集中形式结晶为社会运动和新型亚文化。[75]后者又给与这些建议以更大声势,对它们作效果更强烈的展示,以至于引起大众传媒关注。只有通过传媒中的有争议展现,这样一些问题才得以面对大范围公众,并随后在"公共议程"中占据一席之地。有时候,还需要有场面壮观的行动、大规模的抗议、持续不断的公共活动,才能使这些问题通过㉓选举成果、通过"传统政党"纲领的小心翼翼扩大、法院的原则性判决等等,而进入政治系统的核心领域,并在那里得到正式处理。

当然,问题还可以经过"从边缘到中心"以外的另一些途径而展开,还可以有一些包含复杂的分叉和反馈的模式。但总的来说可以有把握地说,即使在多多少少权力化的政治公共领域中,一旦对有关的社会问题的感受在边缘激发出一种**危机意识**,力量对比也会发生了变化。假如那个时候市民社会行动者联合起来,明确提出一个相应的议题,在公共领域中广为宣传,他们的首倡活动就取得了成功,因为,随着公共领域的本土的动员,一种原先潜伏着的规律性现象〔Gesetzmäβigkeit〕——一种处于公共领域内在结构之中、也出现在大众传媒的规范性自我理解之中的规律性现象——就会被激活:戏台演员的影响,取决于看台观众的认同。至少人们可以说,一种合理化的生活世界在多大程度上为自由的公共领域提供强大的市民社会基础,立场鲜明的公众在日益激烈的争论中的权威就在多大程度上得到加强。因为,在依赖于危机的动员过程中,**在这些条件下**的非正式的公共交往同时实现两件事情:一方面阻止那些容易受民粹主义鼓动的、被进行了思想灌输的大众聚而成群,另一方面把一个仅仅通过传媒公共领域而抽象地结合起来的公众的分散的批判潜力聚拢起来——并帮助这种公众对建制化的意见形成和意志形成过程施加政治舆论影响。当然,只有在**自由的**公

㉓ 英译本此处加:"via the surprising election of marginal candidates or radical parties"〔通过边缘性候选人或激进政党的出人意料的选举〕。

共领域中,低于建制层次的运动政治[Bewegungspolitiken]——它们抛弃利益政治[Interessenpolitik]的常规轨道,以便推动政治系统中受法治国调节的权力循环——才具有一种不同于**列队性**公共领域[formierte Öffentlichkeiten]中的冲刺方向。后面这种㉔公共领域所提供的,仅仅是一个以国民投票形式进行的合法化过程的公共场所。[76]

　　这种强化的合法化要求的意义,在低于建制层次的公民抗议运动因为加强其抗议而达到高潮时,体现得尤其明显。为了使其对抗性论据得到更响亮的表达、具有更大的舆论政治影响,这种运动最后的手段是公民违抗[bürgerlicher Ungehorsam㉕]这种亟待确切说明的行动。这种非暴力的、象征性的违反规则行动的意义在于表达一种抗议,其矛头所指,是那些虽然通过合乎法律途径而产生、但这些行动者认为根据有效的宪法原则是并不具有合法性的决策。这些行动同时诉诸两种对象。一方面,它们诉诸政府官员和议会议员,要求他们重开已正式结束了的政治协商,以便必要时根据对持续公共批评的权衡而修正他们的决议。另一方面,它们诉诸"社会中多数人的正义感",如罗尔斯所说的,[77]也就是诉诸一个要用非同寻常手段加以动员的公民公众集体的批判性判断。不管每次的争议对象是什么,公民违抗总是包含这样一种诉求:把有宪法结构的政治意志形成过程与公共领域的

　㉔　英译本此处加:"authoritarian, distorted"[权威主义的、扭曲的]。
　㉕　这个词是从英文的 civil disobedience 来的,其中"civil"一词既有"公民的"之意,也有"非军事的"之意。不少译者把这个词意译为"非暴力抵抗",但这样一来,说"非暴力抵抗是一种非暴力的抵抗"就成了同语反复。

交往过程连接起来。这种亚文本信息所瞄准的对象是这样一个政治系统,根据其宪法构成,它是不应该脱离市民社会、独立于边缘而自成一体的。公民违抗因此而指向它自己的市民社会起源,这种市民社会在危机情形中把民主法治国的规范性内容实现于公共舆论的媒介之中,并顶住建制性政治的系统惰性而召唤出这种规范性内容。

科恩和阿拉托在罗尔斯、德沃金和我的思考的基础上提出了一个公民违抗定义,在这个定义中强调了这种**自我指涉性**:"公民违抗包含一些不合法律行动[illegal acts],通常是集体行动者方面的不合法律行动,这些行动是公开的、基于原则的、具有象征性质的,主要包含一些非暴力的抗议手段,并诉诸民众的理性能力和正义感。公民违抗的目的是说服市民社会和政治社会中的公共舆论相信⋯一条特定的法律或政策是不合法的[illegitimate]、做出一种改变是有正当理由的⋯卷入公民违抗的集体行动者们援引立宪民主体制的一些乌托邦原则,诉诸基本权利或民主合法性的一些观念。公民违抗因此是⋯在市民社会对政治社会施加影响的合乎法律努力已经失败、其他途径已经穷尽的情况下⋯一种重新确认市民社会和政治社会之间纽带的手段。"[78]在对公民违抗的这种诠释中,体现出这样一种市民社会的自我意识:它相信,至少在危机情况下,一种动员起来的公共领域对于政治系统的压力可以加强到使后者转换到冲突模式去、把权力的非官方逆向循环中立化的程度。

对公民违抗的辩护,此外还建立在对宪法的一种**动态理解**基础之上——把它理解为一个尚未完成的规划。从这种长远视角出发,民主法治国不再呈现为一个完成了的结构,而是一项敏感的、易受刺激的、尤其是可错的、需要修正的事业，其目的是要在变化了的情况下**重新**实现权利体系，也就是说要对它做出更好的诠释、更恰当的建制化，更彻底地揭示它的内容。这是那些积极参与实现这个权利体系的公民的视角——这些公民，针对并意识到变化了的情境条件，想要实际地克服社会事实性和有效性之间的张力。法律理论是无法把这种参与者视角变成它自己的视角的；但是它可以重构对于法和民主法治国的范式性**理解**——公民们在形成一个有关他们社会中法律共同体之自我组织所受到的结构制约的观念时，有可能给他们引导的，就是这种范式性理解。

（5）从重构的角度出发，我们已经看到基本权利和法治国原则仅仅揭示了一个自由平等的公民共同体之自我构成所具有的施为性意义。在民主法治国的组织形式中，这种实践方式被固定下来了。每一份历史性宪法，都具有一个双重意义：作为历史文献，它保持对于它所诠释的那个立宪事件的记忆——它标志着一种时间上的开端；与此同时，它的规范性质意味着，诠释和阐发权利体系的任务是对于每一代人都**重新**提出的——作为一个正义社会的规划，宪法表达了一个面向时时呈现之未来的期望视域。从这个角度来看，作为一个持续立宪的长期过程，合法地制定法律的民主程序具有突出的价值。由此便出现了这样一个紧迫问题：在我们这样的复杂社会中，这样一种高要求程序——受法治国调节的权力循环在政治系统中赖以进行的这种程序——是否能够得到有实效的实施，如果能的话，这种实施又是如何进行的。对这个问题的回答又进一步影响我们自己对法律的范式性理解。为了说明一种这样的处于历史情境之中的宪法理解,我指出以下几点。

(a)具有法治国结构的政治系统一方面是专门用来产生具有集体约束力的决策的,就此而言它仅仅构成了诸多子系统中的一个。另一方面,政治——根据其同法律的内在联系——要面对那些涉及整个社会的问题。具有集体约束力的决策必须同时能够被理解为对于权利的实现,从而以理解为取向之行动的承认结构就可以通过法律的媒介从简单互动的层面传递到陌生人之间的抽象地建立的匿名联系。通过在不同情形下追求特定的集体目标、调节特定的冲突,政治同时也处理了一般的整合问题。因为是以法律的形式构成的,一种在运作方式上功能分化了的政治保持了同全社会问题的联系:它在反思的层面上执行其他行动系统不再能充分胜任的社会整合任务。

(b)这种非对称状态告诉我们,政治系统受到两方面限制,它的运作和决定受到相应标准的支配。作为一个具有专门功能的行动系统,它同其他功能系统界限分明,后者服从自己的逻辑,并就此而言是不允许直接干预的。在这一方面,它遇到行政权力(包括法律组织形式和财政手段)的效率的限制。在另一方面,政治——作为受法治国调节的行动系统——同公共领域相联系,依赖于交往权力的生活世界源泉。在这里,政治系统所受到的不是一个社会环境的外在限制,而是经历其对于内部可能性条件[Ermöglichungsbedingungen]的依赖。因为,对这些使合法之法的产生成为可能的条件,政治说到底是无法随意支配的。

(c)政治系统在两方面容易遭受干扰,分别影响其成就的效率[Effektivität]和其决策的合法性[Legitimität]。如果所执行的法律纲领效果甚微,如果所进行的导控活动引发了需要调节的行动系统之内的解体效应,或者所运用的手段使法律媒介本身不堪重负、使政治系统的规范性构成难以应付,那么,政治系统就丧失了它的调节能力。在复杂的导控问题面前,目标偏离、导控失误和自我破坏到一定时候会积累起来,最后导致一种"调节性三难"[regulatorisches Trilemma]。[79]另一方面,如果政治系统的决策(即使是有效率的决策)不再能够追溯到具有合法性的法律,它作为社会整合之监护人的作用也就丧失了。如果行动系统独立于交往地产生的权力而自成一体,如果功能系统和大型组织(包括大众传媒)的社会权力被转化成不具有合法性的权力,或者生活世界中用于自发性公共交往的资源不足以维护对社会利益的无强制表述,那么,受法治国调节的权力循环就失去了效力。非法权力的自成一体,市民社会和政治公共领域的微弱,最后会导致一种"合法化两难"[legitimatorisches Dilemma],这在一定条件下连同"导控三难"[Steuerungstrilemma]会演变成一种恶性混环。政治系统这样就被卷进合法性匮乏和导控匮乏的漩涡之中,而这两者又是彼此推波助澜的。

(d)这样一些危机至多只能作历史的说明。它们并不是内在于功能分化的社会的结构之中、从而会内在地危及自由平等的人们的共同体通过法律上的自我约束而自我授权这样一个规划的。但是,对法治国政治系统在高度复杂循环过程中那种特殊的非对称处境来说,这些危机是具有症候意义的。对这种处境,行动者必须形成一种观念,如果他们想作为公民、议员、法官或官员等等成功地参加到权利体系的实现过程中去的话。因为这些权利必须在不同社会情境中作不同诠释,所以,它们投射到这些情况上的光线,又折射到各种法律范式的光谱之上。历史性宪法可以被理解为对同一个实践——自由、平等的公民的自决实践——进行阐发的诸多方式;但就像每种实践一样,这个实践也是处在历史之中的。参与者如果想清楚地了解这种实践一般而言意味着什么,必须把他们各自当下的实践作为出发点。

注 释

1　U.Bermbach:"Politische Institutionen und gesellschaftlicher Wandel",刊于:H.H.Hartwich(编):*Macht und Ohnmacht politischer Institutionen*,Opladen 1989,57-71;亦请参见:J.G.March,J.P.Olsen:*Rediscovering Institutions.The Organizational Basis of Politics*,New York 1989;"The New Institutionalism:Organizational Factors of Political Life",刊于:*American Political Science Review* 77,1984,734-749;"Popular Sovereignty and the Search for Appropriate Institutions,"*Journal of Public Policy* 6,1984,341-370.

2　亦请参见 Bobbio(1987),28.

3　F.Scharpf:*Demokratietheorie zwischen Utopie und Anpassung*,Konstanz 1970,29ff.

4　J.A.Schumpeter:*Kapitalismus, Sozialismus und Demokratie*,Bern 1950,427ff.;关于对这个观点的批评,参见 B.Bachrach:*Die Theorie demokratischer Eliteherrschaft*,Frankfurt/Main 1967.

5　Scharpf(1970),39.

6　A.Downs:*An Economic Theory of Democracy*,New York 1957.

7　A.Sen:"Rational Fools",*Philosophy and Public Affairs* 6,1977,328ff.

8　J.Mansbridge:"Self-Interest in Political Life",*Political Theory* 18,1990,132-153:"合理选择模式现在有必要扩展它们所考虑的动机范围和所运用的情境,尤其要问一下:一个以某一种动机为前提的模式,在什么情境中最能够预见某些行动者的行为。"(145)

9 C.Offe:"Bingdung,Fessel,Bremse",刊于 A.Honneth 等(编):*Zwischenbetrachtungen*,Frankfurt/Main 1989,758.

10 关于对这个观点的批评,参见 F.W.Scharpf:"Politische Steureung und politische Institution",刊于:Hartwich(1989),17 – 29。亦参见 F.W.Scharpf 和 N.Luhman 在 *Politische Vierteljahresschrift* 19,1988,"Staatstätigkeit"专刊,61 – 87,或者 PVS,30,1989,5 – 21.

11 N.Luhmann:*Politische Theorie im Wohlfahrtsstaat*,München 1981,46:"行政部门为政治过程起草提案,并在议会委员会和类似机构起支配作用。政治过程借助于政党组织而向公众建议应该选择什么、为什么要这样选择。公众通过各种渠道、通过利益组织或激情游说对行政施加影响。"

12 Luhmann(1981),48.

13 H.Willke:*Ironie des Staates*,Frankfurt/Main 1992,345.

14 Th.Schelling:*Micromotives and Macrobehavior*,New York 1978,225f.;H.Simon:"Rational Decision Making in Business Organizations",刊于:*Models of Bounded Rationality*,Bd.2,Cambridge,Mass.1982,486f.

15 J.Elster:"The Market and the Forum",刊于:J.Elster,A.Hylland(编):*Foundations of Social Choice Theory*,Cambridge 1986,109.

16 J.Elster:"The Possibility of Rational Politics",刊于:D.Held(编):*Political Theory Today*,Oxford 1991,120.

17 Elster(1986),112.

18 Elster(1986),117:"仅仅决定参加合理讨论并不能保证处理问题的过程将事实上以合理方式进行,因为这在很大程度上取决于讨论进程的结构和框架。"

19 关于以下的内容,参见 J.Elster:*The Cement of Society*,Cambridge 1989,第三章。

20 "前者被认为是受工具合理性指导的,而后者的行为则是受社会规范指挥的。前者是由未来之报酬的前景所'牵引'的,而后者则是从后面被准内部的力量所'推动'的。前者适应于变化着的情况…而后者则…执著于所规定的行为,即使新的、显然更好的可能性才是存在着的。"Elster(1989),97。

21 Elster(1989),231ff.

22 J.Elster:"Arguing and Bargaining in Two Constituent Assemblies",The Storr Lectures,Yale Law School,1991,手稿,37f.

23 关于从游戏理论角度出发对交往行动概念的批评性反应,见 J.Johnson:"Haber-

mas on Strategic and Communicative Action," *Political Theory* 19,1991,181 – 201.

24 "考虑到政治中工具性思考的脆弱性,所选择的正义观念不能够是一个像功利主义那样的效果论观念。相反,它的核心必须是个人对于决策和社会福利中的平等份额的内在权利。"Elster in:Held(1991),116.

25 Elster in:Held(1991),120.

26 一个现成的反对意见是说制宪会议的非同寻常的布局是对于他的假说具有重要意义的,埃尔斯特在反驳这个观点时诉诸一个同样非同寻常的、由合法化危机而激发的革命形势,在这种情况下,威胁——一方面来自准备退出联邦的南部,另一方面来自准备干预的国王——更有可能具有加剧对抗的效果。

27 "制宪过程可以用来说明两种我将分别称为**论辩**[arguing]和**谈判**[bargaining]的言语活动类型。为理解立宪程序,我们能得益于 Jürgen Habermas 的,不亚于得益于 Thomas Schelling…虽然我的具体例子将主要取自两个制宪会议,我将要说的许多内容的适用范围还更广一些,适用于普通立法部门,委员会和类似的官体。"Elster(1991),4.

28 Elster(1991),91f:"公平性在逻辑上是先于为了自私目的而利用它的企图(或尊重它的需要)的。但这并不是说公平的考虑必然是到处可见的事情。从其他地方我们知道,只需要人群中的一小部分合作者,就可以诱使每个人表现得就**好像是**合作者那样。同样,一小群有公平思想的个人会诱使大量人们出于自己利益而模仿公平…而且,反对表达私利的规范在公共场合要比关起门来进行讨论作用更大一些。公共场合也将鼓励运用通过原则的在先承诺[the use of precommitment through principle],把人数更多的观众作为所提出之主张的共振板,使得收回前言不那么容易。"

29 C.Offe,U.K.Preuβ:"Democratic Institutions and Moral Resources",刊于:Held(1991),149.

30 Willke(1992),12.

31 Willke(1992),205.

32 Willke(1992),134.[根据英译本补。]

33 G.Teubner:"Verrechtlichung-Begriffe, Merkmale, Grenzen, Auswege",刊于:F. Kübler(编):*Verrechtlichung von Wirtschaft, Arbeit und sozialer Solidarität*, Baden-Baden 1984,289 – 344.

34 Willke(1992),202.

35　Willke(1992),49.

36　参见我的第二个Gauss讲座演讲,刊于: Habermas(1984),35ff.

37　参见我在 J.Habermas: *Der philosophicsche Diskurs der Moderne* (Frankfurt/Main 1985,420-446)中关于 Luhman 的附论。

38　Willke(1992),165f.

39　Willke(1992),345f.(着重是我加的)

40　Willke(1992),346.

41　Willke(1992),197.

42　Willke(1992),358.(着重是我加的)

43　Willke(1992),357.

44　Peters: *Die Integration moderner Gesellschaften*, Farnkfurt/Main 1993, Kap.9.2.

45　H.J.Merry: *Five Branch Government*, Urbana, III.1980,25;关于"政治利益团体",E.E.Schattschneider 在 *The Semisouvereign People*(New York 1960,22ff)中已经有讨论。

46　当然,这并不适用于这样一些民主程序,它们(比方说)要求行政部门有义务公布和论证起决定,允许当事人拥有听证权利和参与权利,并且不影响法律的优先性。

47　B.Peters: *The Integration moderner Gesellschaften*, Frankfurt/Main 1993, 340f.

48　J.Gerhards 和 F.Neidhardt 在 *Strukturen und Funktionen moderner Öffentlichkeit* (Wissenschaftszentrum Berlin,1990,19)中所持的观点。

49　T.Parsons: "On the Concept of Influence," 刊于: Parsons: *Sociological Theory and Modern Society*, New York 1967, 355-382。关于"影响"和"价值关联"[Wertbindung]之间的关系,关于这些普遍交往形式同像货币和行政权力这样的导控媒介的界限,参见 J.Habermas(1981), Bd.II,408-419。

50　关于教会和宗教团体的这种功能,参见 F.Schüsslerβ-Fiorenza: "Die Kirche als Interpretationsgemeinschaft", 刊于: E. Ahrens(编): *Habermas und die Theologie*, Düsseldorf 1989, 115-144。

51　J.Habermas: *Strukturwandel der Öffentlichkeit*(1962), Frankfurt/Main 1990,86;参见 C.Calhoun 为他所主编的论文集 *Habermas and the Public Sphere* 所写的引言, Cambridge, Mass.1992, 1-50;亦参见 D.Goodman: "Public Sphere and Private Life: Toward a Synthesis of Current Historical Approaches to the Old Regime," *History and Theory* 31, 1992, 1-20.

52　参见 T.Smith：*The Role of Ethics in Social Theory*，Albany，New York 1991，153－174。

53　关于"商谈性配置"的概念，参见 J.S.Dryzek：*Discursive Democracy*，Cambridge 1990，43ff.

54　J.Keane：*Democracy and Civil Society*，London 1988；关于 Gramsci——他把这个概念引进新的讨论之中——，参见 N.Bobbio："Gramsci and the Concept of Civil Society，"刊于：J.Keane（编）：*Civil Society and the State*，London 1988，73－100。

55　S.N.Eisenstadt（编）：*Democracy and Modernity*，Leiden 1992，IX；亦参见 L.Roniger："Conditions for the Consolidation of Democracy in Southern Europe and Latin America，"刊于：Eisenstadt（1992），53－68。

56　J.L.Cohen，A.Arato：*Civil Society and Political Theory*，Cambridge，Mass. 1992，346。

57　E.Hankiss："The Loss of Responsibility"，刊于：J.Maclean，A.Montefiori，P.Winch（编）：*The Political Responsibility of Intellectuals*，Cambridge 1990，29－52。

58　参见 H.Arendt 对于全权主义的交往论诠释，刊于 Arendt：*Elemente und Ursprünge totalitärer Herrschaft*，Frankfurt/Main 1955，749："（全权国家）一方面破坏政治公共领域崩溃以后残留下来的人与人之间的联系，另一方面又采取强迫措施，以便能够将这些完全孤立的、彼此隔绝的人们再次投入政治行动中去（尽管当然不是投入真正的政治行动之中）……"。

59　Cohen，Arato（1992），531。

60　Cohen，Arato（1992），474。

61　这种两重性 I.Bibo 关于法西斯主义的经典研究（*Die deutsche Hysterie*，Frankfurt/Main 1991）已经强调了。社会主义也具有这种两面性：一方面面向未来，一方面面向过去；它希望用工业时代的交通手段来拯救正在消失中的前工业世界种的团结共同体的社会整合力量。参见 J.Habermas：*Die nachholende Revolution*（Frankfurt/Main 1990，179－204）的标题文章。

62　Habermas（1990），15－20。

63　Gerhards，Neidhardt（1990），27。

64　Cohen，Arato（1992），492－563。

65　M.Kaase："Massenkommunikation und politische Prozeβ"，刊于：M.Kaase，W.Schulz（编）：*Massenkommunikation*，*Kölner Zeitschrift für Soziologie und Sozialpsychologie* Sonderhaft 30（1989）；97－117。

66　这种说法主要适用于电子传媒，它们是范围广大的公众最经常利用的；对于报纸和其他传媒,这种说法要做一些限制。

67 St. Hall: "Encoding and Decoding in TV-Discourse",刊于 Hall (编): *Culture, Media, Language*, London 1980, 128 – 138; D. Morley: *Family Television*, London 1988.

68 M. Gurevitch, G. Blumler: "Political Communication Systems and Democratic Values",刊于 J. Lichtenberg (编): *Democracy and the Mass Media*, Cambridge, Mass. 1990, 270.

69 参见 J.B. Thompson: *Ideology and Modern Culture* (Cambridge 1990, 261ff) 中关于大众传媒的"受调节的多元主义"的原则的讨论。

70 J. Keane 在 *The Media and Democracy* (Cambridge 1991) 中提出了一种类似的"传媒哲学"。

71 R. Cobb, J. K. Ross, M. H. Ross: "Agenda Building as a Comparative Political Process," *American Political Science Review* 70, 1976, 126 – 138; R. Cobb, Ch. Elder: "The Politics of Agenda-Building", *Journal of Politics*, 1971, 892 – 915.

72 Cobb, Ross 和 Ross (1976), 132.

73 St. Hilgartner: "The Rise and Fall of Social Problems", *American Journal of Sociology* 94, 1988, 53 – 78.

74 关于社会运动作为"生活世界的代表者"[Exponenten der Lebenswelt], L. Rolke 在 *Protestbewegungen in der Bundesrepublik* (Opladen, 1987) 这项富有启发的经验研究中作了分析。

75 J. Raschke: *Soziale Bewegungen*, Frankfurt/Main 1985.

76 C. Offe: "Challenging the Boundaries of Institutional Politics: Social Movements since the 1960s",刊于 S. Maier: *Changing Boundaries of the Political*, Cambridge 1987, 63 – 106.

77 Rawls (1975), 401.

78 Cohen, Arato (1992), 587f. 关于"好战的宽容"[militante Toleranz],参见 Rödel, Frankenberg, Dubiel (1989),第 VI 章。

79 G. Teubner: "Reflexives Recht", *Archiv für Rechts-u. Sozialphilosophie* 68 (1982), 13ff.

第九章

法律的范式

388　　最晚从18世纪的大规模法典编纂运动开始,有效的法律就主要是以文本的形式存在的:包括在法典中的规范命题告诉人们,哪些规范应该是有效的。这些命题构成了司法的基础。法理学在从事对有效法律的阐释时,就是从这些命题出发的。法律理论和法律史学在它们对法律文本和规则系统的理解中,培育了一种广泛的客观化态度——尽管是沿着不同的方向。法律理论(如我们已经看到的那样)对司法判决实践的同个案相连的诠释工作进行概括抽象,由此而在不放弃参与者本身视角的情况下而同法律系统保持距离。而历史学家则把客观化的眼光投向法律作为行动系统而处于其中(法官和同时代法理学家默认的背景假设也赖以为生)的社会情境。从这种观察者视角出发,可以揭示出那种对于参与者自己来说也一直是隐含着的、把法律系统与其社会环境连接起来的意义关系。这种连接是客观的,也是主观的:借助于法律学者对自己所处的社会情境所形成的观念而连接起来。于是这一点就清楚了:专家对单个规范命题的诠释,不仅仅从整套法律的语境出发,而也从同时代社会之具体的占主导地位的前理解的视域出发。就此而言,对法律的诠释也是对以一定方式感受到的社会情境的挑战的一种回应。

在一些引人注目的地方,法律文本本身就透露了这种隐含的时代信息——比方说在那些诞生于政治起义或革命的宪法的基本权利部分。与法律学者们以专业方式提出或改进的那些法律相反,这些基本权利宣言从行文风格到遣词造句都体现了那些时期的公民们——作为对他们受压制遭迫害之具体经历的反应——的深切的政治意愿。在多数的基本权利条款中,那种亲身经历过的不正义既余音回荡,同时又逐字逐句地予以否定。[1]在这些革命性立宪行动的难得时刻中明白显示的东西,历史学家们必须花费艰苦努力从立法部门和司法部门的日常工作中解读出来。不用说,实现权利、施行法律这个目标的追求,只能在具体语境之中才能进行,而对于这种语境,是必须着眼于实际所允许的但又加以限制的行动可能性才能作出诠释的。要理解行动者以其决定和理由所实际回应的或曾经回应的是什么,就必须了解他们**默认的社会观念**,就必须知道,根据其实现权利体系的任务,他们认为其同时代社会具有什么样的结构、成就、潜力和危险。

早在1931年,奥托·卡恩-弗罗英德[Otto Kahn-Freund]就从意识形态批判的角度研究了帝国劳工法院[Reichsarbeitsgericht]的"社会理想"。[2]二十年以后,F.维亚克[Frank Wieacker]在解读古典的私法法典中的自由主义法律范式的时候,从描述的角度引入了一个类似的概念:"社会模式"。为此他要"发现一给定的法律秩序的社会模式及其变化过程;也可以说就是它的秘密设计,这个设计起初是被科学传统的那种具有文学的、人文的和概念的特点的连续性所掩盖着的。"[3]借助于资产阶级形式法范式,维亚克的著名研究同时还阐明了法律的"实质化"[Materialisierung]出现的背景。法律的实质化这个趋势是马克斯·韦伯就已经为之而感慨的了,但只是在第二次世界大战结束以后社会福利国家的发展中,才得到充分展开。这种**法的社会转型**[soziale Wandel des Rechts]起初被认为是一个这样的过程,即一种新的、同社会福利国家的正义观相联系的工具性法律观覆盖了、排挤了、并最后取消了自由主义的法律模式。消解一个似乎唯一合理的法律秩序之统一性和系统组织的这个过程,德国法学界觉得是一个"**法的危机**"。

50年代初,宪法学界进行了有关德意志联邦共和国基本法体系结构中的社会福利条款的地位和意义的争论。在这场争论中,一方所反对的正是另一方所积极主张的。争论所涉及的是两个彼此竞争的法律范式之一的规范性选择问题。争论的潜在前提是这两个范畴构成了全部可选择范围。这个前提只有当成功实施的社会福利国家的功能失调副作用成为紧迫政治问题的时候,才受到人们的怀疑。从法律学者的眼光来看,这个新出现的"福利国家危机"的一个特别令人不安的方面,是日益增长的国家科层机构对施加在其当事人之个人自决之上的种种限制"感觉迟钝"。福利国家范式的这种弱点与资产阶级形式法的"社会方面的盲目性"恰好对应。从70年代以来,法律范式讨论在一定程度上成为具有反思性的活动。对范式转换的历史想像,使自己的范式性法律理解不再具有那种纯粹**直觉地**引导我们的背景知识的地位。这样,关于正确的范式性法律观的争论,就成为法学界的一个明确议题。

今天的法律秩序既没有把❶条件性纲领、也没有把❷目的性纲领作为具有特权地位的规则形式,但它也绝没有随着组织规范和程序规范的扩展而充分卸除立法者管理复杂问题和具有自主逻辑的功能领域的负担。这样一种法律秩序的晦暗不明结构要求在所熟悉的可选择范式之外**寻求新的范式**。[4] D. 格林[Dieter Grimm]的研究《宪法的未来》向读者提供的只是一些权宜的回答,这对于当前争论所具有的困惑局面来说是不无典型意义的。我们将看到,格林在那里讨论的是导控不足、宪法约束力越来越小的结构性理由,并最后提出这样的问题:宪法这个观念到底还有没有未来:"一旦宪法不再成功地把所有公共权力部门包括在它的规则框架之中,人们必须想到它也将不再能覆盖所有的政府行动领域。一种**不同的宪法观**会不会避免这种有效性消退的局面,或者,宪法会不会萎缩成一个局部秩序,目前仍然是没有定论的事情。"[5]在德国,法律专业似乎面临两个选择:它或者必须令人信服地表述一种与适合于复杂社会的宪法规划相联系的法律观,[6]或者必须完全放弃一种规范性的法律观——也就是放弃这样一种期待:法律能把主体间共享的信念的那种无强制地构成的弱型力量[Kraft]转变成一种社会整合力[Macht],后者最终将能够克服不论以何种面具出现的纯粹

---

❶ 英译本此处加:"资产阶级形式法的"。
❷ 英译本此处加:"福利国家的"。

暴力[Gewalt]。[7]

在本书最后一章,我想考察一下前面所提出的程序主义法律观能不能有助于对上述选择的取舍。我想先解释发生在私法一些领域中的法的实质化过程和基本权利的社会福利转向[sozialer Wandel]。这种范式转变表明,与一般意义上的法权人地位相联系的私人自主,在不同的社会情境下必须是以不同方式来实现的(一)。由此造成的问题,即社会福利国家发展过程中所造成的对私人自主的生活方式的危害,我想从法律平等和事实平等的辩证法的角度加以处理。法律化[Verrechtlichung]的意外结果引起我们注意私人自主和公共自主之间的内在关系。社会福利保护措施的不如意结果只能用一种关注公民资格的政治加以对付,这种政治对享受福利之权利的论证,仅仅是在与一种同时确保私人自主和公共自主的公民身份的联系中进行的(二)。政府任务内容的变化和行政功能范围的扩大,也提出了权力分工方面的问题。自成一体的行政权力的自己为自己编制程序现象[Selbstprogrammierung],以及超出权限的国家权力委托,可以通过行政系统内部的功能性权力划分来对付——借助于引进新的参与成分和专门范围的公共领域所实施的监控(三)。

1.私法的实质化过程

(1)像"社会理想"或"社会模式"、"社会图像"或干脆"理论"这样的表述,已成为用来表示一个社会时代的范式性法律观的公认说法。它们的含义都是人们对自己社会形成的一些默认图景,它们为立法和司法的实践提供视角——或者一般地说,为实现自由和平等的公民的联合体这个规划而提供导向。但是,对法律范式转变的历史研究(以及法理学对范式争论的贡献)仅限于对现行法律的专业性诠释。法律范式首先是在法院的典范性判决中发现的,并且通常等同于法官默认的社会图景。比方说,F. 库伯勒[Friedrich Kübler]借助现象学的知识社会学谈论"现实的社会构造",法律商谈中的事实判断,或者说对社会行动系统的事件过程和功能方式的描述和评价,就是以这种社会构造作为基础的:"'事实'是相互联系的行为期待和动机,是各种人类互动,是错综交织的社会事件巨流中的微小颗粒。更确切地说:它们不是事件过程本身,而是法院对这些事件所形成的观念。"[8] H.J. 施泰讷[Henry J.Steiner]把法官默认的社会理论观念称作一种"社会图像"[soziale Vision]。法官在论证其判决时,这种社会图像就构成了他确定事实并把事实与规范相连的语境:"所谓社会图像…我指的就是法院关于社会(其社会经济结构、社会互动方式、道德目标和政治意识形态)的感受,关于社会行动者(其性格、行为和能力)的感受,以及关于意外事故(其原因、规模和损失)的感受!"[9] 施泰讷接着参照美国关于意外伤害法的判决对此概念作了这样的解释:"因而这个概念包括了法院对以下各种问题的理解:事故发生率和事故的社会成本,市场定价机制的运作方式,个人明智行为的能力,企业形式的科层合理性,契约中标准条款的效果,19世纪或今天关于增长或分配的意识形态。社会图像不仅包括经验性观察(汽车事故的数量),而且还包括对事件的评价性刻画(在特定情境下不存在自由选择)和对于所描述事件的不赞成或同情(一个'精明的'交易,或一个'不幸的'的损失)。"

一种不可避免的社会理论背景理解,这种现象近来已经不仅仅是描述性法律史研究的对象,而也渐渐进入了法理学和法律实践的自觉意识。司法判决今天不再能够对自己的社会模式采取一种盲目质朴的态度了。因为范式性法律理解已经失去了一种在背后起作用的导向性知识的单纯性,所以它需要做一种自我批判性辩护。在这种反思性冲击之后,即使法理学[Dogmatik]也无法回避什么是"正确的"法律范式的问题。所以,当库伯勒在得出以下结论时,他那起初是描述性的问题提法出现了一个建构性转向:"私法越来越需要对它同全社会的联系(也就是说它在社会中的起源和发生功能方式)作出解释和辩护",确切些说,这是因为"那些传统的阐释努力",不管是自由主义的模式还是福利国家的模式,"都已经不再足以令人信服了。"[10]这种所要寻求的范式应该满足对复杂社会的最好的描述;它应该重新明确呈现自由平等的公民的共同体的自我构成这个原初观念;它也应该克服这样一种法律秩序的日益蔓延的特殊主义,这种法律秩序在适应**未被理解的**社会环境复杂性的过程中已经失去了中心、正在越来越走向解体。此外,把注意力集中在法官的社会观上,表明法律科学[Rechtswissenschaft]必须独自来完成这项任务。

历史学家们决定利用比较容易得到的法律文本及其应用,这从研究策略上说确实是有道理的,但这种决定当然不应该误导人们把内在于一特定法律秩序中的范式同它的"职业管家"的概念家政学混为一谈。否则就很容易得出这样的结论,即法律科学只需要同社会科学进行跨学科合作,就可以对"此处概括在'理论'名下的法律观念"进行批判性的过滤,过滤出这些观念的建构规则功能,并从中发展出一个本身带有**理论性主张**[theoretischer Anspruch]的范式性法律观。根据这种观点,这种新范式应该产生于对法官之"自然"理论所进行的法律科学和社会科学的澄清,并且其本身就可能具有理论的形式——甚至是"作为关于社会过程、关于构成政治实体之期待模式和整合模式的概念(它们的基础是公共信念)的总和。"这样一种理论将具有"统帅性质:它确定以什么方式对法律进行理解和诠释;它规定在什么地方、沿什么方向、在什么程度上法理学和法官制定的法律[Richterrecht]将补充和修正明文颁布的法律[Gesetzesrecht];也就是说,它承担对于社会存在之未来的部分责任。"[11]

库伯勒强调前面所说的合适的法律范式对法院判决实践所带来的方法论收获:它降低了既自洽、又合理地判决具体案子的任务——也就是根据一个融贯有序的规则系统来判决具体案子的任务——的复杂性。他也看到,所要求的"理论"不仅仅有助于法律职业的自我理解,而且也为法院在同其当事人打交道时履行合法化功能。从库伯勒所考虑的民法判决来看,所要求的这种"理论"应该对作为基础的建构"进行完全可理解的解释,⋯从而它有可能使人们达成对于私法实践的功能条件的共识。"[12]这时(如果不是更早一些的话)就自然而然地出现了这样一个怀疑:关于正确的法律范式的争论,是否可以仅仅以专家之间争论的形式而进行,或者说,法律范式本身是否可以仅仅采取一种法律科学理论的形式。

当然,把讨论的中心从法院一下子转向一般公众(也就是法院的全体当事人)同样是片面的。在这个意义上,L.M.弗里德曼[Lawrence M.Friedman]捍卫这样一个命题:社会的结构变化通过法律文化——也就是说通过全体人口的范式性法律观的变化——而转变为法律的变化:"法律文化在这里指的是人们头脑中带着的关于法律的观念、意见、价值和态度。如果你问:哪些人?那么回答就是:任何人,任何群体,在任何普遍性层次之上。"¹³从这种法律社会学角度出发,法律文化和法律意识的变化当然就具有一种自然发生的性质;弗里德曼的建议没有公平对待这个事实:两个已成问题的法律范式本身之间的竞争,近来已成功地进入人们的意识。这是❸民主立法部门——它当然本身也不是在真空中活动的——对法律的动员的结果。❹ 立法部门的动员力使民众想起他们作为公民公众集体的法律创制者的角色——而不仅仅是司法部门和行政部门的当事人的角色。

法律范式(只要它是以一种未成议题的背景知识的方式起作用的)支配着**所有**行动者的意识——支配公民和当事人的意识,不亚于支配立法者、法官和行政者的意识。随着福利国家范式的能力耗尽而出现的那些问题,当然首先是不容分说地摆在法律专家面前的,使他们去研究包含在法律之中的社会模式。法理学设法摆脱固执于福利国家模式和倒退

---

❸ 英译本此处加:"法院和"。
❹ 英译本此处加:"司法和"。

到资产阶级形式法两种选择,并建立两种模式之间或多或少的混合,这当然也有助于形成一种反思的宪法观(尽管不是一下子就将它召唤出来的):一旦宪法被理解成一个高要求的实现权利过程,就提出了将这个过程放在历史情境中进行考察的任务。但这样一来,**所有**参与的行动者就必须了解,如何在现存的社会结构和发展趋势的视域中卓有成效地、充分地开发出民主法治国的规范内容。法律系统作为社会的一部分而反映了整个社会;对于一个法律系统来说,哪个范式性理解是正确的,这种争论本质上是一种政治性争论。在民主法治国中,这个论证涉及所有参与者,而不能仅仅作为一种深奥的商谈在远离政治活动场所的专家们之间进行。由于其进行判决的特权(一般地说由于其专业经验和知识)法官和法理学家是以一种特别有利的方式参加这个诠释争论的;但他们不能用科学权威把一种宪法观强加在别人头上——对于一种宪法观,公民公众集体必须感到令人信服才行。

(2)如同前面提到的作者的专业来源所显示的,范式变化最初是在私法领域之内引起人们注意和讨论的。这并不是偶然的,尤其在德国。在德国,私法是在立宪君主制框架之内作为一个法官制定的法律的领域和法理学的领域而发展起来的。由于没有受到民主宪法秩序的构成性影响,在整个 19 世纪——也就是说一直到 1900 年资产阶级法典编纂为止——私法都具有一个独立的、自足的法律领域所具有的那种系统封闭性。在国家和社会分离的前提之下,法理学思考的出发点是这样一个假设:通过组织起一个非政治化的、排除国家干预的经济社会,私法维护了法律主体的**消极的**自由地位,并因此而维护了法律自由的原则。相反,公法则在法律分工上隶属于专制国家领域,以便牵制那个为自己保留干预权利的行政力量,并同时用个人法律保护来确保公民[Bürger]的**积极的**法律地位。无疑,私法的实质化(在以权威主义方式实施社会保护义务的意义上)已经开始了;但只是到了魏玛共和国的建立,私法据说具有的那种自足性的宪法基础才归于消失。从那以后,"把私法作为个人自由的领域同公法作为国家强制发挥作用的领域形成对照",[14]就不再可能了。私法对于宪法的实质优先性的终结——它仅仅标志着一种在意识形态上维持的"私法社会"(F. 伯姆[Franz Böhm])的解体——德国私法学界在回顾时视之为私法被公法原则所"压倒",视之为一个统一的法律系统的自主架构的"解体"。

民主宪法对于私法的优先性,意味着基本权利的规范性内容从此之后必须通过一个积极的立法部门❺而展开于私法领域本身之内:"私法的立法者在宪法上具有了这样的任务:以分化和具体化的方式把基本权利的规范**转译**为一种对于私法关系参与者具有直接约束力的法律。立法者原则上有义务关注为实现基本权利对私法之影响所必需的那些各种各样修改。"[15]随着第二次世界大战以后这个过程因联邦宪法法院判决而加速发展,无论是关于法律秩序之解体的抱怨,还是通过重新定义而正名的努力,都不足以把变化了的法律状况削足适履般地塞进传统范畴之中。已经处于守势

---

❺ 英译本此处加:"和法院"。

的民法学研究,这时受到一种特别推动,来对那些为现在摇摇欲坠的私法－公法区分提供隐默前提的那些非法律性背景假设,进行反思。

确实,从19世纪以来,在法律传统不同的那些(可比较)社会的法律中,客观上也发生了一种类似的社会变化。在这些国家中,也有理由来研究自由主义的法律模式是如何被福利国家的法律模式——首先在私法中——所叠加、所取代的。[16]福利国家,即使撇开那些为德国法律发展所特有的理由不论,也显然构成了对私法的一种挑战。我们将看到,所出现的那些使人们意识到范式转换的社会变化,要求我们不再把私人自主和公共自主之间的关系看作一种对立,而必须把它理解为相互依赖的关系。这个任务对民法——它是专门涉及法律主体之消极地位的——提出的问题,当然要大于对公法提出的问题,因为公法从一开始就把公民地位的所有方面考虑在内了。先前人们设法用新的系统视角来梳理私法和公法之间重叠所引起的混乱,从这些努力之一就可以看出上面所讲的问题。

根据古典的私法,充分确保个人自决——其意思是做自己愿意做的事情的消极自由——的途径,是人身权利和各种免受侵权的法律保障,首先是契约自由(尤其是物品和劳务之交换的契约)和财产权利(包括对财产之使用、处置和继承的保障),再加上对婚姻和家庭的建制性保障。但随着新的法律领域(如劳动法、社会法和经济法)的出现,随着合同法、民事侵权法和财产法的实质化,上述局面出现了根本性变化。在很多情况下,原先可以或者归入私法范围、或者归入公法范围的那些原则,现在却合并、混合在一起了。**整个**

私法现在似乎超越了保障个人自决的目标,而要服务于社会正义的实现:"这样,对公民生存的确保、对弱者的保护,即使在私法中也获得了与追随个人利益同样的地位。"[17] 从这个角度来看,社会伦理视角也进入了一些法律领域——在此之前这些领域的共同点仅仅在于确保私人自主这样一个视角。社会正义的视角要求对形式上平等、但实质上有差别的种种法律关系作重视分化的诠释,从而同样的法律范畴和法律建制履行不同的社会功能。

为了对各种不同的法律领域进行梳理,L. 雷泽现在借用社会学的角色理论,区别不同的"领域"或行动范围,它们的"公共性内容"据说是与授予个人的权利保护的强度成反比的。个人越是通过其社会角色而卷入社会相互依赖关系之中,或者用另一种理论语言来说,个人的选择空间越是被个人无法影响的社会功能系统过程和大型组织所决定,保护强度就越是降低:"有关警察、工业、劳动或公务员的公法是根据我的职业活动而对我进行归类的,但在私法规则面前我则是生产者或消费者,是一家之主或私宅拥有者,是体育俱乐部会员或职业联合会成员、是交通工具搭乘者,在每种情况下我都拥有特别的、适合于这些不同情况的权利和义务。我由此而利用的私法建制——比方说契约、财产、成员身份、侵权责任——可能是相同的,但根据典型的情境和所涉及领域的公共性内容,它们具有不同的功能和不同的法律评价。"[18] 为此雷泽把一种狭义的私人生活领域(住宅、家庭和婚姻,以及消遣领域、消费领域、私人结交等等的家庭私密领域)同广义的、由典型的团体利益所决定的私人领域区别开来。在这里个人——就他们作为当事人的角色而言——依赖于(比方说)就业关系和租赁关系,或者依赖于交通运输企业或供应商。与此相反,社会领域则是由公司企业、大型组织、社团协会和各种中介结构所支配的,它们通过运用经济权力和社会权力来影响个人决策。这个"领域理论"——它也反映在联邦宪法法院的判决当中,[19]是有一些描述价值的。它的真正意图在于借助于"私人领域"这个社会学概念来令人信服地强调主观私人权利的伦理核心。

起初同古典私法相联系的法律自由原则要求"个人应享有相对于法律可能性和事实可能性的最高程度的自由来做他愿意做的任何事情。"[20]这个原则恰好符合康德的普遍人权——最大程度的主观行动自由的权利。因为自愿行动主体的选择空间应该尽可能少地受到禁令和律令的限制,法律自由直接**确保**的是消极地划出界限来的个人追求自己利益的行动空间。但同时它使得一种自主的生活方式**成为可能**——这种生活方式指的是在伦理意义上追求一种合理地选择的生活规划,其特征是"自主性"、"自我责任性"和人格的"自由发展"。伦理人格的积极自由通过对一种个体生活历史的自觉实施而得以实现,并体现于一种这样的私人核心领域之中,在这个领域中,一个主体间共享的生活世界的不同成员的生活史在共同传统的框架中、在简单互动的层面上相互交织在一起。这种自由作为伦理的自由是不受法律规则支配的,但它是通过法律自由才成为可能的。实际上,正是古典的私法自由——人身保护权利和个人保护权利、契约自主和财产权利、私人结社权利——才保护了这样一种内部领域,在这个领域中,伦理的人从法律主体的外壳中脱身而出,可以说验证了法律自由所具有的元法律的、甚至伦理的

使用价值。²¹

当然,这种"领域理论",尽管具有其现象学描述力,却仍然是不令人满意的。这不仅仅是因为它的生活领域空间模式——它的"公共性内容"是无法加以操作性运用的——过分简化了复杂社会的功能关联。这种理论的根本弱点在于,它用模糊的社会指标来代替用来对不同法律领域进行评价和系统划分的法律标准。这种代替背后显示出一种错误的假设:古典的私人自主观念的有效性领域,似乎被一个与之竞争的观念——"个人的社会成员身份以及由此而来的社会责任"²²——的以政治方式坚持的有效性主张**拦腰截断**了。而且,这种拦腰截断似乎还适应于一种在社会伦理方面深化了的人的观念,这个观念严格地说是无法容纳在法律概念之中的。但是,私法中的这些变化,要通过对于私人自主这同一个规范性概念的一种**变化了的法律范式理解**而得到解释的。

市场机制并不是像自由主义的法律模式所**设想**的那样运作的,经济社会也并不像自由主义法律模式所**设想**的那样是一个摆脱权力的领域。所以,在变化了的社会条件下(就像在福利国家模式中所**感受**的那样),法律自由的原则必须通过对现行法律的实质化、通过创造新型的权利而得到实施。私人自主(表现为程度尽可能高的平等的主观行动自由的权利的私人自主)这个观念并没有发生任何改变。发生变化的,是每个人之私人自主被认为应该平等地实现于其中的那个被感受到的社会环境。个人由于其私人自主而确保其本身的法权人地位;但这个地位绝不仅仅建立在对于一种社会学意义上的私人生活领域的保护之上,即使法律自由首先是在这里才能**证明**其作为伦理自由的可能性条件的。一个自由的、在私法意义上自主的法律主体,是通过所有同行动和条件相联系的权利的总和而构成的,而产生这些权利的,是对法律自由原则的政治上自主的阐发——不管是在哪个社会领域。因此,从法律上划出一块"不可侵犯的私人生活方案领域",意义仅仅是说,在这个领域中根据每个具体情况所施加的限制,需要提供尤其重要的理由;[23] 但这并不意味着:能用于追求自主私人生活的每个权利,都指向对一个具有伦理特征的、只是从社会学角度才可能划分出来的私人领域的保护。

尤其重要的是,对于(区别于狭义和广义的私人领域的)社会领域中古典基本自由的限制,决不可以归结为对于**其他**法律原则(比如社会正义或社会责任)的干预。看上去是限制的东西,实际上只是所有人**平等**主观行动自由之实施的另一面;因为在这种普遍自由权利意义上的私人自主,蕴含着一种普遍的平等权利,甚至是按照那些确保法律实质平等[Rechtsinhaltsgleichheit]的规范来平等对待的权利。即使一方由此而受到相对其现状而言的**事实上的**限制,这也并不涉及对法律自由原则的规范性限制,而只是废除与这个原则所要求的主观自由之平等分配所不相容的那些特权。

(3)福利国家模式产生于对资产阶级形式法的改良主义批判。根据资产阶级形式法这种模式,在私法上(尤其是通过财产权利和契约自由)建制化的经济社会,是同作为共同福利之领域的国家相分离,并放任市场机制在其中发挥作用的。这种"私法社会"适合于这样一种法律主体的自主性,他主要作为市场参与者,通过尽可能合理地追求各自利益而寻求并发现自己的幸福。以为通过划分出公认自由领域、因而确保一种消极的法律地位(连同对于一种相应的个人法律保护的主张),就能够同时确立社会正义,这样一种规范性期待,是建立在法律自由原则与普遍平等权利之间相互渗透基础之上的。因为,**每个人在法律框架之内可以做他愿意做的任何事情的权利,只有在这些法律确保法律实质平等意义上的平等对待的条件下才得到实现**❻。这一点,似乎通过法律的抽象普遍性、也就是通过特别适合于资产阶级形式法的条件性法律纲领的形式,就已经得到了保证。不管怎么样,这种法律形式对于资产阶级私法的授权性规范和禁令性规范(就像对于那些相应地把某些干预责任施加在受法律约束的行政部门上的主观公共权利一样),是具有典型意义的。但是,这样一来,通过对法律自由原则的私法上的展开来同时实现社会正义这样一个期待,就隐含地依赖于将**事实上实现**自由——有关契约、财产、继承和结社的法律规范所允许的那些自由——所需要的非歧视性**条件**标示出来。它隐含地依赖于某些社会理论假设或事实性预设——尤其依赖于有关市场经济过程之平衡(包括企业自由和消费者主权)的经济学假设,也依赖于有关财产之广泛分布和社会权力之近似于平均的分配——它据说将确保行使私法能力的平等机会——的社会学假设。如果"有能力拥有和获取"的自由要满足正义期待的话,就必须存在着一种"法律能力"的平等。

所以,资产阶级形式法的社会契约模式很早就已经为经

---

❻ 英译本把"才能得到实现的"改成"才是合法的"。

验性批判提供了攻击目标。这导致了一种改良主义的实践，但这种实践的基础并不是对规范性前提的改变，而是对这种前提的更抽象理解。在有组织的、依赖于国家提供基础设施和计划框架的资本主义的条件下，随着经济权力、物质财产和社会状况的不平等与日俱增，主观私人权利的**客观法内容❼**只是更加明白可见了。在这样一种变化了的社会情境下，平等主观自由的普遍权利不再可能仅仅通过法律主体的消极地位而得到保证。相反，一方面，有必要从内容上对现行的私法规范作详细说明，另一方面有必要引进新范畴的基本权利，用它们来为公正地分配社会财富（以及更有成效地防备社会地产生的危险）的受益主张进行论证。从规范的角度来看，现行自由权利的实质化和新范畴的受益权利[Leistungsrechten]是**相对地论证**的，也就是说，是以受法律保护之主观行动自由的平等分配——这种平等分配的论证本身则是绝对的——作为参照的。实质化产生于这样一个事实，即"法律自由，也就是做自己愿意做的事情的法律许可，如果没有事实自由，也就是没有事实上选择所允许之事的可能性，是毫无价值的"；而社会受益权利的根据，则在于"在现代工业社会的条件下，大量基本权利承担者的事实自由的物质基础并不存在于他们所'支配'的环境之中，而根本上依赖于政府的活动。"[24]另外，民主宪法还在私法和范围扩展了的基本权利之间建立起一种联系，这种联系对私法立法者具有约束作用，而且还影响宪法法院的判决（其依据是关于基本权利的"辐射效应"[Ausstrahlung]或"第三者效应"[Drit-

---

❼ 英译本加："——也就是主观私人权利对公法所具有的实质性涵义——"。

twirkung]的学说)。❽²⁵

财产法和合同法这些古典领域中的一些变化,可以作为资产阶级形式法的实质化的主要例子。因此,一方面是财产保障超出实物财产范围而包括具备财富价值的所有主观权利(比如成员身份权利、养老金获得权利和养老金待领权利),从而在许多领域中,"财产的公众代理人"代替了物权法所起的保障自由作用。另一方面,财产的社会约束力牵涉到处于"社会关系或社会功能"中的所有对象。更具体地说,财产保障所具有的基本权利约束力被"化约为最具个人意义的相对狭窄核心"(雇员的共同决策权、占用和相当于占用的干预、用益权的分离,等等)。²⁶ H. 贝特格[Horst Bethge]把财产保障看作是这样一种自由权利,"它的明确的社会约束力不仅在消极的意义上、而且在积极的主动的意义上是进步得最远的。"²⁷

对于合同法中一些变化的法理学判断同样富有戏剧色彩。这些变化相当于对交换关系的客观化——通过对事实上合同关系的考虑,通过对重要供给品提供者施加签约义务,通过关于信赖保护[Vertrauensschutze]的理论,通过关于动机错误[Motivirrtum]和积极侵害债权[positive Vertragsverletzung]的学说,尤其是通过对合同内容和合同缔结的监督,以及相应的提供信息、咨询和关照的义务。就像在财产法方

---

❽ 英译者在这里加了一个注:"Drittwirkung[第三者效应]和 Ausstrahlung[辐射效应]的观念,指的是宪法价值和权利对于所有法律领域所具有的效应。具体些说,Drittwirkung 涉及的是这个问题:保护个人免受国家侵犯的基本权利,是不是也适用于私法领域,也就是个人之间的关系。"

面一样,这里一些规定的公开目的也是向那些在市场上处于弱势地位的人们(雇员、承租人、消费者等)提供"市场失误"补偿。典型的公信力保护状况、自我约束、履约义务等等,被理解为是一些福利国家保护规范。以这种方式实质化的合同法,不再仅仅把合同内容的"正确性"建立在与签约自由相联系的意思表达自由这种虚构之上。甚至"合同缔结法也是一个对系统优势和依附关系进行调整的普遍私法的一部分。这种法律并不依赖于缔约主体是平等的这样一个虚构,而是使得信息、权力和能力上的结构性优势有可能受到经验上的分析和具有法律调节能力的评价。"[28]

以上作为例子而讨论的、主要在司法过程中出现的法律进展,在这里之所以引起我们兴趣,是因为它们背后有一些前提,这些前提透露出对社会过程之感受和诠释的变化。法律为财产所规定的社会约束,以及法院对合同内容和合同缔结所进行的干预,追求的都是这个目标:对经济力量状况中的不对称进行平衡调整。[29]这个目标是通过"行使法律自由的平等机会"这个原则而获得辩护的——这种辩护既是批判性的,也就是参照一个被拒绝的社会模式(市场失误)而进行的,也是建构性的,也就是着眼于一个新的模式(即福利国家模式)而进行的。这种背景理解具有两个成分。一方面,出现了这样一幅社会图景:这是一个越来越复杂的社会,包括诸多功能分化的行动领域,这些领域把作为个人的行动者推入"当事人"这样一种边缘地位,使他受到自成一体的系统运作的不确定状况的摆布。另一方面,出现了这样一种期待,即这些不确定状况是可以驯服的,是可以用行政权力的干预、也就是通过福利国家的预防性或反应性的导控行动,而在规范上加以驯服的。

H.J.施泰讷用美国意外伤害法判决的例子为在美国看到的法律范式转换提供了很有说服力的证据:"这种普通法变化确实表明的,并不是政治前提或法律前提的根本变化,而是法律思想中的一个趋势:从一个强调有助于私人行动的国家框架的更为个人主义的社会的想像和意识形态,转变为一个更为注重管理、再分配和福利的国家的想像和意识形态。"[30]产生于商务交易的责任案例,可以从两种角度进行描绘、并**因此而**进行诠释:以前是从自由主义角度出发,现在则着眼于福利国家的规定。如果我们把用来进行这两种描绘和诠释的特征分成两组、进行对照,就形成了下面这张表:

唯一的	统计学的
个人、有人称的	范畴、无人称的
具体的、有细节的	概括的、省略细节的
偶然、随机的	重复发生、有系统的
孤立行动	一个活动的组成部分
不可预料的(细节上)	可以预料的(总体上)
等着瞧,宿命论	能对付的、通过保险和管理而计划

如果我们按既定顺序(从上到下)来读这张表,诠释模式的差别就表现为观察者的一种视角转换——一个观察者从行动层次的描述转变到系统层次的描述时所进行的那种视角转换:在左列,构成参照点的是自然的、因而是变动不居的不确定环境之中的个体行动者;这种行动者在具有主观行动自由的同时,也要为其所做决定的后果承担责任;在右列,构成参照点的是一个系统的各种统计学上描述的交互关系,

从这个参照点来看,参与各方的加倍不确定的决定——连同其结果——被看作是一些应变量。相反,如果我们按相反顺序(从下到上)阅读这张表,那么诠释模式的差别就表现为行动者的一种视角转换:从自由主义的市场模式出发,社会被看作是自然力量的结果,因而形成某种类似第二自然的东西,个体行动者对此是无法进行干预的;而从进行导控的、进行社会规划的国家的角度出发,恰恰是这种类似自然的性质消失不见了。一旦系统条件的变化超越一定的"社会容忍"程度,国家就要为危机状况——它们被感受为是国家的导控匮乏的结果——负责。

一种观点是天真地认为国家在它所支配的社会中具有进行可能的政治干预的很大行动空间,另一种观点是现实主义地把它看作是多个系统中的一个系统、看作是必须局限于一个间接导控行为的狭隘行动空间的,这两种观点中我们采取何者,决定了福利国家模式呈现出哪一种形象。但是,只要个人权利对于国家导控功能的规范性约束不因为满足"系统主张"[Systemansprüche]而丧失,这两种理解中的福利国家模式就都承认了国家行动者和置于其统治之下的行动者之间的竞争——它们之间就行动空间而发生的相互争执。可以说,这种模式在**购得**国家行动者的行动能力的同时,付出了个体行动者的自主地位的代价。所涉及的不管是干预性国家,还是具有讽刺意味的监管性国家,承认国家有多大的社会导控能力,似乎就必须相应地减少对依赖系统不能自拔之个人的私人自主性的承认。从这个角度来看,国家行动主体和私人行动主体之间进行的是一种零和博弈:一方能力的增长,意味着另一方能力的丧失。根据自由主义的观点,私法主体在其平等分配的自由框架中的活动界限,仅仅是类似自然的社会情境的不确定状况;而现在,他们碰到的是一个俯察众生的政治意志的家长主义照顾;这个政治意志通过这种照顾而以控制和改造的方式来干预这些社会不确定性,以图确保主观行动自由的平等分配。

福利国家的家长主义引起了这样一个令人不安的问题:这种新范式到底是否符合法律自由的原则。考虑到行政权力作为国家干预之媒介的性质———些决非中立的性质——所造成的法律化后果[Verrechtlichungsfolgen],这个问题就显得更加尖锐了。这种提供照顾、分配生活机会的福利国家,通过有关劳动、安全、健康、住宅、最低收入、教育、闲暇和自然生活基础的法律,确保每一个人都具有符合人类尊严的生活的物质条件。但它显然也造成了这样的危险:通过提供这种无微不至的关怀而影响个人自主性,而它——通过提供机会平等地利用消极自由之物质前提——所要推进的,恰恰就是这种自主性。出于这个理由,H.H.鲁普[Hans H.Rupp]反对把社会受益权理解为"分享权":"分享[Teilhabe]是'己有'[Eigenhaben]的反面,把个人的自我决定、自我发展和自我负责归结为个人消极地分得整个社会产品中的那些事先划定的块块,把个人的'自由'局限为获得指定的份额、并且也按照'用法说明'加以使用。这种'分享'理解⋯与依靠基本权利建制来确保个人自由的产生,毫无共同之处。"[31] 福利国家固然不可以把确保私人自主的形成**归结为**由国家提供保障和关怀,但口头上求助于"西方自由主义的自由观",也得不出多少结果。因为,针对资产阶级形式法的社会理论自我理解所进行的合理批判,已经不允许再回到自由主义法律范式去了。但另一方面,福利国家模式之弱点的根源则在于,它对于自由主义法律模式的批判,包括对其出发前提之私法曲解的批判,与其批判对象的联系仍然是过于密切。

也就是说,这两个范式都持工业资本主义经济社会的**生产主义图景**。由于这种图景的作用,根据一种理解,社会正义的期待是通过各自利益之私人自主的追求而实现的,而根据另一种理解,社会正义的期待恰恰是因此而破灭的。两个范式都全神贯注于一种受法律保护之消极地位的发挥社会功能方式的规范性涵义,因而一方关注私人自主是否能通过自由权利而得到充分保障的问题,另一方关注私人自主的**形成**是否必须通过对社会受益主张的确认而得到保护的问题。在这两种情况下,私人自主和**公民政治**自主之间的内在关系(以及一个法律共同体之自我组织的民主意义)都落在了视线之外。双方悬而未决的争论就局限于确定什么是法权人作为法律秩序之承受者的地位的事实性前提。但是,决定法权人之自主性程度的,仅仅是他们在何种程度上同时也可以被理解为他们作为承受者所服从的那些法律的创制者。

在论证权利体系时我们看到,公民的自主性和法律的合法性是相互**参照**的。在后形而上学世界观的条件下,只有那些产生于权利平等之公民的商谈性意见形成和意志形成过程的法律,才是具有合法性的法律。这些公民要能够恰当地行使其受民主参与权利保障的公共自主,则又要求其私人自主得到保障。得到保障的私人自主之有助于公共自主的"形成条件保障",就好像反过来公共自主的恰当实施之有助于私人自主的"形成条件保障"。这种循环关联也表现在有效法律的产生之上。因为,合法的法律是只能以受法治国调节的权力循环的形式而产生的,而这种权力循环则依靠一种非权力化的,并通过市民社会建制而根植于生活世界的私人核心领域之中的政治公共领域的交往而得到滋养。由于这种社会观,规范性期待的负担就总体上发生了转移,从**行动者**的素质、能力和行动空间的层面,转移到**交往形式**——非正式的、非建制化的意见形成和意志形成过程得以进行的交往形式——的层面。私人行动主体和国家行动主体的主动性空间之间不再是一种零和博弈,取而代之的,是生活世界的私人领域和公共领域这一方面和政治系统这另一方面之间的多多少少未受扭曲的交往形式。

这并不意味着法律与行动者的内在关联被置之不顾了;法律并没有被转变成作为权利承担者代理人的匿名系统。相反,所有法律归根结底回溯到自由、平等的法律主体相互承认的一个权利体系。同产生政治权力的交往关系的关联,同合法之法赖以产生和更新的交往形式的关联——这些关系都使我们把眼光投向一些抽象地维持的相互承认结构,这些结构以合法之法为外皮而覆盖到整个社会之上。一种法律秩序之为合法的程度,**确实**取决于它在多大程度上确保其公民的私人自主和政治公民自主这两种同源的地位;但与此同时,它之所以具有合法性,也是**归功于**交往的形式——只有通过这种形式,这两种自主才得以表达和捍卫。这是一种程序主义法律观的关键。在私人自主的形式法保障被证明为不充分之后,在通过法律进行的社会导控同时危害了它本来要恢复的私人自主之后,唯一的出路是重视那些同时保障私人自主和公共自主之**形成条件**的交往形式,研究它们之间的相互关联。

2. 法律平等和事实平等的辩证法：
以女性主义的平等政治为例

到现在为止，那个会把我们引出福利国家模式死胡同的程序主义法律范式，还只有一个模糊的轮廓。让我们从三个前提出发：(a)倒退到新自由主义所鼓吹的那种状态去——所谓"回到市民社会[bürgerliche Gesellschaft]及其法律去"[32]——的退路，已经堵塞；但是，(b)福利国家类型的法律化[Verrechtlichung]带来了与其公开宣布的目标——重新确立私人自主——背道而驰的威胁，并激发了"重新发现个人"的呼唤；[33]最后，(c)福利国家规划既不能仅仅固定不变，也不能就此中断，而必须在更高的反思层次上加以继续。[34]这里的指导思想，是在驯服资本主义经济系统、以某种方式对其进行社会的和生态的"改造"的同时，对行政权力的干预进行控制。也就是说，从效率的角度，将其训练得能进行温和形式的间接导控；从合法化的角度，使其同交往权力相联系，并能够抵制非法权力的影响。反思性法律之于程序主义法律范式，类似于形式法之于自由主义法律范式、实质法之于福利国家法律范式；但是，在复杂的社会条件下实现权利体系的这种途径，并不能通过一种特定的法律形式（也就是反思性法律）而得到充分体现。[35]相反，任何特定情况下选择的法律形式，必须保持在这种情况下同权利体系之原初意义的联系，那就是以这样一种方式来实际地[uno actu]确保公民的私人自主和公共自主：每一种法律活动同时也可以被理解成对于基本权利的政治自主阐释的贡献、因而作为一个持续进行的立宪过程的成分。我将从私法的角度来考察福利国家中的法律的一些两难,由此而对上述背景理解做更细致的说明。36

(1)从私法的角度出发,摆脱福利国家家长主义的出路有多种多样。一条思路是关注主观权利的可诉性[Einklagbarkeit]。其出发点是这样一种发现,即实质化的法律,由于其同典型社会状况的复杂关联,向冲突各方提出很高的能力要求。37 权利之能够具有社会效力的程度,取决于相关者在多大程度上充分了解情况、并有能力在恰当场合实现由司法基本权利所保障的法律保护。一般地说,调动法律的能力本来就依赖于正式教育、社会背景和其他变量(如性别、年龄、法庭程序经历,受冲突影响的社会关系的类型,等等)。但运用实质化法律方面的入门障碍更大,因为这种法律要求非专业人员将其日常问题(关于工作、闲暇和消费、住宅和疾病等等)仔细分析为一些非常专门的、从生活世界经验情境中抽象出来的法律构造。这显然要求采用一种补偿性的法律保护政策,加强有待保护的当事人的法律知识、他们辨识和表达问题的能力,面对冲突的思想准备和维护自己主张的能力。除了常规的措施——比如法律保险、法律援助等等——之外,社会利益的抵制力量也可以通过执法的集体化[Kollektivierung der Rechtsdurchsetzung]的形式来提供。当然,社团起诉或社区起诉这样的手段,以及反贪局、仲裁机构等等的设立,如果要能抵消不堪重负的当事人的无能为力状况,个人的集体法律保护就必须不仅通过一个有能力的代理来减轻个人的负担,而且也要使这些个人**介入**对自己利益的有组织的辨识、表达和维护。假如福利国家的剥夺个人能力状况不至于通过这些途径而进一步加强,相关的公民就必须把法律保护体验为一个政治过程,**他自己必须能够参与形成抵制力量和表述社会利益**。对参与法律程序的这种诠释——诠释为实现权利过程中的合作——把提高到集体高度的积极法律地位与积极公民身份统一起来了。P. 海伯勒[?Paul Häberle]把法律程序参与的这种民主过程意义从总体上扩展到社会受益权的实现。他把希望寄托在一种"status activus processualis"[积极程序地位]的发挥之上。[38] 即使我们不应该对程序法提出民主代用理论式的[demokratieersatztheoretisch]过分要求,这种纠正耶林内克[Georg Jellinek]的地位论[Statuslehre]的建议,还是提醒我们注意到私人自主和公共自主之间的内在关联。

那个与 R. 维特霍尔特[Rudolf Wiethölter]的建议相联系的学派,[39] 则倾向于用另一种方式来补偿实质化法律因福利国家干预而对消极自由地位所造成的损害。组织和程序仍然被认为要加强个人的积极的法律地位,但这次并不是通过集体执法的途径,而是以**合作的意志形成过程的形式**。立法部门应该为各个行动领域的内部宪政化提供程序和组织形式,从而使得参与者能够——按照自治机构和仲裁机构的模式——自主地处理自己的事务和冲突。这样,个人的私人自主可以通过**程序参与者的社会自主**加以补充或者取代。E. 施密特[Eberhard Schmidt]已经从这个角度出发指出"程序"法对实质法的"覆盖":"私人自主的全盛时期或许可以与一个仍然信任自由竞争经济的自我导控能力的资产阶级相联系。随后产生的那种集中于实质性分配的行动,则本质上产生于这样一种努力:以某种代理的方式来实现被早先的模式排除在外的人们的利益。如果先前的情况是这样的话,那么我们今天则面临这样的局面:其特征越来越不是一种尖锐的阶级对抗,而是社会等级团体之间的越来越紧密的相互依赖。"与行动系统的日益增长的相互依赖相伴随的,是"参与者表述问题能力的日益提高":"但这种能力——根本上新的东西就在这里——现在不是在个体的层面上,而是以一种团结的方式形成起来的。就生产领域来说我们只需要提一下工会运动就行了。在这个领域,我们早就熟悉了这样的情况:决定性的保护需要和收入需要的确定,既不是靠个人的活动,也不是靠国家的调节。……工资协议有时候甚至能代替强制性法律,这个例子说明,在这个领域社会自主性被承认为是优先于国家的他治的。"[40]

但是,"社会自主"的概念——有点类似于"积极程序地位"的概念——过于仓促地把私人自主和公共自主归结为一个公分母了。工资谈判方面的自主性,固然是说明一个专门从事冲突解决的行动系统的内部宪政化的很好例子。这个例子也说明,团体成员的积极法律地位可以如何被赋予准政治性参与权利,并被吸收进积极公民身份。但是,这同一种工资谈判方面的自主性,也提供了例子说明个人的自决是怎样被集体的自主调节能力所削弱的。立法者愿意把立法权能转移给工资谈判各方、自己则仅仅局限于从事补充性工作,对于单个雇员来说并不**一定**意味着自主性的提高。S. 史密迪斯[Spiros Simitis]研究了与这个问题有关的一系列法律现象:严格的、同特定性别有关的年龄界限,对于女工的保护规范,有关半日工作和商业数据资料保护的规定,劳动安全规定,以及一般意义上的对所谓"正常劳动关系"的法律阐释。通过这些研究他表明,像政治立法者通过的劳工法一样,劳资协定和工资协议对社会主张的满足,也是以强硬的规划化和行为指令作为代价的。这些规范化[Normierungen]的作用可能是**限制自由的常规化**[Normalisierungen]。比方说,它们倡导传统的社会角色,而不是让相关的人们参与对这些角色的诠释、分化和重组,在此意义上限制了受益者按自己生活计划而生活的自主性:"法规和工资协议并不是架起通往雇员自决的桥梁。相反,它们为了更好地保护雇员个人而将他治建制化了。只要法规和工资协议不把雇员看作是个人,而是看作集体的部分,它们就无法实现它们的这个任务:为消除(工作场所的)依附性的结果而制定标准。结果是:法规和工资协议引进了一种起初难以察觉,但逐渐扩展并巩固的**就业行为殖民化**现象。"[41]这样,劳动关系的内部宪政化本身并不导致自主性的提高:"不管涉及的是法律的规定还是集体协议的规定,个人的决定都毫无例外地让位于一种并不取向于具体就业者的期待的规定,一种取向于特定就业者团体的状况——即使不是整个就业者状况——的规定。"[42]

当然,史密迪斯并不想充当向后看的新契约主义❾的鼓吹者;因为,导致了福利国家广泛管制的那些原因,并不会因为解除管制而归于消失。[43]但是这些分析(以及类似的分析)引起我们注意平等地位和平等对待的问题,这些问题并没有

---

❾ 英译本把"新契约主义"改成"新自由主义"。

通过高效率地执行现行程序法或引进新的程序法本身而得到解决。事实平等和法律平等之间的正确关系，不能仅仅通过考察主观私人权利而得到确定。在私人自主和公共自主的同源性的前提下，这种关系**说到底**只能由公民自己来确定。

（2）对于法律的合法性，商谈论是借助于具有法律建制形式的程序和交往预设来进行解释的，后者为这样一种假设提供了依据：制定和运用法律的程序将导致合理的结果。政治立法者所通过的规范、法官所承认的法律，是通过这样一个事实而证明其合理性的：法律的承受者是被当作一个法律主体共同体的自由和平等的成员来对待，简言之：在保护法权人之人格完整性[Integrität]的同时，对他们加以平等对待。在法律上这个结果表现为平等对待的要求。这包括法律运用上的平等，也就是公民**在法律面前的**平等，但它等同于范围更广的执行法律平等的原则，它要求在每个有关的方面，相同的人受到相同的对待，不同的人受到不同的对待。但是，具体情况下什么是"有关的方面"，则是需要进行论证的。因此，阿勒克西把平等原则诠释为一条（论证性商谈和运用性商谈中的）确定提供论据责任的规则[Argumentationslastregel]。[44]这些理由或者本身是规范性的，或者是建立在规范性理由基础之上的。它们是好的理由或者"有分量的"理由，如果它们在商谈条件下"算数"的话——说到底，如果它们对于作为法律秩序的创制者是可以合理地接受的话。合法之法完成了包括这样两个方面的循环：一方面是法律平等对待的承受者的私人自主，另一方面是公民——他们作为法律秩序的具有同等权利的创制者,(最终)将决定平等对待的标准——的公共自主。

这种标准对于如何划分私人自主的范围和公共自主的范围之间的界限,决不是毫不相干的。福利国家的法律范式和自由主义的法律范式之间的历史性争论,也可以理解成关于这种划界的争论、关于各自的平等对待标准的争论。现在,这场争论已经具有了反思的性质,没有哪一个法律范式还可以天然地占据统治地位。因此,必须对具体情况作具体分析,以决定公民——他们同时既具有私人自主又具有公共自主——的法律平等是不是需要为之提供事实平等、在哪个方面需要提供事实平等。程序主义的法律范式从规范上强调的,正是法律平等和事实平等之间的关系同私人自主和公共自主的这种双重关联。政治系统的权力循环如果要沿着法治国调节所确定的方向的话,就必须以商谈的方式就一些原则上有争议的平等对待标准进行政治争论,而程序主义范式所重视的,则是进行这种争论的所有公共论坛。

从福利国家角度对资产阶级形式法进行的批判,引起人们注意法律**承受者**的法律平等和事实平等之间的辩证法,也就是说引起人们首先注意社会基本权利的执行情况。事实平等的衡量标准是法律规定对于相关人们的可观察社会效果,而法律平等则涉及他们在法律框架内根据自己偏好来做出决定的能力。法律自由的原则造成事实不平等,因为它不仅允许而且促进不同主体对同样权利的不同运用;它因此而满足自主地实行私人生活规划所需要的主观权利前提。就此而言,法律平等与事实平等是不能合而为一的。但另一方面,那些歧视特定个人或特定群体的事实不平等,是同法律上平等对待的要求相抵触的,因为它们事实上影响了对平等分配的主观行动自由的利用机会。只有当福利国家的补偿确立了平等利用法律保障的行动能力的机会平等的时候,对事实不平等的生活状况和权力地位的补偿,才有助于实现法律平等。就此而言,法律平等和事实平等之间的辩证法已经成为法律发展的一个正当动力。

但是,虽然从权利平等[Rechtsgleichheit]的角度来看,福利国家的规定应该保障生活状况和权力地位的事实平等,但这些规定为达到这个目的所利用的前提或手段,却同时明显地**限制了**——对于被认为是受益者的人们来说——自主地实行私人生活规划的需加保障的活动空间。在这个时候,法律平等和事实平等之间的上述关系就演变成为一种**悖论**。史密迪斯根据上面提到的研究阐明过这样一个关节点,"在这个点上,物质能力方面的可能收获将变成为一种新的依附。"[45]有关劳动的法规和家庭的法规是否**迫使**雇员和家庭成员将其行为适应于"正常的"劳动关系或者说标准的社会联系模式,其他补偿的受益者是否为此而付出依赖于就业、青年、社会和住宅方面的官员的常规化干预或法院判决的实质性干预的**代价**;或者,确保集体性法律保护、组织工会的自由或有实效的利益代表,是否要为此而牺牲组织成员的决策自由,使他们注定**听天由命**、逆来顺受——在所有这些关键性问题上,所涉及的是同一个现象:满足机会平等地行使主观行动自由的事实性条件,以某种方式改变了生活状况和权利地位,从而在补偿不利境遇的同时带来了一种监管状态,它把本意是利用自由的**授权**,转变成了**看管**。

福利国家的实质化法律,就如在社会法方面可以看到的那样,[46]带有既保障自由又取消自由的矛盾特征。这种特征来源于法律平等和事实平等的辩证法,因而产生于这种法律化过程的结构。但如果把这种结构本身说成是自相矛盾的,[47]还过于仓促。因为,用来确认在哪一点上提供授权的东西变成了提供福利国家监管的东西的标准,尽管是依赖于情境的、有争议的,却并不是任意的。

在这些标准中,显示出一种明显的规范性直觉,这种直觉当然在不同的政治文化中、根据不同的社会状况,可以作不同的诠释。根据对权利体系的商谈论理解,实证法——因为取决于立法者的决议——必须把法权人的自主性分成私人自主和公共自主之间的互补关系,由于这种互补关系,法规的承受者同时也可以被理解成法规的创制者。这两方面本质上都是指向各自互补方的不自足成分。这种相互指涉关联提供了一个直觉标准,用这个标准可以判断一个规定是促进了自主性还是妨碍了自主性。根据这个标准,公民在实现其公共自主的时候,必须以一种特定方式来划定私人自主的界限,从而使私人具有足够充分的条件来履行公民角色。因为,公共领域——其成员来自市民社会中的私人——中的交往关联所依赖的,是一种来自生活世界的自发输入,而这种生活世界的私人核心领域则是完整无损的。私人自主和公共自主之间是互为预设的这样一种规范性直觉,对有关具体情况下什么是法律平等的事实前提所进行的公共争论,是有影响的。这些标准也决定了一条规定的作用是形式法上的歧视,还是福利国家的家长主义。一个法律纲领,如果它对于事实不平等之限制自由的副作用麻木不仁,就被证明是歧视性的;如果对于国家补偿这些不平等的措施之限制自由的副作用麻木不仁,则被证明是家长主义的。

承认在社会保障(以及免受生态危险或科学技术危险的保护)意义上的分享利益主张,是以一种相对的论证作为基础的;它仍然是同维护个人自决——作为政治自决的一个必要条件——相联系的。在这种意义上,U. 普罗伊斯[Ulrich Preuss]用保障自主公民地位这个目标来为社会福利受益权利进行论证:"(今天)公民资格之确定无疑的出发点是每一个公民的平等的自由,而不论其差别很大的天赋、能力和专长…不仅每个个人有兴趣于此,而且整个民主社会也依赖于公民的决定具有某种品质——不管这种品质是如何定义的。因此它也有兴趣于公民的优良品质:有兴趣于其了解情况的程度、进行反思的能力和考虑其政治决定之后果的能力,有兴趣于他们在考虑到其公民同伴的利益、甚至未来世代的利益的情况下表述和实施自己利益的愿望,简言之,有兴趣于他们的'交往能力'。……生活物品的不平等分配降低了公民德性的质量,并因此也降低集体决策可达到的合理化程度。所以,一种补偿社会物品不平等分配的政策,可以作为一种'使公民获得资格的政策'而加以辩护。"[48]当然,这个诠释不应该导致这样的结果:把**所有**基本权利都为了民主过程的目的而功能化。➓[49]

(3)福利国家法律范式的唯一目的是对那些源于社会的生活机会的公正分配。因为把公正归结为**分配**正义,这种范式丢失了合法之法的保障自由的意义:那些参与自由平等

➓ 英译本此处加:",因为消极自由也具有一种内在价值。"

之公民共同体的自我组织实践的人们必须隐含地预设一些东西,而权利体系实际上不过是对这些已经预设了的东西的阐明而已。在公正社会这个理念之中,解放的许诺和人类的尊严是联系在一起的。法律上的平等地位和平等对待中那个涉及分配的方面——对社会利益的公正分配——首先**产生**于一种应该保障每个人之自由和人格完整的法律的普遍主义意义。在一个法律共同体中,只要一个人的自由必须用对另一个人的压制的代价而得到,就**没有人**是自由的。⓫ 对权利的平等分配仅仅**来源于**承认所有人为自由和平等成员的相互性。在这个平等尊重的角度之下,主体拥有对平等权利的主张。自由主义法律范式与之互补的错误,在于把正义归结为一种对权利的平等分配,也就是把权利同化为人们可以分割和占有的物品。权利也不是人们共同消费的集体物品;权利之能够被人"享用",仅仅在于人们对它们的**运用**。当然,个人自决之构成,是通过对那些来自**合法地产生的**规范的权利的运用。因此,主观权利的平等分配是离不开公民们在参与立法实践时只能共同地行使的公共自主的。

　　福利国家法律范式和自由主义法律范式之间的互补的盲点,根源在于两者共有的这个错误:把对自由的法律构成误解为"分配",把它等同于所获得的或所指派的物品的平等分配模式。埃利斯·M·杨[Iris Marion Young]对这个错误进行了令人信服的批判:"分配一种权利是什么意思?人们谈论的可能是拥有对物质的东西、资源或收入的一个分配份额。但在这样的情况下,所分配的是物品,而不是权利。……把权利设

⓫ 英译本此处加:"对补偿的分配仅仅来源于对权利的平等分配,而"。

想成占有,效果并不好。权利是关系,而不是东西;它们是在建制上确定的规则,明确规定什么人可以相对于彼此**做**什么。权利所指的是**做**而不是**有**,是使行动成为可能或给行动施加限制的社会关系。"[50]非正义首先指的是对自由的限制和对人类尊严的伤害。当然它也表现为歧视,表现为阻止"受压迫者"和"受压制者"获得使其能行使私人自主和公共自主的东西:"正义应该不仅仅涉及分配,而也涉及为个人能力和集体交往和合作之发展和行使所必需的建制条件。在这种正义观之下,不正义首先是指两种形式的能力剥夺限制:压迫和统治。这些限制当然包括一些分配模式,但它们也包括一些不容易被归结为分配逻辑的事情:决策程序、分工和文化。"[51]

这种批判与**女性主义法律理论**——它拒绝福利国家法律范式——相联系,这并不是偶然的。因为,主要在美国进行的这种女性主义讨论所关心的,是一些以很有意思方式突出体现法律平等和事实平等之辩证法的法律进展。男女平等对待的问题使人们意识到这样一点:所追求的正义不应该仅仅理解为公正社会份额意义上的福利受益。权利之能够赋予妇女实现其私人自主生活规划能力的程度,取决于这些权利同时在多大程度有助于她们同时平等地参与公民自决的实践,因为只有相关的人们自己才能澄清对她(他)们来说平等和不平等的"相关方面"是什么。女性主义坚持法律平等对待的解放意义,因为它所指向的是福利国家"分配性范式"所掩盖的依附性结构:"构成统治的,是这样一些建制条件,它们阻止或妨碍人们参与决定她(他)们自己行动或这种行动的条件。具体地说,福利资本主义社会创造了一些新的统治形式。日常工作和日常生活的活动越来越受到合理化的科层控制,将人们置于许多生活领域中的权威和专家的训诫之下。"[52]只要这些殖民化依附不被克服,"受益性歧视"的政策——不管其意图是多么良好——就是南辕北辙的。因为,唯一能够**说出**特定情况下什么是平等对待或不平等对待的相关理由的人们,却被这种政策压制住了。[53]

1977年,在德克萨斯的休斯敦,两千名来自不同的社会背景、种族背景和地区背景的代表通过了一份女性主义宪章,我想把它作为讨论的出发点。从法律理论的角度来考察这份要求目录,[54]我们会发现女性主义运动的那些迄今为止**仍未兑现**之要求的不同历史层面。**自由主义**的要求涉及两个方面。一方面,它要求把妇女广泛包容进社会行动系统之中(废除在教育和就业方面一切性别歧视;增加妇女在选举的和任命的公共职位中的代表比例)。另一方面,它要求在这样一些社会领域中实行基本权利,这些领域在新的意义上应该被当作是"特殊的权力关系"领域(政府援助受虐待妇女和失去生活来源的家庭妇女;修改有关夫妇赡养的刑法和家庭法),或根据新的事实加以理解(生殖自由、色情出版物、在双方愿意下成立的同性恋活动,等等)。与此并列的是福利国家的要求(向所有个人提供的恰当的生活标准,包括向带有未成年孩子的贫穷家庭妇女以工资名义而不是福利名义支付收入;联邦提供资金向所有收入层次家庭提供承担得起的育儿服务,包括家长参与的充分机会)。最后的那个子句已经可以被理解为是令人失望地经历实行社会福利要求之后果的产物。对于女性主义改革的一种**反思态度**也表现在这样一个要求上面:充分就业,包括弹性工作时间和半天工作时间的更多机会。这个从关于平等权利修正案的政治斗争时期以来的议程所揭示的诸多"不同时之事的同时性",使我们对这个几乎两百年之久的学习过程有一个大致了解。在这个学习过程中,反映了范式性法律观的一种典型转变。

在古典的、根植于19世纪的女性主义那里,对妇女平等的理解首先是平等进入教育系统和职业系统的现行建制,平等进入公共职位、议会等等。之所以表白要实施形式权利,目的在于把社会地位的获取与性别认同尽可能分离开来,确保妇女在有关教育、工作、收入、社会地位、影响和政治权力方面的竞争中不论结果如何的机会平等。自由主义政治应该促进把妇女包容进一个以前拒绝给与其公平竞争机会的社会。随着相关领域之进入方面的歧视得到克服,性别之间的差异应该失去其社会相关性。根据(完全现代的)父权主义分工理论,(资产阶级)妻子的传统角色仍然应该束缚在家庭生活的私人领域之中;反对上述自由主义的女性主义的人坚持认为,这种"自然"规定并不是中立现象。双方都责备对方是"家务崇拜"或者"沉湎于自我实现"。[55]当然,随着妇女的形式平等在一些重要社会领域的实施,这里也表现出法律平等和事实平等的辩证法,并导致主要在福利法、劳工法和家庭法中的一些具体规定。具有典型意义的是那些保护性规范,涉及怀孕、生产,或者离婚案子中的监护权,也就是说针对一些同生育功能相联系的明显的生物学差别。类似的情况也适用于刑法中有关性侵犯的具体规定。在这些领域中,女性主义立法所遵循的福利规划,目的是通过对歧视——不管是自然的还是社会的——的补偿来推进妇女法律平等。

从 60 年代后期以来,争论的阵线变得错综复杂起来了(在像美国和联邦德国这样的国家)。一种重新活跃的女性主义自那以来促使公众不仅仅注意那些基于福利国家或自由主义的平等权利要求在多大程度上还没有实现,而且首先注意那些成功实施的纲领所带来的**模棱两可结果**。福利国家的(父系)家长主义常常带上一种实如其名的意义。也就是说,只要怀孕保护和生育保护仅仅是增加了妇女就业上的风险;只要劳工保护的普遍规范仅仅是强化了劳动市场中的隔离现象和妇女在低薪群体中的高比例出现;只要自由主义的离婚法仅仅是导致妇女面对离婚的沉重负担;只要福利法、劳动法和家庭法之间被忽视了的相互依赖仅仅是通过负反馈循环[negative Rückkoppelungsschleifen]而造成针对特定性别的歧视愈加严重——只要出现这些情况,旨在反对歧视妇女的法律实质化过程所产生的,就是一些事与愿违的结果。

有关"贫困女性化"的统计结果是令人吃惊的,并且不仅仅在美国是这样。[56] 今天,这种西方社会熟悉的现象正以日益积累、日益加剧的形式重新出现在联邦德国的那些新加入的州当中。在这些地区,妇女再一次比男子更严重地受到"现代化损失"的影响。

从法律的角度来看,这种自返地产生的歧视的一个根源,在于对歧视情形和受歧视之人员的**过分概括**的分类。本来应该是推进妇女平等的东西,结果往往只是有利于一个范畴的(已经拥有特权的)妇女而有损于另一个范畴的妇女,因为同特定性别有关的不平等是以一种复杂的、无法一目了然的方式同其他种类的地位低下群体成员身份(社会出身、年龄、种族归属、性倾向等等)相互关联的。但是,一个起重要作用的事实,是立法和司法之所以得出一些"错误"分类,并不是因为它们对情境完全麻木不仁,而是因为它们对情境的感受是受一种**过时的范式性法律观**引导的结果。把七十年代以来各种潮流的激进女性主义联结起来的,就是这个或多或少尚未明确表达的问题。它们反对福利国家的平等政治和自由主义的平等政治这两者所共有的一个假设:两性受益权利可以在现行建制框架之中、在一个由男子所定义和所主导的文化之中得到实现。

每一条应该补偿妇女不利地位——在劳动市场或工作场所、在婚姻中或离婚后、在社会保障、健康服务、性骚扰、色情作品等等中的不利地位——的具体规定,都依赖于对同特定性别有关的生活情景和经历中的种种差异的诠释。只要立法和司法在这些情况下受传统的诠释模式引导,调节性法律就巩固了现存的**性别认同刻板模式**。立法和司法以这种方式产生出"常规化效应",使得它们本身就成了它们本来应该解决的问题的一部分:"在最基本的层次上,传统思路无法产生出一些融贯的或有说服力的**差异定义**。事情常常是这样的:那些文化的差异、并非必然的差异,现代平等保护法律却当作是内在的和本质的差异。对于那些与性别有关的特征,既重视得过分,也重视得不够。在有些情况下,比方说那些包括职业限制的案子中,法律允许生物学具有决定命运的作用。在另外一些情况下,比方说怀孕方面的歧视,它们忽视了妇女特殊的与生殖有关的需要。集中关注那些受到挑战的分类是不是沿袭了某些现存的性别差异,使人们无法看清产生于这些差异的那些不利状况。……我们必须坚持的不仅仅是平等对待,而且是把妇女当作平等者来对待。这

个策略将要求对我们的法律范式作实质性变化……"⁵⁷

一个极端的例子是有关妇女是不是应该服兵役、应该以什么方式服兵役这个问题的讨论。有争议的主要是将一群人排除在兵役之外所具有的象征性涵义,也就是说,妇女如果被免于承担一个对公民角色具有核心意义的义务,她们作为公民还能不能享有与男子同等的尊重。从刻板的性别模式出发来确定相关差异的问题,在民用职业系统中表现得更加明显。只要把充分就业的男性的"正常劳动关系"当作衡量有待调整之"偏差"的标准,妇女就不能不因为补偿性规定而适应于那些对她们来说具有**结构性**歧视意义的建制:"就业诉讼的一个更令人满意的理论框架将既不是把性别[gender⑫]、也不是把工作当作固定的东西。问题不应该仅仅是对于一种给定职业来说,妇女是否'与男子相像'。更重要的是这职业能否被重新定义,以容纳生物差异;性别[gender]作为一种社会构造能否被重新定义,以使这些差异不那么同职业相关。"⁵⁸福利国家的平等政治和自由主义的平等政治——在它们取得成功的地方——两者对妇女都施加了同化的压力,这种压力归根到底产生于这个事实,即两性之间的区别并没有被理解为两个**同样**成问题的变量之间的**有待诠释的**关系,而是理解为对于不成问题地假设的"正常"关系——也就是以男子作为标准的关系——的偏离。当然,具有重叠前提的这两个法律范式所导致的结果是不同的。福利国家范式通过具体的规定考虑到了这些偏离,并将它们固定化,而自由主义的市场模式则忽视了、轻描淡写了

---

⑫ 这个词也可以译成"社会性别",以区别于"sex"。

事实上的不平等。[59]

今天,讨论的核心是对依赖于性别的那些差异的恰当定义。即使"关系女性主义"[Beziehungsfeminismus, relational feminism]常常与对"女人天性"的赞美(其讽刺语气似乎是同意前者的)没有太大区别,但从同化到差异的议题变化**并不一定**是回到传统主义的角色定义:"从她们的角度来看,性别不平等的根源与其说是拒绝让妇女得到男子可以得到的机会,不如说是贬低同妇女相联系的那些功能和素质。"[60]当然,女性主义的批判如果认为错误就在于"相同/差异理路"本身,也就是在于由平等对待之律令所推动的法律平等和事实平等的辩证法,它就错过了它真正的批判对象,并且把实现权利的理念与常规的法律观一起一古脑儿抛弃。[61]实际上,权利理论不一定与把权利概念建立在个人主义基础上的观点相联系。[62]如果把主体间性主义的权利概念作为基础,实际的错误根源是不难发现的:(特定群体的)妇女和男子的体验和生活状况之间的差异在哪些方面是与机会平等地运用主观行动自由相关的,**必须首先在公共讨论中加以澄清**。在建制上定义的刻板性别模式,不应该被设想为某种既与的东西。这些社会构造,今天只能是以自觉的方式来形成的;它们要求说明比较的角度、要求论证相关的考察方面,而这只能由**相关的人们自己**在公共讨论中进行。玛塔·米诺[Martha Minow]诉诸实用主义传统,坚持权利的概念,以及公开地展现的法律平等和事实平等的辩证法:"把权利诠释为一些关系的特征,理解为是依赖于一个保证采用这种解决问题模式的共同体之内的谈判协商的,就把法律不是归结为某种人类控制之外的力量,而是归结为人类对于由这个过程所推进或阻碍的关系模式所承担的责任。这样,权利的概念,作为继续公共商谈的工具,有助于把人类的作为和不作为的责任确定在人类身上。"[63]

性别认同和性别关系是社会的构造,它们虽然是围绕生物学差异而形成的,却是具有历史可变性的。在争取妇女平等地位的斗争中,在对相应的法律纲领的范式性理解的转变中,可以看到,如果不事先以令人信服的方式来澄清和论证平等对待和不平等对待的相关方面,那些本应也确保妇女能以私人自主方式追求其生活规划的主观权利,是根本无法得到恰当表述的。性别角色和性别差异的分类,涉及一个社会的文化自我理解的各个基本层次。激进女性主义强调这种自我理解的可错性、原则上可以争论的性质。因此,关于性别认同和性别关系的各种彼此竞争的观点,必须置于公共讨论之中。即使女性主义中的前卫派,也并不垄断上述方面的定义。女性主义的代言人,就像所有知识分子一样,只有当所有相关的人们都拥有实际机会发言,在她(他)们的人格完整受损、歧视和压迫的具体经历基础上要求实现她(他)们的权利的时候,才可以有把握说她(他)们没有对什么事情妄下结论、没有把什么人看作低人一等。在合法的法律秩序中得到确认的具体的承认关系,总是产生于一种"为了承认的斗争"的;而推动这种斗争的,则是具体的蔑视情形所造成的痛苦和所引起的愤怒。[64]正如阿克塞尔·霍奈斯[Axel Honneth]所指出的,为了证明在哪些方面之下具体情境中平等者要被平等对待、不平等者要被不平等对待,伤害人类尊严的种种经历就必须被明确地表述出来。这种关于诠释所进行的竞争,是不能委托给法官和官员进行的,甚至是不能委托给政治立法者进行的。

对我们的讨论来说,由此产生的重要结果是:任何规定,即使它是充分考虑具体情境的,但如果它不同时加强妇女在政治公共领域中的地位,因而推进她们对政治交往——只有在那里才有可能澄清平等地位的相关方面——的参与,它就并没有对私人自主地追求生活规划的平等权利作**恰当的**具体化。从对于私人自主和公共自主之间联系的这种洞见来看,当代女性主义对一种用来产生短期效果的、仅仅以结果为取向的政治持有保留态度,是有根据的。从此也可以理解女性主义为什么要重视"认同政治",也就是重视政治过程本身的形成自觉意识的效应。根据这种程序主义的法律观,基本权利的实现过程是一个这样的过程,它**对于具有平等权利的公民的私人自主的确保,是与这些公民的政治自主的实现相同步的**。这个法律范式与那些有关一种对于所有人都具有约束力的"正义社会中的性别认同"的设想,是不相容的,不管这种性别认同是男女不分的[androgyn],还是在女性品质或母性品质名下受到本质主义地理解的性别二元论影响的。另一方面,这种程序主义的法律观开启了一个对此时此地可以辨认出来的非正义加以明确否定的视角:"好的社会将是什么样的,我们无法先天地知道,但好的社会将不是什么样的,我们却知道得很多,足以由此而提供一个当下的行动议程。它将不是一个性别之间在地位、权力和经济保障方面差别很大的社会。它也将不是一个限制妇女生殖自由、容忍实质性贫困、暴力和种族不公的社会,或者在构成工作场所时毫不考虑家庭需要的社会。最后,也是最根本的,它将不是一个不允许它的许多成员拥有支配日常生活条件之能力的社会。为实现这样的社会的全部潜力,女性主义必须维持这样一种眼光,它不仅关注男子与妇女之间的关系,而且也关注妇女之间的关系。导致了妇女运动的那种对于性别平等的追求,对于表达作为这场运动之基础的价值来说是必不可少的,但它并不是这些价值的全部。"[65]

3. 法治国的危机和程序主义的法律观

到现在为止我是着眼于权利之实现而讨论程序的法律范式的;但这种新的法律观也涉及(甚至主要涉及)在复杂社会中民主法治国可以如何扩展这个问题。我们已经看到,向福利国家模式过渡的理由在于,主观权利不仅可能受到行政部门非法干预的损害,而且也会受到行政部门拒不提供❸服务的损害。社会的结构性变化使人们想到享受平等自由的普遍权利所具有的客观法内容。这并没有带来新的规范性视角:"那个对形式法范式具有决定意义的假设,即认为只有个人主义的正义才确保社会团结,只有契约自由才确保一种有实效的、正当的诚信保护,看来是站不住脚的。在抵抗干预的消极权利之外出现了许多提供服务的积极责任,这并不意味着在那个以相互性原则作为基础的法律观中发生了一个根本转变。"[66]尽管如此,新的受益权利的尤其自相矛盾的效果,确实发生了变化。也就是说,这些权利之能够明白无疑地加强私人自主地追求生活规划的程度,取决于拥有受

---

❸ 英译本此处加:"为实际行使权利所必需的"。

益权者在多大程度上不仅仅是享受以家长主义方式所提供的利益,而是本身也参与诠释那些可以用来在事实不平等面前确立法律平等的标准。在抽象的层面上,这些条件是通过立法者的民主合法化过程和法治国的权力分立来加以满足的。但一些具体的例子,比方说取自女性主义平等政治领域的那些例子,则使人对如此轻而易举的回答产生怀疑。随着政府任务的数量增长和质量变化,合法化任务也发生了变化;法律越是被当作政治导控和社会规划的手段而使用,法律的**民主产生**必须承担的合法化负担就越是沉重。

当然,通过立法者的政治纲领,具体内容和目的论视角就已经进入了法律之内。即使是资产阶级的形式法,也要受到一些集体目标——比方说国防政策和税收政策——的影响。但在这些情况下,集体目标的追求必须以一种特定方式从属于法律的主要功能(也就是对行为期待的规范化),因而政治有可能被诠释为对于权利的实现。⓮ 这个要求也适用于一个用法律手段来导控社会过程的能动国家的有集体约束力的决定。如果政治把法律形式用于实现它**所要实现的任何目的**,因而破坏法律的自身功能,法律和政治权力的构成性条件就会遭到违反。即使在福利国家中,法律也不能完全被归结为政治,如果内在于法律的事实性与有效性的张力——因而法律的规范性质——不至于要消解掉的话:"法律成为政治的工具,但同时它也为政治规定了法律可以被它利用的程序条件。"⁶⁷ 法律形式施加给政治的限制是结构性的,而并非(如新自由主义所担心的那样)是数量上的。政

⓮ 英译本此处加:"因为法律具有其自身的结构,并不是可以任意伸缩的,"。

策的**数量**要导致法律媒介不堪重负,只有当政治过程损害了法治国原则中所阐明的那些合法的立法过程的程序条件的时候,归根结底,只有当以政治自主的方式展开权利体系所需要的民主程序受到损害的时候。也就是说,一旦覆盖着法律形式外套的政策的制定过程不再服从以民主方式产生法律的条件,我们也就失去了用来对这些政策进行规范性判断的标准。在执行这样的纲领的时候,用来衡量行政权力之运用的效率[Effektivität]标准,就**取代了**法律调节的合法性[Legitimität]标准。事实上,这个危险随着国家被指望承担更多的任务而有增长趋势。这样一来,对一个自成一体的行政系统来说,用于实现政治目标的工具化的法律就变成用来解决功能性整合问题——而且仅仅是解决这种问题——的诸手段中的一个。[68] 根据这个前提,"这两个标准之间的范畴差别没有得到展开,而是作了经验主义的重新解释。**合法的**政治性意见形成和意志形成过程和**有效率的**执行过程,被理解为通过政治规划进行卓有成效的结构性社会改造的两种等价的可能性条件。"[69]

但是,合法化问题是不能够归结为国家导控能力的匮乏的。合法化匮乏的根源是法律的民主产生过程中的故障,这种类型的问题常常是与未能解决的导控问题的后果交织在一起的。把合法化问题仅仅当作导控问题的应变量,是从这样一个错误假定出发的,即福利国家所积极运用的法律被百依百顺地用来对任何相互竞争的价值取向进行没有标准的兼容和协调。这种图景是一个错误的范式性法律观的虚构。即使它具有描述性内容,它所描述的也是这样一种模糊观点:标准之成为不确定之物,似乎就意味着调节性法律被抽离了合法的立法过程的基础。这种模糊观点可以用程序主义法律观加以澄清。因为,这样的标准只能形成于公共论坛之中——在那里,人们用语言来表达压抑和蔑视的生活史经历⑮。一旦建制化的意见形成和意志形成过程与非强制的阐释需要过程失去联系,它就失去了它无法靠自己来产生的参数。于是法律平等和事实平等的辩证法就回归为一种第二自然状况;支配它的那些标准,是从一个广泛地自我编制议程的行政部门的适应过程中产生出来的不确定之物。把法律当作工具用于追求集体目标的那些政府机构,在与其最强大的当事人相一致的情况下独立成为一个集体物品和价值[kollektive Güter]的管理部门,而不依据不可工具化之权利的实现的方案来监督对目标本身的选择。

不具合法性的权力的独立化趋势,今天是显而易见的。但是,在描述这些趋势的时候不仅记录法治国的削弱,而且把它们作为国家和社会中结构性变化之**不可避免**的结果,则是很成问题的。我将先回顾有关法治国危机的几种熟悉观点,并追溯赋予这些危机诊断以宿命论含义的功能主义背景理解(1)。然后我将设法从程序主义法律范式的角度出发对人们所诊断的"宪法的有效性降低"现象做出说明(2)。最后我将对一个自我组织的法律共同体的"方案"作一些简短的评论(3)。

(1)当代法律批判的核心,是在一个越来越承担量多、

---

⑮ 英译本此处加:",并且就同样情况同样处理、不同情况不同处理的标准进行争辩"。

质新的任务的国家中,议会制订的法律的约束力降低、权力分立的原则受到威胁。只要经典的政府行政[70]能够集中精力于一个由经济自我导控所支配的经济社会的维持秩序任务,原则上只有当这种由宪法持久地确立、得到法治国保障的秩序受到扰乱的时候,它才有必要去进行干预。适合于这些情形的是普遍的、抽象的法规,它们用确定的法律概念来精确表述典型事实,并且把它同明确无误地定义的法律后果相联系;因为这种法律秩序的意义就在于确保公民的法律自由免遭国家机构——其职能仅限于维持秩序的国家机器——的侵犯。但是,一旦行政部门受福利国家立法者的要求而承担进行计划和政治导控的任务,古典意义上的法规就不足以为行政部门的实践提供规划了。古典的干预性行政[Eingriffsverwaltung]活动的特点是反应性的、两极性的和选择性的;[71]在这种政府行政之外,出现了具有完全不同实践方式的计划性的、服务性的政府行政。现代的服务性行政[Leistungsverwaltung]承担的是提供基本生活保障、准备基础设施、制订计划和预防风险,也就是说承担广义的政治导控任务。这种政府行政的行动是面向未来的、面上铺开的;而且,它们的干预所涉及的是公民之间和社会群体之间的关系。现代行政实践方式表现出"如此高程度的复杂性、情境依赖性和不确定性,以至于它无法事先在想像中被充分认识,也无法事后在规范上加以最后确定。古典的规范类型是条件性纲领,它列出一些事实作为国家可以正当地进行干预的条件,并确定一些国家可以运用的措施作为法律后果。在这里,这种规范模式大致上是失效了。"[72]法律形式的范围已经扩大,把具体法规[Maβnahmegesetze]、试行法规[experimentierende Zeitgesetze]和预备性法令[prognoseunischere Lenkungsgesetze]也包括在内。总包性条款[Blankettverweisungen]、一般性条款[Generalklauseln]和所有不确定的法律概念涌入立法者的语言中,激起了令美国法学界和德国法学界同样感到不安的有关"法律不确定性"的讨论。[73]

这里我们感兴趣的是法律的实质化对于权力部门之功能分化所造成的结果。[74]司法部门发展法律的趋势扩展成一种隐性立法、从而既危害司法权力部门的合法化基础,也危害司法活动的合理性;对这种现象的批评,我们已经作了比较详细的讨论。[75]更令人不安的是对于导控性行政部门的宪法监控的匮乏。当然,行政部门与其当事人之间的权威主义关系早就代之以受法院监督的行政法关系(它对于双方都具有约束力)了。此外,对行政行为的司法审查的领域,也通过法规前提[Gesetzesvorbehalt❶]原则的扩展而得到了扩大。[76]但是,这并不足以补偿调节性法律的约束性减弱,因为行政部门在履行其导控任务时,常常根本用不着进行法律技术意义上的干预:"哪里没有干预,哪里就不需要法规前提;哪里没有法规前提,哪里就没有法规约束;而哪里没有法规约束,哪里就没有法院进行的合法规性审查。但是这种匮乏甚至也延伸到干预领域本身之中。在那里,如果所涉及的是…由立法者本身所造成的社会关系和社会结构,而这种社会关系和结构影响那些具有彼此冲突的基本权利立场的大型社会集团,法规前提原则就失去了它的保护基本权利的功能。"[77]在这样的领域中,行政部门为自己编制议程,并按照一些准则而实施这些议程,比

---

❶ 关于这个术语的解释,见第四章第211页脚注。

如比例性原则［Verhältnismäβigkeit］，或者合理性条款和疑难度条款［Zumutbarkeits-und Härteklauseln］——根据这些得名于司法活动的条款，以规范上中立的方式同法律规定打交道，已不再可能。

由于政府的社会规划性活动、尤其是由于预防性活动必须在其中展开的时间限度的日益扩展，上述问题变得更加尖锐了。政府越来越卷入一些新的、受科学技术影响的风险的产生，不管是因为其行动，还是因为其不作为。随着这种风险——比方说产生于核能或基因技术的风险——的出现，提出了为未来世代而采取预防措施的问题，这种问题要求人们（当然也是要求立法者）具有更广的视域来代表他人进行利益感受。一般来说，风险社会[78]的种种危险向专家的分析能力和预测能力，也向承担预防风险职责的行政权力的处理问题能力、采取行动准备和应急措施速度，提出了如此高的要求，以至于福利国家中存在的法规约束问题和法律确定性问题一下子激化起来。一方面，这种主动活跃的行动纲领，这种复杂的、对未来有长远影响的、依赖于预测的、要求自我纠正的行动纲领，立法者的预防性规范只能对它们进行部分的规范性调节，并把它们与民主过程连接起来。另一方面，用于经典性预防目的的、也就是更适合于应付物质性风险而不是潜在的对于大规模人群的危险的那些强制性导控手段，已经失效。考虑到忙于预防的政府行政必须根据有争议技术考虑来填满的自由裁量空间，即使把基本权利保护作能动的理解，也无法确保提供充足的法律保护："仅仅提供程序法地位而不是明确的实质性权力，决不能改善相关的人们的境遇。"[79]在这里,丹宁格看到"重点从一个基于法律确定性[Rechtssicherheit]的系统转向了一个基于法律**价值**保障[Recht*güter*sicherheit]的系统,"它"修改和消解了"个人的法律保护。[80]此外,随着对政府的保护责任的宪法监督导致把法治国建设成、武装成一个"安全保障国家"[Sicherheitsstaat],[81]福利国家的既提供授权又提供监护的辩证法也变得更加尖锐了:"这尤其适用于基本权利自由的范围转变,这种转变是在这样的情况下发生的,即一个社会产生了那么多的安全风险,以至于它只能通过大大扩展监视机构才能保护受到威胁的基本权利价值。"[82]

但是,导控任务的增长所导致的结果不仅仅是行政权力独立于边缘化的立法部门而自成一体。这种增长还把国家卷入同各社会功能系统、大型组织、社团等等的谈判之中,而这些系统和组织在很大程度上逃避(通过制裁、收费和财政刺激所实施的)强制性导控,对它们只能采用说服性的交往手段:"并不存在相对于间接导控的服从义务。……政策措施变成了协商的对象,在这个过程中私人的导控对象可以使国家尊重他们服从这些措施的诚意。……国家和社会相遇于这同一个层面。"[83]随着强势社会团体参与行使公共权力——但并没有获得这样做的合法性基础,也不承担通常由政府机构所承担的责任——,国家主权受到了相应的破坏。正如刚才提到的,拥有超宪法谈判能力的这些社会行动者,是宪法框架所难以限制的。就连政党——根据德国基本法第21条,它们有权利"参与人民的政治意志的形成"——也渐渐地发展成一个包括所有政府部门在内的独立的权力卡特尔,而宪法(出于正当的理由)并没有为这样的卡特尔留下一席之地。曾经发挥把政治舆论影响转换为交往权力之催化剂作用的政党,现在占据了政治系统的核心领域,但并没有插入功能性的权力分立之中。它们实际上是以这样三种方式来运用其超政府整合功能的:a)通过其招募人员能力,这种能力延伸到行政、司法和大众传媒以及其他社会部门;b)通过对政治决策中心的转移,从具有正式责任的各种委员会转移到非正式协议和党派调解的密室中去;c)通过对公共领域的工具化,把它用于获准进入行政权力的目的。

对这种或类似的危机诊断作什么样的表述和评价,人们可能会有不同意见。但这些诊断点中了法治国中的一些危机趋势,对这些趋势,息事宁人[Abwiegelung][84]和回到自由主义的法律观去都不是正确的回答。但是,说新的政府导控任务的复杂性超出了法律媒介本身的承受能力,这种结论并不能令人信服。只有当法治国的危机被描述为是**没有出路的**时候,法律的社会整合力才是结构上不堪重负的。这种无出路论的根源,我想可能是那种偏向于功能主义的、只关注政府活动的法律观。

关于政府任务之复杂性增长的主要线索,有这样一种大致的分期,根据这种分期,政府必须相继地专门完成这样一些任务:起初是古典的维持秩序任务,然后是对社会补偿的公正分配,最后是应付集体性的危险情况。制约绝对主义的国家权力,克服资本主义产生的贫困,预防由科学技术引起的风险,这些任务提供了各个时代的议题和目标:法律确定性,社会福利和风险预防。适合于这些目标的,被认为是一些理想类型的国家形式——法治国[Rechtsstaat],福利国家[Sozialstaat]和安全保障国家[Sicherheitsstaat]。这些理想类型的名字就已经表明,只有法治国这种历史形态才与法律本身具有密切联系。自由主义法治国的干预性行政的工作手段是法律,而福利国家的规划性活动和预防性国家的间接导控则越来越必须借助于其他资源:借助于货币和具有货币价值的基本服务,以及信息和专家知识。只有古典的干预性行政才能用法律这种规范性手段来解决它的问题;而社会福利国家和安全保障国家的政府行政则依赖于一种扩大了的货币基础和一种新的知识基础——并且,在适应于一种认知性行动模式时,还必须与这种规范性法律手段保持距离。

如果人们感兴趣的是一种有效率政府行政的功能条件的话,这种分析性视角可以是很有收获的。但是,一种功能主义的考察结果不应该一下子转变成法律范式。从这种角度所看到的事务化趋势,实际上仅仅意味着亟待解决的那些问题的法律性质越来越少;但这并不意味着相应的行政实践必须越来越摆脱法律调节。⑰ 说行政实践必须越来越摆脱法律调节,这个观点仅仅是对每个阶段上相继突出表现的问题所作的那种命名的结果。根据这种命名,只有自由主义的国家才能借助于法律媒介来解决它的问题,也就是建立法律确定性。只有着眼于干预性行政和自由主义经济社会之间的互补性,政府活动之效率的条件才会与一种(获得形式法保障的)合法性的本质条件相互重合。在往后的几个阶段,可以清楚地看到效率的条件与合法性的条件决不是非重合不可。对于根据法治国原则组织起来并进行社会规划或

---

⑰ 英译本此处加:"复杂性的增长并不自动地意味着从规范的东西向认知的东西转换。"

间接导控的政府行政来说,这种情况产生了新的目标冲突。但这些冲突并不自动地导致法律失去其相关性,或者使得法治国规范完全失效。有没有可能用其他方式来保障法律上的自由和平等,这个问题可以用另外一种分析视角加以回答。如果先考察在政府行政的功能转换情况下权利体系有没有可能实现,那个从行政社会学角度所进行的分期就显得过于粗糙了。从法理学角度来看,对新的确定性风险并没有提出任何新的问题,而是至多加剧了那个老问题:在福利国家发展中已经为人熟知的调节性法律的约束力降低的问题。只有考虑到由来已久的把个人法律保护延伸到集体法律保护的趋势,预防性规范才造成了一个**新的**问题。

在我们的讨论当中,更重要的是这样一点,即行政权力独立于法治国规范化而自成一体,决不是**没有后果的**。也就是说,一个自我编制议程的行政部门不得不放弃古典分权格局所蕴含的处理规范性理由时的中立立场。在这方面,我们恰恰没有看到一个事务化趋势。行政部门在多大程度上承担了政治立法者的任务,并且在执行中发展它自己的纲领,它就在多大程度上必须自己来决定论证规范和运用规范的问题。但是,这些实践问题是不可能从效率的角度加以解决的,而要求以合理的方式处理规范性理由。一种以认知方式来工作的行政部门,是缺少这样工作的交往预设和程序的。对无法就事论事解决的实践问题的技治论否定和经验论重新定义,所导致的决不是对问题的事务化处理;相反,它导致的是对于"各种价值复合体的无标准混合"(贡特尔)这样一种第二自然状况。法治国之侵蚀的症状确实标志着一些危机倾向;但这些倾向所显示的与其说是法治国原则对越来越复杂的政府活动提出了无法解决的过分要求,不如说是**法治国原则的建制化程度还不够充分**。

(2)法律范式使得有可能进行指导行动的情境诊断。它们根据实现权利体系这个方案来澄清一既定社会的视域。就此而言它首先具有一种敞开世界的功能。从法律范式开启的诠释视角出发,(根据特定诠释的)法治国诸原则可以从整个社会背景联系起来。它们阐明实现基本权利——它们作为未填值的原则需要作进一步的诠释和发挥——的限制和可能性空间。因此,程序性的法律范式(就像所有其他范式一样)也具有规范的和描述的两种成分。

一方面,**商谈的法律理论**对民主法治国作了这样的理解,即理解成通过合法之法进行的(因而同时也确保私人自主的)对于商谈性意见形成和意志形成过程的程序和交往预设的建制化,而这种过程又进一步使得(政治自主之运用和)合法的立法过程成为可能。另一方面,**交往的社会理论**把法治国结构的政治系统理解为诸多行动系统当中的一个系统。这种系统可以为全社会整合问题起亏损担保的作用。发挥这种作用的途径,是建制化的意见形成和意志形成过程与非正式的公共交往的共同作用。而这又要求它——通过一个基于市民社会的公共领域——根植于与之呼应的(通过自由的政治文化和相应的社会化模式而形成的)生活世界情境之中。最后,一个特定的**法律观**还在规范性考察和经验性考察之间建立起联系。根据这种法律观,法律交往可以被理解为这样一个媒介,通过这个媒介,实现于交往行动之中的承认结构从简单互动的层面被传递到有组织关系的抽象层面。由法律交往编织而成的外皮,甚至能够把复杂社会作为一个整体包裹起来。另外,程序性法律范式也是一个不同范式相互争论的结果。它出发点是,福利国家法律模式和自由主义法律模式对权利之实现作了**过于具体主义的**诠释,并**掩盖了**私人自主和公共自主之间那种需要具体情况具体分析的内在关系。在这些前提之下,上面提到的危机趋势就呈现出另外一个景象,而从新的评价中产生的,是一些不同的实践建议。

　　核心的问题是为了政治导控目的而把法律当作工具来运用,而这种政治导控使法律媒介的结构负担过重,并消解了把政治和不可工具化之权利联系起来的纽带。但是,从程序主义角度来看,这个问题不再能够归结为用一种类型的法律来代替另一种类型的法律。调节性法律的扩张仅仅是一种法治国权力分立之一种特定历史形态归于消解的**机缘**。政治立法者今天必须根据有待调节的问题而在形式法、实质法和程序法之间进行选择。由此而有必要以另外一种形式对分权原则加以建制化。因为,如果对可供选择的不同法律形式采取反思态度的话,我们就不能把抽象的普遍的法规挑选出来,似乎法律之制订、运用和执行的部门之间的建制性界限是只能围绕这种法规而确定的。即使是在所谓自由主义的时期,权力的建制性分立也绝不是同权力的功能性分立相重合的。当然,这种区别在福利国家发展过程中表现得更加明显。具体主义地谈论"立法"、"司法"和"行政",掩盖了法治国权力分立的逻辑,这种逻辑在另外一个抽象层面上规定对各种理由的运用和对待这些理由的态度。它要求对各种不同商谈和相应的交往形式加以建制化,这些交往形式——**不管在什么语境之中**——开启了相应种类的理由之被运用的可能性。用反思性态度对待紧迫的问题、恰当的法律类型和必要的理由,不仅影响对法规纲领的民主的产生,而且影响对这些法规纲领的进一步处理。当前情形下使人感到困惑的,是实际运用规范性理由这种情况的广泛扩散,而根据经典的权力分立格局,对规范性理由的运用只是议会立法者和司法部门的分内之事。对此我只做一些简短的评论。

(a)反思地对待法律,要求**议会立法者**首先做一些元层次的决策:它是否要做决定,有可能委托谁代为决定,以及,假如它要做决定的话,这种决定对于进一步合法地实行其立法纲领会产生什么样的结果。在一些简单案例中,造成立法权力向法院和行政的不加控制的转移的,是立法者的迟疑不决——它不充分行使其权威,拒绝对那些要求用法规来处理的问题进行调节。在另外一些案例中,提出的问题本质上要更困难一些,即议会立法者能否通过将同时具有专门功能的立法职能分散化,而使自己免于做出那些它单独无法足够确定地做出的决定。假如它确实运用调节性法律——而这些情况是有争议的——它必须采取预防措施,以合法地补偿司法和行政中这种法律的约束力不足。

立法部门在寻求实现其政策的过程中诠释和扩展⓭法律,而法院则仅仅是动员那些连同"法律和法规"一起向它事先提供的理由,以便在具体案子中做出融贯的判决。如我

⓭ 英译本此处加:"——并且创造——"。

们已经看到的,这也适用于一个根据程序主义法律观而安于有限角色的宪法法院所做的建构性诠释。在程序主义法律范式中,首先值得保护的是民主过程的程序条件。这些条件的价值至少在于使我们对许多冲突案子有新的看法。也就是说,私人自主的市场参与者和福利国家科层机构的当事人所留下的空缺位子,被政治公民所占据,他们参加政治商谈,要求满足受到伤害的利益,并且在表达这些利益的过程中,协商制订平等者平等对待、不平等者不平等对待的标准。介于立法和司法之间灰色区域中的决定,一般是交由法院做出的;只要法规纲领在这种意义上需要由法院作进一步具体化,司法部门所进行的法律运用商谈就必须明显地用来自法律论证商谈的那些成分作为补充。一种准立法性质的意见形成和意志形成过程的这些成分,当然是需要进行另外一种合法化的。这种附加的合法化要求,可以通过在一个扩大了的批判性法律论坛面前进行辩护的义务而得到满足。这要求把一个法律公共领域加以建制化,要求这个法律公共领域超越现行的专家文化,具有足以使有争议之原则性判决成为公共争论之焦点的那种敏感性。

(b)但是,尤其需要补偿调节性法律之约束力不足的领域,是承担导控任务的政府行政,它已经不再能够在一个规范含义明确无误的责任框架中,把活动仅限于以规范上中立的、具有专业能力的方式来执行法律。根据专家治国论的模式,行政部门要做的仅仅是实用性决定。这个理想,当然它是从来就不服从的。但在现代的服务性行政中,出现了大量问题是要求对集体物品和价值进行权衡、在相互冲突的目标之间进行选择、并对具体案子进行规范性评价的。这些问题只能在论证性商谈和运用性商谈中才能作合理的处理,而这些商谈则是以规范上中立的方式解决问题的专业框架所容纳不了的。因此,必须借助于程序法在一个始终取向于效率视角的行政的决策过程中建立起**合法化过滤器**。就此而言,我的那个受民主"围攻"的政府机构要塞的图景,是令人误解的。[85]只要行政部门在施行公开的法规纲领时无法避免运用规范性理由,这样的行政立法步骤就应该是能够以交往的形式、依照满足法治国合法化条件的程序而进行的。这意味着对行政进行一种不限于提供信息义务的民主化,它从内部来补充议会和法院对行政的监督。对于这样的民主化来说,相关人们的参与决策、反贪局官员的动用、类似于法院的程序、听证等等是否适用,或者说,对于这样一个容易受到干扰、依赖于效率的领域,是否必须寻找其他一些安排,这个问题,和类似的创新情况一样,取决于建制上的想像和小心翼翼的探索的共同作用。当然,参与行政的实践不能被看作法律保护的替代物,而要看作是确定那些行政决定——那些从其规范内容来说代替了立法行动或司法判决的决定——之合法性的事先起作用的程序。

当然,这并没有使反应性行政监督成为多余。个人法律保护的疏漏,我们在讨论预防性政府任务时提到的那种情况,正是扩大法规前提要求、更积极的基本权利保护、集体形式的法律保护这样一些规定所要避免的。只要相关的人们不愿意或不能够行使他们的权利,这些法律措施就仍然是没有作用的。程序的法律范式促使立法者关注法律之**动员的条件**。在社会高度分化、可能受危害的人群的知识和意识相应地支离破碎的情况下,必须采取一些预防措施,"使得个人也能够形成利益和兴趣,能够在一个共同体中感受这些利益和兴趣,并且使它们在决策过程中发挥作用。"[86]

(c)上述考虑还没有涉及行政部门与有些组织和社会功能系统之间的新法团主义关系,这些组织和系统的社会权力和复杂内部结构使它们很大程度上受不到强制性导控,并因此而区别于其他有待法律保护的当事人。我们已经看到,如果国家在这样的谈判协商过程中满足于采纳诸多参与者中的一个的立场,法治国的构架就会受到损害。面对具有全社会意义的政治决策,政府照例必须认识甚至实现公共利益。即使它以一个明智的顾问或提供程序法的监督人的身份而出现,这种立法也必须以一种透明的、不难理解的、可以控制的方式与立法者的纲领相联系。这里并没有什么灵丹妙药。归根到底,在非法权力之独立化趋势面前,唯一的"自由的保障"仍然是一个不轻信的、灵活的、警觉的、了解情况的公共领域,它对议会组织发生影响,并确保合法之法的产生条件。

这样,我们就到达了程序主义法律范式的核心:根据 I. 毛斯的一个表述,"法律建制化的人民主权和非建制化的人民主权的普遍结合和互为中介",[87]是民主地产生法律的关键。实现权利体系所需要的社会基础之建成,既不依靠自发运作的市场社会的力量,也不依靠有意运作的福利国家的措施,而是依靠产生于市民社会和公共领域、通过民主程序而转化为交往权力的交往之流和舆论影响。自主公共领域的培育,公民参与的扩大,传媒权力的约束,以及没有国家化的政党的中介作用,对此是具有核心意义的。将公民表决的成分置入宪法之中(全民表决、全民请愿等等)的著名建议,就是针对权力对政治公共领域的颠覆而提出来的。此外还有引进基层民主程序的建议(候选人的提名、党内的意志形成过程等等)。有关对传媒权力加强宪法制约的努力,也是出于同样目的。大众传媒必须获得一种摆脱政治精英和其他功能精英的行动空间,并能够确保公共意见形成过程的商谈层次,而不影响批判性公众集体的交往自由。[88]在程序主义法律范式中,政治公共领域不是被设想为仅仅是议会组织的后院,而是被设想为产生冲动的边缘,它**包围着政治中心**:它通过培育规范性理由而影响政治体系的各个部分,但并不想占领这个系统。公共意见通过大选和各种具体的政治参与渠道而转变为交往权力,对立法者进行授权,为导控性行政提供合法化;而对进一步发展法律的法院所进行的公开的法律批判,则施加约束力更强的论证义务。

对政党的国家化所实际提出的那些批评,首先针对的是这样一种做法:把为争取选民同意而进行的政纲竞争,当作实现人员招募和官职分配之目的的工具。它涉及的是在政党不无理由地同时履行的两种功能之间的建制性分化。作为公共意见的催化剂,它们被要求参与政治意志形成和政治教育工作(其目标是使公民具有必要的资格条件);作为人员招募机器,它们进行人员筛选并将领导团队送入政治系统。随着政党本身成为这个系统的组成部分,这两个功能被合而为一。因为,从行政权力拥有者的眼光出发,政党把政治参与权力当作一种导控功能来行使,把政治公共领域当作一个系统环境,从中为自己产生出大众效忠。公民公众集体当作自己代表的,不应该是作为行政首脑的那个人,而应该是民主的政党领袖。政党领袖被公众认识的途径,必须是围绕对需要的恰当诠释和对有关任务的执行而进行的争论,是关于对问题之正确描述和解决问题之最好建议而进行的讨论。只要民主竞争为这些领袖带来的声望还没有高于官职酬劳给行政权力拥有者带来的声望,政治就仍然还没有去掉其虚假的神圣外表。因为在作为自我组织的法律公共体之居所的民主法治国中,处于商谈之流中的主权的象征性位置,仍然是**一席空位**。[89]

(3)在后形而上学思维——除此之外不存在可行的其他选择(除了那些作为对现代化造成的损失的反应而出现的原教旨主义)——的条件之下,国家已经失去它的神灵内容。政府权威之精神基础的这种已经为时不短的世俗化过程,承受着一种未能及时补足的实施匮乏。这种匮乏必须以进一步的民主化加以平衡,否则的话法治国本身就会受到危害。这个命题还可以搜集到许多证据,如果我们放弃自己仅限于民族国家社会的视角,并且,在非殖民化时代行将结束之时,把眼光扩展到世界性社会的国际秩序上的话。盟军为海湾战争所主张的合法化,就像 KSZE 权能扩大一样,显示了国际法的逐步非民族国家化。[90]其中反映的是民族国家主权消解的趋势。在正在出现的世界性公共领域的背景之下,这个趋势可能是一种新的普遍主义秩序之开始的信号。[91]考虑到序言中提到的那些紧迫问题,这当然不过是一种希望——更确切些说,是一种产生于绝望的希望。

谁用通常的诉诸社会复杂性的论据来反对这种改良主义视角,谁就把合法性和效率混淆起来了,并且没有认识到,法治国的建制已经是为了以下目的而建立起来了:不仅降低复杂性、而且通过逆导控来维持复杂性,从而稳定内在于法律之中的事实性和有效性之间的张力。另一方面,当我从程序主义法律范式出发得出一些有关理解"法治国危机"的结论时,我并没有在具体细节上提出任何新的东西。但是,讨论中的和正在实施过程中的那些改革努力,可以由此而获得某种融贯性。

乌托邦的意思如果是指一种具体生活形式的理想投影[Entwurf],那么理解为方案[Projekt]的宪法就既不是社会乌托邦,也不是这种乌托邦的替代物。这种方案实际上是"乌托邦——一个在国家中建制化的集体理性与世俗化全能存在之统一的乌托邦——的对立面;它蕴含着这样的理念:市民社会及其在商谈过程中并通过明智的建制化而自我影响的能力"。[92] U.普罗伊斯把"宪法"定义为建立一个可错的学习过程,通过这个学习过程,一个社会逐步克服其在规范性自我反思方面的无能状况:"一个社会之被立宪地构成,意味着在恰当的建制形式中、在具有规范导向的适应、抵制和自我纠正过程中,与自己面面相对。"[93] 程序性法律范式区别于早先的法律范式之处,不在于它是"形式的",如果把"形式的"理解成"空洞的"和"内容贫乏的"话。因为,通过强调市民社会和政治公共领域,这个范式有力地指出了一些参照点,在这些参考点之下,民主过程对于权利体系之实现获得了一种新的意义、一种以前所忽视的作用。在复杂社会中,最稀缺的资源既不是市场经济的生产效率,也不是公共行政的导控能力。需要精心维护的首先是已经枯竭的自然资源和正在解体的社会团结。在今天,社会团结的力量只能以交往的自决实践的形式而得到再生。

实现权利的方案,是与我们的社会——也就是一个特定的历史地产生的社会——的功能条件相联系的,因而不可能仅仅是形式的。但是,这个法律范式不再像自由主义法律范式和福利国家法律范式那样偏袒一种特定的社会理想,一种特定的良好生活的设想,甚至是一种特定的政治选择。因为它是在如下意义上而成为"形式的":它仅仅指出,在哪些必要条件下,法律主体以政治公民的身份可以就他们要解决的问题是什么、这些问题将如何解决达成理解。当然,与程序性法律范式相联系的是这样一种自我期待:不仅要形成作为专家同法律打交道的精英们的自我理解,也要形成**所有**参与者的自我理解。但这种期待决没有思想灌输的意思,决没有什么全权主义的含义——万一有人再次提出那个牵强附会但一再针对商谈论而提出的指责。因为,根据这个范式自己的条件本身,它自己也是处于讨论过程之中的:它可能影响每人可以在其中合作地、以各自方式参与对宪法之诠释的前理解视域的形成,在同样的程度上,社会情境中每一个被感受到的历史变化,也必须被理解成要求对这个范式性法律观本身进行重新考察的挑战。当然,这个法律观,就像法治国本身一样,包括着一个独断的核心[dogmatischer Kern]:自主性的观念,根据这个观念,人类只有当他们所服从的法律也就是他们根据其主体间地获得的洞见而自己制订的法律的时候,才是作为自由的主体而行动的。这个观念之为"独断的",当然只是在一种无害的意义上。因为它表达了事实性与有效性之间的一种张力,这种张力是随着社会文化生活形式的语言构成[Verfassung]的事实而"被给定的",也就是说,**对我们来说**,对已经在一种这样的生活形式中形成自己认同的我们来说,它是不可避免地给定的。

446

注 释

1 提供令人印象深刻的例子的是1945年后通过的德国各州宪法和1990年4月德意志民主共和国(DDR)宪法草案中列出的基本权利的详细清单。后者由圆桌会议"DDR新宪法"起草小组于1990年在柏林发表,但没有生效。

2 O. Kahn-Freund: "Das soziale Ideal des Reichsarbeitsgerichts",刊于: Th. Ramm (编): *Arbeitsrecht und Politik*, Frankfurt/Main 1966, 149ff.

3 E.Wieacker: "Das Sozialmodell der klassische Privaterechtsgesetzbücher und die Entwicklung der modernen Gesellschaft",刊于 Wieacker: *Industriegesellschaft und Privatrechtsordnung*, Frankfurt/Main 1974, 5.

4 H.D.Assmann 在 *Wirtschaftsrecht in der Mixed Economy* (Frankfurt/Main 1980, Kap II)中对这场讨论作了概括。

5 D.Grimm: *Die Zukunft der Verfassung*, Frankfurt/Main 1991, 437. (着重是我加的)

6 U. K. Preuβ: *Revolution, Fortschritt und Verfassung. Zu einem neuen Verfassungsverständnis*, Berlin 1990.

7 如果采取系统理论对法律系统的描述,即把它描述成自我描述,这种结果是很明显的。参见 R.Wiethölter: "Ist unserem Recht der Prozeβ zu machen?"刊于 Honneth 等(1989), 794-812。

8 F. Kübler: *Über die praktischen Aufgaben zeitgemäßer Privatrechtstheorie*, Karlsruhe 1975, 9.

9 H.J.Steiner: *Moral Argument and Social Vision*, Madison, Wisc.1987, 92.

10 F.Kübler: "Privatrecht und Demokratie",刊于 F.Baur 等(编): *Funktionswandel der Privatrechtsinstitutionen* (Tübingen, 1974), 719.

11 Kübler(1975), 51f.

12 Kübler(1975), 60.

13 L. M. Friedman: "Transformations in American Legal Culture 1800-1985," *Zeitschrift für Rechtssoziologie* 6(1985), 191.

14 L.Raiser: *Die Zukunft des Privatrechts*, Berlin 1971, 20.

15 K.Hesse: *Verfassungsrecht und Privatrecht*, Heidelberg 1988, 27.

16 关于盎格鲁-萨克逊国家的情况,参见 P.S.Atiyah: *The Rise and Fall of Contract of Freedom*, Oxford 1979; L.M.Friedman: *Total Justice*, New York 1985; Steiner(1987).

17 Hesse(1988),34.

18 Raiser(1971),29.

19 Alexy(1985),327-330.

20 Alexy(1985),317.

21 关于道德的、法律的和伦理的人的概念,参见 R.Forst:*Kontexte der Gerechtigkeit* (Frankfurt am Main,1994)。同样,当 K.Hesse 表述人的类型——基本法的宪法秩序就是**依赖**于此的——的时候,元法律的人的概念也包含其中了:"这是作为'人'[Person]的人类类型[der Typus des Menschen]:一种具有不可工具化的独特价值的存在,它被决定了要自由发展,与共同体相关联、同时又受共同体的约束,并因此而被召唤去负责地参与发展人类的共同生活。"Hesse(1988),43.

22 Raiser(1971),9.

23 Alexy(1985),329.

24 Alexy(1985),458f.

25 J.Köndgen:*Selbstbindung ohne Vertrag*,Tübingen 1981;Ch.Joerges:"Die Überarbeitung des BGB,die Sonderprivatrechte und die Unbestimmtheit des Rechts",*Kritische Justiz*20 (1987):166-182。在联邦德国,基本权利对于私法的"俘获"或者被解释为用宪法的基本权利规范来约束民法秩序,也就是解释为主观权利与客观法之间规范叠合的要求,或者被解释为"有待于填充内容的"主观公共权利在私法上的具体化。参见 H. H. Rupp:"Vom Wandel der Grundrechte",*Archiv des öffentlichen Rechts* 1976,168ff.

26 H.J.Papier:*Eigentumsgarantie des Grundgesetzes im Wandel*,Heidelberg 1984,27.

27 H.Bethge:"Aktuelle Probleme der Grundrechtsdogmatik",*Der Staat* 24,1985,369.

28 D.Hart:"Soziale Steuerung durch Vertragsabschluβkontrolle",*Kritische Vierteljahresschrift für Gesetzgebung und Rechtswissenschaft* 1986,240f.

29 参见联邦宪法法院在 1990 年 7 月 2 日所作的一项判决(1BvR 26/84),该判决涉及的是一起针对联邦高等法院一项判决的宪法诉讼;*Juristenzeitung* 45/14 (1990):691ff.,尤其是 692。

30 Steiner(1987),9;参见 Köndgen(1981),19ff.

31 Rupp(1976),180.

32 Mestmäcker 以此为题所做的讲演发表在 *Rechtshistorischen Journal* 10,1991, 177-184;亦参见 E.J.Mestmäcker:"Der Kampf ums Recht in der offenen Gesellschaft",

Rechtstheorie 20,1989,273 -288.

33 S. Simitis: "Wiederentdeckung des Individuums und arbeitsrechtliche Normen", *Sinzheimer Cahiers* 2,1991,7 -42.

34 J. Habermas: *Die Neue Unübersichtlichkeit*, Frankfurt/Main 1985,157ff.

35 G. Teubner: "Substantive and Reflexive Elements in Modern Law", *Modern Law Review* 17,1983,239ff; Teubner: "Regulatorisches Recht: Chronik eines angekündigten Todes", *Archiv für Rechts-u. Sozialphilosophie*, Beiheft 54,1990,140 -161; 但亦参见 E. Rehbinder: "Reflexives Recht und Praxis", *Jahrbuch für Rechtssoziologie und Rechtstheorie*, Bd. XII, 1988,109 -129.

36 G. Teubner(编): *Dilemmas of Law in the Welfare State*, Berlin 1986.

37 关于债务法的讨论,参见 G. Brüggemeier: "Justizielle Schutzpolitik de lege lata",刊于: G. Brüggemeier, D. Hart: *Soziales Schuldrecht*, Bremen 1987,7 -41.

38 P. Häberle(1978).

39 R. Wiethölter: "Procedurlization of the Category of Law",刊于 Ch. Joerges, D. M. Trubek(编): *Critical Legal Thought*, Baden-Baden 1989,501 -510; Ch. Joerges: "Politische Rechtstheorie und Critical Legal Studies",同上书,597 -644. 此外还有: G. Brüggemeier: "Wirtschaftsordnung und Staatsverfassung", *Rechtstheorie* 8,1982,60 -73.

40 E. Schmidt: "Von der Privat-zur Sozialauthonomie", *Juristenzeitung* 35,1980,158.

41 S. Simitis(1991), II(着重是我加的); 亦请参见 S. Simitis: "Zur Verrechtlichung der Arbeitsbeziehungen",刊于: Kübler(1984),73 -166.

42 S. Simitis(1991),10.

43 S. Simitis: "Selbstbestimmung: Illusorisches Projekt oder reale Chance?" 刊于: J. Rüsen 等: *Die Zukunft der Aufklärung*, Frankfurt/Main 1988,177: "干预决不是任意的或偶然的产物,因而不可能轻易地加以逆转。" 亦参见 I. Maus: "Verrechtlichung, Entrechtlichung und der Funktionswandel von Institutionen",刊于 G. Göhler(编): *Grundfragen der Theorie politischer Institutionen*, Opladen 1987,132 -172.

44 Alexy(1985),370,372: "如果不存在充分理由允许进行不平等的对待,那么就要求进行平等对待",或者说: "如果不存在充分理由要求不平等的对待,那么就要求进行平等对待。"

45 Simitis(1988),193;亦参见在该书中讨论的家庭法的发展,由此作者得出的结论是: "承认每个家庭成员是一个个体,承认他们的利益的独立性,决不意味着必须形成一个具体的、旨在实现一个明确的教育目的、因而需要时时做出阐明的干预系统…相反,引导每个法律规定的,必须是家庭内互动对于其成员之发展所具有的意义,因此其真正的出发点必须是家庭机制…对家庭是一个融贯整体这种观念的否定…决不是家庭外权威机构代为做出实质性决定的有力理由。它们的干预首先不应该改变家庭成员的这样的权利和义务:依靠自己去确定他们之间的关系必须采取什么样的形式…为了相关人们的自决能力而保护他们避免那些危害交往(甚至使交往不可能)的负担,不应该导致这样的结果:使他们受到比以前更大的导控影响。"

46　H.F.Zacher:"Verrechtlichung im Bereich des Sozialen",刊于 Kübler(1984),14－72。

47　如 Habermas(1981),Bd.2,530－547。在那里我把作为建制的法律与作为媒介的法律区别开来,把社会性整合的法律规范与政治导控的法律形式对立起来,这个观点是站不住脚的。关于这一点,参见 K.Tuori:"Discourse Ethics and the Legitimacy of Law",*Ratio Juris* 2,1982,125－143。

48　U.Preuβ:" Verfassungstheoretische Überlegungen zur normativen Begründung des Wohlfahrtsstaates",刊于:Ch.Sachβe 等(编):*Sicherheit und Freiheit*,Frankfurt/Main 1990,125f。

49　Böckenförde 对这种"关于基本权利的民主功能理论"作了这样的刻划:"基本权利作为一个…民主的意志形成过程…的自由过程的构成性成分而获得其涵义和原则性意义。"见:E.Böckenförde:*Staat, Gesellschaft, Freiheit*,Frankfurt/Main 1976,235。

50　I.M.Young:"Justice and the Politics of Difference",Princeton 1990,25。

51　Young(1990),39。

52　Young(1990),76。

53　与强调分配方面的女性主义法律理论相比,强调权力方面的女性主义法律理论具有这样的优势,即在强调平等权利的解放意义的同时,强调个人以及结成一体的公民们的自主性,把它当作权利体系的规范性核心。当然,它有时候同这样一种倾向相联系,即把性别实体化,把它们当作单一的整体,就像正统马克思主义把社会阶级实体化成为宏观主体一样。C.A.MacKinnon 的在其他方面很有启发的著作 *Towards a Feminist Theory of the State*(Cambridge,Mass.1989)也没有完全摆脱这种倾向。

54　D.L.Rhode:*Justice and Gender*,Cambridge,Mass.1989,61f。

55　关于美国女性主义的历史,参见 Rhode(1989),第一部分。

56　Rohde(1989),126:"这些相互关联的不平等,与之相连的还有变动着的婚姻模式、就业模式和生殖模式,对日益严重的贫困女性化现象起了推波助澜的作用。虽然对贫困的官方分类并不是反映实际需要的精确指数,它们可以测量相对地位。所有年龄的妇女成为穷人的可能性都相当于男子的两倍,单亲妇女成为穷人的可能性相当于男子的五倍。贫困成年人中三分之二是女性,常年处于贫困状态的人们中有三分之二生活在妇女为首领的家庭当中。单亲家庭中百分之九十是以妇女为首的,一半这种家庭生活在贫困线以下。在少数群体中,情况更加严重;妇女是所有贫困黑人家庭中四分之三家庭的首领、半数以上的讲西班牙语的家庭的首领。"

57　Rhode(1989),81.

58　Rhode(1989),97f.

59　参见 C.A.MacKinnon(1989),219:"从学理上说,在对待性别歧视的主流理路中存在着两条可供选择的追求妇女性别平等的道路,两条沿着相同/差异之间的紧张关系的线索而展开的道路。占主导地位的道路是:要与男子相同。这条道路在学理上被称作'性别中立性',在哲学上被称作单一标准。这条规则被认为是形式平等——在法律上实质是如何变成形式的,由此可以找到证据。……对那些希望平等但觉得自己'不同'的妇女来说,以下学说提供了另外一条可供选择的道路:要与男子不同。这种对差异的平等承认在法律上被称为特殊受益规则或特殊保护规则,在哲学上被称为双重标准。这听起来很不是滋味,令人回想起…劳工保护法。"

60　Rhode(1989),306.

61　MacKinnon(1989),第 12、13 章;Young(1990),第 4 章;C.Smart: *Feminism and the Power of Law*,London 1989,138 - 159.

62　S.Benhabib 反对从一种后结构主义女性主义的角度对政治商谈进行情境主义合理性怀疑论的理解,见 Benhabib:"Feminism and the Question of Postmodernism",刊于:Benhabib(1992),203 - 241.

63　M.Minow: *Making All the Difference.Inclusion, Exclusion and American Law*,Ithaca 1990,309.

64　A.Honneth: *Kampf um Anerkennung*,Frankfurt/Main 1992.

65　Rhode(1989),317.

66　K.Günther:"Der Wandel der Staatsaufgaben und die Krise des regulativen Rechts",

刊于 D.Grimm(编):*Wachsende Staataufgaben-sinkende Steuerungsfähigkeit des Rechts*, Baden-Baden 1990,62.

67　Günther,刊于:Grimm(1990),57.

68　顺便说一下,魏玛时期信奉民主法律实证论的有些人未能避免这种观点,也就是一个对法律形式的内在规范性麻木不仁的福利国家立法者的观点。

69　Günther,刊于:Grimm(1990),65.

70　D.Grimm:*Recht und Staat der bürgerlichen Gesellschaft*,Frankfurt/Main 1987.

71　D.Grimm:"Der Wandel der Staatsaufgaben und die Krise des Rechtsstaats",刊于 Grimm:*Die Zukunft der Verfassung*,Frankfurt/Main 1991,165:"说它是反应性的,是指它总是预设一个外在的、被证明为是一种扰动的事件;说它是两极的,是因为其活动仅限于国家和扰动者之间的关系;说它是选择性的,是因为它竭尽全力于对单个扰动的预防和消除。"

72　Grimm(1991),171.

73　Jörges,Trubek(1989).

74　在德国,关于法规的普遍性的讨论一直还受到 C.Schmitt 在 1928 年在其 *Vervassungslehre* 中所提出的相当极端的观点的影响。在联邦德国,这个观点直接地通过 E.Forsthoff、间接地通过 F.Neuman 而发生影响。我自己在 50 年代末也并非没有受到这种观点的影响,见我为 *Student und Politiki*(J.Habermas,L.v.Friedeburg,Ch.Oehler,F.Weltz 著,Neuwied 1961,11－55)写的导言。现在可以参见 H.Hofmann 所作的具有历史反思性和系统明晰性的分析:"*Das Postulat der Allgemeinheit des Gesetzes*",刊于:Ch.Starck(编):*Die Allgemeinheit des Gesetzes*,Göttingen 1987,9－48.

75　见本书前面第五章和第六章。

76　W.Schmidt:*Einführung in die Probleme des Verwaltungsrechts*,München 1982,241－261;H.Faber:*Verwaltungsrecht*,Tübingen,1987,25ff.

77　Grimm(1990),26.

78　U.Beck:*Risikogesellschaft*,Frankfurt/Main 1986;Beck:*Gegengifte.Die organisierte Unverantwortlichkeit*,Frankfurt/Main 1988.

79　E.Denninger:"Der Präventions-Staat",刊于:Denninger(1990),42.

80　Denninger(1990),33,35.

81　J.Hirsch:*Der Sicherheitsstaat*,Frankfurt/Main 1980.

82　D.Grimm:"Verfassungsrechtliche Anmerkungen zum Thema Prävention",刊于:

Grimm(1991),217.

83 Grimm(1990),19.

84 Peters(1991),136ff.

85 J.Habermas:"Volkssouveränität als Verfahren",参见本书附录二第四节以下。

86 D.Grimm:"Interessenwahrung und Rechtsdurchsetzung in der Gesellschaft von morgen",刊于 Grimm(1991),178.

87 Maus(1992),203ff,;Maus:"Basisdemokratische Aktivitäten und rechtsstaatliche Verfassung",刊于:Th.Kreuder(编):*Der orientierungslose Leviathan*,Marburg 1992,99-116.

88 参见那些至少具有对第四权力部门加以宪法制约的含义的那些联邦宪法法院判决:*Neue Juristische Wochenschrift* 1981,H.33,1174ff; NJW 1987,H.5,239ff.; NJW 1987,H.47,2987ff.; NJW 1991,H.14,899ff.;参见:F.Kübler:"Die neue Rundfunkordnung.Marktstruktur und Wettbewerbsbedingungen",刊于:NJW 1987,H.47,2961-2967.

89 U.Rödel 借助于 C.Lefort 的工作提出这个观点,见 U.Rödel,G.Frankenberg,H.Dubiel:*Die demokratische Frage*,Frankfurt/Main 1989,83ff.;这方面亦请参见 U. Rödel(编):*Autonome Gesellschaft und libertäre Demokratie*,Frankfurt/Main 1990.

90 J.Habermas:*Vergangenheit als Zukunft*,Zürich 1991,14ff.

91 R.Knieper:*Nationale Souveränität.Versuch über Ende und Anfang einer Welt-ordnung*,Frankfurt/Main 1991.

92 Preuβ(1990),64.

93 Preuβ(1990),73.

附录一

法律与道德
（1986年泰纳演讲）[1]

第一讲 基于合法律性的合法性何以可能？

马克斯·韦伯把现代西方社会的政治秩序理解为"法律型统治"[legale Herrschaft]的各种表现。它们的合法性[Legitimität]建立在对于行使统治之合法律性[Legalität]的信念基础之上。法律型统治获得其合理性质的条件之一，是对于法规秩序和负有统治使命之人的能力的信念，与对于传统或奇魅能力[Charisma]的信念具有不同的性质：为以法律形式行使的统治创造合法性的，是内在于法律形式本身之中

---

[1] 本书的英译本附录未包括此文。中译者在翻译时参照了发表于 The Tanner Lectures on Human Values(Vol.VIII, Salt Lake City 1988, 217–280) 的英译文。

的合理性。¹这个命题激起了热烈的讨论。韦伯用这个命题支持了一种实证主义的法律概念:法律就是政治立法者(不管它现在是否用民主方式被赋予合法性)根据一个法律上建制化的程序制定为法律的东西。在这个前提下,法律形式的赋予合法性的力量就不是从法律与道德的亲缘关系中得来的。现代法必须能够仅仅根据自己的形式特征来为以法律形式行使的统治提供合法性。这些特征应该有可能在不诉诸康德或亚里士多德意义上的实践理性的同时而显示其为"合理的"。在韦伯看来,法律拥有一种自己独有的、不依赖于道德的合理性。在他眼里,如果取消法律和道德之间的分化,甚至将构成对于法律的合理性的威胁,进而也是对法律型统治的合法性基础的威胁。韦伯在当代的一些发展中诊断出这样一些致命的法律道德化现象,他把这些现象描述为资产阶级形式法[bürgerliches Formalrecht]的"实质化"。

目前正在进行着一个有关法律化趋势[Verrechtlichung❷]的争论,这个争论是同韦伯的诊断相联系的。²因此我想在这个背景下来进行关于法律和道德的思考。我将先回顾韦伯对于法律的非形式化的一些分析,以便从中得出一些隐含的道德理论假设,这些假设是与韦伯公开表示的价值怀疑论预设并不一致的(一)。在第二部分我将从最近在德国进行的有关法律的形式变化的讨论出发对三种立场进行

---

❷ 这个词在本文的英译文中被意译为"legal regulation",在本书正文的英译本中,这个词基本上都译为"juridification"。作者对这个词大致有两个用法,或者用来表示一种行动或一个过程获得法律建制形式,或者用来表示社会生活各个方面都置于法律调节之下。本文讲的福利国家的Verrechtlichung,是在后面意义上用这个词的。

讨论,以便列举一个更恰当的法律合理性概念的种种理由(二)。最后我将至少在粗线条上提出这样一个理论:合法律性只有从一种具有道德内容的程序合理性出发才能取得它的合法性(三)。这种程序合理性的关键是两种类型的"程序"的交叉:道德论辩将用法律手段而被建制化。这些讨论具有规范性质。如同下面的讲演中将表明的那样,我进行这些讨论的角度不是法律理论,而是社会理论。

1. 马克斯·韦伯的法律合理性概念

(1)韦伯描述为资产阶级形式法[bürgerliches Formalrecht]之实质化的,也就是我们今天看到的福利国家中典型的法律化浪潮。这不仅仅涉及一个越来越复杂的社会中法律规定之数量的增长、密度和深度的提高。[3]毋宁说,由于一个(根据其自我理解)能动的、既进行导控又进行补偿的国家机器的干预需要,法律系统的功能和内部结构也发生了变化。不仅法律媒介被大量运用,而且法律形式也在一种**新型**的要求的压力之下发生了变化。

韦伯已经看到了福利国家的调节性法律[regulatorische Recht]。在设法用补偿性再分配来实现社会正义、提供具有稳定作用的导控服务、进行改造社会的干预的立法者那里,法律被当作用于完成其社会塑造任务的工具:"随着现代阶级问题的出现,出现了对法律的一些实质性要求,一方面来自那些具有法律利益的那部分人(也就是劳动阶级),另一方面来自那些考虑法律意识形态的人们。他们⋯要求在一些感人的伦理公设('正义'、'人类尊严')的基础上实行一种社会法[soziale Recht]。但是这从根本上使法律形式主义成了问题。"[4]这里出现了"形式－实质"这对概念。韦伯用这对概念而形成了这场延续至今的相关讨论,并且(在我看来)把这场讨论引向了歧途。根据他的看法,对于"实质"正义的要求渗入了法律媒介,破坏了它的"形式合理性"。韦伯用来支持其命题的例子主要取自私法;从自由主义的角度来看,私法曾经应该通过公开的、抽象的和普遍的法规来确保缔结契约的法权人的生命、自由和财产。从这类法律中实际上分化出了一些新的特殊类型的私法。非形式化的趋势在(比方说)社会法和劳动法中,在卡塔尔法❸和公司法中,是一目了然的。[5]

上述趋势之所以被描述"实质化"趋势,是从随着法律汇编学[Pandektenwissenschaft]和概念法学[Begriffsjurisprudenz]而在德国占据主导地位的**形式主义的法律观**出发的结果。一般来说,韦伯把这个传统中严格地阐述的法律的形式特征解释为受过学院训练的法律专家的学理性研究的结果。法律专家们主要在三个方面培育一种"法律形式主义"。首先,对大量经过清晰分析的法律条款进行系统梳理,赋予已经生效的规范以明显的、可核实的秩序。其次,法律的形式是抽象的、普遍的,既不专门适合于特定情境,也不针对特定的法律对象,这种形式赋予法律系统以统一结构。第三,法律对于司法和行政的约束确保对法律的运用是符合程序的、可以计算的,也确保对于法律的执行是可靠的。这样,与这个自由主义模式的偏离可以被理解为对于法律的形式特征

---

❸ 英译本把"卡塔尔法"译为"反垄断法"。

的损害。私法系统的这种经典形象被福利国家的法律化浪潮破坏了,私法和公法之间的清晰界限、基本规范和普遍法规之间的等级因此难以为继了。法律系统秩序井然的虚构也破产了。法律规范的统一性总体上只显示在具体案例中受原则引导而所进行的重构性理解,而这种理解本身并没有在法规文本中得到客观化。[6] 而且,随着法律之制定依赖于其后果难以预料的对社会领域的政治干预,以结果为导向的目的性纲领代替了以规则为导向的法律形式。具体的事实和抽象的目标进入了法规的语言;一些以前外在于法律的特征越来越经常地侵占法律规定。最后,这种"法律中目的的突出"(耶林)放松了以前被认为不成问题的对于私法和行政的法律约束。法官必须同综合性条款[Generalklauseln❹]打交道,同时还要适当处理更多种类的不同情境,处理秩序不清的法律条款之间更大程度的相互依赖。这也适用于"对情境敏感的"行政性行动。

当人们早先把法律的形式特征刻画为大量法律的系统化,法规的抽象和一般的形式,以及严格的、限制法官和官员自由裁量的程序的时候,这种观点已经具有一种很浓的类型化色彩了。但对于形式法的这种自由主义自我理解,也不能不随着福利国家而出现的那种法律系统观而受到动摇。就此而言人们完全可以在怀疑的意义上谈论法律的"实质化"。当然,韦伯要赋予这个说法以批判性含义,就必须建立

---

❹ 英译本把 Generalklauseln 这个词译为 blanket clauses,但在本书第九章中,作者把 Generalklauseln 与 Blankettverweisungen(相当于英语的 blanket clauses)区别开来。

两个阐释性联系:他认为法律的形式特征也就是它的合理性的根据;实质化对他来说意味着法律的道德化,也就是实质正义的眼光渗透进实证法之中。由此而产生出这样一个批判性命题:法律和道德之间的内在联系意味着内在于法律媒介本身之内的合理性的破坏。

(2)但是这种思路要能够成立,韦伯从形式主义法律观那里引出的法律的形式特征,就必须能够在狭义上、在道德上中立的意义上理解为是"合理的"。我们来回顾一下韦伯在这种意义上使用"合理的"一词的三个方面。[7]

韦伯**首先**从广义的技术[Technik](也就是在祈祷术、绘画术、教育术等等意义上的技巧)概念出发,以便阐明一般来说规则性[Regelhaft]这方面对于某种程度的行动合理性❺是具有重要意义的。能可靠地重复的行为模式的优点是具有可预见性。当所涉及的是支配自然和物质对象的可能改善的技术性规则的时候,一般意义上的**规则合理性**就具有了工具合理性这种更加狭隘的意义。❻ 但是当涉及的不再是对手段的有规则使用,而对既定价值之下对目的的选择的时候,韦伯**其次**谈论**目的合理性**[Zweckrationalität]。在这个方面之下,一个行动之为合理的程度,取决于它在多大程度上不受盲目结果或类似自然的传统的引导❼。韦伯把价值取向看作是实质性的、甚至是以物质性价值为对象的偏好,进

---

❺ "某种程度的行动合理性"在英译本中为:"**规则支配的行为的合理性**"。
❻ 英译本此处加:"这不适用于法律规范。"
❼ 英译本此处加:",而受明确的价值取向的引导。"

行目的合理行动的主体的决定把这些偏好当作是无法作进一步论证的前提——比方说私法主体在经济交往中所追求的各自利益。**最后**韦伯也把那些精通传递下来的符号系统——比方说宗教世界观或道德观、法律观——的专家的智力工作的结果称作是合理的。这种学理性成就是受广义的**科学方式**❽引导的思维的结果。它同时增加了一种可以学习的知识的复杂性和专门性。

初看之下,不难看出,在这三个方面——规则合理性、选择合理性、科学合理性——之下,上面提到的法律的形式属性是可以在一种狭义的、道德上还是中立的意义上描述为"合理的"。对大量法律的系统阐述依赖于专家的科学合理性;公开的、抽象的和普遍的法规确保对以目的合理方式追求主观利益的私人自主活动空间;严格运用和执行这些法规的程序的建制化使得行动、法律所确定的事实构成和法律后果之间具有规则性的、可计算的联系——尤其在私法支配的商务往来之中。就此而言,资产阶级形式法的合理性是可以在三个方面建立在它们的形式属性之上的。但事实上,能为一种合乎法律地运用的统治提供赋予合法性力量的,是不是这些合理性方面呢?

我们只要看一下欧洲工人运动和19世纪的阶级斗争,就可以看出,迄今为止最接近于形式法合理统治模式的那种政治秩序,其本身并没有被感受为合法的;会这样感受的,充其量是那些从中得益的社会阶层以及它们的自由主义意识

---

❽ 德语的"wissenschaftlich"与英语中的"scientific"一样都可以译为汉语的"科学的",但相比之下,前者的涵义比后者更广一些。

形态家。如果为了内在批判目的而姑且预设自由主义模式的话，那么，仔细的考察会表明，资产阶级形式法的合法性并非产生于那些所谓"合理"特征，而至多产生于借助于有关经济秩序之结构和功能的进一步经验假设而可以从那些特征中引出的道德含义。

（3）如果我们按相反顺序来浏览上述三个合理性规定，上述的说法首先适用于法律确定性[Rechtsicherheit]——它是在抽象－普遍法规的基础上通过严格的司法程序和行政程序而得到确保的。让我们假定，普遍而平等地确保法律确定性的经验条件是被满足的。然后要记住，被理解为对生命、自由和财产之干预的可预见性的法律确定性，是一种会同其他价值——比方说同机会平等地参与政治决策或对于社会财富的平等分配——发生冲突的"价值"。当霍布斯要求君主有义务通过法律媒介来发布命令时，他已经想到了法律确定性之最大化的问题。但是，这个价值在资产阶级形式法中所享有的特殊地位，当然并不是从以下这点就可以得到辩护的：各自行动之法律后果的可计算性，是对于社会交流的市场经济组织**有功能价值的**。比方说，福利国家的、只有借助于不确定的法律概念才能实现的政策，是否应该在一定程度上以司法判决的可计算性作为其实现的代价，这是一个不同原则之间道德平衡的问题。因此，这样的冲突必须从不同利益中哪个有可能加以普遍化这个道德角度来决定。

由此我们涉及了法规的形式性质，这是我要讲的第二点。抽象而普遍的法规的经典形式之所以为一种以这种形式行使的统治提供合法性，并非完全是因为它满足了以私人自主的方式和目的合理的方式追求各自个人利益所需要的特定的功能条件。从马克思到麦克弗森[C.B.MacPherson],[8]人们一再指出,如果真是这样的话,每个人就应该都能机会平等地利用市场社会的条件结构——甚至这一条,也只能在以下前提下才算数:除了那种通过货币机制和科层机制而形成的生活形式之外,别无更有价值的选择。当然,规则取向的法规纲领与目的取向的纲领相比确实具有这样的优势:它们由于其语义上的普遍性而与法规面前人人平等的原则相呼应。由于其抽象性,只要受调节的法律事实确实是普遍的、其根本内容不受多变的情境的影响,这种类型的法律甚至也适应于另外一个原则,即平等者平等对待、不平等者不平等对待的原则。这样,与麦克斯·韦伯的功能主义论据相反,抽象和普遍的法规的形式只有根据这些充满道德内容的原则才能够被辩护为是理性的。(当然,并不能由此得出结论说,**只有**以公开的、抽象的和普遍的法规的形式出现的法律秩序,才有可能满足法律运用平等❾和法律实质平等这两个原则。)

　　第三个形式属性,即对法律系统用科学方法进行建构,其本身也无法解释合法律性所具有的合法化作用。即使把科学可以在现代社会要求承认的权威性加在一起,法律规范也不可能完全因为其意义是精确的、其概念是明确的、其自洽性是经过检验的、其原则是统一的而获得其合法性。职业性法理学工作之能够贡献于法律的合法化,仅仅是因为它有助于满足随着法律从总体上成为实证法而出现的那种论证

---

　　❾ 英译本为"法律平等保护原则"。

需要。也就是说，从法律的承受者和实施者的角度来看，实证法的可变性之能够与对于法律的合法有效性主张统一起来，只能是在这样的条件之下：在新的情境下对法律进行修改和发展，是可以从有说服力的原则出发加以论证的。恰恰是法律专家的系统化成就，使我们意识到法律之有效性的后传统模态。在实证法中，规范已经原则上失去了那种习俗般的有效性。因此，单个的法律条款必须被作为一个特定的法律秩序的组成部分而得到论证。这个法律秩序总体上是根据原则而有意义地构成的；在其中，不同的原则本身之间是可能发生冲突的，是有可能施加商谈性检验的。但是，在这个规范性讨论的层面上再次出现的一种合理性，更接近于康德的实践理性而不是纯粹的科学合理性——这种合理性，不管怎么样，并不是道德上中立的。

总而言之，我们可以概括地说，韦伯所研究的法律的形式属性，只有就它们是在一种道德实践意义上为"合理的"而言，才能够在特定社会条件下使得合法律性的合法性成为可能。韦伯没有看清资产阶级形式法的这种道德核心，因为他把道德洞见理解成了主观的价值取向；价值被认为是无法进一步合法化的实质内容，是同法律的形式性质不一致的。他没有对这样两个方面做出区分：一方面是对价值的偏好，这些价值在一定的文化生活形式和文化传统之中是作为优于其他价值的东西而可以说**被建议的**[empfehlen]；另一方面是规范的道德应当性[Sollgeltung]，这些规范是同等地对所有承受者**施加义务的**[verpflichten]。他没有把覆盖彼此冲突的价值内容的整个幅度的价值评估，与规范之约束性或有效性——它并不随规范内容的变化而变化——的形式方面区分开来。一句话,他没有重视伦理形式主义。

(4)这表现在韦伯对现代理性法❿——他把它与实证化了的"形式法"对立起来——的诠释上面。他认为,不可能"存在一种纯粹形式的自然法":"'自然'和'理性'是衡量什么是从自然法的角度合法的东西的实质性标准……"⁹必须承认,从霍布斯到卢梭和康德的自然法理论还保存一些形而上学含义。但卢梭和康德的社会契约模式——通过这个社会契约,公民们作为自由和平等的人们来民主地调节他们的共同生活——已经大体上满足了对法律进行程序性论证这个方法论要求。在这种现代传统中,像"自然"和"理性"这样的说法基本上不再表示形而上学内容;相反,它们有助于澄清一个协议——如果它要具有提供合法性的效力的话——之能够达成所必须服从的条件。从这样一种契约模式中,可以引出一个合理的意志形成过程的程序条件。韦伯又一次没有对结构方面和实质方面做出足够区分。只有这样他才可能把"自然"和"理性"混同于形式法急于摆脱的价值**内容**,他把后传统论证层次的程序属性错误地等同于实质性的价值取向。因此,他没有看到社会契约的模型(有点像绝对命令)可以理解为是建议一种特定程序,这种程序的合理性将确保任何合乎程序地产生的决定的正确性。

在这里,关于程序主义的道德理论和正义理论的回顾仅仅是要解释,为什么法律和道德是不能借助于"形式"和"实质"的概念而彼此区分开来的。相反,我们到现在为止的讨

---

❿ 英译本把"现代理性法理论"译为"社会契约理论"。

论引向这样的结论,即合法律性的合法性是不能用一种独立的、可以说与道德分离地居住在法律形式之中的合理性来解释的;相反它必须追溯到法律和道德之间的一种内在关系。这首先适用于围绕抽象和普遍的语义形式所形成的资产阶级形式法模式。也就是说,这种法律类型的形式属性只有根据充满道德内容的原则才提供赋予合法性的理由。现在,韦伯用"实质化"这个关键词所描述的那种法律的形式变化,确实恰恰抽去了这些理由的基础。但这并不完全证明实质化的法律根本缺乏可以从中以类似方式引出合法化理由的任何形式属性。相反,法律形式的这种变化要求进一步深化韦伯关于内在于法律媒介之中的合理化所提出的问题。形式法和非形式化的法律从一开始就表现了同一种实证法的不同变种。为这两种具体的法律类型所共有的"形式主义",必须放在一个更加抽象的层次上面。如果把法律的形式主义整个地固定为法律的一种特定历史模式(也就是资产阶级形式法)的特征,就会导致具体主义的错误结论。

一般而言,对于现代法律系统具有核心意义的是法律上建制化的**程序**的概念。这个概念必须作宽泛的理解,至少不能从一开始就与一种特定的法规形式绑在一起。H.L.A.哈特等人已经指出,现代法律系统不仅仅包括直接的行为规范和刑事规范,而且包括次阶规范,包括授权规则和组织规则,它们的作用是有助于将立法、司法和行政的程序建制化。[10]以这样的方式,规范的产生也规范化了。通过程序上已经规定、但在内容上还不确定的过程,有可能按时产生出具有法律约束力的决定。此外,人们还必须记住,这些程序把决定与提供论证的义务相联系。以这种方式建制化的是法律商谈,它们的运作不仅仅受到法律程序的外在限制,而且受到用论辩方式产生好的理由这种**内在限制**。[11]有关的论辩规则不允许理由的构造和评价听凭参与者的任意摆布。这些规则本身也只能通过论辩方式加以改变。最后必须考虑的是,法律商谈,尽管始终是同现行法律相联系的,却不能在一个毫不含糊地确定的法律规则的封闭空间中进行。现代法律分为规则和原则两个层次已经说明了这一点。[12]许多这种原则,如我们从宪法那里可以很容易地表明那样,同时既具有法律性质,也具有道德性质。自然法的道德原则在现代立宪国家中已经成为实证法。从论辩逻辑的角度来看,这些通过法律程序而建制化了的论证过程,仍然是向道德商谈开放的。

这样,如果要在法律上建制化了的程序这方面去寻找——在还没有分化出一个或多或少实质化的法律类型的层次上——法律的形式属性;如果这些程序规定了法律商谈,而后者又是对道德论辩开放的,那么就可以提出这样的假设:以合法律性为中介的合法性之所以可能,是因为产生法律规范的程序也是在道德实践之程序合理性的意义上是合理的,是在这种意义上合理地实施的。合法律性的合法性之所以可能,是因为法律程序与服从其自身程序合理性的道德论辩之间的一种相互交叉。

2. 法律的非形式化:三种诠释

(1)韦伯仍然倾向于一种后来受到历史研究质疑的形式主义法学观。自由主义的模式与法律的现实没有多少关系,无论在19世纪后期的德国,还是在其他地方。比方说,自动起作用的对法官的法规约束,从来就是一种虚构。[13]但是,韦伯的诊断的持久的现实意义并不是偶然的。因为作为对有关法律专家之自我理解中、他们的实践中一种趋势的比较性陈述,这个法律非形式化命题是有它的价值的。同时,一些新出现的、韦伯还未能观察到的现象,也证实了他的诊断。

(a)**反思性法律**。韦伯看到了形式法向目的性法律纲领的转化。如同工资协议法的例子所表明的,很快在此之外出现了另一种类型的非形式化法律。我指的是将谈判权力委托给发生争执的各方,并建立准政治性的形成意志和达成谈判程序。[14]借助于这种类型的规则,立法者不再直接追求具体目标;相反,以过程为取向的程序规范被认为应该使参与者能够*自己*来调节他们的事务。这种反思的或者双层的非形式化模式的优势在于,它通过同时赋予法律承受者以自主性而具有了更大的灵活性。这种反思性法律同时也是在法团主义发展之后扩展开来的。

(b)**边缘化**。最近几十年来对法律之执行的研究证明,在法律纲领的条文字面与社会作用之间存在着一种"缺口"。在许多行动领域,法律并没有严格的约束性。产生这种边缘性意识的根源,部分在于对一些从前不知道的事实的社会科学研究。但也存在着一些其他现象:对一些难以把握之过程的以目标为取向的调节越来越具有试验的性质;立法者对于可执行性的问题或者民众接受程度的问题越来越敏感;以及刑法对社会控制形式的适应。用私下协议、犯罪者和受害人之间可以讨价还价的调解以及类似的做法来代替政府刑事诉讼,也加剧了"规范侵蚀"[Normerosion]和可疑的"共识取向"趋势。[15]这些都在一定程度上使法律失去了强制性法律的古典性质。

(c)**功能迫令**。如同"调节性"[regulatorisch]法律这个概念所表明的,我们把福利国家的法律化浪潮理解为把法律当作服务于政治立法者之目的的工具的趋势。但行动者的信念因此被认为是他们——作为一个越来越复杂的国家机器的受雇行动者,并且在一个既独立化又需要加以稳定的经济的系统迫令的压力之下——常常或多或少是无意识地执行的活动的根源。在司法那里,我们也可以看到,规范性视角是如何以"秩序政治"的方式[ordnungspolitisch]被置于政府机构的自我维持迫令或市场的导控迫令之下。在权利这一方面和集体物品和价值这一方面之间的竞争中,由货币和权力所导控的子系统的功能要求占了上风,而它们本身是不再通过规范和价值而得到整合的。

(d)**法律的道德性与实证性**。随着对法律的程度越来越高的动员,关于合法律性的合法性条件的问题更加尖锐了。随着其变化速度的提高,实证法实际上以某种方式破坏了它自己的有效性基础。每次政府更换,都伴随着新的利益占据多数派的地位,它们(比方说)对房屋租赁法、家庭法和税收法等产生影响。具有悖论意义的是,与此相连是那种相反的趋势,即在道德化法律的名义下诉诸"正确的"法律——比方说以公民违抗的形式,或者在堕胎、离婚和环境保护等问题上。这种情况也有一些系统性理由。具有理性法根源的道德原则今天是实证法的组成部分。因此宪法诠释越来越带上了法哲学的形式。W.诺克[W.Naucke]具有讽刺意味地谈论"自然法的法理学司法。"[16]

所有这些趋势都被归在法律的"非形式化"名下。同时,在"法律化"这个贬义词之下,它们也成了法律批评的对象。从这个角度来看,当代的争论也是同韦伯联系在一起的:他对于法律形式合理性问题的探讨,目的就是要寻找一种既正确又有功能的法律的标准。就此而言,这种讨论有助于澄清我们的问题,即以合法律性为中介的合法性何以可能。下面我想借助于德国的例子来描述三种立场,而不深入分析美国的相应讨论。这三种立场都持有参与者视角,从这个视角出发对法律系统作内在分析。[17]德国的讨论也默默地受到关于纳粹时期法律畸变的争论的影响。在诠释这种现象时,一方更信任司法和行政,一方更信任议会的立法者。这种立场上的针锋相对有它的优点,可以促使我们对三个权力部门都加以考虑,而不是从一开始就仅仅在司法那里寻找法律型统治的合法性条件。

(2)纳粹时期的历史经验尤其在50年代关于法治国和福利国家进行的一场争论上留下清晰痕迹,争论的一方主角是恩斯特·福斯特豪夫[Ernst Forsthoff],另一方主角是沃尔夫冈·阿本德罗特[Wolfgang Abendroth]。[18]它继续了魏玛时期以及后来在卡尔·施米特、汉斯·凯尔森和赫尔曼·黑勒[Herman Heller]之间所进行的争论。[19]在我们的讨论中,具有重要意义的是福斯特豪夫用法理学手段来继续韦伯的形式主义法律批判。他想用这样一种方式来抵制法律非形式化趋势,即用古典的法治国的形式作为完成福利国家中立法和行政所承担的社会组织任务的渠道。在联邦德国基本法中所确定的福利国家原则[Sozialstaatsprinzip]不应该拥有宪法地位,不应该触及法治国的形式构造。决定法治国的自由主义逻辑的仍然是公开的、抽象的和普遍的法规的形式。只要政治立法者所追求的仅仅是那些可以转译为这种规则取向的法律纲领的目标,就仍然可以保证独立的司法和提供服务的行政是具有可预见性的。一种通过进行计划和服务的行政来干预社会现状的能动国家,必定会使法治国发生畸变。顺便说一下,对法治国的合法性须臾离开不得法规的语义形式这个前提,龙·富勒[Lon Fuller]作为"法律的内在道德"作了具体分析。[20]

这种立场的弱点在于其纯粹的防守性质。福斯特豪夫很明白,在自由主义的法治国和自由主义的经济社会之间,曾经存在着"一种结构性对应"。考虑到一段时期以来发生的社会结构变化,他不得不做出这样一个不合实际的假定,即法治国的结构可以脱离了它得以产生的社会情境,并自我独立成为一种"技术化的宪法系统"。福斯特豪夫无法解释,福利国家的法律化浪潮怎么可能在不放弃那个总体上已经不再可能取消的福利国家妥协的前提下被重新放置在一个早已过时的法律形式之中?[21]

对这种现实,福斯特豪夫的对手,沃尔夫冈·阿本德罗特的民主的法规实证主义,似乎更适合一些。在韦伯和福斯特豪夫的法律形式主义前提下,福利国家的调节性法律仍然是一个异己成分;以方案形式达成的妥协[Formelkompromisse]也无济于事。[22]相反,阿本德罗特希望把福利国家原则和法治国保障两者都包括在民主的自我决定之中。社会秩序是受作为整体之人民的民主的意志形成过程所支配的。

民主政府被当作是一个自我决定、自我转变的社会的中心。法律形式的作用是用来把改革政策转变成有约束力的决定。法律并不具有任何自己特有的、有可能发生畸变的结构。相反,法律形式被设想为一种适用于任何行政导控任务的具有可塑性的外壳。法律概念被以实证主义方式消除了合理性的任何内在规定性。最低伦理成分从法规的语义形式转移到了立法的民主形式。阿本德罗特把法治国保障信托给这样一个卢梭主义的希望:一个不自相矛盾的民主立法者,是不会制定任何无法得到普遍同意的决定的。由于这种立法能动主义,阿本德罗特仍然对以下两种现象视而不见:一方面是国家和经济的系统强制,另一方面是福利国家法律化过程的一些具体现象。

(3)但与此同时,形成了一种针对阿本德罗特所支持的对法律化之批判的元批判。这种批判的中心思想是,用弱的、非形式化的规定来代替形式严格的法律,为司法和行政避开立法的最高地位、并随之而取消民主立法**程序**所唯一具有的赋予合法性力量,铺平了道路。比方说,英格鲍格·毛斯指出,实质化的法律和特定形式的反思性法律破坏了古典的权力分立,因为,一方面是抬高综合性条款和不明确目标,另一方面是把决策和谈判权能委托给他人,这两者都消解了民主法规对于司法和行政的法律约束。[23]司法部门用它自己的法规纲领和价值取向来填满这种扩大了的自由裁量空间;行政的活动则暗中徘徊于法律纲领之执行和法律纲领之形成之间,寻求实现其自己的政策。一方面是司法对超实证价值的诉诸,一方面是行政的法团主义联系和同某一时候恰好最有势力的利益的调解,"法规摆设"对这两者仅仅提供最薄的合法化装饰。支持法律结构适应于一个如此"对情境敏感的"行政行动的,仅仅是一种注重个案、权衡价值的司法。

当然,这种批判与自由主义的法律形式主义指向的是同一个方向。但两者在各自的规范出发点上彼此区别开来。即使毛斯要求用定义明确的法规规定来严格限制司法和行政之自由裁量空间,她也不再认为法治国合理性的位置就在于法规的语义形式中。具有提供合法性作用的仅仅是立法的**民主程序**。但这样的话,司法和行政就不应该仅仅因为福利国家法律纲领的形式变化[11]而避开立法的控制,因为否则的话民主理论的论辩思路就失去了它的意义,最终与自由主义思路重合了。而且,立法相对于其他两个国家功能的优先性,也不应该仅仅从社会学角度作为一个有关权力的问题加以分析。在阿本德罗特那里,背后起作用的仍然是一种阶级分析,以及对阶级妥协的这样一种设想:在民主的和福利国家的法治国形式之中,这种阶级妥协有可能朝有利于工党的方向推进。今天,对马克思主义的以及任何其他历史哲学的背景假设的信任,已经很大程度上消失了。因此,有必要对为什么要假定议会具有优先性这一点做出规范性辩护。阿本德罗特的民主的法规实证主义是不足以提供这样的辩护的。如果实证主义法律概念留下的空位从规范角度来说不再可能用一个享有特权的阶级利益来填补的话,民主法规的合法性条件就必须在立法程序本身的合理性中寻找。

---

[11] 英译本把"仅仅因为福利国家法律纲领的形式变化"译为:"仅仅因为条件性法律纲领向以目标为取向的法律纲领的变化"。

因此,那个有趣的寻找目标出现在到目前为止所进行的讨论之中了:研究一下内在于民主的立法过程之中的程序合理性,看看以合法律性为中介的合法性是否可能由此而得到理由。当然,假如这个目标能实现的话,至少还要进一步解决一个问题。一旦抽象的、普遍的、排除任何不确定性的法规不再成为福利国家调节纲领的正常原型,就缺少了把立法程序的合理性向司法和行政的程序**传递**的传送带。没有一种严格的法规约束的自动作用——如唯有自由主义模式所假定的那样——以下问题就仍然没有解决:一方的程序合理性怎样才可能转译为另一方的程序合理性。

(4)这个问题(至少从司法判决实践的角度来看)将成为第三种论辩思路的出发点。这个立场没有民主理论的法律批判和形式主义的法律批判表述得那么明确。对于司法部门如何处理非形式化的法律这个问题的回答,至少有两个变种——自然法的和情境主义的。但首先描绘一下有关的情况。

履行抽象的规范审查任务的联邦宪法法院的例子,经常成为分析的对象。当然,家庭法、劳动法和社会法也向司法部门提出了一些无法根据经典模式——把个案置于民法程序之下——来处理的材料。[24]但是在对宪法的诠释中,可以清楚地看出一种不仅填补法规缺口、而且对法律作建构性发展的司法实践的趋势。

这里特别清楚地显示出自由主义法律模式所赞同的那种表面现象的瓦解。国家领域与社会领域之间的壁垒,一方涉及"共同福利的实现",一方涉及以私人自主方式对各自个人福利的追求,已经千疮百孔。宪法现在被看作是一个动态的整体,在其中,个人福利和共同福利之间的冲突,必须根据最高宪法原则和整体主义的宪法观、根据具体情况有针对性地加以解决。[25]基本规范和普通法规之间的等级结构就像基本权利的规则性质一样已经解体。[26]根本没有任何权利是不可能根据不同原则之间的权衡而加以限制的。因此联邦宪法法院确立了一条"相互影响原则":从对于整个"基本法价值秩序"的理解出发,法律秩序中的每个成分根据每个具体情境都可以做出**不同的**诠释。由于对整体之重构性意义的这种受原则引导的预期,建立了法律秩序和提供合法性的原则之间的双层关系——当然,不是在法规文本的字面上,而是在法律的诠释方法上。这导致了相当程度的法律不确定性。E.丹宁格在这方面说到法律型统治的解体——根据法规和法令的合法律性而进行的统治被一种"根据司法上确保的合法性来进行的统治"所取代。[27]

但这使得以下法律批判问题更加紧迫了:司法部门还能不能声称自己能合理地、也就是利用主体间可检验的论据来填满这个不可避免地扩大了的自由裁量空间。保守主义的观点❷的动机,通常是对于有可能受民众误导的议会立法者的不信任。在这方面,这个立场代表了民主理论思路的一种镜像。对纳粹不正义政权的一种特殊评价在这里又一次发生了作用。一个有可能取向于超实证的法律原则的司法,据说应该构成抵制"没有思想的、法盲的、受灌输和操纵的多数

---

❷ 英译本此处为:"作为我们所讨论的第三种立场之特征的肯定回答"。

人"的目的实证主义和权力实证主义的平衡力量。[28] 既然民主的共同意志的赋予合法性力量据说受到了法律实证主义的损害,立法部门就必须置于司法审核之下,这种司法虽然受到法规的约束,但也"受到一种实质正义的最高法则的约束"。[29] 不管是从基督教的自然法得来这种实证正义,还是以亚里士多德主义的方式诉诸某地的习惯性精神气质,结果都一样:对一种具体价值秩序的"不可支配性"的诉诸,实际上证实了韦伯的那个担忧——法律的非形式化为实质性的、因而是有争议的、本质上非理性的价值取向的涌入敞开了大门。[30]

这种自然法的或者情境主义的价值司法[Wertejudikatur]的提倡者的特点,是他们以一种不同的形式与韦伯拥有共同的**哲学前提**。他们把程序、抽象原则和具体价值放在同一个层面上。因为道德原则[sittlich Allgemeine]据说总是已经置身于具体-历史的行动情境之中,根据一种普遍的、确保公正不偏的程序来对原则进行的论证或评价,是不可能的。新亚里士多德主义者尤其倾向于这样一种制度伦理学,它取消了规范和现实之间的张力、原则和规则之间的张力,取消康德对于论证问题和运用问题的区分,把道德讨论降低到明智考虑的层次上。[31] 在这个纯粹实用判断力的层次上,规范性考虑与功能性考虑无法分辨地混合在一起了。

根据这种观点,联邦宪法法院在其具体的价值评价中,也没有标准用来确定规范性原则(如平等对待或人的尊严)或重要的方法论原则(如比例性原则和适当性原则)对于功能迫令(企业纠纷的平息、武装力量投入使用的能力、或者一般意义上的所谓可行性条件)的优先性。在个人权利和集体利益汇聚成为诸多价值——其中每个价值都和其它价值同样特别——的地方,义务论的、目的论的和系统理论的考虑都交汇在一起。那个怀疑,即在这些不可进一步合理化的价值倾向彼此并列的情况下,那些有能力实现的利益实际上也就是得到实现的利益,是再有根据不过的了。因而由此可以解释,借助于利益理论或权力理论的思路来预测法院审理过程的结果,为什么总是比较成功。

这第三条论证思路之所以令我们感到有兴趣,是因为它引起我们注意一个未曾解决的问题。它用司法处理非形式化法律的例子来表明,现在如此明显的法律道德化是无法否认、也是无法取消的;这种现象是与福利国家的法律化浪潮具有内在联系的。但是,在这种现象面前,无论是以基督教的形式或价值伦理学的形式复兴的自然法理论,还是新亚里士多德主义,都是无济于事的,因为这些诠释都不适合于发掘出司法程序实践的合理核心。善的伦理学或价值伦理学挑选出来的是一些特别的规范**内容**——它们的规范性前提,作为一个以神魔多元论为特征的现代社会中具有**普遍约束力**的决定的基础,是太强了。只有以程序主义方式提出的道德理论和正义理论,才许诺一种对原则进行论证和评价的**公平**[unparteilich]程序。

3. 法律建制化程序的合理性:一些初步问题

(1)我们这种类型的社会中以合法律性为中介的合法性如果要可能的话,那种已经不依赖于宗教和形而上学之集体确定性的合法性信念,就必须以某种方式在法律的"合理性"中得到支持。但韦伯的那个假设——一种独立的、与道德分离的、内在于法律本身之中的合理性,被认为是合法律性的赋予合法性力量的理由——并没有得到证实。一种以有义务进行论证的实证法的形式来行使的统治,其合法性始终来源于⑬法律的形式属性中隐含的道德内容。同时,这些形式属性不应具体主义地固定在某些特定的语义特征上。具有赋予合法性力量的毋宁是一些程序,它们把进行论证的要求以及论辩地满足这些要求的途径加以建制化。此外,合法化源泉不应该单方面地寻求,不应单单从政治立法过程**或者司法过程**中寻找。因为,在福利国家政治的条件下,就连最小心翼翼的民主立法者,也不再能够仅仅通过法规的语义形式来约束司法和行政;没有调节性法律它已经不行了。要使法律程序之道德实践意义上的合理内核显示出来,首先必须分析,规范论证和有约束力之规则的运用中的公平性观念,是怎么能够在现行法律、立法程序和司法程序之间确立起建构性联系的。这个公平性观念构成了实践理性的核心。如果我们撇开公平的规则运用的问题不谈,而从规范之论证的角度来考察公平性观念,那么展开这个观念的主要是一些程序主义道德理论和正义理论,它们提出了人们可以用来从道德角度判断实践问题的一些程序。这种纯粹的、先于任何建制化的程序所具有的合理性,是根据 moral point of view [道德的观点]是否在其中得到恰当阐述而加以评价的。

这样的程序主义正义理论,目前我看到有**三个慎重其事的候选对象**。它们的出发点都是康德传统,但它们用来阐明

---

⑬ 英译本此处加:"——至少部分来源于——"。

公平意志形成过程之程序的模式各不相同。[32]约翰·罗尔斯从契约性协议的模式出发,在原初状态的描述中置入了一些特定的实质性规范限制,在这些限制之下,自由平等的各方的合理利己主义必定会引向对正确原则的选择。结果的公平性是通过它们之产生的程序而得到确保的。[33]相反,劳伦斯·科尔贝克[Lawrence Kohlberg]运用G.H.米德的相互交叉视角的普遍相互性的模式。代替理想化原初状态的是一种理想的角色承当[Rollenübernahme, role taking],它要求进行道德判断的主体设身处地地把自己放在有关规范之付诸实施将影响到的所有人的处境之中。[34]在我看来,这种模式都有这样一个缺点:没有充分重视道德判断要求承认的认知上的有效性。根据契约模式,道德洞见**被等同于**具有合理选择性质的决定;根据角色承当模式,道德洞见**被等同于**身临其境的理解行动。卡尔·奥托·阿帕尔和我因此提出建议,把道德论辩本身理解为合理的意志形成过程的恰当程序。对于假设性有效性主张的检验之所以构成了这种程序,是因为每个认真参加论辩的人都不得不承认一个高要求交往形式的理想化前提。也就是说,交往实践的每个参与者都必须做出这样的语用假设:原则上所有可能的相关者都能够作为自由和平等的人参加一种合作的真理追求过程,在这个过程中发挥作用的应该只是更好论据的强制力量。[35]

我这里无法深入进行道德理论的讨论;在这里只需指出这一点就足够了:程序主义正义理论的慎重其事的候选对象确实是存在着的。只有这样,我的以下命题才不是悬在半空的:程序主义的法律和对于原则的道德论证,是相互蕴含的。合法律性只有在如下程度上才能产生合法性:法律秩序对随着法律实证化而产生的论证需要做出反思的反应,作为这种反应的结果,一种能受到道德商谈**影响**的法律的决策程序获得了建制形式。

(2)当然,道德和法律之间的界线也不应该混淆。正义理论为了解释人们怎样能够从道德眼光出发对某事做出判断而提供的那些程序,与具有法律建制形式的程序的共同点仅仅在于,程序的合理性被认为应该保证符合程序地得到的结果的"有效性"[Gültigkeit]。但法律程序接近于充分的程序合理性的要求,因为它们与建制化的、因而是独立的标准相联系,根据这些标准可以从一个非参与者的眼光出发来决定一个决定是否是符合规则地产生的。道德的、不受法律规则支配的商谈,并不符合这些条件。在这里,程序合理性仍然是不充分的。某事是否是从道德的观点出发加以判断的,只有从参与者的眼光出发才能决定。因为这里缺少外在的或事先规定的标准。这些程序也不可能在没有理想化的情况下出现,即使这些程序——如论辩实践的交往预设——可以在一种弱的先验必然性的意义上被证明为是不可避免的或别无选择的。

另一方面,正是这样一种可以从功能角度得到理解的不完善程序合理性的弱性质,解释了为什么有些问题需要法律调节,而不能交给这种后传统类型的道德规则。不管我们希望用什么程序来检验一个规范能否得到所有可能的相关者的无强制的、也就是说合理地推动的同意,这些程序都既不能保证结果是不可错误的,也不能保证结果是意义明确的、结果是能准时出现的。

一种自主的道德所拥有的,仅仅是可错主义的规范论证程序。这种高度的认知不确定性[Unbestimmtheit],由于以下事实而更加剧了:以对情境敏感的方式把高度抽象的规则运用于复杂的——尽可能恰当的、在一切有关方面尽可能充分描述了的——情境,是同一种附加的结构不定性[Ungewiβheit]相联系的。36 这种认知上的弱性质,是与动机上的弱性质相对应的。每一种后传统道德都要求与不成问题的、习以为常的生活形式的理所当然性质保持距离。与日常的具体的伦理生活[Sittlichkeit]相分离的道德洞见,不再必然地带有那种使判断具有实践作用的动机力量。道德越是内化和自主化,它就越是退回到私人领域中去。

因此,在冲突、重大问题和社会事件一般来说要求做出明确的、及时的、有约束力的调节的所有行动领域,法律规范都必须把不确定性——假如交给纯粹的道德调节的话会产生出来的那种不确定性——消化掉。用强制性法律对道德进行的这种补充,也是可以进行道德的论证的。K.-O.阿帕尔在这方面谈到一种高要求的普遍主义道德的合理可期待性[Zumutbarkeit]的问题。37 也就是说,即使是道德上得到充分论证的规范,它们也只有在这种情况下才是可期待具有效力的:用这些规范来指导其实践的那些人,也可以期待所有其他人也合乎规范地行动。因为只有在实际上普遍遵守规则的条件下,可以导致对这些规范的辩护的那些理由才是算数的。既然从道德洞见中无法一般地期望一种有实践效果的约束力,从责任伦理的角度来说,对相应规范之遵守,只有当它获得法律约束性的时候,才是可合理期待的。

实证法的重要特征,只有当我们从对自主道德之弱性质的弥补这个角度,才能得到理解。法律建制化的行为期待的**约束力**,是通过与国家进行制裁的可能性相联系而获得的。它所覆盖的是康德所说的行动的**外在方面**,而不是无法加以强制的动机和信念。对书面上确定的、公开和系统地阐述的法律的职业性执行,使私的法权人卸除了那种在以道德方式解决行动冲突时要求个人们本身所做出的努力。最后,实证法所具有的**俗成的性质**[konventionellen Züge],是因为它是通过政治立法者的决定而生效的、原则上是可以任意改变的。

  这种对于政治的依赖也解释了法律的工具性方面。道德规范始终是自我目的,法律规范则**也是**政治目标的手段。也就是说,它们的作用不仅仅是像道德那样对行动冲突进行公平的解决,而也是实现政治纲领。集体的目标和执行政策的措施是因为法律形式才具有其约束力的。就此而言法律处于政治和道德之间。于此相应地,正如德沃金所指出的,在法律商谈中法律诠释的运用性论据不仅同政治的目标性论据相连,而且同道德的论证性论据相连。对此我将在下一讲讨论。

  (3)关于合法律性的合法性的问题到现在为止把法律和道德的议题推到了突出位置。我们已经说明了俗成地外化的法律和内化的道德是如何相互补充的。我们感兴趣的不只是这种互补关系,而是道德和法律之间同时存在的**相互交错**。这两者之间的相互交错之出现,是因为法治国秩序要求❹运用实证法手段,以便分担举证责任、把可以受到道德

---

  ❹ 英译本此处加:"反思地"。

论辩影响的论证过程建制化。道德不再像理性法理论所设想的那样作为一套超实证规范高悬在法律之上，它进入了实证法之中，但并没有与之重合。不仅与法律相互补充、而且也在法律扎下根子的道德，当然具有纯粹的程序性质；它已经摆脱了全部特定的规范内容，而升华为可能的道德规范内容之论证和运用的一种程序。这样，程序法和程序主义道德可以进行相互审核。在法律商谈中，对道德实践问题的论辩性处理在法律建制化过程中可以说被"本土化"了；也就是说，道德论辩在方法上受到现行法律的约束，实质上受到议题和举证责任方面的限制，在社会的角度受到参与条件、豁免和角色分配方面的限制，在时间上受到做出决定的时间限度的限制。但另一方面，道德论辩也被作为一个公开程序而建制化，它服从自己的逻辑、控制它自己的合理性。法律框架并不干预到这种论辩的内部、以至于使这种论辩在实证法之边界上止步不前。法律本身准许并激发一种论证机制，这种机制以一种实证法所无法确定的形式超越这种法律。

当然，在不同的商谈情境中（法律学者的、法官的、律师的），在不同的议题范围中（从道德的问题到纯粹技术的问题），这个概念必须作一些区分。但它也可以用来服务于这样一个批判性的目的：对不同的判决实践进行重构，看看法律程序为论辩所提供的活动空间有多大，或暗中起误导作用的外部限制在多大程度上系统地扭曲了论辩活动。当然，这样的效果不仅表现在法律的程序规则本身之中，而也表现在这些规则是如何实际运用的。有时候，一种特定类型的论辩被用来进行这样的重构。比方说，在司法判决实践中，在论证判决时排除规范性视角而倾向于被假定的功能性要求，就属于这种情况。但正是这样的例子表明,法官和法律系统以一定方式对社会作出反应,并不是独立于社会之外而自主的。它们是否即使在违反或者损害提供理由之原则的情况下也必须屈从于系统迫令——不管是经济还是国家机器——,归根到底不是在法院中决定的,也不是在法律公共领域中决定的,而是在系统和生活世界之间边界上所进行的政治斗争中决定的。

这样,我们看到,在法律程序的合理性中有一席之地的那种赋予合法性力量,不仅通过司法的程序规范,而首先通过民主立法程序对法律型统治产生影响。当然,说议会活动有可能具有一种道德实践意义上的合理内核,初看之下是没有说服力的。在某种程度上这里涉及的似乎是政治权力的争夺,是彼此冲突的利益之间受权力导控的竞争,从而对议会讨论,至多能进行经验分析,而无法根据公平谈判甚至商谈性意志形成过程的模式来进行批判性重构。这里我无法提供一个令人满意的模式;但我可以指出一些遵循批判—重构理路的注重过程的宪法学说。[38] 在这些理论中,用来分析多数裁决原则、议会程序规范、选举模式等等的角度,是在议会决策过程中,它们在多大程度上能够确保对具体情况下有关的利益和需要调节之问题的一切有关方面的平等考虑。在我看来,这些理论的一个弱点不在于这种注重过程的理路,而在于它们的规范性视角不是从道德论辩的逻辑中发展出来的,并且没有运用于商谈性意志形成过程的交往条件。而且,议会之内的意志形成过程仅仅是公共生活的一小部分。政治立法过程的合理质量不仅仅依赖于赢得选举的多数和得到保护的少数在议会中是如何工作的。它也依赖于参与的水平和教育的水平,依赖于信息和有争议问题之表达的清晰程度,简言之:依赖于政治公共领域中不可工具化的意见形成过程的商谈性质。公共生活的质量一般来说取决于公共领域的传媒和结构实际上开放的机会。[39]但所有这些研究思路都面临这样的怀疑,即从迅速增长的社会复杂性来看,这种提问方式是否已经是无可救药地过于天真的了。如果我们考虑法律实在论所提出、今天又被批判法学运动所激进化了的那种批判的话,任何从内部视角来考察民主法治国、甚至承认其字面意义的规范性研究,似乎都陷入一种无能为力的理想主义。为此我将在下一讲转变一下视角,转向一种社会理论的考察方式。

第二讲　论法治国的观念

在接过来讨论韦伯提出的那个问题——以合法律性为中介的合法性何以可能——的时候,我已经不明言地接受了那个从法律合理化角度来描述法律发展的思路。这种思路要求采取一种其他领域并不常见的做法,即把描述的研究策略与规范的研究策略交叉起来。从科学史中我们知道一种类似的分工,即一方面是对范式转换的外部说明,另一方面是对那些最后导致一个捉襟见肘的研究纲领走向退化的未解决问题的内部重构。从传统型统治向法律型统治的过渡是一个复杂现象。这种现象,及其与其他现代化过程的联系,首先要求的是一种经验性说明;而另一方面,韦伯则从法律发展的内部视角出发把法律的形式特征解释为一个合理化过程的结果。

到现在为止,我们跟随韦伯进行的是内在重构的工作。首先我们看到,现代法律的形式即使是在法律形式主义的前提下也不可能被描绘为是道德中立之意义上的合理的。其次,我们指出,福利国家中出现的法律的形式转化不一定破坏法律的广义的形式属性。这些形式属性可以从实证法和程序主义地理解的正义之间互补关系的角度加以抽象的把握。但是,第三,这个结果使我们面临这样的问题:一种要求极高的程序合理性进入了法律媒介之中。一旦以这种方式明确提出有关既正确又发挥功能的法律这个隐默的问题——从韦伯以来的几乎所有法律批判的基础都是这个问题——就出现了实在论的反问题:在一个越来越复杂的社会中,法律制度还是不是承受得起规范性要求和功能性需要之间的这种尖锐张力。这样的怀疑出现在人们面前:对于必须在这样的环境中发挥功能的法律来说,出于原则的道德辩护这样一种理想主义自我理解,是否只是一种装饰。

许多人把这个问题仅仅当作一种漂亮言辞下的退却,旋即转向法律社会学或法律经济学研究的观察者视角。对于社会科学观察者来说,对参与者具有规范性约束力的东西,表现为参与者仅仅**当作**是正确的某种东西。从这个角度出发,对合法律性的信念也失去了它与好的理由的内在联系。不管怎么样,用于重构目的的合理性结构失去了它的意义。当然,随着这样一种方法论上的视角转换,规范性问题仅仅是通过纯粹的决定而中立化的。它被扔在一旁,但随时都会重新冒头。因此,更有希望的做法是对规范性问题作功能主义诠释。规范性问题不是从一开始就落在注意力之外,而是在诠释性描述的过程中渐渐消失。

我将首先讨论卢曼的系统功能主义的法律理论的一些基本特征,并指出这种说明策略未能把握的一些现象(1)。我的结论是在系统理论的概念之中,法律系统的自主性无法得到满意的把握。从这个结论出发,我将在第二部分探讨在什么意义上现代法借助于理性法理论从政治、法律和道德这个传统的复合体中分化出来(2)。最后,我们将讨论这样一个问题:从理性法理论的崩溃中,是不是产生出一个这样的法治国观念,它不是仅仅软弱无力地面对一个具有高度复杂性和加速结构变化的社会,而是扎根于这个社会本身之中。

1. 法律的系统自主性?

(1)卢曼把法律理解成一个自组织系统,并在此基础上提出了一个高难度的、也可以用于法律批判的理论。[40]从法理学内在角度表现为规范性决策实践的,卢曼则从功能主义角度解释为一个社会子系统的事实性的自控维持过程。简单地说,法律系统理论的特征可以用三个概念策略转向来刻画。首先是对法律规范的"应当性"进行重新定义,使之有可能接受一种纯粹的功能性分析(a)。然后,用功能主义方式把实证主义法律观转译成一个分化了的、充分自主化的法律系统模式(b)。最后,把以合法律性为中介的合法性解释为一种具有稳定系统作用的自我欺骗,是法律代码的迫切要求,是由法律系统本身所造成的(c)。

附论(a)首先,卢曼剥去规范上普遍化了的行为期待所具有的义务论性质、也就是赋予人们义务的性质。⁴¹ 他取消了命令（也就是禁止和许可）的语内行为意义 [illokutionärer Sinn] 以及这些言语活动特有的约束功能。也就是说，他从学习理论角度把规范性行为期待重新诠释为涉及预测、而不是涉及⑮辩护的纯粹认知性期待的一个变种。根据这种理解方式，规范要持久地稳定期待、避免失望，只有付出认知匮乏的代价。在这种经验主义描述之下，规范性期待表现为独断地凝固化的、靠学习愿望之缺乏而维持的认知期待。既然拒绝进行学习性适应是有风险的事情，规范性期待必须依靠一种特殊的权威加以支持，其中包括赋予规范性期待以国家建制形式，用制裁的威胁来加以确保——换句话说，把它转变成法律。社会越是复杂，法律系统受到的变化压力也就越大。它必须迅速适应变化了的环境。

附论（b）所以，卢曼进一步把实证法描绘成学习愿望之缺乏——在经验主义地重新诠释的规范性这种一般意义上——和学习能力之具备这两方面的明智结合。这种能力，法律是通过分化——一方面同外在于法律的或从理性法角度论证的道德规范相分离，另一方面同政治、也就是立法和行动相独立——而获得的。也就是说它形成为诸多其它社会子系统之外的这样一个子系统：它是功能分化的、自我指涉地运作的、仅仅根据自己的代码来加工外部信息的，并且是自我再生产的。当然，法律系统获得这种系统自主性，所付出的代价是一种也附着在哈特的"承认规则"之上的悖

---

⑮ 英译本此处加："根据权利和义务进行的"。

论:从外部看来是社会事实、自然属性或习惯性实践方式的东西——不管怎么样是表现为不确定地出现的东西——从内部来看却可以被承认为令人信服的有效性标准。这里反映的是那个内在于实证法之基础之中的悖论:法律的功能如果在于稳定规范上普遍化了的行为期待的话,履行这种功能的怎么可能是一种可以任意改变的、仅仅依据政治立法者之决定而有效的法律呢?即使卢曼,也必须对这个问题给出回答:以合法律性为中介的合法性,何以可能?

附论(c)一种分化了的法律系统,不能通过诉诸法律以外的提供合法性的理由来打破那个随着法律代码的自主化而出现的循环——只有合乎法律地制定为法律的才被当作法律。如果法律是应该被承认为有效的——尽管作为实证法它的有效性只是暂时的——那么,在有服从义务的法律承受者之中,在并非玩世不恭地执行法律的专家之中,法律是"正确的"这个虚构,至少仍然是得到维持的。

在这里,卢曼对以程序为中介的合法性做出了一个很有意思的诠释。[42]从法律承受者的眼光来看,现行法律之运用的建制化程序的作用,是遏制处于劣势的当事人的冲突愿望,因为它吸纳了失望。在一个程序的执行过程中,各种立场被参照这种公开结果而作具体说明,冲突的问题被取消其生活世界的相关性、被缩小为纯粹的主观要求,以至于"反对者被孤立为个人,并且被非政治化"。[43]这样,所涉及的并不是共识之产生,而是普遍认可(或假定为普遍认可的可能性)这种外部表现的出现。从社会心理学的角度来看,对法律程序的参与具有某种促成和解的效果,因为它提供这样的印象:具体情况下感到失望的人们"是不可以诉诸建制化的共识的,而必须学习"。

当然,这种说明只足以对付非专业人员,而不足以说服作为法官、律师或检察官而执行法律的法律专家。处理法律案件并越来越取向于结果的法律专家,是了解他们的自由裁量空间,并且知道预测是不确定的、原则是有多重意义的。对法律的这种官方运用如果要不破坏对法律之合法性的信念,行家们对法律程序的诠释就必须是不同于当事人的诠释的,也就是说要把它们诠释成为对于论证义务和举证责任的建制化。论据的作用是使程序参与者中的法律专家们能沉溺于不是任意作出决定的幻觉之中:"每一种论据都缩小进一步论据的惊异值,最终缩小决定的惊异值。"[44] 从功能主义角度出发,尽可以对论辩作出这样的描述;但卢曼把它当作一个充分的描述,因为他根本不相信理由会具有合理推动的力量。根据他的观点,并没有好的论据来说明为什么坏的论据是坏的论据。幸运的是,可以通过论辩来造成这样的表面现象,"似乎是理由为决定提供了辩护,而不是决定(之作出的必要性)为理由提供了辩护。"[45]

(2)这样,在上述三个前提下,自从韦伯以来人们所诊断出来的这种法律的形式变化,就可以被诠释为法律系统之成功的分化的结果。越来越复杂的社会要求于法律系统的这种适应,迫使转向一种认知性的风格,也就是转向一种对情境敏感的、愿意学习的、灵活的决策实践方式。当然,重点的这种转移——从规范地确保普遍化行为期待这种具体任务,到系统导控的任务[46]——不应该发展到威胁法律本身之认同的地步。比方说,当法律系统因为太愿意学习而让外部系统分析代替法理学自我理解的时候,就会出现这种极端情况。比方说,把一种外部描述内在化(用卢曼的话来说)将不得不导致法律专家中间的规范意识的玩世不恭式的解体,并危及法律代码的独立性。

法律的系统自主性概念也具有批判性价值。像韦伯一样,卢曼也认为法律的非形式化趋势造成了法律以政治作为中介的危险;当然,在他那里,这种"超政治化"必须被感受为当法律形式主义被权力盘算和效用盘算所弱化、最终被它们所吸纳时会出现的那种消除分化的危险。法律系统的自主性,是以它反思地自我导控、并且与政治和道德划清界限的能力作为基础的。通过这样的方式,卢曼又回到了他自以为已经抛在身后的韦伯关于法律合理性的问题。为了至少对法律系统的自主性作分析的确定,他必须指出把法律具体区别于(比方说)权力或货币的那些构成性原则。卢曼需要一种与内在于法律形式的合理性相等值的东西。起先他像韦伯和福斯特豪夫一样把抽象－普遍的法律(也就是条件性法律纲领)的形式当作是对于整个法律具有构成性意义的东西。渐渐地,卢曼再也无法把实质性的法律和反思性的法律贬低为仅仅是一些偏离情况。因此他后来对法律代码[Rechtskode]和法律纲领[Rechtsprogrammen]之间作出明确区分,这样一来,法律系统的自主性只需要依赖于一种分化的法律代码的维持。当然,关于这种代码,他仅仅说它允许对正当和不正当之间的二值区分。但从这种同语反复的公式中,并不可能得到对法律形式的更具体规定。在本来必须对法律代码的统一性作出说明的地方,卢曼却放置了一个问号,这绝不是偶然的。[47]这里的问题,我看不仅仅是暂时缺少了一种必要的概念阐述手段。

也就是说,卢曼承认法律论辩所具有的价值如果仅仅是用法理学来维护自我幻觉,那么他就再也无法把自主化了的法律的形式规定**作为**合理性来理解。法律系统自主性的条件甚至就在于这些论辩与个案相连、与具体论据相连;它们不应该在法哲学上独立化,成为对实证法之不可避免的悖论性基础的讨论。法律论辩要发挥功能,这些悖论就必须从"法律的官方运用"的意识中挤压出去。对这些论辩的根本性反思就不应该被激发起来。法律代码就不应该**同时**既从内部又从外部加以分析;它必须一直是不成问题的。但是,实际上我们看到的情况,却是相反的。关于法律化趋势所进行的争论表明,法律的非形式化激发了批判性的讨论,使得法律处于全方位的质疑之中。

(3)在美国,随着批判法学运动[Critical Legal Studies Movement]的兴起,也在法理学本身之中出现了一场对形式主义法律观进行仔细考察和无情剖析的讨论。[48]以个案研究为基础的批判最后概括为一个"不确定性命题"。这并不是说司法程序的结果是完全不确定的。每个有经验的法律从业者都能够以较高的几率作出正确的预测。说司法程序的结果是不确定的,仅仅是指它是无法根据意义明确的法律状态而作出预言的。决定判决的并不是法律文本。相反,在司法判决空间中充斥着假托的论据;通过未经反思的背景假设和浓缩成职业性意识形态的社会偏见,未被承认的利益总比好的理由更占上风。

这种类型的批判,如对它的尖锐反应所表明的,完全会成为对法律专家的规范意识的动摇。但是,我们必须——与卢曼的系统分析相反、也同批判法学运动的自我理解相反——坚持,法律系统的这种"功能失调的"自我反思之所以还能够从法律论辩实践中产生出来,恰恰是因为这种实践的进行是以合理性作为前提的,这种前提是可以按其字面意义预设的、是可以用来批判现行的实践方式的。显然,与举证责任的程序性分配一起,一枚自我批判之刺也被建制化了,即使是卢曼错误地提高到系统必然性高度的那种自我幻觉,这枚刺也可能把它刺穿。

当然,关于法院判决实践之不确定性的大量文献,[49]是同(比方说)M.克里勒[M.Kriele]为反对卢曼对法律论辩的功能主义理解所提出的那种常规智慧[konventionelle Weisheit]相矛盾的:"卢曼似乎未能看到程序之赋予合法性功能的决定性根据:……它们提高所有有关视角之被承认的机会,提高时间上、问题上的优先性顺序被尽可能讨论清楚的机会,因此而提高对判决做出合理辩护的机会。对程序的持续建制化,也提高官方判决在过去得到辩护和在未来得到辩护的机会……"[50]但这种智慧也在另一种意义上是常规性的:它表达出来的是一些默会的合理性假定,这些假定,当它们作为参与者在进行批判和自我批判的时候能诉诸的标准而发挥功能时,是作为反事实预设而发挥实际作用的。这些合理性假定只有当取消其标准作用的时候,才失去其操作意义。但这样的话,每一种法律批判就都失去了它们的

基础。⁵¹

驳斥卢曼理论的,不仅仅是存在着法律实在论学派出现以来一再提出的这种法律批判。这种批判的结果也表明,对法律的系统自主性并不能过分强调。法律系统的自主性,并不能只靠下面这点就得到保障:所有来源于法律之外的论据都依附于法律文本、都披上实证法语言的外衣。而卢曼主张的就是这点:"法律系统之获得操作封闭性,是因为为其编码的是正当和非正当之间的区别,没有任何别的系统是根据这样的代码工作的。法律系统的这种二值编码导致这样的确定性:当一个人打赢官司的时候,他就是有理的而不是无理的⑩。"⁵²从福勒到德沃金针对奥斯丁[John Austin]、凯尔森和哈特所进行的法律实证论的内在批判,就已经告诉我们,法律之运用越来越无法不明确诉诸政策性论据、道德论证和对于诸原则的权衡。但用卢曼的概念来说,这意味着道德代码和权力代码的内容也进入了法律代码之中;就此而言,法律系统并不是"封闭的"。

此外,法律系统的那种由法律代码而确保的语言自指性,也不排除潜在的权力结构的渗透,不管这是通过政治立法者预先确定的法律纲领,还是以那些假托的论据——与法律无关的那些利益就是通过这些论据而进入司法领域的——的形式。

显然,系统自主性的概念,即使它是有经验相关性的,也并不符合我们与"法律的自主性"连在一起的规范直觉。对

---

⑩ 这句话的原文是:"daβ man,wenn man im Recht ist,im Recht ist und nicht im Unrecht",其中"im Recht ist"既可以表示"打赢官司",也可以表示"是有理的"。

司法判决实践,我们仅仅在如下意义上才把它看作是独立的:第一,立法者的法律纲领不损害法律形式主义的道德核心;第二,不可避免地进入司法之中的政治考虑和道德考虑是经过论证的,而不是仅仅作为对与法律无关的利益的自圆其说[Rationalisierung]而发挥作用的。韦伯说得对:只有诉诸内在于法律的合理性才能保证法律系统的独立性。但因为法律一方面与政治有内在关系,另一方面与道德有内在关系,法律的合理性并不仅仅是法律的事情。

2. 理性和实证性:论法律、政治和道德的相互渗透

（1）要弄明白为什么法律在分化出来以后并没有完全解除它与政治和道德的内在关系,我们来看看实证法的产生过程。在欧洲,这个过程从中世纪末一直延伸到18世纪大规模法律编纂运动。即使在普通法国家,习惯法也在受过学院教育的法律专家影响下被罗马法所覆盖;这样它一步步地适应于正在产生的资本主义经济的交往条件,适应于正在出现的领土国家的科层统治。对这个错综复杂、形式多样、无法一目了然的过程,我这里只能讨论具有法哲学意义的一个方面。法律实证化的哲学意义,可以在衰落中的中世纪法律制度的三重结构背景下加以解释。

从比较法律社会学的角度来看,有三个方面对一般意义上古代帝国法律文化是具有典型意义的;相隔一定距离来看我们自己本土的传统,可以从中看到与这三个成分的对应。[53]构成法律系统最高框架的,是由神学家和法律专家们所诠释和执行的宗教法;构成法律系统核心的,是由国王或

皇帝(他们同时也是最高司法权威)根据宗教法律传统所制定的科层法。这两种法律形式覆盖了通常是不成文的、说到底追溯到种种部族法传统来源的习惯法。在欧洲中世纪,情况有所不同:天主教会的教会法规没有中断地继续了在技术和概念上达到很高层次的**古典**罗马法,而由皇帝政令和法令构成的皇权法,甚至在《查士丁尼民法大全》重新发现以前,就至少与"罗马至上"[römisches Imperium❼]的观念相联系。甚至习惯法也受到西罗马诸省的罗马-日耳曼混合法律文化的影响,并且从12世纪以后以书面形式流传下来。但就其本质特征而言,各大文明中熟悉的那种结构——法律分成宗教法和世俗法,而宗教法从几个大宗教之一的角度与宇宙秩序或某起宗教事件连成一体——得到了重复。这种神圣法或自然法是政治统治者无法随意支配的。相反,在统治者通过其司法功能和科层立法功能而行使其世俗统治时,它为他提供了在其中运作的合法化框架。正是在这方面,韦伯谈论"传统型统治的双重领域"[Doppelreich der traditionalen Herrschaft]。[54]

在中世纪,法律的这种传统性质也保持着。所有法律都从基督教所理解的自然法的神灵来源中获得其有效性。新法律只能以对好的旧法律的改革或恢复的名义而创造出来。当然,在传统法律观中已经存在着一种有趣的张力,一种存在于皇权法的两个成分之间的张力。作为最高司法权威,统治者是隶属于宗教法的。只有通过这种途径,宗教法的合法性才能转移到世俗权力上去。虔诚遵守神圣不可侵犯的法

---

❼ 根据英译本,这个命题的拉丁文原文为"Imperium Romanum"。

律秩序而得到的奖励,是整个政治统治之行使的合法性将随之而增加。但与此同时,处于组织为种种官职的行政权力之顶端的统治者,也把法律当作媒介来运用,赋予其命令——比方说政令和法令——以集体约束力。但法律如果要在这一方面作为科层统治的手段而履行其治理功能,就必须在另一方面以神灵法律传统形式同时保持不可工具化的性质、也就是**不可随意支配**[unverfügbar]的性质,对此统治者在司法过程中是必须加以尊重的。一方面是在对冲突的司法调节中作为预设的法律的不可随意支配性,另一方面是被用来服务于行使统治的法律的工具性,这两个环节之间存在着一种没有解决的张力。但只要法律的神灵基础还没有动摇,只要传统的习惯法仍然牢牢扎根于日常实践之中,这种张力就还是隐而不显的。[55]

(2)但在现代社会中,恰恰是这两个条件越来越得不到满足了。如果把这当作出发点,我们可以从内部眼光出发把法律的实证化解释为是对这种变化的一种反应。随着宗教世界观让位于私人化了的诸神诸魔、随着习惯法传统通过现代惯例[usus modernus]而渐渐被学者制定的法律所吸收,法律系统的三重结构也不得不崩溃。法律收缩为其中的仅仅一个向度,只占据到那时为止由科层皇权法所占据的位置。统治者的政治权力摆脱了同宗教法的联系,成了至上的主权[souverän]。落在他头上的任务,是从自己力量出发通过政治立法过程来填补神学家施行的自然法所留下的那个空白。最后,所有法律都被认为应该产生于政治立法者的主权意志。法律的制定、执行和运用成为一个以政治方式导控的单一循环过程内部的三个环节;即使在建制上分化为国家的不同权力部门之后,它们也仍然如此。

法律的那两个环节(不可随意支配性和工具性)之间的关系,也随之发生了变化。今天,由于角色的充分分化——权力分立的意义就在于此——,法律纲领仍然是在司法过程之前给出的。但是,一种类似的约束性权威,能不能像以前来源于不可任意支配的宗教法那样,来源于具有任意可变性的政治性法律呢?整个实证法,当它不再能像传统法律系统中的科层法那样从一个事先给定的、高高在上的法律中获得其有效性的时候,还能不能具有一种约束性质?对这些问题,法律实证论给出的回答是不令人满意的。⑬56在法律实证论的一个变种中,整个法律被剥夺了规范性质,仅仅被赋予工具性的特征:它被看作是一个主权者的命令(奥斯丁)。这样一来,被当作形而上学遗迹的不可随意支配性环节就消失不见了。法律实证论的另一个变种则坚持这样一个前提:法律要能够履行其对冲突进行司法调节这个核心功能,被运用的法律就必须仍然保持一种特定意义上的规范性——在不可施加迫令的应然有效性的意义上的规范性。但现在这个环节被认为应该是附着在实证法的形式上,而不再是附着在自然法的内容上(凯尔森)。从这个观点来看,法律能独自维护其形式、因而维护其自主性的唯一领域,就是与政治和道德泾渭分明、以司法作为其建制核心的法律系统。(在卢曼那个版本中,我们已经熟悉了这个命题。)两种情况都导致这样的结论:由宗教法所提供的对法律有效性的元社会保

---

⑬ 此句在英译本中意为:"对这些问题,法律实证论总是给出肯定的回答。"

障,是可以在消失的同时而**无所替代的**。

不仅传统法律的起源、而且现代法律的起源,都驳斥了这个命题。人类学研究告诉我们,法律总的来说出现于❶政治权力或国家权力产生之前,而以国家制裁为后盾的法律和具有法律结构的国家权力(其形式是政治统治)则是同时产生的。[57]情况似乎是这样的:只是由于古代世界的法律发展,政治统治——在其中国家权力和国家法律是相互构成的——的出现才成为可能。但从这个格局中我们很难想像,法律会要么完全被政治所吸纳,要么完全同政治相分离。另外,在法律和国家权力的共生现象的出现中,道德意识的特定结构也被证明起了重要作用。在从传统法律过渡到现代法律——世俗的、以国家对暴力之垄断作为后盾的、政治立法者可以支配的实证法——的过程中,道德意识也起了类似作用。即使在现代法中,面对法律媒介的政治工具化趋势,法律的不可随意支配性环节也构成了对法律媒介之政治工具化趋势的不可或缺的抗衡力量。而这个环节的根源,就在于政治和法律与道德之间的相互渗透。

(3)这个格局是在各大文明早期与法律和国家权力的共生现象一起而首次出现的。在新石器时期的氏族社会里,通常有三种机制在发挥调节内部冲突的作用:自卫的惯例(武力自卫和血族复仇),用仪式召唤神秘力量(神谕和决斗),以及作为以和平方式代替武力和巫术的等价物的仲裁

---

❶ 英译本此处补充意为:"严格意义上的"。

者调解。[58]这样的调解者还缺乏对各方冲突作出有约束有权威判决的能力,以及在与亲属忠诚相对抗情况下执行判决的能力。在可执行性特征之外,还缺少法庭和法庭程序。此外,法律与道德和宗教观念之间的联系还相当紧密,以至于真正的法律现象还难以与其他伦理现象区分开来。作为所有冲突调解活动之基础的正义概念,与对于世界的神秘诠释交织在一起。复仇、报复和赔偿,都具有恢复被扰乱秩序的意义。这种由一系列对称关系和对立关系所构成的秩序,适用于个人、家族团体,同样也适用于整个自然和整个社会。罪行的严重程度取决于行为的结果,而不是行为者的意图。制裁的意义是对所造成破坏的补偿,而不是对犯有破坏规范之过的行为者的惩罚。

在这种具体主义的正义观中,法律问题和事实问题之间的区分尚无可能。在这些古代法律过程中,规范性判断、明智的利益权衡和对事实的断定,还是相互交织在一起的。"责任能力"和"有罪"之类的概念还缺少;故意和过失还没有区别开来。得到考虑的仅仅是客观地造成的损失。私法和刑法之间还没有分开;所有对法律的违反都在同等程度上是要求予以赔偿的罪行。这样的区分,只有当出现一个全新的概念、只有把道德观念之世界革命化的时候,才有可能。我指的是这样一个概念:独立于情境的、争执各方和公平仲裁者都服从的、因而是事先就被主体间地被承认为具有约束力的法律规范。围绕这个核心而形成的是 L. 科尔贝克所谓的"俗成的"[konventionelles]道德意识。没有这样一种规范概念,仲裁者只能说服争执各方去达成妥协。在这个过程中,他的个人威望——其根源是他的地位、财富或年龄——或许可以被作为影响而发挥作用。但他还缺少**政治权力**;他还无法诉诸法规的非人称的约束性权威,以及参与者的道德洞见。[59]

现在我建议进行如下思想实验。我们假定,在政治权威出现以前,俗成的法律观和道德观就㉑已经构成了。这样,比方说一个调解冲突的部族首领就已经可以依赖于已被承认之法律规范的约束性质;但他还无法在他判决的道德约束性上添加以国家权威为后盾的制裁威胁所具有的那种事实性强制性质。因此,一旦"具有道德约束力的规范"这个概念出现在法律活动之中,这位首领——在这以前他的领导角色仅仅涉及事实性的影响和声望——的角色就必须作重大改变。这个场景中有三个重要步骤。首先,这样一位首领,作为主体间承认之规范的护卫者,可能也具有他所执行的法律所具有的神圣光环。所以,法律的规范权威可能从法官的权威转移到部族首领的整个个人权力上去。于是,有影响之人的事实性权力不知不觉地转变为一个命令者的有规范依据的、这时可以做有集体约束力的决定的权力。其次,司法判决本身的性质也随之而改变了。处于有道德约束力之法律规范背后的,不再仅仅是氏族的要求服从的压力或重要人物的事实性影响,而是一个合法统治者的制裁威胁。由此而出现了国家法律的那种性质复杂的、把承认和强制结合起来的有效性模态。但是,第三,政治统治者随之而获得了一种媒介,借助于这种媒介他可以创造一个官职组织,并以科层形式行使他的统治。作为组织手段,法律还因此而在客观法的不可随意支配性之外具有了一个工具性方面。根据这个

㉑ 英译本此处加:"从比较精致的神秘世界观中"。

场景,道德意识在法律和权力的结合过程中起一种催化剂的作用。

上述考虑虽然也具有经验内容,[60]但我这里涉及的主要是对概念关系的澄清。只有在达到一定复杂程度的世界观中,才能形成俗成阶段的道德意识;只有一种对基于传统的、具有道德约束力的规范的意识,才使事实性权力向规范性权力的转变成为可能;只有对合法权力的运用,才允许对法律规范的政治性运用;只有强制性的法律,才能用来对国家权力进行组织。如果对置于宗教之中的道德、由法律提供合法性的统治、以法律形式来组织的国家权力之间的相互交错作具体分析,前面提到的那两个实证主义法律概念的不可避免性,就很清楚了。

(4)把法律规范归结为政治立法者的命令,会意味着法律在现代可以说被消解在政治之中了。但这样一来政治这个概念本身也受到了破坏。在这个前提下政治权力至少不再有可能被理解为被在法律上赋予合法性的权力,因为一种完全受政治支配的法律将失去其赋予合法性的力量。一旦合法化成为政治**自己的**成就,我们也就放弃了**我们的**法律概念和政治概念。同样的结果也产生于另一个版本的实证主义法律概念,即认为实证法可以独自地维护其规范性,即通过一个由法律导控的、但独立于政治和道德而自成一体的司法的法理学成就而维护其规范性。一旦法律有效性失去与正义之诸方面的联系——这种联系是超越立法者决定的道德联系——法律的认同也就必然会分散瓦解。在这种情况下,也将缺少有可能用来把法律系统与法律媒介的一种特定结构的维护紧密联系的那种赋予合法性的视角。

假定现代社会是无法完全放弃法律的(也无法伪托"法律"之名从事一种功能上等价的、但**完全另外一个种类的**实践或行为控制),法律的实证化即使出于概念性理由就已经提出了一个问题。必须找到一个代替经过解魅的宗教法——以及空洞无物的习惯法——的等价物,它可以为实证法保存一个**不可随意支配性环节**。这样一种等价物事实上首先是以理性法理论的形式发展起来的,不仅在法哲学上,而且对大规模法典编纂运动和法官发展法律的实践,它都具有直接的法理学意义。[61]这里我想引起人们注意两点:(a)在理性法理论中所表达的是道德意识的后传统阶段,它使得现代法以原则作为基础,并且向程序合理性转化。(b)无论是法律实证化本身,或者是由此产生的进行论证的需要,当它们作为有待说明的现象被推到前台之后,就在相反方向上出现了一些社会契约理论。但在这两种情况下,法律的不可随意支配性环节和工具性环节之间都不可能建立起有说服力的联系。

附论(a)理性法理论[21]是对基于宗教和形而上学理由的自然法的崩溃的一种反应,也是对政治——它越来越被人作自然主义诠释、越来越适应于个人自我利益——的非道德化的一种反应。一旦垄断暴力的国家以主权立法者的身份成为法律的唯一支配者,被归结为组织手段的法律就有失去与正义的联系、因而失去与真正的规范性质之联系的危险。以国家主权者为后盾的法律的实证性的出现,并没有同时伴随着论

---

[21] 英译本为"现代自然法理论"。

证问题的消失,它仅仅是转移了位置,转向一种后形而上学的、与世界观相分离的世俗伦理的狭隘基础。资产阶级私法的根本意象是"契约"。缔结契约的自主性使私的法权人能创造出主观权利。在"社会契约"这个观念中,"契约"这个意象以一种很有意思的方式被普遍化,并用来对以实证法形式而行使的统治——法律型统治——进行道德辩护:任何完全自主的个人与其他自主个人所缔结的契约,其内容只能是所有人出于其各自利益而可能理性地意欲的东西。以这样的方式产生的,只能是得到所有人非强制性同意的那些规定。这个程序性观念表明,现代自然法理论的"理性"本质上是实践理性——是一种自主性道德的理性。这要求我们区别规范、用于辩护的原则和程序——根据这些程序,我们检验规范是否可以根据有效的原则而指望得到普遍的同意。因为在社会契约观念中考虑到了这样一种用于论证具有法律结构的政治秩序的程序,实证法也被置于道德原则之下。从发展史的角度来说,值得重视的是这样一个假说:在向现代性的过渡中,道德意识的变化又一次发挥了法律发展之领步人的作用。

附论(b)理性法理论㉒是以各种不同形式出现的。对于新的实证化的法律,像霍布斯这样的作者更关注的是它的任意可变性,而康德这样的作者则更关注它的论证方面的匮乏。众所周知,霍布斯形成其理论的前提,是把实证法和政治权力的道德含义都抽象掉,并认为在君主所制定的法律产生的同时,

---

㉒ 英译本此处为"社会契约理论"。

并不需要一种理性等价物来代替经过解魅的宗教法。但是，因为他的理论提供给这种法律的承受者的恰恰是这种理性等价物，霍布斯陷入了一种施为性矛盾之中。这种理论的外显内容是对充分实证化之法律的与道德分离的功能方式进行说明，而这同一种理论的**语用**作用则是要向它的读者解释，为什么他们作为自由和平等的公民有可能具有恰当理由来决定服从一种绝对的国家权力。这两者之间存在着矛盾。

后来，康德将霍布斯隐默地预设的规范性前提明确化，并从一开始就在道德理论的框架中发展其法律理论。客观上成为所有立法之基础的普遍法权原则，是从绝对命令中产生出来的。而这条最高立法原则则又导致这样一个最基本的主观权利：每个人都有权利要求其他每个法律同伴承担尊重他的自由的义务，只要这种自由是与所有人根据普遍法规所具有的平等的自由相一致的。对霍布斯来说，实证法说到底是政治统治的一种组织手段，而对康德来说，它还保持着一种根本的道德性质。但是，即使在这些最成熟的版本中，理性法理论也难以胜任它所要完成的任务，即对法律型统治的合法性条件进行解释。霍布斯为了得到法律的实证性而牺牲了它的不可随意支配性，而在康德那里，从实践理性中先天地引出来的自然法则或道德法则，则居于太高的地位，使法律有融化进道德的危险：法律几乎被还原为道德的一种有缺陷模态。

康德以一种特定方式把不可随意支配性环节置入法律的道德基础之中，从而实证法㉓被置于理性法之下了。在这

㉓ 英译本此处加："几乎完全"。

种从理性法角度片面理解了的法律中,政治立法者可以用来服务于实现其政策目标的法律的工具性方面,没有多少余地。在基督教自然法的屋顶崩溃以后,废墟上残留下的是这样两根廊柱:一是经过自然主义解魅的政治,一是变成为政治性决定的法律。康德用一种简单的代换来重建这座倒塌的建筑:宗教-形而上学自然法所留下的空位应该由自主地论证的理性法来占据。与三重结构的传统法律相比,发生变化的是司法——它把宗教的合法化作用向统治者及其科层统治传递——的媒介功能;它此时退回到政治立法者背后,并执行后者的纲领。自我分化的国家权力现在完全落入了一个从理性出发加以辩护的 res publica noumenon[公共的本体界]——它应该在 res publica phenomenon[公共的现象界]中得到尽可能真实的描摹——的阴影之中。法律的实证化被看作是仍然处于理性之律令之下的理性法原则的实现。

但是,如果政治和法律被放到执行实践理性法则之工具的从属地位之上,政治就失去了它的立法能力,法律则失去了它的实证性。因此康德必须重新回到他的二重世界论的形而上学前提,以便以一种仍然矛盾重重的方式把法律与道德区分开来。[62]

3. 用法治国观念代替理性法

(1)古典的理性法理论后来之所以被放弃,并不仅仅是出于哲学上的理由;对于它所要诠释的那些社会状况来说,它已经是捉襟见肘了。人们很快就看清,一个通过市场而整合的社会的动机机制,越来越无法用规范的法律概念来把握,更无法被固定在一个先天地构思出来的法律系统之中。任何想在理论上一劳永逸地从最高原则中引出私法和公法之基础的企图,都必定在社会和历史的复杂性面前搁浅。各种契约论(而决不仅仅是其中的理想主义版本)都设计得太抽象了。它们没有对其占有性个人主义的社会前提作出解释。它们也不承认那些基本的私法建制(财产和契约)和抵抗科层国家的主观的-公共的权利,只有在一个虚构的小商品经济的条件下才有可能推进社会正义。同时,这些契约论(而决不仅仅是那些以先验方式建立的理论)也设计得过于具体了。它们没有对生活状况的流动性作出充分解释,并低估了资本主义增长以及整个社会现代化过程所导致的适应压力。

在德国,康德的理性法理论的道德内容在法律理论中一分为二,分别沿着私法学说和法治国观念这两个平行方向而得到延续;但在19世纪,这种内容却因为实证主义而逐渐枯竭了。从法典汇编学的角度出发,法律本质上被并入了法律专家所执行的民法法典。法律的道德内容应该是在这里、在私法系统本身当中得到确保的,而不是从民主立法者这方面来确保的。[63]萨维尼(他把整个私法构造为一个主观权利的大厦)依据康德的观点主张,主观权利的语义形式本身就是道德的。普遍的主观权利划出私人自主的支配领域,并通过主观资格[Berechtigungen]而保障个人自由。法律的道德性在于"把一个区域指派给个人意志,个人意志在其中居支配地位而不依赖于任何外在意志。"[64]但是,在法律的实际发展过程中人们很快就清楚了,主观权利相对于客观法来说是第二位的东西,也绝对不可能为整个私法系统提供概念基础。因此,主观权利的概念被以实证主义方式作了重新诠释,从中清除掉了所有规范性联想。根据 B.文特夏德的定义,主观权利不过是把客观法律秩序的命令[Befehle]转化为法律主体个人的资格[Befehlsmacht]而已。

在法治国观念中可以描述出一个平行的发展过程,对这个过程,康德不管怎么样只是在一些假设性限制之下才引起的。19 世纪的德国理论家们的兴趣主要在于用宪法来驯服君主的行政权力。在 1848 年革命之前的那个时期中,默尔和威尔克尔[F.G.Welcker]还寄希望于普遍和抽象的法规会被证明为是平等地促进所有公民"尽可能全面的、合乎理性的全部身心发展"[65]的合适媒介。在帝国建立以后,格贝尔[Gerber]和拉班德[Laband]就已经提出这样的学说:法规是主权的、实质方面不受约束的立法机构的命令。魏玛时期的进步宪法学家如赫尔曼·黑勒[Hermann Heller]为议会立法所主张的,最终就是这个实证主义的法规概念:"在法治国中法规仅仅是人民立法机构所制定的法律规范,并且是这些规范的全部。"[66]

我之所以回顾德国的这段发展过程,虽然它肯定是不具有典型意义的,是因为在这里理性法的道德化法规概念可以从两个角度进行研究:一方面是法理学和法官的角度,另一方面是越来越议会化的立法者的角度。在盎格鲁-萨克逊国家,法治国的观念从一开始就是作为"rule of law"[法治]而与民主发展协调一致地展开的;在这些国家,公平的法庭程序——due process——被看作是一个同时适用于立法和司法的统一的诠释模式。在德国,实证主义对理性法的破坏是沿着不同线索进行的。当然,无论在私法学说中,还是在法治国理论中,康德的那个把政治和法律置于理性法的道德律令之下的构造,都被否定了——但在前者,是从司法部门的眼光出发,在后者,是从政治立法部门的眼光出发。这就是为什么对有些人来说——对那些在理性法构架崩溃以后仍然不那么相信剩下的纯粹法律实证论之选择的人们来说——**同一个问题**是在两个方面、以两种不同的形式提出的。这个问题可以这样来表述:一方面,实证法的道德基础不可能以高高在上的理性法的形式来说明;另一方面,这种道德基础也不可能在没有等价物来替代的情况下消除掉,不然法律就会失去本质上内在于其中的那个不可随意支配性环节。但也必须表明,一种公平的形成判断过程和形成意志过程的道德眼光,怎样才可能在实证法本身之内加以稳定。这个要求并没有因为理性法的某些道德原则被作为宪法**内容**而被实证化这个事实而得到满足。因为一种可任意改变之法律的不确定性正是要解决的问题。因此我想回到第一讲提出的那个理论,即植入实证法之中的道德拥有一种自调性程序的超越性力量,用这种力量它对自己的合理性进行审核。

在合法性如何产生于合法律性这个问题的压力之下,萨维尼的后继者中那些不想满足于对主观权利进行实证主义重新诠释的人们,把科学性的法律专家法[wissenschaftliche Juristenrecht]扩展为合法性来源。萨维尼在他的法律来源论中,认为法官和法理学具有的还只是这种不起眼的、派生性的功能:对产生于习惯和立法的实证法,"以科学的方式使人们对之有自觉意识、以科学方式加以表述"。[67] 与此形成对照的是,G.F.普希塔[G.F.Puchta]在 19 世纪末则主张,法律的产生不应该仅仅是政治立法者的事情,因为不然的话国家就无法建立在合法之法的基础上,也就是说无法成为法治国。相反,法官应该承担对现行法律进行原则指导下的建构性发展和补充这项创造性任务,而不仅仅是运用现行的法律。这种法官制定的法律[Richterrecht],被认为应该从**科学的论证方法**、也就是以科学程序进行工作的法学的论据中取得其独立权威。普希塔已经为这样一种理论提供了出发点,这种理论从司法的角度出发,把合法律性的赋予合法性力量,追溯到内在于法律商谈中的程序合理性上去。

从立法的角度出发也有一种类似的诠释,尽管议会讨论的目标很大程度上是达成妥协,而不像在法律商谈那里,是对判决进行具有科学专业水准的论证。在这一方面,那些不想容忍法规实证主义的民主理论的人们,也提出了这样的问题:根据议会多数而产生的法律,有什么理由可以要求承认其为合法的。康德已经根据卢梭的自主性概念,为从民主立法过程本身的程序中引出道德的公平性眼光走出了决定性的步骤。众所周知,为了说明对每条公开法规的合法性[Rechtmäβigkeit]的检验,康德提出了普遍性标准——也就是说,法规是不是"有可能产生于整个人民的统一意志"。[68] 当然,那种把"普遍性"的两个完全不同的意义混淆起来的现象,康德本人对此也起了推波助澜的作用:抽象而普遍的法规的语义普遍性,代替了那种程序普遍性,也就是作为"统一的人民意志"而民主地产生的法规所特有的那种普遍性。

在德国——民主理论的讨论在这里不管怎么样只是到

20年代才重新复活——这种混淆产生了两个困难后果。第一个后果是人们会对程序主义民主理论必须承担的可观的举证责任产生幻觉,会忽视以下几方面的工作。首先必须从论辩理论的角度表明,在立法者的议会商谈中,政策性论证商谈和道德性论证商谈是如何与法律的规范审核交织在一起的。其次必须说明,以论辩形式达成的同意与通过谈判而达成的妥协,是在什么地方彼此区别开来的,在这里道德的眼光可以怎样间接地在达成妥协的公平性条件中重新发挥作用。第三,也是最重要的,是必须重构出立法方面意志形成过程的公平形式是怎样通过法律程序而建制化的——从多数裁决原则,经过议会议事规则,一直到选举法和意见形成过程(也就是公共领域中议题和建议的选择和分配)。引导这些分析的应该是一个这样的模式,它对商谈性意志形成过程和公平的利益权衡所必不可少的那些交往预设作出综合的阐述。只有在这样一个背景之下,这样的程序的规范性意义和事实性实践才可能作出批判性分析。[69]

把程序普遍性与议会制定的法规的语义普遍性混淆起来,还带来这样一个后果:人们会对司法所独有的问题产生幻觉。即使在建制上确保立法过程符合具有道德内容的程序合理性,法律(不管是不是指福利国家的调节性法律)通常也并不具有法官只需进行算术般运用的那种语义形式和确定程度。正像哲学诠释学所指出的那样,[70]运用规则进行诠释,是与(德沃金意义上的)隐默地发展法律的建构性诠释不可分割地交织在一起的。因此,程序合理性的问题对于司法判决实践和法理学也以新的方式再次提了出来。

在立法程序中,一种进入了实证法之中的道德可以按这样一种方式发挥作用:把政策性商谈置于普遍可同意性原则的制约之下,也就是置于我们在**论证**规范时必须尊重的那种道德眼光的制约之下。但是,在对规范的进行敏感于情境的**运用**中,判断的公平性并不表现为问自己"什么是所有人都能够意欲的",而表现为问自己"我们是否恰当地考虑了给定情境的所有相关方面"。为了能够决定哪条规范——这些规范在有些情况下会发生冲突、因而必须根据原则而排出序列来——适用于一个情况,我们必须澄清,对于情境的描绘是否在所有相关利益的方面都是恰当和充分的。正如克劳斯·贡特尔所指出的,[71] 在规范之论证的情境中,实践理性发挥作用的形式是对利益之**可普遍化性**的检验;在规范之运用的情境中,实践理性发挥作用的形式是根据相互竞争的规则对相关情境的**恰当**和**充分**的把握。被认为用于把司法公平性建制化的那些法律程序,必须与这个范导性观念相符。

(2)通过上述考虑,我的目标是这样一个国家观念,它是法治的、分权的、从立法**和**司法程序之合理性所确保的公平性当中取得其合法性的。由此而得到的,仅仅是一种用于分析宪法现实的批判性标准。当然,与现实符合程度甚低的这个观念,并非仅仅是作为一种软弱无力的"应当"而抽象地面对现实的。相反,这种已进入了实证法之中的程序合理性,标志着(理性法崩溃以后)仅剩的这样一个向度,在这个向度中,实证法有可能被确保一个不可随意支配性环节和一个免受不确定性干预的结构。

只有从法律程序与根据普遍化原则和恰当性原则进行自我调节的论辩两者之间的交错出发,才能解释实证法的有效性主张的那种令人不安的矛盾性质。由立法团体之权威所确保的法律有效性[Rechtsgeltung],必须与事实上接受的或执行的法律的社会有效性[soziale Geltung]区分开来。但在法律有效性本身的复杂意义中,表现出一种矛盾性,它的根源是现代法律的双重有效性根据:一方面涉及颁行原则[Satzungsprinzip],另一方面涉及论证原则[Begründungsprinzip]。在道德规范——在罗尔斯的建构主义的意义上,它们同时既是被建构起来的,也是被**发现**出来的——的有效性主张中,占主导地位的是道德**判断**的类似真理的意义。在实证法的有效性主张中,又补充了法律颁行的不确定性和强制威胁的事实性。[72]但是,根据程序法而产生的、可以强制执行的法律规范的实证性,仍然与对于合法性的主张相伴随、相重叠。法律的有效性模态同时指向两种期待:一种是政治性的,期待人们会服从决定和强制;另一个是道德性的,期待人们会在合理推动下承认一种只能通过论辩才能兑现的规范的有效性主张。合法抵抗和公民违抗这样的极限情况表明,这样的论辩也可能突破它们本身在其中得到建制化的那种法律形式。[73]

我想为之提供一种商谈论理解的这个法治国概念,是超乎寻常的,但不是漫无边际的,它是从法律发展本身的土壤上生长起来的。法律系统的自主性仅仅是根据这个观念来加以衡量的,就说明了这一点。具有法律建制形式的论证过程在一个向度上仍然是向道德论辩开放的,一旦这个向度被封闭掉,我们就再也不知道法律的自主性除了系统自主性之外还能意味着什么。法律系统不是独自获得其自主性的。它的自主的程度,仅仅取决于为立法和司法的目的而建制化的那些程序,在多大程度上保障公平的意见形成和意志形成过程,并且以这种方式使道德的程序合理性有可能同时进入法律和政治之中。民主不实现,法律就没有自主性可言。

注 释

1　Max Weber: *Wirtschaft und Gesellschaft*, Köln 1964, Kap.III,2,160ff.

2　F.Kübler(编): *Verrechtlichung von Wirtschaft, Arbeit und sozialer Solidarität*, Baden-Baden 1984 und Frankfurt/Main 1985; A. Görlitz, R. Voigt: *Rechtspolitologie*, Hamburg 1985.

3　R.Voigt(编): *Abschied vom Recht?* Frankfurt/Main 1983.

4　Weber(1964),648.

5　G.Teubner: "Verrechtlichung-Begriffe, Merkmale, Grenzen, Auswege", 刊于: Kübler (1984),289ff; Kübler(编): *Dilemmas of Law in the Welfare State*, Berlin 1986.

6　Teubner(1984),300ff.

7　J. Habermas: *Theorie des kommunikativen Handelns*, Frankfurt/Main 1981, Bd. 1,239ff.

8　C. B. Macpherson: *Die politische Theorie des Besitzindividualismus*, Frankfurt/Main 1967.

9　Weber(1964),638.

10　H.L.A.Hart: *Der Begriff des Rechts*, Frankfurt/Main 1968.

11　R.Alexy: *The Theorie der juristischen Argumentation*, Frankfurt/Main 1978.

12　R.Dworkin: *Taking Rights Seriously*, Cambridge, Mass.1977, Kap.2,3.

13　R. Ogorek: *Richterkönig oder Subsumtionsautomat. Zur Justiztheorie im 19. Jahrhundert*, München 1986.

14　G.Teubner: "Substantive and Reflexive Elements in Modern Law", 刊于: *Law and Society Review* 17,1983,239ff.

15　W. Naucke: *Die Wechselwirkung zwischen Strafziel und Verbrechensbegriff*, Stuttgart 1985; Naucke: "Versuch über den aktuellen Stil des Rechts", 刊于: *Schriften der H. Ehler-Akademie*, Kiel 1986.

16　Naucke(1986),21.

17 对法律的系统理论我将在第二讲讨论。对法律的经济诠释("Law and Economy"[法和经济])我当作经验主义的又一个变种而不作讨论。

18 E.Forsthoff(编):*Rechtsstaatlichkeit und Sozialstaatlichkeit*,Darmstadt 1968.

19 I.Maus:*Bürgerliche Rechtstheorie und Faschismus*,München 1980.

20 R.Sumners:*Lon Fuller*,Stanford 1984,33ff.

21 C.Offe:*Contradictions of the Welfare State*,London 1984.

22 E.R.Huber:"Rechtsstaat und Sozialstaat in der modernern Industriegesellschaft",刊于:Forsthoff(1968),589.

23 I.Maus:"Verrechtlichung, Entrechtlichung und der Funktionswandel von Institutionen",刊于:G.Göhler(编):*Grundlagen einer Theorie der politischen Institutionen*,Köln 1986.

24 R.Salgo:"Soll die Zuständigkeit des Familiengerichts erweitert werden?"刊于:*Zeitschrift für das gesamte Familienrecht* 31(1984),221ff.

25 E.Denninger:"Verfassungsrechtliche Schlüsselbegriffe",刊于:Chr.Broda(编):*Festschrift für R.Wassermann*,Damstadt und Neuwied 1985,279ff.

26 R.Alexy:*Theorie der Grundrechte*,Baden-Baden 1985 und Frankfurt am Main 1986.

27 Denninger(1985),284.

28 F.Wieacker:*Privatrechtsgeschichte der Neuzeit*,Göttingen 1967,560.

29 Wieacker(1967),604.

30 U.K.Preuß:*Legalität und Pluralismus*,Frankfurt/Main 1973.

31 H.Schnädelbach:"Was ist Neoaristotelismus?"刊于:W.Kuhlmann(编):*Moralität und Sittlichkeit*,Frankfurt/Main 1986,38ff.

32 J.Habermas:"Gerechtigkeit und Solidarität",刊于:W.Edelstein,G.Nunner-Winkler(编):*Zur Bestimmung der Moral*,Frankfurt/Main 1986.

33 J.Rawls:*Theorie der Gerechtigkeit*,Frankfurt/Main 1975.

34 L.Kohlberg:*The Philosophy of Moral Development*,San Francisco 1981.

35 J.Habermas:*Moralbewuβtsein und kommunikatives Handeln*,Frankfurt/Main 1988.

36 K.Günther:*Der Sinn für Angemessenheit*,Frankfurt/Main 1988.

37 K.-O.Apel:"Kann der postkantische Standpunkt der Moralität noch einmal in substantielle Sittlichkeit aufgehoben werden?"现已收入:Apel(1988),103ff.

38 J.H.Ely:*Democracy and Distrust*,Cambridge,Mass.1980.

39 F. Michelman: "Justification (and Justifiability) of Law", *Nomos*, Vol. XVIII, 1986, 71ff.

40 N.Luhmann: *Rechtssoziologie*, Opladen 1983; Lumann: *Ausdifferenzierung des Rechts*, Frankfurt/Main 1981.

41 Luhmann(1981), 73ff.

42 Luhmann: *Legitimation durch Verfahren*, Neuwied 1969.

43 Luhman(1983), 264.

44 Luhmann: *Die soziologische Beobachtung des Rechts*, Frankfurt/Main 1986, 35.

45 同上, 33. (补充是我加的)

46 Luhmann(1981), 388ff.

47 Luhmann: *Ökologische Kommunikation*, Opladen 1986, 124ff.

48 R.W.Gorden: "Critical Legal Histories", *Stanford Law Review* 1984, 57ff. R.M.Unger: *Critical Legal Studies Movement*, Cambridge, Mass.1986.

49 A.Altman: "Legal Realism, Critical Legal Studies, and Dworkin", *Philosophy and Public Affairs* 15, 1986, 205ff.

50 M.Kriele: *Einführung in die Staatslehre*, Opladen 1981, 38f.

51 F.Michelman(1986).

52 Luhmann(1986), 26.

53 R.Unger: *Law and Society*, New York 1976.

54 关于这一点请参见 W.Schluchter: *Okzidentaler Rationalismus*, Tübingen 1979.

55 H.Schlosser: *Grundzüge der Neueren Privatrechtsgeschichte*, Heidelberg 1982.

56 N.Hoerster(编): *Recht und Moral*, Göttingen 1972.

57 U.Wesel: *Frühformen des Rechts*, Frankfurt/Main 1985.

58 U.Wesel(1985), 329ff.

59 L.Pospicil: *Anthropologie des Rechts*, München 1982.

60 K.Eder: *Die Entstehung staatlich organisierter Gesellschaften*, Frankfurt/Main 1976; J.Habermas: *Zur Rekonstruktion des Historischen Materialismus*, Frankfurt/Main 1976.

61 F.Wieacker(1967), 249ff.

62 W.Kersting: *Wohlgeordnete Freiheit*, Berlin 1984, 16ff.

63 H.Coing: "Das Verhältnis der positiven Rechtswissenschaft zur Ethik im 19.Jahrhundert", 刊于: J.Blühdorn, J.Ritter (编): *Der bürgerliche Rechtsstaat I*, Frankfurt/Main

1978,13ff.

64　F.C.von Savigny:*System des heutigen Römischen Rechts* I(1840),333.

65　转引自 I.Maus:"Entwicklung und Funktionswandel des bürgerlichen Rechtsstaat", 刊于 M.Tohidipur(编):*Der bürgerliche Rechtsstaat I*,Frankfurt/Main 1978,13f.

66　H.Heller:*Gesammelte Schriften II*,Leiden,1971,226.

67　转引自:W.Maihofer(编):*Begriff und Wesen des Rechts*,Darmstadt 1973,52ff.

68　I.Kant:*Grundlegung der Metaphysik der Sitten*, § 46.

69　U.Neumann:*Juristische Argumentationslehre*, Darmstadt, 1986, 70ff; A.Kaufmann: "Über die Wissenschaftlichkeit der Rechtswissenschaft", *Archiv für Rechtsβ und Sozialphilosophie* 72(1986),425ff.

70　J.Esser:*Vorverständnis und Methodenwahl in der Rechtsprechung*,Frankfurt/Main 1972.

71　K.Günther:*Der Sinn für Angemessenheit*(1988).

72　R.Dreier:*Rechtsbegriff und Rechtsidee*,Frankfurt/Main 1986.

73　关于公民违抗,参见 J.Habermas:*Die Neue Unübersichtlichkeit*, Frankfurt/Main 1985,79-117.

附录二

作为程序的人民主权(1988)[1]

从其令人印象深刻的历史影响来看,法国革命是"任何其他历史事件都难以比拟的"。[2]这个没有争议的说法告诉我们,为什么几乎所有其他说法都是有争议的。在我们的时代,出现了一场新的争论:这场大革命的现实意义是否已经终结。

在种种后现代式"告别"的旗号之下,我们据说现在也应该与那个影响了我们两百年之久的典范性事件保持距离。瓦尔特·马尔科夫[Walter Markov],莱比锡著名的大革命历史学家,在1967年还宣称:"后代人没有谁会感到法国革命是一件自我封闭的、因而是应该放到博物馆中去的东西。"[3]那时正值弗朗索瓦·孚雷[François Furet]和丹尼斯·里歇[Denis Richet]刚发表一部著作,在其中他们对大革命作了精彩的精神史考察。[4]十年以后,当巴黎的左派的自我批判激进化成为后结构主义理性批判时,孚雷就已经能做出这样的简短结论了:"法国革命结束了。"[5]孚雷想要摆脱一种把法国革命理解成当代人的行动导向源泉的"遗嘱史学"

[Vermächtnishistoriographie]。他宣布,法国革命结束了,那种由自恋式的以古鉴今态度而造成的"对过去的污染",也会随之而告终。

这种对冷静的学术化态度的追求,不能与最近的一种努力混为一谈:通过对另一种、具有**消极**地位的过去的常态化、平整化而对据说受到污染的当代施行信仰疗法。集体记忆的时钟,在法国和在德国走的不是同样的时间。在法国,对大革命的自由主义理解和社会主义理解已经决定了这个民族的自我理解,而在德国,在同时代人的最初热情之后,"1789年的理念"却一直受到对其恐怖主义后果之怀疑的连累。这不仅适用于普鲁士人对德意志民族的自我理解。一种保守主义的、甚至敌对得咄咄逼人的历史描述,在莱茵河的这一边一直到1945年才消失。[6]接受史的国际差异本身对一个命题的真理性并没有说任何东西;但同一个命题在不同语境中是有不同意义的。孚雷所回应的是这样一个传统,它像布尔什维克革命一样被赋予一种模式的作用。这种辩证关系为他的法国大革命终结论提供了支持——同时又对它加以相对化。[7]

非历史学家对这场争论发表不了多少意见。因此我想在政治理论的层面上来讨论这个问题:法国革命的导向能力是否已经穷尽。我关心的是一个规范性问题:在法国革命的年代里所发生的那种精神转变,对我们来说是不是包含着一份尚未认领的遗产的一些方面。对1789年的理念革命[Ideen-Revolution],我们有无可能作一种还能影响我们自己对导向之需要的理解?

一

（1）关于法国革命是否仍然同我们相关这个问题,可以从不同的角度加以讨论。

（a）在法国,这场革命在有些方面使动态的资产阶级社会的和资本主义经济系统的发展成为可能,在有些方面仅仅加速了它们的发展。它推进了一些在其他国家没有经过对政治权力和法律体系的革命性重组就发生的过程。从那以后,这种经济现代化和社会现代化过程的持续化不仅是充满危机的,而且是公开地世俗化的。今天,它的功能失调的副作用使我们更加意识到种种危险;生产力的无情发展和西方文明的全球扩张,更被人们作为威胁来感受。人们越来越无法从资本主义生产主义的筹划［Entwurf］中引出一个没有兑现的诺言出来。生产者社会的乌托邦,已经枯竭。

（b）类似的情况也适用于现代国家机构的出现。对于国家组织的发展和科层制度的形成来说,法国革命至多是——如托克维尔［Alexis de Tocqueville］已经看到的那样——加速推动了一些早已存在的趋势,而决不意味着一个创新的突破。这种国家层面的整合今天衰落了,一方面受到地区性运动的压力,另一方面受到全球性企业和跨国组织的压力。即使在仍然保存着目的合理性精神气质的地方,在自我编制议程的国家行政的不可预测的组织成就当中,也很难找到任何支持。

（c）相反,法国革命的一个真正创造性的成果是民族国家,即那个可以指望其公民的爱国主义会产生出普遍兵役义务的国家形式。伴随民族意识一起出现的,是一种对于摆脱了等级和社团束缚的公民的新的社会整合形式。最近的、从非殖民化过程中产生的那一代国家,仍然是以这种法国模式作为追求目标的。但是,美国和苏联这两个世界强权,由于其多民族的社会,从来就不符合民族国家的格局。欧洲国家体系的今日继承者已经使民族主义超出了它的极限,不知不觉已经处于走向后民族社会的过程之中。

(d)对法国革命之现实意义这个问题的肯定回答来说,似乎还剩下一个可选答案:激发了民主法治国的那些理念。民主和人权构成了以不同形式出现于美国革命和法国革命的立宪国家的普遍主义核心。这种普遍主义所具有的突破力和生命力不仅存在于第三世界国家和苏联统治地区,而且存在于欧洲各国,在那里,宪法爱国主义在认同转变过程中获得了一种新的意义。这至少是 R.v. 塔登 [Rudolf von Thadden] 最近在德法贝尔福特 [Belfort] 会谈上的发言的意思:"在百分之七到八移民入境的情况下,各国遇到了改变其认同的危险;如果无法提供任何超越纯粹种族起源的整合基点的话,它们很快将无法被理解为单一文化社会了。这些情况促使我们回到那个把 Bürger 理解为 citoyen❶ 的观念;与传统的民族归属观念相比,这个观念既更加开放,也更加灵活。"[8]

当然,如果平等自由的建制化是唯一还有希望的观念,那么(就像许多人所认为的那样)回到美国革命的遗产就足够了:我们是可以从 terreur[恐怖]的阴影中走出来的。

---

❶ 德语的 Bürger 和法语的 citoyen 都可以译为"公民",但前者也可以译为"市民",或者非政治意义上的"公民",而后者则具有明显的政治色彩,尤其流行于法国大革命期间,那时的革命者彼此以"某某公民"相称。

塔登没有得出这个结论;而且他的演讲的机会——大革命二百周年庆典的开幕式——可能还不足以说明他为什么要回溯到一些法国特有的观念。他依照卢梭的精神把citoyen[公民]与bourgeois[资产阶级]对立起来,根据共和主义的传统把公民权利和参与同博爱和团结联系起来。在他的话中,一些革命老口号还依稀可辨:"有待建设的'公民欧洲'需要博爱的力量、互助的力量、团结的力量,这样,即使是弱者、有待帮助者、失业者,也能够把欧洲共同体当作是与目前状况相比的一种进步。推进博爱的这种诉求,与公民身份的概念相联系,必须是法国革命二百年庆典的核心内容。"[9]

法国革命与美国革命的不同之处在于,美国革命可以说是诸多事件**导致**的结果,而法国革命则是它的倡导者以一种革命的意识**推动**的结果。F.孚雷也认为,在这种革命实践意识中有"一种新的历史行动模态"。甚至可以这么说,资产阶级革命——尼德兰革命、英国革命和美国革命——只是在法国革命那里才获得**作为**革命的自我意识。上面所说的那几个方面——资本主义经济(a)、科层形式的法律统治(b)、甚至民族意识(c)和现代立宪国家(d)——都不一定要产生于一种被作为革命而体验的转变之中,但"法国是通过革命而发明出民主文化、并向全世界揭示这种历史性行动的根本意识状态的唯一国家。"[10]我们现在的意识状态有两方面特征:我们仍然诉诸那些想要改造现行秩序的人们的行动意愿和政治道德方面的未来取向;但同时,对于用革命来改变状况的可能性,我们则失去了信心。

(2)革命意识是一种新精神的诞生地,形成这种精神的是一种新的时间意识、一种新的政治实践概念和一种新的合法化观念。为现代所特有的,是与类似自然的连续性基础上的传统主义相决裂的历史意识;以自我决定和自我实现为符号的政治实践观;以及,对那种任何政治统治都应该借以获得合法性的合理商谈的信任。在这三个方面,一种彻底入世的、后形而上学的政治概念切入了具有流动性的居民的意识之中。

当然,回顾过去的两百年,会产生这样的怀疑,这种政治观与它的精神起源是不是已经离得太远了、因而这种革命意识已经失去了任何现实意义。已经变得字迹模糊的,不正是那个尤其铭刻在从 1789 年到 1794 年那些年份上的革命印戳吗?

(a)这种革命意识表达在那种可以创造一个新开端的信心之中。这里反映的是一种新的历史意识。[11]被连成一体的世界历史,成为一种取向未来、相信可以切断现在和过去之间联系的行动的抽象参照系。在这背后的是一种与传统决裂的体验:那条通往反思地对待文化传统和社会建制的门槛,已经被跨越了。现代化过程被体验为一种加速过程,一种追求目标的集体干预可以影响的种种事件的加速过程。当代人视自己为肩负着未来世代命运的责任,而过去世代的榜样,则失去了它们的约束力。在未来种种可能性的广阔视域中,当下的现实性相对于仅仅延伸到当代的现成之物的规范性,具有了突出的地位和非常的意义。H. 阿伦特把这种突出的信心与我们的"诞生"相联系——与人们看见新生儿时总是油然而生的那种期待更美好未来的动人情感相联系。

当然,这种生命力失去其革命形式,已经有很长时间了。

传统进入反思之流这种现象逐渐成为恒久现象;认为现行建制和既定生活形式变化无常的态度已经成为常规。革命本身已经悄悄地变成了传统:1815年、1830年、1848年、1871年和1917年构成了一个革命斗争历史——也是一个失望的历史——中的几个重音符号。革命抛弃了它们的异议分子,这些人除了革命本身以外不再反叛任何别的东西。这种自我破坏机制也扎根于一个已经被本雅明[Walter Benjamin]尖锐批判过的进步概念,它献身于未来,但把过去世代的那些受害者抛在脑后。另一方面,我们这种类型的社会的青年造反和新社会运动的效果,也使人猜想,法国革命所释放的那种文化动态机制,是不是造成了大范围人口的那些不引人注目的价值转变,而隐晦的现实性意识、深刻的连续性和残缺的规范性,则退居于后先锋派艺术的领域之中。

(b)革命意识还表现在这样一个信念之中:解放了的个人共同被召唤去创造他们自己的命运。决定他们共同生活之规则和方式的力量,就在他们手上。他们将服从的法律,就是他们作为公民而**自己**制定的;就此而言,他们共同建立起他们自己的生活条件。根据他们的理解,这种条件是一种合作实践的产物,这种实践的中心就处于自觉的政治意志形成过程之中。一种彻底入世的政治把自己理解为是对自由的表达和确认,这种自由同时产生于个人的主体性和人民的主权性。在政治理论层面,分别强调个人优先和民族优先的个人主义思路和集体主义思路,当然是从一开始就处于竞争之中的。但政治自由始终被理解为一个自我决定和自我实现之主体的自由。对于一个以生产和再生产出一种符合人类尊严的生活作为内在目的的实践来说,自主性和自我实现是两个关键概念。[12]

这种整体主义的政治实践概念,现在也已经失去了它的光泽和推动力。在实现所有公民对政治意志形成过程之平等参与的法治国建制化的艰难过程中,内在于人民主权概念本身的矛盾也暴露出来了。人民,所有国家权力应该从此出发的人民,并不构成一个有意志有意识的主体。它只能以复数而出现,而**作为**人民它既无法整个地具有意识,也无法整个地采取行动。在复杂社会中,甚至最认真的政治自我组织的努力,也被产生于市场和行政权力的固有系统逻辑的阻抗所击溃。从前,民主被认为是针对专制主义而实行的,这种专制主义具体表现在国王、贵族成员和高级教士身上。但渐渐地,政治统治被非人格化了;民主化现在要努力克服的不是真正的政治抵抗,而是分化开来的经济系统和行政系统的系统迫令。

(c)最后,革命意识表现在这样一种信念上:政治统治的形式既不可能用宗教的方式(通过诉诸神圣权威)、也不可能用形而上学方式(通过诉诸基于本体论理由的自然法)而获得合法性。一种彻底入世的政治,应该是只能用理性——更确切些说,利用一种后形而上学的理论——进行辩护的。理性的自然法理论❷就是因此而出现的。这些理论把亚里士多德的政治统治概念——自由和平等的人们的自我统治——改造为主体性哲学的基本概念,并只是这样才满足个人主义自由观和普遍主义正义观的要求。这样,革命的实践可以被理解为一种受理论指导的实现人权过程;革命本身似乎是从实践理性的原则中引申出来的。这种自我理解

---

❷ 英译本加:",也就是说社会契约理论,"。

也解释了"sociétés de penser"[思想界]的影响和"ideologues"[意识形态家]的积极作用。

这种理智主义[Intellektualismus]不仅仅引起了来自保守的反对派的怀疑。因为,政治意志形成过程似乎可以直接受到理论影响、似乎可以追求一个事先达成共识的理性道德,这个假定所产生的后果对于民主理论是不幸的、对政治实践是灾难性的。理论必须面对主权意志的形成过程和明显的理性洞见之间的张力;实践必须面对那种对于理性的虚假神化——如表现在最高存在物崇拜和法国革命纹章中的那种虚假神化。[13]在一个权威主义的、先于每个实际理解过程而存在的理性的名义之下,展开了一种代言人的辩证法,它掩盖了道德和谋略之间的区别,最后导致对"德性的恐怖"的辩护。因此,从 C. 施米特到吕伯[Hermann Lübbe],从科尚[Augustin Cochin]到孚雷,都谴责这种把权力转向言辞的话语[Diskurs],都把它描述为一种必然导致以共识为装饰的知识分子发言人的统治——也就是前卫主义[Avantgardismus]——的机制。[14]

(3)我们的回顾似乎表明,法国革命所创造的这种精神状况已经既恒久化、又平凡化了:它今天不再以革命意识的形式而幸存,既失去了乌托邦爆破力,也失去了尖锐表达力。但这种形式的变化是否也伴随着其能量的衰竭呢?显然,法国革命所释放出来的**文化**动力机制**没有**归于停滞。这种机制今天第一次为一种摆脱所有教化特权、倔强抵制行政干预的文化能动论创造了条件。这些超越阶级界限之活动的高度分化的多元性,当然是与一个或多或少同质的民族的革命自我理解相对立的;但大众的文化动员的根源仍然追溯至此。在城市中心区域,出现了一种特有的社会交往的一些轮廓,其特点既在于它社会方面非分化的表达形式,也在于它的个人主义化的生活方式。这种局面的暧昧含义不容易破译。这种"文化社会"是仅仅反映了被商业上、策略上"滥用了的美的力量",仅仅反映了一种语义内容枯竭的、唯私主义的[privatistisch]的大众文化,还是说,这种社会有可能为重新焕发活力的公共领域——1789年的观念的种子就是在它的土壤上生根发芽的——提供背景,对此我们还无法做出确定回答。

这个问题我必须存而不论,下面仅限于讨论一些规范性论据,以便发现,今天我们必须如何来一般地**设想**激进民主的共和体制,如果我们可以指望一种能够与之共鸣的政治文化的呼应的话。这种共和体制不是我们当作来自过去之幸运遗产而接受下来的一份财富,而是我们带着对于一种变得既恒久又平常的革命的意识而加以推进的一个方案。这里涉及的并不是用其他手段对革命进行平凡的继续。从毕希纳[Georg Büchner]的 *Danton*[《丹东》]中就已经可以知道,革命意识会多么快地陷入革命工具主义的窘境之中。铭刻在革命意识之中的是一种忧伤——对一个**无法割舍**之方案的失败的痛惜。无论是失败、还是无法割舍,都是因为革命方案超越了革命本身,难以用它自己的概念加以把握。因此我设法将这场独一无二的革命翻译成我们的概念。对于一个生活在联邦德国的左派来说,考虑到1789年和1949年❸

---

❸ 德意志联邦共和国《基本法》颁布于1949年。

的双重周年纪念——以及其它如芒刺背的"周年纪念"——这项工作是义不容辞的:宪法的原则是不会在我们的情感中扎下根子的,如果理性不先证明它的提供导向、指向未来的内容的话。只有作为一个历史方案,民主法治国才具有一种超越法律意义的规范意义——将爆破力和构造力集于一身。

从政治理论的角度来看,历史是论据的实验室。法国革命至少构成了一个由一系列用论据来捍卫的事件所构成的链条:这场革命把自己包裹在理性法话语的外套之下。而且,它在19世纪和20世纪政治意识形态中留下了数落不完的痕迹。从后代人事过境迁的角度来看,民主派和自由派之间、社会主义者和无政府主义者之间、保守派和进步派之间——不妨粗略概括而不论细节——的世界观争论,构成了一种迄今仍有教益的论辩的基本模式。

二

(1)法国革命期间激化起来的**自由主义和激进民主的矛盾**[Dialektik],已经在世界范围爆发开来。这种争论涉及的是,怎样把平等和自由、统一和多样、或者多数人权利和少数人权利统一起来。自由派从平等自由的法律建制化出发,把这种平等自由理解为主观权利。在他们看来,人权的地位优先于民主,划分权力的宪法的地位优先于民主立法者的意志。而另一方面,平等主义的倡导者则把自由和平等的人们的集体实践理解为主权意志的形成过程。他们把人权理解为主权的人民意志的表达,划分权力的宪法是**产生于**民主立法者的开明意志之中的。

因此,这个出发格局的特征已经是由卢梭对于洛克的回答决定了的。卢梭,法国革命的先行者,把自由理解为人民的自主,理解为所有人平等参加**自我立法**的实践。康德,法国革命的哲学同时代人(他承认是卢梭首先使他"走出歧途"),把这表述为:"立法权力只能归于人民的联合起来的意志。因为,既然所有公正[Recht]都应该是从这种权力中产生的,那么它就完全不可能通过自己的法律[Gesetz]而对任何人不公。某人在规定别人做某事时,他借此而对后者施加不公总是可能的,但当他对自己做决定时,这却是绝对不可能的(因为 volenti non fit iniuria[同意者不可能受伤害])。因此,只有一切人的共同的、联合起来的意志,只有——在每个人为一切人作同样的决定、一切人为每个人作同样的决定的意义上——普遍的联合起来的人民意志,才可能立法。"[15]

这个考虑的关键在于把实践理性与主权意志统一起来、把人权和民主统一起来。为统治提供合法性的理性不再(像在洛克那里那样)有必要赶在人民主权意志之前出现,把人权锚定在一种虚构的自然状态之中,因为立法实践的自主性本身之中已经铭刻了一个理性的结构。公民的联合起来的意志,因为只能表达于普遍和抽象的法规之中,本质上就必须按这种方式运作:排除一切不可能普遍化的利益,而只允许那些确保所有人平等自由的规则。人民主权的行使同时就确保了人权。

通过卢梭的雅各宾派门徒,这个思想激发了实践的激情、也引起了自由派的反对。统一的人民主权的虚构,只能以隐藏或压制个别意志的异质性为代价才能实现。实际上,卢梭已经设想把人民主权作为社会联合体的一种类似生存论行动的东西,通过这种行动,孤立的个人转变成取向于共同福利的公民。这些公民然后成为一个**有形体的**集体的成员,成为这样一种立法实践的主体,这种立法实践摆脱了仅仅服从法规的私人的个体利益。德性公民的这种超重道德负担给卢梭主义的所有激进变种都带来了深深影响。共和主义德性这种假设只有对于一种具有规范性共识(它是通过传统和精神气质而事先得到确保的)的共同体才是有现实意义的:"个人意志与公意的联系越少——也就是说,习俗与法律的联系越少——,强制力量就越必须加强。"[16]所以,自由主义可以把卢梭本人作为依据来反对卢梭主义:现代社会并不是同质的。

(2)反对者们强调,需要平衡的利益是千差万别的,必须引向多数人共识的意见是各种各样的。当然,针对"多数人暴政"的批评有两个变种。托克维尔的古典自由主义把人民主权理解为需要加以限制的平等原则。这是一种对于 citoyen[公民]压过 bourgeois[资产阶级]的担忧:如果划分权力的法治国宪法不对人民的民主**划定边界**,个人的前政治自由就会受到危害。这样一来,这种理论当然重新又陷入原先的困难:体现于宪法之中的实践理性再次与政治民众的主权意志相对立。卢梭想要用自我立法的概念来解决的那个问题,又重新出现。因此,一种受到民主启蒙的自由主义,必须坚持卢梭的意图。

在争论的这一边,批评的矛头针对的不是对人民主权原则的限制,而是对这个原则的重新理解;人民主权应该仅仅在一个自我分化的意见形成和意志形成过程的商谈条件下加以表达。1848年,也就是在约翰·斯图亚特·穆勒在其

1859年的《论自由》中把平等和自由统一在商谈性公共领域的思想之中以前,德国南部的民主派朱利亚斯·福楼拜尔[Julius Fröbel]就在一本论战小册子中提出一个完全**不可作功利主义设想**的总体意志的观念,这种总体意志应该通过讨论和表决产生于所有公民的自由意志:"我们追求的是社会共和国,也就是这样一个国家,在其中,每个个人的幸福、自由和尊严被承认为是共同的目标,社会的法律和权力的完善产生于**它的所有成员的理解**和同意。"[17]

在此前一年,福楼拜尔出版了《社会政治体系》[18]一书,其中他以一种饶有兴趣的方式把自由讨论的原则与多数裁定原则结合起来。他赋予公共讨论以卢梭赋予纯粹法规**形式**据说具有的普遍主义化的力量。值得普遍同意之法规的有效性的规范性意义,是无法用抽象－普遍法规的逻辑－语义特征加以解释的。福楼拜尔转而求助于那些交往条件,在这些交往条件下,取向于真理的意见形成过程与多数主义的意志形成过程得以结合起来。福楼拜尔同时坚持卢梭的自主性概念:"一条法规之存在,仅仅是对于自己制定了它或同意了它的人来说的;对任何其他人来说,它是一道命令或者指示。"(第97页)因此,法规要求所有人的基于理由的同意。但是民主的立法者是以多数通过决议的。这一面要能够同另一面结合起来,多数人之统治就必须与真理之寻求保持内在联系:公共商谈必须在理性和意志之间、在所有人的意见形成和人民代表的多数主义意志形成之间进行协调。

一个多数决定只能以这样一种方式而产生:它的内容被承认为是有关什么是正当的事情的讨论——它在决策压力下暂时结束——的结果,这种结果是受到合理推动的、但具有**可错性的**:"讨论使得不同人们心中形成的信念开始彼此产生影响,它对这些信念加以澄清,扩大它们得到承认的圈子。对…法律的实际确定是已经出现于社会之中的理论性法律意识之发展和承认的结果,但它只能…用一种方法做到,即进行表决、根据多数表决的决定"(第 96 页)。福楼拜尔把多数决定理解为一种**有条件**共识,理解为少数人对一种服从多数人意志之实践方式的同意:"当然人们决不要求少数派在撤销自己意志的同时宣布他们的意见为错,实际上人们甚至也不要求他们放弃他们的目标,而是…要求他们在成功地使自己的理由具有更好的说服力、获得足够多的赞成票数之前,放弃在实践中运用他们的信念"(从第 108 页起)。

(3)福楼拜尔的立场表明,只有放弃**对人民主权原则的具体主义理解**,平等和自由之间的规范性张力才有可能缓解。不像卢梭对于普遍法规的纯粹形式所做的那样,福楼拜尔并不把实践理性灌注于一个集体的主权意志之中,而是把它锚定在一个意见形成和意志形成过程的程序之中,这个程序决定了在什么情况下一种政治意志——它并不等同于理性——可以假定理性是在它一边的。这使得福楼拜尔避免在规范上贬低多元主义。公共商谈是理性和意志之间的协调机构:"对于认识的进步来说,意见的统一可能是一种不幸;而在社会事务中,目标的统一是一种必要"(第 108 页)。一方面是用多数主义方式确定一种统一意志,另一方面是"所有人的个人意志的平等有效性原则",这两者之间只有根据"在通往信念途中减少错误的原则才能得到统一"(第 105 页)。而这个原则只有在公共商谈中才能面对暴虐的多数人而得到坚持。

因此福楼拜尔提议进行民众教育,一种面向所有人的高水平教育,而不仅仅是表达理论意见和宣传的自由。他也最早认识到政党的宪政意义,以及政党用"理论宣传"手段进行的争取多数选票的党际斗争的宪政意义。只有公开的交往结构才能防止先锋政党的统治。应该存在的只能是"党"[Parteien]而不能是"派"[Sekte]:"政党想要在国家中确认它特有的目标,而派别则想要用它特有的目标来压倒国家。政党想要在国家中掌权,而派别则想要把它的存在形式强加在国家之上。政党想要通过在国家中掌权而把自己溶解在国家之中,而派别则想通过把国家溶解在它自身之中而掌握权力"(第277页)。福楼拜尔把他那个时代的松散的政党称为自由联合体,专事于主要通过论据来影响公共的意见形成和意志形成过程。它们代表了一个进行多种声音的讨论、依靠多数而做出决定的公民公众集体——主权者的位置就是由它占据的——的有机核心。

在卢梭那里,主权者是权力和合乎法律之权力垄断的**化身**,而福楼拜尔的公众集体则不再是一个实体,而仅仅是一个多重声音的、用理解来取代权力的意志形成过程,这个过程本身又为多数主义的决定提供合理推动。因此,政党和政党竞争在政治公共领域中的作用,被规定为是以福楼拜尔所谓的"合乎法律的不断革命"的形式来持久地订立卢梭主义的社会契约。福楼拜尔的宪法原则剥去了宪政秩序中的所有实体性东西;以一种严格的后形而上学方式,它们所强调的不是"自然权利",而是意见形成和意志形成过程的程序,这种程序确保有关普遍的交往权利和参与权利的平等自由:

"通过宪法性契约,各方同意它们的意见将仅仅通过自由讨论来影响对方,并且,在一种理论赢得多数公民支持之前,放弃执行这种理论。通过宪法性契约,各方同意通过理论支持者之成为多数来决定目标的统一性,但把该理论的宣传归入每个人的自由的范围;根据显示在投票中的所有个人努力的结果来继续推进宪法和立法。"(第113页)宪法前三条规定的是一个理性的民主意志形成过程的条件和程序,第四条则禁止宪法的不可改变性、禁止对程序化人民主权的任何**外部**限制。人权与人民主权并不**冲突**;它们等同于一个以公共商谈形式形成意志的自我限制的实践方式的构成性条件。因此,权力分立可以用对于由此形成的法规之运用的逻辑、受控制执行的逻辑来加以解释。

三

(1)关于自由和平等的话语在另外一个层面上展开于**社会主义与自由主义的争论**之中。这两者之间的矛盾关系也已经在法国革命中形成了——当马拉[Jean Paul Marat]反对法规的形式主义、谈论"法律的暴政"的时候,当雅克·卢[Jacques Roux]抱怨法律的平等是反对穷人的时候,当巴贝夫[François Babeuf]以平等地满足每个人的需要的名义来批评平等自由的建制化的时候。[19]这些讨论的清晰轮廓首先出现在早期社会主义之中。

在18世纪,对于社会不平等的批判所针对的是政治不平等的结果。为了对抗那个 ancient régime[旧制度]、为民主法治国和资产阶级私法的平等自由辩护,诉诸法律的论据——也就是理性法的论据——就足够了。但是,随着立宪君主制和拿破仑法典的实行，人们意识到了**另一个**类型的社会不平等。代替那种与政治特权相联系的不平等的，是那种只是在平等自由之私法建制化的框架中才形成起来的不平等。现在所涉及的，是一种非政治地行使的经济支配力量的不平等分配的结果。当马克思和恩格斯谴责资产阶级法律秩序是不平等生产关系的法律表现的时候，他们的论据是从政治经济学中借用来的，并因此而扩大了政治的概念。可以受到控制不仅是国家的组织，而且是整个社会的安排。[20]

随着这种视角转换，阶级结构和法律系统之间的功能性关联进入了人们的眼界，它使得对于法律形式主义、也就是那些形式的、根据其字面为平等的权利的实质不平等的批判成为可能。但是，这同一种视角转换却同时妨碍了看到随着社会的政治化而出现的政治意志形成过程本身的问题。马克思和恩格斯满足于提到巴黎公社，而多多少少把民主化理论的问题撇在一旁。如果考虑一下这两位作者的哲学背景，他们对法律形式主义、甚至对整个法律领域的全盘否定，也可以这样来解释：他们太倾向于从亚里士多德的眼光来阅读卢梭和黑格尔，错误评价了康德哲学的普遍主义，错误评价了启蒙运动，对自由社会这个观念作了具体主义的错误理解。他们把社会主义理解成一个具体伦理生活方式［Sittlichkeit］的具有特殊历史地位的形态，而不是理解为解放了的生活形式——对此参与者**自己**将达成理解——的必要条件的体现。

这种扩大了的政治概念，并不适合对平等的意志形成过程的功能方式、交往形式和建制化条件的深刻理解。起主导作用的仍然是对于一种政治化的劳动者社会的整体主义观念。早期社会主义者还确信,自由联合的劳动者的欢乐生活方式会自动地产生于恰当地组织的生产过程之中。这种劳动者自我管理的观念,在发达的、功能分化的社会的复杂性面前不能不归于瓦解,即使这种劳动社会乌托邦——在马克思那里——被设想为一个将建立在系统地调节的必然王国基础之上的自由王国。即便是列宁的职业革命家夺取政权的策略,也没有弥补政治理论的缺失。这个缺失的实践后果,表现在科层社会主义——连同一个僵化成为 nomenklatura[官吏] 的政治先锋队——至今难以自拔的那个困境之中。

(2) 另一方面,那些在民主法治国框架中活动的改良主义工会和政党,在实现福利国家妥协的过程中,得到了这样一种令人失望的经历:他们不得不满足于对于资产阶级—自由主义遗产的调整适应,不得不放弃对激进民主诺言的兑现。改良主义与左翼自由主义(E. 伯恩斯坦[Edward Bernstein]与 F. 诺曼[Friedrich Naumann]——后者仍然是社会党-自由派联盟的教子)之间的精神亲缘关系的基础,是用福利国家形式对公民权利加以普遍化这样一个共同目标。[21]通过政治参与权利和社会分享权利对依附性雇用劳动地位加以标准化,民众被认为应该获得生活在安全、社会正义和不断提高的福利状况之中的机会。那些执政的党派,应该利用行政权力的杠杆,在一个既受到约束又得到维护的资本主义增长的基础上,通过实施干预来实现这些目标。根据正统观点,社会解放应该通过一种仅仅为了打碎国家机器而夺取国家机器的政治革命的途径而达到。改良主义要达到使社会和平安宁的目标,只能通过福利国家干预的手段,为此这些党卷入了一个不断扩张的国家机器之中。随着政党的国家化过程,政治意志形成被转移到很大程度上自我编制议程的政治系统之中。这种政治系统成功地从公共领域中**提取** *480* 大众效忠,就此而言它也独立于它的合法性的民主根源。因此,一个部分成功的福利国家,一种用行政手段来**导控**合法化过程的大众民主,是同一个东西的两个方面。在具有纲领意义的层面上,与此相应的是听天由命态度——既包括对劳动市场所强加的自然命运这种可耻现象的容忍,也包括对激进民主的放弃。

这说明了 19 世纪以来**无政府主义**从一开始就**与社会主义**之间展开的那场**争论**的现实意义。已经在无套裤汉小资产阶级革命中实施的东西,在无政府主义的社会批判中、在议事会民主[Rätediskussion]的观念中得到理性论证和部分理论阐发。这方面,更重要的不是自我组织的方法(如常设性协商、强制性授命、官职轮换、权力交叉等等),而是这种组织形式本身——自愿社团[freiwillige Assoziationen]这种类型。[22]这些社团只显示了最低程度的建制化。简单互动层面上的横向接触被认为应该浓缩成一种这样的主体间协商实践和决策实践,它的力量足以把所有其他建制保持在它们初创时期的流动状态而避免僵化。这种反建制主义与以下古典自由主义观念相共鸣:一种以自愿社团为基础的公共领域,在这种公共领域中可以进行一种由论辩引导的意见形成和意志形成过程的交往实践。当德诺索·考特斯[Donoso Cortes]指责自由主义把讨论误认为政治决策原则的时候,当

C.施米特同样把自由主义的资产阶级斥责为清谈阶级的时候,他们心里想到的都是公共讨论的这种无政府主义的、因而是**消解权力**的后果。同样的动机,也促使施米特的众多门徒总是进行那场针对"欧洲内战"之煽动者的幻影之战。

与自然状态这种个人主义的理性**法**建构不同,自愿社团的组织形式是一个**社会学**概念,它允许人们用一种非契约主义方式来理解自发形成的、摆脱统治的人际关系。这样,摆脱统治的社会就不再需要被理解为工具性的、因而是前政治的秩序,也就是从契约当中、也就是从取向于成功而行动的私人之间利益导向之协议当中产生的秩序。一个通过社团而不是通过市场而整合起来的社会,将既是一个政治性秩序,也是一个无统治秩序。无政府主义当作自发社会联系之起源的那种冲动,与现代理性法理论所认定的不同,它不是对于物品的有用的交换,而是愿意达成那种解决问题、协调行动之理解的诚意。自愿社团区别于正式组织之处在于,联合体的目的还没有独立于联合起来的成员的价值和目的而自成一体。

(3)这种无政府主义的社会筹划,这种完全由各种社团的横向联合所构成的社会筹划,本来就一直是乌托邦的;而今天,在现代社会的导控需要和组织需要面前,则更加不可行了。经济系统和行政系统中的由媒介导控的互动,恰恰是以组织功能与成员取向相分离作为特征的;从行动者视角来看,这种分离表现为目的和手段的颠倒——表现为价值化过程和行政化过程获得了拜物教式的独立生命。但是,无政府主义的怀疑可以获得一种方法论转向,甚至可以在两方面保持批判态度:既反对一种撇开所有规范性考虑、在分析层面上就排除使全社会能够自我考察的交往之可能性的系统理论,[23]也反对一个不顾科层机构对于基层之控制的规范民主理论;既反对前者的拜物教式的异化,也反对后者对系统的熟视无睹。

古典民主理论的出发点是社会通过主权立法者而作用于自己。人民为法规确定纲领,这些法规则进一步为法规的执行和运用确定纲领,从而社会成员通过具有集体约束力的行政决定和司法决定而得到他们自己已经以公民身份为之确定了纲领的那些利益和规定。这种**通过法律来确定纲领的自我作用概念**,其说服力仅仅来自这样一个假设:整个社会可以被设想为一个宏观社团,它通过法律和政治权力的媒介而自我决定。现在我们懂得更多了,因为有关事实性权力循环的社会学分析消除了原先的蒙昧。我们还知道,社团这种形式的复杂性程度太低,无法为整个社会共同生活提供结构。但这不是我这里想要讨论的问题。我感兴趣的是,对法律和政治权力的相互构成关系的概念分析就已经告诉我们,在由法规确定纲领的自我作用得以进行的那种媒介之中,就已经存在着**一种自我确定纲领之权力循环的逆向意义**。

法律和政治权力,在它们能够承担它们自己的功能——也就是稳定行为期待和有集体约束力的决定——之前,必须相互为对方履行功能。法律从权力那里获得强制性质,而只有法律才赋予权力以法律形式,这种法律形式又进一步赋予权力以约束性质——然后又是这样一个循环。这两种代码每一个都要求自己特有的视角——法律要求的是一个规范性视角,权力要求的是一个工具性视角。从法律的视角出发,政策、法规和法令都需要进行规范性论证;而从权力的视角出发,它们则作为(用于权力再生产的)的手段和限制而发挥功能。立法和司法的视角产生一种对于法律的规范性,而与此相应地,维持权力的视角则产生出一种对于法律的工具性态度。从权力的视角出发,由法规制定纲领的规范性自我作用的循环获得了一种自我编制纲领的权力循环的逆向意义:行政部门导控选民公众集体的行为、为执行机构和立法机构准备所要编制的纲领、把司法部门功能化,就此而言它本身成为一种自我编制纲领的机构。

随着福利国家的发展,已经在概念上出现于法律-行政的自我作用媒介中的那种逆向意义,在经验上也变得越来越强烈了。现在已经可以看清,用来执行福利国家纲领的行政手段,并不是一种消极的、可以说没有个性的媒介。实际上,干预主义的国家已经在很大程度上压缩为一个自我中心的、由权力导控的子系统,在很大程度上把合法化过程推到它的环境中去。事情已经到了这样的地步,即我们最好考虑对社会的自我组织这个规范性观念加以修改。我的建议是,根据规范性-工具性的双重视角,在政治的概念本身当中作一个区分。[24]

我们可以在**交往地产生的**权力与**行政地运用的**权力之间做出区分。这样,在政治公共领域中有两个相反的过程彼此相遇和交叉:合法权力的交往性产生,为此 H. 阿伦特设想了一个规范性模式;政治系统的合法化获取,借助于这个过程行政权力带上了反思的特征。这两个过程——自主的公共领域中的自发的意见形成,对于大众效忠的有组织提取——是如何相互渗透的、哪一方将占据上风,这是一个经验性问题。我感兴趣的主要问题是：既然这种分化总的来说是具有经验相关性的，对于法律共同体的民主的自我组织的规范性理解，也必须改变。

四

（1）首先提出的是有关自我作用的方式的问题。来自公共的意见形成和意志形成过程的政策和法规怎么可能为行政系统提供纲领，既然它必须把所有规范性输入都翻译成自己的语言？在法规框架中运作的行政所服从的是它自己的合理性标准；从行政权力之运用的视角出发，行政权力所考虑的不是规范之运用的实践理性，而是既定纲领之执行的效率。这样，行政系统对法律的处理主要是一种工具性的处理；用法律的语言为所选择的政策和所制定的规范提供辩护的那些规范性理由，在行政权力的语言中被当作是附加在事先引入的决定上的自圆其说。当然，政治权力仍然是依赖于规范性理由的，这可以从它具有法律形式这一点得到解释。规范性理由因此构成了使交往权力发挥作用的手段。从行政和经济的关系中我们知道间接导控的模式，也就是采取措施以影响自我导控机制（比方说"为自助提供帮助"）。或许我们可以把这个模式运用于民主公共领域和行政之间的关系。交往地产生的合法权力可以按这样一种方式对政治系统发生作用：把行政决定必须借以自圆其说的那些理由库存支配在自己手中。如果与政治系统相连接的政治交往已经用相反的理由商谈地消除了政治系统所附着的那些规范性理由的效力的话，就并不能说凡是对政治系统来说可行的东西，就一切都"行"。

484

接下来的是有关意见形成和意志形成过程本身的民主化的可能性的问题。规范性理由要能够发挥间接导控作用,这些理由的产生本身就不能受到政治系统的导控。而法治国之民主程序的意义就在于要将理性的意志形成过程所必需的交往形式加以建制化。不管怎么样,从这个角度出发,今天的合法化过程所进行的建制框架就被置于批判性的评价之下了。借助于一些建制方面的想像,人们还可以考虑,现行的议会团体可以怎样补充以一些这样的建制,它们给执行部门,包括法院,施加更大的、来自相关当事人和法律公共领域的合法化压力。但更困难的问题在于,那些已经建制化了的意见形成和意志形成过程本身怎样才能确保自主性。确实,只有当多数人的决定是满足福楼拜尔所列出的条件的时候,也就是说是以商谈的方式产生的时候,这些过程才产生出交往权力。

政治意见形成过程和政治意志形成过程之间所假定的内在联系,如果要能确保期望中的决策合理性的话,议会团体内的协商就不能在从意识形态角度**事先给定**的前提下进行。对这个要求的一种反应,是对代议原则作自由保守派的❹理解,也就是把有组织的政治与始终可能受骗上当的民意隔离开来。但是从规范的角度来看,针对人民主权而进行的这种对于合理性的捍卫,是自相矛盾的:如果说选民的意见是不合理的话,对代表的选举也同样如此。这个悖论引起我们注意福楼拜尔未加讨论的那个关系,也就是具有形式结构的、最后要达成决议的政治意志形成过程(这也是大选所

---

❹ 英译本为"精英主义的"。

处的层面),与不受到决策压力的、因而没有形式结构的非正式意见形成过程之间的关系。福楼拜尔自己的假设使人们不得不得出这样的结论:在法律上建立起来的民主程序要能够形成合理意志的话,国家机构框架之内引向负责的决策的有组织意见形成过程,就必须保持能受到处于周围的政治交往——它本身、作为一个整体是不能加以**组织**的——的那些具有流动性的价值、议题、建议和论据的影响。

这样,对合理结果的规范性期待归根结底依赖于这样两个方面之间的相互作用:一方面是具有建制结构的政治意志形成过程,另一方面是一个本意不在于形成决议、在此意义上不具有组织形式的公共领域的自发的、不受权力强制的交往之流。在这里公共领域是作为一个规范性概念而起作用的。自愿性社团构成了一个由各个自主性公共领域之交织而形成的交往网络的纽结。这样的社团的专门作用在于实践信念的产生与传播,也就是发现具有全社会意义的议题,贡献有可能解决问题的建议,诠释各种价值,产生好的理由,废弃坏的理由。它们只能间接地发挥作用,也就是说,通过广泛地转变态度和价值来改变建制化的意志形成过程的参数。这些考虑并非完全同社会现实失去接触;混沌的政治文化心态变化与民众的选举行为越来越相关,可以为此作证。但在这里我们的兴趣只得限于这种描述的规范性含义。

(2)沿袭阿伦特的传统,埃尔布莱希特·韦尔默尔[Albrecht Wellmer]强调产生出交往权力的那种公共实践的自指性结构。[25]这种交往实践承担了稳定自身的任务;在做出每一个重要贡献时,公共商谈都必须既保持未受扭曲的政治公共

486

领域本身的意义,同时也保持民主的意志形成过程的目标。公共领域由此而在其运作过程中不断地把自己当作有待讨论的议题;因为,一种不可组织化的实践的存在前提只有通过这种实践本身才能得到确保。公共自由的建制依赖于一种可变的基础,那就是那些在运用这些建制同时对它们进行诠释和捍卫的人们的政治交往。公共领域用来自我指涉地再生产的这种方式,显露出对于社会之主权性自我组织的期待已经把目光抽回了何处。人民主权的观念由此而非实体化了。认为社团网络可以取代被撇在一旁的人民实体——可以说是无人占据的主权者席位——这种想法,也是过于具体主义了。

这种完全分散的主权甚至也不具体体现在联合起来的成员们的头脑之中,而是——如果毕竟还可能谈论"体现"的话——体现在那种无主体的交往形式之中,它们以特定方式对商谈性意见形成和意志形成过程之流进行调节,从而这种过程的具有可错性的结果可以假定实践理性是站在自己一边的。一种成为无主体的、无名氏的、消解在主体间性之中的主权,退入了民主程序之中,退入了实施这些程序的高难度交往预设之中。它升华为具有法治国建制形式的意志形成过程和文化上动员起来的公共领域之间的那种难以捉摸的互动关系。处于交往之流的主权者使自己在公共交往的权力中发挥作用。这种权力虽然产生于自主的公共领域,却必须成型为意见形成和意志形成之民主建制的种种决议,因为对具有重要实践后果之决议的责任,要求一种明确的建制性的确定责任关系。交往权力是以围攻城堡的方式发挥作用的。它对政治系统的判断过程和决策过程产生作用,但并不想把这个系统占为己有;它的目的是用被围攻的要塞能理解的唯一语言来提出它的迫令:它支配行政权力虽然可能作工具性的转化、但——因为其法律的形式——却无法忽视的那种理由库存。

当然,即使这样一种程序化的"人民主权",如果没有一个与之呼应的政治文化作为后盾,没有一个**习惯于**政治自由的民众的经过传统和社会化的中介而形成的基本态度,也是无法发挥作用的:没有一种合理化的生活世界的呼应,就没有合理的政治意志形成。这个命题背后隐藏的可能又不过是那种共和主义传统的精神气质,那种从不知多久以前开始就一直使公民在道德上不堪重负的德性期待。要消除这种疑虑,我们倒必须先指出政治亚里士多德主义❺用"精神气质"概念偷运进来的东西;我们必须解释,把公民道德和自我利益相互结合,是如何在原则上有可能的。如果规范上要求的政治行为应该是**合乎情理的**话,自我立法——在卢梭那里它被压缩成一次单一行动——的道德实质就必须拉长为程序化意见形成和意志形成过程的许多阶段,分解为许多微小颗粒。必须指出,政治道德只有小面值的还有可能筹集。[26]对此我只能作简短的说明。

为什么议员们要把他们的决定建立在正确的、根据我们的假定或多或少商谈地形成的判断之上,而不是仅仅把提供合法性的理由当作借口呢?因为建制之建立的方式就决定了议员们通常不想听任选民的批评。因为选民可以在下次机会对他们的代表进行制裁,而这些代表手里对选民则没有相应的制裁手段。但为什么选民要把他们的投票建立在——如我们所假设的那样——或多或少商谈地形成的公

---

❺ "政治亚里士多德主义"在英译本中为"新亚里士多德主义"。

共意见基础之上,而不是把提供合法性的理由撇开不管呢?因为他们能选择的仅仅是高度概括的政策和模糊不清的民众政党形象,他们只能根据前普遍化的利益状态来感受自己的利益。但这两个前提本身是不是不合实际的呢?不是,在我们对原则上可能的几种选择进行纯粹规范性评价的框架之内,不完全是。我们已经看到,只要议会团体之内的意见形成过程保持对于在其周围的、产生于自主公共领域的非正式意见形成过程的敏感,以法治国方式建立起来的民主程序就允许我们期待会出现合理的结果。这个关于不受权力强制的政治公共领域的预设当然是不合实际的;但正确地理解的话,它并不是坏的意义上的乌托邦的。它得到实现的程度,取决于形成意见的社团——自主的公共领域是围绕它们才可能凝聚而成的——在多大程度上存在着,并且,因为其本身的显示度,改变那些通过大众传媒、工会和政党而以依赖于权力的方式所传输的价值、议题和理由的范围,对它们既进行富有新意的释放,也进行批判性的过滤。当然,归根结底,这样一种社团网络的存在、再生产和影响,都仍然依赖于一种特定的政治文化——一种倾向于自由的、平等的、对全社会问题状况敏感的、甚至高度灵敏的、始终处于震动状态、甚至有共振能力的政治文化。

(3)现在让我们假定,复杂社会是有可能进行这样的根本性民主化的。这一下子就使我们面对从柏克[Edmund Burke]以来一直有人针对法国革命及其后果所提出的那种**保守主义反对意见**。[27]在最后一轮反思中我们必须讨论一下像德·梅斯特[Joseph de Maistre]和德·伯纳尔德[Louis de

Bonald]这样的思想家提出的一些论据,他们用这些论据来提醒那些过于天真地相信进步的人们:我们可以做的事情是有限的。过分扩张的社会自我组织方案,据说草率地忽视了传统的分量,忽视了有机的成长,忽视了无法随意增值的现状和资源。事实上,对那种将理论匆匆付诸实施之实践的工具主义理解,造成了灾难性的结果。罗伯斯比尔[Maximilien Roberspierre]就已经把革命和宪法彼此对立起来了:革命是为了战争和内战而存在的,宪法是为胜利的和平而存在的。从马克思到列宁,受理论影响的革命干预都被认为仅仅是对由生产力所推动的历史目的论的实现。但这种历史哲学信心,在程序主义的人民主权中已不再有一席之地。一旦主体从实践理性中取消,合乎理性的集体意志形成过程之程序的逐步建制化就不再被理解为目的性活动,不再被理解为一种崇高的生产过程。相反,普遍主义的宪法原则的有争议**实现**,已经在普通的立法行动中恒常化了。做出决定以前的争论是在一种特定的社会转变和政治文化转变的条件下进行的,这种转变的方向虽然不能受政治干预的直接导控,但有可能间接地加速和制止。宪法因此而失去了它的静止性;即使在字面上规范没有改变,它们的诠释却处于流动之中。

民主法治国正在成为一个方案,它既是生活世界的范围远远不止政治的合理化过程的结果,也是这个过程的加速催化剂。这个方案的唯一内容是合乎理性的集体意志形成过程的程序——它不可能对参与者的具体目标做出预先判断——的越来越好的建制化。这条道路上的每个步骤都会对政治文化和生活形式产生反作用;而反过来说,没有这种政治文化和生活形式的可遇不可求[nichtintendierbar]的呼应,适合于实践理性的交往形式就不可能出现。

对宪法**动力机制**的这种文化主义诠释,似乎暗示着要把人民主权移置到形成意见的先锋者的文化动力机制上去。这种猜测将愈发煽起对于知识分子的不信任:他们的强处就在于言辞,他们要夺取的恰恰是他们用言辞的媒介假装要消解的权力本身。但是,知识分子统治是遇到以下障碍的:交往权力只能间接地、以限制行政权力——也就是实际行使的权力——的方式而发生作用。而不具结构的公共意见要履行这种"围攻城堡"功能,又只有通过根据民主程序而组织起来的、负责的决策过程。更重要的是,知识分子的影响之凝聚为交往权力,只有在排除权力之集中的条件下才有可能。自主的公共领域要能够围绕自愿性社团而聚集成型,目前已经很明显的文化与阶级结构相分离的趋势就要继续下去。[28] 公共商谈之得到呼应的程度仅仅取决于它的扩散的程度,也就是说,仅仅以一种广泛的、积极的、同时具有**分散作用**的参与作为条件。而这又要求有一个平等的、剥去全部教育特权的、全面地知识化的政治文化作为背景。

文化传统的这种反思化决不一定要受到以主体为中心的理性和以未来为取向的历史意识的影响。我们在多大程度上意识到自由的主体间构成,一种被设想为自我拥有的自主性的占有性个人主义假象就在多大程度上破灭。那种想支配一切的自作主张的主体,与任何传统都缺少一个恰当关系。本雅明的青年保守主义敏感性在文化革命本身当中发现了另外一种时间意识,它使我们的目光从自己的"将来的当代"的视角离开,回过头来转向过去世代向我们所提出的要求。但有一个顾虑仍然存在。一个世俗的、彻底平等主义的大众文化的清醒意识[Nüchternheit],不仅仅熄灭了神圣意识[heilige Nüchternheit]的那种只确保预言之事以社会地位的精神气质。政治交往中日常事务的必然的平凡化,也对这种交往还必须从中得到滋养的那种语义潜力构成了威胁。一种没有锋芒的文化将会被吸纳进单纯的补偿需求之中;如M.格雷夫拉特[M.Grefrath]所指出的,这种文化像一张泡沫毯一样覆盖在风险社会之上。任何公民宗教,哪怕调试得再妥帖,对这种意义之熵也避免不了。[29]即使是那种在日常交往的超情境有效性主张中执著地表达出来的无条件性环节,也仍然不够。一种**别样的**超越性保存在对具有形成认同作用之宗教传统的批判性袭取所揭示出来的未被兑现的诺言之中,**另外还有**一种则存在于现代艺术的否定性之中。庸常之物必须能够受到完全陌生、隐晦和神秘的东西的冲击。这些东西虽然不再提供对于特权的庇护,却拒绝被同化为前理解的对象。[30]

注　释

1　这份于 1988 年 12 月做的演讲最初发表于:Forum für Philosophie Bad Homburg (编):*Die Ideen von 1789*,Frankfurt/Main 1989,7 - 36.

2　E.Schulin:*Die Französiche Revolution*,München 1988,II.

3　W.Markov:*Die Jakobinerfrage heute*,Berlin 1967,3.

4　F.Fure,D.Richet:*Die Französiche Revolution*,Frankfurt/Main 1968,84.

5　Furet:*Penser la Révolution française*(1978),德文本:*1789 - Vom Ereignis zum Gegenstand der Geschichtswissenschaft*,Frankfurt/Main 1980.

6　Schulin(1988),9ff.

7　后来 Furet 本人也采取了这种相对化观点:F.Furet:*La Révolution 1780 - 1880*,Paris 1988;Furet:"La Rance Unie",刊于:*La République du Centre*,Paris 1988;参见 A.

I.Hartig:"Das Bicentennaire-eine Auferstehung?"刊于:*Merkur*,März 1989,258ff.

8 R.v.Thadden:"Die Botschaft der Brüderlichkeit",刊于:*Süddeutsche Zeitung*,26 - 27.Nov.1988.

9 同上。

10 Furet(1980),34.

11 R.Koselleck:*Vergangene Zukunft*,Frankfurt/Main 1979;J.Habermas:*Der philosophische Diskurs der Moderne*,Frankfurt/Main 1985,9ff.

12 Ch.Taylor:"Legitimation Crisis?"刊于:Taylor:*Philosophy and the Human Sciences* (Cambridge,1985),248 - 288.

13 J.Starobinski:*1789 - Die Emblem der Vernunft*,München 1988.

14 参见 Furet(1980),197ff,那里与 C.Schmitt 的一致之处是惊人的。

15 Kant:*Rechtslehre* § 46.

16 J.-J.Rousseau:*State und Gesellschaft*,München 1959,53(*Contrat Social*,第三卷,第1章)。

17 J.Fröbel:*Monarchie oder Republik*,Mannheim 1848,6.

18 J.Fröbel:*System der socialen Polik*,Mannheim 1847(重印版:Scientia Verlag,Aalen,1975;引文页码根据这个版本)。

19 H.Dippel:"Die politischen Ideen der französischen Revolution",刊于:*Pipers Handbuchs der Politischen Ideen*,Bd.4,München 1986,21ff.

20 O.Negt,E.Th.Mohl:"Marx und Engels-der unaufgehobene Widerspruch von Theorie und Praxis",刊于:*Pipers Handbuch der Politischen Ideen*,Bd.4,449ff.

21 O.Kallscheuer:"Revisionismus und Reformismus",刊于:*Pipes Handbuch der Politischen Ideen*,Bd.4,München 1986,545ff.

22 P.Lösche:"Anarchismus",刊于:*Pipes Handbuch der Politischen Ideen*,Bd.4,415ff.

23 N.Luhmann:*Politische Theorie im Wohlfahrtsstaat*,München 1981.

24 J.Habermas:*Die Neue Unübersichtlichkeit*,Frankfurt/Main 1985.

25 H.Arendt:*Macht und Gewalt*,München 1971;J.Habermas:"Hannah Arendts Begriff der Macht",刊于:Habermas:*Philosophisch-politische Profile*,Frankfurt/Main 1981,228ff.

26 U.Preuβ:"Was heiβt radikale Demokratie heute?"刊于:Forum für Philosophie Bad Homburg(编):*Die Ideen von 1789*,Frankfurt/Main 1989,37 - 67.

27 H.J.Puhle: "Die Anfänge des politischen Konservatismus in Deutchland", 刊于: Pipers Handbuch der Politischen Ideen, Bd.4, 255ff.

28　H.Brunkhorst: "Die Ästhetisierung der Intellektuellen", 刊于: Frankfurter Rundschau vom 28.November 1988.

29　H.Kleger, R.Müller: Religion des Bürgers, München 1986; H.Dubiel: Zivilreligion in der Massendemokratie(Manuskript 1989).

30　Ch.Menke-Eggers: Die Souveränität der Kunst, Frankfurt/Main 1988.

附录三

公民身份和民族认同(1990)[1]

到 80 年代中期为止,历史好像进入了 posthistoire[后历史]的水晶般状态。这个说法是阿诺德·盖伦的术语,用来表示一切皆变,却无物更新这样一种感觉。Rien ne va plus——真正令人惊奇的东西,好像不再可能出现。在各种系统性强制因素构成的玻璃罩盖之下,一切可能性似乎都已经穷尽,一切选择都似乎已经冻结,那些仍然放在我们面前的选择权,则变得毫无意义。从那时以后,这种精神状态发生了根本转变。历史重新动了起来,以加速度形式动了起来,甚至风急火燎地动了起来。新问题改变着旧视角;更重要的是,这些问题开启了一些使我们能对各种可能的行动路向作重新审视的未来视角。

我们这个运动不息的时代中,有三个历史性运动影响了公民身份和民族认同之间的关系。第一,德国统一,东中欧各国摆脱苏联监护,席卷整个东欧的民族冲突,这些都给各民族国家之未来的问题造成了一个始料未及的局面。第二,欧洲各国共同体的共同成长,加上 1993 年将要生效的统一的内部市场这一重大事件,突出了民族国家和民主之间的关系:相对于跨国层次上发生的经济一体化来说,其宪法基础在于民族国家层次的民主过程,落后得让人感到丧气。第三,来自贫穷的东部地区和南部地区——未来几年中西欧将与之发生更加密集的遭遇——的大规模移民,使难民问题具有了新的重要性和紧迫性。随之而加剧的是这样两方面之间的矛盾,一方面是民主立宪国家的普遍主义原则,另一方面是保护已经形成的生活方式之完整性的特殊主义要求。

这三个主题使得有必要对一些规范性视角作概念上的澄清,从这些规范性视角出发可以对公民身份和民族认同之间的复杂关系有更好理解。[2]

1. 民族国家的过去和未来

德国和东欧国家所发生的那些事件,使联邦德国由来已久的关于"后民族社会"的讨论出现了新的转向。[3]许多知识分子抱怨(比方说)发生在行政和经济层面而没有公民参加的德国统一过程的民主匮乏;而现在,他们则发现自己正在被人指责为"后民族论的狂妄"。关于国家统一的方式和速度的这种争论不仅仅来自对立党派的相反情绪,它也反映了概念上的模糊。争论的一方认为接纳新的五个州进入联邦共和国是重新确立四十年以前被分裂了的民族国家的整体性;从这种角度出发,民族被看作是一个历史的命运共同体[Schicksalsgemeinschaft]的前政治统一性。争论的另一方则把国家统一看作是在一个从1933年以来公民权利以这种那种形式被废除的领土上重新确立民主和法治国;从这种角度出发,原来的联邦共和国不亚于新的联邦共和国也曾经是一个由政治公民[Staatsbürger]构成的民族。与这种共和主义用语相联系,"作为国家的民族"[Staatsnation]概念恰恰去掉了"民族国家"[Nationalstaat]整个术语在近代欧洲一直具有的前政治的和族裔性的色彩。

公民身份和民族认同之间的这种语义连接的消除,引起我们注意到以下事实:随着欧洲共同体向政治联盟的过渡,民族国家这种经典形式今天也处于消解之中。为说明这一点,让我们来看一下这种形式在早期近代的产生过程。

在近代欧洲,由众多族群[Völker]结合而成的**帝国**这种前现代形式,如德意志民族罗马帝国,俄罗斯帝国和奥斯曼帝国所体现的,已无法处于稳定状态。[4]在中欧城市带出现了第二种国家形式,即联邦国家形式。首先是在瑞士形成了一个**联邦**[Föderation],它强大到足以抵消一个多文化公民联盟中诸种族间的冲突。但只有第三种形式,即集中管辖的领土国家[Territorialstaat],才对欧洲国家体系产生了持久的建构性作用。它首先产生于一些王国,比如在葡萄牙、西班牙、法国、英格兰和瑞典,然后,随着按照法国榜样而发生的民主化过程,才建立起**民族国家**[Nationalstaat]。这种国家形式为资本主义经济体系确保了在全世界扩展的疆域条件。也就是说,民族国家为一种受法治国限制的行政建立了基础性条件,为个体行动和集体行动的不受国家干预的空间提供了保障。对我们来说尤其重要的是,它为文化和种族的同质性创造了基础,18世纪后期以来的国体民主化就是在这种基础上进行的,尽管其代价是对少数民族的压迫和排斥。民族国家和民主是作为法国革命的双生子而出现的。在文化上它们都处于民族主义的庇荫之下。

这种民族意识是文化一体化的现代特有的表现形式。产生出共同的民族归属这种政治意识的动力机制,是在民众通过经济现代化和社会现代化而拉出其稳定的社会纽带,因而既动员起来,又分化为个体的时候,才第一次将民众卷入其中的。民族主义是这样一种形式的意识,它预设了通过历史叙事和反思过滤而对文化传统的袭取。它出现于有教养的资产阶级公众之中,通过现代大众交往的各种渠道而扩展开来。这两方面因素,即文学性的中介和公众形式的传播,赋予民族主义以一些人为的特征;这种一定程度上构造出来的东西,从一开始就容易受政治精英的操纵性滥用。

民族国家的形成史反映在"民族"[Nation]这个概念的历史之中。[5]在罗马人那里,"Natio"表示出生和来源女神。"Nation",就如"gens"和"populus"一样,但与"civitas"相反,指的是还没有组织为政治结合体的(常常是"野蛮的","未开化的"或"异教的")族群[Völkerschaft]。根据这种古典的语言用法,民族是这样一些血源共同体[Abstammungsgemeinschaft],它从地域上通过栖居和相邻而居而整合,在文化上通过语言、习俗传统的共同性而整合,但还没有在政治上通过一种国家形式而整合。"民族"的这种意义在中世纪保留着,在15世纪进入了民众语言,连康德也还这样说:"那些由于共同血缘而被认作一个联合为公民整体的人群,叫做民族(gens)。"[6]但是在近代早期,同时还出现了另外一种语言用法:把民族看作是主权的载体。一些阶层在国王面前代表着"民族"。从18世纪中期以来,"民族"的这两种意义——血缘共同体和"国民"——发生了交叉。在西耶士[Emmanuel Sieyes]那里,在法国革命那里,"民族"成了国家主权的来源。每个民族现在都应得到政治自主权利。取代血缘结合体的,是民主的意志共同体[Willensgemeinschaft]。

因此,随着法国革命,"民族"的意义从一种前政治整体变成对一个民主共同体之公民的政治认同来说具有构成性意义的特征。在19世纪末,授予性的民族认同与获得性的以民主方式构成的公民身份之间的这种有条件关系,甚至还可以颠转过来。所以欧内斯特·勒南[Ernest Renan]的名言"一个民族的存在…就在于每天的民众投票",已经是在有些**反对**民族主义的语境中说的了。因此,勒南可以在1871年以后,通过提及阿尔萨斯[Elsass]居民的法兰西民族属民身份[Nationalität❶]来拒绝德意志帝国对该地区的领土要求,因为他把"民族"理解为公民的民族,而不是血缘共同体。公民民族的认同并不在于种族-文化的共同性,而在于公民积极地运用其民主的参与权利和交往权利的实践。这里,公民身份的共和主义成分,与对一个前政治性的通过血缘、共同传统和共同语言而整合的共同体的归属性,完全分离开来了。从这一头来看,民族意识与共和主义之间起初的这种融合,只起了一种催化剂的作用。

通过历史意识和浪漫主义文学(也就是通过学术方式和文学方式)表达的民族主义,为这样一种集体认同奠定了基础,它对于出现于法国革命时期的公民角色起了**功能性**的作用。也就是说,民族意识这座熔炉当中,授予性的血缘特征

---

❶ 这个词也可译成"国籍"。

转化为一种自觉的传统承受的诸多结果。祖传的民族属民身份变成了一种获得性的民族主义,一种由自身力量构成的精神形态。这种民族主义可以提供条件使个体认同于一种要求高度亲身介入——直至自我牺牲——的角色:普遍兵役制只是公民权利的另外一面。民族意识和共和主义理念都表现在随时为祖国而战、为祖国而献身的精神之上。这说明了民族主义和共和主义从一开始就处于互补关系之中:一方成为另一方出现的工具。

但是,这种社会心理上的相互联系并不是概念上的相互联系。针对其他民族而言的民族自立和集体自决可以理解为一种集体主义形式的自由。这种民族自由并不等于民族内部公民的真正的政治自由。因此,对这种共和主义自由的现代理解,后来可以与它从中产生出来的民族自由意识的母体重新分离开来。民族国家只是暂时地造成了"Ethnos"[族裔]和"Demos"[民众]之间的紧密联系。[7] 从概念上说,公民身份一直是独立于民族认同的。

公民身份的概念形成于卢梭传统的"自决"概念。"人民主权"起初的含义是对君主主权的限制和抵抗。它的基础是人民和政府之间的契约。与此相反,卢梭和康德不是把人民主权理解为统治权力从上而下的转移,或理解为这两个方面的分权。对他们来说,这毋宁说是统治权力向**自我立法**的转变。取代一种历史性契约(也就是统治契约)的,是作为统治权如何**构成**的抽象性模式的社会契约,这种统治权力只有通过进行民主的自我立法才获得合法性。政治统治由此而消除了其天然暴力的特征:国家暴力的"auctoritas"中应当清除其余的"violentia"成分。根据这种设想,"只有一切人

496

的共同的、联合起来的意志,只有——在每个人为一切人作同样的决定、一切人为每个人作同样的决定的意义上——普遍的联合起来的人民意志,才可能立法。"[8]

这个观点并不意味着那种其统一性来源于血源生活方式从前的同质性的人民意志的实质方面的同质性。一个自由和平等的联合体中人们为之而战,最后达到的共识,其最终基础仅仅在于一个人们同意的**程序**的统一性之上。这种民主的形成意见和作出决定的程序在法治国宪法上取得经过分化的形式。在多元主义社会里,宪法表达的是一种形式上的共识。公民们愿意用这样一些原则来指导他们的共同生活,这些原则,因为它们符合每个人的平等利益,可以获得所有人的经过论证的同意。这样一种联合体是由相互承认的关系所构成的,在这种关系之下,每个人都可以期望被所有人作为自由的和平等的人而受到尊重。每个人无例外地都可以受到三重承认:每个人作为不可替代的个人、作为一个族裔或文化群体的成员、作为公民(即一个政治共同体的成员)都应该能够得到对其完整人格的同等保护和同等尊重。一个自我决定之政治共同体的观念,在一些宪法中,主要是在西欧和美国的政治制度中,以不同方式得到了法律上的落实。

在法律语言中,"Staatbürgerschaft","itoyennete"或"citizenship"可能很久以来都仅仅被理解成国家属民身份[Staatsangehörigkeit]或民族属民身份[Nationalität];只是近来,这个概念才被扩大为具有通过公民权而体现的国民地位的含义。[9]"**国家属民身份**"所规范的是个人从属于一个作为国家的民族[Staatsvolk],作为国家的民族的存在是受到国际法的承认的。不论国家权力的内部组织是什么,这个成员身份的定义,连同国家辖区的领土确定,起的是从社会方面来确定国家之间界线的作用。根据对民主法治国是一个自由和平等的公民联合体这样一种自我理解,国家属民身份与自由意志原则相联系。居住地和出生地[Jus soli und jus sanguinis]这样的传统的授予性特征,并不能作为不可收回地服从一个国家的主权权威的根据。它的作用仅仅是认定公民对国家的一种假设的和默会地认可的行政标准,与这种认可对应的是迁移的权利、放弃国家属民身份的权利。[10]

今天,"Staatsbürgerschaft"或"citizenship"这个表达可能不仅仅用于表示国家的组织成员,而也用来表示通过公民权利和公民义务从内容上来界定的地位了。德国基本法没有明确承认类似瑞士的"积极公民"[Aktivbürgerschaft]这样的公民地位,[11]但德国法学理论根据基本法33条第1款对一揽子公民权利和公民义务作了发挥,引出了一个含义类似的总体地位。[12]对于共和主义的理解来说,法律共同体的自我组织问题是一个焦点,政治参与权利和交往权利是公民身份的核心。格拉韦尔特[R.Grawert]把这些权利叫做"单个的国家属民据以被包括在该国家具体的互动关系中的法律建制。"[13]公民地位所确定的尤其是个人反思地要求**改变**其实质性法律地位的民主权利。

在法哲学中,对这种积极公民身份有两种相反的理解彼此处于竞争之中。在从洛克出发的自由主义的自然权利理论传统中,所包含的是一种对公民角色的个人主义-工具主义理解。而在那种可以追溯到亚里士多德的共和主义国家学说中,则包含着对公民角色的交往性-伦理性理解。在一种情况下,公民身份是根据组织成员身份的模式来加以设想的,这种组织成员身份构成了人的法律地位的基础。在另一种情况下,公民身份是根据一个自我决定的伦理-文化共同体的属民地位的模式来设想的。根据一种观点,个人仍然是外在于国家的,以投赞成选票和纳税的形式支持国家的再生产,而作为交换,他则获得组织的各种服务。根据另一种观点,公民对于政治共同体就如同部分对于整体那样构成一体,从而他们只有在共同的传统和所认可的政治建制的界域内才能形成个人认同和社会认同。根据自由主义观点,公民与私人本质上是没有区别的,他们把自己的前政治利益作为国家机构的对立面提出来要求得到满足;而根据共和主义理解,公民身份只能实现于集体性的自决实践之中。查尔斯·泰勒[Charles Taylor]以下列方式描述这两种互相竞争的公民观:"一种(模式)主要关注个人权利和平等对待,以及对公民的各种偏好进行估价的政府操作。这是已经确保了的东西。公民资格主要就在于实现这些权利,确保平等对待,以及对决策者施加影响的能力。……这些建制的意义完全是工具性的。参与统治就其本身而言,被认为是没有什么价值的。……相反,另一个模式则认定参与自我统治是自由的本质,属于必须加以确保的东西之列。这是…公民资格的一个本质成分。……充分地参与自我统治,被认为是(至少在一部分时间内)在形成我们和别人一起能够认同的主导性共识方面能够发挥某种作用的事情。治人和治于人意味着至少在某些时候统治者可以是'我们'而不总是'他们'"。[14]

根据有关共同体的组织性模式,个人孤立地与国家机构相对而立,并且仅仅就一种功能上分化了的成员关系而言才同它联结一起。与这种模式相比,那种认为公民与共同体完全融为一体的整体性共同体模式,虽然它在现代政治的许多方面来看是不合适的,却具有一个优点:它揭示了政治自主是这样一种自我目标,这种目标的实现是没有人能够孤立地、作为私人在追求其自身利益中加以实现的,而只能由大家普遍地通过一种主体间参与的实践才能实现。公民的法律地位是通过互相承认这种平等关系的网络而构成的,它要求每一个人采取第一人称的参与者视角,而不仅仅是一个以各自成就为取向的观察者或行动者的那种观察者视角。

但是,从法律上加以保障的承认关系,不是自我复制的,它要求的是一种无法用法律规范来强迫任何人加入的公民实践的合作努力。现代强制性法律不包括其适用者的动机和意图,是恰当的。积极履行民主权利这样一条法律义务,是具有全权主义色彩的。因此,以法的形式构成的公民身份地位所依赖的,是以公共福利为取向的公民的不可用法律来强制的动机和意图的和谐背景的**呼应**。公民身份的这种共和主义模式提醒我们注意,受宪法保障的自由建制只有对这样的人们才是有许多价值的,他们**习惯于**政治自由,适应于自决实践的"我们视角"。以法的形式建制化的公民角色必须根植于自由的政治文化的情境之中。因此,共同体主义者坚持认为,公民"爱国主义地"认同于他们的生活形式。泰勒还要求这样一种共同意识,其来源是认同于被自觉接受的自己的政治文化共同体的传统:"问题是,我们的爱国主义能不能经受参与性自治的边缘性而保存活力?如我们已经看到的,一种爱国主义,就是对一种基于某些价值的历史共同体的一种共同的认同。…但这必须是这样的共同体:它的核心价值中包括了自由。"[15]

这好像是与我们关于共和主义和民族主义之间只存在一种历史的偶然的关系而没有概念上的相互关系的命题相矛盾的。但仔细考察之下,泰勒的考虑只导致这样的观点:民主法治国家的普遍原则应当根植于某个政治文化之中。宪法的原则,只有当它们置身于由公民构成的民族的历史的情境之中,从而与公民的动机和意图建立起联系,才在社会实践中具有形式,并成为动态地理解的建立自由的人与平等的人的联合体这个方案的推动力量。

正如瑞士和美国这样的多文化社会的例子所表明的,宪法原则可以生根于其上的政治文化,根本不必依靠所有公民都共有的种族上,语言上和文化上的共同来源。一种自由的政治文化所培育的只是一种**宪法**爱国主义的公分母,它使人们对一个多文化社会的各不相同但彼此共存的生活形式的多样性和整体性这两方面的敏感性都得到加强。在未来的欧罗巴联邦共和国中,**同样的**原则也必须从**不同的**文化传统、不同的民族历史的角度加以理解。各自的传统必须从一个借别人的视角而相对化了的角度而加以掌握利用,从而使之能够置入一个超民族地分享的西欧立宪文化之中。以**这种**形式所作的特殊主义的根植,人民主权和人权这两个原则的普遍主义一点意义也不会减少。这一点是肯定的:民主的公民身份不需要根植于一个民族[Volk]的民族认同[national Identität]之中。但是,尽管各文化生活形式的多样性,民主的公民身份确实要求所有公民在共同的政治文化之中经历的社会化过程。

2. 统一的欧洲中的民族国家和民主

欧洲共同体的政治未来以另一种方式说明了公民身份和民族认同之间的关系。由亚里士多德提出的这个公民身份概念最初是适应于城市或城邦的形式而提出的。从群聚人口变成建立国家的民族，我们已经看到，是以民族主义为先导而发生的，这种民族主义似乎将共和主义理念与现代疆域国家的更大范围连接起来了。现代经济交往就是以这种民族国家的形式展开的。就像科层制国家机构一样，资本主义经济也形成了一种自身的逻辑。商品市场、资本市场和劳动力市场服从一种特有的不依赖于主体意图的逻辑。在体现于科层国家中的行政力量之外，货币也变成了一种无人称的，凌驾于参与者之上而起作用的社会整合的媒介。这种**系统性整合**[Systemintegration]与那种通过价值、规范和理解而发生的，因而是以行动者的意识为媒介而发生的**社会性整合**[Sozialintegration]，处于彼此竞争的关系之中。关于民主公民身份而进行的**政治整合**[politische Integration❷]构成了这一般的社会性整合的一个方面。根据这一点，资本主义与民主处于一种自由主义理论常常否认的紧张关系之中。

如发展中国家的例子所表明的，在发展民主法治国和资本主义现代化之间决不存在一种线性关联。从第二次世界大战结束以来在西方民主制国家成熟起来的社会福利国家

---

❷ 这个词也可以译为"政治一体化"。

的和解方式，同样也不会自动地完成。欧洲共同体的发展以另一种方式表现了民主与资本主义之间的紧张关系。这里我们看到在以下两者之间的垂直落差：一方面是在超民族层面上实现的经济和管理的系统性整合，另一方面是仅仅在民族国家层面上进行的政治整合。欧洲共同体的技治论形式因此强化了那种对于本来已经同民主的公民角色联系着的规范性期望的怀疑。难道这些期望在民族国家范围内不已经变成广泛的幻想了吗？难道一时达到的共和主义和民族国家之间的共存局面不仅仅是掩盖了这样一个事实：公民的概念至多适用于一个种族上同质的，一目了然的，但通过传统和习俗而整合起来的共同体的复杂程度较低的关系？

昔日的"欧洲经济共同体"现在成了一个"欧洲共同体"，它传达了建立一个"欧洲政治联盟"的政治意愿。像这样一个目前有三亿两千万居住人口的政府形式，假如撇开印度的话，只有美国是一个先例。但是，美国是一个由同样的政治文化和（目前还是）统一的语言而统一起来的多文化社会，而欧洲联盟则呈现为一个多语言的由不同民族国家构成的国家[Nationalitätenstaat]。即使这个结合体更像一个联邦国家，而不是一个拥有部分主权的单个国家所组成的邦联——这仍然是有争议的——，它也一定会拥有戴高乐[Charles de Gaulle]所说的"各祖国构成的欧洲"的一些特征。在一个这样的欧洲中，迄今为止的民族国家也仍然将**保留强大的建构性力量**。

但是，在通往欧洲联盟的艰难道路上民族国家之所以成为一个问题，与其说是因为不可放弃的主权要求，不如说是迄今为止民主过程只在它们的边界之内局部地发生作用。

一句话,政治公共领域迄今为止仍然是分裂的,是以民族国家为单位的。因此以下问题就突出起来了:欧洲公民身份是否根本上有可能存在。我这里指的并不是集体政治行动跨越国界的可能性,而是指"对欧洲共同福利"的义务意识。[16]直到1974年,雷蒙德·阿隆[Raymond Aron]对这个问题的回答还是断然否定。在超国界操作层面上,具有法和行政手段的大范围欧洲内部市场就要建立了,而力量非常有限的欧洲议会从各成员国的政治公共领域的角度来看,可能还将难以觉察到它的存在。迄今为止那些发挥作用的政治性公民权还没有超出民族国家的范围。

欧洲法院的司法以"共同市场的五大自由"为取向,并且将自由的货物流通、劳工的自由流动、企业家的经营权、劳务交换自由以及支付手段交换的自由解释为基本权利。这符合《罗马条约》在第三条中授予欧洲部长理事会和欧洲委员会的那些权力。这些权力也体现在第九条所提到的目标中:"共同体的基础是一个关税联盟,它包括全部商品交换"。处于同样方向的是内部市场和已经计划要建立的自主的中央银行。经济上互相依赖的这种新水平预示着在其他政策领域(比如环境政策、税收政策、社会政策和教育政策等等)的协调需要的增强。而这些调节需要也将主要根据经济合理性标准来加以处理。目前为止这些问题是通过一些欧洲机构来解决的,这些机构已经交织成一张密集的行政网络。这些职能精英从形式上讲仍然与他们来自的国家的政府和机构有联系,但事实上他们已经渐渐脱离了他们的民族背景。执行专业性工作的官员们构成了一个超越各民主过程的科层机构。

对于公民来说,他们所遭遇的和他们所参与的之间随之出现了越来越大的差距。数量越来越大的超国家层次上通过的措施在越来越大的生活领域中涉及越来越多的公民。但因为有效起作用的公民角色只是在民族国家层次上被建制化,所以公民不具有讨论和影响欧洲决定的令人鼓舞的可能性。M.R.莱普谢斯[M.R.Lepsius]简明扼要地强调指出,"不存在一个欧洲舆论"。[17]那么,这种不协调造成的是否只是一种暂时的不平衡,而对布鲁塞尔的技治机构加以议会化就会消除这种不平衡?还是另外一种情况:在这种根据经济合理性标准进行工作的科层机构中清楚呈现了一种在民族国家之内很久以来已经不断演进着的发展趋势——经济迫令的自主化和政治的政府化,这种趋势挖空了公民地位,否定了它的共和主义要求?

T.H.马沙尔[18]以英国为例探讨了与资本主义现代化相关联的公民权利和义务的扩展问题。马沙尔把公民权利分为"民权"、"政治权"和"社会权",是沿袭了一种著名的法学分类。根据这种分类,自由的消极权利保护人的法律主体免受国家对自由和财产的非法干预,政治参与权利使积极公民有可能参与形成意见和意志的民主过程,社会分享权利提供福利国家的当事人以最低收入和社会保障。马沙尔支持以下说法:现代社会中公民地位是不断扩大和巩固的。先是民主权利补充了消极的自由权利,然后是社会权利进一步补充了这两种古典的基本权利,而且,范围越来越广的人口一步步地获得全部成员权利。即使撇开历史细节不谈,这种有关一个线性地展开的大规模发展过程的说法,也只适用于社会学家们一般叫做"包容"[Inklusion]的过程。在一个功能上越来越分化的社会中,越来越多的人民获得越来越广泛的权利去进入和分享各子系统——不管它涉及的是不是市场、企业、工作场所、政府部门、法院、常备军、学校、医院、剧院、博物馆、政治团体和公共交往媒介、政党、自治组织或议会。对个人来说,组织成员身份多重化了,进行选择的空间扩大了。这幅线性进步的图景,可能来自一种对自主性之增强和丧失无动于衷的描绘。这种描绘无视对一种积极公民地位——在这种地位上个人能够影响对自身地位的民主的改变过程——的实际运用问题。确实,只有政治参与权利才能作为公民的反思的、自我关联的法律地位的基础。消极的自由权利和社会分享权利相反则是可以按家长主义方式授予的。从原则上说,没有民主,法治国家和福利国家也是可能的。也就是说,即使在像德国基本法的"民主和社会福利的法治国家"中那三类权利都得到了建制化的地方,保护权利和分享权利也具有两副不同的面孔。

  自由权利,从历史上说,是私人财产权的社会地位得到确定的权利;它们可以从**功能性**视角理解为一种市场调控之经济系统的建制化,而从**规范性**角度出发,它们则保障个人自由。社会权利从**功能性**角度来看意味着建立福利国家的科层机构,在**规范性**角度来看它们则保障合法分享社会财富的补偿要求。当然,个人自由和社会保障一样也可以看作是那种首次使有实效地行使政治权利成为可能的社会独立地位的法律基础。但这里涉及的关联只是经验性的,而不是概念上的必然关系。因为自由权利和分享权利同样可以造成公民角色的唯私主义的[privatistisch]退缩,把这种角色归结为当事人与照顾他、为他提供服务的管理机构之间的关系。

公民唯私主义综合症和从当事人利益出发运用公民角色,随着围绕这些权利而建制化的经济和国家越来越具有一种系统的自身逻辑、越来越将公民角色压缩为单纯的组织成员的边缘性角色,而具有越来越大的可能性。经济系统和行政系统具有与其环境相封闭、只服从其自身的货币迫令和权力迫令的趋势。它们破坏了那种通过公民的共同实践而自我决定的共同体模式。共和主义的那个自由人和平等人的"共同体"的政治上自觉的整合的基本设想,对于现代社会来说当然是太具体、太简单了,尤其是假如人们想到的"共同体"是一个民族,甚至是一个种族上同质的、通过共同传统而凝固在一起的命运共同体的话。

幸好,法是这样一种媒介,它可以让我们对公民自主作一个本质上是抽象的设想。今天,人民的公民主权向一些在法律上被建制化的程序,向基本权利使之成为可能的那些或多或少是讨论性的意见形成和意志形成的非正式过程回归。这里我的出发点是这样一种由各种交往形式构成的网络,但这种网络必须是这样组织的,即它有可能使公共管理受到一些合理前提的约束,并且使这种方式也使经济系统在不触动其自身逻辑的情况下受到社会的和生态的观点的限制。这是一种**商议性政治模式**[Modell deliberativer Politik]。它的出发点不再是一个共同体整体的大我[Grosssubject],而是无人称地彼此连接的一些讨论。它把规范性期待的主要负担归之于民主程序和一种其基础在于一些自发源泉的政治公共领域的基本结构。对于一般民众来说,政治参与权利只有在如下意义上才可能行使:加入并影响一个非正式的,不能作总体上组织的,更大程度上是以一种自由的和平等的政治文化为载体的公共交往过程。同时,决策机构中的商议必须是可以被来自未强制的政治公共领域的主题、价值取向、建议和纲领所影响的。只有当建制化的意见形成和意志形成这一方面和非正式的公共交往这另一方面之间的这种相互作用实现的时候,公民身份在今天才不仅仅意味着前政治之个人利益之总和,以及对被家长主义地授予的权利的消极享受。

对这种模式我这里无法作进一步讨论。[19]但是,对于判断一种未来的欧洲公民身份的可能性来说,一些经验性的论据至少可以从回顾公民权利在民族国家范围内建制化的历史中得到。那种把公民权利看作本质上是阶级斗争产物的观点显然是太狭窄了。[20]别的运动,首先是移民和战争,也推动了导致完全的公民地位的发展。除此之外,那些推动了新的包容关系之法律化的因素,也影响了对民众的政治动员,并随之而影响到激发一些已经存在的公民权利的积极发挥作用。[21]这些以及类似的结论,使我们可以引出对欧洲发展的谨慎的乐观期望,所以我们不必从一开始就持听天由命的态度。

欧洲内部市场将造成水平方向的大规模流动性,并大大增加不同国籍的成员之间的接触,除此之外,来自东欧和第三世界贫困地区的移民将加剧社会的表现为多元文化的多样性。这固然会导致各种社会矛盾。但这种矛盾,如果加以创造性处理的话,也可能提供一种政治动员,从而给本土的、已经在民族国家范围内出现的新型社会运动(如和平运动、生态运动和妇女运动)提供鼓舞。这将加强公共议题的生活世界相关性。同时,那些只有靠欧洲范围内协调才能解决的问题的压力也增加了。在这些条件下,可以建立起全欧洲范围的公共领域中的交往联系,它们为密切联系着的各地区的新的议会机构,而且对一个具有更大能力的欧洲议会创造有利的环境。

迄今为止,成员国的欧共体政策某种程度上还没有成为对有关合法性问题的争论对象。各民族国家的公共领域在文化上还相互分隔着。也就是说,在它们所根植的情境中,政治问题还只在各自民族史的背景下才有意义。但在将来有可能从各个不同的**民族的**文化中分化出一个共同的**政治**文化。有可能出现这样两者的分化,一方面是一个欧洲范围的**政治**文化,另一方面是从近代早期以来分叉开来的艺术、文学、历史、哲学的各**民族**传统等等。为此,文化精英和大众传媒可能有重要作用。欧洲的宪法爱国主义,不同于美国的宪法爱国主义,必须从对同一个普遍主义法律原则的不同的、受民族史影响的理解中共同生长出来。瑞士是一个例子,表明一种这样的共同的政治文化自我理解,是可以从不同民族属民身份的文化取向中分化出来的。

为此更重要的与其说是对欧洲中世纪共同来源的自我确立,而不如说是一种新的政治自我意识,与欧洲在21世纪世界上的作用相符合的新的政治自我意识。迄今为止世界历史只给兴起而又衰落的帝国以一次登场机会。这既适合于古代世界的帝国,也适合于现代国家——葡萄牙、西班牙、英格兰、法国和俄国。作为例外,欧洲现在作为一个整体遇到了**第二次**机会。这次机会的运用,大概不可能是以欧洲过去的实力政治的方式,而只能在改变了的前提下运用:对其他文化的非帝国主义式的理解和学习。

3. 移民和富裕沙文主义:一场争论

阿伦特曾预言,失去家园者,被剥夺权利者和难民将成为20世纪的特征。这个预言已经得到了惊人的证实。离家失所的人,那些第二次世界大战在被摧毁的欧洲中心所抛下的离家失所的人,早就被从南部和东部向和平和富裕的欧洲蜂拥而至的避难者和移民所代替了。原有的难民营已经容纳不了新的移民潮。统计学家计算说未来几年中仅仅从东欧来的移民就有两千万到三千万。这个问题只有依靠所涉及的欧洲国家的共同的政策才能解决。这里,德国统一过程中以较小规模已经表现过的一种辩证法,又一次发生作用。跨国界迁移运动的发生,是迫使西欧去履行由于政府社会主义的崩溃而落在它头上的责任。要么它尽快努力使中欧和东欧贫困地区的生活条件迅速改善,要么它将淹没于难民和移民的浪潮之中。

专家们关于各国自身经济承受能力的极限有各种看法。但是,是否愿意在政治上整合经济难民,也取决于本国居民对移民进入本国之后的社会问题和经济问题是如何**感受**的。要讨论的仅仅是这个问题。对外国人的"严重外来影响"的右翼极端主义的抵制性反应,在全欧洲与日俱增。相对弱势的阶层——不管是现在第一次受到社会境遇下降的威胁,还是已经下落到零散的边缘群体之中——尤其明确地把自己认同于自己集体的意识形态化优势,并且排斥一切异己的东西。这是一种普遍滋长的富裕沙文主义的阴暗一面。这样,

"难民问题"又一次揭示了公民与民族认同之间的潜在的紧张关系。

一个例子是德国新接纳各州中的民族主义情绪和反波兰情绪。在那里,与新获得的联邦共和国公民地位相联系的是这样一种期望:联邦共和国的福利边界会一下子移到奥得河和尼斯河去。他们新的公民身份要求得到的很大程度上是这样一种满足,即最终不再被作为二等德国人来对待。但这里他们忘记了,公民权利之所以具有保障自由的性质,是因为其中有普遍人权的内容。在1793年革命宪法关于"公民地位"的第4条中,就已经前后一贯地保障在法国定居的**每个**成年外国人不仅有国家属民地位,而且有积极公民权利。

在联邦德国,就像在西方许多法律制度中,外国侨民、流离失所的外国人和无国籍人士的法律地位是与公民地位至少已经是接近的了。因为基本法的设计是由人权观念所决定的,所以**所有**居民都享有宪法保护。外国人和本国人拥有同等地位去履行义务、获得服务和受到权利保护;即使从经济方面看,除了少数例外,也存在着同等的待遇。公民身份的人权成分将通过超越国家的法律,尤其是欧洲公民权利,而在发挥政治影响的核心机会方面得到加强。这里值得注意的1990年10月31日联邦宪法法院裁决的论证中的一段话。尽管它把外国人参加区、县选举亦即地方选举解释为违宪的,但在论证中它至少还是承认请愿者提出来的那些原则的:"在这种看法背后显然存在着这样一个观念:在民主政治权利拥有者与特定政府的长期服从者之间的重合,是符合民主观念的,尤其是符合其中包含的自由观念的。这是一个恰当的出发点。……"22

这些倾向只表明,从一种与民族认同相分离的公民身份的规范性内容出发,是无法获得一种倾向于限制性的和阻滞性的移民政策和归化政策的看法的。但是,今天欧洲共同体面对更大规模的移民潮,能不能、应该不应该像当年雅各宾派那样对外国人实行如此开放的政策,这还是一个悬而未决的问题。有关的**道德理论的讨论**——我这里仅限于这种讨论——的中心问题是"special duties"["特殊责任"]的概念,即只存在于某共同体之社会界限内的那些特殊义务的概念。确实,国家也只是一种具体的法律共同体,这种共同体赋予其国民以特定的义务。更多的是经济移民而不是难民这个事实向欧洲国家成员们提出了这样一个问题:一方面是与国籍相联系的特殊义务,另一方面是超越国界的普遍义务,有无可能为前者相对于后者的优先地位作出辩护。我打算对哲学家中间所讨论的这些问题分五步进行扼要回顾。

(a)**特殊义务**是特定人们对特定他人的义务,前者把后者当作"属员"[Angehörige],也就是说当作自己家庭的成员、作为朋友和邻居、作为政治共同体或民族的成员——作为"相近的人"而对待。父母对孩子有特殊义务,反之亦然;驻外领事机构感到对需要保护的国民有特殊义务,而这些国民对他们国家的机构和法律也负有特殊义务。这里我们想到的首先是这样一些积极义务,它们是不确定的,因为它们要求没有确切数量规定的服务和团结、资助和付出。并不是每一个帮助的提供对所有人来说都是随时可以指望的。由属于共同体而产生的那些特殊义务,可理解为对这本来就不确定的义务的社会性要求和实质性规定。

从功利主义角度出发，有人设法根据一个共同体成员们从各自为对方服务中得到的相互利益来论证特殊义务。各民族和国家也可以理解为这种"互助会"。[23]根据这个模式，每个成员都要估计到，他从与其他成员的交换中得到的长期收益，是与他自己在与其属员的互动中所作的贡献成比例的。从此出发可以论证特殊义务和特殊权利的相互性，它（比方说）禁止虐待外籍劳工。然而，这个模式不能论证对于能力低弱的属员（残疾人、儿童、老人）的义务，或对于特别需要帮助的人（比如寻求避难的外国人）的义务。这种相互期待利益的工具性的种族中心论会提议这样一种移民接收政策[Einwanderungspolitik]，它只在有理由期望外国人不会破坏现行的服务之提供与服务之要求的平衡（如在社会保险系统中）时，才同意接收他们。

（b）这种反直觉的结果为我们提供理由去放弃功利主义立场，而倾向于另一种模式，根据这种模式，解释特殊义务的不是集体成员之间服务交换的互惠互利，而是一种围绕中心建立的道德分工。[24]也就是说，特殊义务并不是直接根据社会距离的远近而变化的，似乎与我们相近者的要求总是优先于离我们较远者的要求。这种直觉只适用于家庭和邻居这样的附近范围。但如果说直接熟悉的圈子之外的所有人对我们都是同样远近的，这也是错误的。这种"外人"我们通常当作属于"他人"的范畴，不论这时他们是否属于自己的民族，因而是不是自己的同国人。对于"他人"的特殊义务不首先产生于对一个具体的共同体的归属。它毋宁是产生于**法律**建制的抽象的行动协调，它规定一定范围内的人或行动者有一定义务，以便使否则的话就仍无明确规定的那些积极义务得到社会方面和内容方面的明确说明、并具有约束力。根据这种观点,特殊义务起源于以建制为媒介而把特定责任指派给一定的履行道德分工的法律承受者。在这种法律规定的道德分工范围内,一个法律共同体的社会边界的作用仅仅是规定对于责任的划分。这并不意味着我们的义务主要以这种边界为限。相反,民族国家的政府也要保证公民对非本国属民(如难民)所具有的积极义务得到履行。当然,这些责任是什么这个问题,仍然没有得到回答。

(c)道德的眼光要求我们对这个问题的判断必须是不偏不倚的,也就是说不仅仅片面地从富裕地区居民的视角出发,而也要从外来移民角度出发,从那些在这里寻求幸福、寻求自由和有尊严生活、而不仅仅是寻求政治避难地的人们的角度出发。约翰·罗尔斯曾提出这样一个著名的原初立场的理想实验,在这个原初立场上,所有人都对自己出生在何种社会、具有何种地位一无所知。就我们的问题而言,把这种理想实验运用于世界性社会的结论是现成的:"在'无知之幕'背后,考虑到对自由的可能的限制,人们采取的是那个将因这些限制而优势最少的人的视角,在这里也就是那个希望移民的外人的视角。因此,在原初立场上,人们会坚持移民权利也被包括在基本自由体系之中,其理由与他会坚持把宗教自由权利包括在内的理由是一样的:它可能证明是对自己的生活计划具有根本意义的。"[25]对移民入境权利的合法限制,充其量可以从其他一些与之不同的视角出发加以辩护,比如要求避免对公共秩序或社会经济再生产有严重威胁的社会冲突和对整个社会结构的负担加重。祖先、语言和教育——或对于移入国"文化共同体的归依",如在"因地位而成为德国人"[Statusdeutscher]的例子中看到的——无法为移民和归化[Einbürgerung]方面的特权作辩护。

(d)与此相反,共同体主义者诉诸刚才提到的个人主义立场所忽视了的一个情况。一个政治实体的社会边界不是像那个用法律来规范道德分工的模式所说明的那样仅仅具有一种**功能性**意义。它毋宁说规范了对一个历史命运共同体和一种政治生活形式的归属地位,而这二者对于公民自身的认同是具有构成性意义的。公民身份是对于"我是谁?"的问题和"我应当做什么"的问题——当这两个问题在公共领域提出的时候——的回答。[26]归属于一个政治实体是特殊义务的根据,而爱国主义的认同过程就是在这种义务之下发生的。这种忠诚超越了以建制为媒介的法律义务的有效性意义:"每个成员承认一种以如下方式表现出来的对共同体的忠诚:愿意牺牲个人之所有以促进共同体的利益。"[27]对仅仅从道德和法的角度来考察这个问题的观点的这种疑问,依据在于我们已经碰到过的那种共同体主义公民概念。对复杂社会的状况来说它固然不再适合,但它强调了一个不应该回避的**伦理的**成分。

即使现代国家也代表了一种政治生活形式,它并不完全归结为对普遍法律原则的建制化的抽象形式。这种生活形式构成了普遍主义宪法原则必须在其得到落实的那种**政治文化**情境,因为只有一个**习惯于**自由的人们才能使自由的建制生存下去。因此,沃尔泽(Michael Walzer)指出,移民入境权利的界限在于一个政治共同体保护其生活形式之完整性的权利。在他看来,公民自决权包括对各自生活方式的自卫权。[28]

(e) 但这个论证可以作两种相反的解读。根据共同体主义的解读,对移民入境的自由权应该附加规范性限制。除了经济系统和社会系统的再生产条件所产生的功能性限制之外,要加上确保各自生活方式之伦理-文化实质的一些限制。由此这个论证具有了**特殊主义的**含义,根据这个含义公民身份虽然不与民族认同重叠,但与在历史过程中铸成的一定文化认同相重叠。贡斯特伦[H.R.van Gunsteren]完全按阿伦特的精神对授予一个民主共同体中公民身份的条件作了如下表述:"候选的公民能够并且愿意成为这个特殊的历史共同体的一员,分享它的过去和未来,分享它的成员在其中思考和行动的生活方式和建制。在一个珍视其成员之自主性和判断力的共同体中,这显然不是要求单纯的服从。相反它是要求掌握其语言,了解其文化,承认为再生产那些能够作自主和有责任判断的公民创造条件的建制。"[29]

但是,对这里所要求的能力,即"作为这个特殊的政治共同体的公民而行动"的能力,必须作完全另外一种理解,即**普遍主义的**理解,只要这个政治共同体本身是实行普遍主义的宪法原则的话。政治共同体的认同(它也不应该受外来移民的触动)主要依赖于根植于**政治文化**的法律原则,而不完全依赖于一个特定的**伦理-文化**生活形式。根据这种观点,对外来移民所期望的,必须仅仅是他愿意进入他们的新家园的政治文化,而并不是要因此而放弃他祖先的文化生活形式。所要求的是**政治文化适应**[politische Akkuluration],而不包括他们的社会化的全部。而且,将新生活方式带进来的外来移民,还能对用来诠释共同政治宪法的那些视角加以扩展和多样化:"人们生活于其中的共同体有纽带也有束缚,但这些纽带和束缚可以是各种各样的。在一个自由的社会里,纽带和束缚应当符合自由的原则。向外来移民开放会改变共同体的特征,但不会使该共同体没有任何特征。"[30]

根据我们从(a)到(e)所进行的讨论,得出的规范性结论是,欧洲国家应该就一种自由的移民政策达成一致。它们用不着面对谋求移民入境、寻求避难的人们的蜂拥而至而固守在富裕沙文主义的堡垒之中。民主自决权利固然是包括保卫自己**政治**文化的权利的,正是这种政治文化为公民权提供了一个具体情境,但它不包括固守一个被赋予特权的**文化**生活形式的权利。在民主法治国范围内,多样的生活形式可以平等共处。但这种生活形式必须重叠于一个共同的政治文化,而这种政治文化又必须不拒绝来自新生活形式的碰撞。

只有一种民主的公民身份——它不是特殊主义地封闭的——才能也会为一种**世界公民**地位准备条件,这种世界公民地位已经在全世界范围的政治交往形式中形成起来。越南战争,东欧和中欧的革命性变化,以及海湾战争是严格意义上的首批**世界政治**事件。通过电子大众传媒,它们同时呈现在一个无处不在的公共领域面前。在法国革命的背景下,康德提到一个参与性公共领域的种种反应。当时他辨认出世界性公共领域的现象,这种现象今天首次在一个世界公民交往关系中成为政治现实。甚至世界强国也必须考虑全世界范围的抗议的现实。仍然持续着的好战国家——它们的主权已经有所损失——之间的自然状态,至少已经开始显得过时。世界公民状态不再是一种纯粹的幻想,即使我们离它还相距甚远。国家公民身份[Staatsbürgerschaft]和世界公民身份[Weltbürgerschaft]构成一个连续统,这个连续统现在至少已经显出轮廓来了。

注 释

1 本书作为单行本由 Erker-Verlag 于 1991 年出版于 St.Gallen。

2 笔者感谢 Ingeborge Maus 和 Klaus Guenther 提出的批判性的意见和建议。

3 P.Glotz: *Der Irrweg des Nationalstaats*, Stuttgart 1990. J. Habermas: *Vergangenheit als Zukunft*, Zuerich 1991.

4 关于下文的内容,参见 M.R.Lepsius: "Der europäische Nationalstaat",刊于 Lepsius: *Interessen, Ideen und Institutionen*, Opladen 1990, 256ff.

5 参见"Nation"条目, *Historisches Wörterbuch der Philosophie*, vol.6, pp.406 - 414.

6 [根据英译本注] I.Kant: *Anthropology from a Pragmatic Point of View*, trans. V.L. Dowdell, rev. and ed. H.H.Rudnick, Carbondale, Ill. ,1978m 225.

7 M.R.Lepsius: "Ethnos und Demos", in Lepsius(1990), 247 - 255.

8 Kant: *Rechtslehre* § 46.

9 关于以下的内容,见 R.Grawert: "Staatsangehörigkeit und Staatsbürgerschaft", *Der Staat* 23, 1984, 179 - 204.

10 P.H.Shuck, R.M.Smith: *Citizenship without Consent*, New Haven 1985, Kap.I. 当然,国家公民身份的规范性意义并不是到处都前后一致地同血统的授予性特征相分离的。比方说,德国基本法的第 116 条引进一个所谓"Statusdeuscher"[身份德国人]概念,指那种并不是德国公民、但根据一种客观地确认的"对于文化共同体的信念"而属于德意志民族的人;这样一个人享有可以成为德国公民的特权,尽管这一点目前在宪法层次上是有争议的。

11 R.Winzeler: *Die politischen Rechte des Aktivbürgers nach schweizerischem Bundsrecht*, Bern 1983.

12 K.Hesse 在 *Grundzüge des Verfassungsrechts*(Heidelberg 1990, 113)中写道:"(基本权利)作为主观权利确定和保障了个人的法律地位的基础;作为民主和法治国秩序的(客观的)基本成分,它们把个人纳入这个秩序之中,而这个秩序则只有通过这些权利的实现才能成为一个现实。以基本法的基本权利为基础和保障的个人的宪法权利地位是一种实质性法律地位,也就是说,一种具有具体内容的地位,对这种内容无论是个人还是政府权威都不具有无限制控制。这种宪法地位形成了一般公民身份的核心;这种公民身份同基本权利一样,…是通过法规来确定的。"

13　R.Grawert:"Staatsvolk und Staatsangehörigkeit", *Handbuch des Staatsrechts*, hg. v.J. Isensee und P.Kirchhof, Heidelberg 1987, 684ff.

14　Ch.Taylor:"The Liberal-Communitarian Debate", in N.Rosenblum(Ed.), *Liberalism and the Moral Life*, Cambridge, Mass.1989, 178ff.

15　Taylor(1989), 178.

16　P.Keilmannsegg: *Ohne historisches Vorbild* (FAZ vom 7.12.1900).

17　M.R.Lepsius:"Die Europäische Gemeinschaft", *Beitrag zum 20.Deutschen Soziologentag*, Frankfurt/Main 1990.

18　T.H.Marshall: *Citizenship and Social Class*, Cambridge, Mass.1950.

19　见前面第七章第2节。

20　B.S.Turner: *Citizenship and Capitalism*, London 1986.

21　J.M.Barbalet: *Citizenship*, Stratford, England 1988.

22　*Europäische Grundrechtszeitschrift* 1990, 443.

23　R.Goodin:"What is so Special about our Fellow Countrymen?" *Ethics* 98, July 1988, 663-686.

24　H.Shue:"Mediating Duties", *Ethics* 98, July 1988, 687-704.

25　J.H.Carens:"Aliens and Citizens: The Case for Open Borders", *Review of Politics* 49, 1987, 258.

26　H.R.van Gunsteren:"Admission to Citizenship", *Ethics* 98, July 1988, 752.

27　D.Miller:"The Ethical Significance of Nationality", *Ethics* 98, July 1988, 648.

28　M.Walzer: *Spheres of Justice*, New York 1983, 32-63.

29　H.R.van Gunsteren(198), 736.

30　Carens(1987), 271.

后　记

为经过校阅并增加文献目录的第四版而写[1]

从某种意义上说,一个文本的作者只有从他的读者那里才首次知道他在这文本里说了什么。这也使他意识到他本来要说的意思是什么,并且给他一个机会把他想说的东西解释得更清楚一些。在本书出版还不到一年之后——在我读了一系列睿智的、多数是同情的、不管怎么样是给人启发的评论之后——我就发现自己处于这样一个境地。诠释者当然享有比作者本人更好地理解一个文本的优势,但是作者在这个文本重印之际,或许也不妨以诠释者的身份来概括一下根据他的理解确定全书结构的那些想法。这也使得他有可能澄清在文本出版以后提出来的一些异议。

一

构成现代法的,是一个强制的、实证的,并且被认为是保障自由的规范系统。强制性和实证性这种形式特征是同对于合法性的主张相联系的:以国家强制为后盾的规范,来源于一个政治立法者之可以改变的决定;同这个事实相联系的,是这些规范将平等地保证法权人的自主性这样一种期待。这种合法性期待同立法和执法的事实性交织在一起。而这种联系又进一步反映在法的模糊的有效性模态之中。

也就是说,现代法在它的承受者面前表现出两副面孔:人们可以把法律规范仅仅看作是一些命令[Befehle],也就是说是对他们行动范围的限制,从而对可能出现的违规行为的可计算结果采取一种策略性态度,也可以对法的规范采取一种**施为性**态度,也就是看作是有效的律令[gültige Gebote],并"出于对法律的尊重"而加以遵守。当国家同时确保以下两者时,法的规范就具有有效性:一方面,国家确保对这种规范的平均的遵守,必要时用制裁来强迫遵守,另一方面,国家保障这种规范的合法产生的建制条件,从而随时都可能出于对法律的尊重而遵守法律。

那么,这些随时可能被政治立法者改变的规则,其合法性的根据是什么?在多元主义社会中,这个问题变得更加尖锐了,因为在这种社会中,全方位世界观和有集体约束力的伦理规范瓦解了,而残留下来的后传统的良心道德,则不再能够为曾经由宗教形而上学来论证的自然法提供足够依据。合法性的唯一的后形而上学来源,显然是由民主的立法程序提供的。但这个程序又是从哪里得到提供合法性的力量的呢?对这个问题,商谈论提供了简单的、初看起来不大可能的回答:民主程序使得议题和提议、信息和理由能自由地流动,确保政治意志形成过程具有一种商谈的性质,并因此而论证了这样一种可错论的假设:从正当程序产生的结果,多多少少是合理的。明显有利于商谈论思路的,是以下两个考虑。

从**社会理论**的角度来看,法所履行的是社会性整合的功能;同法治国政治体系一起,法承担了其他方面社会性整合无法达成时的安全网的职能。它的作用类似于传送带,以抽象而有约束力的方式,把由于具体的交往行动关联而为人所知的邻里熟人之间的相互承认结构,传向匿名的、以系统为中介的陌生人之间的互动关系。团结——货币和行政权能之外的第三个社会整合源泉——当然是间接地产生于法的:通过对行为期待的稳定,法同时确保了主观权利的抽象承担者之间的相互承认的对称关系。法和交往行动之间的这种结构相似性表明,为什么商谈、也就是变得具有反思性的交往行动形式,对法的规范的产生(以及运用)具有一种构成性的作用。

从**法律理论**的角度来看,现代法律秩序只能从"自决"这个概念获得其合法性:公民应该时时都能够把自己理解为他作为承受者所要服从的法律的创制者。社会契约论用资产阶级契约法的范畴来想像公民的自主,也就是想像成签约各方的私人性质的自由选择。但是,社会秩序之创建这个"霍布斯问题",无法用独立行动者的合理选择决定之间的偶然汇合做出满意解释。为此康德赋予自然状态中各方——就像罗尔斯后来对原初状态中各方那样——以真正的道德能力。今天,在语言学转向之后,这种义务论道德观获得了一种商谈论理解。由此,一种商谈模式或商议模式[Beratungsmodel]代替了契约模式:法律共同体不是通过一种社会契约构成的,而是基于一种商谈地达成的同意而构成的。

当然,只要**道德**论辩仍然是立宪商谈的典范,同理性法传统的断裂就还没有完成。就像在康德那里,公民自主与道德人的自由意志相重合,而道德或者自然法依然构成了实证法的核心。[2]这种模式的基础仍然是一种自然法图景中的法律等级结构:实证法仍然隶属于道德法,并且从它那里获得导向。但是道德和法律之间的关系比这要复杂得多。

本书所展开的论证本质上是要证明:法治国和民主之间

存在着一种概念关系或内在联系,而不仅仅是历史的偶然的联系。正如我在第九章所指出的,这种联系也存在于法律平等和事实平等之间的辩证法之中,这种辩证法先是作为对自由主义法律观的反应而引起了社会福利国家的范式,今天又使我们必须面对从程序主义角度对民主法治国所作的自我理解。**民主程序**承担了提供合法性的全部负担。它必须同时确保法律主体的私人自主和公共自主;因为,如果有关的人们不先已经在公共讨论中澄清那些确定对典型事例作同等处理还是不同等处理的有关视角,并且为考虑他们那些经过重新诠释的需要而将交往权力动员起来,主观的——私的权利甚至是无法作恰当表述的,更不要说对它们作政治实施了。因此,对法的程序主义理解强调民主的意见形成和意志形成过程的程序条件和交往前提是唯一的合法性源泉。一种是认为实证法可以从一个更高法律那里获得其合法性的柏拉图主义观点,一种是否认任何超越立法决策之偶然性的合法性的经验主义观点,程序主义观点之不相容于前一种观点,一点不亚于它不相容于后一种观点。于是,为了证明法治国和民主之间的内在联系,我们必须说明实证法为什么并不是简单地从属于道德的(第二节),说明人民主权和人权是如何互为前提的(第三节),并且,说明民主的原则具有其自身的、独立于道德的根源(第四节)。

二

(1)道德和法当然都是用来调节人际冲突的;而且,两者都应该平等地保护所有参与者和相关者的自主性。但是,有意思的是,法的实证性迫使自主性出现一种**分裂**,而这种分裂在道德方面是没有对应物的。道德的自决是一个一元概念,根据这个概念,各人所遵守的正是他根据自己不偏不倚判断而认为有约束力的规范。而公民的自决,则是以私人自主和公共自主的双重形式出现的。法的自主与道德意义上的自由并不重合。它还包括两个环节:进行合理决策的行动者的选择自由[Willkürfreithei],以及进行伦理决策的个人的自由[Freitheit❶]。

主观权利首先具有这样一种意义:以一种经过仔细确定的方式使法权人**免除**道德律令的约束,确保行动者以合法的自由选择[Willkür]空间。由于这些权利,现代法作为一个整体维护这样一个原则:凡是没有明确禁止的,就是允许的。在道德中,权利和义务之间存在着一个内在的对称关系,而法的**义务**仅仅是作为对概念上先行的**授权**[Berechtigungen]之保护的结果而产生的。私人自主当然不仅仅是法律保障范围内的选择自由[Willkürfreihet]。它同时还构成了个人追求其自己的生存论意义上的生活规划——或用罗尔斯的话来说每个人自己的善的观念——的伦理自由。[3]道德的性质只出现在另外一种自主当中,这种自主,作为共同立法者的公民必须共同运用,从而使所有人都能够要求平等地享受主观自由。因此,与**归结**为理性的自我约束能力的道德自主不同,法权人的自主包括三个不同的成分——除了公民共同运用的自主之外,还有合理选择的能力和伦理自我发展的能力。

对法的自主性的运用区分为对交往自由的公共运用和对主观自由的私的运用。对这个分化,来自制定法律(和运用法律)的机构的有集体约束力之决定的法律实证性作了解

---

❶ 英文版将此概念译成 existential choice,意为"生存论选择"。

释。仅仅从这点而言,就有概念上的理由来要求在制定(和运用)法律的创制者和服从于业已生效的法律的承受者之间有一个角色分离,哪怕仅仅是一种临时的分离。但是,如果法权人的自主性包含的内容不仅仅是道德意义上的自主性,实证法就不能被理解为道德的一个特例。

(2)另外一些理由也不允许对自然法和实证法作等级排序。道德规则和法律规则有不同的指称对象、调节各不相同的事情。**道德**领域在社会空间和历史时间方面都没有界限,它所包括的是**所有**自然人——尽管他们都处于其具体的生活史情境之中。就此而言,道德保护涉及的是充分个体化的个人的人格完整。与此相反,**法律共同体**是有空间和时间上的局域性的,它保护其成员的人格完整,仅仅是因为他们具有主观权利之承担者的地位。

两者的区别也存在于外延方面。有必要、并且有可能进行法律调节的问题与有关道德的问题相比,其范围同时既更窄也更宽:更窄,是因为能够做法律调节的仅仅是外部的、因而是有可能强制的行为;更宽,是因为法律作为服务于政治统治的组织手段而赋予集体目标或集体纲领以强制性形式,其作用不仅仅**局限于**对人际冲突的调节。在不同情况下,政策或法律纲领的道德分量是轻重不一。因为需要法律调节的问题所提出的决不**仅仅**是道德问题,而也涉及经验的、实用的和伦理的方面,以及涉及那些有可能进行妥协的不同利益之间的公平平衡的问题。因此,民主立法者的意见形成和意志形成过程依赖于一个商谈和谈判的复杂网络,而不仅仅是道德商谈。不像道德律令的范围明确的规范有效性主张,法律规范的合法性主张——就如同立法部门的立法实践本身——是以各种各样的理由作为基础的。

总起来说,法的结构比道德的结构更复杂,因为它(1)既释放了、又限制了(取向于每个人的价值和利益的)主观行动自由,也因为它(2)容纳了集体的目标设置,因而其规则的复杂程度不允许仅仅从道德角度进行辩护。用来替代这种从自然法角度把法律置于道德之下的观点的,或许是这样一种观点,即把可以提起诉讼的实证法理解为道德的功能替代物:它使进行判断和行动的人免除了一种以主观良心为核心的道德在认知、动机和(考虑到为履行实证义务常常所必需的道德分工)组织方面的相当高要求。这种从观察者角度来看常常导致认知上不确定、动机上不稳定之结果的道德,法可以说弥补了它的功能弱点。但是,这种**互补**的关系决不意味着法在道德上是中立的。实际上,道德的理由通过立法过程进入了法之中。即使道德的视角对于法的纲领的合法化来说是不够具体的,政策和法律也应该是与道德——在共同的后形而上学论证基础上——协调一致的。[4]

把法一分为二,分成自然法和实证法,显露出一个这样的前提:历史的法律秩序应该**描摹**一个既定的本体秩序[intelligible Ordnung]。商谈论的法律概念避免了法律实证主义和自然法理论的缺陷:如果实证法的合法性被设想为程序合理性,并且归根结底回溯到对立法者的合理的政治意志形成(以及法的运用)的一种恰当的交往安排,那么,法律有效性这个不可随意支配的环节,就无需消失在盲目的**抉择主义**[Dezisionismus]之中,也不必因为一种**限制性的**[eindämmend]道德而回避在时间性的漩涡之外。这样,在根据商谈论而改变了的前提之下,理性法的那个首要问题就可以作这样的重新表述:公民们如果决定要组成一个法律同伴的自愿联合体,并且用实证法来合法地调节他们的共同生活的话,他们必须彼此承认哪些权利?这种立宪性实践的施为性**意**义已经具体而微地包含着民主法治国的整个内容。人们在一种这样的法律共同体之自我构成的第一步上就已经承诺了实行这样一种实践所具有的含义,而权利体系和法治国原则正可以从这样一种含义中引申出来。

当然,如果我们在进行对法的这种重构时必须不借助于一种具有道德尊严的更高的或在先的法的支持的话,上述讨论就会导致这样两个问题:附论(1)的问题是,如果我们把理解为人权的自由权利同政治的公民权利放置在同样的实证法向度之中,我们该如何理解对私的自主和公的自主的平等保障?附论(2)的问题是,我们该如何理解用来衡量法的合法性的商谈原则,如果法律和道德的**互补性**阻止我们把它与道德原则混为一谈的话?

三

法治国和民主之间的内在联系可以在概念上从以下一点出发加以解释:私法主体的主观行动自由与公民的公共自主是互为可能的。在政治哲学中,这个关系通常是这样表述的:市民[Gesellschaftsbürger]的私人自主是由人权("自由、生命和财产"这些古典权利)和一种无名氏的法治[Herrschaft der Gesetz]来保障的,而公民[Staatsbürger❷]的政治自主则是从

---

❷ "Staatsbürger",英译本为 enfranchised citizen。

人民主权的原则引申出来,并且体现在民主的**自我立法**之中的。但是,这两个成分历来处于不可调和的**竞争**之中。洛克以降的自由主义从19世纪以来一直援引暴虐多数之危险,将人权置于比公民主权优先的位置上,而上溯到亚里士多德的共和主义则赋予对于政治参与的"古人自由"以高于非政治的"今人自由"的地位。就连卢梭和康德也忽视了他们想要用概念来阐述的那个直觉。人权,在康德那里被概括为平等的主观行动自由的"原始"权利,它们既不应该仅仅作为一种外在限制而施加在主权立法者的头上,也不是作为主权者的立法目标的功能条件被当作工具来对待。

人权作为**道德**权利很可能是可以做恰当辩护的;然而一旦我们把它们当作**实证**法的组成部分来加以理解的话,很明显它们是不可以用家长主义方式强加在主权立法者之上的。如果人权是先于立法者而存在的道德事实,只要把它们找出来加以实证化就行了,那么法律的承受者就无法同时把自己理解为法律的创制者。另一方面,这些立法者,尽管他们有自主性,又应该是不能做出任何有悖人权的决策的。为解决这个悖论,我们把法当作一种媒介、根据其形式特征而把它同道德区别开来,这种思路看来是一种优势。

一种立宪实践所要求的,不仅仅是引入一条商谈原则,根据这条原则公民可以来判断他们所制定的法律是不是合法的。相反,被用来以商谈形式而形成一种理性的政治意志的那种交往形式本身,也需要加以法律上的建制化。通过获得法的形式,商谈原则就转化成民主原则。但是,为此必须有法律代码可供利用;而建立这种代码则要求创造这样一些可能的法权人的地位,这些人作为主观权利的承担者而属于一个法律同伴所组成的自愿联合体,并能够有实效地诉诸法律行动来维护自己的权利主张。没有对私人自主的保障,实证法这样的东西根本就不可能存在。因此,没有确保法权人的私人自主的古典自由权利,就不可能有一种**媒介**把公民[Bürger]运用其政治公民自主[staatsbürgerliche Autonomie]所不可或缺的那些条件加以法律建制化。

想要用实证法来合法地调节其共同生活的那些主体,不再能随意选择他们能实现其自主性的媒介。他们只能以**法律主体**[Rechtssubjekte]的身份参与法的产生过程,他们再也无法选择他们在其中要使用什么样的语言。因此,所要寻求的"人权"和人民主权之间的内在关系就在于,自我立法的法律建制化要求,只有借助于这样一种**同时**蕴含着对可诉诸法律行动的主观行动自由的保障的法典才能满足。反过来说,这些主观权利的平等分配(以及它们的"公平价值")也只能依靠民主的程序才能得到满足,政治意见形成和意志形成过程的结果之所以被假定为合理的,就是因为有这个民主程序。私人自主和公共自主就这样是互为前提的,而不可以把一个置于另一个之上。

这个观点所包含的对自由主义的批判,引起了对于人权的首要地位的捍卫。比方说,奥特弗里德·霍佛[Otfried Höffe]反对把**人类**权利(对人权的普遍有效性他希望从人类学的角度加以论证)降格为区区**基本**权利。[5]当人们仅仅在实证法意义上谈论"法"[Recht]的时候,事实上必须把以下两者区分开来:作为在道德上加以辩护的行动规范的**人类**权利[*Menschen*rechten],和作为实证地有效的宪法规范的人类权利[Menschen*rechten*]。这样的基本权利所具有的地位不同于道德规范——但它们的含义可能是相同的。作为颁定的、可诉诸法律行动的宪法规范,人权是在一个特定政治共同体的有效性范围之内得到保障的。但这种地位并不同古典的自由权利——这些权利的范围包括所有的人类而不仅仅是所有的国民——的普遍主义意义相抵触。即使作为基本权利,它们也延伸到凡是住在该法律秩序的有效性范围之内的所有人:就此而言,所有人受到宪法的保护。比方说,在联邦德国,根据这些基本权利的人权**意义**,外国侨民,无家可归的外国人和无国籍人员,其地位至少接近国民的地位;这些人享有同样的法律保护,并且,根据法律的条文,具有类似的义务和资格。[6]

一方面是古典的自由权利的人权内容,另一方面是这些权利的其范围起初仅仅限于民族国家的法律形式,正是这两者之间的矛盾使人们意识到,以商谈方式加以论证的"权利体系"超越了单数的民主法治国,而趋向于权利的全球化。如同康德已经看到的,基本权利,根据其语义内容,要求一种国际范围的法律化的"世界公民状况"。但是,要根据这一点而使联合国《人权宣言》成为可诉诸法律行动的权利,仅有国际法庭是不够的。这样的法庭要能够发挥充分的作用的话,单个主权国家的时代先得经由一个**不仅能够通过决议而且能够采取行动并实施决议**的联合国而宣告结束。[7]

在捍卫人权的优先性时,自由主义者的出发点是这样一种明显直觉,即应当保护法权人,使其免受国家所垄断的暴力的任意干预。因此,查尔斯·拉莫尔认为,至少有一种——在道德上得到辩护的——主观权利应该是优先于民主的意志形成过程并对它加以限制的:"没有人应该被强迫服从那些其有效性无法作合理考察的规范。"[8]根据一种善意的理解,这个论点要说的是,想要构成为法律共同体的人们当然认可一种包括合法性期待在内的实证法概念。这样,需要进行论证的就是这个法的概念的语义学涵义,从而是整个立宪实践。根据一种比较苛刻的理解,这个论点所表达的则是这样一种特殊的信念:无人称的法治就像它所要制服的利维坦的暴力一样是根本性的东西。

但是,这种可以用明显的历史经验来加以解释的自由主义心态,并没有公正对待法和政治之间的构成性联系。[9]它把人民主权混同于对暴力的垄断,忽视了以法律形式出现的行政权力[administrative Macht]——只要这种权力是在民主的法律的框架内行使的——所具有的完全是技术性的、无论如何是非压制性的意义;它尤其忽视了主体间所运用的公民自主对于每个政治共同体都具有的构成性意义。这两个方面❸要得到公正对待的话,只有通过一个两阶段重构,它开始于**彼此**承认享有平等权利的公民们的水平方向的联合,继之以法治国对所预设的国家暴力[staatliche Gewalt]的驯服。这样,人们看到,个人对于垄断暴力之国家机构的抵抗权决不是原初性的,而是从那种起初被彼此容纳的主观行动自由的转型而来的。同法典相连的主观权利之获得那种否定性的划界意义——即划分出一个免于任意行政干预的私人核心领域,只是派生性的。抵抗权首先出现于这样一个分化过程的**结果**之中,在这个过程中,自我管理的公民联合体变成组织为国家的法律共同体。抵抗权是同法治国的行政合法

---

❸ 英译本加说明:"民主自决和法治"。

律性原则同源地产生的;因此,在权利体系的逻辑构造中,它们并不具有拉莫尔用来论证人权的优先性所需要的那样根本的地位。

四

实证法再也不能从一个高层次道德法中取得它的合法性,而只能来自据说是合理的意见形成和意志形成过程的程序。对于这种民主程序,这种在社会多元主义和世界观多元主义条件下为立法过程提供了产生合法性的力量的民主程序,我在商谈论的视角下作了仔细分析。[10]在这样的分析中,我的出发点是我在这里无法论证的那条原则,即只有全部可能受其影响的人们作为合理商谈之参与者而有可能同意的规范性规则和行为方式,才是可以主张合法性的。[11]公民根据这条商谈原则来检验,哪些权利是他们应该相互承认的。作为法的主体,他们必须把这种自我立法的实践扎根于法的媒介本身之中;商谈原则在其中得到运用的那个政治意见形成和意志形成过程的交往前提和程序,本身也必须加以法的建制化。借助于普遍的主观自由权利而进行的制定法典过程,必须通过那些保证机会平等地公开运用交往自由的交往权利和参与权利而得以**完成**。在此过程中,商谈原则获得了民主原则的形式。

因此,与奥纳罗·奥内尔[Onora O'Neill]似乎假定的相反[12],在这里,一个规范值得普遍接受这一虚拟观念,绝没有被公共商谈的法律建制化的事实性所吞并和中立化。艾尔伯特·韦尔默尔正确地强调说:"法律的合法性[Rechtslegitimität]这个概念无论如何也(具有)一种**虚拟的**

[kontrafaktisch]运用…诚然,任何决策过程的公共性必须尽可能实现于实际的事实之中——也就是说,所有相关者就此而言都归根结底被赋予参与共同意志赖以形成的集体过程的平等权利——这是现代的合法性概念之逻辑的题中应有之义:这就是民主的理念。但是,假如法律的合法性意味着所有相关者只要原则上具有参与集体决策过程的平等权利,就都会集体地通过它们,那么,用公共论辩方式来解决规范问题,就无疑必须在任何实现…合法之法的可能性并确保该法律被承认为合法的努力中起核心作用。在这种情况下,为支持一个法律规范或一个法律规范系统而进行论辩,意味着提供说服任何相关者的理由来说明为什么一切有善意、有见识的人都必定能够判定这个规范或这些规范的社会有效性[soziale Gelten]是平等地有利于所有人的。"[13] 当然,事实性与有效性之间的这种张力,已经是内在于道德商谈之中的,就好像它内在于一般意义上的论辩实践之中一样;在法的媒介中,它仅仅是强化了、操作化了而已。

但是,韦尔默尔希望把反映在商谈原则中的这种普遍可接受性的观念仅仅用来解释**法律**的合法性,而不把它扩展到道德规范的有效性上。他认为,商谈伦理学把体现在法律有效性这个特例之中的规范有效性与实际商谈之间的联系运用于道德命令的有效性,是一个错误。此处我们无法对这意见本身进行讨论,[14] 但它确实引起我们注意,法和道德的商谈论实际上提出了一个划界问题。也就是说,如果不像韦尔默尔那样仅仅把商谈原则运用于解释民主原则,而且也用来一般地阐明对**任何种类**的规范问题作公平评估的含义是什么,那么,这样两方面的界限就有混淆起来的危险:一方面是对一般意义上的行动规范的后俗成的辩护,另一方面是特指对道德规范的辩护。也就是说,商谈原则必须被置于一个对道德与法的区别仍然保持中立的抽象层次上。一方面,它应该具有一种足以对行动规范本身作公平评估的规范内容;另一方面,它必须不重合于道德原则,因为只是到了后来,它才分化为道德原则和民主原则。但是,这就必须指出,在多大程度上商谈原则不是已经穷尽了商谈伦理学的普遍化原则(U)。否则的话,貌似商谈原则的道德原则就会再一次(如在自然法理论中那样)成为法律的唯一的合法性来源。

在所建议的对商谈原则(D)的表述——"只有那些所有可能的相关者作为合理商谈之参与者都可能同意的行动规范才是有效的"——中,两个主要概念仍然是不确定的:各种不同的"行动规范"(以及相应的规范语句),以及各种不同的"合理商谈"(顺便说一下,谈判在下述意义上也依赖于合理商谈:它的程序也必须能够进行商谈的辩护)。但是,它提供了足够空间可以通过对相应的具体说明而从商谈原则中引出民主原则和道德原则。民主原则仅仅适用于那些体现法律规范的形式特征的规范,而道德原则——根据这种原则,有效的规范是平等地有利于所有人的[15]——则意味着限定于那种**只有**道德理由才具有决定意义的商谈之中。道德原则不具体规定规范的种类,而民主原则不具体规定论辩(和谈判)的形式。由此可以解释两种不对称性。首先,道德商谈特别适用于仅仅一种理由,道德规范被赋予一种相应的范围相当集中的规范有效性模态,而法律规范的合法性则得到范围广泛的各种理由(包括道德理由)的支持。其次,道德原则,作为一种论辩规则,其作用仅仅是形成**判断**,而民主原则所构成的则不仅仅是公民的知识,同时还有公民的**实践**。

而且,如果用这种方式来定义道德和法之间的关系,而不再用"正当性"这个共同标签把法律规范的合法性主张等同于道德的正义,[16]那么,对法律本身的**道德的**辩护这个进一步的问题——理性法传统关于从自然状态向社会状态的过渡的问题——就可以不去管它。作为一个社会学习过程的结果,实证法可以说是已经存在于现代性之中的东西;它所具有的形式特征使它具有这样的优越性,即它是一种稳定行为期待的合适工具;在复杂社会中,看来并不存在任何可以具有相同功能的东西。哲学如果要设法证明我们用法律形式来组织我们的共同生活、因而组成法律共同体这一点并不仅仅具有功能上的优越性,而也具有道德上的必要性,那是**多此一举**的。在复杂社会中,要在素不相识的人们之间可靠地建立起具有道德律令性质的相互尊重关系,法律仍然是唯一的媒介——除了这个洞见之外,哲学家应该再无别的奢望了。

五

法并不是一个自我陶醉的封闭系统;它要受到公民的"民主的伦理生活"的滋养和一种自由的政治文化的呼应。[17]一旦我们设法解释合法之法[legitimes Recht]可以产生于纯粹的合法律性[Legalität]这个悖论性事实,这一点就很清楚了。民主的立法程序依赖于公民在运用其交往权利和参与权利的时候**也**带着对于共同之善的取向,但这种态度虽然可以在政治号召,却不可以在法律上强制。像所有主观权利一样,政治的公民权利根据其形式也只是赋予自由选择以活动范围,并仅仅把合乎法律的行为变成一种义务。但是即便有这种结构,这些权利也可以在商谈性意见形成和意见形成过程中开启合法性源泉,只要公民们在运用其交往自由时不是像运用个人自由那样用来追求个人利益,而是为了"公共地运用理性"之目的而把它们**作为**交往自由来运用。法要作为合法的东西而维持,公民必须从私的法律主体的角色转而采取参与者视角,也就是采取那些加入到就他们共同生活之规则而达成理解过程之中的人们的视角。就此而言,民主法治国依赖于习惯于自由的民众的动机,这种动机是无法由行政手段来产生的。由此我们可以理解,在程序主义法律范式之中,一个生气勃勃的市民社会[Zivilgesellschaft]和一种健全的政治公共领域为什么必须承担相当大一部分的规范性期待,尤其是用民主方式产生法律这样一种规范性期待的负担。

难怪这在社会科学家和法律学者中间都引起了怀疑。作为经验主义者,前者向我们讲授软弱的观念,它们在利益面前总是显得笨拙不堪;作为实用主义者,后者向我们讲授难解的冲突,要处理这些冲突只能依靠一种实质性国家权力的支持。商谈论把合理的政治意见形成和意志形成过程的条件从**个人的**或群体的动机和决定的层次转移到商议和决策的程序化过程这个**社会的**层次,就此而言,引进一种现实主义成分的,正是商谈论的进路。一种结构主义观点随之开始发生作用:民主的程序及其相应的交往安排可以起过滤器的作用,对问题和提议、信息和理由进行这样的分类,即只有相关的、有效的输入才是"算数的"。但是,这个问题仍然必须回答:一种并非(用康德的话来说)为一个"魔鬼种族"而设计的法律和民主的高要求自我理解,究竟是如何同复杂社会的功能条件相适应的。

起初使我把注意力集中在事实性和有效性之间的张力的,正是这种怀疑主义。[18]一种重构主义法律理论所遵循的方法论是以这样一个观念作为前提的:民主法治国的虚拟的自我理解体现于有关实践方式所预设的种种不可避免的、具有丰富实际效果的理想化之中。在最初的立宪实践中,一个具有扩展性的观念就已经像楔子一样钉入了社会复合体之中了。这就是一个自由和平等的人们的共同体的自我构成的观念。根据这个观念,法律的产生、运用和实施的既定方式是不能不接受批判和自我批判的。通过具有强制力的规范,自由选择、策略性行动和自我实现的能量以主观权利的形式既得到释放,又得到传输;而对这种规范,公民们必须通过遵循民主程序和公共地行使他们受到法律保障的交往自由而达成理解。这样,法律的自相矛盾的成就正在于,它减轻被释放出来的个人自由的冲突潜力,是借助于这样一些规范,它们只有在被释放之交往自由的脆弱基础上被承认为合法时,才具有强制的力量。一种否则的话同交往的社会整合力量相对立的暴力[Gewalt],就这样以合法的国家强制力量的形式,变成了社会整合本身的手段。社会整合由此带上了非常具有反思性的形式:通过借助于交往的生产力而满足它的合法化需要,法律把一种持续发生的分歧风险用作了刺激法律上建制化的公共商谈的芒刺。

1993年9月于法兰克福

注 释

1 笔者感谢 Sebastian Knell 制作了文献目录。

2 I.Maus 不同意对康德的这种诠释,见 I.Maus(1992),148ff.

3 J.Rawls: *Political Liberalism*, New York 1992.

4 自然,我们必须在从道德上加以论证的权利和政策之间作出区分;并不是所有合法的政治纲领都是以权利为基础的。因此,一方面,个人的政治避难权利和相应的法律补救(这并不能代替国家提供的制度性保障)是有很强的道德理由的,但另一方面,个人并没有绝对的要求移民入境的法律主张,尽管西方社会确实很具有道德义务来执行一种宽松的移民入境政策。在本书附录三结尾处我没有足够清楚地做出这个区分;但请参见我对 Ch.Taylor 的回应: *Multikulturalismus und die Politik der Anerkennung*, Frankfurt/M.1993, 179ff.

5 O.Höffe: "Eine Konversion der Kritischen Theorie?" in: *Rechtshistorisches Journal*, Nr. 12,1993.

6 这样说我并不是要否认仍然存在着的限制,尤其是德国公民法中那些在外国人的地方选举投票权和"双重"公民身份问题方面已经被讨论了一段时期的缺陷;见附录三开头的几页。

7 参见:J.Habermas: *Vergangenheit als Zukunft* 的后记, München 1993.

8 Ch.Larmore: "Die Wurzeln radikaler Demokratie", in: *Deutsche Zeitschrift für Philosophie* 41(1993),327.

9 关于基本概念的分析,参见本书第四章第1节。

10 参见本书第四章第2节的后半部分和从第七章第2节起的内容。

11 本书从第三章第2节起。普遍可同意性的观念澄清了行动规范的有效性作为一种——不仅仅可局域地设想的——合理可接受性的意义。对应然有效性的[Sollgeltung]的这种阐明所涉及的是规范的论证过程,而不是规范的运用过程。就此而言,与一条司法决策实践的准则作比较,是并不合适的;参见: N.Luhmann: "Quod omnes tangit…" in: *Rechtshistorisches Journal*, Nr.12,1993.

12 O.O'Neill: "Kommunikative Rationalität und praktische Vernunft", in *Deutsche Zeitschrift für Philosophie* 41(1993),329-332.

13 A.Wellmer: *Ethik und Dialog*, Frankfurt/M.1986,121f.

14 关于对 Wellmer 的观点的批评,参见 J.Habermas: *Erläuterungen zur Diskursethik*,

Frankfurt/M.1991,131ff.;也参见 L.Wingert:*Gemeinsinn und Moral*,Frankfurt/M.1993.

15　参照在 J.Habermas 的 *Moralbewuβtsein und kommunikatives Handeln*,Frankfurt/Main 1983,131:"每个有效的规范都必须满足这样的条件,即该规范之普遍遵守对于各人之特殊利益的满足所可能预期产生的结果和副作用,必须是所有相关者都能够无强制地接受的。"

16　参见 R.Alexy:*Begriff und Geltung des Rechts*,Freiburg 1992.

17　关于民主的伦理生活的概念,参见 A.Wellmer:"Bedingungen einer demokratischen Kultur",in:M.Brumlik,H.Brunkhorst(编):*Gemeinschaft und Gerechtigkeit*,Frankfurt/M.1993,173-196;也请参见 A.Honneth:"Posttraditionale Gesellschaften",见同上书,第260-270页。

18　见本书第一章第3节的后半部分。

中译者后记

德国哲学家、法兰克福学派的批判理论在当代的主要代表哈贝马斯的《在事实与规范之间》一书初版于 1992 年（*Faktizität und Geltung: Beiträge zur Diskustheorie des Rechts und des demokratischen Rechtstaats*, Suhrkamp Verlag, Frankfurt am Main, 1992），以后多次重印和再版。

本书出版以后，立即引起学术界高度重视，除了大量书评以外，当年就有几次国际学术会议专门讨论此书。有人评价"这是一本非同寻常的著作。从某种意义上说它可能是哈贝马斯最好的著作"；[1] 有人则把作者的方法论立场戏称为"好"、"坏"两个哈贝马斯的结合，而对此书中那位仍然执著于普遍主义和种种概念二分法的"坏哈贝马斯"表示不满。[2] 有人说在这本书中作者"仍然忠实于批判理论的遗产——忠实于内在的社会批判的方法和视角"，[3] 有人则说在这本书中"反思平衡这种新自由主义模式代替了启蒙的策略"，因而此书"无疑可以被读作是对批判理论的最终放弃。"[4] 具体评价虽然褒贬不一，但对这本书的重要性，看法却大体相同：从整个当代西方哲学和社会理论的发展来说，哈贝马斯这部著作被认为是"一部纪念碑式著作"；[5] 就作者本人思想发展而言，该书德文原版的书名——"事实性和有效性"——"大概也可以用作他全部著作的一个恰当书名。"[6]

　　本中译本根据1997年第5版译出,同时参考了William Rehg的英译本(*Between Facts and Norms: Contributions to a Discourse Theory of Law and Democracy*, The MIT Press, Cambridge, Mass., 1996)。这里有必要对这个书名的翻译做一些说明。本书德文原名"Faktizität und Geltung",中文意思为"事实性与有效性";现在之所以把书名译为"在事实与规范之间",是根据英译本的书名,也就是"Between Facts and Norms"。英译本之所以采用这样一个书名,中译本之所以要采用英译本的书名,大致有这样一些理由:

　　首先,尽管德文的Geltung(有效性)不仅涉及norm(规范),而且涉及value(价值),而作者非常重视规范与价值之间的区别,因而把Geltung单单译成Norm似乎并不妥当;但是,毕竟法律从总体上说是一个规范系统——作者之所以强调规范与价值之间的区别,也是为了强调法律是一个规范系统而不是一个价值系统。

　　其次,德文的Geltung的英文对应词是validity,中文对应词是"有效性",而这两个词对英语读者和中文读者来说涵义都不太清楚。在英语中,说一条法律具有validity,可以指它具有实际效力,也可以指它具有正当理由,但这两点正是本书要区别开来的。在中文中,"有效性"一词既可以对应于英文的"validity"(以及德语的Geltung和Gültigkeit),也可以对应于英语的efficiency和effectiveness(以及德语的Effizienz和Effektivität),但这两种"有效性"的涵义之间的区别也十分重要:一者表示规范性的东西,一者表示经验性的东西,两者之间的关系也正是作者在本书要澄清的。其实,本书德文书名中所用的 Geltung 这个词在德语中——至少在本书中——也不是一个意思很清楚的词。有时候,作者把这个词当作 Gültigkeit 的同义词,从而理解为"规范有效性"而与"事实性"明确区分——说一条法律的 Geltung,就是说这条法律的"值得接受性"。但是,作者也常常谈论法律的"sozial Geltung"(社会有效性)——说法律的 sozial Geltung,就是说法律被社会成员所接受这样一个事实。这类涵义复杂的术语在书**里面**可以通过比较充分的说明而澄清涵义,甚至可以说,这类术语用来表达复杂的社会现象(作者在本书中的主要目的就是要说明法律的有效性模态的复杂性质)有其非常难得的便利之处,但用在**书名**里,却容易引起误解,应该避免。

第三,哈贝马斯在此书中讨论的主要是 normative questions 或规范性问题,从道理上说 normative(规范的)不限于 norms(规范)、也涉及 values(价值),但毕竟 norm 或"规范"这个词比较明确地表达了 normative questions 或规范性问题这层意思。

第四,此书的书名翻译也涉及 Fakzitität 一词的翻译,把它译成"facity"或"事实性"有些别扭,因为英语和汉语中这两个词都分别属于新造的术语。为了避免在书名中使用新造术语,于是就最好把 Fakzitität 译成"facts"或"事实";而既然把 Fakzitität 译成普通名词 facts,相应地似乎也应该把 Geltung 译成一个普通名词,那就是 norms(规范)。

第五,本书的英文翻译某种程度上是在作者亲自参与下进行的。英译者在译者序言中写了这么一段话:"读者应当留意,哈贝马斯本人对本书翻译也参与了不少,有时候专为英美读者而改写和重写文本。因此,英译本与德文原版偶尔会有所不同,比方说,加一些说明性词组,删掉一些累赘和多余的插入语,或干脆用另一种表述方式。"[7]这意味着作者认可了英译本的书名,这一点中译者从作者本人那里也曾得到过肯定。这也是中译本采用现在这个书名的重要理由。

但是,这个书名也会引起新的误解,有必要在这里做一个澄清。"在事实与规范之间",如果理解为在作为"事实"的"社会政治现实"与作为"规范"的"法律规范系统"之间的"关系",那仅仅是涉及了本书讨论的"事实性"与"有效性"关系的一个方面。作者把社会政治现实和法律规范系统之间的关系称为"事实性和有效性之间的**外在**关系",[8]强调"一种批判性的社会理论,尤其不能局限于从观察者角度出发对规范和现实之间关系的描述"。[9]大体来说,本书包括以下三个层次,而社会政治现实和法律规范系统之间的关系仅仅是其中一个层次。

处于全书核心层次或中间层次的是"内在于法律本身之内的那种事实性与有效性之间的张力"。[10]这个层次又具体包括本书第三至六章讨论的以下关系:内在于法律有效性之中的实证性环节与合法性环节的互补关系;内在于作为权利体系之实证化的法律系统之中的私人自主和公共自主的互补关系;具有强制性的现代法律与具有合法性的现代政治权力之间的互补关系;司法领域内的法律确定性原则与法律运用之合法性原则之间的关系;宪法法院的司法审查职能中法律共同体的独特传统与宪法作为对权利体系的诠释或阐发所具有的超越性向度之间的关系,等等。

作者认为,对于法律的规范性研究有必要从哲学中获得基本的概念工具。因此，作者在第一章和第二章先讨论了作为其整个法律理论之基础的交往行动理论基本概念之中蕴含着的事实性与有效性之间的张力：从内在于语言和语言使用之中的这种张力，经过一般意义上的社会化和社会整合之中的这种张力，再到现代社会中法律作为"全社会范围内系统和生活世界之间交往循环之转换器"所体现的这种张力。

作者又认为，规范的法律理论和民主理论有必要同经验的社会科学研究保持联系，一方面从后者的研究当中获得证明，另一方面为后者的研究提供参照。因此，在讨论了法律本身之内的事实性与有效性之间的张力之后，作者转而在第七章和第八章讨论他所谓"事实性和有效性之间的外在关系"，由此一方面表明所谓"现实主义"的民主理论只有通过转向规范的民主理论才能突破其内在局限，另一方面表明只有所谓"程序主义"的规范性民主理论才能成功地实现社会学转译；一方面指出"政治权力"必须以"交往权力"为基础，另一方面强调"交往权力"如果要成为合法的政治权力的基础的话，也需要有政治文化和法律建制两方面合适的条件。

在上述这三层讨论的基础上，作者在第九章把偏重"有效性"方面的法律理论思考和偏重"事实性"方面的社会理论思考结合起来，提出他的"程序主义法律范式"，用来超越古典的"资产阶级形式法"和当代的"福利国家实质法"这两大主流法律范式，克服由它们所造成的"法治国危机"。

翻译本书的过程困难重重，举不胜举，这里只讲一点。哈贝马斯的理论工作的一个非常明显、也是褒贬不一的特点，是注重对不同概念或范畴的区别、澄清和厘定。这对用中文翻译他的法哲学著作提出了尤其严重的挑战，因为常常出现这样的情况:恰恰是他认为重要的那些范畴区分,汉语的翻译不容易表达清楚。除了前面提到的 Geltung(或 Gültigkeit)与 Effizienz(或 Effektivität)汉语都可以译成"有效性"之外,哈贝马斯在全书都强调的 Legitimität 与 Legalität,汉语也都可以译成"合法性"。这种翻译上的困难,加上汉语口语中那么容易对一些重要概念发生混淆——"权力"和"权利"、"法治"和"法制"、"依法治国"和"以法治国",等等,且不说译者必须"发明"一些词才能完成翻译的那些情况,——所有这些情况,在多大程度上是仅仅表明中西法律文化之间的差异,还是同时也表明中国现代法律文化发展的不足,或者是表明中国"专家法律文化"和"日常法律文化"之间的落差,译者无力给出回答。为了尽可能准确地表达本书原意,译者在碰到容易混淆的概念、术语时,尽可能在脚注中加以说明,并尽可能对重要术语的翻译前后保持一致。为了避免与作者本人的注释混同起来,本书译者所做的注释均作为脚注放在每页下面,而作者的注释则作为尾注放在每章后面。

在译者脚注中,除了译者自己的一些说明之外,还包括英译者对一些重要术语所做的说明,以及本译者在比较英译本与德文原版时所发现的一些差异的说明。之所以要说明这些差异,是因为英译本出版于德文版初版四年之后,而作者不仅了解并总体上肯定英译者的工作,而且还在一定程度上参与了他的工作。从这些差异中,读者不仅能更好地了解作者原来的意思,而且常常能了解作者后来对本书观点或表述的一些微妙变化。

英译本对本译者的重要性,不仅仅是因为英译本中的这些微妙变动和术语说明,而主要是因为它在本书译成中文过程中提供了不可或缺的理解上的帮助。早在1994年,William Rehg就把他的英译稿提供给当时德语阅读能力还太差、但正急需阅读哈贝马斯此书以完成博士论文的中译者。在中译本即将完成的时候,他又慷慨允许中译者采用他的译者注释、在中译本中注明英德文本差异。在此,我对他表示深深感谢。

本书的翻译从1998年上半年开始,到现在为止已将近三年,但主要工作是从2000年8月以来我作为"富布莱特访问学者"在美国工作期间完成的。为此,也要感谢提供此次访美机会的美国富布莱特基金会。

童世骏

2001年3月17日

注　释

1　David M. Rasmussen: "How is valid law possible? A review of *Between Facts and Norms* by Jürgen Habermas",刊于 Mathieu Deflem(编): *Habermas, Modernity and Law*, London 1996, 42。

2　Richard Bernstein: "The Retrieval of the Democratic Ethos",刊于: Michel Rosenfeld, Andrew Arato (编): *Habermas on Law and Democracy: Critical Changes*, Berkeley/Los Angeles/London, 1998, 295。

3　Andrew Arato: "Procedural Law and Civil Society: Interpreting the Radical Democratic Paradigm,"同上书, 26。

4　Michael Power: "Habermas and the Counterfactual Imagination",同上书, 211, 225。

5　Michel Rosenfeld, Andrew Arato: "Introduction: Habermas's Discourse Theory of Law and Democracy",同上书, 1。

6 Richard Bernstein,同上书,288。

7 William Rehg:"Translator's Introduction",见 *Between Facts and Norms: Contributions to a Discourse Theory of Law and Democracy*, trans. William Rehg, MIT Press, Cambridge, Mass., 1996, xxxvi。

8 见本书第七章。

9 见本书第三章。

10 见本书第七章。

中译本修订后记

趁着译本第四次印刷之际，我对原先版本中已经发现的差错尽可能做了修改。这些差错一般都不构成对文本理解的较大障碍，但至少有下面几处是例外。第94页上的一句原文为"Rechtsstaat und Sozialstaat sind im Prinzip auch ohne Demokratie möglich"，但我居然把这个肯定句译成了否定句。尽管哈贝马斯在1993年9月撰写的该书德文第四版后记中强调"本书所展开的论证本质上是要证明：法治国和民主之间存在着一种概念关系或内在联系，而不仅仅是历史的偶然的联系"（见第685–686页），并且上面那个句子在1996年英译本中加了限定，被译为"In principle, the constitutional state and the welfare state can be implemented without democracy"（译文见本书第94页译者注），但从字面上说，我无疑是译错了。同样的错误发生在第317页上，那里一个原文为"Sie führen Werte entweder auf Traditionen und eingewöhnte kulturelle Wertorientierungen oder,... auf existentielle Entscheidungen über Metapräferenzen und 'higher order volitions' zurück"的肯定句，也被我译成了否定句。另外，旧版133页上"对商谈原则和民主原则没有作足够区分"一句中的"民主原则"应为"道德原则"。旧版第144页上"这些领域解除了行动者除普遍服从道德以外的一切道德期待的负担"一句中,前一个"道德"应为"法律"。

在这里要特别感谢向我指出以上错误的包利民教授、李薇薇博士和孙国东博士,感谢向我指出译本中其他错讹的韦海波、鲍永玲、任俊等同事和学生,感谢以不同方式启发我改进译文的其他学者和读者[尤其是高鸿钧等著的《商谈法哲学与民主法治国——〈在事实与规范之间〉阅读》(清华大学出版社,2007年)的作者们],并预先感谢今后可能向我指出译本错误或提出改进建议的所有人们。

童世骏
2010年10月6月

中西人名对照表
（按汉语拼音顺序排列）

A

阿本德罗特 Wolfgang Abendroth
阿尔杜塞 Louis Althusser
阿尔纽 Aulis Aarnio
阿尔特曼 A.Altman
阿拉托 Andrew Arato
阿勒克西 Robert Alexy
阿隆 Raymond Aron
阿伦特 Hannah Arendt
阿帕尔 Karl-Otto Apel
埃尔斯特 Jon Elster
埃克曼 Bruce Ackerman
埃利 John Hart Ely
艾德尔 Klaus Eder
爱森斯塔特 S.N.Eisenstadt
昂格尔 R.Unger
奥菲 Claus Offe
奥格雷克 R.Ogorek
奥内尔 Onora O'Neill
奥斯丁 John Austin

B

巴贝夫 François Babeuf

巴塔耶 Georges Bataille
柏克 Edmund Burke
拜纳尔 Robert Beiner
鲍比欧 Norberto Bobbio
贝克尔 Werner Becker
贝特格 Horst Bethge
本哈比 Seyla Benhabib
本雅明 Walter Benjamin
彼得斯 Bernard Peters
毕希纳 Georg Büchner
波考克 J.G.A.Pocock
波普尔 Karl Popper
伯恩斯坦 Edward Bernstein
伯肯弗德 E.W.Böckenförde
伯姆 Franz Böhm
博丹 Jean Bodin
布伯纳 Rüdiger Bubner
布克莱 Walter Buckley
布雷斯特 Paul Brest
布卢克豪斯特 Hauke Brunkhorst
布鲁穆勒 Jay G.Blumler

D

达尔 Robert Dahl

戴高乐 Charles de Gaulle
丹宁格 E.Denninger
道伊奇 Karl Deutsch
德·伯纳尔德 Louis de Bonald
德莱伊尔 Ralf Dreier
德里达 Jacques Derrida
德罗伊森 Johann Droysen
德·梅斯特 Joseph de Maistre
德沃金 Ronald Dworkin
狄尔泰 William Dilthey
杜威 John Dewey
多伯特 Rainer Döbert

E

恩格斯 Friedrich Engels

F

菲斯 Owen Fiss*
佛伊格特 R.Voigt
弗莱格 Gottlob Frege
弗兰克尔 Ernst Fraenkel
弗雷泽 Nancy Fraser*
弗里德曼 Lawrence M.Friedman
福格森 Adam Ferguson
福柯 Michel Foucault
孚雷 François Furet
福楼拜尔 Julius Fröbel
福斯特豪夫 Ernst Forsthoff
富勒 Lon Fuller

G

伽达默尔 Hans-Georg Gadamer*

盖伦 Annold Gehlen
高登 R.W.Gorden
格贝尔 Gerber
格拉韦尔特 R.Grawert
格勒 G.Göhler
格雷夫拉特 M.Grefrath
格林 Dieter Grimm
贡斯特伦 H.R.van Gunsteren
贡特尔 Klaus Günther
古雷维奇 Michael Gurevitch

H

哈贝马斯 Jürgen Habermas
哈林顿 James Harrington
哈特 H.L.A.Hart
哈特曼 Nicolai Hartmann
海伯勒 Paul Häberle
海德格尔 Martin Heidegger
豪斯特 N.Hoerster
赫拉克勒斯 Hercules
黑格尔 G.W.F.Hegel
黑勒 Herman Heller
黑塞 K.Hesse
洪堡 Wilhelm Humbolt
胡伯 Hans Huber
胡塞尔 Edmund Husserl
霍布斯 Thomas Hobbes
霍尔姆斯 Oliver Wendell Holmes
霍佛 Otfried Höffe
霍奈斯 Axel Honneth

J

吉登斯 Anthony Giddens
杰佛逊 Thomas Jefferson

K

卡恩-弗罗英德 Otto Kahn-Freund
卡伦斯 Joseph H.Carens
凯尔森 Hans Kelsen
康德 Immanuel Kant
考伯 Roger Cobb
考钦 Cochin
考特斯 Donoso Cortes
科恩 Jean Cohen
科恩 Joshua Cohen
科尔贝克 Lawrence Kohlberg
科英 Helmut Coing
克尔凯郭尔 Søren Aabye Kierkegaard
克里勒 Martin Kriele
肯尼迪 Duncan Kennedy*
孔多塞 Antoine Condorcet
库伯勒 Friedrich Kübler
库恩 Thomas Kuhn

L

拉班德 Laband
拉尔默尔 Charles Larmore
拉扎尔茨菲尔德 Paul Lazarsfeld
莱戈尔斯贝格 Ferdinand Regelsberger
莱利斯 Michel Leiris
莱普谢斯 M.R.Lepsius

劳斯 Jennie-Keith Ross
劳斯 Marc Howard Ross
勒南 Ernest Renan
雷色 Ludwig Raiser
李嘉图 David Ricardo
里切特 Dennis Richet
列宁 Vladimir Ilich Lenin
列维-斯特劳斯 Levi-Strauss
卢 Jacques Roux
卢曼 Nicolas Luhmann
卢梭 Jean-Jacques Rousseau
鲁普 Hans H.Rupp
吕伯 Hermann Lübbe
吕德尔生 Klaus Lüderssen
罗伯斯比尔 Maximilien Roberspierre
罗德 Deborah L.Rhode
罗蒂 Richard Rorty
罗尔斯 John Rawls
罗素 Bertrand Russell
罗伊斯 Josiah Royce
洛克 John Locke

M

马尔科夫 Walter Markov
马基农 Catharine MacKinnon
马基雅弗利 Niccolo Machiavelli
马克思 Karl Marx
马拉 Jean Paul Marat
马沙尔 T.H.Marshall
马图拉那 Humberto R.Maturana
马肖 Jerry L.Mashaw

麦卡锡 Thomas A.McCarthy
麦克弗森 C.B.Macpherson
曼斯布里奇 Jane J.Mansbridge
毛斯 Ingeborg Maus
穆勒 John Stuart Mill
弥勒 John Millar
米德 George Herbert
米诺 Martha Minow
米歇尔曼 Frank Michelman*
明希 Richard Münch
摩尔 G.E.Moore
默恩 J.Donald Moon
默尔 Robert von Mohl

N

诺克 W.Naucke
诺曼 Friedrich Naumann
诺伊曼 Franz Neumann

P

帕森斯 Talcott Parsons
潘恩 Thomas Paine
培里尔曼 Chaim Perelman
佩里 Michael J.Perry
佩特曼 Carol Pateman
皮尔斯 C.S.Peirce
皮尔斯 Charles Sanders Peirce*
皮亚杰 Jean Piaget
普罗伊斯 Ulrich Preuβ
普希塔 Georg Friedrich Puchta

S

萨尔格 R.Salgo
萨姆纳 R.Sumners
萨特 Jean-Paul Satre
萨维格尼 Friedrich Carl von Savigny
森斯泰因 C.R.Sunstein
舍勒 Max Scheler
施莱尔马哈尔 Friedrich Ernst Daniel Schleiermacher
施路希特 Wolfgang Schluchter
施密特 Eberhard Schmidt
施米特 Carl Schmitt
施泰讷 Henry J.Steiner
史密迪斯 Spiros Simitis
斯罗瑟 H.Schlosser
斯密 Adam Smith

T

塔登 Rudolf von Thadden
泰勒 Charles Taylor
汤恩 August Thon
陶伯纳 Gunther Teubner
特莱伯 Lawrence Tribe
图尔明 Stephen Toulmin*
涂尔干 Emile Durkheim
托克维尔 Alexis de Tocqueville
托兰纳 Alain Touraine
托马斯·阿奎那 Thomas Aquinas

W

沃尔泽 Michael Walzer

714

威尔克尔 F.G.Welcker
威尔克尔 K.Th.Welcker
韦伯 Max Weber
韦尔克 Helmut Willke
韦尔默 Albrecht Wellmer
韦塞尔 U.Wesel
维科 Giovanni Vico
维兰 Heinz Varain
维特根斯坦 Ludwig Wittgenstein
维特霍尔特 Rudolf Wiethölter
维亚克 Franz Wieacker
温德沙伊德 Bernhard Windscheid

X

西耶士 Emmanuel Sieyes
谢林, T.Thomas Schelling
熊彼特 Joseph Schumpeter

Y

亚里士多德 Aristotle
杨 Iris Marion Young
耶林内克 Georg Jellinek
耶林 Rudolf von Ihering

参考文献

Aarnio A., The Rational as Reasonable, Dordrecht 1987.
Ackerman B., Social Justice in the Liberal State, New Haven 1980.
–, What is Neutral about Neutrality?, Ethics 93 (1983).
–, The Storrs Lectures; Discovering the Constitution, Yale Law Review 93 (1984), 1013-1072.
–, Why Dialogue?, Journal of Philosophy 86 (1989).
–, We the People, Cambridge/Mass. 1991.
Ahrens E. (Hg.), Habermas und die Theologie, Düsseldorf 1989.
Alexy R., Theorie der juristischen Argumentation, Frankfurt/M. 1978, 1990³.
–, Theorie der Grundrechte, Baden-Baden 1985 u. Frankfurt/M. 1986.
–, Probleme der Diskurstheorie, Zeitschrift für philosophische Forschung 43 (1989), 81-93.
–, Zur Kritik des Rechtspositivismus, in: Dreier (1990), 9-26.
–, Eine diskurstheoretische Konzeption der praktischen Vernunft, in: Maihofer/Sprenger (1993), 1-27.
Altman A., Legal Realism, Critical Legal Studies and Dworkin, Philosophy and Public Affairs 15 (1986), 202-235.
Apel K.-O., Transformation der Philosophie, 2 Bde., Frankfurt/M. 1973.
–, Das Apriori der Kommunikationsgemeinschaft, in: ders. (1973), Bd. II.
–, Der Denkweg von Charles S. Peirce, Frankfurt/M. 1975.
–, Sprache und Bedeutung, Wahrheit und normative Gültigkeit, Archivo di Filosofia 55 (1987), 51-88.
–, Diskurs und Verantwortung, Frankfurt/M. 1988.
–, Zurück zur Normalität?, in: ders. (1988).
–, Kann der postkantische Standpunkt der Moralität noch einmal in substantielle Sittlichkeit aufgehoben werden?, in: ders. (1988), 103-153.
–, Diskursethik vor der Problematik von Recht und Politik, in: Apel/Kettner (1992), 29-61.
Apel K.-O./Kettner M. (Hg.), Zur Anwendung der Diskursethik in Politik, Recht und Wissenschaft, Frankfurt/M. 1992.
Arendt H., Elemente und Ursprünge totalitärer Herrschaft, Frankfurt am Main 1955.
–, Vita Activa, Stuttgart 1960.
–, Über die Revolution, München 1965.
–, Macht und Gewalt, München 1970.
–, Das Urteilen, Texte zu Kants Politischer Philosophie, München 1982.
Arens P., Zivilprozeßrecht, München 1988⁴.

Arnaud A.J., Hilpinen R., Wroblewski J. (Hg.), Juristische Logik und Irrationalität im Recht, Beiheft 8, Rechtstheorie, 1985.
Assmann H.D., Wirtschaftsrecht in der Mixed Economy, Frankfurt/M. 1980.
Atiyah P.S., The Rise and Fall of Contract of Freedom, Oxford 1979.
Bachrach B., Die Theorie demokratischer Eliteherrschaft, Frankfurt/M. 1967.
Barbalet M., Citizenship, Stratford, England 1988.
Baur F. u.a. (Hg.), Funktionswandel der Privatrechtsinstitutionen, Festschrift für L. Raiser, Tübingen 1974.
Baynes K., The Normative Grounds of Social Criticism, Kant, Rawls, and Habermas, Albany, New York 1992.
Beck U., Risikogesellschaft, Frankfurt/M. 1986.
–, Gegengifte. Die organisierte Unverantwortlichkeit, Frankfurt/M. 1988.
Becker W., Die Freiheit, die wir meinen, München 1982.
Beiner R., Political Judgement, London, Chicago 1983.
Benhabib S., Critique, Norm and Utopia, New York 1986.
–, Liberal Dialogue vs. a Critical Theory of Discoursive Legitimation, in: Rosenblum (1989).
–, Situating the Self, Cambridge 1992.
–, Models of Public Space, in: dies. (1992), 89-120.
–, Feminism and the Question of Postmodernism, in: dies. (1992), 203-242.
Benjamin W., Der Surrealismus, Gesammelte Schriften II,3.
Bermbach U., Politische Institutionen und gesellschaftlicher Wandel, in: Hartwich (1989), 57-71.
Bethge H., Aktuelle Probleme der Grundrechtsdogmatik, Der Staat 24 (1985).
Bibo I., Die deutsche Hysterie, Frankfurt/M. 1991.
Blankenagel A., Tradition und Verfassung, Baden-Baden 1987.
Blühdorn J., Ritter J. (Hg.), Recht und Ethik, Frankfurt/M. 1970.
Bobbio N., The Future of Democracy, Cambridge/Mass. 1987.
–, Gramsci and the Concept of Civil Society, in: Keane (1988), 73-100.
Böckenförde E.W., Grundrechtstheorie und Grundrechtsinterpretation, in: Neue Juristische Wochenschrift 1974.
– (Hg.), Staat und Gesellschaft, Darmstadt 1976.
–, Recht, Freiheit, Staat, Frankfurt/M. 1991.
–, Das Bild vom Menschen in der Perspektive der heutigen Rechtsordnung, in: ders. (1991) 58-66.
–, Entstehung und Wandel des Rechtsstaatsbegriffs, in: ders. (1991), 143-169.
–, Die sozialen Grundrechte im Verfassungsgefüge, in: ders. (1991), 146-158.
–, Grundrechte als Grundsatznormen, in: ders. (1991).
Boyle J., The Politics of Reason: Critical Legal Theory and Local Social Thought, Pennsylvania Law Review 133 (1985), 685-780.
Brest P., The Fundamental Rights Controversy, Yale Law Journal 90 (1981), 1063-

1109.
Broda C. (Hg.), Festschrift für R. Wassermann, Neuwied, Darmstadt 1985.
Brüggemeier G., Wirtschaftsordnung und Staatsverfassung, Rechtstheorie 8 (1982), 60-73.
–, Justizielle Schutzpolitik de lege lata, in: Brüggemeier/Hart (1987), 7-41.
Brüggemeier G./Hart D., Soziales Schuldrecht, Bremen 1987.
Brunkhorst H., Die Ästhetisierung der Intellektuellen, in: Frankfurter Rundschau vom 28. Nov. 1988.
–, Zur Dialektik von realer und idealer Kommunikationsgemeinschaft, in: A. Dorschel u. a. (Hg.), Transzendentalpragmatik, Frankfurt/M., 342-358.
Bubner R., Antike Themen und ihre moderne Verwandlung, Frankfurt/M. 1992.
–, Das sprachliche Medium der Politik, in: ders. (1992), 188-202.
Buchanan A. E., Marx and Justice, London 1982.
Calhoun C., Habermas and the Public Sphere, Cambridge/Mass. 1992.
Carens J. H., Aliens and Citizens: The Case for Open Borders, Review of Politics 49 (1987).
Cobb R./Elder Ch., The Politics of Agenda-Building, Journal of Politics (1971), 892-915.
Cobb R./Ross J. K./Ross M. H., Agenda Building as a Comparative Political Process, American Political Science Review 70 (1976), 126-138.
Cohen J., Deliberation and Democratic Legitimacy, in: Hamlin/Pettit (1989).
Cohen J./Rogers J., On Democracy, New York 1983.
Cohen J. L./Arato A., Civil Society and Political Theory, Cambridge/Mass. 1992.
Coing H., Zur Geschichte des Begriffs »subjektives Recht«, in Coing u. a. (1959).
–, Das Verhältnis der positiven Rechtswissenschaft zur Ethik im 19. Jahrhundert, in: Blühdorn/Ritter (1970).
– et al., Das subjektive Recht und der Rechtsschutz der Persönlichkeit, Frankfurt/M., Berlin 1959.
Conolly W. E., The Terms of Political Discourse, Lexington/Mass. 1974.
Czybulka D., Die Legitimation der öffentlichen Verwaltung, Heidelberg 1989.
Dahl R. A., A Preface to Economic Democracy, Oxford 1985.
–, Democracy and its Critics, New Haven 1989.
Daniels N. (Hg.), Reading Rawls, Oxford 1975.
Denninger E., Staatsrecht, Reinbek 1973.
–, Verfassungsrechtliche Schlüsselbegriffe, in: Broda Chr. (1985), wieder in: Denninger (1990).
–, Verfassung und Gesetz, in: Kritische Vierteljahresschrift für Gesetzgebung und Rechtswissenschaft (1986).
–, Der gebändigte Leviathan, Baden-Baden 1990.
–, Der Präventions-Staat, in: ders. (1990).
Derrida J., Gesetzeskraft. Der »mystische Grund der Autorität«, Frankfurt/M.

1991.
Dewey J., The Public and its Problems, Chicago 1954.
Dippel H., Die politischen Ideen der französischen Revolution, in: Pipers Handbuch der Politischen Ideen, Bd. 4, München 1986.
Downs A., An Economic Theory of Democracy, New York 1957.
Dreier R., Was ist und wozu Allgemeine Rechtstheorie?, Tübingen 1975.
–, Recht – Moral – Ideologie, Frankfurt/M. 1981.
–, Recht und Moral, in: ders. (1981).
–, Rechtsbegriff und Rechtsidee, Frankfurt/M. 1986.
– (Hg.), Rechtspositivismus und Wertbezug des Rechts, Stuttgart 1990.
–, Recht – Staat – Vernunft, Frankfurt/M. 1991.
–, Widerstandsrecht im Rechtsstaat?, in: ders. (1991), 39-72.
Dryzek J.S., Discursive Democracy, Cambridge 1990.
Dubiel H., Zivilreligion in der Massendemokratie, Manuskript 1989.
Durkheim E., Physik der Sitten und des Rechts, Frankfurt/M. 1991.
Dworkin R., Taking Rights Seriously, Cambridge/Mass. 1977; dt.: Bürgerrechte ernstgenommen, Frankfurt/M. 1984.
–, A Matter of Principle, Cambridge/Mass. 1985.
–, Principle, Policy, Procedure, in: ders. (1985), 72-103.
–, Law's Empire, Cambridge/Mass. 1986.
–, Liberal Community, Calif. Law Rev. 77 (1989), 479-589.
–, Foundations of Liberal Equality. The Tanner Lectures on Human Values, Vol. VIII, 1990.
Edelstein W./Nunner-Winkler G. (Hg.), Zur Bestimmung der Moral, Frankfurt/M. 1986.
Eder K., Die Entstehung staatlich organisierter Gesellschaften, Frankfurt/M. 1976.
–, Geschichte als Lernprozeß?, Frankfurt/M. 1985.
Eisenstadt S.N. (Hg.), Democracy and Modernity, Leiden 1992.
Ellscheid G./Hassemer W. (Hg.), Interessenjurisprudenz, Darmstadt 1974.
Elster J., The Market and the Forum, in: Elster/Hylland (1986).
–, The Cement of Society, Cambridge 1989.
–, Arguing and Bargaining, Manuskript 1991.
–, The Possibility of Rational Politics, in: Held (1991).
–, Arguing and Bargaining in Two Constituent Assemblies, The Storr Lectures, Yale Law School, 1991, Manuskript.
Elster J./Hylland A. (Hg.), Foundations of Social Choice Theory, Cambridge 1986.
Elster J./Slagstad R. (Hg.), Constitutionalism and Democracy, Cambridge 1988.
Ely J.H., Democracy and Distrust. A Theory of Judicial Review, Cambridge/Mass. 1980.
Ennecerus L., Allgemeiner Teil des bürgerlichen Rechts, Tübingen 1959[15].
Esser J., Grundsatz und Norm in der richterlichen Fortbildung des Privatrechts,

Tübingen 1964.
-, Vorverständnis und Methodenwahl in der Rechtsfindung, Kronberg 1972.
Euchner W., Naturrecht und Politik bei John Locke, Frankfurt/M. 1979.
Ewald F., L'Etat Providence, Paris 1986.
Faber H., Verwaltungsrecht, Tübingen 1987.
Ferguson A., Versuch über die Geschichte der bürgerlichen Gesellschaft, Frankfurt/M. 1986.
Fetscher I./Münkler H. (Hg.), Pipers Handbuch politischer Ideen, Bd. 3, München 1985.
Fiss O., Objectivity and Interpretation, Standford Law Review 34 (1982), 739-763.
Forst R., Kontexte der Gerechtigkeit, Frankfurt/M. 1993.
Forsthoff E., Der Staat der Industriegesellschaft, München 1971.
- (Hg.), Rechtsstaatlichkeit und Sozialstaatlichkeit, Darmstadt 1968.
Forum für Philosophie Bad Homburg (Hg.), Die Ideen von 1789, Frankfurt/M. 1989.
Fraenkel E., Deutschland und die westlichen Demokratien, (hg. v. Alexander v. Brüneck), Frankfurt/M. 1991.
-, Die repräsentative und plebiszitäre Komponente im demokratischen Verfassungsstaat, in: ders. (1991), 153-203.
-, Parlament und öffentliche Meinung, in: ders. (1991).
Frankenberg G., Der Ernst im Recht, Kritische Justiz 20 (1987).
Frankenberg G./Rödel U., Von der Volkssouveränität zum Minderheitenschutz, Frankfurt/M. 1981.
Frankfurt H. The Importance of what we know about, Cambridge/Mass. 1988.
-, Freedom of the Will and the Concept of the Person, in: ders (1988), 11-25.
Fraser N., Unruly Practices, Oxford 1991.
-, Struggle over Needs, in: dies. (1991), 161-190.
-, Rethinking the Public Sphere, in: Calhoun (1992).
Frege G., Logische Untersuchungen, Göttingen 1966.
Friedman L. M., Transformations in American Legal Culture 1800-1985, Zeitschrift für Rechtssoziologie 6 (1985).
-, Total Justice, New York 1985.
Fröbel J., System der socialen Politik, Mannheim 1847.
-, Monarchie oder Republik, Mannheim 1848.
Fuller L., The Morality of Law, Chicago 1969.
Furet F., Vom Ereignis zum Gegenstand der Geschichtswissenschaft, Frankfurt/M. 1980.
-, La Revolution 1780-1880, Paris 1988.
Furet F./Richet D., Die Französische Revolution, Frankfurt/M. 1968.
Gadamer H. G., Wahrheit und Methode, Tübingen 1960.
Gehlen A., Der Mensch, Bonn 1950.
-, Urmensch und Spätkultur, Bonn 1956.
Gerhards J./Neidhardt F., Strukturen und Funktionen moderner Öffentlichkeit,

Wissenschaftszentrum Berlin 1990.
Giddens A., Profiles and Critiques in Social Theory, London 1982.
Giegel H.J. (Hg.), Kommunikation und Konsens in modernen Gesellschaften, Frankfurt/M. 1992.
Glotz P., Der Irrweg des Nationalstaates, Stuttgart 1990.
Glusy Ch., Das Mehrheitsprinzip im demokratischen Staat, in: Guggenberger/Offe (1984), 61-82.
Göhler G. (Hg.), Grundfragen der Theorie politischer Institutionen, Opladen 1987.
Göhler G. u.a. (Hg.), Politische Institutionen im gesellschaftlichen Umbruch, Opladen 1990.
Goodin R., What is so Special about our Fellow Countrymen?, Ethics 98 (1988), 663-686.
Goodman D., Public Sphere and Private Life: Toward a Synthesis of Current Historical Approaches to the Old Regime, History and Theory 31 (1992), 1-20.
Gorden R.W., Critical Legal Histories, Stanford Law Review (1984).
Görlitz A., Voigt R., Rechtspolitologie, Hamburg 1985.
Grawert R., Staatsangehörigkeit und Staatsbürgerschaft, Der Staat 23 (1984), 179-204.
-, Staatsvolk und Staatsangehörigkeit, in: Isensee/Kirchhoff (1987).
Grimm D., Reformalisierung des Rechtsstaats?, Juristische Schulung, H. 10 (1980), 704-709.
-, Recht und Staat der bürgerlichen Gesellschaft, Frankfurt/M. 1987.
- (Hg.), Wachsende Staatsaufgaben – sinkende Steuerungsfähigkeit des Rechts, Baden-Baden 1990.
-, Die Zukunft der Verfassung, Frankfurt/M. 1991.
-, Rückkehr zum liberalen Grundrechtsverständnis?, in: ders. (1991), 221-240.
-, Der Wandel der Staatsaufgaben und die Krise des Rechtsstaats, in: ders. (1991).
-, Verfassungsrechtliche Anmerkungen zum Thema Prävention, in: ders. (1991).
-, Interessenwahrung und Rechtsdurchsetzung in der Gesellschaft von morgen, in: ders. (1991).
Guggenberger B./Offe C. (Hg.), An den Grenzen der Mehrheitsdemokratie, Opladen 1984.
Gunsteren H.R. van, Admission to Citizenship, Ethics 98 (1988).
Günther K., Der Sinn für Angemessenheit, Frankfurt/M. 1988.
-, Ein normativer Begriff der Kohärenz. Für eine Theorie der juristischen Argumentation, Rechtstheorie 20 (1989).
-, Hero-Politics in Modern Legal Times, Institute for Legal Studies, Madison Law School, Series 4, Madison/Wi. 1990.
-, Der Wandel der Staatsaufgaben und die Krise des regulativen Rechts, in: Grimm (1990).

–, Kann ein Volk von Teufeln Recht und Staat moralisch legitimieren?, in: Rechtshistorisches Journal, Heft 10 (1991) 233-267.
–, Die Freiheit der Stellungnahme als politisches Grundrecht, in: Koller u. a. (1991).
–, Universalistische Normbegründung und Normanwendung, in: Herberger u. a. (1991).
–, Möglichkeiten einer diskursethischen Begründung des Strafrechts, in: Jung u. a. (1991), 205-217.
Gurevitch M./Blumler G., Political Communication Systems and Democratic Values, in: Lichtenberg (1990).
Häberle P., Grundrechte im Leistungsstaat, in: Veröffentlichungen der Vereinigung der Deutschen Staatsrechtslehrer 30 (1972), 43-131.
– (Hg.), Verfassungsgerichtsbarkeit, Darmstadt 1976.
–, Verfassung als öffentlicher Prozeß, Frankfurt/M. 1978.
–, Die Verfassung des Pluralismus, Frankfurt/M. 1980.
–, Die offene Gesellschaft der Verfassungsinterpreten, in: ders. (1980), 79-105.
Habermas J., Theorie und Praxis, Frankfurt/M. 1971.
–, Legitimationsprobleme im Spätkapitalismus, Frankfurt/M. 1973.
–, Zur Rekonstruktion des Historischen Materialismus, Frankfurt/M. 1976.
–, Theorie des kommunikativen Handelns, 2 Bde., Frankfurt/M. 1981 (a).
–, Philosophisch-politische Profile, Frankfurt/M. 1981 (b).
–, Zur Logik der Sozialwissenschaften, Frankfurt/M. 1982.
–, Moralbewußtsein und kommunikatives Handeln, Frankfurt/M. 1983.
–, Vorstudien und Ergänzungen zur Theorie des kommunikativen Handelns, Frankfurt/M. 1984.
–, Der philosophische Diskurs der Moderne, Frankfurt/M. 1985 (a).
–, Die neue Unübersichtlichkeit, Frankfurt/M. 1985 (b).
–, Gerechtigkeit und Solidarität, in: Edelstein/Nunner-Winkler (1986).
–, Eine Art Schadensabwicklung, Frankfurt/M. 1987.
–, Nachmetaphysisches Denken, Frankfurt/M. 1988.
–, Der Philosoph als wahrer Rechtslehrer: Rudolf Wiethölter, Kritische Justiz 22 (1989), 138-156.
–, Die nachholende Revolution, Frankfurt/M. 1990.
–, Strukturwandel der Öffentlichkeit, Frankfurt/M. 1990.
–, Erläuterungen zur Diskursethik, Frankfurt/M. 1991 (a).
–, Texte und Kontexte, Frankfurt/M. 1991 (b).
–, Vergangenheit als Zukunft, Zürich 1991 (c).
Habermas J./Friedeburg L. v./Oehler Ch./Weltz F., Student und Politik, Neuwied 1961.
Hall St. (Hg.), Culture, Media, Language, London 1980.
Hall St., Encoding and Decoding in TV-Discourse, in: ders. (1980), 128-138.
Hamlin A./Pettit B. (Hg.), The Good Polity, Oxford 1989.

Hankiss E., The Loss of Responsibility, in: MacLean/Montefiori/Winch (1990), 29-52.
Hart D., Soziale Steuerung durch Vertragsabschlußkontrolle, Kritische Vierteljahresschrift für Gesetzgebung und Rechtswissenschaft (1986).
Hart H. L. A., Der Begriff des Rechts, Frankfurt/M. 1973.
–, Rawls on Liberty and its Priority, in: Daniels (1975), 230-252.
Hartig A. I., Das Bicentennaire – eine Auferstehung?, in: Merkur, März 1989.
Hartwich H. H. (Hg.), Macht und Ohnmacht politischer Institutionen, Opladen 1989.
Hassemer W., Juristische Hermeneutik, Archiv für Rechts- und Sozialphilosophie 72 (1986).
–, Rechtsphilosophie, Rechtswissenschaft, Rechtspolitik, Archiv für Rechts- und Sozialphilosophie, Beiheft 44 (1991), 130-143.
Hayek F. A. v., Die Verfassung der Freiheit, Tübingen 1971.
Held D., Models of Democracy, Oxford 1987.
–, Political Theory and the Modern State, Oxford 1989.
–, Citizenship and Autonomy, in: ders. (1989), 214-242.
– (Hg.), Political Theory Today, Oxford 1991.
Heller H., Gesammelte Schriften, Leiden 1971.
Hellesness J., Toleranz und Dissens, Zeitschr. f. Phil. 40 (1992), 245-255.
Herberger M. u. a. (Hg.), Generalisierung und Individualisierung im Rechtsdenken, Archiv für Rechts- und Sozialphilosophie, Beiheft 45, 1991.
Hesse K., Verfassungsrecht und Privatrecht, Heidelberg 1988.
–, Grundzüge des Verfassungsrechts der Bundesrepublik Deutschland, Heidelberg 1990.
Hilgartner St., The Rise and Fall of Social Problems, American Journal of Sociology 94 (1988), 53-78.
Hirsch J., Der Sicherheitsstaat, Frankfurt/M. 1980.
Hobbes Th., Vom Menschen – Vom Bürger, Hamburg 1977.
–, Leviathan, Neuwied 1966.
Hoerster N. (Hg.), Recht und Moral, Göttingen 1972.
Hoerster N., Verteidigung des Rechtspositivismus, Frankfurt/M. 1989.
Höffe O., Politische Gerechtigkeit, Frankfurt/M. 1987.
–, Kategorische Rechtsprinzipien, Frankfurt/M. 1990.
–, Gerechtigkeit als Tausch? Baden-Baden 1991.
Hofman H., Das Postulat der Allgemeinheit des Gesetzes, in: Starck (1987), 9-48.
Holmes St., Gag Rules or the Politics of Omission, in: Elster/Slagstad (1988), 19-58.
Honneth A. u. a. (Hg.), Zwischenbetrachtungen im Prozeß der Aufklärung, Frankfurt/M. 1989.
Honneth A., Kampf um Anerkennung, Frankfurt/M. 1992.
Hoy D. C., Interpreting the Law: Hermeneutical and Poststructuralist Perspectives,

Southern California Law Review 58 (1985), 135-176.
-, Dworkin's Constructive Optimism vs. Deconstructive Legal Nihilism, Law and Philosophy 6 (1987), 321-356.
Huber E. R., Rechtsstaat und Sozialstaat in der modernen Industriegesellschaft, in: Forsthoff (1968).
Huber H., Rechtstheorie, Verfassungsrecht, Völkerrecht, 1971.
-, Die Bedeutung der Grundrechte für die sozialen Beziehungen unter den Rechtsgenossen, in: ders. (1971).
Ihering R. v., Geist des römischen Rechts, Leipzig 1888.
Isensee J. v./Kirchhoff P. (Hg.), Handbuch des Staatsrechts, Heidelberg 1987.
Joerges Ch., Die Überarbeitung des BGB, die Sonderprivatrechte und die Unbestimmtheit des Rechts, Kritische Justiz (1987), 166-182.
-, Politische Rechtstheorie und Critical Legal Studies, in: Joerges/Trubek (1989), 597-644.
Joerges Ch./Trubek D. M. (Hg.), Critical Legal Thought: An American-German Debate, Baden-Baden 1989.
Johnson J., Habermas on Strategic and Communicative Action, Political Theory 19 (1991), 181-201.
Jung u. a. (Hg.), Recht und Moral, Baden-Baden 1991.
Kaase M., Massenkommunikation und politischer Prozeß, in: Kaase/Schulz (1989), 97-117.
Kaase M., Schulz W. (Hg.), Massenkommunikation, KZfSS 30, 1989.
Kahn P. W., Reason, Will and the Origins of American Constitutionalism, Yale Law Journal 98 (1989), 449-517.
Kahn-Freund O., Das soziale Ideal des Reichsarbeitsgerichts, in: Ramm (1966).
Kallscheuer O., Revisionismus und Reformismus, in: Pipers Handbuch der politischen Ideen, Bd. 4, München 1986.
Kant I., Die Metaphysik der Sitten, Werke (hg. von Wilhelm Weischedel) Bd. IV.
-, Grundlegung zur Metaphysik der Sitten, Werke, Bd. IV.
-, Über den Gemeinspruch, Werke, Bd. VI.
Kaufmann A., Theorie der Gerechtigkeit, Frankfurt/M. 1984.
-, Über die Wissenschaftlichkeit der Rechtswissenschaft, Archiv für Rechts- und Sozialphilosophie 72 (1986).
- (Hg.), Rechtsstaat und Menschenwürde, Festschrift für W. Maihofer, Frankfurt/M. 1986.
Kaufmann A., Recht und Rationalität, in: ders. (Hg.), Festschrift für W. Maihofer, Frankfurt/M. 1986.
-, Rechtsphilosophie in der Nach-Neuzeit, Heidelberg 1990.
Keane, J., Democracy and Civil Society, London 1988.
- (Hg.), Civil Society and the State, London 1988.
Keane J., The Media and Democracy, Cambridge 1991.

Kelsen H., Wer soll der Hüter der Verfassung sein?, in: Die Justiz VI (1931), 576-628.
–, Allgemeine Staatslehre, Bad Homburg 1968.
Kennedy D., Form and Substance in Private Law Adjucation, Harvard Law Review 89 (1976).
Kersting W., Wohlgeordnete Freiheit, Berlin 1984.
Kielmannsegg P., Ohne historisches Vorbild, FAZ vom 7. Dez. 1990.
Kleger H./Müller R., Religion des Bürgers, München 1986.
Knieper R., Nationale Souveränität. Versuch über Ende und Anfang einer Weltordnung, Frankfurt/M. 1991.
Koch H.J., Die juristische Methode im Staatsrecht, Frankfurt/M. 1977.
Kohlberg L., The Philosophy of Moral Development, Essays on Moral Development, Vol. I, San Francisco 1981.
Koller P. u.a. (Hg.), Theoretische Grundlagen der Rechtspolitik, Archiv für Rechts- und Sozialphilosophie, Beiheft 51, 1991.
Köndgen J., Selbstbindung ohne Vertrag, Tübingen 1981.
Koselleck R., Vergangene Zukunft, Frankfurt/M. 1979.
Koslowski P., Gesellschaft und Staat, Stuttgart 1982.
Kress K.J., Legal Reasoning and Coherence Theories: Dworkins Rights Thesis, Retroactivity and the Linear Order of Decisions, University of California Law Review 72 (1984), 369-402.
Kreuder Th. (Hg.), Der orientierungslose Leviathan, Marburg 1992.
Kriele M., Einführung in die Staatslehre, Reinbek 1975, Opladen 1981.
–, Recht und praktische Vernunft, Göttingen 1979.
Kübler F., Privatrecht und Demokratie, in: Baur u.a. (1974).
–, Über die praktischen Aufgaben zeitgemäßer Privatrechtstheorie, Karlsruhe 1975.
– (Hg.), Verrechtlichung von Wirtschaft, Arbeit und sozialer Solidarität, Baden-Baden 1984, Frankfurt/M. 1985.
–, Die neue Rundfunkordnung. Marktstruktur und Wettbewerbsbedingungen, in: Neue Juristische Wochenschrift, Heft 47 (1987), 2961-2967.
Kuhlmann W. (Hg.), Moralität und Sittlichkeit, Frankfurt/M. 1986.
Kunig Ph., Das Rechtsstaatsprinzip, Tübingen 1986.
Kuratorium für einen demokratisch verfaßten Bund Deutscher Länder (Hg.), In freier Selbstbestimmung. Für eine gesamtdeutsche Verfassung mit Volksentscheid, Berlin, Köln, Leipzig 1990 (Schriftenreihe der Heinrich-Böll-Stiftung, Heft 4, 1990).
Laker Th., Ziviler Ungehorsam, Baden-Baden 1986.
Langer C., Reform nach Prinzipien. Zur politischen Theorie Immanuel Kants, Stuttgart 1986.
Larmore Ch., Patterns of Moral Complexity, Cambridge 1987.
–, Political Liberalism, Political Theory 18 (1990).

Lepenies W., Melancholie und Gesellschaft, Frankfurt/M. 1969.
Lepsius M. R., Interessen, Ideen und Institutionen, Opladen 1990.
–, Ethnos und Demos, in: ders. (1990), 247-255.
–, Der europäische Nationalstaat, in: ders. (1990).
Lichtenberg J. (Hg.), Democracy and the Mass Media, Cambridge/Mass. 1990.
Lösche P., Anarchismus, in: Pipers Handbuch der Politischen Ideen, Bd. 4, München 1986.
Löwith K., Weltgeschichte und Heilsgeschehen, Stuttgart 1953.
Lüderssen K., Genesis und Geltung im Recht, Frankfurt/M. 1993.
–, Die Steuerungsfunktion des Gesetzes – Überformung oder Gegensteuerung zur Entwicklungstendenz einer Gesellschaft, in: ders. (1992).
Luhmann N., Legitimation durch Verfahren, Neuwied 1969.
–, Normen in soziologischer Perspektive, Soziale Welt 20 (1969).
–, Ausdifferenzierung des Rechts, Frankfurt/M. 1981.
–, Politische Theorie im Wohlfahrtsstaat, München 1981.
–, Rechtssoziologie, Opladen 1983.
–, Einige Probleme mit »reflexivem« Recht, Zeitschr. f. Rechtstheorie 6 (1985).
–, Die soziologische Beobachtung des Rechts, Frankfurt/M. 1986.
–, Ökologische Kommunikation, Opladen 1986.
–, Intersubjektivität oder Kommunikation, Archivo di Filosofia, Vol. LIV, 1986.
–, Politische Steuerung. Ein Diskussionsbeitrag, in: Politische Vierteljahresschrift 30 (1989), 4-9.
–, Gesellschaftsstruktur und Semantik, 3 Bde., Frankfurt/M. 1990.
–, Juristische Argumentation, Manuskript 1991.
–, Beobachtungen der Moderne, Köln 1992.
MacCormick N., Legal Reasoning and Legal Theory, Oxford 1978.
MacIntyre A., Whose Justice? Which Rationality? Notre Dame/Ind. 1988.
MacKinnon C. A., Towards a Feminist Theory of the State, Cambridge/Mass. 1989.
MacLean J./Montefiori A./Winch P. (Hg.), The Political Responsibility of Intellectuals, Cambridge 1990.
Macpherson C. B., Die politische Theorie des Besitzindividualismus, Frankfurt/M. 1973.
Maier Ch. S. (Hg.), Changing Boundaries of the Political, Cambridge 1987.
Maihofer W. (Hg.), Begriff und Wesen des Rechts, Darmstadt 1973.
Maihofer W./Sprenger G. (Hg.), Praktische Vernunft und Theorien der Gerechtigkeit. Vorträge des 15. IVR-Weltkongresses in Göttingen, August 1991, Bd. 1, Stuttgart 1993 (Archiv für Rechts- und Sozialphilosophie Beiheft 50).
Manin B., On Legitimacy and Political Deliberation, Political Theory 15 (1987).
Mansbridge J., Self-Interest in Political Life, Political Theory 18 (1990), 132-153.
March J. G./Olsen J. P., The New Institutionalism: Organizational Factors of Political Life, in: American Political Science Review 77 (1984), 734-749.

–, Popular Souvereignity and the Search for Appropriate Institutions, Journal of Public Policy 6 (1984), 341-370.
–, Rediscovering Institutions. The Organisational Basis of Politics, New York 1989.
Markov W., Die Jakobinerfrage heute, Berlin 1967.
Marshall T.H., Citizenship and Social Class, Cambridge/Mass. 1950, wieder in: ders. (1973); dt. in: ders., Bürgerrecht und soziale Klassen, Frankfurt/M. 1992, 33-94.
–, Class, Citizenship and Social Development, Westport/Conn. 1973.
Marx K., Der 18. Brumaire des Louis Napoleon, Berlin 1953.
Mashaw J.L., Due Process in the Administrative State, New Haven 1985.
Maus I., Entwicklung und Funktionswandel des bürgerlichen Rechtsstaates, in: Tohidipur (1978), Bd. I.
–, Bürgerliche Rechtstheorie und Faschismus, München 1980.
–, Rechtstheorie und politische Theorie im Industriekapitalismus, München 1986.
–, Entwicklung und Funktionswandel der Theorie des bürgerlichen Rechtsstaats, in: dies. (1986), 11-82, auch in: Göhler (1987).
–, Verrechtlichung, Entrechtlichung und der Funktionswandel von Institutionen, in dies. (1986), 277-331.
–, Die Trennung von Recht und Moral als Begrenzung des Rechts, Rechtstheorie 20 (1989), 191-210.
–, Zur Theorie der Institutionalisierung bei Kant, in: Göhler u.a. (Hg.) (1990).
–, Zur Aufklärung der Demokratietheorie, Frankfurt/M. 1992.
–, Basisdemokratische Aktivitäten und rechtsstaatliche Verfassung, in: Kreuder (1992), 99-116.
Mayntz R. (Hg.), Implementation politischer Programme II, Opladen 1983.
–, Steuerung, Steuerungsakte, Steuerungsinstrumente, H. 70, Hi-Mon, Gesamthochschule Siegen 1986.
McCarthy J.E., Semiotic Idealism, Transactions of the Ch.S. Peirce Society, Vol. 20, 1984.
Menke-Eggers Ch., Die Souveränität der Kunst, Frankfurt/M. 1988.
Merry H.J., Five Branch Government, Urbana/Ill. 1980.
Mestmäcker E.J., Der Kampf ums Recht in der offenen Gesellschaft, Rechtstheorie 20 (1989), 273-288.
–, Die Wiederkehr der bürgerlichen Gesellschaft und ihres Rechts, Rechtshistorisches Journal 10 (1991), 177-184.
Michelman F.I., The Supreme Court 1985 Term, Foreword, Havard Law Review 100 (1986), 4-77.
–, Justification (and Justifiability) of Law, Nomos, Vol. XVIII (1986).
–, Justification and the Justifiability of Law in a Contradictory World, Nomos, Vol. XVIII (1986).
–, Political Truth and the Rule of Law, Tel Aviv University Studies in Law 8 (1988).

–, Law's Republic, The Yale Law Journal, Vol. 97 (1988).
–, Bringing the Law to Life, Cornell Law Review 74 (1989).
–, Conceptions of Democracy in American Constitutional Argument: The Case of Pornography Regulation, Tennessee Law Review 56 (1989).
–, Conceptions of Democracy in American Constitutional Argument: Voting Rights, Florida Law Review 41 (1989), 443-490.
Millar J., Vom Ursprung des Unterschieds in den Rangordnungen und Ständen der Gesellschaft, Frankfurt/M. 1967.
Miller D., The Ethical Significance of Nationality, Ethics 98 (1988).
Minda G., The Jurisprudential Movements of the 1980s, Ohio State Law Journal 50 (1989), 599-662.
Minow M., Making all the Difference. Inclusion, Exclusion and American Law, Ithaca 1990.
Moon J. D., Constrained Discourse and Public Life, Political Theory 19 (1991), 202-229.
Morley D., Family Television, London 1988.
Münch R., Theorie des Handelns, Frankfurt/M. 1982.
–, Die sprachlose Systemtheorie, Zeitschr. f. Rechtstheorie 6 (1985).
–, Die Kultur der Moderne, 2 Bde., Frankfurt/M. 1986.
Naucke W., Die Wechselwirkung zwischen Strafziel und Verbrechensbegriff, Stuttgart 1985.
–, Versuch über den aktuellen Stil des Rechts, Schriften der H. Ehlers-Akademie 19 (1986).
Negt O./Mohl E.Th., Marx und Engels – der unaufgehobene Widerspruch von Theorie und Praxis, in: Pipers Handbuch der Politischen Ideen, Bd. 4, München 1986.
Neumann U., Juristische Argumentationslehre, Darmstadt 1986.
–, Rückwirkungsverbot bei belastenden Rechtsprechungsänderungen der Strafgerichte?, in: Zeitschrift für die gesamte Staatswissenschaft 103 (1991), 331-356.
Offe C., Contradictions of the Welfare State, London 1984.
–, Challenging the Boundaries of Institutional Politics: Social Movements since the 1960s, in: Maier (1987), 63-106.
–, Bindung, Fessel, Bremse, in: Honneth u. a. (1989).
Offe C./Preuß U. K., Democratic Institutions and Moral Resources, in: Held (1991).
Ogorek R., Richterkönig oder Subsumtionsautomat. Zur Justiztheorie im 19. Jahrhundert, München 1986.
Papier H. J., Eigentumsgarantie des Grundgesetzes im Wandel, Heidelberg 1984.
Parsons T., Sociological Theory and Modern Society, New Nork 1967.
–, On the Concept of Influence, in: ders. (1967), 355-382.

–, The System of Modern Societies, Englewood Cliffs 1971.
Parsons T./Shils E., Toward a General Theory of Action, New York 1951.
Parsons T./Bales R. F./Shils E., Working Papers in the Theory of Action, New York 1953.
Pateman C., The Problem of Political Obligation, Oxford 1979.
Peirce Ch. S., Collected Papers, Vol I-VIII, Cambridge/Mass. 1966.
Perry M. J., Morality, Politics and Law, Oxford 1988.
Peters B., Rationalität, Recht und Gesellschaft, Frankfurt/M. 1991.
–, Die Integration moderner Gesellschaften, Frankfurt/M. 1993.
Pitkin H., Justice. On Relating Private and Public, Political Theory 9 (1981).
Pocock J. G. A., The Machiavellian Moment: Florentine Political Thought and the Atlantic Republican Tradition, Princeton 1975.
–, Virtues, Rights, and Manners, Political Theory 9 (1981), 353-368.
Popitz H., Die normative Konstruktion von Gesellschaft, Tübingen 1980.
Posposil L., Anthropologie des Rechts, München 1982.
Preuß U. K., Legalität und Pluralismus, Frankfurt/M. 1973.
–, Die Internalisierung des Subjekts, Frankfurt/M. 1979.
–, Was heißt radikale Demokratie heute?, in: Forum für Philosophie Bad Homburg (1989), 37-67.
–, Revolution, Fortschritt und Verfassung. Zu einem neuen Verfassungsverständnis, Berlin 1990.
–, Verfassungstheoretische Überlegungen zur normativen Begründung des Wohlfahrtsstaates, in: Sachße u. a. (1990).
Puchta G. F., Cursus der Institutionen, Leipzig 1865.
Puhle H. J., Die Anfänge des politischen Konservatismus in Deutschland, in: Pipers Handbuch der Politischen Ideen, Bd. 4, München 1986.
Putnam H., Why Reason can't be naturalized, Synthese 52 (1982), 1-23.
–, Vernunft, Wahrheit und Geschichte, Frankfurt/M. 1982.
Raiser L., Die Zukunft des Privatrechts, Berlin 1971.
–, Die Aufgabe des Privatrechts, Frankfurt/M. 1977.
–, Der Stand der Lehre vom subjektiven Recht im Deutschen Zivilrecht, in: ders. (1977).
Raiser Th., Rechtssoziologie, Frankfurt/M. 1987.
Ramm Th. (Hg.), Arbeitsrecht und Politik, Frankfurt/M. 1966.
Raschke J., Soziale Bewegungen, Frankfurt/M. 1985.
Rawls J., Justice as Fairness: Political not Metaphysical, Philosophical and Public Affairs, Vol. 14 (1985).
–, Theorie der Gerechtigkeit, Frankfurt/M. 1975.
–, Kantian Constructivism in Moral Theory, Journal of Philosophy, Vol. 77 (1980), 515-572.
–, The Tanner Lectures on Human Values 1982 (hg. von St. McMurrin), Salt Lake

City 1983.
–, The Basic Liberties and their Priorities, in: ders. (1983).
–, The Domain of the Political and Overlapping Consensus, Manuskript 1989.
–, Die Idee des politischen Liberalismus, Frankfurt/M 1992.
Regh W., Insight and Solidarity, The Idea of a Discourse Ethics, Diss. phil., Northwestern University, Evanston 1991.
Regh W., Discourse and the Moral Point of View: Deriving a Dialogical Principle of Universalization, Inquiry 34 (1991), 27-48.
Rehbinder E., Reflexives Recht und Praxis, Jahrbuch für Rechtssoziologie und Rechtstheorie, Bd. XII (1988), 109-129.
Richards D. A. J., Moral Philosophy and the Search for Fundamental Values in Constitutional Law, Ohio State Law Journal 42 (1981).
Ridder H., Die soziale Ordnung des Grundgesetzes, Opladen 1975.
Ritter J., Metaphysik und Politik, Frankfurt/M. 1969.
Rödel U. (Hg.), Autonome Gesellschaft und libertäre Demokratie, Frankfurt/M. 1990.
Rödel U./Frankenberg G./Dubiel H., Die demokratische Frage, Frankfurt/M. 1989.
Rohde D. L., Justice and Gender, Cambridge/Mass. 1989.
Rolke L., Protestbewegungen in der Bundesrepublik, Opladen 1987.
Roniger L., Conditions for the Consolidation of Democracy in Southern Europe and Latin America, in: Eisenstadt (1992), 53-68.
Rorty R., Solidarität oder Objektivität, Stuttgart 1988.
–, Der Vorrang der Demokratie vor der Philosophie. In: ders. (1988).
Rosenblum N. (Hg.), Liberalism and the Moral Life, Cambridge/Mass. 1989.
Rousseau J.-J., Contrat Social III, 1; deutsch: Staat und Gesellschaft, München 1959.
Royce J., The Spirit of Modern Philosophy, Boston 1892.
Rupp H. H., Vom Wandel der Grundrechte, Archiv des öffentlichen Rechts (1976).
Rüsen J. u. a. (Hg.), Die Zukunft der Aufklärung, Frankfurt/M. 1988.
Rüthers B., Die unbegrenzte Auslegung, Frankfurt/M. 1973.
Sachße Ch. u. a. (Hg.), Sicherheit und Freiheit, Frankfurt/M. 1990.
Salgo R., Soll die Zuständigkeit des Familiengerichts erweitert werden?, Zeitschrift für das gesamte Familienrecht 31 (1984).
Savigny F. C. v., System des heutigen Römischen Rechts, Berlin 1840.
Scharpf F. W., Demokratietheorie zwischen Utopie und Anpassung, Konstanz 1970.
–, Verhandlungssysteme, Verteilungskonflikte und Pathologien der politischen Steuerung, in: Politische Vierteljahresschrift, Sonderheft »Staatstätigkeit«, 19 (1989), 61-67.
–, Politische Steuerung und politische Institution, in: Politische Vierteljahresschrift

30 (1989), 10-21.
–, Politische Steuerung und politische Institution, in: Hartwich (1989), 17-29.
Schattschneider E. E., The Semisouvereign People, New York 1960.
Scheit H., Wahrheit – Demokratie – Diskurs, Freiburg 1987.
Schelling Th., Micromotives and Macrobehavior, New York 1978.
Schelsky H., Die Soziologen und das Recht, Opladen 1980.
Schlosser H., Grundzüge der neueren Privatrechtsgeschichte, Heidelberg 1982.
Schluchter W., Die Entwicklung des okzidentalen Rationalismus, Tübingen 1979.
–, Religion und Lebensführung, Frankfurt/M. 1988.
–, Beiträge zur Werttheorie, in: ders. (1988).
Schmidt E., Von der Privat- zur Sozialautonomie, Juristenzeitung 35 (1980).
Schmidt J., Zur Funktion der subjektiven Rechte, Archiv für Rechts- u. Sozialphilosophie, Bd. 57 (1971), 383-396.
Schmidt W., Einführung in die Probleme des Verwaltungsrechts, München 1982.
Schmidt-Assmann E., Der Rechtsstaat, in: Isensee/Kirchhoff (1987).
Schmitt C., Die geistesgeschichtliche Lage des heutigen Parlamentarismus, Berlin 1926.
–, Verfassungslehre, Berlin 1928.
–, Der Hüter der Verfassung, Tübingen 1931.
–, Über drei Arten des rechtswissenschaftlichen Denkens, Hamburg 1934.
Schnädelbach H., Was ist Neoaristotelismus?, in: Kuhlmann (1986).
Schnur R. (Hg.), Zur Geschichte der Erklärung der Menschenrechte, Darmstadt 1964.
Schulin E., Die Französische Revolution, München 1988.
Schumpeter J. A., Kapitalismus, Sozialismus und Demokratie, Bern 1950.
Schüssler-Fiorenza F., Die Kirche als Interpretationsgemeinschaft, in: Ahrens (1989), 115-144.
Sen A., Rational Fools, Philosophy and Public Affairs 6 (1977).
Shuck P. H., Smith R. M., Citizenship without Consent, New Haven 1985.
Shue H., Mediating Duties, Ethics 98 (1988), 687-704.
Simitis S., Zur Verrechtlichung der Arbeitsbeziehungen, in: Kübler (1984), 73-166.
–, Selbstbestimmung: Illusorisches Projekt oder reale Chance?, in: Rüsen u. a. (1988).
–, Wiederentdeckung des Individuums und arbeitsrechtliche Normen, Sinzheimer Cahiers 2 (1991), 7-42.
Simon H., Rational Decision Making in Business Organizations, in: Models of Bounded Rationality, Bd. 2, Cambridge/Mass. 1982.
Smart C., Feminism and the Power of Law, London 1989.
Smith T., The Role of Ethics in Social Theory, Albany, New York 1991.
Starck Ch. (Hg.), Die Allgemeinheit des Gesetzes, Göttingen 1987.
Starobinski J., 1789 – Die Embleme der Vernunft, München 1988.

Steiner H. J., Moral Argument and Social Vision, Madison/Wisc. 1987.
Suhr D., Staat – Gesellschaft – Verfassung, Der Staat 17 (1978).
Sumners R. S., Instrumentalism and American Legal Theory, Ithaca 1982.
–, Lon Fuller, Stanford 1984.
Sunstein C. R., Interest Groups in American Public Law, Stanford Law Review 38 (1985).
–, After the Rights Revolution, Cambridge/Mass. 1990.
Taylor Ch., Negative Freiheit?, Frankfurt/M. 1988.
–, Legitimationskrise, in: ders. (1988).
–, Was ist menschliches Handeln?, in: ders. (1988).
–, Sources of the Self, Cambridge/Mass. 1989.
–, The Liberal-Communitarian Debate, in: Rosenblum (1989).
Teubner G., Reflexives Recht, Archiv für Rechts- u. Sozialphilosophie 68, (1982).
–, Substantive and Reflexive Elements in Modern Law, 17, Law and Society Review 239, 1983.
–, Verrechtlichung – Begriffe, Merkmale, Grenzen, Auswege, in: Kübler (1984) 289-344.
– (Hg.), Dilemmas of Law in the Welfare State, Berlin 1986.
– (Hg.), Autopoietic Law: A New Approach to Law and Society, Berlin 1988.
–, Recht als autopoietisches System, Frankfurt/M. 1989.
–, Regulatorisches Recht: Chronik eines angekündigten Todes, Archiv für Rechts- u. Sozialphilosophie, Beiheft 54 (1990), 140-161.
–, Die Episteme des Rechts, in: Grimm (1990).
Thadden R. v., Die Botschaft der Brüderlichkeit, in: Süddeutsche Zeitung vom 26./27. Nov. 1988.
Thompson J. B., Ideology and Modern Culture, Cambridge 1990.
Tohidipur M. (Hg.), Der bürgerliche Rechtsstaat I, Frankfurt/M. 1978.
Toulmin St., Der Gebrauch von Argumenten, Kronberg 1975.
Toulmin St./Rieke R./Janik A., An Introduction to Reasoning, New York 1979.
Tribe L. H., The Puzzling Persistence of Process-Based Constitutional Theories, Yale Law Journal 89 (1980), 1063-1080.
Trubek D. M./Esser J. P., Critical Empiricism and American Critical Legal Studies, in: Joerges/Trubek (1989).
Tugendhat E., Einführung in die sprachanalytische Pilosophie, Frankfurt/M. 1976.
–, Selbstbewußtsein und Selbstbestimmung, Frankfurt/M. 1979.
Tuori K., Discourse Ethics and the Legitimacy of Law, Ratio Juris 2 (1989), 125-143.
Turner B. S., Citizenship and Capitalism, London 1986.
Unger R. M., Law and Society, New York 1976.
–, The Critical Legal Studies Movement, Cambridge/Mass. 1986.
Varain H. J., Die Bedeutung des Mehrheitsprinzips, in: Guggenberger/Offe (1984).

Voigt R. (Hg.), Abschied vom Recht?, Frankfurt/M. 1983.
Vollrath E., Die Rekonstruktion der politischen Urteilskraft, Stuttgart 1977.
Walzer M., Spheres of Justice, New York 1983.
–, The Communitarian Critique of Liberalism, Political Theory 18 (1990).
Weber M., Wirtschaft und Gesellschaft, Köln 1956 (1964).
–, Rechtssoziologie (hg. von J. Winckelmann), Neuwied 1960.
–, Methodologische Schriften, Frankfurt/M. 1968.
–, Über einige Kategorien der verstehenden Soziologie, in: ders. (1968).
Weber W., Spannungen und Kräfte im westdeutschen Verfassungssystem, Stuttgart 1951.
Weinberger O., Der Streit um die praktische Vernunft, in: Maihofer/Sprenger (1993), 29-47.
Wellmer A., Ethik und Dialog, Frankfurt/M. 1986.
–, Models of Freedom in the Modern World, The Philosophical Forum XXI (1989/90), 227-252.
–, Konsens als Telos sprachlicher Kommunikation?, in: Giegel H.J. (1992), 18-30.
Wesel U., Frühformen des Rechts in vorstaatlichen Gesellschaften, Frankfurt/M. 1985.
Westbrook R.B., J. Dewey and American Democracy, Ithaca 1991.
Wieacker F., Privatrechtsgeschichte der Neuzeit, Göttingen 1967.
–, Industriegesellschaft und Privatrechtsordnung, Frankfurt/M. 1974.
–, Das Sozialmodell der klassischen Privatrechtsgesetzbücher und die Entwicklung der modernen Gesellschaft, in: ders. (1974).
Wiethölter R., Proceduralization of the Category of Law, in: Joerges/Trubek (1989), 501-510.
–, Ist unserem Recht der Prozeß zu machen?, in: Honneth u.a. (1989), 794-812.
Willke H., Ironie des Staates, Frankfurt/M. 1992.
Windscheid B., Lehrbuch des Pandektenrechts, Frankfurt/M. 1906.
Wingert L., Gemeinsinn und Moral, Frankfurt/M. 1993.
Winzeler R., Die politischen Rechte des Aktivbürgers nach schweizerischem Bundesrecht, Bern 1983.
Wroblewski J., Legal Syllogism and Rationality of Judicial Decision, Rechtstheorie 5 (1974).
Young I.M., Justice and the Politics of Difference, Princeton 1990.
Zacher H.F., Verrechtlichung im Bereich des Sozialen, in: Kübler (1984), 14-72.

主题与人名索引

1. 本书根据德文版译出,但由于英译本的索引比较丰富实用,故根据英文本制作索引。
2. 条目后数字指英文本页码,即本书边码。
3. 英译本没有收入"附录一:法律与道德",且将作者"后记"排于附录之前。故中译本于"附录一"没有边码,"后记"的边码数字为447-462,而两个附录的边码数字为463-516。此点还请读者检索时留意。
4. 本索引的主条目的术语提供英文、中文和德文。子条目没有提供外文的词汇,子条目中的"~"代表主条目。

A

Aarnio, Aulis, 阿尔纽, 230
Ackerman, Bruce, 埃克曼,
  双轨的民主模式, 277-278, 308-310
Action theory, 行动理论, Handlungstheorie(亦见交往行动、取向于达成理解[的行动]、取向于成功[的行动])
  行动协调, 4, 8, 17-20, 35, 73-74, 83-84, 106, 119。139-142。338-341, 346, 354, 511(亦见法[律],通过~而稳定期待,社会整合)
  利益取向的行动, 25-27, 69, 83, 139-141, 159-160(参见作为行动取向的价值)
Adjudication, 司法判决, Rechtsprechung(亦见司法部门)
  运用性商谈与~, 217-221, 233-237, 242-243
  ~中的法律确定性, 173, 197-199, 201-203, 211, 219-221, 223, 237-238
  ~中的法律融贯性, 192, 198-199, 211-221, 232, 236-237
  宪法判决, 239-268, 274-280, 397, 399, 430(亦见司法部门,宪法法院)
  赫拉克勒斯[Hercules]法官, 172, 203, 207, 211-217, 221-225, 227, 253
  合法性与~, 198-199, 222, 224-225, 238, 246, 252-253, 261, 264, 267, 274, 283, 394
  可能性附文, 248
  ~的原则, 172, 2080211, 214, 216-217, 219, 243, 248, 260-261, 264-266, 388
  ~的合理性问题, 7, 197-207, 214, 216, 238
  ~疑难案子, 202-203, 207, 211, 231, 233, 243, 439
  司法的理论(参见法律理论)

734

审理程序,231,235-236

价值司法,209,239-240,-253-261,265,282(亦见价值)

Administration,行政,Verwaltung

~权力,39-40,75,133-138,141-143,329-331,483-484

~导控,327,332-333,358-359,430-432

对~的法律约束,73,150,173-174,186-190,300,441,457,483-484

公民、当事人和~,78,136,173,270,335,350,431-432,461,492,497

经典的自由主义~模式,247,396,402,430-431,435-436

交往权力与~,136,147,149-150,169,187-188,329-330,356-358,483-490

商谈论/商谈与~,169-170,173-174,186,192,285,299-300,348,436,440-441

(在任的)政府(行政部门),187,299-300,354,380,482

~作为独立的或自我编制纲领的部门,78-79,275,329,332,386,391,433,436,465,469,483-484,500,502-503,505

司法与~,172-174,187-188,191-193,238,240-242,246,357,431-432,440-441,482

法律与~,40,42,134-135,143-144,150,169,171,173,188,190-192,195,396,402,429,434-436,440-442,457,481-482

~的合法律性与合法性,135,173,187-188,191,270,273,480

法律范式与行政模式,137,152,245,263,269-270,272,297-300,333,391,402,404-406,410,427,430-431,435,440,457,461

立法与~,134,164,173-175,187-188,191-193,195,241,265,275,299,320,329,331,354-356,431,433,436,439-442,482,484,502

生活世界与~,40,55-56,75,354,358-359

参与的或民主的~,191,353,391,440-441

政治权力与~,136,289,378-379

预防性~(亦见预防性国家)

~法规授权要求(Gesetzesvorbehalt),150,173,188,432

权利与~,174,406

权力分立与~,173,186-188,191,195,241,300,391,436,438

服务性~,431,440,498,505

~的社会整合功能,39-40,269,299,320-321,352,429

社会权力与~,169-170,175,289,329-331

国家与~,75,134,136-137,142,150,505

~作为权力导控系统,55-56,75,81,150,169,354,481,483,500-501,502,504

系统理论论~,56,150,169,329,332-333,335,351-354,386,391,429,434-435,441

~的传送带模式,187,190-191

Agenda-setting,确定议程,话题的辨认和提出,314-316,

320,352,366,376－382
～的内部进入模型,379,380
～的限制,309,325－326
～的动员模型,379－380
中立性与～,312
外部动议模型,379,380－381(亦见公民违抗)
政治边缘对(vs)政治中心与～,275,380－382
～与公共领域,307,314,366,376－382
Agreement,同意,Einverständniss(见共识)
Alexy,Robert,阿勒克西
～论司法判决,197,229－232,242,254,256
～观点中的商谈,197,229－232,414－415
～论平等原则,414－415
～观点中的可最大化的价值,254,256
～论权利和资格[应享权利],242,256,403
Althusser,Louis,阿尔杜塞,47
Anarchism,无政府主义,Anarchismus,480－481,485－486
Apel,Karl-Otto,阿帕尔,106,322
Application,运用,Anwendung(亦见司法判决,运用性商谈和～)
～中的恰当性原则,109,162
伦理商谈与～,154,177,279
建制化的～商谈,172－173,178,261
论证性商谈与～,115,162,172,217,219,229,231－232,234,265－266,414
道德商谈与～,105,109,162,232－234

意见和意志形成过程与～,109,180,453,477
有效性与～,217－218
Aquinas,Thomas,阿奎那,95
Arato,Andrew,阿拉托,367－368,370－371,383
Archaic institution and authority,古代建制和权威,archaisch Institution und Autorität(参见建制化,古代的[强的]～)
Arendt,Hannah,阿伦特,297,468
～论公民和离家失所的人,507－508,513
～论交往自由和交往权力,147－151,483,486
Argumentation theory,论辩理论,Argumentationstheoie(亦见商谈论)
谈判和论辩,165－168,176－183,191－192,282－283,338－341
民主原则与～,110,460
商谈原则与～,109,228
商谈论与～,226－228,278－279
埃尔斯特论～,165－166,338－339
理想的角色承当与～,223,228－229
法律与～,177－179,218,234－235
立法与～,192,231－232,287
合法性与～,179－180,186,191－192
论辩逻辑/论辩规则,15,109－110,155,158,171－173,177－183,208－209,227,234－236,279,310－311,460
理由的推动与～(更好论据的非强制的强制),5,35,119,147,151,164,225－228
政治过程与～,61,110,180－183
论辩的语用预设,4,15－16,19,42,102－103,109,158,163－

164,171,178,182,223,227 – 232,238,285,289,322 – 325,486(亦见理想化,交往的~)
Aristotle/Aristotlismus,亚里士多德/亚里士多德主义,199
  公民共和主义传统与~,95,267 – 268,454,487,497,500
  ~的实践哲学与伦理学,1,9,44,46,96,315,469,479
Aron,Raymond,阿隆,502
Associations,结社(联合体),Assoziationen
  自由和平等的公民的~,7 – 9,72,80,122 – 126,215 – 216,268 – 270,300 – 302,306,418,455,457,472,496,497,499,505
  法律共同体,9,80,132 – 134,222 – 223,301 – 303,306,418,451 – 457
  自愿性~,125 – 126,358 – 359,366 – 368,370 – 373,453,455,476,479 – 482,485 – 486,488,490,504
Austin,John,奥斯丁,86
Authority,权威,Authorität(亦见权力)
  绝对~/绝对意志,90 – 91,136 – 138,140 – 142,146,454,495 – 496,497
  古代建制的~,8,23 – 25,27 – 28,36 – 38,74,80,114,117,138,141 – 142
  实施强制的~,28,72,121,124,136,142 – 143,196,323 – 324,462
  个人的支配权/意志的权能,124,206,317,416 – 417(亦见意志,个人的~)

司法~,261 – 262,274,279
法律~或宪法~,72 – 73,124 – 125,129,132,135 – 136,138,143,145,189,222,320 – 321,331,412 – 414,465,466
立法部门的~,412 – 414,442
合法的~,72 – 73,136,146,196
政治~或公共~,142,145 – 146,148 – 149,170,188,189,273,289,301,364,433 – 434,467,469,473,496
宗教~,68,142 – 143,444,469
有组织的国家~,125 – 126,136,141 – 412,155,196,395,433 – 434,444,497
法规授权(亦见行政,对~的法律约束)
韦伯论~,68,73,145
Autonomy,自主(性),Autonomie(亦见自决)
  公民或法权人的~,85,121,126 – 128,268 – 272,274 – 279,408,414 – 415,419,426,449 – 451
  集体意志形成过程与~,93,110,150,154,157,457,475,489
  交往自由/交往权力与~,119,127,146 – 147
  商谈论的~观,107,118,135,146 – 147,157,279,437
  建制化的~,39,120 – 121,126,128,132,135,174,455
  康德论~,67,85,90,93 – 94,100 – 103,105 – 106,138,189,232,434,449,454,472
  各种法律范式和政治模式论~,78,270 – 274,277 – 280,289,297 – 298,300,390 – 391,397 –

737

398,400 – 418,426,437 – 438,
442,445 – 446,454 – 455

道德与~,85,87,95,97 – 100,
105 – 107,113,121,152,157,
164,256 – 257,449 – 451,487

私人~,84 – 87,89,93,101 – 104,
118 – 121,123 – 124,127 – 129,
397 – 401,406 – 420,425 – 428,
437 – 438,450 – 451,453 – 455

公共~,32,79,93 – 94,100 – 104,
107,120 – 123,126 – 129,135 –
136,146 – 150,157,180,187 –
189,314,407 – 420,426,437 –
438,450 – 451,453 – 455,
457,498

公共领域的~,171,299,330,358,
371 – 374,490

私人~与公共~的关系,79,84,
89,101 – 104,118 – 129,263 –
264,408 – 418,426,437 – 438,
450 – 451,453 – 455

权利与~,83 – 85,93,99 – 100,
103 – 105,118 – 129,180,400 –
401,408,410,415,419 – 420,
425 – 429,451,453 – 455,457

卢梭论~,100 – 103,138,189,
300,454,472,474,487

作为自我立法的~,39,104 – 105,
120 – 121,126,157,273 – 274,455,
472,487,496

社会~,78,174,176,412 – 413

社会权力与~,39,175,263 –
264,329

系统的~(参见系统,功能封闭
的~;系统理论,自组织)

Autopoiesis,自组织(参见系统理论,~
中的自组织)

B

Babeuf, François, 巴贝夫, 477
Background, 背景, Hintergrund (参见生
活世界, 背景)
Bargaining, 谈判, Verhandlung

行动取向与谈判,140 – 141,167,
177,272,283

仲裁,140 – 141

论辩与~,108 – 109,158,165 – 170,
176 – 183,191 – 192,272,283,287,
304,319 – 320,324 – 325,339 –
341,452,460

~系统,319 – 320,342,344,348 –
350,352 – 353,355 – 356,452

利益的妥协或平等与~,108,140,
165 – 167,171,177,180 – 181,
282 – 283,295(亦见妥协;价
值,~的权衡/平衡)

商谈论/商谈与~,108 – 109,158,
166 – 167,170,177 – 183,191 –
192,278 – 279,282 – 283,285,
319 – 320,460

埃尔斯特论~,165 – 166,
338 – 341

~的公平条件,166 – 167,177,
181,278 – 279

立法与~,180 – 181,191 – 192,
287,348,352,412 – 414,452

合法性与~,170,349,352

政治过程与~,177,180 – 183,344,
348,352,364,433 – 434,441

合理意志形成过程与~,103 – 104,
165 – 168

社会权力与~,140,166,175,177,
433 – 434

工资协议中的 ~ ,177,181
Bataille,Georges,巴岱勒,24
Becker,Werner,贝克尔,290-295
Behavioral expectation,行为期待,Verhaltenserwartung(参见期待,行为的 ~ 或规范的 ~)
Beiner,Robert,拜纳尔,281-282
Benjamin,Walter,本雅明,468,490
Bernstein,Edward,伯恩斯坦,479
Bethge,Horst,贝特格,403
Blumler,Jay G.,布鲁穆勒,378
Bobbio,Norberto,鲍比欧,303-304,315
Böckenförde,E.W.,伯肯弗德
　　~ 论基本权利,246-249
　　~ 的法理学,246-250,254-255, 258,263
　　论分权,244-245,249,251
Bodin,Jean,博丹,300
Böhm,Franz,伯姆,396
Brest,Paul,布雷斯特,257
Brunkhorst,Hauke,布卢克豪斯特,323,
Büchner,Georg,毕希纳,471
Burke,Edmund,柏克,488

C

Capitalism,资本主义,Kapitalismus(见经济)
Carens,Joseph H.,卡伦斯,512,514
Certainty of law or legal certainty,法律的确定性,Rechtssicherheit(参见法律,~ 的确定性)
Circulation of power,权力的循环,Machtkreislauf(参见权力)
Citizen,公民,Staatsbürger(参见公民身份)
Citizenship,公民身份,Staatsbürgerschaft
　　(亦见结社),自由和平等的公民的 ~ ;自主,公民的 ~ ;法权人;自决,公民的 ~
　　~ 的行动取向,33-34,84,88, 129,268,270,277,280-281, 292,345-346,386,461
　　~ 作为法律的承受者和创制者(参见视角,法律的承受者对[vs.]法律的创制者)
　　行政与 ~ ,78,136,173,270,335, 350,431-432,492,497
　　~ 作为当事人,69,78,335,351, 355,365,395,390,399,404, 406,408-409,431-432, 439,505
　　宪法与 ~ ,79,127-128,222,263, 280,384,388-389,474
　　文化认同与 ~ ,465-466,513-514
　　民主与 ~ ,73,75,126-128,277, 290,292,298,303-304,384, 426,443,454,458,460-462
　　商谈论与 ~ ,79,126
　　欧洲 ~ ,502,506
　　司法与 ~ ,205,215,222-224,395, 431-432
　　各种法律范式与政治模式论 ~ , 268-270,274,277-279,297-301,390-391,404-415,430-431,439,442-443,473,497-499
　　立法部门与 ~ ,171-172,395
　　合法性与 ~ ,73,126-127,290-295,408,453,461
　　民族认同与 ~ ,465,491-495, 499-501,503,507-509,512-515
　　负担过重的 ~ (参见法权人,~ 的负担)
　　政治过程与 ~ ,171,263,270,278,

292,297,363,384,386-387,408,
439,442,461,476
权力与~,136,170,173,289,
297,411
公共领域与~,146-147,269,
308,335,365-366
~的资格(或条件),391,417-
418,443,510-514
~的放弃,124-125,497
权利与~,75-79,82-83,
87-98,123-129,174,215,
250-251,269-271,368,
384,386-387,401-402,
413-415,426,452-458,
461-462,496-497,503-
505,507-514
~的地位,77-79,122-124,279,
350,396,411-415,424,426,
457,497-499,503-504,506,
508-515
世界~,1,514-515
Civic republicanism,共和主义(公民共
和主义),Rupublikanismus
~论司法判决,267,275-278,280
~论行政,270,299-300
亚里士多德与~,95,267-268,
454,487,497,500
~中的公民,101-102,268-270,
274,277-279,297,299-301,
473,487,495,497-499,503
共同体主义与~,279-281,285,
497,499
民主与~,275-277,296-302
商谈论与~,271,296-302
伦理商谈与~,99-102,268-269,
271,278-281,285,296-297,301,
495,497-498

自由主义与~,99-100,263,267-
274,284,285,296-302,366,454,
472-473,497-498
民族主义与~,492,495,500-501
~中的意见形成和意志形成过程,
270,272-273,279,296-
297,300
~论政治过程,269,272-273,297
人民主权与~,99-100,300-
301,505
~中的公共领域,269,278,297
权利与~,100,268,270-272,
274,466
卢梭与~,100-102,267-
268,300
~中的国家与社会,269-270,
297,300
Civil disobedience,公民违抗,zivil Unge-
horsam,148,382-384
Civil law,民法,bürgerliches Recht 参见
德国民法学说;法律,私法
Civil privatism,公民唯私主义,sta-
atsbürgerlich Privatismus,78,
120,308,498,504-505(亦见权
利,消极自由/积极自由)
Civil society,市民社会(公民社会),
bürgerlich Gesellschaft,Zivilge-
sellschaft
~中的行动者,1,370,375,380-
384(亦见公共领域中的行动
者)
资产阶级~,44-45,75,91,366,
374,460,464
经济与~,75,269,299,301,366,
367-368
黑格尔论~,45,75,342,366
各种法律范式和政治模式论~,

269,366,371,410,445,461
生活世界与~,335,366-368,
371,375,3832,408,437
意见形成和意志形成过程与~,
76,352,367-368,371
帕森斯论~,73-76
政治与~,269,330,368,370,372-
373,379,383-384,437,443
私人领域与~,1,352,367-
369,417
公共舆论与~,370,373,442
~中的政治,301,372-373(亦见
公共领域,~中的政治)
公共领域与~,269,299,330,352,
355,358-359,366-375,379,
381-382,386,417,437
~的自我限制,371-372,444
国家与~,75,175-176,183-
184,269,299,301,342,367-
368,444
~中的自愿结社,358-359,366-
368,370-373(亦见公共领域,
自愿结社)
Clinical discourse,治疗性商谈,klinische
Diskurse(参见伦理商谈,伦理-
生存论商谈)
Cobb,Roger,考伯,379-380
Coercion,强制,Zwang
授权的~,28-72,121,124,136,
142-143,196,462
交往与~,21,147-148,166,186,
227,305,386,391,429-430
自由与~,28-30,32,39,129-
130,133,447,462
个人权利与~,28,124
整合与~,33,58
法律与~,28,32-33,64,121,129-
130,133,396,447,452,462
合法性主张与~,121,447,462
权力与~,136-137,145
有效性与~,58,67,136-137,227
Cohen,Jean,科恩,367-368,370-371,383
Cohen,Joshua,科恩,304-307
Coing,Helmut,科英,87,89
Collective goals and goods,集体的目标
与集体的善,kollektive Ziele und
Güter(亦见认同,集体~;意志,
集体~)
法律/法的形式与~,152-154,
159,186,190,318,401,452
立法与~,83-84,152,428
对~的取向,83-84,130,139-
142,151-152,156,158,268,
277,280-281,292,318,428-
429,499,502
~的实现,139,144,155-156,
159,161,164,176,186,190,
192,319,385
权利与~,167,204,259,349,
418-419,430
价值司法与~,254-256,259
Subjectless communication,交往,无主体
的~,subjektlos Kommunikation,
(参见公共领域,~中的无主体
交往)
Communication structures,交往结构,
Kommunikationsstrukture(参见公
共领域,~的交往结构)
Communicative action,交往行动,kom-
munikative Handeln(亦见论辩理
论;言语活动理论)
交往合理性,3-6,9-10,369
商谈论/商谈与~,53,98,109,
228,449

741

~的形式语用分析,10 – 13,42, 285(亦见论辩理论,语用预设)

~的理想化预设,322 – 326(亦见理想化)

法律与~,7,31,50,80 – 82,106, 119 – 121,147 – 148,151,246, 323,326,385,437,448 – 449,462

生活世界与~,8,14,16,22 – 23, 25,35 – 36,55 – 56,80,98, 323 – 324,353 – 354,359 – 361,370

取向于达成理解与~,17 – 18,35, 324(亦见取向于达成理解)

~对其它行动取向,21,119 – 121, 325 – 326,360 – 361

异议的风险与~,19 – 22,25,36 – 38,322,462

社会整合/行动协调与~,4 – 5, 8 – 9,16 – 26,35 – 37,40,42,56, 80 – 84,119,223,269,319 – 320, 323 – 326,352 – 354,359,462

团结与~,33 – 34,40,269, 299,445

系统与~,52 – 53,283,345 – 346

~的理论,6 – 9,19,55,80 – 82

Communicative freedom,交往自由,kommunikative Freiheit(亦见有效性,对~的是/否二值编码)

阿伦特论~,147 – 149,151

自主性与~,119 – 120,127

交往行动与~,119 – 120,127, 130,147 – 148

交往权力与~,146 – 149,151

~的结果,146 – 147,151,167, 170,361

~的建制化,127,132,176

法律与~,130,146 – 147,167

合法性或有效性与~,119,127, 130,146 – 147,167

权利与~,119 – 120,127,130, 223,461 – 462

对~的威胁,369,442

Communicative power,交往权力,kommunikative Macht(亦见行政,交往权力与~)

阿伦特论~,147 – 151,483,486

交往自由与~,146 – 149,151

~的产生,133,151,157,170,358

法律与~,147,149 – 151,162, 169,188,192

立法与~,147,151,162,170,299, 341,352,356 – 358,442,484

意见形成与意志形成过程与~, 148,162,269,301,353,385, 434,442,484

政治/政治权力与~,136,149 – 150,170,352,371,484

公共领域与~,148,151,269, 341,486

~作为一种稀缺资源,149 – 150

权力分立与~,188,241

社会权力与~,170,175,288,329 – 330,341,356,358,371 – 372

Communicative sociation,交往的社会联合,kommunikative Vergesellschaftung(参见交往行动,社会整合/行动协调)

Communitarianism,共同体主义

~论公民身份,279,497 – 499,512 – 513

公民共和主义与~,279 – 281, 285,497,499

民主与~,286,304

伦理/伦理商谈与~,279-281,
　　497-498,512
　　~论中立性命题,310-311
Complexity,复杂性,Komplexität（参见
　　社会复杂性）
Compromise,妥协,Kompromiβ（亦见谈
　　判）
　　~作为利益平衡,108,139-141,
　　　155-156,166,177,296-297,
　　　338-339,345,452,473（亦见价
　　　值,~的权衡/平衡）
　　~的公平条件,108,156,165-167,
　　　171,177,181,204,283,294-296,
　　　339,452,502
　　立法与~,180-181,183,192,
　　　241,284,296
　　合法之法与~,155-156,233
　　政治、政治过程与~,162,166-
　　　167,180,294,296,307,331,339
　　~作为解决问题的策略,140-141
Condorcet, Antoine,孔多塞,46
Consensus,共识,Konsensus,278-279,345
　　贝克尔论~,290-292
　　强制与~,72,166,186,324
　　妥协与~,166,282-283
　　商谈与~,182,309,498
　　默会的认可,290,497
　　多数裁决原则与~,474-475
　　协议,140,169,177,181,338,433
　　　（亦见谈判,工资协议中的~）
　　重叠~,60-61
　　事先已经起作用的价值~,67,
　　　252,268,285,306
　　合理地推动的同意,8,14,57-58,60,
　　　72,93-94,119,155,157,179,211,
　　　290,306,338-339,496
　　社会整合/行动协调与~,4,8,20-

　　　21,34,106,139-141,269,311-312
　　有效性或合法性与~,23-24,68-
　　　69,119,285,290,292,458
Constitution,宪法,Verfassung（亦见司法
　　判决,宪法的~;立宪国家［法
　　治国］）
　　行政与~,263,348-356,431,435-
　　　436,440-441,457
　　自主与~,39,128,174-176,279-280
　　基本法（Grundgesetz）,248,254,
　　　301,390,434,497,504,509
　　具体的历史的法律秩序中的~,
　　　128-129,194,256-258,263-
　　　264,279,281,284,288,312,
　　　340,386-387,389,496
　　立宪活动,126-129,215-216,
　　　222,281,296,300,339-341,
　　　353,384,388-389,396-397,
　　　403,410,449,453-457,462,
　　　466（亦见立法,立宪会议）
　　商谈原则与~,127,454-455
　　~作为动态方案,41,129,184,
　　　223,383-384,410,444-445,
　　　449,454-455,471,477,488-
　　　489,499,514
　　立法与~,189-190,235,238,
　　　243-244,262,276,356（亦见立
　　　法,立宪会议）
　　各种法律范式和政治模式论~,
　　　135,174,189,194-195,250-
　　　252,296-301,388-391,402,
　　　415,430,434-435,437-445,
　　　449,479
　　权力与~,39,73,136-137,168-
　　　169,188,327-328,330-331,
　　　335-336,350,353,357,384-
　　　385,415,442,457,482（亦见权

力，~的官方的/合宪的循环；社
会复杂性）

对~的程序性理解，158，216，264-
265，267，278-279，285，356，440

权利与~，122-129，176，262-263，
279-280，368-369，384，389，419，
433，453-456（亦见权利，基本~）

Constitutional adjudication，宪法判决，
Verfassungsrechtsprechung（参见
司法判决，宪法的~）

Constitutional patriotism，宪法爱国主义，
Verfassungspatriotismus，465-
466，499-500，507，512

Constitutional rights，宪法权利，
staatsbürgerlich Rechte，Grundrechte（参见权利，基本~）

Constitutional state，立宪国家（法治
国），Rechtstaat（亦见宪法；民
主，立宪~；国家）

资产阶级的~，28，90-92，174-
175，189

公民与~，79，127-128，222，263，
280，384，388-389，474

通过~交往权力转化成行政权力，
150，176，187-188，192

~中的危机趋势，246，389-391，
429-444

民主/民主原则与~，78，206，264，
280，298，303，305，504

~中的商谈与谈判，158，169，
433-434，441，449

合法性与~，73，136，168-169，
187，287-288，290，327-328，
408，428-429，435-437，440

~的规范性自我理解和效果，65-
66，288，290，321，327，349-350

~的原则，168-176，191，194-195，

247-252，476-477，489，496，513
（亦见原则；权力的分立）

法治，39，90-92，121，135-136，
183-184，188-189，245，270-
271，449-450，454，457，496（亦
见民主，法治与~）

社会整合与~，79，150，176，318，
342，345，465

Contractarianism，契约主义（见社会契
约论［理性法理论］）

Convention，约定，Konvention（参见法
［律］，习惯~）

Core-periphery model，中心边缘模式，
Zentrum-Peripherie Mo-del,（参
见民主理论，中心边缘的~；彼
得斯［Bernard Peters］）

Cortes，Donoso，考特斯，480

Courts，法庭，Gericht（参见司法部门）

Culture，文化，Kultur

~作为生活世界的组成部门，55，
66，80-81，98-99，114

~认同，98，125，160，425-426，
467，492-496，498-499，507，
513-514

容纳民主政治的政治~，76，130-
131，184，335，358-359，382，
461，487-490，499-500，505-
507，513-514

D

Dahl，Robert，达尔

~观点中对民主的程序性理解，
288，315-321

De Bonald，Louis 德·伯纳尔德，488

De Gaulle，Charles 戴高乐，502

De Maistre，Joseph 德·梅斯特，488

Deliberation and decisionβmaking,商议与决策,Beratung und Beschluβfassung(参见意见形成与意志形成过程)

Democracy,民主,Democratie(亦见民主理论)

　　行政与~,195,273,275,299,329-330,351,356,358,440-441,469(亦见行政,参与的~)

　　谈判与~,171,296,304,307,319-320,460

　　公民身份与~,79,263-264,292,297-298,443,450,454,461492,494,501,504,513-514

　　复杂性与~,315-322(亦见社会复杂性)

　　立宪~(参见立宪国家[法治国];民主,法治与~)

　　议事会~,480

　　民主合法性/民主的法律形成过程,110,121,123,151,170-173,187-189,202,263-265,271,278-279,283-285,299-301,318-321,356,428-429,435-439,448,450,453-455,457-458(亦见法律,合法的~/~的合法性;合法性)

　　民主原则,84,90,94,108-111,121-122,128,206,233,450,455,457-460

　　民主程序/过程,32-33,83-84,93-95,170-171,180-181,232-233,296-307,315-322,457-458,484-488(亦见多数裁决原则;投票)

　　伦理商谈与~,171,280-281,283,285,319-320,333-334,340

　　司法与~,195,234,239-240,263-265,274-276,279-280,356

　　正义与~,98,189,266,306

　　各种法律范式与民主模式论~,232-233,263,268-269,277,296-304,308-314,329-331,333,384,395,438-439,443,445,450,479,501

　　法律原则与~,90,94

　　立法与~,93-95,110,171-172,181,184,187,195,232-233,239-240,274,275,283-284,291,306-307,327,340,356,384,428,432-433

　　道德,道德原则与~,84,90,94,108-111,171,184,204,292,319-320,340,450,456-460

　　民族国家与~,491,493

　　意见形成与意志形成过程与~(参见意见形成与意志形成过程,民主的~)

　　平民论~,184-185,322,369

　　人民主权与~,94,136,169,184,299,301,442,454,469,486

　　权力与~,7,175,289,292-294,299-300,317,321,327,329-330,336,341,358,366

　　公共领域/市民社会与~,73,184,298-299,301,307,359,369-371,373,461

　　激进~,136,252,277,370-371,471,472-474,479,480

　　~与程序性结果的合理性,170,232-233,285,296,304,319-320,405,448,475(亦见期待,政

745

治过程的合理结果的~)
权利与~,111,121,128,169,186,206,233-234,252,263-265,292,428-429,454-457,461,465,472-473,478,497,499,509,514(亦见权利,交往~;权利,参与~;权利,政治~)
法治与~,271,449-450,454
国家-社会与~,288,299-302

Democratic theory 民主理论,Demokratietheorie,264,470(亦见公民共和主义;民主,各种法律范式和民主模式论~;自由主义)
古典的~,172,481
~的中心-边缘模式,354,356-358
商议性~或商议性~,274-286,296,301-302,304-328,339-341,351,358,371,378-379
商谈的~理论158,233,278-279,286,296-305,356-358,373,448,457-458
经济的~理论,329-330,333-334,336
精英论~,290,293-294,303,332-334,485(亦见精英)
经验模式,289-296
麦迪逊主义,284,286
规范的~理论,288,290-296,329,481
多元主义理论,291,329-332,367(参见达尔)
多头政治,355
程序主义的模式,189,195,265-266,288,296-300,304-305,315,319-320,326-327,411,427
合理选择模式,336-339,346,353

社会学模式,287-288,302-304,315-341,356-358,371,373
"结构主义"模式,185-186,461-462
系统理论与~,289,299,302-303,305,319-321,329,333,335-336,349,351,481
双轨模式的~,277-278,304-308,314(亦见埃克曼;意见形成和意志形成过程,制度性的对非正式的~)

Denninger,E.,丹宁格,155,433
~论宪法判决,244-249,252,259
Deutsch,Karl,道伊奇,319
Dewey,John,杜威,171,304,316
Differentiation 分化,Differenzierung(亦见权力分立)
行动领域的~,111,118,412,507
商谈的~,15,53,71,105-109,158-164,171-172,178,233-234,284-287,318-319,452,460,505
生活世界成分的~,55,70-71,75,106,457
系统的~/功能分化的社会,25,39-40,47,51-53,55,73,75,77,302-303,317-318,330,343-344,352,372,386,504

Dignity 尊严,Dignität(参见人格完整)
Dilthey,William,狄尔泰,96
Disagreement,分歧,Dissense(参见交往行动,异议的风险与~)
Discourse principle,商谈原则,Discourseprinzip
谈判与~,108-109,158,166-167
公民与~,126-128,458
民主的原则和程序与~,111,121,128,151,171,233,454-455,

458－460
公平与~,107－109,459
规范的辩护或有效性与~,107－108,122,127,158,228,459
法律/法律形式与~,107,121－122,126－129,157－158,206－207,233－234,453－455,458－459
道德/道德原则与~,107－109,121,158,206,207,233－234,453,459－460
政治商谈与~,233－234,458
权利与~,84,121－125,128,157,458
~的明确表达式,107,459
普遍化原则与~,109,230,459

Discourse theory,商谈(理)论,Diskursttheorie(亦见论辩理论;商谈原则)
行政与~,169－170,173－174,285,299－300,348,441
运用性商谈(参见运用)
~论自主性,118,135,146－147,157,322
谈判与~(参见谈判与论辩)
民主与~(参见民主理论,商谈的~)
商谈的分化,15,53,55,71,105－109,158－164,171－172,178,233－234,285－287,318－319,452,460,505(亦见伦理性商谈;道德,~商谈;实用性商谈)
商谈伦理学,70,153,158,230,282,311,459
伦理性商谈(参见伦理性商谈)
~的理想化(参见理想化,交往的~)
司法与~,160,170－173,192,204,227,231,261

论证性商谈(参见论证[辩护])
法律与~(参见法律,~商谈)
立法与~,172,192,233,261,282
合法性与~,278－279,414,448－449,457－458
商谈的逻辑(参见论辩理论,论辩逻辑/论辩规则)
道德商谈(参见道德,~商谈)
规范与~,57,107,122,127,155－156,158,228,449,458－459
意见形成与意志形成过程与~,103－104,176－177,185－186,278－279,296－301,437,458,461－462
人民主权与~,170,301
权力与~,166,283,285
实用性商谈(参见实用性商谈)
公共商谈,369－372,420,425－426,458,462,474－476,480,486(亦见政治,政治性商谈)
公共领域与~,107－108,299,369－370,374
权利与~,7,79,84,121－125,128,130,157,194－195,214,242－243,271,312－313,417,458
分权与~,191－192,241－242
~论国家－社会关系,169－170,174－176,348
商谈的议题,312－314

Discursive mode of sociation,商谈的社会联系,Modus der diskursive Vergesellschaftung(参见交往行动,社会整合/行动整合)

Disenchantment 解魅,Entzauberung,
社会学~,43－51,56－57
世界的~,71

747

Däbert, Rainer, 多伯特, 70
Dreier, Ralf, 德莱伊尔, 30
Droysen, Johann, 德罗伊森, 96
Duality of law, 法的两重性, Doppelaspekt der Recht(亦见事实性与有效性之间的张力,法律中的~)
 表现为既是强制的又是确保自由的 ~, 28 – 32, 39, 112, 121, 129 – 130, 418, 447, 461
 表现为自由意志和自由选择的~, 85 – 86, 138, 448 – 452
 合法性与合法律性, 33, 56, 72 – 73, 79 – 80, 83 – 84, 118, 121, 123, 125, 129 – 130, 132 – 133, 135, 145 – 146, 202, 320 – 321, 461
 知识系统与行动系统, 66, 79 – 80, 107, 114, 117, 195, 353, 360, 388
Due process, 公平的法律程序, Justizgrundrechte(参见权利,公平法律程序的~)
Durkheim, Emile, 涂尔干, 24, 26, 65 – 67, 74, 206
Dworkin, Ronald, 德沃金, 383
 论司法判决, 197, 199, 203, 205 – 225, 227, 230, 232, 238
  ~ 的建构主义, 207, 210 – 215, 232, 238, 243, 248, 265
  ~ 论人格完整, 215 – 216, 222 – 223
  ~ 中的赫拉克勒斯法官/法官, 203, 207, 211 – 217, 222 – 225, 227
  ~ 论正义, 62 – 64, 216
  ~ 作为自由主义者, 62, 215
  ~ 理论中的原则和政策, 205 – 212, 215 – 216, 222 – 223, 256, 265
 罗尔斯与 ~, 62, 203 – 204
 ~ 论权利, 62, 203 – 204, 207 – 208, 210, 213 – 214, 227, 256, 259

E

Economic society 经济社会, Wirtschaftssystem(参见经济)
Economy, 经济, Wirtschaft(亦见民主理论,~ 的经济模式)
 行政/国家与 ~, 75, 297, 299, 350, 410, 430, 435, 442, 484, 491
 市民社会与 ~, 44, 75, 269, 299, 301, 366 – 368
 宪法/立宪国家(法治国)与 ~, 150, 174 – 175, 263, 298, 430
 民主与 ~, 299, 501
 ~ 的整合功能, 8 – 9, 26, 40, 83, 150, 299, 448 – 449
 法律与 ~, 40, 42, 45 – 46, 75, 83, 87, 117, 128, 196, 401 – 402, 410, 413 – 414, 435, 478, 502, 505, 509
 各种法律范式和政治模式论 ~, 44, 78, 250, 272 – 274, 298, 333, 400 – 402, 404 – 405, 407 – 408, 412, 435, 439, 501
 生活世界与 ~, 40, 55 – 56, 75, 354, 371
 政治经济学与 ~, 45 – 46, 57, 75, 128, 250, 431, 478
 权力与 ~, 263 – 264, 299, 320 – 321, 377, 399, 410
 权利与 ~, 77 – 78, 350, 442, 504
 ~ 作为货币导控的系统, 39 – 40, 75,

78-79,500-505

Eder,Klaus,艾德尔,70

Eisenstadt,S. N.,爱森斯塔特,367

Election,选举,Wahl(参见投票)

Elites,精英,Eliten,442,445,494,503,507(亦见民主理论,精英主义民主)

Elster,Jon,埃尔斯特
 ~论论辩与谈判,165-166,338-341,353
 ~论商议性民主,330,339-341
 合理选择理论,336-340,353

Ely,John Hart,埃利,257,264-266,274,278

Enacted law,实定法,gesatzte Recht(参见法律,实证的或实定的~)

Enforcement of law,法的施行,Rechtsdurchsetzung,
 以制裁为后盾的~,30,37,64,69,72,74,132-134,136,142-143,447
 ~作为内在于法律有效性的事实性,33,115-117,124,132-133,142,155(参见事实性;法律的执行)
 政府权力对~,132-135,152,155,172,173,456
 ~与合法性,132-133,142,198

Engels,Friedrich,恩格斯,478

Entitlements,资格[应享权利],Staatsbürgerqualifikation, Leistungsstatus(参见权利,作为资格的~)

Equality,平等,Gleichheit
 法律面前的~,125,134-135,154,414,418,447
 公民的~(机会~,参与~),76,123,127,133-134,223,268,315-316,406-408,415,418-421,426,458,496-498(亦见结社,自由和平等公民的~)
 对各种利益的~考虑,101-103,107-109,125,161,166-167,282-283,315-316,496
 商谈原则与~,108
 事实~对法律~,154,331,391,402,414-428,430,449-450,477-478
 女性主义与~,83,419-426,428
 人格完整与尊重的~,97,203,310,215,266,414,418,496
 机会的~(见公民平等)
 ~的原则,414-415
 受到保护的~,133-134,450,496,509
 平等自由的权利,93-94,100-102,104,119-126,132-133,250-251,399-404,454
 实质的法律平等,102,154-155,401-402,414-415,426,429,439,450
 ~的对待,76,83,154,264-265,401-402,414-416,418,420,422-426,498,509

Escalating movements,日益高涨的运动,eskalierenden Bewegungen(参见公共领域,~中的日益高涨的运动)

Ethical community,伦理共同体,ethischen Gemeinschaft(参见伦理生活)

Ethical discourse,伦理性商谈,ethische Diskurse
 ~中的谈判和利益,108,165,177,

182,282 - 283,337,340
公民身份与~,101 - 102,279,512
公民共和主义中的~,99 - 102, 268 - 269,271,278 - 281,285, 296 - 297,301,495,497 - 498
~中的善的观念,96 - 97,99,163, 256 - 257,399
~中的共识,182,309
民主原则/民主与~,108,171, 285,319 - 320,334
伦理 - 生存问题（治疗性商谈）, 62, 96, 160 - 161, 163, 365, 399,451
伦理 - 政治问题,97,108 - 109, 154 - 156,160 - 161,163,165, 167,180 - 183,258,271 - 272, 278,280 - 283,285,296,513
认同与~,160,163,165,181 - 182,282,291,292
司法与~,254,264
正义与~,62,282,311
法律/法律商谈与~,106,154 - 156, 178, 201, 207, 230, 264, 283,398 - 400,450 - 452
立法过程与~,180,182,230,241, 283,313,340
道德商谈与~,65,95 - 99,101 - 102, 109, 159, 167, 183, 256 - 257,282,285,313,340
中立性与~,310 - 311
意见形成与意志形成过程与~, 152,180,281,296,308,313
人民主权与~,104
实用性商谈与~,60 - 61,108 - 109,154,159 - 161,163 - 165, 282,285
~的原则,99

私人领域与~,365,399 - 401
自我实现的~,95 - 96,98 - 100, 462,467,468 - 469
自我理解的~,95 - 99,152,154 - 156,160 - 161, 163 - 165,180 - 183,223, 280 - 282, 284 - 285, 296,368,378
普遍有效性与~,64
~中的价值取向,161,165,254, 282 - 283
Ethical life,伦理生活,Sittlichkeit,257 - 258
~作为生活世界中把分化开来的 不同成分维系起来的东西,23 - 24,26, 37 - 38,84, 95, 98 - 99, 105,118,138,140 - 142,145 - 146,152 - 153,324,371
公民共和主义与共同体主义中 的~, 268 - 269, 280 - 281, 285,296
~的解体, 8 - 9, 84, 106 - 107, 113,448
卢梭思想中的~,101 - 102,478
European Community,欧洲共同体, Europäische Gemeinschaft,491 - 495,500 - 504,506 - 509
Expectations,期望,Erwartung
行为~或规范性~,48 - 50,66 - 69, 116, 138 - 139, 143 - 145, 151 - 152,195,201 - 202,204 - 205,220,255,337 - 338
合法性~, 33, 68, 127, 225, 378, 382 - 383,447,456
政治过程的合理结果的~,116, 151, 179 - 180, 186, 232 - 233, 266, 296 - 297, 301, 304, 414, 484 - 488
Expertise,专业知识（技能）,Expertisen

司法中的～,172,196,201,220,222

政府中的～,188,303,317,351,432,440

公共商议中的～,164,320,345-346,351,393-395,440,489-490,508

知识的专门化与～,95,172,188,220,317,351,393-394,440

F

Facticity,事实性,Faktizität(亦见事实性与有效性之间的张力)

～作为事实上的认可,27,29-31,69,155,290

～作为施行/执行,30,33,115-117,124,138,447

语言用法中的～,10-13,18-21,70,227

立法过程中的～,33,447(亦见法律的施行;法律的执行)

社会～,35,40,64,136-137,140。142。150,156,200,256,287-288,327-328,392(亦见权力,社会～)

Fairness,公平,Fairneβ(参见妥协,～的公平条件;正义)

Fascism,法西斯主义,Faschi-smus,87

Feminism,女性主义,Feminismus

1977年～宪章,420-421

平等与～,83,419-426,428

法律范式与～,312,419-426

公共领域与～,373-374,381

权利与～,77,419-421,425

Ferguson,Adam,福格森,43-44

Fiss,Owen,菲斯,224-225

Foucault,Michel,福柯,47,79

Fraenkel,Ernst,弗兰克尔,185

Fraser,Nancy,弗雷泽,312

Freedom,自由,Freiheit(亦见结社,自由和平等的公民的～;交往～)

强制与～,28-30,32-39,129-130,447,462

选择～(Willkür),28-30,32,39,44,67,112,119-120,130,138,163-164,368,447,450-451,461,462,469

伦理～,400,451

自由意志,28,31,85-86,89,91-93,98,105-106,128,130,291-292(亦见自主性)

康德论～,28-29,93,105-106,130,138

法律～,399-403,406-407,415-416,418,430-431,433,435-436

道德～,450-451

消极～与积极～,120,270,396-399,430-431,457

政治～,98,495,499

Frege,Gottlob,弗莱格,10-13,34

Friedman,Lawrence M.,弗里德曼,394-395

Fröbel,Julius,福楼拜尔,474-477,484

Fuller,Lon,福勒,220

Furet,François,孚雷,463-464,466

G

Gadamer,Hans-Georg,伽达默尔,96,258

Gag rules,言论钳制规则,Vermeidung-sregeln(参见中立性)

Game theory,游戏理论,Spieltheorie,92

Gehlen,Annold,盖伦,2,23,491

German civil-law jurisprudence,德国民

法学说,deutschen Zivilrechtsdogmatik,100,118,396-397
 主观权利与客观法之间的关系,84-89,104,134-135
Giddens,Anthony,吉登斯,77
Government,政府,Staat,Regierung(参见行政;国家)
Grawert,R.,格拉韦尔特,497
Grefrath,M.,格雷夫拉特,490
Grimm,Dieter,格林,441
 论宪法,390-391,433
 论政府权力,244-245,431-433
Gunsteren,H. R. van,贡斯特伦,512,513
Günther,Klaus,贡特尔
 ~论司法判决,162,217-219,223,230,232
 ~论论辩和商谈,119,217-219,230,232
 ~论法律与政治的关系,119,427-429
Gurevitch,Michael,古雷维奇,378

H

Häberle,Paul,海伯勒,411
Harrington,James,哈林顿,268
Hart,H. L. A.,哈特,208
 ~的法律实证主义,201-203
Hartmann,Nicolai,哈特曼,254
Hegel,G. W. F.,黑格尔,9,10,228
 ~论资产阶级市民社会和伦理生活,45-46,75,342,366,478
 ~论法律,43,45-46
 马克思与~,45-46,366
 历史哲学与~,1,3
 政治经济学与~,45,57,75
 罗尔斯与~,58,65

Heidegger,Martin,海德格尔,96
Hesse,K.,黑塞,244,396-397
Higher law,高层法,Legeshierarchie(参见自然法)
Hobbes,Thomas,霍布斯
 ~与立法过程,138,184,293
 自然法传统与~,28,43-44,90-92,126,137
 ~的理性主义,2,90-91,336,346,449
 ~思想中的主权,90-91,137-138
Höffe,Otfried,霍佛,455
Honneth,Axel,霍奈斯,426
Huber,Hans,胡伯,254
Humbolt,Wilhelm,洪堡,14
Husserl,Edmund,胡塞尔,10,12-13,22,346

I

Idealization,理想化,Idealisierung,
 司法判决中的~,9,212-216,219-220,222-223,225-230,238,277-278
 交往的~,4,9-21,34-35,42,60,70,212,223,227,303,322-326,345(亦见论辩理论,论辩的语用条件)
 立宪国家(法治国)的~,434-435,462
 德国唯心主义(观念论),9-11,84-89,201,329
 理想的交往共同体,14-15,106,158,162,286,322-323,332,440,459
 理想的角色承当,5,91-92,109-110,148,162-164,182,223,

228-230,274,432-433
理想言语情境,22,322-323,361
理想与现实的对立,4-5,13,34,
　41,42,64,277-278,281,287,
　326(亦见事实性与有效性的张
　力)
商议与决策的程序,296,304-308,
　317,324
Ideal,理想,Ideal(参见理想化)
Identity,认同,Identität(亦见伦理商谈,
　自我理解的~)
　　集体~,96-97,110,141,150,
　　　154,156-158,160,163,181-
　　　182,223,255-256,280-283,
　　　492,495,508
　　文化~,98,125,160,317,399,
　　　425-426,467,490,492-496,
　　　498-499,507,513-514
　　伦理性商谈与~,26,37,99,140-
　　　142,145-146,181-182,257-
　　　258,280-281,285,296
　　性别~,423-426
　　~的政治,282,351,376,420,426
　　民族~,97,465-466,491-495,
　　　499-501,503,507-509,512-515
　　个人~形成,55,66,80-81,93,95-
　　　99,114,160,280-281,370,399,
　　　413-414,498
Ihering,Rudolf von,耶林,86
Illocutionary obligations,语内行动责任,
　　illokutionäre Verpflichtungen(参
　　见言语活动理论,语内行动责
　　任)
Immigration,移民,Immigration,125,
　　165,456,466,491-492,506,
　　507-514
Impartiality,不偏不倚,Unparteilichkeit

司法判决中的~,133-134,172,
　217,224,230-231,235,265
运用中的~,217,235
~与商谈原则,107-109,459(亦
　见理想化,理想的角色承当;普
　遍化原则)
论证性商谈中的~,308-309
道德商谈中的~,57-58,62-63,97,
　114,153,450,511
意见形成与意志形成过程中的~,
　303,306,340,378
实践商谈中的~,310,313,339
程序的~,295,313
Implementation of law,法的施行,Vollzug
　　der Gesetze
　　行政的~,134,173,188,321,356,
　　　440,443-444,481-483,489
　　集体的~,411
　　~作为权利的实行(参见制度化,
　　　权利/自由的~)
　　制度化的~,116-117,288,462
　　司法部门的~,195-196,280,439
　　法律范式论~,414-415,438
　　分权与~,477
Inclusion,包容,Inklusion,Einbeziehung,
　　75,275
　　~的扩展,77-79,350,504,506
　　意见形成与意志形成过程中的~,
　　　305,362
　　权利与~,77-79,315-316,374,
　　　504(亦见权利,参与性~;权
　　　利,政治性~)
Indeterminacy,不确定性,Unbestimmtheit
　　认知的~,115,326-327
　　司法判决中的法律的~,214,216-
　　　219, 223, 231, 239, 243 -

753

244,431

Influence,影响,Beeinfluss(亦见权力,社会的)
  政治的~,303,317,327,331-332,341,363-364,371-372,382,428,476,484,509
  公共领域/市民社会的~,275,356-357,362-364,370-372,375,379,382

Institutionalization,制度化,Institutionalisierung(亦见法律,制度化与~)
  行动调节与~,66-67,69,73-74,116-117,334,424,460
  古代(强的、强大的)~,8,23-25,27-28,36-38,74,80,114,117,138,140-142,467(亦见伦理生活)
  交往/商谈的~,121,169-170,177-180,184-186,367,455,484(亦见意见形成与意志形成过程,制度性的~;公共领域,~的交往结构)
  公正的~,57-58,66,179
  公共领域的~,307-308
  权利/自由的~,414-415,420-421,438,466,469,472,478,504

Instrumental rationality,工具合理性,Zweckrationalität(参见行动理论,策略性行动)

Integrity,人格完整,Integrität,271
  德沃金论~,215-216,222-223
  ~的平等,97,203,210,215,266,414,418,496
  ~的权利,125-126,203-204,452

Interest,利益,Interest(亦见行动理论,利益取向的行动;价值,作为法律保护的~)
  ~的平衡,108,139-141,155-156,166,177,296-297,338-339,345,452,473(亦见价值,~的权衡/平等)
  商谈与谈判中的~,107,109,155,159-160,162-167,181-182,214,229,282-283
  ~的平等考虑,98,101-103,107-109,125,153-154,156,161,166-167,177,180-181,255-256,272,282-283,315-316,332,432-433,460,496
  可普遍化的~,61,153-154,283,298,332,371,386,411,108,139-141,155-156,166,177,296-297,338-339,441,452,473(亦见价值,~的权衡/平衡)
  ~群体,275,290,293-294,303,331-332,364,375-376,378,416
  ~与正义,58,61,70
  立法过程与~,180,184,284,329,339-340
  生活世界作为~的来源,324,351
  社会权力与~,145,150,175,289-290,292-293,329,375
  ~侵害,351,439

Intersubjectivity,主体间性,Intersubjektivität
  交往与商谈中的~,4,20,109,119,151,197,223,228,286,299,346-347,360-361,480(亦见取向于达成理解)
  相互承认,4,20,88-89,91-92,119,215,223,250-251,271,360-361,409,426
  ~的政治实践方式,129,189,228,279,285,457,490(亦见结社自由和平等

的公民的~)

权利中的~,85,88-89,132,174,
215,250-251,271,409,411,
418-419,425-426,449,453,
457-458,496,498-499

Issues,问题,Themen(参见议题)

J

Jellinek,Georg,耶林内克,411

Judge Hercules,赫拉克勒斯法官(参见司法判决,~)

Judiciary,司法,Justiz(亦见司法判决;法律理论)

行政与~172-174,187-188,191-
193,238,240-242,246,357,431-
432,440-441,482

法律对~的约束,172-173,
238,245

宪法法院(最高法院、联邦最高法院),179,238-267,274-280,397,
399(亦见司法判决,宪法~)

商谈论与~,169,170-173,192,
204,227,231,261

欧洲法院,502

~的不偏不倚,133-134,172,
217,224,230-231,235,265

~作为对法律的执行,195-196

~审核,167-168,240-242,
262,265

各种法律范式与政治模式论~,
220-221,223,239,245-246,
267-268,275-277,392-395,
416,423,442,482

立法与~,168,172,192,195,197,
215,219-220,231-233,238-
246,249,253,258,261-267,

274-277,283,256,297,431,
439-440,484

私人领域和公共领域与~,263,
371,399

权利与~,125-126,133-134,
169,171-173,241,243,246-
2459,254,257,261-266,277-
278,389,396-397,403,414

分权与~,142-143,172,186-188,
192-193,195,240-241,244,261,
263,438

国家与~,133-134,143,
168,172-173

~作为系统,133-134,192,196,
354,357

事实性与有效性之间的张力与~,
234,277

Jurisprudence,法理学,Rechtsdogmatik
(参见法律理论,法的学说/法
理学)

Justice,正义,Gerecchtigkeit,469,472

司法判决中的~213,216,236-237

~的商谈,153-155,282,296,
311,339

作为分配正义的~,418-419,504

伦理商谈与~,62,99,282,
309,311

正义社会与~,98-99,384,418

法律与~,64,66,69,99,142,145,
147,153-155,161-162,172,
212,217,264,283,389,398,
402,426-427,460

道德与~63-64,79,113,153-155,
282,339,460

有关~的哲学理论,7,43,56-
66,69,79-80,83,196-
198,212,383(亦见罗尔斯)

~的原则,83,266,283,306

程序~,179,189,266

社会~,294-295,398,400-402,407-408,479

实质~,154-155,429,439(亦见平等,实质法律~)

Justification,论证(辩护),Begründung

运用对~,115,162,172,217-219,229,231-232,234,265-266,414-415,439-440

民主程序的~,168,225,276,285,290-295,317-318,384,469,496

商谈原则与~,107,228,459

~与伦理性商谈,99,113,161,257,259

不偏不倚与~,308-309

制度化的~,172-173

司法与~,172,192,199-219,224-228,232-234,259,261,393,440(亦见司法判决)

立法中的~,115,172,180,183,192,261,265,284,307,452

道德~,5,97,108-109,113,156-157,161-162,180,182-183,206,230,232-234,284,453,455-456,459

规范的~,15,72,108,155,172,202,228,257,259,265,290-295,317-318,459

实证性,法的实定与~,72,75,99,199,242,440,483-484

~的后俗成层次,71-72,97-99,106-107,113,55,206,209,233,311-312,448,453,459,469

罗尔斯理论中的~,57-60,62

权利的~,339,414-415,425

~与普遍化原则,109

K

Kahn-Freund, Otto,卡恩-弗罗英德,389

Kant,Immanuel,康德,10

~论自主性,67,85,90,93-94,100-103,105-106,138,189,232,434,449,454,472

~论民主,32-33,90,93-95,171,340,514

~论自由,28-29,93,105-106,130,138

~论法律,28-29,33,43,83-85,90,92-94,100-101,105-106,112-113,120,124,250,449,462

~的道德理论,66,84-85,90,93-94,100-101,106,109-110,203,230,232,449,478

~论人民主权,93-94,100-103,472,496

~论权利,93,100-103,120,124,250,399,454,456,472

~社会契约,91-94,101

Kelsen,Hans,凯尔森,118

~的法律实证主义,201-202

~论法律主体,86-87,89

~与施米特,242-243

Kennedy,Duncan,肯尼迪,216

Kierkegaard, Søren Aabye,克尔凯郭尔,96

Kohlberg,Lawrence,科尔贝克,71

Kriele,Martin,克里勒,158

Kübler,Friedrich,库伯勒,392-394

Kuhn,Thomas,库恩,277

L

Larmore,Charles,拉尔默尔,309-311,456-457

Law,法(律),Recht,亦见结社,法律共同体;宪法;立宪国家(法治国);法的双重性;法的施行;法的执行;法典;法律范式;法权人;自然法;视角;权力,法律与~;社会整合,法律与~;团结,法律与~;国家,法律与~;法律理论

 意外伤害的~,392-393,405

 可以诉诸法律行动的~,28,85,88,122,124-126,172,196,213,41,452,455

 行动调节/行动协调与~,50,70,72,81,106-108,119,129-132,153-155,158,196,321,453,455,457,461,511

 ~的承受者与创制者,38,104-105,112,120,123,129-130,143,154,187,270,395,408,414-415,417,449,451,454,468,481-482,499

 运用与~,172,178,195,206,208,234,261,266,279,392,414,449

 ~作为人工的东西,30,111

 谈判与~,155-156,158,169,233,348-349,154,178,161,229235-237,399,452,460

 ~的约束性质,38-39,132-136,178-179,430,436-440,452(亦见行政,法律对~的约束)

 资产阶级形式~,7,28,88,90-92,195,221,389-390,394-395,401-403,407,410,415,428,449,478(亦见法律,私~)

 ~的确定性,173,197-199,201-203,211,219-221,223,237-238,432,433,435-436

 强制的~,28,30,32-33,64,121,129,133,142,396,452,462,482,499

 ~的融贯性/自洽性/齐一性,142-143,198-221,229,232,236-237,240,243,260-262

 交往行动与~,7,31,50,80-82,106,119-121,147-148,323,326,385,437,448-449,462

 交往自由与~,130,146-147,451,462

 交往权力与~,147,149-151,162,169,188,192

 ~作为偶然的东西,38,95,156-157,179-180,186,198-199,209,212-214,228,266,447-448,450,475

 合同法,44,92,216,402-404,449

 正当性标准与~,199,202,226-228,231

 习惯法,20,30,67-69,141-142,146,198

 民主原则与~,90,94,108,110-111,121-122,455,458,460

 作义务论理解的~,31,207,230,258-259,261,282

 ~的发展,125-126,198-221,236-237,240-244(亦见司法判决;权利,实现~的方案)

 商谈原则与~,107,121-122,126-129,157-158,169,171-173,206-207,231,233-234,453-455,458-459

 经济与~,40,42,45-46,75,83,87,117,128,196,401-402,

410,413－414,435,478,502,505,509

平等与~,83,125,129,134－135,154－155,401－403,414－417（亦见平等,法律面前的~;平等,事实~对法律~）

伦理性商谈与~,80,84,99,105－106,113,138,156,178,207,230,256－258,263－264,279,283,285,398,400,415

现行~,20,85,172,198,207,211－216,219－222,234,238,245,254,283

~的不确定性,214,216－219,223,231,239,243－244,431

制度化与~,74－75,79－81,114,151,169,172－173,176－179,234－237,414,455

~中的利益,70,116,119,154－156,283,398－399,452

国际~,124,444,456,497,502（亦见欧洲共同体）

正义与~,64,66,69,99,142,145,147,153－155,161－162,172,212,217,264,283,398,402,426－427,460

论证与~,71,99,106,1272－173,199,202,206,234,284,456－457

~商谈,50－51,106,207,211－212,226－237,266,283,452

~形式,111－113,117－130,132－135,154－155,178－179,434－435,438,455,457－460

~规范,30－31,111－124,143－144,153－158,202－208,217－220,232－233,255－261,447－449（亦见规范,法律~对道德~）

各种法律范式和政治模式论~,270－272,389－411,414－419,429－431,450

~保护,77,85－86,119－120,122,124－125,148,171－173,398,403－405,411－414,430－433,436,450－452,456－457,509

~制度（秩序）,30－34,48－56,76,98－99,114－118,144,194－202,207－215,393－395,409,447

~有效性,27－33,48－51,70－72,136－137,142,153－156,261,282－283,287－288,447－448

合法的/合法性,30－33,70－73,102－104,120－131,145－156,197－202,408－409,414－415,452－462（亦见民主,~合法性/法律的民主产生）

生活世界与~,56,75,80－81,98－99,112,119,199,217－218,221,227,354,358－359

实质化的~,41,87－88,190－191,194－196,246,389－391,402－404,410－412,416－417,422,431

道德与~,7,79－80,83－85,94,105－121,151,157,204－207,230－234,282－284,449－454

客观法与主观权利,84－89,104,133－134,247－248,250,263,271,402

意见形成与意志形成过程与~,38,130,135,139,151,154,159,162,167,178,184,169,408,437,453,457

政治与~,50－51,73－74,132－157,168－169,196,201－202,

287-290,318-321,334-336,
385-386
实证~或实定~,28-30,71-72,
75-76,95,124,204,211-214,
326-327,417,449-457,460
(亦见合法性,实证性与~;自
然法,实证法与~)
实用性商谈与~,156,178,
207,230
~原则(Rechtsprinzip),90,93-94,
105-106,120,124,126,206-207,
256, 258 - 259, 264, 451, 500,
507,513
私~,85,87-90,100-101,118,
206,216,344 - 345,366,389,
391,393 - 404,406,410,454 -
455,478
程序~,125,177-179,189,199-200,
217 - 218, 220, 234 - 237, 283,
411-412,428-429,441-442
财产~,100,393-398,399,410-
404,503
公~,84,93,129,396-398,402
公共领域/公民社会与~,44,51,
76, 110 - 111, 177, 172, 280,
366, 368, 378, 409, 440, 442,
458,461-462
目的合理行动/策略合理行动
与~,31,143,156,401,448
反思性~,196,344 - 345,395,
410,438-439
调节性~,117,124,174,348-
349, 358 - 359, 417, 429, 432,
436,438-440
权利与~,27,82-88,100-101,
119 - 129,132 - 134,396 - 403,
408-410,438,451,453-458

(亦见权利,受到法律保护的~)
神灵的~,71,142-143
分权与~,173,189 - 190,246,
431,438,477
国家与社会的分离与~,43,174,
176,396,401
~作为对行为期待的稳定,48,83-
84,143-145,195,198,220,449
系统性整合与~,344 - 345,
348,429
~中的有效性与事实性的张力
(参见~双重性;事实性与有效
性之间的张力,法律中的~)
~作为转换器,150,176,391,
455,458
~作为传送带,76,448-449(亦见
行政,~的传送带模式)
~作为减轻负担的/负担过重的,
83, 115, 121, 386, 428 - 429,
434,438
Lazarsfeld,Paul,拉扎尔茨菲尔德,377
Legal codes,法律规章(代码)Rechtskode
合法律的/不合法律的二值编码,
48-51,143-144
拿破仑法典,478
欧洲公民权利,509
德国民事程序法,235-237,396
Legal communication,法律交往,Kommunikation über Recht,参见法
(律),~商谈
Legal doctrine,法律学说,Rechtsdogmatik,参见法律理论,法理学说
Legal medium,法的媒介,Rechtsmedium,参见法(律),~形式
Paradigms of law,法律范式,Paradigmen
des Rechts,亦见法(律),资产阶
级形式~;自由主义,~的法律

范式;程序主义的法律范式;社会福利国家的法律范式

司法判决与~,220-224,239,245-246,392,395,423

~作为背景对作为反思的知识,221,223-224,252,390,393,395,437

宪法原则(法治国原则)/立宪国家(法治国)与~,135,194-195,250-252,384-385,435,437

关于正确的~的问题,393-395,429

权利与~,194-195,221,405-406

不同~之间的转换,223-224,386-387,389-390,397,400,403-405,414-415,423-424,427,430-431,450

Legal person,法权人,Rechtspersonen,亦见结社,自由和平等的公民的~;公民身份

~的自主性(参见公民身份,~的自主性)

~的负担,114-117,451,473,487(亦见道德,~的负担)

~的立法功能,72,120-121,124,155,458,461

权利与~,32,77,86-88,119,121-126,128,174,223,233,270,271,401-402,409,414,451,455,461

~的地位,78,112,119,128,251,396-398,400-402,408,411-412,414,418,452,455-456,498-499,504,509

Legal protection,法律保护,Rechtsschutz,参见法律,~保护

Legal subject,法律主体,Rechtssubjekt,参见法权人

Legality,合法律性,Legalität,参见法律的双重性;法律,~有效性

Legislature,立法,Gesetzgebung

行政与~(参见行政,立法与~)

运用与~,192,261

自主性与~,106,128,413-414,419,428,451,454

~中的谈判与妥协,180-181,183,191-192,241,284,287,296,339,352,412-414,452

交往权力与~,147,151,162,170,299,341,352,356-358,442,484

立宪会议,127,339-341,389

宪法与~,189-190,238,241,243-244,262,267,356,504

商谈性~/商谈性~,135,151,157,164,177,181,183,241,274-276,284,327,340

民主与~,93-95,98,110,171-172,181,195,274,275,283-284,292,299,307,356,432-433

商谈论与~,172,192,233,261,299,356

伦理商谈与~,152,180,230,241,282-283,313,340

欧洲议会,502,507

~作为(人民主权)的表达,83,89,128,170-171,277-278,419,451,454

霍布斯论~,138,184,293

~中的利益,180,183,284,329,340

司法与~,168,172,192,195,197,215,219-220,231-233,238-246,249,253,258,261-267,

274-277, 283, 356, 397, 431, 439-440, 484
论证与~, 115, 172, 180, 183, 192, 261, 452
法律商谈与~, 180, 233
各种法律范式与政治模式论~, 135, 184-185, 232-233, 245, 249, 270, 274, 276, 296, 300, 395, 416-417, 423, 431, 438, 441, 472
~商谈, 173, 208
立法权力, 72, 120-121, 134, 168, 170-172, 175, 195, 253, 276, 299, 348, 439
立法过程, 83-84, 89, 106, 132-136, 156-157, 164, 230-234, 238-242, 272-276, 282-284, 371-372(亦见意见形成与意志形成过程,立法与~)
立法系统, 181-183, 373
法律的合法性与~(参见民主,法律的民主合法性/民主起源)
授权, 182, 184, 480
道德与~, 106, 110, 156-157, 180, 184, 206, 230, 232-233, 241, 280, 282, 284, 340, 453-454
议会原则, 170, 485
政治/政治过程与~, 110, 132, 134, 171, 181, 282-285, 287, 299, 302, 331, 340, 357-358, 370-373, 380, 383, 434
权力与~, 132, 276, 329, 331
实用性商谈与~164, 180, 186, 192, 230
公共领域/市民社会与~, 171, 181, 183-186, 274-275, 299, 307-308, 329, 359, 363, 370-373, 380, 383, 442, 484

代表与~, 170, 181-183, 277-278, 296, 301, 383, 475, 480, 485, 487(亦见多数裁决)

权力与~, 77-78, 89, 110, 125, 128, 134, 154, 168, 215, 234, 256, 262, 272, 389, 395-397, 403, 428, 439, 451, 454, 504

分权与~, 135, 172, 175, 186-187, 192-193, 195, 261, 438-439, 472

Legitimacy, 合法性, Legitimität, 376

行政的~135, 187, 191, 270, 273, 440, 442

权威的~, 72-73, 146, 170, 469

自主性与~, 93, 123, 455

谈判与~, 223, 283, 349, 352

强执行法律与~, 6, 79, 121, 447, 462

交往/商谈与~, 103-104, 126-127, 146-149, 179-180, 230, 278-279, 409, 414, 442, 453-455, 457-458

~对事实上的同意, 69, 198, 290

民主的~, 274, 278-279, 289-290, 299-300(亦见民主,法律的民主合法性/民主起源)

~对有实效性, 385-386, 410, 429, 435-436, 444

~期待(参见期待,合法性~)

法律制定的事实性与~, 133, 196, 198, 447, 450

司法的~, 7, 200-201, 222, 249, 253, 258, 261-264, 267, 274, 431, 440

康德理论中的~, 93, 100-101, 120

法律的~(参见法律,合法

761

的 ~/~ 的合法性)
关于立法的 ~,132,168,261
合法秩序,67-70,98,106,132,290-295,343-344,354
合法性商谈,308-309
合法性问题,146,333,343-344,346,348-349,352,386,429(参见导控,导控匮乏)
道德与 ~,97,99,106,156,206,230,233,450,457,459-460
~产生于合法律性的自相矛盾状况(参见法律的双重性,合法性与合法律性)
政治制度的 ~,341-342,348-349,351,385-386,473
实证性与 ~,31-33,38,79,82,95,118,120,122,129,133,135-136,145-146,152-153,213,234,263,341,447,450,453,456-457
后形而上学的 ~(参见论证,后形而上学的 ~ 层次)
权力与 ~,132-133,135-137,142,145-146,150,169,262,273,289,299-300,327-329,353,386,410,429-430,441-442,483
宗教的/形上的 ~,132
权利与 ~,31-32,76,85,93,100-101,104,124,127,132,213,408,414,418-419,451,461
社会契约论(理性法理论)传统中的 ~,90-92
对 ~ 的社会学说明/经验主义说明,66-79,287-295,315-321,336-351

稳定与 ~,6,289-291
国家的 ~,133,136-137,290,342,348
有效性与 ~,27,29-31,70,93,155-156,289-290
Leiris, Michel, 莱利斯,24
Lenin, Vladimir Ilich, 列宁,479,489
Lepsius, M. R., 莱普谢斯,503
Levi-Strauss, Claude, 列维-斯特劳斯,47
Liberalism, 自由主义, Liberalismus
~ 中的行政,152,245,247,263,269-270,272,297-300,396,402,430-436,440,457
自主性与 ~,99-100,397,408-409,437-438,454-455,457
~ 中的公民/法律主体,216,245-246,269-271,298,406,408,430-431
公民共和主义与 ~,99-100,263,267-274,284-285,296-302,366,454,472-473,497-498
~ 论宪法,135,163,215,252,263,297-298,301
民主与 ~,268-269,296-302,304,308-314,329-331,333,472-474
商谈论与 ~,271,296-302
经济与 ~,78,87,250,272-274,298,333,400-402,404-405,407-408,412,435,439,501
选举与 ~,270,272,296,299-300,301
女性主义与 ~,312,420-424
形式法作为 ~ 的法律形式,410(亦见法[律],资产阶级形式 ~)
~ 中的利益,269-270,274,277,

296-297,299,407-408
~中的司法,239,245,249,252,395
~中的立法,135,215,245,249,270,296,299-300,395
~的法律范式,244-252,269-272,296-301,389-391,395-401,405-410,414-415,418-424,427,430-431,434-440,450
~的政治文化(参见文化,适宜的政治~)
哲学的正义论与~,58,60-62
~中的政治,265,269-270,272-274,277,298-301,312-313,335,457,480
程序主义范式与~,409-410,414,437-439,445
~中的权利,78,87,99-100,125-126,152,245-247,250-251,263,268-272,296-297,312-313,408,418-419,427,430-431,437,454-457,472,474
分权与~,189-190,239,244-246,249-251,263,297,301,438,472
社会主义与~,477
社会福利国家范式与~,244,246,251,389-391-395-401,405,407-408,414-415,418-419,427,430-431,435,450,479
~中的国家与社会,44,135,152,216,239,244-245,249-250,268-270,296-299,301,335,405-406,430-431,434-435,456-457

Liberty,自由,Freiheitsrechte,。参见权利,自由的~;权利,平等自由的~

Lifeworld,生活世界,Lebenswelt
行政与~,40,55-56,75,354,358-359
~作为背景,22-23,27-28,119,221,252,279,309,322,324,360,371,390,393,395,399,404,410
交往行动与~,8,14,22-23,25,35-36,55-56,80,98,323-324,353-354,359-361,370
交往权力与~,385
~的文化成分,55,66,75,80-81,98-99,114,118,353-354
经济与~,40,55-56,75,354,371
~作为事实性与有效性的融合,23
法律与~,56,75,80-81,98-99,112,119,199,217-218,221,227,354,358-359
~与法律范式,221,223-224,252,390,393,395,404,410
~作为限制条件,6,323-324
日常语言与~,8,18,55-56,353-354
~的人格成分,55,66,75,80-81,98-99,118,353-354
~与政治制度,352,358-359,373,385,437
私人领域与~,354,367-368,373,408-409,417
公共领域/市民社会与~,335,358-360,366-368,371,373,375,382,408-409,417,437,487,506
合理化的~,5,71,95,98-99,302,358-359,371,382,

763

487,489
~作为资源,9,360,386
社会性整合与~,8,21-22,26,176,360
~的社会成分,55-56,75,80-81,98-99,118,353-354,366-367
系统与~,5,40,53-56,98-99,335,343,352-354,360,365-366,373,385
传统伦理生活中的~,95,118,138,324,371
~与有效性,16,18-19,23,199,322

Linguistic turn,语言学转向,linguistischen Wende,8-13
Locke,John,洛克,44,268,454,472,473,497
Logic of discourse,商谈的逻辑,Logik des Diskurses,参见论辩理论,论辩的逻辑/规则
Lübbe,Hermann,吕伯,470
Luhmann,Nicolas,卢曼,86
~论法律,48-52,72,74,195
~论政治,74,342
~的系统理论,2,47,80,195,342（亦见系统理论）

M

Machiavelli,Niccolo,马基雅弗利,137
Majority rule,多数裁决,Mehrheitsregel,
~作为民主程序,291-292,303-304,306
~作为可错的东西,179-180,186,306
少数群体与~,179-180,292-293,306,472-476
意见形成与意志形成过程与~,179-180,186,273,306,327,383,477,484
~的原则,171
~的暴政,265,293,454,476

Marat,Jean Paul,马拉,477
Market society,市场社会,Marktgesellschaft,参见经济
Markov,Walter,马尔科夫,463
Marshall,T.H.,马沙尔,77,503-504
Marx,Karl,马克思,
~论市民社会,45,366
~论经济,44-45,250,478-479
黑格尔与~,45-46,366
~论法律与法律程序,45-46,48,185,478-479
马克思主义,2,366,372（亦见社会主义）
~论革命,57,372,488-489
Mashaw,Jerry L.,马肖,187,190-191
Mass medium,大众传媒,Massenmedien
议程设定与~,376-378,380-382
借助于~的文化传递,493-494,507
对~的法律调节,376,378,442
传媒权力,325,376-379,386,442
意见形成与意志形成过程与~,377-378,380,442
政党与~,376,434
公共领域与~,75,355,361-362,367-368,373-374,376-380,488,514
进入~的权利,77-78,504
Material equality in law,法律中的实质平等,Rechtsinhaltsgleichheit,参见平等,实质的法律~
Materialization of law,法律的实质化,

Materialisierung des Rechts,参见法律,实质化的~
Maus,Ingeborg,毛斯
　　~论宪法判决,246-247,254,258,260,262
　　~论法律的民主起源,189,442
Mead,George Herbert,米德,162,334
Membership,成员身份,Mitgliedschaft,亦见结社,自由和平等的公民的~;认同
　　自主性与~,122,271
　　文化的或种族的~(参见认同,文化~)
　　认同与~,280-281
　　组织~,78,413,498,505
　　国家中的政治~,78,124-125,154,496-497,509-515(亦见公民身份)
　　~的权利,122,124-126,132,133,271-272
　　~的地位,122,124
Michelman,Frank,米歇尔曼,
　　~论司法判决,197,224,267,274-275,278-279
　　~作为一位公民共和主义者,267-268,271,279,284-285
　　~的政治程序主义,268,271,274,281,285
Mill,John Stuart,穆勒,171,474
Millar,John,弥勒,44
Minow,Martha,米诺,425
Misunderstanding,误解,Miβverständnis,参见交往行动,异议的风险与~
Modernization,现代化,Modernisierung,亦见分化;解魅;伦理生活,~的解体;多元论,多元化

产生于~的法律功能,75-77,117-118,138,143,145,443-444,503
~的成问题结果,75-77,464-465,493,501,503
社会运动作为~的载体,370
从传统社会向现代社会的转变,77,137-138,145-146,501
Mohl,Robert von,默尔,135
Moon,J. Donald,默恩,312-131
Moore,G. E.,摩尔,10
Morality,道德,Moral,2
　　行动协调与~,106-107,154,455-456
　　行动取向与~,83,98,113-114
　　运用性商谈与~,105,109,162,232-234
　　自主性与~,85,87,93,95,98-100,105-107,113,121,152,157,164,256-257,449-451,487
　　谈判与~,167,177,241
　　行为期待与~,204-205
　　~的负担,83,89,114-117,326-327,451-452,487
　　交往行动与~,5,109,141,360
　　民主/民主原则与~,84,90,94,108-111,171,184,204,292,319-320,340,450,456-460
　　义务论的~,70,153,256-257,292,449
　　商谈原则与~,107-109,121,233-234,453,459-460
　　商谈论与~,70,108-109,155,158,449,459(亦见商谈论,商谈伦理学)
　　伦理学/伦理性商谈与~,65,95-99,101-102,109,159,167,183,256-257,282,285,

765

338,351

~中的理想的角色承当,162,182

不偏不倚与~,57-58,62-63,97,114,153,450,511

~的建制化(制度化),80,113-114,118,183

利益与~,62-65,83,109,340

司法与~,203,259,264,392

正义与~,61,79,153-155,283,460

~的论证,5,97,108-109,113,156-157,161-162,180,182-183,206,230,232-234,284,453,455-456,459

法律与~,7,79-80,83-85,94,105-107,110-121,151-157,204-207,230-234,282-284,449-454

立法过程与~,106,110,156-157,180,184,206,230,232-233,241,280,282,284,340,453-454

合法性与~,97,99,106,156,206,230,233,450,457,459-460

~商谈,95-99,106-111,158-171,180,183-184,230-234,282-285

~规范,67,105-109,112,116,122,124,142,152-157,161-162,204-207,211,256,282,318-320,326-327,338,451-452,455-456,459-460

~原则,84,90,94,99,105-106,108-111,207,233,450,457-460,470

~实在论,256-260

~作为动机不确定的或动机较弱

的,63,67,112-117,325-327,452-453

自然法与~,65,84,87,98,199,448-449,452,453,459-460

意见形成与意志形成过程与~,149,152,162,180,183,206,470

政治/政治商谈与~,79,151,157,180,183,206,233-234,340,453,467,470,487

后俗成的或原则性的~,7,71,79-80,84,97-98,113-118,146,448,459

实用性商谈与~,108-109,159-161,285,470

权利与~,32,79,86-87,99,101,104,107,120-121,149,153-154,165,204,206-207,256-257,451,454-457

苏格兰~哲学家,43-45

~的社会整合功能,319-320,351

目的论~,113,153,257

传统~对后传统~,113,141-142,256

普遍主义/~的普遍主义主张,109,113,116-117,152-153,155,162,165,230,282

有效性与~,79,111,120-121,149,155-156,231-232,282,360,452,459-460

Motivation,动机(推动),Motivation,亦见论辩理论,理由的~

遵守法律的~,29,31,67-68,80,83,112,114,116,118,121,198,205,255,292,392,448,461-462,469,499

道德~,63,67,112-117,325-327,452-453

价值取向、利益与~,67,280-281,325-326,461-462,499(亦见行动理论,利益取向的行动;民主理论,合理选择模式)

N

Natural law,自然法,Vernunftrecht, Naturrecht,亦见霍布斯;康德;自由主义;洛克;卢梭;社会契约理论
　现代~或理性~,2-3,42-45,56-57,100-105,145-146,233,267-268,497
　道德与~,65,84,87,98,199,448-449,452,453,459-460
　实证法与~,28,84,105,189,199,451
　前现代的/传统的~,26,95,106,138-139,145-146
　权利与~,127-129,194(亦见权利,人权或自然~)
Natural rights,自然权利,natürlich Rechte,参见自然法
Naumann,Friedrich,诺曼,479
Neocorportism,新法团主义,Neokorporatismus,342,344,348-351,353,441
Neutrality,中立性,Neutralität
　行政的~,453-456,440
　言论钳制规则,谈话制约,309
　法律实证主义的中立性命题,207-208
　权力的中立化,166,188-189,283,308-309,378-379,383-384
　规范~,48,79,83,435-436,440,453
　~的原则,288,308-313,315

Norm,规范,Norm,亦见民主;中立性,规范~
　行动与~,25-27,31,71-72,79,97,107,111,118,140-141,154,158,246,287,292,324,337-339,345,354,360,448,452,459-460
　行政与~,173,188,190-192,332,436,440-441
　~的运用,109,172,192,199-200,206,208,217-220,234,242-243,246,255-256,260-261,266,436,440,449,483(亦见运用)
　自主与~,98-99,129,291-292,398,400,418-419
　作义务论理解的~,31,49,208,259
　对利益的同等考虑与~,61,102-103,108,460
　伦理~,161-162,338
　普遍化行为期待(参见期待,行为~或规范性~)
　~的论证,5,107-108,192,202,228,255,257,259,265-266,317-318,436,459(亦见论证)
　法律~(参见法律,~规范)
　法律~对道德~,105,112,153-156,204-207,211,230,326-327,451-452,455-456,459
　~的合法性,30,188,232-233,264,282,419,441,448,459,462
　立法与~,33,168,192,390,414,432-433
　道德~(参见道德,~规范)
　合理对话的~(参见论辩理论,论辩的语用预设)
　权利与~,234,247-250,256,

263,419,455-456

~的社会整合功能,17,158-159,318,319,326-327

~与事实的张力(参见事实性与有效性之间的张力)

规范性正当的有效性主张,16-17,27,30-31,33,67-69,103,127,153-158,217-218,255-261,318-324,458-460

~对价值,255-257,259-260

O

Offe, Claus,奥菲,334

O'Neill, Onora,奥内尔,458

Opinion-and will-formatio,意见形成与意志形成过程,Meinungs- und Willensbildung

妥协与~,140-141,167,180,307,339

决策论与~,321,325

商议与决策,159,170,177-184,304-308,316-317,340-341,361-362,408(亦见民主理论,商议性民主或政治)

民主的~/民主与~,93-95,169,180-184,274-275,296-301,353-356,475-477,484-486,488(亦见民主,~程序)

商谈论与~,103-104,176-177,185-186,278-279,296,298,300-301,437,458,461-462

商谈的~,274,276,280,301,304,315-317,320,322-323,326,362,408,437,442,448,461,474,477,484,486,487,505

伦理性商谈与~,152,180,281,296,308,313

非正式的~,33-358(亦见公共舆论,公共领域中的~)

制度性的或正式的~,179-180,273-275,340-341,369-373,429-430,457-458(亦见民主理论,双轨的模式)

制度性的或非正式的~,274-275,298-302,312-314,379-383,437,461-462,474-475,484-489(亦见民主理论,双轨模式)

司法与~,167,178,198,201,203,214,216-219,226-227,260-261,264,276,280,363,371,373,394

立法与~,93-95,110-111,151,169-171,180-185,191-192,272-278,484-488

合法性与~,73,103,131,135,273,278-279,299-300,408,429,437,440,450,453,457,461

道德商谈与~,149,152,162,180,183,206,470

意见形成,171,179,274-275,299,307-308,355-356,358,361-362,369-370,442,474-475,483,485,488,489(亦见公共舆论)

政治的~,151-152,157-159,180-184,269-275,336-341,468-470,474-480,485,487

~的过程模式,162-169,180,199

公共领域/市民社会与~,180-186,307-308,355-358,361-363,367-372,382-383,480

权利与~,77,103-104,110,123,127,149,151,169,264-265,270,306,315-317,340,368,450,456-457,461,476-477

意志形成,140-141,154,159-167,296-301,315-317,338-41,472,489

Ordinary language,日常语言,Umgangssprache

法律与~,81,348,352,354

生活世界与~,8,18,55-56,353-354

公共领域/市民社会与~,360,373,374

系统理论论~,55-56,81,343,347-348

Orientation to reaching understanding,取向于达成理解,Verständigung sorientierung

谈判与~,140,167

交往行动/交往自由/交往权力与~,4,17-18,35,119,127,130,269,323-325(亦见交往行动)

民主/政治与~,180,269,272-273,286,299,318,462,470,476,478,507

~的语内行动约束力,8,103,318-319

法律与~,50,83-84,130,173-174,318,461,474

~对取向于成功,25,27,148,158,325-326

负担过重的~,34,38

公共领域中的~,299,363,366,474,476

社会整合与~,6,25,35,83-84,139-140,158-159,269,310-311,318,354,481,501

有效性与~,14-15,17,27,31,83,296-297,322

Orientation to success,取向于成功,Erfolgsorientierung

交往与~,130,360-361

法律与~,156

自由主义法律范式中的~,272,298(亦见自由主义,自由主义中的利益)

~对取向于达成理解,25,27,148,158,325-326

社会整合与~,25,33,66-67,91,139-140,158,481

P

Paine,Thomas,潘恩,44

Parliament,议会,Parlament,Repräsentation,参见立法

Parsons,Talcott,帕森斯

~论影响,363

~论法律,43,73-76,79,223

~论社会整合,26,66,73-79,139,223

~的社会理论,65-66,73-75,79-80

~理论中的价值,66,67,75,79

Paternalism,家长主义,Paternalismus

政府各部门中的~,188,266,278,280

专业知识的~,317-318

以~的方式授予权利,78,79,427-428,454,504,506

系统理论的~,341-342,351-352

福利国家的~,406-407,410,

Peirce, C. S., 皮尔斯, ~ 的语言学理论, 10, 13 - 16, 18, 34, 106, 227
Perry, Michael J., 佩里, 257 - 258, 281
Perspectives, 视角, Perspektiven
　法的承受者对法的创制者, 38, 104 - 105, 112, 120, 123, 126, 129 - 130, 143, 154, 187, 270, 395, 408, 414 - 415, 417, 449, 451, 454, 468, 481 - 482, 499
　客观化 ~/观察者 ~ 对施为性 ~/参与者 ~, 18, 20, 30, 69, 121, 139 - 140, 178 - 179, 201, 289 - 295, 319, 388, 405 - 406, 499
Peters, Bernard, 彼得斯, 204 - 205
　~ 论权力循环, 330, 354 - 358
　~ 论意见形成与意志形成过程, 325, 354 - 358
　~ 论社会整合, 318 - 319, 323 - 325
Philosophy, 哲学, Philosophie
　意识 ~/主体 ~, 1, 13, 34, 47, 4, 103, 105, 138, 298 - 299, 301, 469, 490
　历史 ~, 1, 2 - 3, 46, 57, 287, 489, 490
Piaget, Jean, 皮亚杰, 71
Plato/Platonic, 柏拉图/柏拉图主义的, 8, 9, 12 - 13, 34, 450
Pluralism, 多元主义, Pluralismus
　妥协与 ~, 331, 473
　生活形式、亚文化等等的 ~, 64, 96 - 97, 200, 263, 265, 279, 282 - 283, 324, 368, 457 - 458, 492, 493, 496, 500, 506, 514
　多元主义理论, 291, 329 - 332, 367
　多元化, 25, 75
　政治 ~, 171, 186, 270, 274, 470,

475 - 476
　罗尔斯理论中的 ~, 58, 60 - 62, 64, 65
Pocock, J. G. A., 波考克, 268
Political economy, 政治经济学, Politischen Ökonomie, 参见经济, 政治经济学
Political parties, 政党, Politischen Parteien
　国家化的 ~, 297 - 298, 333, 335, 434, 442, 443, 476, 479 - 480
　立法过程与 ~, 171, 434, 487
　意见形成与意志形成过程与 ~, 171, 376, 379, 381, 434, 476, 487
　~ 竞争, 171, 342, 354 - 355, 357, 367, 476
　政治过程与 ~, 135, 273, 291, 293 - 294, 333, 368, 375, 434, 443, 504
　多元论原则与 ~, 171
　公共领域/市民社会与 ~, 135, 367 - 368, 375, 379, 434, 443, 476, 477, 488
　投票与 ~, 135, 477, 487
Politics, 政治, Politik, 亦见权威(部门), 政治 ~; 权威, 公共 ~; 民主; 立法(部门), 立法过程; 多数裁决; 意见形成与意志形成过程, 政治的 ~; 政党; 投票
　行政与 ~, 75, 136, 269, 272, 289, 300, 351 - 352, 358, 372, 378 - 379, 385, 431, 436
　自主与 ~, 98, 123, 147, 157, 189, 263, 386 - 387, 410, 457(亦见自决, 政治的 ~)
　公民与 ~, 75, 78, 171, 263, 270, 289, 365 - 366, 391, 413, 503
　妥协与 ~ 108, 167, 176 - 177, 180, 282 - 283, 294, 307, 348

商议性~(参见民主理论,商议性民主)

民主/民主原则与~,93-95,170,180

商谈原则与~,126-127,233-234,279,458

商谈论与~,171,176-177,298,302,358,371-372,461-462

伦理性商谈与~(参见伦理性商谈,伦理政治问题)

认同政治,282,351,376,420,426

制度化的~,110-111,138,299,302,327,334,361-363,408(亦见意见形成与意志形成过程,制度化的或正式的~)

司法与~,167,201,223,276-277,280,358,371,434

法律与~,50-52,73-74,132-157,168-169,196,201-202,287-290,318-321,334-336,385-386

立法与~,93-95,132,164,171,181,184,207,232-233,282-285,287,302,327,340,358,371-372,428-429,469,480

合法性与~,127,135,145-146,273,299-300,341-343,348-349,362,371-372,376,378,382-386,428-429,469,480

~的模式(参见公民共和主义;自由主义)

道德/道德商谈与~,79,151,157,180,184,206,233-234,340,453,467,470,487

对~的参与,75,123,127,128,151,265,268,278,303,369-370,373,375-377,386,426,439,503(见权利,参与的~)

~共同体,154,300,306,457,498

~文化(参见文化,容纳民主政治的政治文化)

政治性商谈,151,233-234,266,273-274,369-372,420,425-426,490,507(亦见伦理性商谈,伦理-政治问题;意见形成与意志形成过程,政治的~)

政治自由/自由,98,148,400-401,454

政治权力,39,73-75,132-150,168-170,287-294,320-321,327,330-333,371-372,482

政治过程,215,266,272-285,287-288,361-362,428-429

政治制度,333-336,341-345,348-359,368,372-387,437,486-487

政治理论,6,126-127,129,468(亦见公民共和主义;民主理论;自由主义)

权利与~,75,77-78,83-84,123,126-128,130,133-134,151,177,263,268,270-272,306,368,386-387,410,413,428-429,438,461(亦见权利,政治~)

社会整合与~,269,297,305,317-321,326,335-336,343-345,348,352,372,385-386,437,448

~中的事实性与有效性的张力,6,39,95,136-137,152-153,281,428

有效性与~,39,136-137,152-153,274,281,290,294,428

Popper,Karl,波普尔,12-13

Popular sovereignty,人民主权,Volkssouveränität
~与政府各部门,83,89,267
  公民共和主义论~,99-100,300-301,505
  交往与~,135-136,301
  伦理性商谈与~,99-100,104
  人权与~,84,93-94,99-104,118,123,127,169,450,454-457,468-469,472-473,476-477,500
  自由主义论~,454,457,472-474
  ~的原则,83,93-94,169-171,454,474,475
  从程序角度理解的~,298,301-302,477,485-487,489,505
  公共领域与~,171,371-372
Positivism,实证主义,Positivismus,参见各种法律理论,法律实证主义。
Postmetaphysical thinking,后形而上学思维,nachmetaphysisches Denken,443,469(亦见论证(辩护),后俗成的层次的~;道德,后俗成的或基于原则的~)
  ~的描述,9,60,467
  伦理学中的~,64,167
  道德实在论与~,256-257
  哲学的正义理论中的~,60-62,64
  权利与~,105,476-477
Power,权力,Macht,亦见分权(权力分立)
  行政~(参见行政,~权力)
  阿伦特论~,147-151,483
    自主与~,39,147,175,263-264,329
    谈判与~,141,166,175,177,283,297,339,433-434
  交往~(参见交往权力)
  以立宪方式(法治国方式)加以驯服的~,39,73,136-137,168-169,188,327-328,382,384-385,428-429,457,482
  权力的逆循环,335,356-356,381,383-384,411,482
  民主与~,7,75,175,292,294,317,327,329-330,336,341,356-358,371-372,488
  ~的产生,139,144,169,173,288,341,371-372
  不合法的~,150,327-329,353,386,391,410,429-430,441-442,478
  法律与~,73-74,132-152,168-169,187-189,192,196,428
  立法过程与~,132,276,329,331,357-358
  合法性与~,132-133,136,142,145-146,169,262,289,299-300,371,408,483-484
  ~的中立化,166,188-189,283,308-309,378-379,383-384
  ~的官方循环/受法治国调节的~循环,187,327,329-331,333,335,348,350,354,356-358,381,382,384-386,408,415
  政治的~(参见政治,~权力)
  公共领域与~,148,307-308,359,364,371,373-379,381,382,386,441-442
  权利与~,132-134,148,150,175,314,413-414,450

社会~,39,141-143,166,175-177,289,329-332,363-364,378-379,386,399-403(亦见影响)

国家的~,28,72,76,102,132-134,136-137,144,149,172-173,297,316-317,396,447-448,456-457,461,476

~的理论,7,147-150,187,289,329-332

非官方的~循环,380,383-384

有效性与~,136-137,289,294,321

~对暴力(Macht vs. Gewalt),148-149,188-189,196,496

Pragmatic discourse,实用性商谈,pragmatischen Diskursen

行政中的~,186,192,440

民主与~,108-109,171,296,319-320

伦理性商谈与~,60-61,108-109,154,159-161,163-165,282,285

制度化的~,170,327

利益与~,160,163-164

法律/法律商谈与~,155-156,170,178,207,230,283,452

立法过程中的~,152,164,180,186,230

道德商谈与~,108-109,159-161,285,470

意见形成与意志形成过程中的~,152,162

~的社会整合功能,319-320

有效性与~,156,160,318-320

Pragmatic presuppositions of argumentation,论辩的语用预设,pragmatischen Argumentationsvoraussetzungen,参见论辩理论,论辩的语用预设;理想化

Preuβ, Ulrich, 普罗伊斯, 417-418,444-445

Principles,原则,Prinzipien,Grundsätze,亦见立宪国家(法治国),~的原则

司法判决的~,172,208-211,214,216-217,219,243,248,260-261,264-266

恰当性~,109,162

自主的公共领域的~,171

作为~的自主性,256-257

作为~的集体的善,259

民主的责任的~,175(亦见民主,~的原则)

作义务论理解的~,212,255-259,288

商谈的~(参见商谈原则)

德沃金论~,205-212,214-216,222-223,265

平等的~,203,264-265,404,414-415

正义的~,57,61,83,180,266,283,306

法律的~(参见法律,~的原则)

法律确定性的~,220

法律自由的~,400-403,407,415

行政的合法律性的~,173,187-188

法律保护的~,172,173

多数裁决的~,171

传媒任务的~,378-379

道德的~(参见道德,~的原则;道德,后俗成的或基于原则的~)

中立性的~,308-313,315

~作为最大化律令(参见价值,可最大化的~)

议会的~,170

政党竞争的~,171

~对政策,205-209,212,216,219-221

政治多元主义的~,171

人民主权的~,83,93-94,169-171,454,474,475

程序性~,224-225,233,248,266

禁止内务任意行事的~,174

比例性~,248,432

公共性~,171,183,368

相互性~,88,91-92,427,496

代议的~,485

尊重和尊严的~,203,256-257

法权原则(参见法律,~的原则)

权利作为~,247-248,257,437

~对规则和规范,71-72,208-209,220,254-255,259

权力分立的~,191

国家与社会分离的~,169-170,174-176,275

团结作为~,256-257

普遍化的~(参见普遍化原则)

~对价值,254-256,259

自愿性~,497

意志形成的~,140-141

Private sphere,私人领域,Privatsphäre

对~的干预,174,313-314,369,457

生活世界与~,354,367-368,373,408-409

道德与~,109-110

具有伦理特征的~,399-401

~的保护,303,312-313,457

公共领域/市民社会与~,109,312-314,352,354,365-369,373,381,408-409,415,417

Proceduralist paradigm of law,程序主义的法律范式,prozeduralistischen Rechtsparadigma,亦见民主理论,商谈的~;民主理论,程序主义的民主模式;法律理论,商谈的~

自主与~,410-412,414-415,417,426,442,445-446

宪法与~,415,430,437-443

平等与~,414-415,450

女性主义与~,420,425-426

法律范式与~,7,221-224,391,437-438

~论合法性,231-233,287

自由主义范式与~,409-410,414,437-439,445

公共领域与~,415,429,442,445,461-462

反思性法律作为~的法律形式,410,438

权利与~,410-411,414,425-427,445,450

社会福利国家范式与~,7,409-411,416-417,437-439,445

Public goods,公共的善,öffentliche Güter,参见集体目标与集体的善

Public opinion,公共舆论,öffentliche Meinung,亦见意见形成与意志形成过程,意见形成

政府各部门与~,171,181,183-184,298-299,307,351,363,373,485

欧洲~,503

专家与~,351

民意调查,336,362
政党与~,434,443
权力与~,175,357,362-364,371,434,442
公共领域/市民社会中的~,181,183,299-300,360,362,364,368,370-373,380,383,442,489
投票与~,299,363,485,487
Public sphere,公共领域,Öffentlichkeit
~中的行动者,363-365,369-371,374-377,379,380-384
自主的~,171,299,330,358,371-374,490
~对政府机构的围攻,440,486-487,489
市民社会与~,269,299,330,352,355,358-359,366-375,379,381-382,417,437
~的交往结构,5,110-111,177,180-183,265,299-301,307-308,360-370,381,455,476,484
交往权力与~,148,151,269,341,486
民主与~,183-184,274-275,299,301,307,359,369,371,373,461,484
~中的日益高涨的运动,359,379-384
非正式的~,302,307-308,314,359,485,505
制度化的~,170,177,180,307-308,440,455,484
国际的~,444,514-515
法律的~,172,280,440,484
立法与~,171,183-186,273-275,302,307-308,329,359,371,442
~作为自由的政治文化(参见文化,容纳民主政治的政治文化)
生活世界与~,358-360,373,382,408-409,417,437(亦见市民社会,生活世界与~)
大众传媒与~,75,355,361-362,367-368,373-374,376-380,488,514
~的动员,357-358,364,379-380,382,384,470-471,486,506
道德商谈与~,109,206
意见形成与意志形成过程与~,185-186,272-275,307-308,371,382-383,480,483,505-506
政党与~,367-368,375,379,434,443,476,488
~中的政治外围对政治中心,330,354-358,368,371,380-383,442
私人领域与~,109,312-314,352,354,365-369,373,381,408-409,415,417
公共舆论与~,360,362-364,373,380,442
~中的公众,301,364-365,372-376,426,506-507
罗尔斯论~,59,76
~无法赋予组织形式,307-308,314,360,364,433-434,470,480,485-486,488,505
~的自指性再生产/限制,364,369-372,374-376,444,486
对~中的新政治问题的敏感,301,314,358-359,365,376,381-

775

382,485,488,506
~中的社会运动,374,376,382-383,506
社会权力与~,307-308,364,375,379,441-442,506
~的无主体交往,184,299,301,341,408-409,486
系统(法律的、政治的)与~,51,298,359,364,368,370,373-374,379-381,383-385,437,442,480
~中的自愿性结社,358-359,367,480,488,490(亦见市民社会,自愿性结社)

Publicity,公共性,Publizität,参见原则,公共性的~;公共领域

Puchta, Georg Friedrich,普希塔,85

Purposive rationality,目的合理性,Zweckrationalität,参见行动理论,目的合理的行动/工具性行动

R

Raiser, Ludwig,雷泽,87-88,396,398-400

Rawls, John,罗尔斯,383
　　~理论中的善的观念,58,451
　　德沃金与~,63,203-204
　　~作为自由主义者,58,61-62
　　~的道德哲学,70,157
　　~的原初立场,57-58,449,511-512
　　~的重叠共识,60-61
　　~理论中的公共领域,59,76
　　正义论,43,56-62,64-65,79,83,179,449,511-512

Renan, Ernest,雷纳,494

Revolution,革命,476

美国~,148,465,466
~作为立宪行动,129,388-389
法国~,316,463-472,477,480,488,493,494,495,509,514
~的人权宣言,82-83,174
马克思论~,57,372,479,488-489
~意识,467-471

Rhode, Deborah L.,罗德,421-424,427

Ricardo, David,李嘉图,45,57

Richet, Denis,里歇,463

Rights,权利,Rechte,亦见自主(性),权利与~;法律,权利与~
进入的~,77-78,315-316,504
可诉诸法律行动的~,28,32,85,88,122,124-126,172,213,410-411,441,455,456
行政与~,78,152,171,174,274,402,406,427,430,457
避难的~,126
基本~,121-126,246-251,254-258,396-397,403,418-421,437,502
公民身份与~(参见公民身份,权利与~)
公民~,76-77,79,123,134,270,314,466,492,495-497,503-504,506,509
集体工资谈判的~,412-413
交往的~,5,32,119,127,130,223,263-265,270,303,306,316,376,408,458,461,477,495,497
宪法/立宪国家(法治国)与~,128-129,165,176,189,279-280,384,395,453-457
契约~,85,397-398,399,401,403-404

抗拒~/自由~/针对国家的~,
28,77-78,122,126,174,245,
247-251,263,269-270,427,
456-457,493,503

民主/民主原则与~,111,121,
128,206,233,263-265,292,
465,472-473

作义务论理解的~,58,62,203-
204,209,214,256,258,260

商谈原则与~,84,121-125,128,
157,458

公平的法庭程序的~,125,173,
410-411

德沃金论~,62,203-204,207-
208,210,213-214,227,
256,259

移民出境的~,124-125,497

~作为资格,32,78,86,134,402-
403,407,411,415,426-
428,451

平等与~,83,110,123,134,
169,268

平等对待的~,83,401-
402,414-415

~的本质内容,247

~的扩大,77-79,266,370-371,
414,436,504

人权或自然~,82-84,94,99-105,
118,123,127,174,292,296,450,
454-457,465,469,472-473,476,
500,508-509

个人~,78,82-89,111,120,133-
134,167,263,271,402,406,449,
451,454-455,457,462,498(亦见
权利,主观~对客观法)

对于个人强制的~,28,124,148-149

对于人格完整或尊重的~,125-
126,203-204,452

~的主体间性质,85,88-89,132,
174,215,250-251,271,409、
411,418-419,425-426,449,
453,457-458,496,498-499

司法/运用与~,125-126,133-
134,169,171-173,241,243,
246-249,254,257,261-266,
277-278,389,396-397,
403,414

康德论~,93,100-103,120,124,
250,399,454,456,472

各种法律范式和政治模式论~,
194-195,245-251,268-271,
402-404,410-411,414-415,
418-421,425-431,437,
472,479

受到法律保护的~,77,122,133-
134,432,433,452

立法与~,77-78,89,110,128,
134,154,168,234,256,262,
272,389,395-397,403,428,
439,451,454,504

自由的~/各种自由权(Freihe-
itsrechte),82-91,119-126,247-
248,268-271,399-404,451-
455,472-475,508-509

~逻辑起源,118,121-125

成员身份的~,122,124-126,
133,504

~的道德内容,32,79,86-87,99-
101,104,107,120-121,149,153-
154,165,204,206-207,256-257,
451,454-457

自然法理论/社会契约理论(理性
法理论)论~,84,92-93,118,
128,148-149,194

777

消极自由权/消极自由,78,86,
130,247,269-270,312-313,
366-369,397-398,401-402,
418,457,503-505

意见形成与意志形成过程与~,
77,103-104,110,123,127,
149,151,169,264-265,270,
306,315-317,340,368,450,
456-457,461,476-477

参与的~,75-78,123,126-127,
174,263-265,315-316,455,
495,502-506

家长主义地授予的~,78,79,
427-428,454,504,508

政治~,31,75-78,83-84,123,
126-128,130,134,151,177,
268,270,272,413,461,479,
494,497,502,503-506,509(亦
见权利,交往~;权利,参
与的~)

人民主权与~,84,93-94,
99-104,118,123,127,169,
450,454-457,468-469,472-
473,476-477,500

私的~,8-9,27-28,31-32,84,86,
90,100-101,270-272,312-313,
397-399,402,414,428,450

实现~的方案,125-129,
194-195,262-263,279-280,
384-387,389,395,410-411,
420-421,425-430,445

财产~,85,125-126,397-398,
399。401,403-404

获得生活条件的~,123

~的辐射效应,247,403

~的相互效应,247

平等的自由的~,100-102,104,

119-126,132-133,250-251,
399-404,454

社会福利的~,77-78,87-88,
123,134,400,402-403,407,
415,427,479,503-505(亦见社
会福利国家范式,~论权利)

主观权利对客观法,84-89,104,
133-134,247-248,250,263,
271,402

权利的体系,93,104,110-111,
121-136,169,176,206,215,
234,408-410,453,456-457

~中事实性与有效性之间的张力,
32,82,129-130,384,504

~的第三方效应,247,403

~作为王牌,204,214,259(亦见权
利,德沃金论~)

投票的~,271-272,315-
316,509

Roberspierre, Maximilien,罗伯斯比
尔,488

Rorty,Richard,罗蒂,62

Ross,Jennie-Keith,劳斯,379-380

Ross,Marc Howard,劳斯,379-380

Rousseau,Jean-Jacques,卢梭,32

~论自主(性),100-103,138,
189,300,454,472,474,487

~与公民共和主义传统,
100-103,267-268,278,
300,466

~论人民主权与人权之间的关系,
94,100-103,138,300-301,
454,472-474,476,495-496

~的伦理学,96,101-102,
278,478

~论法律,101-103,126,138,
474,475

Roux,Jacques,罗克斯,477
Royce,Josiah,罗伊斯,106
Rule of law,法治(法治国),Rechtsstaat,参见立宪国家,法治(国)
Rupp,Hans H.,鲁普,407
Russell,Bertrand,罗素,10

S

Satre,Jean-Paul,萨特,96,321,346
Savigny,Friedrich Carl von,萨维格尼,85-87,89-90,100,118
Scheler,Max,舍勒,2,254
Schleiermacher, Friedrich Ernst Daniel,施莱尔马哈尔,96
Schluchter,Wolfgang,施路希特,70-71
Schmidt,Eberhard,施密特,412
Schmitt,Carl,施米特,
~论宪法判决,241-243,254
~论民主,184-185,470,480
~论法律,152-153
Schumpeter,Joseph,熊彼特,332
Self-determination,自决,Selbstbestimmung,亦见自主(性);伦理性商谈
公民的~,128,263,268,271,277-278,298,386-387,390,449-451,457,495-496
公民共和主义论~,268,271,297,301
集体~,110,457,489
商谈性~,98-99,128,157,445
个人~,398-399,413-414,419
道德商谈与~,95,97-100,450
政治~,41,134,169,263,269-272,297,420,467,494-496,498-499,505,513

~的权利,134,263,277-278,514
Semantics,语义学,Semantik,
法律形式与~,102,130,191,456-457
~论表象性思维,10-12
语义普遍性,11,13-14,17,19,102,191,311-312,490
Separation of powers,权力的分立(分权),Gewaltenteilung,327,474,480
行政与~,173,186-188,193,195,241,300,430,434,436,438(亦见行政)
古典的~,186-190,245
商谈论对~的说明,191-192,241-242
功能性~,186-193,431,438
司法与~,186,192-193,195,238-241,243-244,261-263,265,438(亦见司法)
法律与~,189-191,245,246,431,438-439,477
各种法律范式论~,189-190,239,244-246,250-251,263,297,301,391,431,438,472
立法与~,135,172,186-187,193,261,438(亦见立法)
~的原则,191
Sieyes,Emmanuel,西耶士,494
Simitis,Spiros,史密迪斯,413-414,416
Sluice model,闸门模式,Schleusenmodell,参见民主理论,中心-边缘模式
Smith,Adam,斯密,45,57
Social complexity,社会复杂性,Gesellschaftliche Komplexität,亦见多元主义(多元论);社会,复杂

的~

交往与~,52-56,323-328

民主与~,315-328

法律建制与~,47-56,326-328,356-357

系统理论论~,47-56,342-353

Social contract theory,社会契约理论（现代理性法理论）,Vernunftrecht, kontraktualisticschen Theorien

~中的结社,91,93-94,102,476,480-481

~中的自主(性),85,449,495-496

合同法与~,44,92,402,449

商谈论与~,134-135,194,449

正义与~,56-57,62,65,99

~论法律,44,48,65,92-93,101,118,148-149,469,476

~论权利,84,92-93,101,118,148-149,469,476

~论国家,6,137-138,495-496

Social integration,社会整合,sozialen Integration,

古代的/事先已经起作用的~手段,8,24,138-139,296,466

交往行动与~,8-9,17,24,26,35-37,40,42,56,80-81,84,269,323-324,352-354,462

共识与~,8,21,34,269,311-312

法律与~,8,17,25,32-34,38,42,50,56,75,83-84,98-99

生活世界与~,8,21-22,26,176,360

~的机制,39-40,42,45-47,66,73,150,196,269,299,304,318-321,323,448-449,481,508

~的需要,75,299,320-321,343,358,372

取向于达成理解与~,6,25,35,83-84,139-140,158-159,269,310,318,354,481,501

政治与~,318-321,343,335-336,358,372,385-386,437,448

团结与~,40,76,150,269,299,448-449,510,(亦见团结)

国家与~,79,150,176,318,342,345,465

有效性与~,21,318-320,351

Social movements,社会运动,sozialen Bewegungen,77,468(亦见社会联系,自愿性的~)

公共领域/市民社会中的~,370-371,374,386,382-383,506(亦见市民社会,~中的自愿结社；公共领域)

Social-welfare paradigm of law,社会福利（国家）的法律范式,sozialstaatliche Rechtsparadigma,

~中的行政,390,391,404-406,408-409,431,435

~中的自主(性),390-391,397,400,406,408-410,416,437-438

法律平等与事实平等的辩证法与~,391,415-416,418,450

女性主义与~,419-420,422-424

~作为法律范式,194-195,221

自由主义范式与~,244-246,251,389-391,395-398,400-401,405,407-408,414-415,418-419,427,430-431,435,450,479

实质性法律作为~的法律形式,410,(亦见法律,实质化的~)

程序性法律范式与~,7,409-411,416-417,437-

439,445

~论权利或资格,250,391,403-404,406-407,410-411,415,418,427-428,437,479(亦见权利,~作为资格;权利,社会福利~)

Socialism,社会主义,Sozialismus,
  无政府主义与~,480-481
  ~中的市民社会/公共领域,368-369,382
  ~的崩溃,508
  自由主义与~,477
  ~的革命传统,477-479

Society,社会,Gesellschaft,亦见社会联系[联合];市民社会,
  行政与~,55-56,299,320-321,332,348,354,372,432-433
  复杂~,25-26,43,47,302-303,372,384-387,404,462
  宪法与~,174-175,194-195,384,389,441,444-445
  ~的文化自我理解(参见文化,~认同)
  民主与~,288,296-299,301-303,319-322,481
  ~伦理性商谈,96
  自成一体的或物化的~,321-322
  正义的或秩序良好的~,57-59
  语言与~,25,35-36,311-312,326
  法律与~,8,34,43,52-53,56,81,83,98-99,114,124,134,305,318,343,359,372,384-387,392-396,401,437,462
  生活世界与~,26,55-56,80-81,98-99,354,366-367
  政治~,297,300,305,383(亦见文化,容纳民主政治的政治~;公共领域,政治的~)
  后民族的~,456,492
  风险~,345,349,432-433,490
  社群共同体,73-74
  国家与~(参见国家,社会与~)
  系统理论论~,47,52-53,330,334-335,342-343,352-353,358
  传统~(参见伦理生活)
  ~作为整体,46-47,80,98,297,301,326,342-344,385,393,478-479,482,498(亦见社会整合)

Solidarity,团结,Solidarität,257,466
  交往行动与~,33-34,40,269,299,445
  ~与伦理性商谈,98-99
  法律与~,40,74,76-77,99,448-449
  如何确保~,73,308,376
  社会整合与~,40,150,269,299,448-449,510(亦见社会整合)

Sovereignty,主权,Souveränität,亦见人民主权
  绝对主权[王权],90-91,136-138,142,146,454,495-496,497
  主权立法者,86,128,138,206,340,447,448,453,454,475-476
  主权意志,100,138,189,476
  国家主权,433-434,444,456,494,502,514-515

Specialization,专门化,Spezialisierung,参见专业知识[技能]

Speech act theory,言语活动理论,Theorie der Sprechhandlungen,16,225-226
  亦见论辩理论;交往行动;商谈理论

语内行动义务,4,8,17－18,49,
　　86,103,107－108,119－120,
　　147,155,166,318－319,361
State,国家,Staat,亦见立宪国家[法治国]
　民主,立宪的～
　～的权威,125－126,136,141－
　　142,155,196,395,433－434,
　　444,497
　受到公共领域围攻的～,440,486－
　　487,489
　～中的各政府部门,74－75,133－
　　137,142－143,150,152,172,
　　173,191,239,246,249,396,
　　407,429－431,435,438,505
　～的历史发展,33,37,90－91,137－
　　138,493－494
　～的理想类型,434－435
　干预主义的～,406,407,482－483
　司法性～,249
　法律与～,43,74,132－138,143－
　　145,344－345,348,396－397,
　　428－436,447－448(亦见立宪
　　国家[法治国])
　各个法律范式与政治模式论～,
　　244－252,268－270,296－301,
　　406－407,430－431,434－438,
　　442－444
　民族～,444,465,491－494,500－
　　502,503,513
　～的权力(包括国家暴力与强
　　制),28,72,76,102,132－134,
　　136－137,144,149,172－173,
　　297,316－317,144,149,172－
　　173,297,316－317,396,447－
　　448,456－457,461,476
　预防性～,251,431－435(亦见导控)
　权利与～,28,77,124,132－134,136,

　　174,176,384,207,247－250,263,
　　406－407,412,442,456,457,503－
　　504(亦见权利,抗拒～)
　安全,433－435
　社会福利～,77－79,246－248,
　　405－407,410－412,417,421－
　　422,431,433－436,503－504
　社会与～,1－2,75,183－184,268－
　　270,296－302,342－343,367－
　　369,396
　～机器(参见行政)
　监督性～,344－345,348,353,406
　系统理论中的～,2,333－335,342－
　　351,365,406
Status,地位,Status,
　公民身份的～,77－79,122－124,
　　279,350,396,411,413－415,
　　424,426,457,497－499,503－
　　504,506,508－515
　法律～,78,112,119,128,251,396－
　　398,400－402,408,411－412,418,
　　452,455－456,498－499,504,509
Statutes,法规,Gesetzen,参见法律,实定
　的～
Statutory authority,法规权威,Gesetzesvorbehalt,参见行政,法规授权
　的要求
Steering,导控,Steuerung,亦见行政,～
　导控;行政,权力对～的导控;经
　济,货币对～的导控
　～情境的政策或选项政策,344
　逆～,327,335,444
　调节性三难,386
　～匮乏或～问题,333,352－353,
　　386,390－391,406,429,443－
　　444,492
Steiner,Henry J.,施泰讷,392－

393,405
Structuralism,结构主义,Strukturalismus,47,65
Sunstein,C.R.,森斯泰因,
　　~论美国宪法传统,284,286
　　~论宪法判决,251-253,275-276
System,系统,亦见系统理论
　　行政作为子~(参见行政,~作为权力导控的系统)
　　~调适/~性整合,39-41,52-53,55,79,283,319-321,333-336,342-354,358,365,412,501(亦见社会性整合)
　　经济作为子~(参见经济,~作为货币导控的系统)
　　生活世界与~,5,40,53-56,98-99,335,343,352-354,360,365-366,373,385
　　封闭运作~,48-55,207-209,333-336,343-354,461(亦见行政,~作为独立的或自我编制纲领的部门;系统的自主性;系统理论,自组织性)
　　日常语言与~55-56,81,343,347-348,352-354,360
　　政治作为子~(参见政治,~系统)
　　~的特殊代码,48-56,145,150,159,169,328,482(亦见行政,~作为权力导控的系统;经济,~作为货币导控的系统)
　　导控媒介与~,39-40,48-49,55-56,75,118,344,346,349,354,372,481
　　Systems theory,系统理论,Systemtheorie,(亦见帕森斯;系统;陶伯纳;韦尔克[Helmut Willke])
　　~论行政,56,150,169,329,332-333,335,351-354,386,391,429,434-435,441(亦见行政,~作为权力导控的系统)
　　~中的自组织性,2,49-55,330,333,335,342-343,346-347,349,352,354
　　~论民主,287,289,299,302-303,305,319-321,325,329,333-336,351,358,481
　　~论法律(见法律理论;系统理论)
　　卢曼的~(亦见卢曼),2,47,80,195,342
　　~中理性和规范的作用,3,46-47,87

T

Taylor,Charles,泰勒,498-499
Teleology,目的论,Teleologie,46
　　司法判决中的~255,257,261
　　伦理性商谈中的~,97,163,268
　　法律中的~,152,207
　　道德性商谈中的~,113,153
Tension between facticity and validity,事实性与有效性之间的张力,Spannung zwischen Faktizität und Geltung,90-91,亦见法的双重性;事实性;有效性
　　交往和商谈中的~8,10-13,15-21,25,27,35-36,39,42,96,281,459
　　外在的~,34,39,64,82,277,288,290
　　~在传统社会中的融合,23-24,26,28,37-38,145-146(亦见伦理生活,把生活世界个不同成分结合起来的~)
　　法律中的~,6,8,27-28,32-34,

783

37-39,41-42,64-65,82,95,
129,234,277,281,288,428,
444,446,458-459,462
政治中的~,6,39,95,136-137,
152-153,281,428
权利中的~,32,82,129-130,370-
371,384
Teubner,Gunther,陶伯纳,52-56
Thadden,Rudolf von,塔登,465-467
Theories of law,各种法律理论,Rechts-
theorien,亦见司法判决,价值司
法；正义,哲学的~理论；法律范
式；自由主义,~的法律范式；程
序主义的法律范式；社会福利国
家的法律范式
批判法学运动,213-216
商谈的~,7,43,84,134-135,
158,194-196,204,226-228,
230-231,250-251,414,437,
445,448-449,453,459
女性主义的~,419-422,425
法理学,70,134-135,144,172,
196-197,201,238,388-391,
393-394,431,436
法律诠释学,199-203,207,209-
210,215,218-219,258
法律实证主义,38,85,89,199,
201-203,207-209,220,246,
292,453
法律实在论,199,200-201,203,
209,213-214,221
法律理论,5-6,8,42-43,70,89,
195-198,211,214-216,219-
225,227,287-288,296,302,
304,384,388,420-421,
462,449
社会学的~（社会学的解魅）,7,42-

51,56-57,65-66,69-70,79,
113,435,461
系统理论,48-56,65-66,195,
349,352
Thon,August,汤恩,86
Tocqueville,Alexis de,托克维尔,465,
473-474
Topics,议题（话题）,Themen,448,亦见
议程设置
作为~提出的背景知识,23
法理学的~238
对~的限制,178,312-313,462
传媒对~的提出,376-377
各种意见形成和意志形成模式中
的~,152,162
取向于达成理解与~,324-325
政党与~,443
提出作为公共问题的新的~,313-
314,320,358-360,368,370,375,
381-382,429-430,439,443,506
（亦见公共领域,对~中新的政治
问题的敏感；价值,价值决定和转
变）
Toulmin,Stephen,图尔明,211,225
Touraine,Alain,托兰纳,370
Tradition,传统
~作为背景,309
伦理性商谈中的~,182,201,498
~与认同,97,498-499,505
传统生活（见伦理生活）
文化的传递,98,160,182,468,
487,488,490,493-494,499-
500,507
Tribe,Lawrence,特莱伯,267
Truth,真理,Wahrheit
同意与~,14,34-35,475
~的理想化环节,11,13-15,34-

784

35,345
规范有效性与~,49-50
社会整合与~,318-319
~作为普遍的语法规则,311-312
~的有效性主张,5,14,16,34-35,49-50,153,318-320,322,345,350,360

U

Universalization principle,普遍化原则,Universalisierungsgrundsatz
商谈原则与~,109,459
伦理性商谈与~,64,97
道德商谈中的~,109,113,116-117,152-153,155,162,165,228-230,282,459

Utilitarianism,功利主义(功利),Utilitarismus,86,98,121,292,510-511

V

Validity,有效性,Geltung,Gültigkeit,171,亦见事实性与有效性之间的张力
司法判决的~,198-199,208,224-227,265-266
有效性对恰当性,218,260
~作为真切性或真诚性主张,5,16,45,318-320,322,360
是/否的二值编码,119,127,182,199,232,255,286,305-306,322,324(亦见交往自由)
~作为合法性与认可的结合,27,29-31,69,155
共识与~,4,69,72,83,119,155,227
~对可靠性,338-340

商谈原则与~,107-108
伦理~,64,163,318-320
~的论证(辩护),202,322
法律~(参见法律,~有效性)
法律的合法性主张(参见法律,合法的~/~的合法性)
道德~,111,120-121,149,155-156,231-233,282,318-320,452,459-460
规范~(参见规范,规范性正当的有效性主张)
权力的~,289,294
实用性商谈中的~,156,160,163,318-320
权利的~93,120-121,149,455-456
社会整合与~,21,318-320,351
~作为超越的或理想的,12,14-21,42,70,322-323,345,490
真理的~(参见真理,~的有效性主张)
有效性主张的类型,5,318-319,360(亦见法律,~有效性;规范,规范性正当的有效性主张;真理,~的有效性主张;有效性,真切性或真诚性主张)

Value jurisprudence,价值司法,Wertejudikatur,参见司法判决,价值司法;价值

Value orientation,价值取向,Wertorientierung,参见价值

Values,价值,Werte,亦见司法判决,价值司法
~作为行动取向,67,80,97,102,114,139-141,159-161,163-165,298,334-339,364,481
古典社会学理论中的~,66-69,73,75,79-80

具体~秩序,254,256-258

义务论规范和原则与~,140,153,254-261,338,345,351

伦理性商谈与~,161,165,257,282-283

~的整合功能,33-34,66-69,79,318,354,364,501

~作为法律保护的利益(Rechtsgüter),254-258,433

~作为可最大化的,254,256,260-261

~决定与~转变,37,154,228,274,282-283,306,309,334-338,365,370,452,485,488,506

~多元论,58,64

~的权衡与平衡(Güterabwägung),66,108,153,156,177,254-261,282-283,429(亦见妥协,利益的平衡)

Vico,Giovanni,维科,46

Voting,投票,Abstimmung

~与政治各部门,170,183,187,270,272,299,333,482,485,487

民主与~,181,333-334,488

各种法律范式与政治模式论~,270,272,296,299-301,442

政治制度与~,272,333,354-355,357,368,482,498

公共领域/市民社会与~,299,363,368,381,488

~的权利,135,271-272,291,296,303-304,315-316,509

~行为,270272-293,331,333-334,363,485,487-488

W

Walzer,Michael,沃尔泽,513

Weber,Max,韦伯

~理论中的解魅过程,72

~论建制(制度),66,69

~论法律,43,67-74,79,145,389

~论权力,73,147

~的社会学理论,65-66

Wellmer,Albrecht 韦尔默,458-459,486

Wieacker,Franz,维亚克,194-195,389

Wiethölter,Rudolf,维特霍尔特,412

Will,意志,Willen,亦见意见形成与意志形成过程

集体~,93,110,141,147-148,150,154,156-159,180,189,245,297-298,334-335,412,457,475,489,502

个人~,5,7,38,67,85-86,93,112,152,157,159-160,163-164,175,180,189,290-293,330,334-335,359,364,449,476

政治~,102-103,152,156-157,164,270,388-389

人民~,101,181,184,277-278,300-301,350(亦见人民主权)

理性与~/~的合理性,103-104,116,147,152,157,162-164,176-177,180,189,274,299,338,340-341,453,455,461-462(亦见意见形成与意志形成过程,~的模式)

卢梭论~,101-103,300-301

主权立法者的~,86,100,138,

189,206,340,475-476
Will-formation,意志形成,Willensbildung
（参见意见形成与意志形成过程,意志形成）
Willke,Helmut,韦尔克
- 理论中的系统的调适,336,345-351,353
- 理论中的谈判网络,342,348-350
- 的新法团主义,342,344,348-350
- 论监督性国家,330,342-345
Windscheid,Bernhard,温德沙伊德,85
Wittgenstein,Ludwig,维特根斯坦,202

Y

Young,Iris Marion,杨,419-420